열정의 심리학

열정이원론

Robert J. Vallerand 저
임효진 · 박주병 공역

박영story

서문

열정. 사람들은 수 세기 동안 인간의 성공과 실패를 이 동기로서의 힘을 통해 설명해왔다. 1990년대 후반 동료, 제자들과 함께 열정에 대해 본격적으로 연구하기 시작할 무렵 우리는 열정 연구가 심리학 분야에서 소홀하다는 것에 상당히 놀랄 수밖에 없었다. 열정적인 '사랑'에 대한 연구가 있긴 했으나 열정에 대한 '이론'도 없었으며 열정 활동에 대해 과학적으로 조사한 연구도 없었다. 철학에서 이 개념을 활발하게 연구해왔던 것에 비하면 심리학에서는 이전 세대의 연구(Joussain 1928)가 끝이었다. 그래서 우리 앞에는 큰 과제가 놓여 있었다. 엄밀한 경험적 연구를 할 수 있도록 열정 구인에 대한 심리학적 분석이 필요했다. 그래서 우리는 열정 구인을 정의하고, 그것을 측정하고, 열정의 긍정적, 부정적 결과에 대한 이론적 설명을 제공하기 위해서 이 이론의 공식에 해당하는 **열정이원론 모델**로부터 과학적 가설을 도출하고 이 가설을 경험적으로 검증하기 위해서 노력했다. 초기에는 이 새로운 구인을 입증하는 논문이 학술지에 실리기가 상당히 어려웠지만, 우리가 수집한 자료들이 가진 힘에 의해 결국 관련 분야에서도 점차 받아들여지기 시작했다. 발러랜드 등(Vallerand et al. 2003)의 연구는 쥬생(Joussain) 이후 약 75년 만에 비로소 열정 개념을 부활시켰고, 2003년 이후에는 전 세계의 많은 학자들이 열정과 관련된 논문을 발표하기에 이르렀다. 이 책의 목적은 이 연구들을 종합하여 제시하는 것이다. 열정은 인지, 정서, 심리적 행복(안녕감), 신체적 건강, 관계, 전문성과 창의성, 대인관계, 타집단 및 사회적 결과 등 많은 것들에 중대한 영향을 미친다. 심리학에서, 특히 긍정심리학에서 열정이 미치는 결과는 높이 평가된다. 이 책에서는 열정(특히 조화열정)이 이러한 결과를 얻을 수 있으며 아울러 강박열정은 이러한 긍정적인 결과를 가져오지 **못하고** 심지어 약화시킨다는 것을 보여주고 있다. 즉 철학자들에 의해 강조되었던 열정의 이원성은 여전히 유효했던 것이다.

이 책이 나오기까지 많은 사람의 도움이 있었다. 첫째, 몬트리올 퀘벡 대학(Université du Québec à Montréal)의 사회학 연구소(Laboratoire de Recherche sur Comportement

Social) 식구들은 열정 개념이 실재함을 이해하고 입증하는 데에 큰 공헌을 했다. 나는 그들에게 가장 먼저, 그리고 가장 큰 감사를 표한다. 둘째, 열정에 대한 우리의 비전을 같이하며 열정 연구에 매진해온 전 세계의 학자들에게 감사한다. 그들의 연구가 없었다면 이 책을 쓰는 것은 불가능했을 것이다. 셋째, 이제 고인이 된 옥스퍼드 대학 출판부의 크리스 피터슨(Chris Peterson)에게 진심으로 감사한다. 그는 내 친구이자 나에게 이 책을 쓰도록 권유했으며 옥스퍼드 대학 출판사를 소개시켜주었다. 옥스퍼드 대학 출판부의 몰리 발리코프(Molly Balikov), 아라냐 모레하리(Aranyaa Moureharry), 애비 그로스(Abby Gross)의 전문가다운 조언에도 감사를 전한다. 넷째, 에드워드 디씨(Edward Deci)와 리처드 라이언(Richard Ryan)에게 감사를 표한다. 그들의 지적 유산은 나의 연구에 큰 영감을 주었다. 에드는 오래전 젊은 대학원생이었던 나의 편지에 답장을 보내주고 그 이후로도 계속 나를 지지해주었다. 마지막으로, 나의 아내이자 인생의 동반자 부슈라(Bouchra), 그녀의 무조건적인 사랑과 변함없는 지지에 감사한다. 내가 주어진 일에만 온전히 집중할 수 있었던 것은 이 책에 쏟아부은 나의 열정을 그녀가 이해해준 덕분이다.

2014년 12월
로버트 J. 발러랜드

역자 서문

운명적인 사랑을 찾는 두 남녀의 내용을 다룬 영화《세렌디피티(Serendipity)》에서 주인공의 친구인 뉴욕타임즈 신문의 부고 담당 기자가 이런 말을 하는 장면이 있다. "그리스인은 부고를 쓰지 않았다고 하네. 누가 죽으면 사람들은 그에 대해 오직 한 가지만을 물었지. '그는 열정을 가지고 있었나?'(You know the Greeks didn't write obituaries. They only asked one question after a man died: Did he have passion?)" 이 대사는, 열정이 없는 삶은 결국 공허한 것이며, 열정이 충만한 삶은 그가 생전에 이루었던 성취와는 별개로 삶을 의미 있게 해준다는 것으로 해석할 수 있다.

열정이란 무엇인가? 그것은 어떤 상황과 조건에서 나타나는가? 그리고 열정은 삶이 무엇인지를 이해하는 것과 어떤 관련을 맺는가? 고대에서 현대에 이르는 철학과 문학, 그리고 예술의 영역에서는 열정의 본질과 양상, 그리고 삶에 있어서의 의미 등을 다양한 방법으로 다루어왔다. 이는 열정이 인간에게 보편적으로 나타나는 마음의 현상이며, 마음과 삶의 본질을 이해하는 활동과 관련이 있음을 시사한다. 그러나 규범적이고 논리적인 측면의 담론이나 문학적이고 예술적인 표현으로서가 아니라, 마음이라는 것의 본질, 그리고 그 변화의 양상을 과학적으로 증명하려는 현대 심리학에서 열정을 연구의 대상으로 삼은 것은 그리 오래 되지 않는다.

최근 10여 년간 교육학과 심리학 분야에서는 열정 관련 연구가 현저하게 증가하였는데, 이는 발러랜드(R. Vallerand)의 열정 연구에 힘입은 바 크다. 발러랜드는 열정의 준거와 그 두 가지 유형에 대한 이론인 열정이원론(DMP: Dualistic Model of Passion)을 제시하였고, 그 결과 발러랜드의 이원론을 확인하고 지지하는 연구를 포함하여 이 관점이 지닌 이론적 난점에 대한 논의가 이어지게 되었다. 학술적인 의미에서 볼 때, 열정에 관한 논쟁을 불러일으킬 수 있는 심리학적 논의를 제기하였다는 것 자체가 이 책이 지닌 진정한 가치를 보여준다. 이 책은 또한 발러랜드 자신의 연구를 포함하여 열정이원론을 다룬 주요한 논문들을 종합하여 소개하고 있다. 이에 발러랜드의 책을 누구보다도 먼저 번역하여 소개하게 된 것에 적지 않은 자부심과 기쁨, 그리고 그의 연구 열정에 대해 존경심을 숨길 수가 없다. 역자로서 하는 당연한 말일 수도 있지만, 열정에 관한 학계의 최신 연구 동향과 주요 쟁점을 이해하려는 분들이라면 발러랜드의『열정의 심리학』은 반드시 독서 리스트에 올려두기 바란다.

이 책은『삶의 목적』(브롱크 저, 2021) 번역 이후 박주병 선생님 그리고 박영스토리 분들과 두 번째로 작업한 역서이다.『삶의 목적』과『열정의 심리학』은 모두 역자의 그릿(Grit)에 대한 학문적 관심에서 비롯되었다. 그릿은 목적을 향한 '열정'과 '인내'로 정의되는 개념이다. 역자는 그릿 개념의 심리학적 측정 방식 및 그로 인한 개념과 조작적 정의의 정합성에 간과할 수 없는 문제들이 있음을 증명한 바 있으며, 고민 끝에 목적, 열정과 같은 그릿을 구성하고 있는 요소에 대해 하나씩 공부하고자 계획했다. 그래서인지『삶의 목적』을 번역할 때와 마찬가지로,『열정의 심리학』역시 번역을 위해 일부러 발굴한 것이 아니라 공부의 과정에서 자연스럽게 손에 쥐어져 있었다. 아마 그렇기 때문에 책을 읽는 재미와 함께 공부라는 것에 대한 의무감도 있었던 것 같다.

『삶의 목적』을 번역 후 탈고했을 때와 마찬가지로, 이 책을 번역하면서 또다시 열정에 관한 정리된 지식이 아니라 열정에 대해 무엇을 모르는지, 무엇을 더 연구해야 하는지에 대한 의문이 쌓여갔고, 탈고를 할 때에는 여전히 갈 길이 멀게 느껴지는 조급함이 밀려왔다. 이 조급함은 이러다가 목적이나 열정 근처에서만 맴돌다가 그릿에는 다가가지도 못하지 않을까 하는 걱정에서 비롯되었을 것이다. 게다가 늘 그렇듯이 한 주제를 연구하여 모종의 결과를 얻는 과정은 예상보다 더 긴 시간과 노력이 필요하며, 연구의 마지막에는 또 다른 질문들과 대면하게 된다. 그리고 연구의 결과가 보람찬 것이 아닌 경우도 있으며, 때로는 자신의 능력에 대한 자괴감, 실망감이 뒤따르기도 한다. 그럼에도 불구하고 계속 나아가게 하는 힘은 무엇인가? 목적과 열정, 그릿에 대한 연구는 바로 이러한 마음의 상태를 해명하는 것과 무관하지 않다. 이 책의 번역은 이러한 심리적 현상을 이해하고 확인하고 증명할 수 있는 방법을 찾고 싶은 사람이 했던 공부의 결과이다. 물론 이 책을 읽을 때 역자의 이러한 관심을 군이 염두에 둘 필요는 없으며, 오히려 이에 구애되지 않고 자유롭게 원문의 의미를 생각하며 읽는 것이 독서의 원래 목적에 더 부합할 것이다. 단, 역자가 공부한 결과를 출판하는 데에는, 마음 한편에 같은 고민을 하는 분들을 책으로나마 만나서 대화하고 싶은 바람이 있기 때문이다.

마지막으로 이 자리를 빌려『열정의 심리학』출간에 도움을 주신 모든 분께 감사를 드린다. 박주병 선생님은 공역자라기보다는 훌륭한 선배님으로, 열정의 철학적 해석에 관해 어렵지만 즐거웠던 배움의 기회를 주셨다. 이와 함께 마감을 넘긴 번역을 참고 기다려주신 노현 대표님과 복잡한 요청 사항을 서툴게 여쭐 때마다 친절하게 응해주신 이아름, 김다혜 편집자님께도 죄송함과 감사함을 전하고 싶다.

2023년 9월

임 효 진

목차

일러두기

1. 본문 하단의 각주는 모두 역자주이나, 저자가 각주를 넣은 경우 [저자주]라고 표시하였음.
2. 각 괄호 안의 텍스트는 저자가 삽입하였음.
3. 서체가 고딕인 텍스트는 저자가 강조한 내용임.

제1부

서 론

열정의 개념

On the Concept of Passion

유명한 영화 ≪불의 전차(Chariots of Fire)≫(감독 휴 허드슨 Hugh Hudson 1981)는 1924년 파리 올림픽에 출전한 두 명의 영국 육상선수 에릭 리델(Eric Liddell)과 해롤드 에이브러햄(Harold Abraham)의 이야기이다. 이 두 사람은 달리기를 매우 좋아하고 달리기에 열정을 가지고 있다. 에릭 리델은 매일 성실하게 훈련을 한다. 그는 달리기를 할 때 기분이 좋고 그 기분을 잘 표현한다. 스크린에는 그가 웃으면서 달리는 모습이 펼쳐진다. 그러나 그의 삶에 달리기만 있는 것은 아니다. 그는 독실한 기독교 신자로 기도와 예배에 많은 시간을 쏟는다. 주일에 100미터 경기에 출전해야 한다는 것을 알게 되자, 그는 주저 없이 올림픽 출전을 포기하였다. 리델은 달리기에 열정이 있지만, 신앙을 포함해서 삶에 중요한 다른 것들을 가지고 있었기 때문이다. 다행히도 그의 팀 동료가 목요일에 열리는 자신의 400미터 경기와 리델의 경기를 바꿔주어 출전할 수 있게 되었다.

해롤드 에이브러햄도 달리기에 열정적이다. 그 역시 달리기를 깊이 사랑하고 열심히 훈련한다. 그러나 에이브러햄은 리델처럼 달리면서 웃거나 행복해하지 않는다. 경기에서 이기면 행복해하기는 하지만, 그가 달리는 이유는 유대인에 대한 편견을 가진 사람들에 대한 복수심 때문이다. 게다가 그의 삶에는 달리기밖에 없다. 그는 아름다운 아가씨와 사랑에 빠지지만 올림픽 준비를 위해 그녀를 멀리한다. 그는 올림픽을 몇 달 앞두고 리델에게 패하자 몹시 괴로워하고 형편없는 스포츠맨십을 보였다. 즉 올림픽 위원회의 규정을 위반해가면서까지 전문 코치를 고용하여 훈련했던 것이다. 이는 당시 아마추어 선수에게는 금지된 룰이었다.

두 선수는 모두 올림픽에서 최선을 다했다. 리델은 자신의 주 종목이 아닌 400미터 경기에 출전했지만 최선을 다했고, 우승 후보였던 미국인들을 제치고 금메달을 목에 걸었다. 에이브러햄은 처음에 200미터 경기에 출전했다가 저조한 성적을 거두었다. 그는 남은 100미터 경기가 마지막 기회라는 것을 알고 있었고, 잔뜩 긴장했지만 마침내 이기게 되었다. 두 선수 모두 달리기에 대한 열정이 대단했고, 그 결과 모두 금메달을 목에 걸고 영국으로 돌아왔다. 달리기에 대한 그들의 열정이 열매를 거둔 것이다. 그러나 보다시피 두 선수의 열정은 매우 다르다. 두 선수는 모두 높은 성적을 거뒀지만 이들의 경험은 서로 다르다. 이 책에서는 이처럼 열정의 본성은 무엇인지, 열정은 어떻게 변하는지, 열정은 어디서 오고 어떤 변화를 가져오는지, 이러한 것들을 이해하고자 한다.

방금 소개한 ≪불의 전차≫에서와 같이, 철학자, 작가, 극작가, 영화감독들은 열정이 삶에서 어떠한 역할을 하는지를 몇 백년 동안 다루어왔다. 셰익스피어(Shakespear)의 『로미오와 줄리엣(*Romeo And Juliet*)』에서부터 멜 깁슨(Mel Gibson)의 ≪그리스도의 수난(Passion of Christ)≫, 도스토옙스키(Dostoevskii)의 『도박꾼(*The Gambler*)』에 이르기까지 연극, 영화, 소설들은 오랜 세월 동안 열정을 거듭 찬양해왔다. 열정의 대중성은 일반인들에게서도 발견된다. '열정'은 오늘날 많은 사람들에게서 회자되는 말이다. 이하에서 살펴보겠지만 열정의 대중적 의미는 다양하다. 그러나 어떤 의미로 쓰이든 '열정'이라는 말은 예전에도 그리고 지금도 널리 사용되고 있다. 실제로 '열정'은 구글에서 6억 8,200만 회(2014년 5월 기준) 검색될 정도로 대중적인 단어이다. 이와 같은 열정의 대중성이 열정에 대한 과학적 관심을 정당하게 만들 수 있다. 그러나 우리가 열정의 개념에 주목해야 하는 중요한 이유는 이외에도 많다.

1장에서는 첫째, 열정이 대중적으로 어떻게 쓰이고 있었는지 살펴보고, 둘째, 열정에 대한 과학적 연구가 왜 중요한지 몇 가지 이유를 제안한 뒤, 셋째, 이 시점에서 열정에 관한 책을 써야 하는 이유와 함께 마지막으로 책 전체의 내용을 간략히 요약하고자 한다.

열정의 일반적인 개념

열정은 역사적으로 여러 가지 대중적 의미를 가지고 있다. 열정의 대중적 의미는 열정을 어떻게 인식해왔는지 그리고 열정의 개념화가 어떻게 진행되어왔는지 이해하는 데에 소중한 정보를 제공하기 때문에 중요하다. 열정이 다양한 의미로 쓰인다는 것은 일상생활에서 '열정'이라는 단어가 가진 대중성을 보여주는 징표이다.

고통의 감내로서의 열정

'열정'이라는 단어의 어원은 흥미롭다. 그리스어(파토스 *pathos*)와 라틴어(파티오 *patio*)에서 열정은 모두 고통을 의미한다. 여기에는 열정을 품은 사람은 고통받고 그러한 정서 상태를 건너야 한다는 뜻이 함축되어 있다. 이것이 열정의 첫 번째 대중적 의미이다. 그 예로 기독교에서는 십자가에 달려 죽음으로써 인류를 구원한 예수의 삶을 떠올리며 그리스도의 수난(passion)이라고 칭한다. 따라서 많은 사람들은 열정에 대해 수동적인 고통을 떠올린다. 여기서 열정적이라는 말은 고통을 수동적으로 감내하면서 자신의 운명을 금욕적으로 받아들인다는 것이다. 이는 열정적인 추구 과정 속에서 난관을 극복하기 위해서는 고통을 겪게 된다는 것을 의미한다. 실제로 오늘날까지도 역경에 맞서 그릿(grit)을 보여주며 목표를 향하는 끈기는 열정과 같은 의미로 쓰인다(Duckworth, Peterson, Matthews, & Kelly 2007 참조).[1]

열정의 대상과 하나가 되지 못할 때 경험하는 고통 역시 열정과 결부된 또 다른 고통이다. 예를 들어 사랑하는 사람에게 거절당했을 때 열정적인 구애자는 절망, 불안, 심지어 우울과 같은 정서를 매우 강렬하게 경험한다(Baumeister, Wotman, & Stillwell 1993 참조). 마지막으로, 금기시되는 활동에 열정을 가진 경우 내면의 느낌에 굴복하지 않으려고 처절하게 몸부림치는 것도 열정과 관련된 고통이다. 예를 들어 많은 사람들은 술이나 도박과 같은 해로울 수 있는 활동에 열정을 가지지 않으려고 애쓰고 있으며, 그 과정에서 정서적 고통과 고뇌를 경험하고 이 경험을 아주 자세히 묘사한다.

---

1) 저자는 목표를 향하는 끈기가 열정에 포함되어 있고, 그래서 열정은 그릿과 같은 의미라고 말했지만, 덕워스(Duckworth)의 그릿은 열정과 끈기(인내)를 별개로 보는 개념으로 여기서의 설명과는 다르다.

격정으로서의 열정

　열정의 또 다른 대중적 의미는 긍정적이든 부정적이든 격정(intense emotion)의 상태를 말한다. 이런 의미에서 사람들은 열정 활동에 참여할 때 '열정'이 일어난다고 말하곤 한다. 예를 들어 열정을 품은 대상에 관한 이야기를 할 때면 몸이 열에 들뜨고 눈이 커지며, 몸을 꼿꼿이 세우고 큰 소리로 빠르게 말하면서 생기가 돈다. 이런 모습은 주위에서 흔하게 볼 수 있다. 사람들은 자신이 열정적으로 지지하는 대의를 위해서, 또는 자신이 반대하는 의견이나 자신과 반대편에 있는 사람에게 항의하기 위해 거리로 뛰쳐나온다.
　격정으로 쓰이는 열정의 대중적 의미는 반드시 증오나 분노와 같은 부정정서에 국한될 필요가 없다. 믿음, 희망, 나아가 자부심과 같은 긍정정서도 있기 때문이다. 물론 긍정정서와 부정정서를 동시에 강렬하게 경험할 수도 있다. 도스토옙스키의 책 『도박꾼』 제14장을 보면 30분간 벌어지는 도박 일화가 나오는데, 이 열정적인 도박꾼이 경험하는 다양한 정서가 다음과 같이 생생하게 묘사되고 있다.

> 　그렇게 희망에 부풀어 카지노로 들어간 시간이 11시 15분이었다. … 나는 열에 들떠 칩 더미를 뭉쳐 빨강에 올려놓았다. 한기가 몸을 덮었다. 손과 무릎이 흔들거렸다. … 빨강! 딜러가 말했다. 긴 숨이 내 입에서 터져나왔다. 뜨거운 떨림이 내 몸을 훑고 지나갔다. … 나는 마치 정복자가 된 양 주위를 둘러보고, 한 번 더 과감히 4천 플로린을 검정에 베팅했다. 전혀 겁이 나지 않았다. … 땀으로 이마가 축축하고 손이 떨렸다. … 저 칩을 지폐로 바꿔 쥐는 막연한 쾌감을 떠올렸다. … 그래, 그 오묘한 느낌이 기억난다. 이 순간 나는 위험을 무릅쓰고 **욕망**의 포로가 된다. … 나의 모든 감각이 살아 꿈틀거린다. …. 성공, 정복, 권력의 쾌감. 그 공포 서린 쾌감을 나는 느낄 수 있었다. …
> (진한 글씨는 소설 원문에서 강조)

　이 인용문에서 보듯이 격정으로서의 열정은 상당히 강렬한 정서를 가리킨다. 아울러 격정은 종종 혼란(disorganization)과 결부되기 때문에 대체로 부정적인 특성, 다소간 역기능적 특성을 가진 것으로 간주된다는 점도 기억할 필요가 있다.

사랑과 성적인 열정

주목할 만한 또 다른 대중적 의미의 열정은 열정적인 사랑이다. 대중들도 열정적인 사랑의 의미를 자주 써왔고 지금도 그렇다. 사람들은 '열정'이라는 단어를 '열정적인 사랑'으로 받아들이기도 한다. ≪로미오와 줄리엣≫에서부터 최근의 ≪트와일라잇 (Twilight)≫ 3부작에 이르기까지 수많은 연극과 영화는 열정적인 사랑을 그리고 있다.

이와 관련해서 열정의 대중적 의미에는 성적인 열정도 있다. 성적인 열정은 성행위를 원하는 정서 상태를 가리킨다. 사람에 따라서는 성적인 열정을 열정적인 사랑과 같은 것으로 보기도 하지만, 이 두 가지 구인은 중요한 차이가 있다. 예를 들어 성적인 열정은 특정한 유형의 활동에 대한 열정을 가리키며, 그것은 사랑하는 사람을 대상으로 할 수도 있고 그렇지 않을 수도 있다. 실제로 성적인 열정은 바람을 피우거나 심지어 혼자서 성적 행위를 하도록 이끌 수도 있다. 따라서 성적인 열정은 열정적인 사랑과는 구분된다 (이 문제에 대해서는 Philippe et al. 2014 참조).

활동에 대한 사랑으로서의 열정

열정의 마지막 의미는 활동, 사물, 개념에 대한 강한(또는 사랑에 이르는) 선호이다. 피아노에 열정이 있는 사람은 피아노를 연주하는 일을 '사랑한다'라고 말할 것이고, 축구를 '좋아하는' 10대는 축구에 열정이 있다고 말할 것이다. 농구계의 전설 제리 웨스트 (Jerry West)는 2010년, 72세의 나이에 미국프로농구(NBA) 골든스테이트 워리어스 (Golden State Warriors)의 컨설턴트로 일했다. 그는 은퇴 후에 다시 참여한 이유에 대해 이렇게 말했다. "농구에 대한 나의 뜨거운 열정이 아직 식지 않았다." 따라서 활동에 대한 사랑은 '열정'의 중요한 의미를 담고 있다. 다음 장에서 볼 수 있듯이 이 의미는 현대적인 관점에 더 가까우며, 오늘날 일반인뿐만 아니라 심리학자들이 가장 많이 사용한다. 2장에서 우리는 열정이 단순히 활동에 대한 사랑 이상임을 살펴볼 것이다. 열정은 활동에 대한 높은 가치화(valuation)와 중요한 헌신을 포함한다. 이러한 열정의 정의는 활동뿐만 아니라 사물, 대의, 이상(理想), 그리고 타인에게까지 확장된다.

열정에 대한 과학적 연구의 중요성

방금 살펴본 것처럼 열정은 다양한 방식으로 이해될 수 있다. 이러한 개념들이 모두 열정을 나타내는 것인가? 서로 다른 개념들이 하나의 동일한 열정을 나타낼 수 있는가? 열정의 효과는 무엇인가? 열정은 사람들에게 이로운가 아니면 해로운가? 열정의 대중적 개념만을 가지고는 이러한 질문에 답할 수 없다. 위 질문에 타당한 대답을 얻기 위해서는 열정 개념에 일관성을 부여하여 과학적인 연구를 진행해야 한다. 과학적으로 열정에 접근하는 것이 중요한 이유들은 그 밖에도 더 있다. 이하에서 몇 가지를 살펴보기로 한다.

개인의 삶에 편재해 있는 열정

열정은 곳곳에서 발견된다. 열정은 신문, TV, 라디오, 광고, 다른 사람의 행동에 대한 이야기 등 어디에서나 나타나고, 모든 사람이 열정에 대해 이야기한다. '열정'이라는 단어가 대중성을 갖는 한 가지 이유는 그것이 우리 인생의 모든 측면에 스며들어 있기 때문이다. <표 1.1>은 유명한 인물들이 남긴 열정에 대한 명언이다. 여기서 알 수 있듯이 열정은 일, 대인관계, 학문, 정치, 예술과 오락, 스포츠 등 다양한 분야에서 중요하다. 그리고 열정이 중요하다고 말하는 사람들은 모두 자신의 분야에서 변화를 일으킨 사람들이다. 록가수 존 본 조비(Jon Bon Jovi), 작가 에드거 앨런 포(Edgar Allan Poe), 과학자 알버트 아인슈타인(Albert Einstein), 애플 창업자 겸 CEO 스티브 잡스(Steve Jobs), 사업가 도널드 트럼프(Donald Trump),[2] 골프선수 타이거 우즈(Tiger Woods). 이들은 열정 덕택에 성공적인 결과를 얻을 수 있다고 주장한다. 예를 들어 스티브 잡스는 열정이 끈기를 유지하게 하는 역할을 강조하고, 비즈니스계의 거물 도널드 트럼프는 에너지를 가지는 것이 중요하다고 강조한다. 아인슈타인과 토니 로빈스(Tony Robbins)[3]는 열정이 창의성에 중요한 역할을 한다고 하였으며, 타이거 우즈는 열정이 높은 성적을 얻게 해주었다고 말했다.

---

2) Donald Trump(1946-). 트럼프 기업 前 대표이사 회장. 제45대 미국 대통령(2017-2021).

3) Anthony Robbins(1960-). 미국의 작가, 자기계발 및 동기 부여 연사. 국내에도 주로 금융 분야 자기계발서가 번역, 출간되어 있음. 『머니: 부의 거인들이 밝히는 7단계 비밀(Money Master the Game)』, 『네 안에 잠든 거인을 깨워라: 무한 경쟁시대의 최고 지침서(Awaken the Giant Within)』 등.

표 1.1 열정에 대한 유명인사의 발언들

영역	인물	인용
음악, 미술, 연예	존 본 조비	"열정만큼 중요한 것은 없다. 인생에서 무엇을 하든, 열정적으로 하라." Nothing is as important as passion. No matter what you want to do with your life, be passionate.
	에드거 앨런 포	"내게 시는 목적이 아니라 열정이다." With me, poetry has no purpose, but a passion.
사업	스티브 잡스	"(사람들이) 진심으로 원해서 회사를 세우지 않으면 운도 따르지 않는다. 열정이 없다면 정말 하기 힘든 일이어서 곧 포기하고 만다." If (people) don't really want to build a company, they won't luck into it. That's because it's so hard that if you don't have a passion, you'll give up.
	도널드 트럼프	"열정 없이는 에너지도 없다. 에너지 없이는 얻는 것도 없다." Without passion, you don't have energy, without energy, you have nothing.
	토니 로빈스	"열정은 천재를 낳는다." Passion is the genesis of genius.
대인관계	코코 샤넬	"열정을 품었다면 문밖으로 나가라. 열정을 느끼면 뛰쳐나가야 한다. 열정이 사라지면 남는 것은 지루함뿐이다." Jump out the window if you are the object of passion. Flee it if you feel it. Passion goes, boredom remains.
과학	알버트 아인슈타인	"나에게 특별한 재능이 있는 것이 아니다. 있다면 열정적인 호기심뿐이다." I have no special talents. I am only passionately curious.
정치	폴 웰스톤[4]	"열정을 가지고 우리나라를 더 좋은 곳으로 만들기 위해 노력하는 사람들, 그들의 손에 미래가 있다." The future will belong to those who have a passion and are willing to work hard to make our country better.
	윌리엄 고드윈[5]	"혁명은 냉정하고 평온한 이성이 아니라 열정으로부터 나온다." Revolutions are the product of passion, not of sober and tranquil reason.
환경	데이비드 스즈키[6]	"열정 없이는 변화가 있을 수 없다." Without passion, change is not possible.

---

4) Paul Wellstone(1944-2002). 미국의 민주당 상원의원. 소수민족과 극빈층을 위한 시민운동(Grassroots campaign)을 포함해서 농민, 노동조합 등 다양한 복지 관련 정책을 주도함. 상원 3선에 도전하다가 비행기 추락사고로 사망.

영역	인물	인용
스포츠	타이거 우즈	"홀컵에 빨려 들어간 공을 빼어들고 경쟁자를 이기는 그 순간, 나는 그때를 사랑하고 열정을 불태운다." I have a love and a passion for getting the ball in the hole and beating these guys.
	에릭 칸토나[7]	"만약 당신 인생에 열정이 있다면, … 그래서 그것 말고 모든 것을 제쳐놓는다면, 상당히 위험한 일이다. 그 활동을 멈추는 순간 당신은 죽은 것이나 마찬가지이기 때문이다. 활동이 멈추면 심장도 뛰지 않는다." If you have a passion in life … and you pursue it to the exclusion of everything else, it becomes dangerous. When you stop doing this activity it is as though you are dying. Death of the activity is death in itself.
	국제올림픽위원회	2006년 올림픽 표어: "여기 열정이 살아 있다." Passion lives here.

그러나 열정은 부정적인 결과도 가져올 수 있다. 예를 들어 타이거 우즈는 골프에 대한 열정으로 경기에서 탁월한 성적을 올렸다. 그러나 (불륜과 엮인) 성적인 열정 때문에 골프에서 부진하게 되고, 결국 결혼생활도 내리막길을 걷다가 파경을 맞았다. 우리가 기억하는, 고인이 된 유명한 디자이너 코코 샤넬(Coco Chanel)도 사랑하는 사람과의 관계에 대한 열정 때문에 정서적 고통을 겪었다. 마지막으로 정치 철학자 윌리엄 고드윈 (William Godwin)의 말처럼 사회 전체 수준에서 보자면, 혁명과 그로 비롯되는 부정적인 결과는 이성이 아닌 열정으로부터 온다.

요약하자면, 그렇기 때문에 열정은 삶과 떼려야 뗄 수 없는, 긍정적이기도 하고 부정적이기도 한 여러 가지 과정과 결과에 필수적이다. 열정에 대해 알게 되는 것은 개인의

---

5) William Godwin(1756-1836). 영국의 정치철학자. 보수주의자 에드먼드 버크의 프랑스 혁명 비판에 대한 재비판에 해당하는 『정치적 정의』의 저자이자, 여성운동가 메리 울스턴크래프트의 남편으로 유명함. (저자는 William Goodwin으로 적었으나, 인용한 문구나 이어지는 문단으로 볼 때 William Godwin을 잘못 표기한 것임.)

6) David Suzuki(1936-). 캐나다의 생물학자이자 방송인. 데이비드 스즈키 재단을 설립한 환경운동가로서 지구온난화에 대한 경고와 대중적인 환경보호 운동을 벌이고 있음. 국내에 『나무와 숲의 연대기(Tree: A life story)』, 『우리 아이들에게 어떤 세상을 물려줄 것인가(The David Suzuki Reader)』 등이 번역 출간됨.

7) Eric Cantona(1966-). 프랑스 올랭피크 마르세유를 거쳐, 잉글랜드 맨체스터 유나이티드에서 공격수로 활약한 프랑스 축구선수.

삶에서 일어나는 이러한 과정과 결과도 이해하게 한다.

개인을 이해하기 위해 중요한 열정

발러랜드 등(Vallerand et al. 2003 연구 1)이 실시한 열정에 대한 첫 번째 경험적 연구에서 약 84%에 해당하는 대부분의 참여자들은 특정 활동에 열정적이었다. 따라서 행복한 소수만이 아니라 절대 다수의 사람들은 열정을 가지고 있다. 나아가 사람들은 다양한 활동에 열정을 가진다. 발러랜드 등의 연구에서 500명 이상의 대학생 참여자들은 150개가 넘는 활동 중 하나에 대해 적어도 보통 수준 이상의 열정적인 태도를 보였다. 스포츠, 악기 연주, 독서, 친구들과의 교제 등 활동의 종류도 다양했다. 또한 이들이 어쩌다 한두 번 그런 활동에 참여하는 것이 아니라 1주일에 평균 8시간 이상을 규칙적으로 그 활동에 참여한다는 사실에 주목할 필요가 있다.

요약하자면 우리는 열정 연구를 통해 사람들의 열정에 대해 알게 될 뿐만 아니라 깊은 관심을 가지고 활동에 참여할 때 무엇을 느끼고 생각하고 행동하는지도 알게 된다. 즉 열정 연구를 통해 우리는 개인의 삶 안으로 들어갈 수 있다. 그리하여 우리는 개인의 삶이 어떤 내용을 가지고 있으며 어떤 과정을 거치는지 알게 된다.

노력하는 사람들의 핵심요인인 열정

열정을 연구하면 개인의 삶을 이해할 수 있을 뿐만 아니라 높은 성취를 보이는 사람들이 실제로 무엇을 하고 있는지 잘 알게 된다. 특히 노력의 결과 남보다 뛰어나게 된 사람들은 그들의 열정 덕분에 그렇게 된 것이라 말할 수 있다. 앞서 철학자, 작가를 포함한 많은 사람들이 행위를 하고 행복을 얻는 다양한 결과에서 열정이 중요하다고 말했지만(<표 1.1> 참조) 오로지 심리학 연구만이 이것이 사실에 부합하는지 확인할 수 있다. 열정 연구는 개인의 최적 기능에 열정이 어떤 역할을 하는지 상식적인 수준을 넘어서 과학적으로 규명해줄 수 있다.

긍정심리학을 창시한 셀리그만과 칙센트미하이(Seligman & Csikszentmihalyi 2000)의 질문은 매우 간단했다. "사람들이 가장 가치 있게 살기 위해서는 어떻게 해야 하는가?" 이들은 기본적으로 사람들을 '행복하게' 만드는 문제에 관심이 있었다. 그들에 따르면,

심리학의 한 분야인 긍정심리학의 과제는 행복을 촉진시키는 요인을 과학적 연구를 통해 규명하는 것이다. '행복'의 정의는 수천 년 동안 논쟁을 불러온 복잡한 문제이다(Ryan & Deci 2001; Waterman 2013 참조). 8장에서 설명하겠지만, 행복을 보는 두 가지 관점은 쾌락으로 보는 관점과 에우다이모니아(eudaimonia)로 보는 관점이다. 간단히 말해서 첫 번째 입장에서 행복은 기분이 좋은 것이고, 두 번째 입장에서 행복은 심리적으로 성장하고 자신의 잠재가능성(에우다이모니아)에 다가가며 최적의 기능을 발휘하는 것이다. 그렇다면, 자신의 잠재가능성에 가까이 가고 행복해지는 길로 이끄는 요소는 무엇인가? 여러 가지 요인들이 밝혀졌지만(Peterson 2006 참조), 이 책에서는 의미 있는 활동(또는 사물, 사람)에 대해 열정을 갖는 것이 가치 있는 삶에 필요한 기쁨과 의미를 줄 수 있다는 것에 주목한다(Vallerand, Gousse-Lessard, & Verner-Filion 2011; Vallerand & Verner-Filion 2013). 실제로 악기를 연주하고자 하는 열정, 마음에 품은 대의를 향한 열정은 자아실현과 자아완성을 이끌 수 있다. 그렇기 때문에 우리는 열정 활동에 참여하면 기분이 좋아지고(쾌락적 관점), 활동을 잘하게 됨에 따라서 자기성장(에우다이모니아적 관점)을 할 수 있다. 또한 열정은 긍정정서, 몰입, 긍정적인 관계를 경험하게 하고 높은 수행과 그 밖의 결과들을 얻게 해준다. 달리 말해 열정은 삶에 의미와 목적을 주기 때문에 중요할 뿐만 아니라 긍정심리학이 말하는 행복(안녕감)을 촉진하는 심리적 과정에 도달할 수 있기 때문에 중요하다.

그러나 열정을 가졌으나 행복하지 않고 고통을 겪는 사람도 분명히 있다. 실제로 우리는 열정이 부정정서, 경직성, 강박적인 고집을 가져오며, 균형적이고 성공적인 삶을 방해한다는 것을 익히 알고 있다. 따라서 철학자들이 주장하는 것처럼 열정에는 개인에게 최선과 최악의 결과를 동시에 가져오는 이원성(duality)이 있다. 이 책에서는 이 이원성이 중요하게 다루어질 것이다. 열정이 결과에 미치는 긍정적인 영향과 부정적인 영향을 모두 다루기 때문이다. 그리고 이 이원성은 열정이라는 동전의 양면이며, 열정이 최적의 기능에 어떻게 기여하는지 혹은 방해하는지 이해하기 위해서는 양면을 모두 살펴보아야 한다.

열정 연구의 필요성

현 시점에서 심리학적 열정 연구에 대한 책은 여러 가지 이유로 필요하다. 첫째, 활동에 대한 열정을 다룬 현대적 연구는 발러랜드 등(2003)의 논문에서부터 시작되었다. 연구의 역사는 얼마 안 되었지만 심리학자들은 그간의 시간을 보상하기라도 하듯 많은 연구를 발표하였다. 그간 열정에 초점을 둔 연구는 직업, 스포츠, 교육, 음악, 예술, 관계, 정치, 종교 등에 대해 100건 이상이 수행되었다. 또한 이러한 연구들은 상관, 예측, 교차지연설계, 종단설계, 실험설계 등 다양한 연구방법을 채택했다. 마지막으로 10대에서 100세에 이르는 간호사, 코치, 운동선수, 음악가, 화가, 교사, 학생 등 다양한 연령과 다양한 분야에 걸쳐 전 세계 각국의 '실제 인물들'이 연구에 참여했다. 따라서 지난 10여 년간 이루어진 열정에 대한 수많은 연구들을 종합할 필요가 있다. 연구를 종합함으로써 우리가 지금 열정에 대해 알고 있는 것의 전체적인 개요를 파악할 수 있기 때문이다. 같은 이유로, 열정에 관한 현재의 지식을 확인하여 우리가 **모르는** 것이 무엇인지 파악함으로써 어떤 후속 연구가 필요한지 알 수 있다. 과학자들은 주어진 영역에서 연구 성과를 쌓아올리는 동시에 후속 연구를 위한 길을 제시한다. 따라서 열정에 관한 책을 통해 열정 연구가 필요한 다른 영역들을 제안할 필요가 있다. 이것이 이 책이 필요한 두 번째 이유이다.

셋째, 열정에 대한 현재의 연구 대부분은 열정이원론 모델(DMP; Vallerand 2010, 2012a; Vallerand et al. 2003; Vallerand & Houlfort 2003)을 기반으로 수행되었다. 3장에서 논의하겠지만, 이 모델은 열정을 결정하는 요소들과 열정의 결과를 이해하기 위한 틀을 제공한다. 아울러 이 모델은 적응적인 열정과 덜 적응적인 열정이 존재한다고 가정한다. 현재 열정에 관한 많은 연구가 열정이원론 모델에 기반하기 때문에, 이 모델이 얼마나 타당한지 알아볼 필요가 있다. 즉 이 모델에 의해 설명되는 부분과 설명되지 않는 부분, 부족한 부분을 확인함으로써 우리는 모델의 타당성을 더 높이고 향후 연구의 방향을 재조정할 수 있다. 그리하여 결국 우리는 열정 구인에 대해 더 포괄적인 지식을 얻게 될 것이다.

이처럼 열정에 대한 과학적 연구가 중요한 이유, 이 시점에서 열정에 관한 심리학 책이 꼭 필요한 이유는 충분하다. 이하에서는 이 책의 개요를 제시하고자 한다.

이 책의 내용

이 책의 목적은 열정이원론을 자세히 제시하고 이를 바탕으로 열정의 심리학에 대해 지금까지 밝혀진 연구결과들을 종합하는 것이다. 이 책은 크게 5부로 구성되어 있다. I부의 다음 장(2장)에서는 우선 열정 개념의 역사를 간단히 살펴본다. 열정 개념의 역사에서는 철학에서의 논의를 먼저 다루고 이어서 현대적 관점을 포함한 심리학에서의 논의를 다룬다. 2장에서는 또한 열정의 이원성 및 열정의 적응적인 결과, 적응에 못 미치는 결과, 심지어 부적응적인 결과를 모두 제시하고, 이원론으로 정의된 열정과 유사한 구인들을 비교한다.

II부는 이론 및 방법론에 초점을 맞추고 있다. 3장에서는 심리학에서 열정 연구의 기본이 된 이론적 틀, 한마디로 열정이원론을 제시한다. 열정이원론은 활동에 참여하는 서로 다른 양태의 열정과, 그에 따라 서로 다른 결과를 가져오는 조화열정과 강박열정이라는 두 가지 열정의 존재를 가정한다. 조화열정은 자신이 사랑하는 활동에 스스로 선택하여 참여한다고 느끼며 강박열정보다 적응적인 결과를 가져온다. 강박열정은 자신이 사랑하는 활동에 내적인 압력을 느끼며 참여한다. 이렇게 보면 열정이원론에서는 철학자들이 제기한 역설, 즉 열정이 표면상 긍정적이기도 하고 부정적이기도 한 결과를 가져온다는 역설이 해명된다. 4장에서는 열정 연구와 관련된 방법론을 다룬다. 이 장에서는 열정 척도의 개발과 검증 결과를 제시하며, 열정 척도가 여러 활동에서 두 유형의 열정을 측정하는 타당하고 신뢰할 수 있는 도구임을 증명할 것이다. 이어서 조화열정과 강박열정의 실험 조작(또는 유도)과 같은 방법론에 대해서도 언급한다. 5장에서는 열정의 발달과 변화 양상에 대해 설명한다. 특정 활동에 대한 새로운 열정은 어떻게 발달하는지, 그리고 이 발달과 관련된 요소들은 무엇인지 먼저 제시하고, 이어 사회적, 개인적 요인이 이미 개발된 열정을 유지하거나 수정하는 데 어떤 역할을 하는지 논의한다.

이어지는 III부, IV부는 다양한 현상과 결과를 낳는 열정의 역할을 자세히 살펴본다. III부에서는 열정의 내적 결과에 대한 연구를 다룬다. 먼저 6장에서 인지적 과정과 결과에서 열정의 역할을 다룬 논문을 검토하고, 집중, 몰입, 반추, 인지적 갈등, 의사결정 등과 같은 구인에서 열정의 역할에 대해 논의한다. 7장에서는 정서적 경험에서 열정의 역할을 자세히 검토한다. 여기서는 열정을 우선 정서(emotion)[8]와 구분하고, 이어서 정서

---

8) 저자는 'affect'와 'emotion'을 구분하여 사용하지 않고 있다. 따라서 이 책에서는 7장(열정과 정서)에 나오

를 정의한 다음 그 기능을 소개한다(이 기능들은 이후의 장에서 다시 논의된다). 이어 다양한 조건에서 긍정정서와 부정정서에 대한 열정의 영향을 살펴본다. 8장에서는 심리적 행복에 대한 열정의 역할을 다룬다. 조화열정을 가지게 되면 개인의 심리적 행복이 지속되는 긍정적인 효과를 가지게 되지만, 강박열정을 가지게 되면 대개 이러한 긍정적인 효과가 잘 일어나지 않는다. 9장에서는 신체적 건강의 문제를 다루면서 열정이 건강에 미치는 적응적인 효과와 덜 적응적인 효과를 논의한다. 마지막 10장에서는 높은 수행과 창의성에 대한 열정의 역할을 다루는데, 열정은 최고 수준의 수행에 도달하기 위해 필요한 조건이며 두 유형의 열정은 서로 다른 심리적 과정을 통해 여기에 기여할 수 있다. 아울러, 비록 두 열정이 모두 창의성을 촉진시킬 수 있지만, 전반적으로 조화열정이 강박열정보다 더 큰 역할을 한다.

IV부에서는 열정이 타인과의 관계에 미치는 결과를 다룬 연구를 설명한다. 11장은 우정, 연애 등 친밀한 관계를 포함한 대인관계 연구에 초점을 맞추고 있다. 여기서는 열정과 공격적, 적대적 행동의 연관성도 논의한다. 12장은 정치, 종교, 환경 등 다양한 영역에서 추구되는 대의를 위한 열정이 어떤 역할을 하는지 탐구하며 열정의 집단 간 결과와 사회적 결과에 대해 논의한다. 비록 두 유형의 열정이 어떤 대의에 대해 사회적으로 긍정적인 결과를 가져올 수 있으나, 조화열정이 보다 적응적인 효과가 있는 반면 강박열정은 덜 긍정적이고 때로는 부적응적인 효과가 있다.

열정 연구는 이제 시작 단계이고, 그래서 더욱 흥미진진하다. 앞으로 알아내야 할 것들이 많이 있기 때문이다. 그래서 V부, 이 책의 마지막 13장에서는 향후 연구를 위한 결론과 방향을 제시하고자 한다. 이 책에서 제안한 것들이 열정의 모든 것을 아우를 수는 없지만, 독자들이 곰곰이 생각해볼만한 흥미로운 생각과 후속 연구가 가져다줄 선물을 확인할 수 있을 것이다.

는 칸트의 논의를 제외하고는 두 단어 모두 '정서'로 번역하였다('feeling'은 '감정' 혹은 '느낌'으로 번역함).

열정 개념의 역사와 정의

A History and Definition of Passion

우리는 1장에서 열정이 삶의 어디에나 스며들어 있음을 살펴보았다. 열정은 우리 주변에서 쉽게 찾아볼 수 있고, 다양한 **대중적** 의미로 쓰이고 있다. 그러나 학문적으로 이 개념은 어떻게 정의될 수 있는가? 이 장에서는 철학과 심리학의 측면에서 열정의 정의를 간략히 살펴본 다음 열정 구인의 새로운 정의를 제안하고, 마지막으로 이 정의에 의거하여 열정이 다른 심리적 구인과 어떻게 다른지 비교해본다.

열정에 대한 과학적 연구

역사를 살펴보면 심리학의 어떤 개념이든 그것이 확정적인 의미로 쓰인 적은 없다. 열정도 마찬가지이다. 사실 열정 구인은 오랜 기간 서로 다른 의미로 쓰였기 때문에 역사적인 검토가 더 복잡하다(Solomon 2000 참조). 예를 들어 열정을 정서와 같은 것으로 본 학자들에 의해 상황은 더 불명확해졌다. 나아가 학자들은 몇백 년 동안 서로 다른 언어로 이 구인을 연구해왔기 때문에 의미의 차이 또한 발생하였다. 아놀드(Arnold 1968)가 강조하듯 프랑스어, 영어, 독일어 등 어떤 언어를 사용하느냐에 따라 '정서'라는 구인의 기능과 그와 관련된 문화가 다르다. 따라서 열정에 관한 과거의 연구를 검토하는 일은 쉽지 않다. 그럼에도 불구하고 이 일은 분명 필요하다. 이하에서는 오랫동안 열정 개념이 어떻게 연구되었는지 간략히 설명하되, 먼저 철학적 관점부터 시작하여 심리학적 관점으로 넘어가겠다.

철학에서 열정 연구

열정에 관한 철학 연구는 몇천 년을 거슬러 올라간다(Rony 1990). 이하에서 살펴보겠지만 열정에 대한 연구는 다방면에서 이루어졌으며, 열정을 경멸하는 입장부터 열정을 통제하려는 입장, 열정을 찬양하는 입장에 이르기까지 다양하다.

고대 그리스에서 플라톤과 아리스토텔레스에 이르기까지

고대 그리스에서 소위 '학자(scholars)'들은 열정의 기원에 대해 깊이 생각하지 않았다. 신이 열정을 준다고 생각했기 때문이다. 예를 들어 호메로스(Homer)의 『일리아드(*Illiad*)』에서 아가멤논(Agamemnon)이 아킬레우스(Achilles)의 정부(情婦)를 데려갈 때 신은 그의 화를 억누른다. 구약성경에서 하느님은 신을 거역하는 자들에게 혼란스러운 징서를 주입한다. "여호와께서 또 너를 미치는 것과 눈머는 것과 정신병으로 치시리니"(신명기 28:28, Hunt 1993, p. 4). 이처럼 열정은 신이 내려주는 것이기 때문에 당연히 인간의 통제를 벗어나 있었다.

기원전 6세기 무렵부터 인간의 사고와 정서는 신에 의한 것이 아니라 인간의 본성에 의한 것이라는 생각이 나타나기 시작했다. 예를 들어 인도의 부처는 신이 아니라 육체적 감각이 우리의 사고에 영향을 미친다는 사실을 강조하였다. 이와 유사하게 중국의 공자도 "어디를 가든지 마음을 다해 가라"는, 열정을 떠올릴 수 있는 명언을 남겼다.

그 뒤 그리스의 솔론(Solon)이나 탈레스(Thales) 같은 시인과 철학자들은 "마음이 열정을 지배하는가 아니면 그 반대인가"와 같은 '심리적 질문'을 던지기 시작했다. 그들은 '합리적' 마음과 개인적 지식이 인간의 열정과 그에 뒤따르는 행동을 통제하는 데 중요한 역할을 한다고 보았다. 이러한 철학자들은 대개 열정을 조절되지 않는 형태의 에너지로 보았다. 플라톤(Plato, 기원전 427-348)은 이성이 결여되고 통제할 수 없는 수동적 상태를 열정으로 보았기 때문에 열정을 '나쁜' 것으로 간주했다. 플라톤은 열정이 이성의 반대 입장이라고 보았고 이성을 무효화한다고 주장했다. 이 관점에 따르면 우리 각자는 자신의 열정을 조심해야 한다. 플라톤이 보기에 이 통제불가능한 형태의 에너지는 비합리적이고 비이성적 행동을 하게끔 만든다. 따라서 열정은 이해가 가능하도록 하는 (합리적 차원의) 일과, 분별 있게 행동하도록 하는 (도덕적 차원의) 일에 모두 부정적인 영향을 미친다. 아리스토텔레스(Aristotle, 기원전 384-322) 역시 열정이 이성의 결여를 의미하므로 열정을 조심해야 한다는 플라톤의 견해에 동의한다. 그는 열정이 경험에서 나오는 인간적 특성을 대표하는 것이기 때문에 반드시 나쁘다고 보지는 않았다. 그러므로 열정을 부끄러워할 필요는 없지만, 열정을 통제해야 한다는 사실은 변함이 없다.

스토아학파, 에피쿠로스학파, 회의학파

다음 시대에는 세 가지 새로운 학파가 열정에 대한 철학 연구를 이어받았다. 첫 번째 스토아학파(the Stoics)는 플라톤의 관점을 따라 열정은 나쁜 것이며 의지를 가지고 통제해야 한다고 보았다. 이 학파는 열정과 악행을 결부시켰고, 스토아학파의 대표자인 제논(Zenon de Citio, 기원전 334-262)은 열정이 인간에게 해롭다고 비판하고 열정을 경험하는 것을 막고자 했다. 두 번째 에피쿠로스학파(the Epicureans)는 열정이 모두 나쁜 것은 아니며, 어떤 열정은 좋은 것이라고 보았다. 이 학파는 "쾌락은 행복한 삶의 시작이자 끝이다"라고 본 에피쿠로스(Epicurus, 기원전 341-270)에서 시작한다(Hunt 1993, p. 37). 그렇다고 해서 모든 쾌락이 동등하다는 뜻은 아니다. 에피쿠로스는 보다 온건한 쾌락의 추구를 옹호했으며, 실제로 성생활, 식탐, 권력과 같은 강렬한 쾌락에 대해서는 반대하였다. 에피쿠로스학파는 열정을 크게 쾌락과 고통으로 분류하고 이들이 우리가 어떤 사물을 추구하거나 회피하게 한다고 보았다. 이 점은 흥미롭다. 이후 두 가지 열정의 구분은 역사에서 반복해서 나타난다. 마지막으로 회의학파(the Skeptics)에서는 우리의 감각이 실재를 정확하게 반영하는 것이 아니므로 신뢰해서는 안 된다고 주장했다. 즉 열정은 잘못된 판단을 나타낸다. 대표자인 피론(Pyrrho, 기원전 360-270)은 우리의 생각조차 믿을 수 없다고 주장하였다. 그러나 만약 그렇다고 한다면, 피해야 할 열정을 통제하고자 하는 자신의 생각, 이 생각 자체는 도대체 어떻게 믿을 수 있겠는가?

스토아학파의 관점은 그리스에 이어 세계를 지배한 로마인들에게 환영받았다. 아마도 로마인들의 엄격한 생활양식에 적합했기 때문일 것이다. 세네카(Seneca, 기원전 3-기원후 65)나 에픽테투스(Epictetus, 기원후 60-120)와 같은 철학자들은 열정을 거부하고 금욕을 추구하며 자신의 상황을 그대로 받아들이라고 권한다. 로마 황제 마르쿠스 아우렐리우스(Marcus Aurelius)의 주치의였던 그리스인 갈레노스(Galen, 기원후 130-201)는 이 학파에 속한 흥미로운 인물이다. 그는 『영혼이 가진 열정의 진단과 치료법(*The Diagnosis and Cure of the Soul's Passion*)』을 썼는데, 이 책에서 그는 플라톤과 아리스토텔레스의 사상을 따라 이성을 가지고 열정을 통제해야 한다고 조언하였다. 갈레노스는 플라톤처럼 열정을 두 가지 큰 범주로 분류하였는데, 탐욕의 열정(concupiscent passion, 욕구와 쾌락을 만족시키려는 욕망)과 분발의 열정(irascible passion, 욕구와 쾌락의 충족에 장애가 되는 것을 극복하려는 욕망)이 그것이다.[1]

아우구스티누스와 아퀴나스

이후의 열정 연구에서는 플라톤의 사상과 기독교 사상을 접목하는 데 집중했다. 성 아우구스티누스(Augustinus, 354-430)는 가장 대표적인 인물이다. 아우구스티누스가 가톨릭 교회의 교리 정립을 주도한 권위자이며 몇백 년에 걸쳐 중요한 인물이었다는 사실은 플라톤의 사상 역시 이 시기에 중요하게 취급되었음을 뜻한다. 그는 '자유의지'(선택을 하는 인간의 능력)를, 열정을 통제하기 위해 이성을 구사하도록 신이 인간에게 준 능력이라고 보았다. 이러한 입장은 현대 기독교에도 남아 있다. 또한 아우구스티누스는 갈레노스가 말한 탐욕의 열정과 분발의 열정도 그대로 구분하고 있다.

이성에 의해 열정을 통제하는 것이 중요하다는 성 아우구스티누스의 관점은 성 토마스 아퀴나스(Thomas Aquinas, 1225-1274)가 등장하기 전까지 서양 사회를 지배했다. 아퀴나스는 이탈리아 부유층 출신의 도미니크 수도회 수사였다. 그는 신학 박사학위를 취득하고 아리스토텔레스의 저술을 기독교에 접목시키는 한편 갈레노스와 아우구스티누스(따라서 플라톤)의 사상에도 여지를 남겼다. 아퀴나스는 아리스토텔레스와 같이 인간이 경험으로부터 관념을 도출한다는 입장(마음은 태어날 때부터 백지 상태라는 입장)을 받아들였고, 플라톤과 달리 인간에게 선천적 관념이 있다는 것을 부정하였다. 여기서 우리의 논의와 관련하여 중요한 점은, 경험과 함께 열정 즉 우리가 좋아하는 대상에 대한 욕망(desire)이 생겨난다는 것이다. 아퀴나스는 플라톤의 사유 방식을 따라 욕구나 열정에 대한 갈레노스의 입장을 확장시켰다. 앞서 언급했듯 갈레노스는 두 가지 열정 즉 탐욕의 열정과 분발의 열정이 있다고 주장했는데, 아퀴나스에 따르면 후자의 열정은 전

---

1) '탐욕의 열정(concupiscent passion)'과 '분발의 열정(irascible passion)'을 플라톤 철학에서 대응하는 용어로 번역하면 각각 '욕망'과 '기개'이다. 플라톤의 『국가론』에 의하면 영혼은 크게 욕망(*epithymiua*, appetite), 기개(*thymos*, passion), 이성(*nous*, reason)으로 구분되고, 각각을 대표하는 사회적 인간상이 생산자, 수호자, 철학자로 제시되고 있다(cf. *Republic*, 439 이하). 통상적으로는 기개를 열정과 동일한 뜻으로 해석하나, 저자는 이런 해석과 달리 욕망, 기개를 모두 열정으로 보고 욕망을 탐욕의 열정, 기개를 분발의 열정이라고 설명한다.

자의 열정을 완성한다. 왜냐하면 분발의 열정은 욕구 충족을 위한 장애물을 극복하게 해줌으로써 탐욕의 열정이 목표에 도달하도록 하기 때문이다. 아퀴나스는 아리스토텔레스와 마찬가지로 열정을 경험하는 것은 인간적인 특성이며 이를 벗어날 수 없다고 하였다. 그러나 자유의지는 우리가 이런 열정들을 가지고 무엇을 할 것인지 선택하는 것을 돕는다. 자유의지는 올바른 지식과 이해를 통해서 우리가 적절한 것을 추구하고 부적절한 것을 회피하도록 한다. 우리가 부적절한 것을 추구한다면 우리의 지식이 잘못되었거나 적어도 불완전하기 때문이다. 그러므로 우리는 인간적 경험과 신적 계시를 통해 얻을 수 있는 올바른 지식을 가지고 자유의지를 구사할 때 열정을 통제할 수 있다. 아퀴나스에 따르면 열정은 이성에 의해서 통제되느냐 아니냐에 따라 선하기도 악하기도 한 것이다. "영혼의 열정이 이성의 질서를 벗어나면 그것은 죄를 향해 간다. 열정이 이성의 지시에 따르면 그것은 미덕에 속한다."

르네 데카르트

르네 데카르트(René Descartes, 1596-1650)는 『정념론(*Les Passions de l'âme*)』(1649/1972)에서 아리스토텔레스, 아퀴나스와 같은 결론을 제시하였다. 열정은 인간 존재의 일부이기 때문에 경험에서 열정을 소거하는 것은 불가능하다. 데카르트가 보기에 열정은 영혼에서 경험되지만 육체에서 '준비'된다. 심신이원론을 계승한 데카르트는 열정을 '육체의 동물적 정신에 의해서 야기된 영혼의 혼란'으로 보았다(Descartes 1961, p. 122). 데카르트에 의하면 "사랑은 정신의 운동에 의해서 일어난 영혼의 열정이다. 이 운동 때문에 기분 좋게 보이는 대상들에 자발적으로 결합하도록 자극받는다." 그러므로 데카르트가 보기에 열정의 핵심은 심신의 상호작용이다. 육체는 자극에 반응하고 영혼이 모종의 열정을 경험하도록 유도한다. 그리고 영혼은 자유의지를 통해서 그 대상을 추구할지 말지를 의식적으로 결정한다. 자유의지는 적절한 대상들을 추구하도록 이끈다. 그러나 만약 우리가 적절하지 않은 대상을 추구한다면 영혼의 잘못 때문이 아니며, 데카르트에 의하면 이러한 행동은 열정이 너무 강렬하여 영혼의 통제를 벗어났기 때문이다. 데카르트는 열정이란 강렬한 충동 또는 이성의 결여를 뜻한다고 보았으며, 이 충동이 우리를 속이고 비합리적으로 행동하게 할 수 있기 때문에 조심해야 한다고 주장한다.

데카르트는 사랑, 증오, 욕구, 기쁨, 슬픔, 경외, 이렇게 여섯 가지 원초적 형태의 열정을 구분하였다. 여기서 알 수 있듯이, 데카르트는 오늘날 과학적으로 연구되는 '정서'를 염두에 두고 있다. 그는 열정이 인간에게 꼭 나쁜 것만은 아니라고 덧붙인다. 이 점은 매우 중요하다. 사실 아퀴나스의 의견과 같이, 데카르트는 열정이 이성에 의해서 통제된다면 인간에게 이로울 수 있다고 보았다. 그는 용기(courage)와 만용(temerity)을 예로 들었는데, 용기와 만용은 둘 다 역경에 맞서는 높은 수준의 에너지와 관련 있지만 서로 다르다. 용기는 우리가 통제할 수 있기 때문에 좋은 것이지만, 만용은 통제되지 못하고 지나친 행동을 하게 하여 우리를 곤경에 빠뜨릴 수 있다. 나아가 데카르트는 좋은 열정과 나쁜 열정을 구분하고 이를 따르는 것이 인간의 의무라고 보았고, 좋은 열정과 나쁜 열정의 목록을 만들라고 제안하였다. 데카르트가 선택의 자유를 통해서 열정을 길들일 수 있다고 믿었다는 사실은 매우 흥미롭다. 이성에 의한 적절한 선택은 열정을 통제하는 데 도움이 되고 열정에 종속되지 않으며 열정으로부터 자유를 느끼게 한다.

이상의 논의는 데카르트가 '영혼의 열정'이라고 부른 개념에 담겨있다. 데카르트의 '영혼의 열정'은 아마도 오늘날 '정서'로 볼 수 있을 것이다. 그러나 데카르트의 저술에서는 '영혼의 내적 정서(les émotions intérieures de l'âme)'(Haldane & Ross 1972)라는, 열정과 관련된 흥미로운 정서 구인을 찾을 수 있다. 내적 정서는 "영혼 자신을 조회하면서(refer to) 스스로 원인이 되는 정서"[2]로 정의된다. 이 인용문에서 알 수 있듯 열정은 육체적 반응에서, 내적 정서는 육체가 아닌 영혼에서 일어난다. 내적 정서를 가지면 영혼은 대상의 표상을 스스로 창조해내고, 그 대상을 향해 어떤 정서를 생성해 내는 식으로 대상을 향한 행위 욕구를 만들어낸다. 그러므로 내적 정서는 정서를 경험하기 위해 육체를 자극하지 않고도 대상을 향해 행동하게 할 수 있다. 내적 정서는 대상이 육체에 미치는 영향에 의해 수동적으로 반응하지 않고 영혼 안에서 영혼의 내적 표상에 기초하여 (영혼이나 마음 안에 존재하는) 대상을 추구하도록 이끈다. 캐나다의 전설적인 포크 가수 고든 라잇풋(Gordon Lightfoot)은 73세의 나이에도 공연을 계속하는 이유에 대해 이렇게 말했다. "모든 것에는 기대하는 즐거움이 있습니다. … 나의 열정은 그것을 먹고 살아요. …" 짐작하다시피, 내적 정서는 '정서'라기보다는 현대적 개념의 '열정'에 훨씬 가깝다. 데카르트의 내적(또는 지적) 정서의 개념은 몇백 년 후 심리학자 리보(Ribot 1907)와 쥬생(Jussain 1928)이 말한 열정을 언급할 때 다시 인용된다.

---

2) 이하의 논의에서 알 수 있듯이, 정서는 대체로 외부의 자극에서 유래하지만, 아주 특수한 경우 영혼 스스로 어떤 표상을 만들어내고 그로부터 정서가 솟아나기도 한다. 가령 자부심, 대의 같은 내적 정서는 외부의 자극 없이 가능하다.

스피노자

스피노자(Spinoza, 1632-1677)는 열정을 길들여야 한다고 보았다. 열정은 흐릿한 상태여서 신을 따라야 하는 인생의 목표를 어긋나게 할 수 있기 때문이다. 사실 스피노자는 열정을 일종의 '속박'이라고 말했다. "열정을 다스리거나 억제할 수 없는 인간의 무능을 가리켜 나는 속박이라고 부른다. 통제해야 할 것에 종속된다면 자신의 주인이 되지 못하고 운에 좌우될 수밖에 없다. 이 경우 능력이 있는 사람이라 할지라도, 자신에게 더 좋은 것을 눈앞에 두고 더 나쁜 것을 따라가게 된다"(1677/1985). 스피노자는 이성이 열정을 통제할 수 있다고 보았다는 점에서 그리스 철학자들과 같다. 그러나 이성이 지배하면 열정은 수그러들기 때문에 스피노자가 보기에 이성 혹은 열정 둘 중의 하나만 존재하고 이 둘은 공존할 수 없다.

흥미롭게도 스피노자는 열정에 두 가지 유형이 존재한다고 보았다. 첫 번째 유형은 우리가 외부 세계에 수동적으로 반응할 때 일어나며 상처나 좌절감을 느끼게 한다. 대부분의 열정은 이 첫 번째 유형에 속한다. 두 번째 유형은 더 능동적인 열정으로, 인간 본성과 관련 있고 세계에 대한 올바른 지식으로부터 유래한다. 이러한 열정은 에너지와 각성 수준을 높이고 행복을 경험하게 한다. 즉 스피노자도 열정을 반드시 나쁜 것이라고 생각하지는 않았지만 이성을 더 우위에 두고 있음을 알 수 있다.

독일과 영국의 철학자

독일과 영국의 철학자들은 스피노자보다 열정에 대해 더 긍정적으로 기술한다. 예를 들어 로크(Locke, 1632-1704)와 라이프니츠(Leibniz, 1646-1716)는 열정이 능동적이라고 보았다. 열정은 단순히 인간이 경험하는 통제불가능한 상태를 가리키는 것이 아니라 방향과 노력을 수반하기 때문이다. 라이프니츠에 의하면 "열정은 만족도 쾌락도 의견도 아닌, … 쾌·불쾌를 동반하는 … 경향성이다." 같은 맥락에서 데이비드 흄(David Hume, 1711-1776)의 저술은 흥미롭다. 흄은 행위에서 이성과 윤리의 역할을 강조하는 한편 열정도 매우 중요하다고 보았다. 흄의 유명한 저서 『인간본성론(*A Treatise of Human Nature*)』의 상당 부분은 열정을 다루고 있다. 사실 흄이 (데카르트처럼) 열정을 육체의 움직임에서 비롯되는 '인상'으로 보았다는 사실에 주목하는 사람은 많지 않다. 열정은 유쾌하거나 불쾌하고, 이런 열정을 구분하는 것은 관념들의 인과적 연결망이다. 따라서 흄은 열정이 관념(예: "나는 해야 할 선행을 했다.")으로부터 비롯되며, 이어서 열정(예: "자부심을 느낀다.")이 다른 자기 관념(예: "나는 선한 사람이다.")을 일으킨다는 이론을 발전시켰다. 따라서 우리는 마음이 열정의 통제자만이 아니라 **생산자**(production) 역할을 한다는 것을 알 수 있다. 이 점에 대해서는 초기 심리학자들(리보와 쥬생)에서 다시 살펴볼 것이다.

또한 흄은 적절한 혹은 부적절한 행동의 동기가 되는 선한 열정과 악한 열정이 있다고 보았다. 스코틀랜드 철학자 애덤 스미스(Adam Smith, 1723-1790)와 마찬가지로 흄은 도덕적 행동에서 '도덕 감정(moral sentiments)'이 중요하다고 강조한다. 이들의 입장에 따르면, 동정심과 같은 도덕 감정은 인간의 사회적 존재 양식과 도덕성에 핵심 역할을 한다. 현대의 심리학자인 와이너(Weiner 1980)가 이와 유사한 입장을 취하는데, 그는 남을 돕는 행동이 동정심을 경험하게 한다고 보았다. 따라서 열정(이 경우 정서)은 적절한 도덕적 행동을 일으킬 수 있으므로 억제할 것이 아니라 오히려 촉진할 필요가 있다.

열정에 대한 논의에서 독일의 철학자인 임마누엘 칸트(Emmanuel Kant, 1724-1804)는 매우 중요한 공헌을 했다. 열정을 정서와 구분해서 독립된 개념으로 보기 시작했기 때문이다. 칸트 이전 대부분의 철학자들은 열정을 일종의 '정서'라고 믿었지만 칸트의 견해는 전혀 달랐다. 그가 보기에 정서는 본성상 일시적인 반면, 열정은 특정 대상과 관련하여 한 사람의 특징을 만들어내는, 본성상 지속적인 것이다. '정서'는 열정과 분명히 다르다. 전자는 감성(sentiments)을 가리키고 후자는 욕구의 기능을 가리킨다. … [전자인 정서는] 일시적이고 비이성적이며, [후자인 열정은] 지속적이고 이성적이다(Kant 1982, p. 108). 게다가 정서는 외부 자극에 반응하는 수동적인 것인 반면, 열정은 외부 자극 없이도 열정 자신으로부터 비롯되는 내적인 노력이 있다는 점에서 능동적이다. 칸트는 이 차이를 정서로서의 '화(upset)'와 열정으로서의 증오(hatred)를 대조함으로써 설명하였는데, 화는 분함(indignation)이고 증오는 복수하고자 하는 욕망(desire)이다. 마지막으로 칸트가 보기에 열정은 대상에 대한 비교적 항구적인 경향성이다. 게다가 열정을 가진 사람들은 그 대상에 대한 열정에 지배받게 되므로, 이 경향성은 배타적이고 소유적이다. 이처럼 칸트는 정서와 열정을 명확하게 구별하였고 열정을 현대적으로 정의하는 데 크게 기여했다.

낭만주의 철학자

스위스의 철학자 장 자크 루소(Jean-Jacques Rousseau, 1712-1778)를 대표로 하는 낭

만주의에서는 열정을 중요시했다. 루소는 그리스 철학자들과는 반대로 열정이 이성에 의해 통제될 수 없을 정도로 강력한 힘을 가지고 있다고 주장한다. 루소에 따르면 열정은 오직 또 다른 열정에 의해서만 통제될 수 있다. 프랑스의 철학자인 엘베시우스(Helvetius, 1715-1771)[3]는 열정이 계발될 수 있고, 이 열정의 계발은 지적 능력에서 매우 중요하다고 주장했다. "열정을 멈추는 순간 인간은 바보가 된다." 디드로(Didrot, 1713-1784)[4] 또한 열정은 적응적이고, 열정들 사이의 조화가 쾌락과 성취의 중요한 원천이 된다고 주장했다(Didrot 1746/1998).

헤겔(Hegel, 1770-1831) 역시 중요한 철학자이다. 헤겔은 열정을, 대상을 향해 명확한 과정을 보여주는 높은 수준의 에너지원으로 보았다. "열정은 … 인간이 오직 하나의 대상에만 에너지를 집중하도록 밀어붙인다. 사실 열정을 가지면 다른 모든 관심사는 옆으로 밀려난다." 헤겔은 이렇게 덧붙인다. "열정이 없이는 그 어떤 위대한 성취도 없다." 스탕달(Stendhal, 1783-1842)은 사람과 그가 품은 열정의 대상 사이의 이 독특한 관계를 아주 잘 묘사하고 있다. 그에 따르면, 대상에 대한 인식은 **결정화**(crystallization)[5]를 통해 변한다. 결정화란 평범한 대상이 열정을 품은 사람의 마음에서 특별해지는 변화를 말한다. 열정의 대상은 특별한 가치, 때로는 다른 무엇보다 소중한 가치를 부여받는다. 이후 실존주의자인 키르케고르(Kierkegaard, 1813-1855)는 이렇게 주장하였다. "존재한다는 것은 열정 없이는 불가능하다. 그저 말로만 있다는 의미가 아니라면 말이다." 프리드리히 니체(Friederick Nietzsche, 1844-1900)는 열정을 '친숙한' 것으로, 이성은 오히려 낯선 것으로 보았는데, 이러한 입장은 앞서 살펴본 고대 그리스 철학과 완전히 상반된 것이다.

결론

열정에 관한 철학적 관점의 역사를 간단히 살펴본 결과, 이 개념이 고대 그리스에서 1900년대 초까지 오랜 기간에 걸쳐 진화해왔음을 알 수 있다. 첫째, 열정 구인은 신이

---

3) 18세기 프랑스의 백과전서파에 속한 유물론, 감각주의 철학자. 대표작은 인간 정신의 백지 상태를 주장한 『인간론(De l'homme)』.
4) 18세기 프랑스에서 백과전서의 간행을 추진한 유물론, 감각주의 철학자. 문학이나 예술에서의 업적도 남겼다.
5) 프랑스 문학자 스탕달이 『연애론(De l'amour)』에서 사랑이 내면에서 일으키는 작용을 설명한 개념. 1818년 여름 잘츠부르크 소금 광산 근처를 여행하면서 소금결정에 다른 소금결정이 붙어가면서 점차 변형되는 것을 관찰한 결과를 인간관계의 비유로 삼은 것으로 유명하다.

부여한 통제불가능의 상태를 말했지만, 이후 다수의 정서 구인(정서, 감정, 감성 등)을 통합하는 확장된 개념으로, 그리고 의미를 가진 것으로 지각되는 특정한 대상을 향한 지속적인 노력을 의미하는 독립적 개념(칸트 참조)으로 진화했다. 둘째, 그리스 철학자들은 열정을 경멸하였지만 낭만주의자들은 열정을 찬양하기에 이르렀다. 셋째, 학자들은 열정이 높은 수준의 에너지를 제공한다는 점에 주목하면서도, 그 에너지가 긍정적인 혹은 부정적인 결과로 이어질 수 있다고 보았다. 이제 20세기에 들어서 심리학자들은 열정에 관한 과학적 연구를 시작하게 된다.

심리학에서의 열정 연구

열정에 대한 초기 심리학의 도외시

19세기 말에서 20세기 초까지 미국에서 그리고 심리학에서 '열정'이라는 단어는 찾아볼 수 없었다(Hilgard 1987 참조). 그 당시 철학에서는 이 용어를 자주 사용했으나 이후 심리학의 한 영역이 되는 실험 철학(experimental philosophy)에서조차 이 용어는 거의 쓰이지 않았다. 여기에는 적어도 세 가지의 이유가 있다. 첫째, 찰스 다윈(Charles Darwin 1872), 윌리엄 제임스(William James 1884)와 같이 이 분야에서 유명한 사람들은 정서의 개념을 오늘날의 우리와 마찬가지로 매우 날카롭게 분석하였던 것에 비해 '열정'이라는 단어를 직접 쓰지는 않았다. 따라서 다윈과 제임스는 열정보다는 정서의 개념에 주목한 것으로 볼 수 있다. 그들은 어떤 대상을 향한 인간의 선제적(proactive)인 노력보다 외부 환경에 대한 동물 및 인간의 정서적 반응(reaction)에 더 관심을 두고 있었다. 그들의 업적은 많은 관심을 불러일으켰고 심리학자들은 이들을 연구하기 시작했다. 이후의 심리학에서는 오늘날 '정서'라고 알려진 것에 초점을 두었고, (칸트 방식의) 열정에 관한 연구는 도외시되었다.

둘째, 역사적으로 열정과 정서의 사이에는 줄곧 혼동이 있었다. 심리학자들은 차츰 구인을 측정하는 것에 관심을 가지게 되었는데, 그들이 보기에 열정은 여러 가지 정서를 의미하는 추상적인 개념인 데 비해 정서는 보다 정확한 개념이었다. 이런 관점은 행동주의가 흥기하면서 더 강해졌다. 초기 행동주의자인 왓슨(Watson 1913)과 이후의 스키너(Skinner 1938)는 모든 내적 현상을 열 수 없는 (마음의) 블랙박스로 격하시켰다. 정서(적어도 정서적 행동)는 관찰할 수 있는 반면 열정은 관찰할 수 없다. 행동주의 관점에 따르면 열정은 본질적으로 너무 주관적이기 때문에 피해야 할 연구주제였고 이후의 심리학자들 역시 이 같은 관점을 따랐다.

심리학자들이 열정을 도외시한 마지막 이유는 그 당시 심리학에서 지배적이었던 정신분석 연구에 열정이 포함되지 않았기 때문이다. 예를 들어 프로이트(Freud, 1856-1939)는 자신의 이론에서 '열정'이라는 단어를 거의 사용하지 않았다. 그가 정신의 에너지로서 불안, 쾌락 원리, 정서와 같은 개념을 중요시했던 것을 감안할 때 이는 놀라운 일이다(Rapaport 1960). 그러나 프로이트는 어떤 활동에 열정적으로 관여함으로써 신체적 욕구의 불만족을 보상하는 보상 기제가 있고, 이 기제 때문에 어떤 대상에 대한 사랑이 발전한다고 말한다. 예를 들어 그가 보기에 레오나르도 다빈치(Leonardo da Vinci)는 성적인 열정을 독보적인 과학 연구의 열정으로 승화시켰다(Gay 1989). 그러나 프로이트는 이러한 열정적인 보상과 관련된 심리 기제를 자세히 설명하지 않았다. 이 문제는 5장 열정의 발달에서 다시 다룰 것이다. 결론적으로 20세기 초의 심리학은 열정 구인에 거의 관심을 기울이지 않았다.

지적 정서로서의 열정

20세기 초 유럽, 특히 프랑스에서 진행된 열정 연구에는 작은 진전이 있었다. 이는 실험이나 조사에 의한 연구는 아니었으며, 관찰, 대중 문학, 정교한 추론에 기초를 둔 내성 심리학(armchair psychology)[6]의 일종이었다. 리보(Ribot 1907)는 『열정론(Essai sur les Passions)』이라는 제목으로 열정만을 주제로 하는 책을 썼다. 통찰력이 담긴 이 책에서, 리보는 칸트와 마찬가지로 열정이 정서와 동의어가 아니라 정서에 반대되는 개념이라고 주장했다. 즉 정서는 대체로 강렬하고 짧게 지속되는 반면 열정은 정서적이라기보다 지적인 것으로, 매우 안정적이고 덜 강렬한 것으로 보았다. 데카르트의 '내적 정서'를 연상시키듯 리보는 열정을 "어떤 변형을 가져오는 지속적이고 장기적인 지적 정서"라고 정의했다. 리보에 따르면 열정에는 세 가지 주된 특징이 있다. '고정된' 관념 즉 대상이나 활동에 대한 명확하고 지속적인 목표, 몇 달 혹은 전 생애에 걸친 지속성, 목표나 대상을 향해 전개되는 에너지로서의 강렬함이 그것이다.

리보[7]는 얻고자 하는 대상에 따라 열정을 세 가지 유형으로 제시한다. (1) 개인의 보

---

6) 일상에서의 내성(internal observation)과 논리적 사고를 사용하는 주관적 심리학.

7) 1905년 로마에서 열린 국제심리학회에서 리보는 '열정' 개념을 정서와 구분하여 엄격하게 사용할 것을 제

존(conservation)과 관련된 열정(예: 식욕, 알코올 중독), (2) 의지 및 권력 등으로 나타나는 확장(expansion)과 관련된 열정(예: 도박, 모험 추구), (3) 공감하지 않는 열정(예: 증오). 그는 또한 대상에 접근하는 긍정적인 열정(예: 정치적 열정)과 대상에서 멀어지는 부정적이고 파괴적인 열정(예: 증오)을 구분하였다. 이어 그는 열정의 발달 원천을 외적 원인(환경, 타인)과 내적 원인(욕망, 사고)으로 나누어 분석하였다. 흥미롭게도, 리보는 흄과 마찬가지로 열정의 발달에 필요한 이성의 역할을 강조했다. 어떤 대상을 가치 있게 평가하고 열정적으로 추구하는 것은 추론과 성찰을 통해서이다. 이렇게 보면 이성은 열정에 봉사하는 것이며, 따라서 리보의 입장은 이성을 통해 열정을 통제해야 한다고 주장한 그리스 철학자들의 입장에서 벗어나 있다.

쥬생(Jussain 1928)은 리보의 주요 업적을 계승하고 이를 정교화하였다. 쥬생은 『인간열정론(Les Passions Humaines)』에서 리보와 마찬가지로 열정이 정서와 근본적으로 다르다고 본 칸트의 입장을 지지한다. 그는 "정서는 일시적인 마음의 상태인 반면 열정은 삶의 방식이다(p. 21)"라는 멋진 말을 했다. 이 말은, 열정이 통합적 기능을 하고 개인의 삶을 유목적적으로 안내한다는 것을 암시한다. 나아가 그는 열정이 혼란의 상태가 아니라 오히려 기능적 목적을 수행한다고 주장했다. 데카르트의 내적 정서나 리보의 열정 개념과 흡사하게, 쥬생은 열정을 오랜 시간 지속되는 지적 정서로 보았다. 열정에 따라 강렬함의 차이도 있을 수 있고, 개인이 욕망하는 대상으로부터 무엇을 얻고자 하느냐에 따라 열정의 종류도 다양할 수 있다. 따라서 그는 열정을 두 유형으로 구분하여 제안하였는데, 첫 번째 유형은 타인과 사회의 안녕이나 이익을 지향하는 '고귀한(noble)' 열정이고, 두 번째 유형은 개인적인 만족을 추구하는 '자기중심적(selfish)' 열정이다. 리보와 달리 쥬생은 활동의 성격이 아니라 활동에 참여하게 하는 의도를 더 중요하게 보고 있다는 점이 흥미롭다.

루소나 낭만주의자들의 주장과 마찬가지로 쥬생은, "우리는 모든 열정을 제거함으로써가 아니라 고귀한 열정이 이기적 열정을 지배하게 함으로써 자유를 얻는다"라고 말했다. 쥬생이 보기에 열정은 행동뿐만 아니라 인식과 추론에도 큰 영향을 미친다. 또한 쥬생은 열정이 서로 상호작용하는 두 가지 방식에 대한 흥미로운 제안을 하였다. 첫째, 어떤 열정은 다른 열정과 갈등을 일으킨다. 이 경우 한 열정이 다른 열정을 밀어내고 없애

안하였다. 이후 리보는 『열정론』(1907)을 통해 열정의 특성, 열정의 발생, 열정의 소멸에 대한 분석을 발표하였다.

려고 한다. 둘째, 한 열정은 다른 열정과 평화롭게 공존할 수 있다. 실제로 쥬생은 이렇게 말했다. "미덕은 열정의 **평형상태**(equilibrium), 그리고 이 열정이 우리와 타인을 위해 만들어내는 복합적 결과를 통해 얻어진다. 이를 위해 세계에 대한 지식, 우리 자신에 대한 지식이 필요하다"(p. 103). 이 주장은 매우 중요하다. 모든 열정이 동등한 것은 아니라 우리가 경험하는 결과에 따라 그 역할이 다르다는 것을 보여주기 때문이다. 다음 절에서는 열정적인 참여에서 갈등과 조화가 어떤 역할을 하는지 간단히 설명하고, 이어 다음 장에서는 더 자세히 설명한다.

비슷한 시기 미국의 사회심리학자이자 교육심리학자인 존 듀이(John Dewey 1930) 역시 인간의 삶에서 열정의 역할을 크게 강조했다. 듀이의 사상은 이성이 열정을 통제할 수 없다는 루소의 발언이나, 열정 사이의 평형상태를 중요하게 여기는 쥬생의 주장과 유사하다. 듀이는 『인간본성과 행위: 사회심리학 서설(*Human Nature and Conduct: An Introduction to Social Psychology*)』에서 이렇게 말한다. "냉정한 이성을 위해 행위의 정서적, 열정적 국면을 제거할 수 있고 제거해야 한다는 것이 결론이 아니다. 열정을 더 적게가 아니라 더 많이 가져야 한다는 것이 해답이다. … 다시 한번 말하자면, 합리성은 충동과 습관에 대항해서 일어나는 힘이 아니다. 그것은 다양한 욕망들 사이의 **조화**를 통해 얻어진다"(pp. 195-196).

혼란스러운 정서로서의 열정

심리학자들 중에는 열정이 정서적 혼란을 수반한다고 주장하는 사람들이 있다. 실제로 프라딘(Pradines 1958)은 열정이 감성에 무질서(물론 무질서가 병리적인 것은 아니다)가 개입되는 과정이라고 보았다. 좀 더 자세히 말하면, 열정은 두 가지 방식으로 감성의 안정화(stabilization)를 이끈다. 첫 번째 유형은 현실과 삶의 제약에 맞서 고정적이고 움직이지 않는 목표를 만들어낸다. 프라딘이 보기에 이런 유형의 융통성 없는 안정화는 현실과 삶에서 변화를 고려할 여지를 남기지 않기 때문에 부적응을 낳는다. 유사한 맥락에서 애버릴(Averill 1980)은 강렬한 정서인 열정은 행동을 통제하지 못하게 방해한다고 보았고, 그렇기 때문에 열정은 우리가 제대로 기능할 수 없게 만든다고 하였다. 그가 드는 예는 분노인데, 분노 때문에 사람들은 자제력을 잃고 나중에 후회할지도 모르는 공격적 행동을 한다. 두 번째 유형은 열정에 의해 정서들이 재조직되면서 내적인 감성을 방해하는 것이다. 프라딘은 열정에 사로잡힌 격정적인 삶이 해로운 결과를 낳을 수 있으나, 삶에 구조를 제공하는 열정은 적응을 이끈다고 보았다.

　낭만적 관계를 연구하는 학자들 역시 열정을 일종의 혼란스러운 정서로 본다. 열정적인 사랑의 개념은 사람들에게 많은 관심을 불러일으켜왔다(예: Hatfield & Walster 1978). 여기서 열정의 대상은 타인이다. 열정은 다른 사람에 대한 뜨겁고 강렬한 정서로 개념화되며, 굉장한 행복감 및 초월감과 결부된다(Hatfield & Rapson 1993; Kim & Hatfield 2004). 열정적인 사랑은 어떤 경우에는 고작 몇 주에 불과할 만큼 비교적 짧게 지속된다. 사랑이 어긋날 경우 개인은 제대로 기능하지 못하고 정서의 고통을 느낄 수도 있다. 해트필드와 랩슨(Hatfield & Rapson 1993)은 (비열정적 사랑의 형태인) 동반자적 사랑(companionate love)이 더 기능적이고, 이 때문에 선호된다고 주장한다. 보마이스터와 브라틀라브스키(Baumeister & Bratlavsky 1999)는 열정적인 사랑을 이렇게 정의한다. "열정적인 사랑은 다른 사람에게 느끼는 강한 매력을 수반한다. 이 느낌은 다양한 감각으로 다른 사람과 결합하고자 하는 생리적 각성과 욕망이나"(p. 52). 보마이스터와 브라틀라브스키의 연구는, 비록 열정적인 사랑을 주로 다루고 있지만, 강한 긍정적 감정을 가지게 되는 다른 사람들(예: 부모, 친구)에게서도 열정을 경험할 수 있다는 것을 보여주었고, 따라서 그들의 연구는 열정을 새롭게 조망할 수 있게 해주었다. 마지막으로 스턴버그(Sternberg 1986)도 사랑에 열정이 중요하다는 점을 강조하였지만 그가 말하는 열정은 주로 성적인 의미를 갖는다.

동기적 힘으로서의 열정

　어떤 학자들은 열정을 동기의 관점에서 접근한다. 예를 들어 정서이론가인 니코 프리다(Nico Frijda)와 동료들(1991)은, "열정은 정서적으로 중요한 결과를 가져오는 높은 순위의 목표(p. 218)"라고 정의하였다. 만약 열정이 목표라면, 추구하고 있는 목표를 향한 동기적 노력이 수반되어야 한다. 사실 프리다 등에 따르면 사람들은 열정적인 목표에 도달하기 위해 많은 시간과 노력을 쏟는다. 프리다의 다른 연구(2007)에서도 이를 매우 강조하였는데, 그는 대부분의 정서에서 '동기 상태(motive state)'의 차원, 즉 행동의 준비 상태가 핵심을 이룬다고 주장한다. 그는 이 상태를 가리켜 '열정 원리'라고 불렀다. 즉 프리다는 일부 철학자들과 마찬가지로 열정을 정서의 관점에서 보았던 한편 동기의 관점에도 주목했던 것이다. 이와 유사하게 홀(Hall 2002)은 열정이란, 개인이 높이 평가하고 행동으로 표현하고자 하는, 마음속에 떠올린 좋은 것(envisioned good)에 대한 욕구라고 주장하였다. 그러나 안타깝게도 프리다와 홀은 열정에 대한 경험적 연구를 발표하지는 않았다.

열정을 정서로 본 학자들은 이를 동기 과정으로 보기도 한다. 해트필드와 랩슨(1990, 1993)은 프리다와 마찬가지로, 사랑하는 사람에 대한 추구(striving)를 열정적인 사랑으로 보았다. 즉 "[열정은] 다른 사람과 결합하고자 하는 강렬한 갈망의 상태(p. 9)"를 말한다. 또한 보마이스터와 브라틀라브스키(1999)도 열정적인 사랑을 '상대방과 결합하고 싶은 욕망'으로 정의하면서 여기에 몇 가지 동기 요소를 포함하였다. 마지막으로, 열정적인 사랑에 대한 뇌과학 연구를 메타분석한 오티그 등(Ortigue et al. 2010)은 "사랑은 가치평가(appraisal), 목표지향적 동기, 보상, 자기표상, 신체 이미지를 포함하는 복합 기능(p. 3549)"이라고 결론지었다. 여기서 언급한 연구자들은 모두 열정을 목표(이 경우에는 사랑하는 사람)에 도달하기 위한 동기적 경향으로 간주한다.

발러랜드와 동료들(Vallerand et al. 2003; Vallerand & Houlfort 2003)은 낭만적 관계보다는 활동에 대한 열정에 보다 관심을 기울였다. 이들은 다음 절에 자세히 설명될 다차원적 정의를 이용해서 동기적 관점에서 열정을 연구했다. 일(Baum & Locke 2004), 특히 기업가정신(entrepreneurship)을 연구하는 학자들 역시 열정을 '활동에 대한 사랑'으로 정의한다(이에 대한 검토는 Cardon, Wincent, Singh, & Drnovsek 2009 참조). 또 다른 연구자들은 열정을, 정치적 활동과 같이 특정 대상을 향한 중요한 태도로 정의한다(예: Krosnick 1990). 그러나 발러랜드 등(2003)은 열정이 활동을 위한 애정이나 어떤 대상에 대한 높은 가치화를 넘어선다고 보았다. 열정은, 우리가 중요한 방식으로 시간을 투자하는 매우 가치 있고 의미 있는 어떤 것(혹은 어떤 사람)에 대한 사랑이다. 나아가 그 사랑의 대상은, 개인이 자신을 어떻게 보는가에 대한 정체성의 일부를 이루고 자신이 누구인가를 정의할 수 있을 만큼 중요하다. 덧붙여 발러랜드 등(2003)은 두 가지의 열정이 존재한다고 주장한다. 조화열정은 그 사람의 자아의식(sense of self)이 다른 측면과 조화를 이루면서 적응을 이끌어내는 것이고, 강박열정은 자아의식이 다른 측면과 갈등을 일으키며 부적응을 이끌어 내는 것이다. 다음 절에서 이 두 열정을 간략히 정의하고, 다음 장에서는 더 자세하게 다룬다.

결론

열정을 심리학에서 다룬 역사는 철학에서 다룬 역사에 비해 상대적으로 짧다. 열정 개념은 처음에는 도외시되었지만, 점차 데카르트의 내적 정서와 같은 지적 정서로 인식되다가 동기 구인으로 간주되기 시작했다. 이 책에서 채택하고 있는 관점도 이러한 동기적 관점이다.

열정의 정의

열정 개념에 대한 과학적 연구의 역사는 열정이 무엇이고 열정에 기여하는 요소가 무엇인지 이해하는 데 도움이 된다. 여기서 강조하는 몇 가지 차원들은 열정을 의미 있게 정의하는 데에 보탬이 될 것이다.

특정 대상을 향한 열정

첫째, 열정은 특정한 실체나 대상을 지향한다. 대부분의 철학자와 심리학자들은 이에 동의한다. 열정은 특정 대상을 목표로 하며, 모든 것 또는 아무것에나 목표를 갖는 것은 아니다. 따라서 열정은 기질(trait)이 아니며, 그렇기 때문에 우리는 어떤 사람이 열정적이거나 그렇지 않다고 말하지 않고, 그 사람이 어떤 대상이나 사람에 대해 열정적이라고 말해야 한다. 예를 들어 어떤 사람은 기타에는 관심이 없지만 피아노는 열정적으로 치는 반면 어떤 사람은 그 반대일 수 있다. 또한 대부분의 사람들은 집을 청소하거나 쓰레기를 버리는 일에 열정을 품지는 않는다. 따라서 아무 활동에나 열정을 가질 수 있다고 말할 수는 없다. 나아가 열정의 대상은 활동(예: 농구), 사물(예: 카드 수집), 사람(예: 연인), 심지어 추상적인 개념, 사상, 대의 또는 목표(예: 국가의 독립)가 될 수 있다. 열정의 대상을 활동, 사물, 사람, 개념에까지 넓혀서 정의하면, 일에서 여가까지 삶의 모든 기본적인 측면에서 열정을 볼 수 있다.

사랑하는 대상을 향한 열정

둘째, 열정 개념에는 그 대상을 향유하고자 하는 사랑의 의미가 포함되어 있다. 대부분의 학자들은 열정이 유쾌한 대상, 나아가 사랑하고 갈망하는 대상을 향해 나아가는 경향성을 나타낸다고 주장한다. 따라서 대상에 대한 사랑은 열정 개념의 핵심 특징이다.

물론 일부 연구자들은 열정이 불쾌한 대상으로부터 벗어나려는 경향성을 포함할 수 있다고 주장한다. 그러나 이러한 경향성은 이 책에서 정의하는 열정과 중요한 차이가 있다. 예를 들어 불쾌한 활동이나 대상으로부터 벗어나려는 경향성은 그 대상이 중요하지 않음을 의미하며, 아마도 그 대상은 개인의 정체성과 자기정의(self-definition)의 밖에 존재하는 것이다. 이 점에서 회피적 경향성은 이 책에서 말하는 열정의 정의에 상반되며, 따라서 이에 대해서는 논의하지 않는다.

의미 있는 대상을 향한 열정

열정은 특정 대상을 사랑할 뿐만 아니라 그 대상에 높은 가치를 부여한다. 이것이 열정의 정의와 관련하여 세 번째로 강조할 점이다. 여러 학자들(예: Kant, Frijda, Hall; Krosnick 1990)이 이 점을 강조했고, 특히 스탕달은 '결정화'라는 용어로 매우 명확하게 설명하고 있다. 결정화는 "사랑하는 대상에게서 새로운 이상(perfection)을 발견하고자 항상 새로운 방법을 찾아내는 마음의 작용"을 말한다(Stendhal 1822/1965 p. 333). 어떤 대상에 열정을 품을 때 사람들은 그 대상을 너무 사랑한 나머지 대상에 높은 가치를 부여한다. 그 대상은 높은 우선순위를 차지한다. 헤겔이 말한 것과 같이 어떤 대상을 사랑하면 다른 대상에 대한 흥미를 잃을 만큼 정말로 그 대상에 푹 빠질 수 있다. 그렇게 되면 삶은 그 대상과 함께할 때만 의미를 갖게 된다. 다른 모든 순간은 열정의 대상과 다시 함께할 시간을 고대하는 기다림의 순간일 뿐이다. 이런 상황에 빠지면 헌신하는 대상과 다시 결합하기 전까지의 삶이란 '괄호에 묶인 삶(live life in bracket)'이 된다. 이러한 입장은 극단적인 것처럼 보일 수 있고, 모든 열정이 다 이렇지는 않을 것이다. 그럼에도 불구하고 이 입장은 개인이 열정의 대상에 높은 가치를 둔다는 점을 강조하고 있다. 열정을 가지지 않은 누군가에게는 그 대상이 자신과 무관하거나 심지어 쓸모없게 여길 수 있다는 점에서 이러한 가치화는 명백히 주관적이다. 이 사실은 매우 중요하다. 분명 그 대상을 중요하고 의미 있는 것으로 보는 것은 모종의 기능을 한다. 프로이트에 의하면, 자아는 자신의 이상을 위해 대상을 사랑하고 나르시시즘(자기애)을 충족하는 방법을 찾는다. 만약 열정이 심리적 기능을 한다면, 대부분의 사람들은 적어도 하나의 사물, 활동, 목표, 사람에 대해 열정적일 것으로 예상할 수 있다. 다음 장에서는 이 예상이 어떻게 사실에 부합하는지 자세히 살펴볼 것이다.

동기 구인으로서의 열정

넷째, 열정은 본성상 동기적이다. 용어는 다르지만, 열정에는 유쾌한 대상을 향한 충동, 성향, 목표, 경향, 욕구, 노력이 들어 있다. 역사적으로 여러 철학자들(예: Hume, Leibniz, Kant, Hegel)과 심리학자들(예: Ribot, Joussain, Frijda)이 이 점을 거듭 말했다. 앞서 제시된 용어들(즉 에너지, 대상을 향하는 방향, 강도, 지속성)은 대체로 심리학에서 동기를 말할 때 사용된다는 점에 주목할 필요가 있다. 몇백 년 전 칸트도 이 점을 중요하게 지적했다. 열정은 능동적이고 목적적이며 지속적인 반면, 정서는 수동적이고 격동적이고 일시적이다. 대부분의 철학자와 심리학자는 열정을 정서 구인으로 보고 연구하였기에, 열정을 동기 구인으로 보는 것은 쉽지 않다. 그러나 열정을 동기로 보아야만이 구인의 성격이 명확해지고, 열정(사랑하는 대상을 추구하는 활동)과 정서(그런 추구의 과정이나 이후에 경험하는 느낌)를 개념적으로 구분할 수 있다. 또한 이렇게 함으로써 열정이 언제 어떤 종류의 정서를 이끄는지 (또는 그렇지 않은지) 알 수 있다. 따라서 철학자들과는 달리 열정을 정서 구인이 아닌 동기 구인으로 간주해야 열정의 본성과 기능에 대해서 더 정확한 기술이 가능하다.

에너지를 가지고 지속적으로 참여하는 열정

열정적인 대상을 향한 노력은 높은 강도(예: Descarte)와 에너지(예: Hegel)를 발산하며 지속된다(예: Kant, Ribot). 따라서 사람들은 무엇인가에 열정적일 때 일반적으로 높은 에너지를 가지고 활동에 참여한다. 1장의 <표 1.1>에서 보았듯 많은 사람들이 열정이 주는 에너지를 찬양하였다. 또한 이렇게 에너지가 넘치는 참여는 몇 년 동안, 때로는 일생을 두고 지속될 수 있다. 유명한 사회심리학자인 필 짐바르도(Phil Zimbardo)는 이렇게 말한다. "50년 동안 심리학에 몸담았다. 나의 열정은 이전보다 더 커졌다"(2013년 6월 10일). 그렇기 때문에 에너지가 넘치는 지속적인 참여는 열정을 정의하는 대표적 특성이다. 예를 들어 어떤 사람이 원래부터 사진 찍는 것을 좋아하고 그것을 중요하게 여기지만 규칙적으로 사진 찍는 시간을 내지 못한다면, 그가 사진에 열정이 있다고 말할 수 있는가? 물론 누군가는 사진을 찍으러 다닐 시간이 정말 부족할 수도 있다. 그렇다면 친구와 사진에 대해서 이야기하거나 사진에 대한 책을 읽는 등 다른 방법으로 열정을 보

일 것이다. 그럼에도 불구하고 결국 사진에 시간을 투자할 수 있도록 자신의 삶을 재조
직하지 않는다면 무언가 결핍되어 있는 것이다. 그렇다면 이 사람은 사진에 대해 아직
열정으로 전환되지 않은 **관심**만을 가지고 있을 뿐이다. 자신이 사랑하고 의미를 발견하
는 활동에 규칙적으로 시간과 에너지를 투자해야만 열정을 가지고 있다고 말할 수 있다.
따라서 에너지를 가진 지속적인 참여는 열정의 중요한 특징이다.

정체성의 일부를 이루는 열정

열정의 특징이 되는 여섯 번째 요소는 특정 개인과 대상 사이에 일어나는 인터페이스
(상호작용 기제)이다. 이러한 인터페이스는 매우 개별사례적(idiosyncratic)이다. 누군가
는 조깅에, 누군가는 카드놀이나 시 쓰는 데 열정적이기 때문이다. 예를 들어 발러랜드
등(Vallerand et al. 2003, 연구 1)의 초기 연구에서 539명의 참여자들은 150가지 이상의
열정 활동을 기술하였다. 개인과 활동의 궁합처럼, 개인이 특히 열정을 가장 많이 보이
는 활동이 있다. 개인이 열정적으로 하고 있는 활동은 그를 잘 규정해주고, 그의 정체성
을 이루는 활동에서는 매우 구체적인 개인-활동 간 인터페이스가 나타나며, 이것은 활
동의 특수성을 나타낸다. 칸트는 누구보다도 이 점을 강조했다. 이러한 개별사례적 관
점은, 열정에 관해서는 법칙정립적(nomothetic) 접근과 사례기술적(idiographic) 접근이
모두 적절하다는 것을 보여준다. 실제로 개인화(personalized)가 높은 개인-활동 간 인
터페이스에서 열정의 일반적인 법칙을 도출하는 것이 가능하다.

또한 프라딘(1958)은, 열정에 의한 감성의 내적 변형이 혼란을 주기도 하지만, 이러한
변형이 때로는 적응적일 수 있다고 강조한다. "그러나 다른 관점에서 보면, 열정은 감성
자체를 조직화하려 하기 때문에 감성이 추구하는 적응적 목표를 달성한다"(p. 195). 이
와 같은 내적 조직화는 개인의 정체성에 중요한 의미를 갖는다. 농구를 하거나 기타를
치거나 시를 쓰는 데 열정을 가진 사람들이 단순히 활동에 참여만 하는 것이 아니라는
뜻이다. 그들은 그 활동으로 자신의 정체성을 삼기 때문에 (다른 사람들도 그렇게 볼 정도
로) 자신을 '농구선수', '기타 연주자', '시인'으로 보게 된다. 쥬생(1928)은 개인이 가진
열정 경향성에 따라 생활양식이 변화할 뿐만 아니라 성격도 재조직될 수 있다고 주장함
으로써 이 점을 분명히 하고 있다. 그러므로 당신이 농구에 열정을 가지고 있다면 '농구
선수'일 것이며, 분명 농구를 하고 농구를 같이하는 친구를 두고 농구에 대해 말하고 농

구에 관한 것을 읽으며 TV로 농구경기를 시청하는 등, 농구와 관련된 활동들을 할 것이다. 즉 우리가 열정적으로 생각하는 대상은 우리의 일부가 되고 우리의 정체성을 이루며 그렇게 함으로써 우리 자신을 규정하고 삶을 조직하는 방식을 바꾸게 된다. 다음 장에서 보게 되겠지만 사랑하는 대상을 내면화하는 방식은 사람들이 열정 활동에 참여하는 방식과 그 대상을 지속하는 방식에 영향을 미친다. 실제로 활동을 자신의 정체성의 일부로 삼게 되면 활동을 그만 두기 매우 어렵다. 열정적인 예술가나 운동선수들, 예를 들어 농구의 전설 마이클 조던(Michael Jordan)이나 프랑스 가수 샤를 아즈나부르(Charles Aznavour)처럼 은퇴 없이 활동을 하거나 은퇴를 하더라도 몇 번이고 복귀하는 이유도 이 때문이다. 마찬가지로 어떤 대상이 우리의 정체성을 이루면, 그것을 긍정적으로 보지 않거나 그것에 대해 긍정적이지 않게 행동하는 것이 **어렵다**. 예를 들어 바스(Vass 2003)는 애정을 가진 팀을 응원하는 스포츠 열성 팬들의 행동을 설명하면서 '자신을 위한 응원'이라는 표현을 썼다. 축구팬들은 자기 팀을 응원하면서 간접적으로 사신을 응원한다. 자신의 정체성 안에 그 팀이 들어 있기 때문이다.

이원성을 가진 열정

열정의 마지막 특징은 이원성(duality)이다. 열정을 연구해보면 개인에게 좋은 면과 나쁜 면을 모두 가져온다는 점을 분명히 알 수 있다. 철학자들은 오랫동안 이 의견에 동의했다. 첫 번째 관점은, 열정이 이성 및 통제력의 상실을 뜻하기 때문에 '나쁘다'라는 것이다. 아마 이 관점이 지배적일 것이다(예: 플라톤, 스피노자). 앞서 말했듯 '열정'이라는 단어는 고통에서 나왔기 때문에 열정 때문에 괴로워하는 사람들은 열정을 고통스러운 경험으로 생각한다. 열정을 가진 사람은 수동적이고 열정의 노예(스피노자의 표현으로는 '속박')처럼 보이는데, 이는 열정이 그들을 통제하기 때문이다. 유명한 배우 오마 샤리프(Omar Sharif)는 "나는 더 이상 어떤 열정에도 노예가 되고 싶지 않다. 브릿지 내기는 물론이고 카드게임을 아예 그만두었다. 거기서 벗어나는 데 몇 년이 걸렸다"라고 말했다(Sharif, 2013년 6월 10일). 첫 번째 관점에 의하면 열정은 사랑하는 대상에 통제력을 잃게 만들고, 그리스 철학자들이 말한 것처럼 정서적 고통과 같은 부정적인 결과를 가져온다.

두 번째 관점은 열정을 좀 더 긍정적으로 묘사한다. 앞서 살펴본 것처럼, 루소와 낭만주의자들을 필두로 이런 의견을 가진 몇몇 철학자가 있다. 루소는 열정을, 지식과 진리로 이끄는 좋은 것으로 보았으며 헤겔은 열정이 높은 에너지를 제공하고 따라서 높은 수준의 성취에 도달하는 데 꼭 필요하다고 말했다. 유명한 작가이자 영국 수상을 역임한 벤자민 디즈레일리(Benjamin Disraeli, 1804–1881)는, '열정을 가지고 행동할 때 인간은 위대해진다'라고 말했다. 따라서 이 관점에 의하면 개인은 열정에 의해 더 적극적이 되고, 열정을 통제할 때 적응적인 이익이 발생한다.

방금 살펴본 두 관점에서는 열정에 대해 각기 다른 점을 강조한다. 그러나 문헌을 자세히 살펴보면 제3의 입장도 생각해볼 수 있다. 열정이 '좋거나 나쁘다'라고 주장하는 대신, 세 번째 관점을 채택한 학자들은 열정이 개인 그리고/또는 사회에 어떤 영향을 미치느냐에 따라서 '좋은' 열정과 '나쁜' 열정의 두 가지 유형이 있다고 제안한다. 예를 들어 데카르트는 '좋은' 열정과 '나쁜' 열정이 있다고 가정하며, 리보는 고귀한 열정과 자기중심적 열정을 대조하였다. 마찬가지로 쥬생은 어떤 열정은 개인 안에서 갈등을 만들어내는 반면, 어떤 열정은 다른 열정 또는 개인의 다른 측면과 평화롭게 공존한다고 주장하였다. 비록 자세한 논의는 없었지만, 이 부류의 학자들은 어떤 열정은 적응을 낳고 어떤 열정은 그렇지 않다고 보았다. 가령 라로슈푸코(La Rochefoucauld, 1613-1680)는 이렇게 말했다. "열정은 가장 영리한 사람도 바보로 만들고, 가장 어리석은 사람도 영리하게 만든다." 따라서 열정의 이원성을 더 자세히 설명할 필요가 있다.

열정의 이원성에서 고려해야 할 또 다른 요소가 있다. 하나의 대상이나 활동에 대해서도 두 가지 열정이 있다. 어떤 열정은 긍정적인 결과를 이끌어내는 능동적인 경험을 하게 한다. 다른 열정은 덜 긍정적이고 심지어 부정적인 결과를 유도하는, 보다 수동적인 경험을 하게 한다. 이와 같은 이원성은 다른 동기심리학의 모델에서는 다루지 않는 열정의 중요한 특성이며, 따라서 좀 더 설명할 필요가 있다. 구체적으로 어떤 대상이나 사람을 사랑하는 것은 긍정적인 결과와 부정적인 결과를 동시에 가져올 수 있다. 이 문제는 다음 장에서 열정이원론(DMP, Dualistic Model of Passion)을 논의할 때 더 자세히 다룰 것이다. 곧 살펴보겠지만, 열정이원론은 열정의 본성을 이해하고 그 결과를 정확히 예측하는 데에 도움이 된다.

열정의 정의

활동에 대한 열정을 연구한 최초의 경험적 논문에서 발러랜드 등(2003)은 열정의 다차원적 정의를 제시하였다. 열정 개념에 대한 역사를 소개하고 검토한 논의에 비추어 이 정의를 정교하게 제시하면 다음과 같다.

> 열정은, 사랑하고 (적어도 강하게 좋아하고) 높은 가치를 부여하며 시간과 에너지를 규칙적으로 투자하고 그것을 자신의 정체성의 일부로 보는, 특정한 사물, 활동, 개념, 사람에 대한 강한 경향성으로 볼 수 있다. 그뿐만 아니라 열정에는 두 가지 형태가 있다. 첫 번째는 자신 및 자신의 삶의 다른 측면과 조화를 이루는 열정으로 주로 적응적인 결과로 이어진다. 두 번째는 자신 및 자신의 삶의 다른 측면과 갈등하는 열정으로 주로 덜 적응적이고 때로는 부적응적인 결과로 이어진다.

이 정의에는 열정 구인을 검토하면서 강조한 일곱 가지 요소가 통합되어 있다. 첫째, 개인은 모든 대상이 아니라 특정한 대상에 열정을 가지고 있다. 특정 개인과 특정 대상 및 활동 사이에는 특별한 상호작용이 있다. 둘째, 대체로 개인은 그 대상을 좋아하고 깊이 사랑한다. 활동에 대한 사랑은 깊고 오래 지속된다. 셋째, 개인은 그 대상을 매우 중요하고 의미 있게 여긴다. 그 활동을 중심으로 삶이 조직될 정도로 그 활동은 높은 우선순위를 갖는다. 넷째, 열정은 대상으로 향하게 하는 동기적 경향을 수반한다. 비록 열정이 정서를 가져올 수 있지만, 열정은 정서 구인이 아니라 그 자체로 동기 구인이다. 다섯째, 활동은 개인에게 매우 중요하고 결국 그가 누구인지 말해주는 정체성의 일부가 된다. 따라서 활동은 그를 정의하고 그의 핵심 특징이 된다. 여섯째, 열정적인 사람들은 활동에 참여하는 것을 주저하지 않는다. 그들은 높은 에너지를 가지고 열광(enthusiasm)적으로 비교적 자주, 그리고 몇 달, 몇 년, 때로는 평생토록 참여한다.

일곱째, 앞서 말했던 열정이원론에 따르면, 서로 다른 형태의 활동 참여를 특징으로 하는 두 유형의 열정이 있다. 첫 번째 유형의 열정은 사랑하는 대상에 의해 통제되며 수동적인 방식으로 경험된다. 이런 유형의 열정은 개인 내부의 갈등을 유도하여 잘못된 지속성이 나타나고 정서적 고통을 느끼는 등 비교적 바람직하지 않은 결과를 낳는다. 두 번째 유형의 열정은 사랑하는 대상을 통제하며 더 적극적인 관여를 수반한다. 이런 유형의 열정은 비교적 갈등이 없고, 삶의 다른 관심사나 자아의 다른 측면과 조화를 이루며 공존한다. 우리는 이러한 유형의 활동 참여에서 유연한 참여, 몰입, 긍정정서, 높은 수행과 같은 바람직한 결과를 경험한다. 다음 장에서 이 두 열정에 대해 자세히 설명할 것이다.

열정과 유사한 구인들

여기서 정의한 열정 구인을 심리학의 다른 구인들과 비교할 필요가 있다. <표 2.1>은 열정 준거에 비추어 다른 구인들과 비교한 것이다. 이하에서는 열정 구인과 다른 구인을 구분하는 주된 요소를 살펴본다.

열의와 그릿

첫 번째 구인은 열의(zest)(Peterson & Seligman 2004)이다. 열의는 피터슨과 셀리그만(2004)이 고안한 검사에서 개인의 특징을 보여주는 강점 중 하나이다. 기본적으로 열의는 삶에서 부딪히는 대부분의 일에 열정을 보이는 기질을 말한다. 앞서 말한 열정과 달리 열의는, 거의 모든 일에 열성을 다하기 때문에 특정한 개인-대상 간 인터페이스에 초점을 맞추지 않는다. 또한, 만약 어떤 사람이 거의 모든 일에 열정을 가지고 있다면, 어떤 대상도 특별한 가치를 가지는 것이 아니다. 마지막으로, 열의 구인에는 이원론이 적용되지 않는다. 단지 한 가지 유형의 열의가 있을 뿐이고, 그 결과는 비교적 긍정적이라고 가정할 수 있다. 그러므로 비록 열의와 열정이 유사하기는 해도 중요한 차이가 있다.

열정과 관련된 두 번째 구인은 그릿(grit)(Duckworth, Peterson, Matthews, & Kelly 2007)이다. 그릿은 장기적인 목표에 대한 높은 수준의 인내와 열정을 반영하는 기질이다. 그릿도 열의와 같은 이유로 열정과 구분된다. 그래서 그릿도 삶의 대부분의 활동에서 나타날 것으로 예상되기 때문에 개인-대상 간 특수성도 없고 개인이 특정 활동에 부여하는 특별한 가치도 없다. 나아가 그릿에는 이원론도 해당되지 않기 때문에 그릿에는 긍정적인 결과물을 초래할 것으로 예상되는 한 가지 유형만이 있다.[8] 마지막으로 그릿

---

8) 그릿이 과연 한 가지 유형뿐인지는 논란의 여지가 있다. 그릿도 무작정 노력하거나 억지로 참기만 해서 부정적인 결과를 초래하는 경우가 있기 때문이다. 발러랜드는 이원성이 열정 구인이 가진 가장 큰 특징이라고 생각하기 때문에 다른 동기 구인은 이원성이 없다고 강하게 주장하고 있다. 그러나 다른 동기 구인(예컨대 그릿)을 고안한 학자들은 애초에 발러랜드처럼 하나의 구인이 두 가지 방식으로 발생할 수 있다고 보지 않았기 때문에 이원성에 대해서는 언급하지 않는다. 또한 여기서 발러랜드는 다른 동기 구인들이 가지지 '못한' 이원성이라고 하는 것을 구인들의 결과물에 한정해서 말하고 있는데, 애초에 (열정)이원론이란 결과물에 대한 것만이 아니라 발생, 형성, 진화, 결과에 이르기까지 각기 다른 과정을 거친다고 본 것이기 때문에(3장 참조) 긍정적, 부정적 결과물을 모두 갖지 못한다는 이유로 그 구인이 이원론에 해당되지

은 항상 지속성을 유도한다고 가정한다. 그러나 이 책에서 명확히 설명하겠지만, 열정, 특히 능동적인 열정 유형에는 지속성으로 이어지지 못하는 조건들이 있다. 특정 시점에서 열정 활동을 지속하지 않는 것이 적응적일 때 특히 그렇다.

표 2.1 열정 정의의 요소를 바탕으로 한 유사 구인

열정 정의의 특징	열의와 그릿	몰입	개인적 흥미	개인적 추구, 개인 프로젝트, 현재의 관심사, 생애 과업	내재동기	외재동기
1. 구체적인 대상	×	○	○	○	○	○
2. 사랑(좋아함)	×	×	×	×	○	×
3. 의미 있는 대상	○	×	○	○	×	어느 정도
4. 동기적 관점	○	×	×	어느 정도	○	○
5. 시간, 에너지, 지속성	○	○	○	○	○	○
6. 정체성의 일부	×	×	○	어느 정도	×	×
7. 이원성	×	×	×	×	×	×

몰입

열정은 몰입(flow)(Csikszentmihalyi 1978)과 비교된다. 몰입이란 활동에 참여하는 동안 활동에 빠져드는 느낌을 말한다. 그러나 몰입은 열정과 중요한 점에서 다르다. 몰입은 동기라기보다는 지적 상태를 변화시키는 인지에 가깝다. 또한 몰입은 긍정적인 결과로만 이어지기 때문에 적응적 또는 부적응적 결과를 초래하는 과정에서 세부적 차이가 있다. 이에 대해 파팅턴, 파팅턴, 올리비에(Partington, Partington, & Olivier 2009)는 몰입이 '부정적인' 결과나 행동과 언제 어떻게 연관되는지 탐색하였다. 그러나 이원성을 고려하지 않고 몰입의 부정적인 영향을 설명하기란 불가능하다. 마지막으로, 현재의 관점에서 보면 열정이 몰입을 결정하지만 그 반대는 아니다. 몰입은 열정의 결과물이지 열정의 결정요인은 아니라는 것이다. 이 책의 6장에서 다루는 연구들은 이 가설을 뒷받침한

않는다고 한 주장은 한계가 있다.

다. 열정은 몰입을 유도하는 반면 몰입은 열정으로 이어지지 않는다(예: Lavigne, Forest, & Crevier-Braud 2012, 연구 1, 2; Vallerand et al. 2003, 연구 1).

개인적 흥미, 재능 활동, 헌신

열정은 재능 활동(talent-related activities)(Rathunde 1996)과 개인적 흥미(personal interests)(Renninger & Hidi 2002)와도 비교된다. 열정과 이러한 구인 사이에는 많은 차이점이 있다. 이 구인들은 본성상 동기가 아닌 정서라는 것이 가장 중요한 차이이다. 나아가 이 구인들은 열정의 특징인 활동에 대한 사랑, 가치화 등의 열정 요소를 공유하고 있으나, 열정이원론에서처럼 서로 다른 유형의 참여와 결과를 낳는 두 가지 유형의 흥미 또는 재능을 구분하지 않는다.

위의 논평은 헌신(commitment)(예: Meyer & Allen 1997) 구인에도 적용된다. 다만 일부 이론가들은 헌신을 동기로 보기도 한다. 그러나 헌신적인 사람들이 활동을 그들의 정체성에 내면화했는지 아닌지 그리고 그들이 그 활동을 좋아하는지 싫어하는지 명확하지 않다. 예를 들어 사람들은 운동을 좋아하기 때문이 아니라 살을 빼야 하기 때문에 운동에 헌신할 수 있다. 따라서 열정은 흥미, 재능 활동, 헌신과 다르다.

개인적 추구, 개인 프로젝트, 현재의 관심사, 생애 과업

또한 현재의 관심사(current concerns)(Klinger 1977), 개인적 추구(personal strivings)(Emmons 1986), 개인 프로젝트(personal projects)(Little 1989), 생애 과업(life tasks)(Cantor 1990) 등 중요한 목표를 향한 개인의 지향성을 나타내는 몇 가지 구인들도 열정과 유사하다. 이들은 목표나 활동을 가치 있게 여기고 시간과 에너지를 쏟는다는 점에서 열정 개념과 비슷하다. 그러나 이 개념들과 열정 간의 근본적인 차이는 목표를 사랑하지 않고도 추구할 수 있다는 점이다. 예를 들어 어떤 사람은 의사가 되고자 하는 목표를 가질 수 있는데, 그 이유는 의학을 좋아해서라기보다는 부모님을 기쁘게 해드리기 위해서일 수 있다. 또한 개인적 추구나 목표는 그것이 달성되면 다른 목표가 생기는 반면 열정은 그렇지 않다. 열정은 평생 동안 지속될 수 있기 때문이다. 마지막으로 이 개념 중 어느 것도 이원론에 해당하는 질적으로 상이한 유형의 참여에 대해 말하지 않는다. 따라서 이 구인들도 열정과 중요한 차이가 있다.

내재동기와 외재동기

열정과 비교되는 마지막 구인은 내재동기와 외재동기(intrinsic and extrinsic motivation)
이다. 내재동기는 열정과 유사한 면이 있다. 둘 다 활동에 대한 사랑을 수반하기 때문에
활동 그 자체를 위해 참여한다(Deci 1971). 그러나 내재동기를 가진 활동이라고 해서 반
드시 그 사람의 정체성에 내면화된 것으로 볼 수 없으며, 개인-과제 간 상호작용 역시
비교적 단기적인 수준에서 일어난다(Koestner & Losier 2002). 또한 실험연구에서 알 수
있듯 무의미하지만 새로운 과제를 제시하는 경우 사람들은 개인적 가치가 거의 없는 활
동에 대해서도 내재동기(또는 사랑)를 나타낼 수 있다. 열정의 경우는 그렇지 않다. 이 책
에서 정의한 열정의 의미는 활동에 대한 사랑과 가치를 모두 중요하게 포함한다. 마지막
으로 내재동기에는 열정이원론이 해당되지 않는다. 실제로 내재동기 이론은 사랑하는
대상이 어떤 방식으로 긍정적인 또는 부정적인 결과를 가져오는지 설명하지 못한다. 즉
내재동기는 적응적인 결과만을 유도할 수 있다(Deci & Ryan 2000; Dweck 1989; Lepper
& Henderlong 2000).

반면에 외재동기는 즐거움 때문이 아니라 활동 외적인 이유 때문에 일어난다. 따라서
활동과 분리된, 모종의 보상을 받으려 하는 외재동기는 활동에 대한 사랑 때문에 참여하
는 열정과 근본적으로 다르다. 물론 확인된(identified) 조절과 통합된(integrated) 조절
과 같이 활동에 대한 가치화와 내면화를 수반하는 외재동기가 있기는 하지만, 그럼에도
불구하고 이러한 형태의 조절은 활동 그 자체에 의해서가 아니라 외재동기에 의해 나타
나는 것이다. 겉으로 보기에는 비슷해 보이지만, 이러한 외재동기는 목적론적인 측면에
서 열정과 근본적으로 다르다. 조화열정을 가지게 되면 활동을 사랑하고 그 자체를 위해
활동하는 것이 **목표**이다. 이에 비해 확인된 조절과 통합된 조절에서는 비록 높은 수준의
자율성이 개입되고 때로는 약간의 즐거움이 있더라도 활동 외적인 것을 얻는 것이 **목표**
이다. 여기에 외재동기와 열정 사이의 근본적인 차이가 있다.

경험적인 연구들도 열정과 내재동기, 외재동기의 차이를 뒷받침한다. 예를 들어 열정
은 내재동기 혹은 외재동기와 중간 정도의 상관관계밖에 나타나지 않는다(Vallerand et
al. 2003, 연구 2). 또한 내재동기와 (확인된 조절과 같이 자기결정적인) 외재동기를 통제하

고도 열정은 긍정정서, 부정정서와 행동(예: Bélanger, Lafrenière, Vallerand, & Kruglanski 2013a, 연구 4; Houlfort, Philippe, Vallerand, & Ménard 2014, 연구 1; Vallerand et al. 2003, 연구 2)을 예측한다. 따라서 이러한 결과에 의해 열정과 내재동기, 외재동기의 차이를 알 수 있다.

열정과 외재동기 간의 이러한 비교는 구인의 수준에서 이루어진 것이고, 구인 간에는 개념적, 경험적 차이가 있다. 그러나 최근의 연구를 보면 내재동기와 특정 외재동기가 결합된 다양한 동기의 조합이 존재한다(Gillet et al. 2012; Ratelle et al. 2007). 비록 이것이 각 열정과 유사해 보이더라도 이러한 동기의 집합은 하나의 열정 구인보다 더 간명하지는 않다. 그럼에도 불구하고, 이러한 동기의 집합이 두 열정과 어떻게 관련되어 있는지 알아보는 연구가 필요하다.

요컨대 열정 개념은 다른 동기 구인과 어느 정도 개념적 유사성을 가지고 있지만, 또한 그것들과 분명히 다르다(<표 2.1> 참조). 따라서 이상의 분석에 의하면 열정 개념은 매우 독특한 심리적 구인이다.

요약

철학과 심리학 문헌들을 검토한 결과, 열정은 사랑하고 가치 있게 여기며 시간과 에너지를 쏟아붓는 특정한 사물, 활동, 개념, 사람을 향한 강한 경향성이다. 열정은 능동적이거나 수동적인 방식으로 경험되며 그 사람의 개인적 정체성을 이루고 긍정적 혹은 부정적 결과를 만들어낸다. 다음 장에서는 열정에 관한 심리학적 모델인 이원론을 제시하고, 두 유형의 열정이 어떤 심리적 기제로 작동하는지 자세히 설명하겠다.

제 **2** 부

이론과 방법

열정이원론
The Dualistic Model of Passion

지난 10여 년 동안 빌러랜드와 동료들(Vallerand 2008, 2010, 2012a; Vallerand et al. 2003; Vallerand & Houlfort 2003)은 열정이원론(DMP, Dualistic Model of Passion)을 발전시켰다. 학자들은 이 모델을 통해서 열정이 무엇이고 어떻게 발달하는지, 어떤 요인이 열정에 주로 영향을 미치는지, 그리고 열정이 어떤 결과를 어떻게 가져오는지에 대한 청사진을 찾고자 했다. 2장에서 논의한 것과 같이 열정이원론은 열정에 내재된 이원성에 주목한다. 즉 열정이원론에서는 조화열정과 강박열정이라는 두 가지 유형의 열정이 존재하며, 이 두 열정이 질적으로 다른 경험과 결과를 낳는다고 가정한다.

이 장에서는 열정의 두 유형은 무엇이며 각각 어떤 결과를 예측할 수 있는지에 대한 열정이원론의 전체적인 그림을 제시할 것이다. 그러나 두 유형의 열정을 자세히 설명하기 전에 열정이원론의 기본 가정을 제시할 필요가 있다. 따라서 이 장의 첫 번째 절에서는 자기성장(self-growth)에 대한 유기적 접근법[1]을 제시하고 열정이 자기성장에 어떤 중요한 역할을 하는지 알아볼 것이다. 두 번째 절에서는 내면화 과정에서 자아 또는 자기과정(self-processes)과 외적 요인의 역할을 더 자세히 살펴볼 것이다. 왜냐하면 열정

---

[1] 열정 개념의 배경이 되는 SDT(자기결정성 이론, self-determination theory)는 일종의 매크로이론(macro theory)으로, 그 아래에는 미니이론(mini theory)들이 존재한다. 미니이론은 자기결정성과 관련된 특정한 부분을 설명하기 위해 만들어졌다. 이들은 각각 유기적 통합 이론(organismic integration theory), 인지평가 이론(cognitive evaluation theory), 인과지향성 이론(causality orientation theory), 그리고 기본 심리 욕구 이론(basic psychological need theory)이다. 이 중 열정이원론에는 유기적 통합 이론과 기본 심리 욕구 이론이 관련되어 있다. 유기적 통합 이론을 '유기적 접근법'으로 칭하기도 한다.

은 활동 표상(activity representation)[2]이 정체성(자기인식의 총체)에 내면화된 결과이기 때문이다. 여기에서 두 가지 내면화 과정, 즉 자율적 과정과 통제적 과정이 각각 조화열정과 강박열정으로 어떻게 이어지는가를 논의할 것이다. 마지막 절에서는 두 가지 유형의 열정이 무엇이고 각 열정이 여러 결과에 어떤 방식으로 영향을 미치는지 자세히 설명한다.

유기체적 관점에서의 자기성장

열정이원론에서는 개인이 일생 동안 자기성장을 경험하며, 자기성장을 향한 자연스러운 경향성을 가지고 있다고 주장한다. 즉 개인은 자신의 외적, 내적 세계를 숙달하려고 하며(예: Deci & Ryan 1985; Maslow 1954; Rogers 1963) 이 숙달을 통해 심리적으로 성장한다. 물론 이 성장은 진공 상태에서 일어나지 않는다. 개인은 자신을 둘러싸고 있는 세계를 향유하기 위해 상호작용하면서 성장하지만, 이 성장 과정은 자동적으로 혹은 우연히 일어나지 않는다. 자기성장은 매우 특수한 경로를 따라 일어난다. 유기적 접근법(organismic approach)(예: DeCharms 1968; Deci 1980; Ryan & Deci 2000; White 1959)에서는 자기성장에 개인과 환경이 모두 중요하며, 자기성장은 이 둘 사이의 변증법적 과정을 통해 일어난다고 가정한다. 발러랜드는 유기적 접근법을 지지하는 다른 이론가들과 마찬가지로 이 가정에 동의한다. 반두라(Bandura 1977)는 이러한 양방향성을 '교호적 결정론(reciprocal determination)'이라고 불렀다. 이는 개인과 환경이 서로에게 영향을 미치는 두 가지 경로를 말한다. 그러므로 개인은 단순히 외적 환경으로부터 오는 영향을 수동적으로 받아들이기만 하는 것이 아니라 외적 환경을 조성한다. 사실 능동적으로 행위하는 것은 인간의 기본적인 기능이다. 개인은 반응적(reactive)일 수도 있지만 선제적(proactive)으로 행동할 기회가 있다면 자연스럽게 후자를 택하는 경향성이 있다(Deci 1980; Deci & Ryan 1985).

개인-환경 간 상호작용은 열정이 어떻게 자기성장에 영향을 미치는지 이해하는 데 중요하다. 이하에서는 환경이 자기성장에 미치는 두 가지 과정을 간략히 설명하고자 한다. 첫째, 다른 활동이 아닌 바로 그 활동을 할 수 있는 환경은 자기성장에 영향을 미친

---

2) '활동 표상'은 개인이 어떤 활동을 받아들이는 인식을 말한다. 활동은 그 표상을 통해서 자기과정을 거쳐 내면화에 이른다.

다. 둘째, 권위 있는 사람들이 그 활동에 참여하면서 다른 사람들과 상호작용하는 방식, 가령 부모가 자녀와 활동을 두고 상호작용하는 방식은 자기성장에 영향을 준다. 그러나 이 과정 전반에 걸쳐 개인은 어떤 활동에 어떤 방식으로 참여할지를 선택하고, 궁극적으로 그 활동이 개인의 열정과 자기성장에 영향을 미치는 데 있어서 자율적이고 자기결정적인 잠재력을 가지고 있다.

자기성장을 위한 활동 선택에서 개인-환경의 변증법적 역할

환경이 자기성장에 도움을 주는 첫 번째 방식은 환경에 의해 어떤 활동에 참여함으로써 자기성장의 중요한 기회를 얻는 것이다. 사람들이 참여하기 위해 선택할 수 있는 활동은 문자 그대로 수백 가지가 있다. 열정 활동에 대한 최초의 경험적 연구(Vallerand et al. 2003, 연구 1)에서 539명의 참여자들은 150개 이상의 열정 활동에 주당 평균 약 8시간 동안 참여한다고 응답하였다. 개별 활동이 어떠한 기회로 이어질지는 국가 혹은 문화에 따라 다를 수 있음을 유념해야 한다. 예를 들어 얼음과 눈이 많은 노르웨이에서는 남녀노소 모두 겨울 스포츠를 즐기는 반면 얼음과 눈이 없고 날씨도 전혀 다른 아프리카 국가에서는 이것이 불가능하다.

한편, 하나의 국가 안에서도 가정환경에 따라 중요시하는 가치는 매우 다양하고, 따라서 서로 다른 활동이 이루어질 수 있다. 우리 집 진입로에는 농구대, 거실에는 피아노, 서재에는 기타 두 대, 각 방에는 컴퓨터와 다양한 주제의 책들이 있다. 이 물건들은 내 아이들에게 주어진 활동의 종류를 보여준다. 반면 우리 이웃집 아이들은 공구 사용법, 크로스컨트리 스키, 사진 같은 것을 배운다. 물론 가정의 영향이 전부는 아니다. 교육이라는 평등 기제(equalizer) 안에서 아이들은 정규 수업, 또는 점심시간, 방과 후 수업에서 서로 비슷한 활동에 참여할 수 있기 때문이다.

사람들이 열정적으로 하는 활동 중 몇 가지는 이렇듯 환경에서 나올 수 있다. 그러나 앞서 말했듯 환경과의 상호작용은 개인에 따라 다르게 나타난다. 따라서 활동에 참여하면서 얻는 결과는 활동 자체뿐만 아니라 개인에 따라서도 다르다. 모든 활동은 행위지원(affordance)(Gibson 1979)에 있어서 동일하지 않다. 즉 모든 활동이 똑같은 결과를 가져다주는 것이 아니라는 뜻이다. 어떤 활동은 타인과의 상호작용을 가져오는 반면 어떤 활동은 혼자서 해야 한다. 어떤 활동은 신체 기술을 발달시키는 반면 어떤 활동은 정신 기술을 발달시킨다. 이러한 행위지원을 극대화하여 이익을 얻기 위해서는 개인에게 적합한 '조율(attunement)'(Gibson 1979), 즉 기본 조건을 갖추는 일이 필요하다. 예를 들어 바이올린 연주에서 즐거움을 경험하기 위해서는 몇 가지 기본 조건(예: 손의 조정 감각과 유연성, 리듬감, 뛰어난 청력 등)이 필요하다. 따라서 누구나 바이올린을 연주하면서 즐거움을 경험하지는 못하며, 어떤 사람들은 하이킹, 그림 그리기, 달리기 등에서 그런 즐거움을 느낄 수 있다. 개인의 능력, 기술, 개성 등의 자기성장을 촉진하는 활동에 지속적으로 참여하기 위해서는 최적의 만족감이 있어야 한다. 이러한 최적의 만족감을 줄 수 있는 활동을 찾아내는 것은 각자의 몫이다.

활동 선호에서 심리적 욕구의 역할

그렇다면 다양한 활동을 시도하다가 특정 활동을 선택하고, 그 활동에 열정을 가지게 되는 심리적 과정은 무엇인가? 이는 어떤 이론가의 주장을 수용하냐에 따라 다르다. 프로이트(Freud 1940/1969)는 사람들이 무의식적이고 본능적인 충동(urge)을 만족시키는 활동을 선택한다고 보았고, 헐(Hull 1943)은 1차 및 2차 추동(drive)을 만족시키는 활동, 즉 성욕, 허기, 갈증, 고통의 해소와 그것을 해소하기 위해서 짝을 이루는 활동을 선택한다고 보았다. 반면 스키너(Skinner 1953)는 특정 활동이나 그와 유사한 활동에 참여하기 위한 정적 강화(positive reinforcement)의 역사에 따라 활동의 선택이 달라진다고 보았다. 마지막으로 반두라(Bandura 1969)는 활동에 참여하는 타인(또는 모델)이 어떤 보상을 얻는지 인지하고 그와 유사한 보상을 기대하기 때문에 특정 활동을 선택한다고 본다.

이렇듯 서로 다른 입장들의 공통점은 기계론적인 동기 이론을 채택하고 있다는 것이다. 기계론의 가설에 의하면 사람들은 오직 내적 자극(추동, 본능)이나 외적 자극(강화, 모델)에만 반응한다. 이것의 저변에 깔린 초이론적 가정에는 오랜 세월의 경험적 증거가 쌓여 있다. 예를 들어 보상을 받을 것이라고 기대하는 정도만큼 사람들은 그 활동에 지속적으로 참여한다는 것을 보여주는 연구들이 있다(예: Skinner 1953). 그러나 다른 연구에서 두 가지 중요한 점이 확인되었다. 첫째, 보상을 받는 것은 보상이 더 주어지지 않을 경우 특정 활동에의 참여를 **저해한다**(예: Deci, Koestner, & Ryan 1999). 달리 말해 처음에는 보상을 받기 위해 주어진 활동에 종사하다가 더 이상 보상을 받을 수 없으면 다른 활동으로 눈을 돌리게 된다. 둘째, 사람들은 보상이나 강화가 없는 경우에도 자신의 환경을 탐색하고 새로운 활동에 참여할 수 있다(Deci 1975; Deci & Ryan 1985; Ryan & Deci 2000 참조). 즉 이전에 언급했던 것처럼 사람들은 선제적으로 활동에 참여할 수 있다. 따라서 기계론적 접근법은 상당히 제한된 범위만을 설명할 뿐이며, 앞의 두 가지를 설명하기 위해서는 새로운 접근이 필요하다.

유기적 접근법(Deci 1980; Deci & Ryan 1985)은 개인이 선제적으로 환경과 상호작용하는 본성을 가지고 있다고 제안한다. 이러한 관점에 따르면 개인은 외부로부터 주어지는 추동이나 강화가 없어도 스스로 환경을 탐색할 수 있다. 인간은 기본 심리 욕구(basic psychological needs)를 충족시킬 수 있는 활동을 결정한다. 심리 욕구 이론에 대해서는 서로 다른 입장들이 전개되었지만, 자기결정성 이론(self-determination theory)은 심리 욕구 이론 중 경험적 증거들을 제공한 최초의 이론으로 다음과 같은 세 가지 심리 욕구를 상정한다(자기결정성 이론 외에 다른 이론에 대한 검토는 Deci & Ryan 2000; Sheldon 2011 참조). 자율성(autonomy, 개인이 세계와의 상호작용을 주도한다는 인식), 유능성(competence, 환경과 효과적으로 상호작용하기 위한 능력), 관계성(relatedness, 중요한 타인과 연결되어 있다는 느낌)에 대한 욕구가 그것이다.

이 설명에 의하면, 다른 조건이 같다고 가정할 때 개인이 스스로 유능하고 자율적이며 다른 사람과 연결되어 있다고 느낄 수 있는 활동이 그렇지 않은 활동보다 선택될 가능성이 높다. 많은 연구가 이 가정을 뒷받침한다(Deci & Ryan 1985, 1990, 2000; Ryan 1995; Sheldon, Elliot, Kim, & Kasser 2001; Vallerand 1997). 따라서 같은 가정환경 안에서도 심리 욕구를 충족시키는 유형의 활동이 무엇인가에 따라서 서로 다른 활동을 선호할 수 있다. 예를 들어 나의 큰아들 조지는 그림, 컴퓨터 게임, 비디오 게임에 열정이 있으며, 작은 아들 매트는 음악, 스포츠, 운동에 열정이 있다. 그들은 특정 활동에서 욕구가 만족되는 경험을 함으로써 반복해서 활동에 참여했고, 결국 매트의 경우에는 음악, 스포츠, 운동에, 조지의 경우에는 그림, 컴퓨터에 열정을 가지게 되었다. 어떤 활동은 다른 활동보다 더 많은 자기과정의 행위지원을 제공하지만(Gibson 1979), 그럼에도 불구하고 음악과 그림처럼 대부분의 활동은 특별한 자기과정을 위한 잠재력을 가지고 있다. 그러므로 욕구가 충족된다면 다른 활동이 아닌 바로 그 활동을 선택하고, 규칙적으로 그 활동에 참여하며, 나아가 자기성장을 촉진하는 그 활동에 대한 열정을 발달시키는 과정으로 이어진다. 선택된 활동 밖에서도 욕구를 만족시키는 것은, 동시에 여러 분야에서 만족감을 찾을 수 있는 조화로운 삶을 경험하는 기초가 되기 때문에 중요하다. 단 하나의 활동에서만 만족을 경험하는 것은 이 활동에만 의존하는 결과를 낳게 되며, 5장에서 보는 바와 같이, 최적의 형태에 미치지 못하는 열정, 즉 강박열정으로 이어질 가능성이 높다(Lalande et al. 2014).

심리 욕구 충족을 위한 사회 환경의 역할

환경은 개인이 자기성장을 경험할 수 있는 활동을 선택하도록 할 뿐만 아니라 그 활동에 참여할 수 있는 조건을 결정한다(Deci & Ryan 1985; Vallerand 1997, 2001). 결과적으로 환경은 일정 부분 심리 욕구가 충족되는 수준을 결정한다고 볼 수 있다. 따라서 환경, 특히 사회 환경(즉 우리를 둘러싸고 있는 다른 사람들)은 자기성장을 행위지원하는 것 외에, 활동에 참여하면서 유능성, 자율성, 관계성의 욕구를 충족시키고자 하는 자연스러운 경향을 촉진하거나 방해할 수 있다. 만약 다른 사람들의 행동이 주어진 활동에 대한 우리의 욕구 충족을 촉진한다면 우리는 이 활동에 자유롭게 참여할 것이고, 다른 조건이 같을 경우 결국 자기성장을 경험하게 될 것이다. 반대로, 만약 다른 사람들의 행동이 우리의 욕구 충족을 방해한다면 다음 두 가지 경우 중 하나가 일어날 것이다. 첫째, 활동에 참여하는 것을 그만두고 욕구 충족을 제공하는 다른 활동에 시간과 에너지를 투자한다. 둘째, 부정적인 결과를 얻을 수 있기 때문에 활동에 참여하는 것을 그만두지 못한다면, 참여의 질은 크게 떨어지고 참여의 결과인 자기성장의 질은 물론 활동의 성과도 감소하게 된다. 환경이 자기성장에 적군이 될 수도 아군이 될 수도 있다는 것은 분명하다.

이와 같은 분석을 뒷받침하는 많은 연구가 있다. 실제로 부모, 교사, 상사 및 코치 등 타인의 행동은 활동 참여를 통해 욕구 충족의 수준을 높이며, 그리하여 그 활동에 양질의 참여를 하게 되고 활동의 지속(또는 중단)에 영향을 미치기 때문에 중요하다(Deci & Ryan 1987, 2000; Mageau & Vallerand 2003 참조). 이는 궁극적으로 자기과정에도 영향을 미친다. 적정량의 자율성, 유능성, 관계성이 우리가 필요로 하는 심리적 영양분이기 때문에, 이 영양분을 행위지원하는 활동에 자유롭게 참여하고자 하는 노력이 지지받을 때 우리는 최적의 심리적 성장을 할 수 있다. 타인이 우리의 선택에 반대되는 방향이나 활동으로 밀어붙이거나, 우리가 선택한 활동 혹은 적응을 행위지원하는 활동일지라도 타인이 우리를 통제하려고 한다면, 욕구 충족은 좌절되고 활동에 참여하는 질(활동에 대한 열정을 포함해서)이 심각하게 저하되며, 그리하여 그 활동에서 얻을 수 있는 자기과정이

제한된다. 이러한 열정의 발달과정에 대해서는 5장에서 다시 다룰 것이다.

타인이 활동 참여에 미치는 또 다른 영향이 있다. 다음 절에서 보겠지만, 타인의 행동은 활동 표상이 우리의 정체성에 내면화되어 열정으로 발현될지 아닐지를 결정한다. 나아가 타인의 행동의 질은 그에 영향을 받은 열정이 본성상 조화로울지 강박적일지 결정한다. 중요한 타인이 자율성을 지지하게 되면 다른 활동이 아닌 그 활동을 스스로 선택했다고 느끼게 되고, 이는 열정의 초기 발달을 촉진한다. 또한 어느 정도 지속적인 자율성 지지는 조화열정의 발달을 촉진한다. 반면 타인으로부터 행동을 통제받는 경우 열정의 발달이 방해받을 수 있다. 열정이 초기에 발달한 후에 통제적 행동이 있을 경우 강박열정이 생겨난다. 이 논의는 5장에서 다시 다룰 것이다.

열정과 자기성장

우리는 살면서 다양한 활동을 한다. 대부분의 활동에 동기를 가지고 참여하지만, 오직 한두 가지 활동에만 열정을 가지게 된다. 예를 들어 우리는 학교에 가고 집안일을 하려는 동기가 있지만, 악기를 연주하거나 농구나 하키를 하는 것에 열정을 가질 수 있다. 사람들이 열정을 가지고 하는 활동에는 자기성장을 위한 최고의 잠재력이 들어 있다. 열정 없는 활동이 모두 자기성장으로 이어지지 못하는 것은 아니다. 분명히 우리가 삶에서 행하는 모든 일에는 그런 잠재력이 있다. 우리는 학교, 직장, 대인관계 등에서 심리적으로 열정을 키워갈 수도 있고 그렇지 않을 수도 있다. 이러한 활동에 동기를 갖는 것은 여러 가지 중요한 결과를 낳는다(Deci & Ryan 2000; Ryan & Deci 2000; Vallerand 1997). 그러나 활동의 복잡성이나 그로 인한 잠재적 자기성장의 수준이 같다면, 우리가 열정적으로 하는 활동이 자기성장을 이끄는 최고의 잠재력을 가지는 이유는 적어도 다음과 같은 여섯 가지 때문이다. 첫째, 열정은 높은 수준의 에너지를 가지고 열광적으로 활동에 온전히 참여하게끔 도와주는 강력한 동기적 힘을 가진다. 사람들에게 열정 활동을 하라고 부추기거나 강요할 필요가 없다. 오히려 그와는 정반대이다. 사람들은 종종 어떤 활동을 아무리 해도 충분하다고 느끼지 못하거나 지나치게 그 활동만을 하려 하기 때문에, 오히려 그들을 제지하거나 그만두게 해야 한다. 어떤 활동에 열정적일 때 사람들은 그 사랑하는 활동에 규칙적으로 매주 몇 시간씩을 투자한다(Vallerand et al. 2003, 연구 1). 사람들은 단순히 시간을 보내는 것이 아니라 양질의 참여를 위해 많은 시간을 투자한다.

활동이 자기성장을 촉진할 수 있는 힘을 갖는 것도 이 때문이다.

열정이 자기성장을 극대화할 수 있는 두 번째 이유는 열정이 학습 과정에서 중요하다고 알려진 숙달 목표[3](mastery goal)(Elliot 1997)를 길러주기 때문이다. 4장부터 보겠지만 실제로 어떤 활동에 열정을 품은 사람은 그 활동을 숙달하는 데 도움이 되는 방법으로 활동에 참여한다(Bonneville-Roussy, Lavigne, & Vallerand 2011; Vallerand, Mageau, et al. 2008; Vallerand, Salvy, et al. 2007 참조). 발전이나 개선을 목표로 활동에 참여하는 것의 전형적인 예로는 의도적 연습(deliberate practice)이 있다(Ericsson & Charness 1994). 이러한 연습에는 수고가 따르고 연습이 항상 즐거운 것은 아니다. 그러나 열정을 가진 사람들은 기꺼이 연습을 하고 '값을 치르는 것'을 피하지 않는다. 시간이 흐르면 열정을 가진 사람들은 그 활동에 대해 알아야 할 것을 모두 알게 되고 그 활동 분야의 전문가로 성장한다.

셋째, 활동의 전문가가 되는 것 외에도 열정은 긍정정서, 몰입, 활력, 집중력, 그리고 그 밖의 긍정적인 인지적, 정서적 결과를 준다. 이러한 결과가 곧바로 활동과 관련한 자기성장으로 이어지는 것은 아니다. 그러나 이 결과들은 그 활동에 지속적으로 참여하게 하고 그리하여 활동 분야에서의 개인적 성장이 촉진된다.

넷째, 열정 활동에 참여하는 것은 그 활동에서 긍정적인 결과를 경험하는 데 도움이 되며 삶의 다른 영역에서 자기성장을 촉진할 수 있다. 예를 들어 체스에 대한 열정은 게임하는 동안 긍정정서를 경험하게 해준다. 이 긍정정서는 시간이 지나도 지속되며 (Mageau & Vallerand 2007) 이어서 개인의 인지 레퍼토리(cognitive repertoires)를 형성하고(Fredrickson 2001) 시험공부를 더 열심히 할 수 있도록 도와준다. 특정 활동에 열정을 가지게 되면 삶의 다른 영역에서도 성장한다는 것은 분명하다.

다섯째, 열정 활동의 표상은 정체성에 내면화되어 있기 때문에, 활동에서 얻는 자기성장은 삶의 다른 영역에도 일반화되는 최적의 자기과정에 다가갈 수 있게 한다. 실제로 자신이 잘하는 활동에서 최선으로 기능하는 방법을 알게 되면, 열정 활동이 아닌 삶의 다른 측면에서도 효과적인 자기과정을 통해 긍정적인 효과를 이끌어낼 수 있다. 예를 들어 음악에 대한 열정은 연주회를 앞두고 스트레스를 다루는 법을 배울 수 있게 도와준

---

3) 성취목표이론(achievement goal theory)에서 말하는 목표의 한 종류. 숙달 목표(mastery goal)는 과제의 숙달이나 기술의 향상을 추구하는 목표이며, 이와 대비되는 수행 목표(performance goal)는 타인에게 유능감을 드러내거나 상대적인 우위를 추구하는 목표를 말한다.

다. 이렇게 얻은 기술을 활용해서 중요한 시험이나 첫 데이트를 앞둔 스트레스에 쉽게 대처할 수 있다.

마지막으로 특정 활동에서 개인의 열정은 삶의 다른 영역에서 자기성장을 이끌 수 있는 외부 활동에 참여하도록 돕는다. 이것이 열정이 자기성장을 가장 높은 수준으로 이끄는 이유이다. 예를 들어 내 친구는 철학과 독일 철학자에 대한 열정이 매우 커서 독일어를 배우기 시작했고 독일로 가서 철학 박사학위를 수료하였으며, 독일 문화를 내면 깊이 향유할 수 있게 되었다. 즉 그는 철학에 대한 열정에 의해 열정 활동 말고도 여러 차원에서 자기성장을 확대한 것이다.

좀 더 심층적인 예를 살펴보자. 장 클로드는 퀘벡 출신의 14세 청소년으로 농구를 아주 좋아한다. 그는 벌써 6년째 매일같이 농구를 하고 있다. 학교에서 그는 팀원들과 함께 경기하거나 혼자 연습하기 위해서 점심시간이나 방과 후 시간을 학수고대한다. 그는 분명히 농구에 열정적이라고 할 수 있다. 장 클로드의 농구 실력은 급격하게 향상되었다. 그는 드리블과 패스, 레이업 슛을 위해 공을 몰고 가는 기술이 아주 능숙해졌고, 외곽 슛은 아주 뛰어나지는 않지만 그렇다고 형편없는 수준은 아니다. 이렇듯 장 클로드는 열심히 노력했고 실력이 점점 좋아지고 있다. 그는 경기를 관전하고, 코치, 동료들과 농구의 세부적인 내용에 대해 활발히 토론하며, 사람들이 잘 알아채지 못하는 경기 패턴을 재빠르게 인식한다. 프로 체스선수처럼 장 클로드는 경기가 앞으로 어떻게 전개될지 예측할 수 있다. 장 클로드는 어리지만 이미 농구의 전문가라고 볼 수 있다. 장 클로드는 농구에 온전히 참여하고 농구가 행위지원할 수 있는 혜택을 최대한 끌어낼 수 있는 기본 조건을 갖추고 있다.

농구에 대한 열정은 장 클로드가 농구 이외의 분야에서 성장하는 데에도 도움이 되었다. 예를 들어 심혈관계 건강이 상당히 좋아져서 몇 킬로미터를 지치지 않고 달릴 수 있게 되었다. 자기 또래의 10대들보다 근육이 발달했고 신체적 건강 상태가 양호하다. 그는 또한 농구를 하기 전보다 전반적인 자신감이 생겼다. 자신이 최소한 한 분야에서만큼은 뛰어나다는 사실을 알기 때문이다. 나아가 농구에서 열심히 노력해서 발전했듯이 어느 분야에서나 노력하면 잘할 수 있다는 믿음을 가지게 되었다. 이 믿음은 그에게 확실한 자존감을 심어주었다. 또한 그는 농구를 통해 사회적으로도 성장했다. 그는 농구를 같이 하는 친구뿐만 아니라 동네에서 여러 명의 친구를 사귀었으며 인기가 매우 좋다.

또 다른 흥미로운 사실은, 장 클로드의 자기성장이 여기서 멈추지 않았다는 것이다.

미국 NBA(National Basketball Association)에서는 세계적인 수준의 농구경기가 펼쳐진다. 장 클로드는 영어로 된 농구 책과 잡지를 읽고 TV로 경기를 보면서 영어를 배우게 되었다. 농구 덕분에 그는 팀원들과 함께 캐나다의 여러 도시와 미국과 유럽의 여러 나라로 여행하게 되었다. 그는 여러 나라와 그곳에 사는 사람들에 대해 많은 것을 알게 되었다. 농구에 대한 그의 열정은 농구를 더 잘 알기 위해 외국어인 영어를 배우게 하였고, 그 결과 농구에 열정적인 다른 나라 사람들과 소통할 수 있게 해주었다. 나아가 여러 나라를 여행하면서 그의 앞에 새로운 길이 열리게 되었다. 그는 열정을 계속 추구하기 위해 미국으로 유학을 가기로 결심했고, 미국 대학에서 장학금을 받기 위해 더욱 열심히 공부했다. 그러므로 농구에 대한 열정은 학업에 대한 동기에도 상당한 영향을 미친 것이다. 장 클로드가 마침내 꿈을 이루어 미국 NBA나 유럽 프로농구에서 뛸 수 있게 된다면, 농구에 대한 그의 열정이 그의 진로에도 크게 영향을 미친 것으로 볼 수 있다. 종합하면 농구에 대한 열정은 여러 가지 차원에서 장 클로드의 자기성장에 영향을 주었다.

자기성장은 모 아니면 도(all-or-none)의 과정이 아니며, 이 점을 특히 유념할 필요가 있다. 자기성장에는 활동에 참여하는 질적 수준을 포함해서 여러 가지 요인이 작용한다. 2장에서 열정이원론을 소개하면서 질적으로 다른 활동 참여로 이어지는 두 가지 열정을 기술한 바 있다. 따라서 열정은 자기성장에 기여할 수 있지만, 그러한 자기성장은 어떤 열정을 갖느냐에 따라 질적으로 달라진다. 이하에서 살펴보겠지만, 조화열정은 강박열정보다 참여의 질을 높이고 결과적으로 더 높은 수준의 자기성장을 이끈다. 이 두 종류의 열정에 대한 논의는 일단 미뤄두고, 자기구조 및 열정의 발달을 이끄는 내면화 과정을 논의하고자 한다.

자기구조

외부 세계와의 상호작용은 모두 우리의 내적 구조에 아주 조금일지라도 영향을 미친다. 상호작용은 특히 우리 자신을 특정 분야에서 평가하려 할 때와 우리가 받아들일 만한 유용한 정보를 가지고 있는 경우에 영향을 미친다. 예를 들어 중요한 수학 시험에 대비하여 열심히 공부한 결과 좋은 성적을 얻게 되면, 적어도 '나의 수학 지식이 늘었다'와 '나는 수학을 잘한다'와 같은 두 가지 사실을 깨닫게 된다. 세계에 대한 이해와 자기에 대한 이해가 높아진 것이다. 그러나 세계와 자기에 대한 이해 말고 더 얻는 것이 있다. 그것은 '나는 변했다', '나는 시험공부를 하기 이전과는 다른 사람이다', '세계와 나 자신에 대한 늘어난 지식이 나를 변화시켰다', '나는 심리적으로 **성장했다**'와 같은 것이다. 이러한 변화는 스쳐 지나가는 것이 아니며, 이것이 충분히 중요한 변화일 경우 두 가지 유형의 지식을 담고 있는 우리의 내적 구조(또는 스키마)에 포착된다.

자아와 사회 인지에 대한 연구에서 알 수 있듯이, 자기구조(self-structure)는 외부 세계의 구조보다 더 복잡하다(관련 내용은 Vazire & Wilson 2012 참조). 자기구조는 자기내용(self-content)과 자기과정이라는 두 가지 측면과 관련있기 때문이다. 기본적으로 외부 세계에 대한 지식은 축적되는 내용을 가진 반면 자기구조는 (1) 자아에 대한 내용과 (2) 자아의 기능이라는 두 가지 요소를 가진다. 윌리엄 제임스(William James 1890)는 이 두 차원의 자아에 'Me'와 'I'[4]라는 용어를 사용했다. I는 지금 활동하고 있는 자아로서, 마르쿠스와 우프(Markus & Wurf 1987)가 '기능하는 자아(working self)'라고 불렀던 것과 같이 내(사아)가 매일 심리적으로 수행하는 여러 가지 기능을 말한다. 기능하는 자아는 세계를 인식하는 것에서부터 나의 일부로서 외적 정보를 판단하고 통합하는 것, 특정 유형의 동기를 가진 활동에 참여하는 것 등 다양하다.

Me는 자아에 관한 내용이다. 나의 신체적 외모(예: 피부색, 머리색), 나의 역할(예: 교사, 과학자, 부모 등), 내가 선호하는 활동(예: 농구, 음악)에 이르기까지 나의 자아와 관련하여 내가 알고 있는 다수의 차원에 대한 것이다. 한마디로, Me는 나의 정체성이다. 제임스(1890)는 이것의 중요한 세 가지 차원(또는 'Me')을, 정신적 자아(예: 경험, 정서, 가치, 태도, 활동, 흥미), 사회적 자아(예: 다른 사람에게 보여주는 이미지, 역할), 물질적 자아(예: 신체, 옷, 소유물)로 보았다. '나는 누구인가'라는 개방 질문에 짧게 대답하여 자신을 정의하는 방법을 사용한 여러 연구결과들이 제임스의 이론을 강력하게 지지한다(예: Gordon 1968; Kanagawa, Cross, & Markus 2001; Rentsch & Heffner 1994).

열정 활동만이 정체성에 중요한 역할을 하는 것은 아니다. 교수, 부모, 친구, 남편 등 중요한 역할을 포함하는 활동들이 있으며, 이것들도 정체성의 일부를 이룬다. 그러나 열정 활동은 정체성을 더 확실히 드러낸다. 그 활동이 중요하고 가치 있고 내가 사랑하기 때문만은 아니다. 열정 활동에는 제임스가 확인한 세 차원의 자아가 모두 반영되기

---

4) 제임스의 자아이론에 의하면 'Me'는 객체로서의 자아 즉 알려진 자아이며 I는 그것을 아는 나, 주체로서의 자아이다. 제임스가 보기에 인간의 자아는 이렇게 주체이면서 동시에 객체인 두 측면을 모두 가지고 있다.

때문이다. 예를 들어 내가 기타를 치고 곡을 쓰는 데 열정을 가지고 있다면, 이 열정은 나의 정신적 자아의 중요한 측면을 보여준다. 또한 음악가는 내 사회적 자아의 중요한 측면이다. 내가 공연을 하거나 다른 사람들과 함께 밴드에서 연주한다면 더더욱 그렇다. 마지막으로 내가 가장 좋아하는 검은색 어쿠스틱 타카미네 기타는 나의 중요한 소유물로서 물질적 자아의 차원이다. 요컨대 기타 연주를 열정 활동으로 내면화하면 그 활동은 나의 정체성의 많은 부분으로 스며든다. 왜 열정이 정체성에 그토록 중요한지, 왜 열정이 자기과정과 중요하게 연결되는지 어렵지 않게 이해할 수 있다.

　I와 Me가 서로 영향을 미친다는 것은 중요한 사실이다. 정체성은 자기과정에 영향을 미칠 수 있으며, 마찬가지로 자기과정도 정체성에 영향을 미칠 수 있다. 어떤 사람이 스크래블(Scrabble) 게임5)을 하며 몰입과 긍정정서(긍정적인 정신적 Me로서 정체성의 요소)를 경험하게 되면, 그 사람은 게임에 더 많은 시간과 에너지를 투자하기로 **선택한다**(자기조절의 긍정적인 형태, I, 혹은 자기과정). 그는 게임 기술을 향상시키고 게임을 **잘하는** 사람으로서 스스로를 인정하며(Me, 혹은 정체성 요소), 게임을 중요한 활동으로 **평가한다**(주관적인 판단 혹은 자기과정). 결국 게임에 대한 열정이 발달한다. 따라서 자기과정과 정체성 요소는 내적으로 연결되어 있다. 정체성은 자기과정에 영향을 미칠 수 있고 자기과정은 정체성에 영향을 미칠 수 있다. 정체성 요소가 중요할수록 자기과정에 영향을 미칠 가능성이 높다. 이하에서 볼 수 있듯이 정체성 요소가 내면화될 때 나타나는 질의 차이에 따라 적응적인 자기과정과 내면화의 관계에서 나타나는 질도 차이가 난다.

열정이 정체성의 일부가 되는 내면화 과정

　열정이원론의 중요한 가정은 사람들이 중요한 환경 요소들을 자신의 정체성에 자연스럽게 내면화하는 경향이 있다는 것이다. 여기서 정체성은 개인의 자기인식(self-perception), 즉 자아로부터의 내면화 과정이 진행되는 동안 자신을 어떻게 지각하는가를 가리킨다(Vallerand & Rip 2006). 이 내면화는 환경 요소가 매우 가치와 의미가 있으며 스스로 그것들을 선택했다는 느낌을 받을 때 일어날 가능성이 높다(Deci, Eghrari, Patrick, & Leone 1994). 다시 말해 내면화는 자기과정을 위한 경향성으로서, 사람들은 자신에 대한 그리고 자신에게 중요한 세계에 대한 정보를 내면화한다. 우리는 평생에 걸쳐 스스로

---

5) 알파벳 철자를 보드 위에 올려서 단어를 만들고 이에 따라 맞은 점수를 많이 모으면 승리하는 보드 게임.

를 보는 방식 즉 정체성의 일부가 되어가는 외적 요소들과 수없이 마주치게 된다. 워터맨(Waterman 1993)의 연구에서 알 수 있듯, 사람들은 자기표현적인(self-expressive) 동기, 즉 자기 자신을 비춰주는 정체성 활동과 외부 세계의 요소들을 본질적으로 내면화하려는 동기를 가지고 있다. 우리가 열정적으로 하는 활동의 표상은 자기표현적이고 내면화하는 요소들에 속한다.

영화 ≪블랙 스완(Black Swan)≫(감독 아로노프스키 Aronofsky 2010)에서 배우 나탈리 포트만(Natalie Portman)이 연기하는 주인공(전문 발레 무용수)에게 낯선 사람이 "누구세요?"라고 묻는 장면이 나온다. 흥미롭게도 이 대목에서 그녀는 자신의 이름을 말하기 전에 "발레 댄서예요"라고 대답한다. 그녀에게 발레는 자신의 이름보다도 먼저 자신의 정체성을 결정하는 요소이다. 특정 활동에 열정적인 사람들은 대체로 이렇다. 활동 표상은 그들이 누구인지, 그리고 그들이 자신을 어떻게 보는지에 대한 정체성을 구성한다.

많은 연구를 통해 정체성 발달을 촉진하는 여러 요인이 밝혀졌다(Baumeister 1998; Vallerand & Rip 2006 참조). 하트와 마츠바(Hart & Matsuba 2012, p. 15)는 "자아는 역동적으로 상호작용하는 사회적, 지각적, 인지적, 생물학적 과정에서 생겨난다"라고 결론지었다. 여기서 이 연구를 모두 요약하지는 않을 것이다. 그러나 이 연구에서는 열정의 대상이 정체성에 내면화되는 과정에 작용하는 각 요소를 제안하고 있다. 첫째, 활동이 의미 있다고 인식되면 활동과 관련해서 자신을 평가하려는 동기가 일어난다. 둘째, 이러한 자기평가(self-evaluation)는 정보의 특정 자원에 더 집중하게 만든다. 마지막으로, 이 정보의 자원은 자율적 방식 혹은 통제적 방식 중의 하나로 정체성에 내면화되며, 열정과 자기과정의 유형에 중요한 영향을 미친다. 각각에 대해서는 이하에서 설명하겠다.

자기평가

어떤 활동에 일정 기간 이상 참여하게 되면 이 활동과 관련하여 자신을 평가하고 싶어진다. 자기평가는 자신을 더 잘 알고자 하는 우리의 욕구(예: "나는 스키인이 되는 데 필요한 자질이 있는가?") 또는 이 활동 영역에서 우리에 대해 알고 싶어 하는 다른 사람들에 의해 일어난다("너 **정말로** 스키가 좋니?"). 그 활동이 그 사람에게 중요한 정도만큼, 그 활동과 관련해서 자신을 아는 것이 중요한 정도만큼 개인은 자기평가에 관여한다.

자기평가 과정은 자기검사(self-assessment), 자기고양(self-enhancement), 자기검

증(self-verification), 자기향상(self-improvement)(Vallerand & Rip 2006)의 네 가지 기본적인 동기를 포함한다. **자기검사**는 정확한 자기인식을 도출하려는 의도를 말하며 자신에 대한 불확실성을 줄이는 역할을 한다(Trope 1986 참조). **자기고양**은 위협으로부터 자신을 보호하는 것과 같이 자신에 대한 긍정적인 표상을 낳기 위한 노력을 말한다(예: Alicke & Sekikides 2009). **자기검증**이란 모순된 정보에 직면할 때 자기표상의 일관성을 유지하기 위한 노력을 말한다(예: Swann, Rentfrow, & Guinn 2003). 마지막으로 **자기향상**은 이미 존재하는 정체성 이상으로 자아를 확장하기 위해서 영양분을 제공하는 것을 말한다(예: Taylor, Neter, & Wayment 1995).

이 네 가지 유형의 동기는 정체성 요소를 만들어내는 데 중요하다고 밝혀진 것들이다. 그러나 각 동기는 내면화되는 정보의 유형에 대해 서로 다른 시사점을 준다. '나는 스키인인가?'라는 질문으로 돌아간다면 네 가지 동기는 자아에 대해서 각기 다른 정보를 제공한다. 자기검사 동기는 상대적으로 '객관적인' 자기표상을 이끈다. 그래서 이 질문을 받으면 사람들은 마지막으로 스키를 타러 갔던 경험을 되살려 그 당시 자신이 얼마나 잘 탔는지 평가하고 스키를 얼마나 좋아하는지 생각해보며 정말로 자신을 스키인이라고 말할 수 있는지를 판단할 것이다. 이 요소는 그의 정체성의 일부가 된다. 자기고양과 자기검증의 두 가지 동기도 자신에 대한 정보를 탐색하지만, 이 탐색은 긍정적인 결론에만 편향되거나(자기고양) 이미 내면화된 요소와 일관되는 추론(자기검증)에만 치우쳐 있다. 그러므로 자기고양 동기가 있다면 그는 자신이 스키인뿐만 아니라 훌륭한 스키선수가 될 자질을 가지고 있다고 생각할 수 있다. 자기검증 동기가 있다면 이미 존재하는 요소("나는 눈을 좋아하고 스피드를 즐기며 어려운 균형을 잡는 것을 좋아해")를 되짚어보고, 그와 일관된 결론("그렇지, 나는 스키인이야")을 내릴 것이다. 마지막으로, 자기향상 동기가 있다면 정체성에 새로운 정보나 복잡성을 더하여 내면화될 수 있는 새로운 자기요소들을 가져온다. 그래서 스키 여행을 몇 번 더 가고 그때마다 즐거웠다면, 이후 자신의 정체성에 이 새로운 정보를 기꺼이 추가하고자 한다.

연구결과에 따르면 각 동기 유형이 정체성 생성에 관여할 때에는 상황과 관련된 개인의 성격에 의존한다(Strube 2012). 예를 들어 스키를 잘 타지 못했을 경우 자신감 넘치는 성격을 가진 사람은 자신의 실력이 정확히 어느 수준인지 알아보려는 자기검사 동기가 생기는 반면 자신감이 없는 사람은 자신에게 위협적인 부정적인 결론 대신 긍정적인 결론을 내기 위한 자기고양 동기가 생길 수 있다. 마찬가지로 활동에 참여하는 시기가 다르면 사용하는 자기평가 동기도 달라질 수 있다. 즉 새로운 활동에 참여할지 말지를 결정하는 시기에는 자기요소에 대해 타당한 평가를 하려는 동기가 강한 반면 그 활동에 오랫동안 참여한 후라면 그 활동을 지속적으로 참여하는 것을 정당화하려는 동기를 사용할 가능성이 높다.

정체성 형성과 관련된 정보 유형

자아 이론가(예: Markus & Wurf 1987)와 사회 인지 이론가(예: Kruglanski et al. 2002)가 제안했듯이, 기능하는 자아는 가능한 정보를 부분적으로만 볼 수 있다. 마치 손전등이 어두운 방 전체를 밝힐 수 없는 것처럼, 자아는 모든 정보에 집중할 수 없다(Kruglanski 1989). 따라서 자아는 이용할 수 있는 정보를 찾는 과정에서 상황이나 개인의 성격에 의해 촉발되고 앞의 네 가지 자기평가 동기 중 하나와 일치하는 정보에만 초점을 맞출 것이다. 그리고 그가 어떤 정보를 보는가에 따라서 그가 발견하는 것이 대부분 결정된다(Swann 1999).

사회 환경, 자신의 행동에 대한 관찰, 개인적 경험과 기억, 이렇게 적어도 세 가지 서로 다른 원천이 정체성에 대한 정보를 만들어가는 과정에 사용될 수 있다. 먼저 사회 환경은 다음과 같은 세 가지 방식으로 정체성에 중요한 정보를 제공한다. 첫째, 우리가 참여하는 활동의 전문가나 우리가 신뢰하는 사람들이 주는 정보는 특히 그 활동이 새로운 것일 때 우리의 자기인식에 강하게 영향을 미친다. 예를 들어 상징적 상호작용 이론(symbolic interactionism)에 따르면, 사람들은 나이와 상관없이 자신을 더 잘 이해하기 위해서 다른 사람들을 거울로 인식하곤 한다. 특히, 타인이라는 거울에 '반영된 평가(reflected appraisals)', 즉 우리가 누구인가에 대한 다른 사람들의 인식이 우리의 정체성에 영향을 미친다는 많은 연구결과가 있다(예: Stets & Burke 2003; Tice & Wallace 2003). 예를 들어 어렸을 때 나는 사람들의 행동을 분석하고 해석하는 것을 즐겼다. 그런 식의 말을 하고 나면 어머니께서는 "심리학자 나셨네!"라고 말씀하시곤 했다. 어머니의 이러한 말씀이 나의 정체성에 파고든 것일까? 마찬가지로 어떤 영역의 전문가가 주는 피드백은 그 영역에서 새로운 정체성 요소를 만드는 데 사용될 가능성이 높다. 특히 그 영역에 대해 자기 스스로를 잘 알지 못하는 경우에는 더 그렇다(이러한 효과에 대해서는 Vallerand & Reid 1984 참조). 그러나 이미 특정 영역에서 자기인식이 형성된 경우에는 다른 사람으로부터 오는 정보를 걸러내거나(Schafer & Keith 1985), 그것을 완전히 차단하고 전문가에게 자기인식을 납득시키려 할 수도 있다(Swann 1999).

둘째, 사회 환경은 타인을 관찰함으로써 정체성의 내용에 영향을 준다. 예를 들어 부모나 형제들이 특정 활동에 참여하는 것을 관찰하면 그 활동의 가치에 대해 소중한 정보를 얻을 수 있다. 그러한 정보를 통해 그 활동에 쉽게 참여하게 되고 결국 활동을 자신의 정체성으로 내면화한다. 때로는 타인의 행동을 직접 따라 하기도 한다. 어린 아이는 축구장 안에서 공을 차는 어머니를 보며 자기도 라인 밖에서 공을 차보려고 한다. 특히 이런 일은 유아와 아동에게 많이 일어나며 정체성의 내면화로 이어질 가능성이 높다(Hart & Mattuba 2012).

마지막으로, 타인과의 사회적 비교도 사회 환경이 주는 정보원이다(예: McGuire 1984). 예를 들어 스노클링을 하는 어떤 학생이 학급에서 자기 외에는 아무도 스노클링을 하지 않는다는 것을 알게 되면, 그 학생은 스노클링이 자신을 정의하는 일부임을 유추6)할 수 있고 스노클링을 자신의 정체성에 내면화시키는 데에 이 정보를 사용한다. 사회적 비교는 청소년들이 자신의 정체성을 발달시킬 때 중요한 역할을 한다(Erikson 1969). 허브 마쉬(Marsh, Kong, & Hau 2000)의 연구에 의하면 학업이나 운동에 대한 자기인식에는 자신의 성취뿐만 아니라 급우들의 성취 또한 영향을 미친다(Chenal, Marsh, Sarrazin, & Bois 2005). 흥미롭게도 사회적 비교는 우리가 그것이 있다는 것을 인식하지 못할 때에도 영향을 미친다(예: Mussweiler, Ruter, & Epstude 2004). 무의식적 요인은 인지적 템플릿을 작동시켜서 대부분 간접적으로 영향을 미친다. 이러한 인지적 템플릿은 우리가 그것이 있다는 것을 알아채지 못하더라도 우리 자신의 행동을 평가할 때 사용된다.

정체성에 관한 중요한 두 번째 원천은 자신의 행동을 관찰하는 것이다. 자기인식 이론에서는 이와 관련하여 많은 연구가 진행되었다(Bem 1967, 1972). 벰(Bem)의 이론에 따르면 우리는 자신의 행동을 관찰함으로써 요소들을 정체성 안에 내면화한다. 모든 행동이 자아에 대한 정보를 제공하는 것이 아니다. 우리의 행동이 자기인식과 관련을 맺으려면 두 가지 조건이 있어야 한다. 첫째, 활동을 향한 자기인식(또는 내적 상태)이 없거나 명확하지 않아야 한다. 우리가 주어진 자기요소에 대해서 자신을 잘 알고 있다면 이러한 분석을 할 필요가 없기 때문이다. 그러므로 활동 참여의 초기 단계에서는 자신의 행동을

---

6) 급우들 사이에서 "걔 누구지?" "스노클링하는 애"라는 식의 인정이 있을 때 이것은 스노클링하는 학생의 정체성("나는 누구인가")을 형성하는 데 중요한 정보가 된다.

관찰하는 것이 특히 중요하다. 둘째, 행동을 설명하는 상황의 힘이 너무 강해서는 안 된다. 이 경우 그 영역에서 자신의 행동이 스스로에 의해서가 아니라 상황의 힘에 의해서 야기되었다고 추론할 것이기 때문이다. 10대 소년이 부모가 부추긴 것이 아닌데도 매일 밤 긴 시간 망원경으로 하늘을 관찰한다면 그는 어느 순간 자신의 행동을 '관찰(또는 성찰)'하게 되고 자신이 천문학을 사랑한다고 판단하게 될 것이다.

정체성 요소로 변화할 수 있는 세 번째이자 마지막 원천은 개인적 경험에 대한 회상과 즉각적인 개인적 경험이다. 과거에 대한 기억인 자서전적 기억(autobiographical memories)은 자신의 정체성을 정의하는 데 사용될 수 있다(Singer & Salovy 1993). 기억력이 매우 좋고 자신의 기억이 정확하다고 믿으며 쉽게 검색할 수 있도록 기억의 구조가 잘 조직되어 있을 때 특히 그렇다(Conway & Pleydell-Pierce 2000). 개인의 기억이 모두 '정확하다'라는 말은 아니지만, 적어도 자신의 기억이 정확하다고 믿어야지만 정체성에 대한 새로운 자기지식을 만들어낼 수 있다. 나아가 과거의 기억은 시간이 흘러도 사기연속성(self-continuity)을 유지하는 양분이 된다(Conway 1996). 특히 과거의 기억이 자기 이야기(self-narrative), 즉 개인의 인생사에 통합될 때 더욱 그렇다(McAdams 2001). 활동에 열정적으로 임하는 것은 한 사람의 인생에 있어 중요한 이야깃거리가 된다(Rathbone et al. 2008). 새로운 경험들이 긍정적이고 두드러진 경험이라면 더욱 그렇다. 그렇기 때문에 포커를 하면서 몰입(flow, 활동에 자신이 완전히 빠져 있다고 인식하는 것)(Cikszentmihalyi 1978)을 경험하거나 긍정정서를 느끼면, 자신이 포커를 좋아한다고 유추하고 결국에는 자신을 '포커 플레이어'로 보게 된다.

자율적인 내면화와 통제적인 내면화의 역할

내면화 과정의 마지막 단계는 내면화의 유형과 관련 있다. 대부분의 사회심리학 및 성격 이론에서는 외부 환경의 요소들을 내면화되는 것과 되지 않는 것으로 단순하게 구분한다. 그들은 내면화 과정이 최적이 아닐 가능성을 고려하지 않는다. 예를 들어 사회 정체성 이론(social identity theory)(Tajfel & Turner 1986)과 자기확장 이론(self-expansion theory)(Aron et al. 1992, 2005)에서는 개인에게 중요한 집단이나 타인이 정체성의 일부가 될 수 있다고 주장한다. 그러나 이 이론들은 단순히 외적 요소가 자아 속으로 내면화되는 것만을 설명할 뿐, 내면화의 질을 구분하거나 또는 내면화가 최적에 미치지 못하거나 심지어 부적응적일 수 있다는 사실을 다루지 않는다. 따라서 사회 정체성 이론이나 자기확장 이론에서는 집단 또는 사랑하는 타인을 내면화하는 과정에서 질적으로 다른 유형이 가능하며 그에 따라 질적으로 다른 심리적 과정과 결과가 이어진다고 보지 않는다. 나아가 이 이론들에서는 일단 내면화가 이루어진 뒤 내면화된 요소가 시간이 지남에 따라 변할 수 있다는 가능성 혹은 질적으로 더 좋아지거나 더 나빠지는 자기 과정과 연관될 가능성을 인정하지 않는다.

유기적 접근법, 특히 자기결정성 이론(Deci & Ryan 2000)의 입장에서처럼, 열정이원론에서는 외부 객체의 내면화가 내부/외부의 이분법을 넘어서 완전한 자율성에서 완전한 통제성으로 이어지는 연속선상에서 일어난다고 가정한다. 앞서 우리는 사회 환경이, 우리가 세계와 상호작용할 때 적군이자 아군이 될 수 있다는 것을 알았다. 사회 환경은 또한 외적 요소들을 내면화하는 과정의 질에도 영향을 미친다. 우리가 참여하는 활동, 그 활동에 참여하기로 한 선택에 대해서 자율성을 지지받으면 자율적인 내면화 과정 (autonomous internalization process), 즉 외적 요소에 대한 양질의 내면화가 이루어진다. 자율적인 내면화(Deci & Ryan 1985; Sheldon 2002; Vallerand 1997)는 개인이 활동의 수반성(contingencies)[7]이나 사회 환경으로부터의 간섭 없이 활동 그 자체를 중요한 것으로 자유롭게 받아들일 때 발생한다. 아이들이 자신의 페이스로 자신의 흥미를 추구하도록 격려받을 때, 부모의 눈치를 보지 않고 자유롭게 좋아하는 활동에 참여할 수 있다고 느낄 때, 활동 표상은 그들의 정체성에 자율적으로 내면화된다. 이러한 유형의 내면화는 통합된 자아(integrated self)(Hodgins & Knee 2002; Ryan & Deci 2000, 2003)에서 나온다. 즉 통합된 자아는 자아의식을 따라서 순수하게 자신이 좋아하는 활동이나 대상을 선택하고 가치화하면서 내면화를 진행한다. 이러한 내면화 과정에서는 내면화된 요소들이 자아 안에서 일관성 있게 조직되고 서로 갈등하지 않는다. 나아가 내면화된 정체성 요소는 통합된 자아와 일관되기 때문에 자기성장을 촉진할 수 있는 적응적인 자기과정을 돕는다. 우리가 이 책 전체를 통해서 볼 수 있듯이, 통합된 자아로부터 나오는 다양한 자기과정은 인지, 정서, 자기통제, 대인관계, 사회 영역에서 긍정적인 결과를 촉진한다.

반면에 사회 환경이 우리를 통제하는 방식으로 작용하여, 우리 자신의 선택과 흥미를

---

7) 활동의 수반성(contingency attached to activity)이란 활동 자체가 아니라 활동에 수반되는 부수적인 특성이다. 가령 태권도를 열정적으로 하더라도, 그것이 부모의 기대를 만족시키거나 친구들에게 우쭐대기 위한 것이라면, 그것은 활동에 수반된 특징일 뿐 활동 그 자체에 대한 것은 아니다. 수반성을 가지고 활동을 내면화할 경우, 더 이상 활동이 그런 기대를 충족하지 못할 경우에는 활동에 참여하지 않게 된다.

고려하기보다 환경에 우리를 맞추도록 강제할 수도 있다. 이 경우 사회적 행동은 통제적인 내면화 과정(controlled internalization process)이라고 하는 질 낮은 내면화를 초래한다. 통제적인 내면화 과정(Deci & Ryan 1985; Sheldon 2002; Vallerand 1997)은 통합된 자아의 외부에서, 그리고 투사된 자아(ego-invested self)에서 유래한다. 투사된 자아는 일반적으로 사회적 수용이나 자존감과 같은 정서가 활동에 수반되기 때문에 작동한다. 그러한 과정은 자기요소들 사이의 내적 조화를 흔들고 요소들의 갈등을 일으키게 한다. 또한 내면화된 정체성 요소들과 자기과정의 관계가 자율적인 내면화 과정보다 적절하지 못하다. 즉 선제적, 개방적이고 마음챙김(mindfulness)의 과정이 아닌 방어적인 과정이 일어나서 앞서 언급한 적응적 자기과정에 이르지 못하거나 적어도 이를 제한하게 된다. 그 결과 최적의 수준에 이르지 못하는 자기성장 혹은 결과가 나타나고, 경우에 따라 부적응에 이를 수 있다.

연구결과 이 분석은 적어도 네 가지 측면에서 지지된다. 첫째, 과제가 가치 있다고 느낄수록 내면화 과정이 더 많이 일어난다(예: Chandler & Connell 1987; Deci et al. 1994; Sheldon, Kasser, Houser-Marko, Jones, & Turban 2005). 예를 들어 챈들러와 코넬(Chanlder & Connell 1987)의 횡단연구에서 나이가 많은 아이들은 나이가 적은 아이들보다 집안일을 돕는 행동이 더 중요하다고 응답했다. 또한 방 청소 등 집안일을 돕는 활동에 대한 가치화는, 더 내면화된 반응 즉 부모님께 혼나지 않기 위해서가 아니라 스스로 선택했기 때문이라는 응답과 정적 관련이 있었다.

둘째, 사회 환경도 내면화 과정의 질에 중요한 역할을 한다(이에 대한 검토는 Deci & Ryan 2000; Sheldon 2002; Vallerand 1997; Vallerand & Ratelle 2002 참고). 실험연구, 상관연구, 종단연구에서 교사(Vallerand et al. 1997), 부모(Assor, Roth, & Deci 2004; Vallerand et al. 1997), 코치(Pelletier, Fortier, Vallerand, & Brière 2001; Sarrazin, Vallerand, Guillet, Pelletier, & Curry 2002)와 같은 감독자 위치에 있는 성인들이 아동의 자율성을 지지하는 것은 적응적 형태의 자기조절을 내면화하도록 돕는다는 것이 밝혀졌다. 이러한 적응적 자기조절은 여러 가지 활동에 참여하기 위한 통합된 자아와 일관된다. 반면 성인들이 통제적인 방식을 채택하는 경우에는 그렇지 않다. 디씨, 에그라리, 패트릭, 리온(Deci, Eghrari, Patrick, & Leone 1994)의 실험연구 참여자들은 자율성을 지지하는 조건에서 그렇지 않았을 때보다 실험자가 없는 동안 지루한 과제에 더 많이 참여하였다. 실험자가 없는 상태, 즉 그 일을 할 필요가 없을 때에도 지루한 과제를 한다는 것은 분명 자율적인 내면화가 일어났음을 시사한다. 게다가 실험적으로 조작을 했기 때문에 자율성 지지가 자율적인 내면화의 원인이 된다고 결론지을 수 있다. 코스트너, 라이언, 버니에리, 홀트의 연구결과(Koestner, Ryan, Bernieri, & Holt 1984)도 이와 유사하다.

셋째, 내면화 과정이 자율적일수록 내면화 요소가 자아와 정체성 안에서 일관성 있게 조직되는 것으로 나타났다. 예를 들어 코스트너, 버니에리, 주커만(Koestner, Bernieri, & Zuckerman 1992)은 자율적인 성격을 가진 사람들, 즉 자율적인 내면화 양식을 더 사용하는 사람들이, 통제적인 성격을 가진 사람들, 즉 통제적인 내면화 양식을 더 사용하는 사람들보다 자신의 신념과 정서에 더 일관되게 행동하는 것을 발견했다. 다른 실험연구(Ryan, Koestner, & Deci 1991)에서도 자율성을 유도한 행동은 인지나 정서와 더 일관성이 있었던 반면, 통제성을 유도한 행동은 인지나 정서와 일관성이 덜했다. 그러므로 자율적인 내면화는 내면화된 요소를 일관성 있게 구조화하는 반면 통제적인 내면화는 내적 구조에 혼란을 주고 서로 갈등하게 만든다.

마지막으로, 내면화 과정의 질이 좋을수록 양질의 자기과정에 더 접근할 수 있게 되어 보다 긍정적인 결과를 가져온다. 많은 연구들이 이 가정을 강하게 지지한다. 실제로 여러 연구에서 학교생활(Vallerand et al. 1997), 투표 참여(Koestner, Vallerand, Losier, & Carduci 1996), 건강 관리(Williams, Rodin, Ryan, Grolick, & Deci 1998) 등 그 자체로 즐겁지는 않은 활동에 대해 자율적인 이유를 가지면 적응적인 자기과정을 채택하게 되어 지속적인 동기, 긍정적인 인지와 정서, 높은 수행, 심리적 행복을 촉진하는 것으로 나타났다(Ryan & Deci 2000 참조).

이상에서 살펴본 것처럼, 활동에 가치를 부여할수록 그 활동은 자아와 정체성에 내면화된다. 나아가 다른 사람의 행동은 다양한 과제 요소를 내면화하는 질적 측면에 중요하다. 행동에 대해 자율성을 지지할수록 자율적인 내면화 과정이 더 잘 일어나며, 행동에 대해 통제적일수록 통제적인 내면화 과정이 더 잘 일어난다. 일반적인 동기 양식(Guay et al. 2003), 자율적/통제적인 성격 양식(Koestner et al. 1992)과 같은 개인 요소도 내면화의 유형과 그 결과 초기에 발달하는 열정의 유형에 중요한 역할을 한다. 개인의 삶에서 일어나는 사건, 그리고 중요한 타인과의 상호작용은 개인의 주관적 세계 안에서 그 사람의 성격에 의해 채색되어 일어난다. 이 점을 유념할 필요가 있다. 또한 내면화 과정의 유형은 정체성에 내면화된 요소의 질적 측면에 매우 중요하다. 실제로 자율적으로 내면화된 요소는 다른 요소들과 더 일관성 있게 조직된다. 마지막으로 자율적으로 내면화된 요소는 통합된 자아와 더 일관되기 때문에 적응적인 자기과정과 더 잘 연결되는 반면, 통제적으로 내면화된 요소는 그렇지 않다. 이하에서는 앞서 말한 일련의 과정이 열정에 어떻게 적용되는지 살펴보고자 한다.

조화열정과 강박열정

앞 절에서 확인한 것처럼, 요소들이 정체성에 어떻게 내면화되느냐는 적응적 자기과정 및 결과를 효율적으로 이끄는 데에 큰 영향을 미친다. 흥미롭게도, 서로 다른 내면화 과정(자율적 대 통제적)에 관한 대부분의 연구들은 학교생활, 투표 참여 등 비교적 즐겁지 않은 것으로 인식되는 활동에 초점을 맞추었다. 사회 안에서 효과적으로 기능하기 위해서는 본질적으로 즐겁지 않아도 받아들여야만 하는 중요한 차원을 내면화해야 한다. 그러나 여러 심리학 연구들은 우리가 사랑하는 다양한 대상이 내면화된다는 것을 보여주었다. 예컨대 우리의 정체성에 내면화되고 우리의 일부가 되는 것에는 우리가 속한 집단(Tajfel & Turner 1986; Wright, Aron, & Tropp 2002)이나 낭만적 파트너(Aron et al. 1992) 등이 있다. 열정이원론에서는 우리가 사랑하는 집단과 사람들의 표상이 내면화되듯이 우리가 사랑하고 규칙적으로 참여하며 깊이 관심을 가지는 다양한 사물, 활동, 대의도 우리의 정체성에 내면화된다고 가정한다. 나아가 내면화 과정의 유형에 따라 열정의 유형이 결정된다. 조화열정은 자율적인 내면화 과정에서, 강박열정은 통제적인 내면화 과정에서 발생한다.

2장에서 우리는 열정에 두 가지가 있음을 보았다. 강박열정은 자신이 사랑하는 활동에 참여하지 않을 수 없게 만드는 보다 수동적인 유형의 열정으로, 우리는 그 열정의 노예가 되어버린다. 이러한 수동적 차원은 통제력의 상실 및 부정적 결과의 경험과 관련이 있다. 조화열정은 능동적인 유형의 열정으로, 우리는 열정을 주도할 수 있고 이 열정은 긍정적인 결과와 관련 있다. 열정이원론은 이 두 열정이 현실에서 어떻게 경험되고 그것을 어떻게 설명할 수 있는지를 다룬다. 이 두 열정은, 그 수준(level, 강도 intensity)에 있어 다른 것은 아니지만 그럼에도 불구하고 참여를 이끄는 질(quality)은 다르다. 열정이원론이 보여주고자 하는 것은 이 두 열정이 인간의 경험 및 결과에 서로 다르게 기여한다는 사실이다. 이하에서는 이 두 열정을 설명할 것이다.

조화열정

　조화열정은 활동을 자신의 정체성에 자율적으로 내면화하는 데서 비롯된다. 앞서 논의한 바와 같이, 이 과정은 새로운 자기요소(열정적으로 하는 활동의 표상)가 다른 정체성 요소들과 조화를 이루는 방식으로 진행되기 때문에 통합된 자아와 일관적으로 나타난다(Deci & Ryan 2000). 조화열정이 작용하고 있을 때 개인은 그 열정 활동에 대해 통제할 수 없는 충동을 경험하지 않고 오히려 그 활동을 자유롭게 선택한다. 2장에서 서술한 것과 같이 조화열정은 열정 활동이나 대상을 통제하고 있다는 점에서 더 긍정적인 유형의 열정이다. 조화열정을 가지면 활동은 그 사람의 정체성에서 매우 중요하지만 압도적인 부분을 차지하지는 않으며, 다른 자기요소나 삶의 다른 측면과 조화를 이룬다. 조화열정은 자율적인 내면화 과정에서 비롯되기 때문에 적응적인 자기과정에 더 완벽하게 다가갈 수 있다. 따라서 그 사람은 방어적이지 않은 방식(Hodgins & Knee 2002)으로 마음챙김(Brown & Ryan 2003)을 유지한 채 안정적인 자아의식과 유연성, 경험에 대한 개방성을 가지고 열정 활동에 온전히 참여할 수 있다. 따라서 조화열정을 가진 사람은 위협을 느낄 필요가 없으며 자기보호나 자기고양 과정을 거쳐야 할 필요가 없다(Sedikides & Gregg 2003, 2008). 그는 성공과 실패에 침착하게 대처할 수 있다. 개방적이고 안정적으로 활동에 참여하는 것은 대체로 긍정적인 경험과 결과를 가져온다. 조화열정을 가지고 활동에 참여하는 사람들은 당면한 과제에 온전히 초점을 맞추어 높은 집중력과 몰입을 보여준다. 그들은 또한 긍정정서와 에너지는 높게 경험하고 부정정서는 거의 경험하지 않는다. 나아가 활동을 마치고 난 후에도 긍정정서를 경험하며 그 밖의 중요한 다른 과제에도 집중할 수 있다. 따라서 그 사람의 열정 활동과 삶의 다른 활동 사이에는 갈등이 거의 없다. 게다가 조화열정을 가진 사람은 열정 활동을 하지 못하게 된 상황에도 잘 적응하며, 참여해야 하는 다른 과제에 그들의 관심과 에너지를 집중한다.

　조화열정은 적응적인 자기과정으로 가는 길을 열어준다. 이 사실은 조화열정이 삶의 다른 부분뿐만 아니라 과제에 참여하는 동안 여러 긍정적인 결과를 낳는다는 것을 시사한다. 예컨대 방어적이지 않고 개방적인 방식으로 열정 활동을 반복적으로 하면 긍정적인 인지적, 정서적 경험을 촉진하고 이는 건강(Steptoe, Wardle, & Marmot 2005; Danner, Snowdon, & Friesen 2001)과 심리적 행복(예: Fredrickson 2001)으로 전환된다. 또한 활동에 참여하면서 긍정정서를 경험하고 표현하는 것은 좋은 대인관계를 발전시키고 유지하는 데 도움이 된다(Frijda & Mesquita 1994). 더구나 활동에 대한 열정이 삶의 다른 측면과 조화를 이루기 때문에, 다른 영역의 활동이나 관계에 갈등을 거의 일으키지 않는다. 따라서 다른 영역에서 맺는 관계의 질이 최소한 더 나빠지지 않는다. 마지막으로, 조화열정을 가지게 되면 그 활동에 애정과 의미를 부여하기 때문에 그 활동을 높은 수준으로 지속하게 된다. 그러면서도 방어적이지 않고 개방적인 방식으로 활동에 참여하기 때문에, 실패에 위협을 느끼기보다는 실패를 통해 배우게 되고, 장기적으로 높은 수행과 자기과정을 이끌어내게 된다. 조화열정을 가진 사람은 그 활동을 통제할 수 있기 때문에 상황이 변하여 당분간 활동을 중단하는 것이 더 적응적이라고 판단되면(예를 들어 육상선수가 부상을 당했을 때) 정서적 고통 없이 쉽게 활동을 중단할 수 있다. 따라서 조화열정이 작동하고 있을 때에는 열정 활동에 더 유연하게 참여할 수 있다. 전반적으로 조화열정은 최적의 자기과정과 긍정적인 결과로 이어질 가능성이 높은 열정이다.

강박열정

강박열정은 정체성에 대한 통제적인 내면화에서 비롯된다. 강박열정을 가진 사람들은 즐겁고 의미 있다고 느끼는 활동에 대한 충동을 억제할 수 없다. 그들은 열정 활동을 하지 않고는 배겨낼 수 없다. 열정은 개인을 통제하는 방식으로 진행된다. 2장에서 서술한 것처럼 강박열정은 적응에 도달하지 못하고 열정 활동이나 대상에 의해 통제되는 열정이다.

강박열정을 가지게 되면 열정 활동은 정체성에서 압도적인 부분을 차지하여 정체성의 다른 요소나 삶의 다른 측면과 갈등을 빚는다. 나아가 통제적인 내면화는 통합된 자아(Ryan & Deci 2000)로부터 벗어나는 활동 표상으로 이끌어 적응적인 자기과정에 완전히 도달하지 못하게 한다. 이때에는 오히려 투사된 자아가 활성화되어 최적에 미치지 못하는 자기과정을 촉발시킨다. 강박열정을 가진 사람은 적응적인 자기과정에 충분히 다가가지 못하기 때문에, 방어적이지 않은 방식(Hodgins & Knee 2002)이나 마음챙김을 얻을 수 있는 방식(Brown & Ryan 2003)으로 안정적인 자존감과 높은 유연성, 그리고 경험에 대한 개방성을 가지고 열정 활동에 참여할 수 없다. 따라서 강박열정을 가지면 불안감과 불확실성을 경험하고, 자기위협에 직면하는 불리한 상황을 경험하게 된다. 이렇게 불안정하고 수반된 자존감(contingent self-esteem)[8](예: Crocker 2002; Kernis 2003)을

---

8) 수반된 자존감은 크로커(Crocker 2002)가 주장하였듯 자아 자체가 아닌 수반된 어떤 것에 의해 가지게

가진 사람들은 실패와 손해와 같은 위협적인 사건이 있을 때 자기보호나 자기고양을 일으킨다. 나아가 불안정한 참여는 덜 적응적이거나 심지어 부적응적인 경험을 유도한다. 그러므로 강박열정을 가지고 활동에 참여하면 사람들은 당면한 일에 완전히 집중하지 못하고 몰입도 거의 경험하지 못한다. 더구나 강박열정을 가진 사람은 갈등과 같은 정서를 경험한다. 그들은 그 활동을 잘할 때 긍정정서뿐만 아니라 부정정서도 경험한다. 왜냐하면 그 활동을 하지 말아야 할 때에도 그 활동을 함으로써 죄책감과 수치심을 느끼기 때문이다. 열정 활동을 잘하지 못할 때에는 긍정정서는 적게, 부정정서는 많이 느끼고, 활동을 하고 난 뒤에는 주로 부정정서(예: 죄책감)를 경험한다. 강박열정은 그 활동을 하지 않는 것이 바람직할 때에도 그 활동에 참여하도록 만들기 때문에 부정정서를 느끼게 한다.

더구나 강박열정은 활동에 참여한 뒤에 반추(rumination)를 하도록 만들어 활동에 집착하고 삶의 다른 중요한 과제에 집중하지 못하게 한다. 따라서 열정 활동과 다른 활동 간에 갈등이 생기고, 삶의 다른 과제에 관심과 에너지를 집중하지 않고 열정 활동만을 끝없이 반추한다. 그 활동을 다시 할 수 있기만을 학수고대하면서 그의 삶은 마치 괄호에 묶인 듯(lives his life in bracket) 한정되어버린다.

투사된 자아는 내적으로 통제된 자기과정을 일으킨다. 이러한 자기과정은 사랑하는 활동에 참여하도록 마구 끌어당겨지는 느낌인 일종의 내적 통제를 현상학적으로 경험하게 만든다. 앞서 보았듯 그러한 억눌린 참여는 참여하고 있는 동안 또는 삶 전반에 부정적인 결과를 가져올 수 있다. 예를 들어 내적으로 통제된 자기과정은 방어적인 방식으로 열정 활동에 참여하게 하는데, 이 경험이 반복해서 나타나면 신체적 건강(Steptoe et al. 2005)과 심리적 행복(Fredrickson & Joiner 2002) 모두에 악영향을 미칠 수 있는 부정적인 인지 상태와 정서 상태를 가져온다. 게다가 활동에 참여하면서 부정정서를 경험하고 표출하면 열정 활동과 관련된 대인관계의 발전과 유지에 악영향을 미친다. 나아가 활동에 대한 열정이 삶의 다른 측면과 갈등을 일으키기 때문에 삶의 다른 영역에서도 역효과가 나타난다. 가령 열정 활동과 관련되지 않는 가족이나 친구들과의 관계의 질이 크게 손상될 수 있다.

마지막으로 강박열정을 가진 사람들은 활동에 통제적으로 참여하고 이는 매우 반응

되는 자존감을 말한다. 예컨대 높은 성적에 수반되는 자존감을 가지게 되면 성적이 떨어졌을 때 자존감도 같이 떨어지게 된다.

적이고 방어적인 참여 양식을 촉진한다. 반응적인 참여를 하게 되면 실패를 경험할 때 이로부터 배우기보다 위협을 느끼게 된다. 강박열정을 가지면 단기적으로는 에너지를 극대화해서 수행 수준을 높일 수 있는 몇 가지 장점이 있지만, 장기적으로는 신체적 피해(예: 신체 증상 및 질병)와 정신적 피해(예: 소진)를 가져온다. 또한 강박열정을 가지면 좋아하는 그 활동에 의해 통제를 받으므로 활동을 하고 싶은 충동을 억누를 수 없게 된다. 따라서 일정 기간 활동을 멈추어야 하는 상황이 되어도 그것을 참지 못하고, 그 활동을 하는 경우 정서적 고통이 뒤따른다. 그러므로 강박열정이 작동하고 있을 때 열정 활동에 참여하는 행동은 경직되어 있으며 잠재적으로 부정적인 영향을 미칠 수 있다.

이와 같이 열정은 많은 결과를 초래하고 그 결과의 질은 열정의 유형에 따라 달라진다. 일반적으로 조화열정은 강박열정보다 더 적응적인 결과를 낳는다. 이상 언급한 열정의 여러 가지 결과에 대해서는 6장에서 12장에 걸쳐 살펴볼 것이다.

열정과 내면화 과정에 대한 첨언

이러한 조화열정과 강박열정은 마치 처음부터 그대로 변하지 않고 발달하는 것처럼 보일 수 있다. 그러나 실상은 그렇게 간단하지 않다. 초기의 내면화 과정을 따라 특정 유형의 열정이 우세하게 발달할 수는 있지만, 주어진 시점에서 표출되는 열정의 유형은 변동할 수 있다. 이 변동의 원인은 두 가지로 생각해볼 수 있다. 첫째, 우리는 모두 자기성장을 향한 자연적인 경향성을 가지고 있다. 이 경향성은 통합된 자아(Deci & Ryan 2000; Hodgins & Knee 2002)에 의해 촉진되기 때문에, 이 장의 앞에서 본 것처럼 사람들은 나이가 들고 성숙해질수록 적응적인 자기과정을 더 많이 사용하게 된다(Sheldon et al. 2005). 따라서 일생을 두고 시간이 지날수록 조화열정이 더 두드러지게 나타날 수 있다. 다시 말해 내면화된 자기요소는 자율성을 향해 나아간다.

상황에 따라 열정의 유형이 바뀔 수 있는 두 번째 이유는 활동을 정체성에 내면화하는 과정과 관련 있다. 중요한 것은 내면화 과정이 모 아니면 도와 같이 진행되지는 않는다는 것이다. 비록 초기의 내면화 과정이 특정 유형의 열정이 발달하도록 이끌고 그 과정에서 한 가지 유형의 열정이 다른 열정보다 더 편재하게 되지만, 그럼에도 불구하고 두 유형의 열정은 개인 내부에 수준을 달리해서 함께 존재한다. 가령 여러 가지 사회, 개인 요인에 따라 어떤 사람의 내면화 과정의 80% 정도가 본성상 자율적이라면 이 사람의 열정은 대부분 조화열정으로 이어질 가능성이 높다. 그러나 이는 본성상 20%의 내면화 과정은 통제적이라는 뜻이고, 이 경우 열정 대상의 일부 요소는 통제적 방식으로 내면화 되기 때문에 어느 정도의 강박열정도 존재한다. 수준이 다른 두 열정이 동시에 존재한다 는 사실은 상황 요인에 따라 어느 한 열정이 더 두드러지게 됨을 의미한다. 즉 보통 때에 는 조화열정이 지배적으로 작동하고 있다가도 어떤 시점에서 통제적인 상황이 된다면 강박열정이 작동할 수 있다. 따라서 조화열정과 강박열정은 동전의 양면이다. 맞는 버 튼을 누르면 양면 중 어느 한 면이 튀어나오게 할 수 있다. 게다가 이러한 상황의 변화는 자아 및 정체성에 내면화될 수 있고 원래 가지고 있던 열정을 점차 변하게 할 수 있다. 따라서 통제적인 환경에서 활동하게 되면 초기의 조화열정은 서서히 사라지고 강박열 정이 더 많이 나타날 수 있다. 마찬가지로, 자율성을 지지하는 환경에서 활동하게 되면 강박열정은 점차 줄어들고 조화열정이 점차 늘어날 수 있다. 5장에서 이러한 문제들과 함께 열정의 발달과 변화를 더 자세히 다룰 것이다.

요 약

이 장에서는 열정이원론 모델의 기본 가정들을 확인하였고, 구체적으로 자기성장에 대한 유기적 접근법을 제시하였다. 이 접근법에서는 활동에 대한 열정이 최고 수준의 자 기성장으로 이어진다고 가정한다. 더불어 정체성과 자기과정의 문제를 논의하였다. 사 회 환경은 내면화 과정에서 중요한 역할을 한다. 또한 두 가지 유형의 내면화 과정이 있 다는 점, 그래서 자율적이거나 통제적인 내면화 과정이 각각 조화열정과 강박열정을 이 끈다는 가정을 제시하였다. 마지막으로, 조화열정과 강박열정의 특성과 함께 열정 활동 의 범위 내외에서 이 두 열정이 결과에 어떤 영향을 미치는지 그 가설을 제시하였다. 조 화열정은 보다 적응적인 결과로 이어지는 반면, 강박열정은 훨씬 덜 긍정적인 결과, 때 로는 명백히 부정적인 결과를 촉진할 것으로 가정할 수 있다.

열정의 연구방법
The Method of Passion

이 장에서는 열정 연구에서 사용되는 방법론에 초점을 맞춘다. 이 내용은 앞으로 다른 장에서 다룰 열정 연구들을 이해하기 위해서 필요하다. 이 장의 1절에서는 열정의 측정 문제 및 신뢰도와 타당도에 대한 증거와 함께 열정 척도를 설명한다. 열정 척도는 현재 열정이원론을 기반으로 하는 대부분의 연구에서 사용되고 있다. 2절에서는 열정을 유도하기 위해 최근에 개발된 실험 조작 방법들을 제시한다. 조작을 유도하는 것은 조화열정이나 강박열정을 만들어내는 데 사용될 수 있으며 척도를 사용한 연구와 유사한 결과들을 얻을 수 있다.

열정의 측정 방법: 열정 척도

3장에서 언급했듯 열정이원론에서는 일단 열정 활동(또는 사물, 사람, 이념)이 정체성에 내면화되면, 그 내면화 과정이 어떠한가에 따라 특정 유형의 열정이 우세하게 발달한다고 가정한다. 자율적인 내면화 과정은 주로 조화열정으로, 통제적인 내면화 과정은 주로 강박열정으로 이어진다. 그러나 3장에서 보았듯 내면화에는 두 가지 과정이 동시에 작용하기 때문에 전적으로 자율적이 되거나 통제적이 되는 일은 일어나지 않는다. 특정 활동에 대한 두 열정은 상대적으로 존재한다. 따라서 열정 척도는 개인이 열정적으로 생각하는 활동에 대한 조화열정과 강박열정 두 가지 모두 평가할 수 있도록 개발되었고, 타당화 과정을 거쳤다. 열정 척도에는 열정 준거가 포함되어 있는데, 이 문항들은 사람들이 주어진 활동에 열정적인지 아닌지를 평가한다. 이 준거는 열정의 정의(어떤 사람이 그 활동을 좋아하거나 사랑하는 정도, 그것에 대한 가치화 [또는 중요성], 투자하는 시간과 에너지, 그 활동이 자신의 정체성을 이루는 정도, 그리고 그 활동에 열정을 가졌다고 주관적으로 인식하는 정도)를 참조한다. 이는 다음 절에서 자세히 설명된다.

열정 척도의 모든 측면을 이 절에서 다룰 수는 없기 때문에, 이하에서는 몇 가지 중요한 사항에만 초점을 둘 것이다. 먼저 열정 척도의 개발 과정과 요인 구조를 살펴보고, 이어 척도의 불변성, 신뢰도와 시간적 안정성, 구인 타당도를 다룬다.

열정 척도의 개발

앞서 언급한 바와 같이 열정 척도(Vallerand et al. 2003, 연구 1)에는 조화열정과 강박열정을 평가하는 두 개의 하위척도가 포함된다. 척도를 개발하면서 먼저 두 열정에 대한 정의를 반영하는 34개의 문항을 제작하였다. 강박열정 문항에서는 자신이 사랑하는 활동에 대한 '강박적인 느낌'을 강조하였고, 조화열정 문항에서는 다른 활동들과 조화를 이루도록 사랑하는 활동을 통제할 수 있는지를 강조하였다. 발러랜드 등의 연구(Vallerand et al. 2003, 연구 1)에서는 500명 이상의 대학생 참여자들에게 자신이 '매우 소중하게 생각하는' 활동을 생각하도록 지시하였다. 지시문에는 열정에 대한 고정관념이 작용하는 것을 막고자 '열정'이라는 단어를 쓰지 않았다. 이어지는 연구들에서는 (열정이라는 단어를 쓰지 않고도) 열정의 정의를 반영하기 위해 다음과 같은 정보를 사용하였다. 즉 참여자들은 열정의 정의에 해당하는 '사랑하는, 중요한, 그리고 상당한 시간을 규칙적으로 투자하는' 활동을 나열하고 이 활동을 생각하면서 문항에 응답하였다. 문항은 1("전혀 그렇지 않다")부터 7("매우 그렇다")까지의 7점 척도로 평정한다.

열정 척도의 요인 타당도를 검증하기 위해 참여자를 무작위로 두 집단으로 나누어, 집단 1에서는 34개 문항에 대한 첫 번째 탐색적 요인분석(exploratory factor analysis, 자료를 의미 있는 여러 차원 또는 요인으로 축소할 수 있는 통계적 기법)을 실시하였다. 이 방법을 통해 두 열정을 측정하기 위해 서로 관련 있는 두 개의 하위척도가 존재하는지 확인할 수 있다. 실제로 두 하위척도는 조화열정과 강박열정을 각각 반영하였다. 하위척도들은 질적으로 서로 다름에도 불구하고 하나의 열정 구인을 나타내야 하기 때문에 서로 관련이 있어야 한다. 따라서 두 개의 요인이 존재하고 이 요인 간의 상관관계를 허용하는 요인분석을 진행하였다. 분석 결과에서는 두 요인에 동시에 적재된 문항뿐만 아니라 당초 의도한 각 요인 내의 다른 문항과 맞지 않는 문항들을 제거하였다. 그리하여 조화열정과 강박열정을 가장 잘 대표할 수 있는 심리측정학적 특성을 가진 문항들을 남기고 요인별로 7개씩 모두 14개 문항을 선정하였다. 이어 14개 문항을 놓고 두 번째 탐색적 요인분석을 수행하였다. 예상대로 두 가지 요인이 존재한다는 결과가 나왔고, 각각 강박열정 요인(예: "나는 이 활동을 하고자 하는 충동을 통제하기 어렵다")과 조화열정 요인(예: "이 활동은 내 삶의 다른 활동들과 조화를 이룬다")으로 적절히 구분되었다. 마지막으로 235명의 참여자로 구성된 집단 2에서는 14개 문항에 대한 확인적 요인분석(confirmatory factor analysis)을 실시하였다. 분석 결과는 2요인 모형을 강하게 지지하였으며, 실제로 모든 적합도 지수는 허용 가능한 값을 보였다(자세한 내용은 Vallerand et al. 2003 참조). 연구결과 강박열정($\alpha = .89$)과 조화열정($\alpha = .79$)은 높은 신뢰도(내적 일관성)를 보여주었으며, 이는 각 하위척도 내의 문항들이 매우 동질적임을 나타낸다.

첫 번째 연구(Vallerand et al. 2003 연구 1)의 결과는 열정 척도의 심리측정학적 특성이 매우 양호함을 보여준다. 게다가 발러랜드 등(2003, 연구 1~4)이 실시한 네 연구의 전체적인 결과는 열정이원론의 가설과 일치하기 때문에 척도의 구인 타당도 역시 확보되었다. 그럼에도 불구하고 후속 연구에서는 척도가 약간 수정되었는데, 모든 문항이 활동의 종류와 관계없이 사용될 수 있도록 하기 위해서였다. 그리하여 두 하위척도의 문항은 각각 6개씩 모두 12개로 구성되었다. 수정된 버전은 원래의 버전과 매우 유사하며, 원척도와의 상관관계가 약 .80 이상으로 높게 나타났다. 이 척도가 대부분의 연구에서 사용되고 있는 수정판 12문항 열정 척도이다. 수정된 열정 척도는 <표 4.1>에 제시되어 있다. 표에서 알 수 있듯이 문항들은 조화열정과 강박열정을 반영한다.

수정판 열정 척도가 가진 심리측정학적 특성은 최근 허브 마쉬(Herb Marsh 2013)가 동료 및 대학원생들과 협업하여 발표한 아카이브 연구(archival study)를 통해 검증되었다. 이 연구에서는 수정판 열정 척도에 응답한 3,500명 이상의 자료를 분석하였다. 다양한 연령층의 참여자들이 여러 가지 열정 활동에 대해 프랑스어 또는 영어로 응답하였다. 참여자들은 평균 7년 동안 매주 평균 11.24시간을 열정 활동에 전념하고 있었다. 참여자들은 다양한 방법(예: 이메일, 온라인 광고, 면대면)을 통해 모집되었으며, 연구의 일반적인 목적에 대해 설명을 들은 후 인구통계학적 질문과 열정 척도가 포함된 설문지에 응답하였다.

표 4.1 열정 척도 문항

여러분이 좋아하고, 매우 가치를 두며, 규칙적으로 시간을 투자하는 활동을 생각하면서
다음 문항에 답해주십시오.

조화열정과 강박열정

    1. 이 활동은 내 삶의 다른 활동들과 조화를 이룬다.
    2. 나는 이 활동을 하고자 하는 충동을 통제하기 어렵다.
    3. 이 활동에 대해 더 알아갈수록 그것을 점점 더 즐기게 된다.
    4. 나는 이 활동에 집착한다고 느낀다.
    5. 이 활동은 내가 나 자신에 대해 좋다고 느끼는 점을 반영한다.
    6. 나는 이 활동을 통해 다양한 경험을 한다.
    7. 오직 이 활동만이 진정으로 나를 흥분하게 한다.
    8. 이 활동은 나의 삶과 잘 통합되어 있다.
    9. 할 수만 있다면 나는 이 활동만을 할 것이다.
    10. 이 활동은 나의 다른 부분과도 조화를 이룬다.
    11. 이 활동은 너무나 흥미진진해서 나는 가끔 통제력을 잃곤 한다.
    12. 나는 이 활동이 나를 통제하고 있다는 인상을 받는다.

열정 준거

    13. 나는 이 활동에 많은 시간을 투자한다.
    14. 나는 이 활동을 좋아한다.
    15. 이 활동은 나에게 중요하다.
    16. 나는 이 활동에 열정이 있다.
    17. 이 활동은 나의 일부이다.

조화열정 문항: 1, 3, 5, 6, 8, 10
강박열정 문항: 2, 4, 7, 9, 11, 12
열정 준거: 13, 14, 15, 16, 17

마쉬 등의 연구는 수정판 열정 척도의 심리측정학적 특성을 보다 완전하게 검증하는 것을 주된 목적으로 하였다. 그중에서도 척도의 요인 구조(이론적으로 예측된 두 차원을 포함하고 있는가)와 구인 타당도(척도가 열정이원론에서 말하는 결과들과 일치하는가), 신뢰도(두 하위척도에 일관성과 시간에 따른 안정성이 있는가)를 평가하였다. 열정 척도의 요인 구조에 대해 확인적 요인분석의 구조방정식모형(structural equation modeling; SEM)과 탐색적 구조방정식모형(exploratory structural equation modeling; ESEM)이 사용되었다. 이 분석들은 모두 각 문항이 적재되는 요인을 미리 지정하는 방식을 따른다. 그러나 두 분석의 차이는 각 분석이 허용하는 요인 사이의 직교성(orthogonality, 또는 독립성,

independence) 수준에 있다. 보통 확인적 요인분석의 구조방정식모형에서는 요인 사이의 독립성을 요구하지만, 탐색적 구조방정식모형은 두 요인 사이에 어느 정도의 상관관계를 허용한다. 비록 조화열정과 강박열정이 서로 다른 유형이기는 해도 둘 다 열정을 반영하고 있으며 어느 정도 상관이 있을 것으로 가정되기 때문에 이 분석 방법이 더 적합하다고 판단했다. 이에 두 요인 사이에 어느 정도의 상관관계를 예상할 수 있다.

두 가지 분석을 실시한 결과 열정 척도의 요인 구조가 타당하다는 증거를 확보하였다. 실제로 두 확인적 요인분석의 통계적 적합도 지수는 상당히 높았다. 또한 각 문항이 해당 요인에 어느 정도 기여하는지를 뜻하는 요인 부하량의 수치는 두 결과에서 비슷하게 나타났으며 요인 부하량 값도 상당히 높게 나타났다. 흥미롭게도 적합도 지수는 두 결과에서 모두 상당히 높았지만, 탐색적 구조방정식모형에서는 2중요인 구조의 모형[1]이 훨씬 적합도가 높았다. 이는 분석상 두 요인 간의 상관관계를 가정하고 있으므로 당연한 결과라고 볼 수 있다. 즉 마쉬 등(2013)의 연구결과에 의하면 열정 척도의 타당도는 매우 높음을 알 수 있다.

마지막으로, 불과 몇 년 동안 100건이 훨씬 넘는 연구에서 열정 척도가 사용되었다는 점은 주목할 만하다. 탐색적 그리고/또는 확인적 요인분석을 사용한 적어도 20건의 연구에서 척도의 요인 타당도가 검증되었으며, 이러한 연구는 일(Carbonneau, Vallerand, Fernet, & Guay 2008; Vallerand & Houlfort 2003), 마케팅(Swimberghe, Astakhova, & Woldridge 2014 참조), 운전(Philippe, Vallerand, Vallyéres, & Bergeron 2009), 게임(Lafrenière et al. 2009), 정치(Rip, Vallerand, & Lafrenière 2012, 연구 1), 종교(Rip et al. 2012, 연구 2), 환경운동(Gousse-Lessard, Vallerand, Carbonneau, & Lafrenière 2013), 낭만적 관계(Ratelle, Carbonneau, Vallerand, & Mageau 2013), 선수로 참여하는 스포츠(Vallerand et al. 2006, 연구 1), 코치로 참여하는 스포츠(Lafrenière et al. 2008, 연구 2; Lafrenière, Jowett, Vallerand, & Cabonneau 2010), 심판으로 참여하는 스포츠(Philippe, Vallerand, Andrainarisoa, & Brunel 2009), 팬의 입장에서 스포츠(Vallerand, Ntoumanis,

---

1) 마쉬 등이 2013년 연구에서 실시한 요인분석은 탐색적 구조방정식모형(ESEM)이었으며, 이 모형에서 연구자들은 모든 문항이 두 열정에 모두 적재되는 것으로 가정하였다. 이 모형은 2중요인 구조 또는 쌍요인 구조(bifactorial structure)라고 볼 수 있다. 이후 다른 연구들에서는 조화열정의 문항은 조화열정에만, 강박열정의 문항은 강박열정에만 적재된다고 가정한 2요인 구조(two-factor structure)를 사용한다. 따라서 마쉬 등의 연구를 제외한 나머지 결과는 '2요인 구조'로 설명하는 것이 적절하며, 이 책의 대부분에서는 '2요인 구조'라는 용어를 더 많이 사용하고 있기 때문에 이하에서도 '2요인 구조'로 번역하였다.

Philippe, et al. 2008, 연구 1), 운동(Parastatidou, Doganis, Theodorakis, & Vlachopoulos 2012), 도박(Castelda, Mattson, MacKillop, Anderson, & Donovick, 2007; Rousseau, Vallerand, Ratelle, Mageau, & Provencher 2002), 그리고 문자 그대로 수많은 국가에서 수백 가지의 다양한 여가 활동(Balon, Lecoq, & Rimé, 2013; Stenseng, 2008; Vallerand et al. 2003, 연구 1)을 대상으로 실시되었다. 열정 척도의 요인 구조를 검증한 연구들의 결과는 모두 2요인 구조에 대한 강력한 경험적 근거를 제공한다.

요약하자면 열정 척도의 2요인 구조에 대해서는 다양한 연구를 통해 그 근거를 확인할 수 있다. 이에 따라 우리는 이 요인 구조가 변인이나 양식(modalities)에 상관없이 동일한지(불변하는지)를 확인하는 연구를 실시하였다.

요인 구조의 불변성

마쉬 등(2013)의 연구는 척도의 요인 타당도에서 한 단계 더 나아가, 2요인 구조의 불변성을 여러 가지 양식에서 검증하고자 추가 분석을 실시하였다. 추가 분석은 이 연구에서 가장 흥미로운 부분이기도 하다. 통계학에서 '불변성(invariance)'이라는 용어는 연구 대상 표본의 어떤 특징과 관련해서 척도가 보여주는 '동일성(equivalence)'을 말한다. 마쉬 등(2013)의 연구에서는 언어(영어와 프랑스어), 성별, 활동 유형에서의 불변성을 검증하였다. 불변성 검증은 최소 제약에서 최대 제약까지 다양한 수준의 불변성을 검증할 수 있다는 점에서 중요하다. 이러한 검증을 통해 연구자들은 각각의 요인에 대한 요인 부하량, 요인 평균, 요인 상관 등이 서로 다른 양식(언어, 성별, 활동 유형)에서도 동일하게 나타나는지를 확인할 수 있다.

열정 척도는 원래 프랑스어로 개발되었으나, 이후 역번역 기법(back-translation technique)(Brislin 1970; Vallerand 1989 참조)을 사용하여 영어로 번역되었고, 이 외에도 스페인어, 중국어, 러시아어 등 몇 가지 다른 언어로 번역되었다. 그러나 마쉬 등의 아카이브 자료에는 프랑스어와 영어만 포함되어 있어 이를 분석한 결과 프랑스어와 영어 버전의 요인 구조가 완전히 동일하다는 가설은 지지되었고, 따라서 프랑스어와 영어 버전의 열정 척도는 모든 평가 요소에서 완전히 동일한 것으로 볼 수 있다. 척도가 이렇게 높은 수준의 '완전' 불변성을 보이는 경우는 흔하지 않다. 프랑스어와 영어 버전의 열정 척도가 완전한 동일성을 가진다는 결과는 주목할 만하다.

두 번째로는 성별에 따른 불변성을 검증하였다. 남녀 간에 타당한 비교를 위해서는 이러한 검증이 필요하다. 만약 척도의 구조적 요소들이 성별에 따라 다르다면, 이러한 편향(biases)은 성차의 결과를 설명할 것이다. 언어와 마찬가지로 남성과 여성 집단에서 열정 척도가 동일할 것이라는 가설을 세운 결과 다시 한번 완전 불변성이 확인되었다. 이것은 열정 척도가 성별에 관계없이 동일한 요인 구조를 가졌음을 의미한다. 추가 분석 결과 강박열정 하위척도에서는 성별×연령의 상호작용이 있었다. 이는 연령이 높아짐에 따라 남성이 여성보다 강박열정을 더 높게 보인다는 것을 의미한다. 또한 남성들은 시간이 지남에 따라 강박열정이 감소하는 경향을, 여성들은 강박열정이 증가하는 경향을 보였다. 전반적으로 이러한 성별과 연령 효과는 미미하며, 한편으로는 참여자 수 (n=3,570)가 많기 때문에 통계적 결과가 유의하게 나온 것일 수도 있다. 그럼에도 불구하고 이 결과들은 매우 흥미로우며, 따라서 후속 연구에서 관심을 가질 필요가 있다. 그에 비해 조화열정에서는 연령이나 성별에 따른 효과가 발견되지 않았다.

마지막으로 참여자들은 열정 척도 설문을 시작하기 전에 자신이 열정 활동으로 생각하는 활동을 기술해달라는 요청을 받았다. 100가지가 넘는 활동이 언급되었는데, 연구의 편의를 위해 여가(예: 소설 읽기, 기타 연주), 스포츠(예: 농구, 수영), 사회적 관계(예: 부모자녀 관계, 낭만적 관계), 전업 및 시간제 근무를 포함한 일, 교육(자기계발), 이렇게 다섯 가지 범주로 분류하였다. 이 연구에서는 각 활동 범주에 대한 12문항의 열정 척도를 동일하게 사용할 수 있다고 암묵적으로 가정하였다. 활동에 따라서 특수한 척도를 별도로 개발하는 것이 가능할 수도 있지만, 모든 응답자가 사용할 수 있는 공통 문항의 집합은 다양한 활동에 대한 열정을 비교할 때 실제적이면서도 이론적인 장점이 있다. 활동 범주에 대한 불변성을 검증한 결과는 더 복잡했다. 간단히 말해 전반적으로 양호한 불변성, 즉 요인 부하량 동일성은 확인되었지만, 요인 평균 동일성은 확인되지 않았기 때문에 부분 불변성만을 확인할 수 있었다. 그러나 어떤 활동은 다른 활동보다 더 높은 수준의 조화열정이나 강박열정을 일으킬 수 있기 때문에, 이러한 요인 평균의 차이는 예상할 수 있는 결과이기도 하다. 예를 들어 마고 등(Mageau et al. 2005)의 도박 연구에 의하면 카지노 도박은 로또보다 조화열정과 강박열정이 모두 높은 수준으로 나타났다. 활동의 종류에 따라 열정의 수준이 어떻게 달라지는지 알아보는 후속 연구가 필요하다. 마지막으로 두 열정 간의 상관에 대한 불변성 분석 결과, 스포츠를 제외한 모든 활동에서 요인 상관이 동일하게 나타난다는 것이 밝혀졌다(이와 유사한 결과는 여러 스포츠 활동 전반에 걸처 나타난 열정 척도의 불변성을 보여주는 Schellenberg, Gunnell, Mosewich, & Bailis 2014 참조).

전체적으로 마쉬 등(2013)의 연구는 열정 척도가 언어와 성별에 대해 완전 동일성을, 활동의 종류에 대해 부분 동일성을 가지고 있다는 것을 밝혀냈다는 점에서 중요하다. 발러랜드 등(2003, 연구 1)의 탐색적 요인분석 및 확인적 요인분석 연구, 그리고 20건의 추가 연구에서도 열정 척도의 요인 구조(또는 요인 타당도)가 유사하게 나타났다는 사실은 매우 인상적이다.

신뢰도와 시간적 안정성

발러랜드 등(2003, 연구 1)에서는 전체 표본(n=520)을 대상으로 크론바흐 알파값을 통해 두 하위척도의 신뢰도를 평가하였다. 그 결과 조화열정(α=.79)과 강박열정(α=.89) 하위척도는 상대적으로 높은 신뢰도, 즉 문항들의 동질성을 보여주었다. 지금까지 이루어진 100건 이상의 연구에서도 두 하위척도에 대한 크론바흐 알파값들은 적절한 수준을 보이고 있다. 예를 들어 발러랜드 등(2003, 연구 2, 3, 4)에서 신뢰도는 .71에서 .92로 나타났고, 앞에서 설명한 마쉬 등(2013)의 아카이브 연구 중 3,500명 이상의 표본에서 나타난 조화열정과 강박열정에 대한 신뢰도는 각각 .83과 .86이었다. 또한 낭만적 관계에 대한 세 연구(Ratelle et al. 2013)에서 두 열정에 대한 신뢰도는 .76에서 .90까지로 높은 수준의 내적 일관성을 보여주었다. 열정 척도를 사용한 실험연구에서도 현장연구에서 수행된 것과 유사한 내적 일관성이 나타났다는 점이 중요하다. 예를 들어 실험 환경에서 수행된 아홉 개 연구에서 두 하위척도의 크론바흐 알파값은 .70에서 .89까지 나타났다 (Bélanger, Lafrenière, Vallerand, & Kruglanski 2013a, 2013b). 따라서 연구가 수행되는 환경(실험실, 현장, 활동의 종류)에 관계없이 열정 척도의 내적 일관성은 적절하다.

열정 척도의 시간적 안정성, 즉 시간이 경과해도 척도가 측정하는 것이 동일한지에 대해 살펴본 연구들도 있다. 예를 들어 도박을 일상적으로 하는 사람들에 대한 연구 (Rousseau, Vallerand, Ratelle, Mageau, & Provencher 2002)에서는 참여자들에게 1개월 동안 두 번에 걸쳐 열정 척도에 응답하게 하였는데, 결과에 따르면 척도는 높은 수준의 시간적 안정성을 가지고 있었다. 조화열정의 경우 상관관계는 .89, 강박열정의 상관관계는 .84였다. 마찬가지로, 직무(교직)에 대한 열정 연구(Carbonneau, Vallerand, Fernet,

& Guay 2008)에서 약 500명의 교사들에게 3개월 동안 두 번에 걸쳐 수업에 대한 열정 척도에 응답하게 한 결과 조화열정($r=.80$)과 강박열정($r=.88$) 하위척도들은 시간적 안정성을 높게 나타냈다. 이 연구결과에서 두 하위척도가 사회적 바람직성[2] 점수와 관계 없었다는 점은 중요하다. 즉 사람들은 열정 척도에 응답할 때 특별히 다른 사람들에게 잘 보이려 하지 않고 솔직하게 응답한다는 것을 알 수 있다.

마지막으로 낭만적 관계에 대한 열정 연구(Ratelle et al. 2013)에서 두 유형의 열정은 중상 정도의 시간적 안정성이 있었다. 상관계수는 조화열정 $r=.63$, 강박열정 $r=.77$로, 척도의 시간적 안정성을 강하게 지지하고 있다. 낭만적 관계 영역의 시간적 안정성이 다른 영역에 비해 다소 낮게 나타나는 것은 흥미롭다. 낭만적 열정은 다른 활동보다 기복이 심하고, 따라서 두 열정의 수준에서 더 변동적일 것이라는 가능성도 생각해볼 수 있다. 낭만적 열정의 장기적 안정성에 대한 결론을 얻기 위한 후속 연구가 필요하다.

요약하면 열정 척도의 내적 일관성(신뢰도)은 우수한 것으로 나타났으며, 마찬가지로 척도의 시간적 안정성도 높다. 마지막 연구결과의 경우 비록 열정에 시간상의 변동이 있는 것으로 나타났지만, 전체적인 연구결과는 사람들이 특정 활동에서 우세한 유형의 열정을 매우 안정적으로 가진다는 사실을 보여준다. 마지막으로 두 하위척도는 사회적 바람직성에서 비교적 자유로운 것으로 보인다(Rousseau et al. 2002).

열정 준거

앞서 언급한 바와 같이 열정 척도에는 열정 준거가 포함되어 있다. 이 문항들은 사람들이 주어진 활동에 열정적인지 아닌지를 평가한다. 이 준거는 열정의 정의, 즉 사람들이 활동을 좋아하거나 사랑하는 정도, 활동의 중요성, 활동에 투자하는 시간과 에너지, 활동이 그 사람의 정체성을 이루는 정도, 활동에 열정을 가지고 있다고 인식하는 정도를 말한다. <표 4.1>의 하단에 열정 준거가 제시되어 있다. 이 문항들은 연구에 앞서 참여자들이 주어진 활동에 열정적인지 아닌지를 살펴봐야 하기 때문에 중요하다. 일단 열정적인 개인을 파악하고 나서 나머지 두 하위척도의 점수를 보고 그 참여자의 조화열정과 강박열정의 수준을 결정할 수 있다. 지금까지 발표된 대부분의 열정 연구는 운동이나 비디오 게임과 같이 몇 년 동안 특정 활동에 계속 참여하고 있었기 때문에 열정을 가졌

---

[2] social desirability, 즉 사회적으로 바람직하게 보이는 특성에 대해 일부러 긍정적으로 답하려는 경향성.

다고 가정할 수 있는 참여자들을 대상으로 하였다. 연구자들은 열정이 결과에 미치는 역할을 보고자 하였고, 따라서 열정의 부재가 아닌 열정의 존재를 가정하고 연구했기 때문이다. 즉 참여자들은 이미 열정을 가지고 있다고 예상되므로 열정 준거를 따로 사용할 필요가 없었다.

　참여자가 열정을 가졌다고 가정한 연구에서도 일부 연구자들은 열정 준거를 사용했다. 이 점에 주목할 필요가 있다. 열정 준거를 사용한 결과에 의해 참여자들이 정말로 그 활동에 열정적인지를 판단할 수 있다. 예를 들어 카보노 등(Carbonneau et al. 2008)은 약 500명의 초등학교와 고등학교 교사들을 대상으로 열정 준거 5문항 중 4문항(활동에 대한 사랑, 활동에 대한 가치화, 시간 투자, 열정 활동으로의 인식)을 사용하여 수업에 대한 열정이 존재하는지 평가하였다. 이전의 연구(예: Vallerand & Houlfort 2003)를 참조하여, 7점 리커트 평정에서 4문항의 평균 점수가 중간(4점) 이상인 경우에만 열정이 있는 것으로 판단하였다. 그 결과 93% 이상의 교사들이 이 컷오프 점수를 넘은 것으로 나타났다. 마찬가지로 필리페, 발러랜드, 안드리아나리소아, 브루넬(Philippe, Vallerand, Andrianarisoa, & Brunel 2009, 연구 1, 집단 1)은 프랑스의 국내와 국제 심판(전문 심판을 포함한 상위 리그 심판)을 대상으로 이 기준을 사용했으며, 그 결과 심판들은 100% 모두 축구에 열정적인 것으로 나타났다. 따라서 열정을 가진 것으로 가정하고 선발된 연구의 참여자들은 그들이 사랑하는 활동에 정말로 열정적이었다고 볼 수 있다. 그러므로 조화열정과 강박열정 하위척도의 사용은 타당하다.

　열정 준거는 참여자들이 특정 활동에 열정적인지 아닌지를 판단하는 것 외에 적어도 두 가지 중요한 문제와 관련 있다. 첫째, 열정 준거는 열정의 발달과정을 시작부터 계속해서 기록할 때 중요하다. 예를 들어 마고와 발러랜드 등(Mageau, Vallerand, et al. 2009, 연구 3)은 학생들이 5개월간 음악에 대한 열정을 길러나가는지 확인하기 위해 이 문항들을 사용했다. 다음 장에서 이 문제에 대해 좀 더 이야기할 것이다. 둘째, 하위척도인 조화열정과 강박열정의 구인 타당도를 확인하고자 할 때 중요하다. 두 열정은 모두 열정 구인을 반영한다고 가정되기 때문에, 두 하위척도는 각각 열정 준거와 정적 상관이 있으면서도 서로 다른 결과에는 서로 다른 방식의 상관을 보여야만 구인 타당도가 확실하게 입증된다. 이하에서 좀 더 설명하고자 한다.

열정 척도의 구인 타당도

앞서 언급한 바와 같이 열정 척도의 구인 타당도에 적어도 두 가지 중요한 문제가 있다 (Vallerand et al. 2010). 첫째, 열정의 정의와 두 하위척도의 관계이다. 구체적으로 조화열 정과 강박열정이 정말로 열정 구인을 반영한다면, 그들은 둘 다 열정을 정의하는 요소(활동 을 좋아하거나 사랑하는 정도, 가치 부여, 시간과 에너지의 투자, 활동이 정체성의 일부가 되는 정 도, 활동이 '열정'으로 인식되는 정도)와 정적 상관이 있어야 한다. 둘째, 두 열정은 열정이원 론에서 가정한 것처럼 서로 다른 기능이나 결과들과 서로 다른 상관을 보여야 한다.

이 문제를 해결하기 위해 두 연구를 실시한 결과 열정 척도의 구인 타당도를 평가할 수 있었다. 첫 번째 연구는 발러랜드 등(2003, 연구 1)으로, 다섯 가지 정의 요소 중 네 가지 (가치 평가, 시간과 에너지 투자, 정체성의 일부인 정도, '열정' 인식 정도)를 평가했다. 정체성 은 아론 등(Aron et al. 1992)의 포함 관계 척도(Inclusion of the Other in the Self; IOS)를 사용하여 측정하였다. IOS 척도는 타인이 자신(이 경우 자신의 정체성)에 내면화된 정도 를 측정하기 위한 단일 문항의 그림묘사형(pictorial) 도구이다. 이 연구에서는 IOS 척도 를 약간 변형하여 다른 '사람'이 아닌 '활동'을 그려보도록 하였다. 따라서 참여자는 일련 의 벤 다이어그램에서 활동이 자신의 일부임을 가장 잘 설명하는 다이어그램을 선택했 는데, 각 다이어그램은 자신(한 원에서 '나 자신')과 활동(다른 원에서 '활동') 사이에 점진적 으로 증가하는 중첩 정도를 나타낸다. 모두 일곱 개의 다이어그램이 있는데 이는 7점 리 커트 척도라고 볼 수 있다. 두 원이 많이 중첩될수록 그 활동이 자신의 정체성의 일부가 되는 정도가 높아진다. 발러랜드 등(2003)은 열정 준거 외에도 활동과 삶의 다른 측면들 사이에 얼마나 갈등이 일어나는지, 활동을 하지 않을 때 얼마나 그 활동을 반추하는지, 그리고 활동과 하나가 되는 몰입(Csikszentmihaly 1978)을 어느 정도로 지각하는지 측정 하였다. 두 번째는 마쉬 등(2013)의 연구로, 여기서는 정체성과 몰입을 제외한 모든 변 인들을 측정하고 이외에도 열정 준거 중 활동을 좋아하는 정도와 삶의 만족(Diener, Emmons, Larsen, & Griffin 1985, 척도)을 측정했다.

앞서 논의한 구인 타당도의 첫 번째 문제에 대해 먼저 조화열정과 강박열정 하위척도 는 모든 열정 준거 문항들과 정적으로 관련될 것으로 가정하였다. 상관분석 결과는 <표 4.2>에 제시되어 있는데, 두 연구를 통해 이 가설이 지지됨을 확인할 수 있다. 첫 째, 두 열정 하위척도와 열정 준거는 모두 정적 상관이 있었다. 주목해야 할 것은, 정체성을 제외하면 대부분의 상관계수들이 중상 정도로 매우 유사한 패턴을 나타낸다는 것이다. 여기서 다른 열정 하위척도와의 상관을 통제한 부분 상관계수(partial correlation coefficient)[3]들은 모두 통계적으로는 유의했지만, 강박열정과의 상관($r=.49$)이 조화열정과의 상관($r=.16$)보다 더 강했다. 이것은 강박열정이 조화열정보다 정체성과의 상관이 더 높았다는 점에서 예상된 결과라고 할 수 있다. 영국 축구팬에 대한 후속 연구(Vallerand, Ntoumanis, et al. 2008, 연구 1)에서 강박열정과 팬덤 정체성(fandom identity, Wann & Branscombe 1993)의 피어슨(Pearson) 상관계수는 조화열정과 팬덤 정체성의 상관계수보다 높았고, 이 상관계수들은 모두 발러랜드 등(2003, 연구 1)에서 나타난 수치보다 높았다. 음악가와 운동선수들에게도 유사한 결과가 나타났다(Mageau et al. 2009, 연구 1). 따라서 조화열정과 강박열정이 모두 열정 구인의 정의를 반영한다는 근거는 충분하다.

표 4.2 발러랜드 등(2003, 연구 1)과 마쉬 등(2013)에서 나타난 열정 유형, 열정 준거 및 열정 결과 간의 상관관계

	발러랜드 등(2003, 연구 1)		마쉬 등(2013)	
	조화열정	강박열정	조화열정	강박열정
열정 준거				
좋아함/애호	−	−	.55	.22
활동 가치	.37	.57	.58	.42
시간과 에너지의 투자	.35	.20	.38	.55
자기의 포함 정도(정체성)	.16	.49	−	−
열정으로 인식하는 정도	.43	.46	.54	.51
열정 결과				
몰입(도전)	.38	−.01*	−	−
갈등	.11*	.50	.05*	.67
반추	.06*	.54	.27	.81
삶의 만족	−	−	.47	−.07*

발러랜드 등(2003, 연구 1)의 연구 중 539명을 대상으로 한 부분상관 계수를, 마쉬 등(2013)의 연구 중 다수의 연구물을 메타분석하여 총 3,571명을 대상으로 한 피어슨 상관계수를 제시한 결과.
* 표시는 $p < .05$ 수준에서 통계적으로 유의하지 않은 수치를 나타냄.

---

3) 다른 변인들과 같이 변화하는 부분을 통제하고 순수하게 두 변인 간의 상관을 나타냄(다른 변인의 영향력을 제거한 상태에서의 두 변인 간 상관).

두 열정 하위척도와 열정 준거 간의 상관에 있어서 중요한 문제는, 상관계수가 각 유형의 열정에 주관적으로 반영되는 '열정'의 정도를 가리킨다는 점이다. 척도의 요인 구조에 대한 결과에서 보았듯, 여러 연구들은 조화열정과 강박열정이 열정의 두 요소를 반영함을 강력하게 지지하고 있다. 그럼에도 불구하고 어떤 사람들은 강박열정이 조화열정보다 '열정'에 더 가깝다고 제안할 수도 있다. 이러한 주관적 인식은, 어떤 '활동'에 의해 통제되는 느낌이 더 강력하게 경험되기 때문에, 자신이 통제할 수 있는 열정보다 통제할 수 없는 열정이 더 강하다는 잘못된 인식에서 비롯된다. 그러나 강박열정이 통제하지 못하는 것으로 경험된다고 해서 조화열정보다 더 강한 열정임을 의미하지는 않는다. 2장에서 우리는 철학과 심리학 문헌에서 조화열정과 강박열정이 둘 다 존재한다는 것을 확인하였다. 열정이원론에서는 두 열정이 모두 열정 구인을 동등하게 반영하지만 질적으로 다른 방식으로 반영한다고 본다.

이 두 열정이 정말 '열정'인지를 알아내는 한 가지 방법은 열정을 가진 사람들에게 각각의 열정을 어떻게 경험하고 있는지 물어보는 것이다. 두 열정은 참여자들에게 같은 열정으로 경험되는가? 아니면 다르게 인식되는가? 앞서 열정과 열정 준거 중 하나인 '활동을 열정으로 인식하는 수준' 사이에 보고된 상관을 보면 이 질문에 대한 답을 알 수 있다. <표 4.2>에서 볼 수 있듯 조화열정은 강박열정과 비슷한 수준으로 열정으로 경험된다. 실제로 두 열정과 그 활동을 열정으로 인식하는 수준 사이의 상관은 발러랜드 등(2003, 연구 1, $r=.43\sim.46$), 마쉬 등(2013, $r=.51\sim.54$)에서 유사하게 나타난다. 그러므로 4,000명 이상의 연구 대상을 포함한 이 두 연구에서 조화열정과 강박열정은 열정 구인을 같은 정도로 반영한다고 볼 수 있다. 이 결과를 통해 강박열정이 조화열정보다 열정으로 더 많이 경험된다는 직관적인 믿음을 불식시킬 수 있다. 사실은 믿음과 다르다.

구인 타당도를 확보하기 위해 필요한 두 번째 문제는 두 열정이 결과와의 상관관계에 있어서 변별 타당도(discriminant validity)를 가져야 한다는 것이다. 구체적으로 비록 두 열정이 열정 준거에서 비슷한 수준의 정적 상관을 보이더라도 각 열정은 질적으로 다른 열정을 반영해야 하며, 따라서 서로 다른 결과들과 차별적인 상관을 보여야 한다. 가령 조화열정은 몰입이나 삶의 만족과 정적으로 관련되는 반면 다른 활동과의 갈등이나 열정 활동에 대한 반추와는 대체로 관련이 없어야 한다. 그 이유는 열정이원론에 의하면 조화열정은 개방적이고 마음챙김적이며 방어적이지 않은 방식으로 참여하게 하면서 활동에 완전히 빠져들어 몰입을 경험하게 하고 삶의 만족을 높이기 때문이다. 반대로 강박열정은 경직된 방식으로 참여하게 하면서 다른 활동과 갈등을 일으키거나 그 활동만을 반추하게 하고 몰입이나 삶의 만족과 멀어지게 한다. 이는 앞의 <표 4.2>의 상관 결과를 설명해준다. 조화열정은 몰입, 삶의 만족과 정적 상관이 있었지만 반추와는 낮은 상관이 있었고 갈등과는 유의한 상관이 없었다. 강박열정은 이러한 패턴을 반대로 보였는데, 갈등, 반추와 정적 상관이 있었지만 몰입, 삶의 만족과는 유의한 상관이 없었다. 이결과는 열정 척도가 변별 타당도를 가졌음을 지지한다. 두 연구(Marsh et al. 2013; Vallerand et al. 2003, 연구 1)의 결과는 총 4,000명 이상의 표본을 분석하여 열정 척도가 구인 타당도를 가지고 있다는 증거를 확실하게 보여주고 있다. 두 열정 모두 열정 지표 (또는 열정 준거)와 강한 정적 상관을 보이고 있기 때문에 확실히 '열정'이라고 말할 수 있다. 나아가 열정이원론에서 가정한 것과 같이 두 열정은 결과들과 서로 다른 관계를 보인다.

열정 척도의 심리측정학적 특성에 관한 연구결과는 주목할 만하다. 20건의 연구에서 척도의 요인 구조가 매우 유사하게 나타났으며 마쉬 등의 아카이브 연구에서는 척도가 성별과 언어에 있어 완전히 동일하며 대부분의 활동 영역에 대해서 전반적으로 동일하다는 것을 보여주었다. 또한 척도의 내적 일관성과 시간적 안정성에 관한 신뢰도도 상당히 높다. 척도의 구인 타당도, 특히 열정 준거의 수렴 타당도, 그리고 조화열정과 강박열정이 서로 다른 결과와 맺는 차별적 상관관계에서 볼 수 있는 변별 타당도도 확인되었다. 이 점은 중요하다. 이 책의 다른 장에서 볼 수 있듯이, 두 열정은 열정이원론의 가설을 지지하며 개인, 대인관계 및 사회적 결과를 서로 다르게 예측할 수 있다는 점에서 또다른 형태의 구인 타당도인 예측 타당도가 확인된다. 마지막으로, 열정 척도가 사회적 바람직성에 큰 영향을 받지 않는 점도 다시 한번 언급할 필요가 있다(Rousseau et al. 2002). 따라서 열정 척도는 실험 환경뿐만 아니라 실제 환경의 활동을 대상으로 하는 연구에 사용될 수 있다.

실험연구에서의 열정 조작

열정 척도는 다양한 결정요인 그리고/또는 다양한 결과들을 열정과 연관시키는 연구에서 매우 유용하다. 그러나 이 방법론은 변인 간의 상관관계에 의거하기 때문에 인과관계를 충분히 다룰 수 없다. 따라서 열정 척도의 점수와 '결과'를 측정하는 다른 척도의 점

수 간의 상관관계를 분석하는 것만으로는 열정이 그 결과를 초래한다는 결론을 내릴 수 없다. 인과적 결론을 도출하기 위해서는 열정을 실험적으로 조작하고 그 후에 결과를 평가해야 한다. 이를 위해서는 적절한 실험 도구가 필요하다. 최근 벨랑제, 라프르니에르, 발러랜드, 크루글란스키(Bélanger, Lafrenière, Vallerand, & Kruglanski 2013b; Bélanger, Lafrenière, Kruglanski, & Vallerand 2013; Bélanger, Lafrenière, Vallerand, & Sedikides 2013 참조)는 조화열정과 강박열정을 실험적으로 유도하는 방법을 제시하였다. 이 절에서는 최근 개발된 새로운 연구방법론에 초점을 맞춘다.

실험 유도 절차

심리적 구인들이 역동적이면서도 개인차와 단기간의 상황을 반영하도록 조작(operationalized)될 수 있다고 주장하는 이론 및 연구(Avnet & Higgins 2003 참조)에 근거하여 열정의 상황 유도(situational induction) 방법이 개발되었다. 따라서 열정은, 좁은 의미의 기질(개인은 특정 활동에 조화열정 혹은 강박열정을 우세하게 가질 수 있음), 그리고 상태(특정 시점에 특정 활동에 대해서 개인이 조화열정이나 강박열정을 우세하게 가진 사람처럼 행동하도록 만들 수 있음)를 반영하는 심리적 구인으로 볼 수 있다. 따라서 어떤 사람이 특정 활동에 대한 열정을 가지고 있다면, 비록 정도의 차이가 있겠지만, 두 열정은 모두 정체성에 내재되어 있기 때문에, 특정 유형의 열정을 촉발시킬 수 있다.

이 연구에서 실험 조작은 다음과 같은 절차로 진행되었다. 먼저 참여자들에게 "여러분이 사랑하고, 중요하게 생각하며, 규칙적으로 많은 시간을 투자하는 활동을 생각해 보십시오"라고 지시한다(이 절차는 열정 척도에서의 지시와 동일하다). 그다음 조화열정, 강박열정, 통제 조건을 유도하는 쓰기 과제 중 하나에 참여자들을 무작위로 배정하여 5분 동안 과제를 하게 한다. 열정 조건에 해당하는 두 집단에는 각 열정 척도의 두 문항에 대해 생각한 뒤 할당된 과제에 해당하는 경험을 약 5분 동안 상세히 기술하도록 지시한다. 이런 방식의 실험 조작 절차는, 조절 초점 양식(regulatory focus modes)(Avnet & Higgins 2003; Pierro et al. 2008)과 같이 서로 다른 심리적 구인을 활성화하는 데 효과적인 것으로 입증되었다.

조화열정 조건에서는 참여자들에게 다음의 지시문을 읽은 뒤 과제를 하도록 하였다.

당신이 좋아하는 활동이 당신의 다른 부분과 조화를 이루면서 다양한 경험을 할 수 있게 해준다고 느꼈던 때를 써보십시오. 되도록 생생하게 이 사건을 떠올리면서 그때의 경험을 다시 하는 것처럼 가능한 한 세부적인 내용을 많이 써주십시오.

이러한 지시문은 조화열정 하위척도의 두 문항 즉 (1) "이 활동은 나의 다른 부분과도 조화를 이룬다"와 (2) "나는 이 활동을 통해 다양한 경험을 한다"에 근거한 것이다.

강박열정 조건의 참여자들에게도 유사한 쓰기 과제가 주어지지만, 과제의 지시문은 다음과 같다.

당신이 좋아하는 활동을 하고 싶은 충동을 조절하는 데 어려움을 겪었거나 다른 활동이 아닌 오직 그 활동에서만 흥분을 느꼈던 때를 써보십시오. 되도록 생생하게 이 사건을 떠올리면서 그때의 경험을 다시 하는 것처럼 가능한 한 세부적인 내용을 많이 써주십시오.

이러한 지시문은 강박열정 하위척도의 두 문항 즉 (1) "나는 이 활동을 하고자 하는 충동을 통제하기 어렵다"와 (2) "오직 이 활동만이 진정으로 나를 흥분하게 한다"에 근거하고 있다.

마지막으로, 통제 조건의 참여자들에게 제시되는 지시문은 다음과 같다.

도서관에서 책을 빌려야 했던 때를 생각해보십시오. 되도록 생생하게 이 사건을 떠올리면서 그때의 경험을 다시 하는 것처럼 가능한 한 세부적인 내용을 많이 써주십시오.

마지막 조건에서는 참여자들이 열정 활동을 떠올리지 않은 채 다른 조건의 참여자들과 유사한 쓰기 과제를 하게 한다. 참여자들에게 요청되는 쓰기 주제는 다른 활동일 수도 있다(예: 피자 주문). 중요한 것은 이 활동이 열정적으로 할 수 있는 활동이 되어서는 안 된다는 것이다.

실험 조작의 구인 타당도

위의 절차는 여러 연구에서 사용되었으며 그 결과 구인 타당도는 다음과 같이 지지된다. 첫째, 조화열정과 강박열정을 실험적으로 조작한 결과 참여자에게 목표한 유형의 열정을 경험하도록 유도할 수 있었다. 예를 들어 벨랑제 등(2013b, 연구 4)의 실험연구에서는 조화열정 조건 또는 강박열정 조건 중 한 집단에 배정된 참여자들에게 조화열정과 강박열정 문항 중 하나의 핵심 문항에 응답하게 하는 조작 점검(manipulation check)[4]을 실시하였다. 단 이 문항은 실험 조작에서 사용된 문항들과는 다른 것으로 선택하였다. 그 결과 조화열정 조건의 참여자들은 강박열정 조건의 참여자보다 더 높은 수준의 조화열정을, 반대로 강박열정 조건의 참여자들은 조화열정 조건의 참여자들보다 더 높은 수준의 강박열정을 보고하였다. [그림 4.1]이 그 결과이다. 이 결과는 실험 조작에 의해 목표로 하는 열정 유형이 제대로 유도되었다는 것을 보여주며, 따라서 열정 조작의 구인 타당도에 대한 증거라고 할 수 있다.

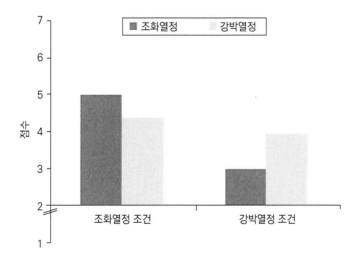

그림 4.1 열정 조건에 따른 조화열정과 강박열정의 점수
출처: 벨랑제 등(2013b, 연구 4)에서 수정

　　조작 절차의 구인 타당도를 뒷받침하는 두 번째 증거는 이 조작이 결과에 미치는 효과이다. 구체적으로 이 조작은 열정 척도와 결과 간의 상관관계에서 보이는 것과 동일해야 한다. 두 연구에서 이를 정확히 보여주었다. 이러한 결과는 열정이 다면적(multifinal) 수단 또는 대결적(counterfinal) 수단(즉, 목표에 도달하는 방법)을 선호하는 데 어떤 역할

---

4) 실험 조작을 유도한 대로 조작이 이루어졌는가를 점검하는 방법. 이 경우 조화열정을 유도한 집단에서 조화열정에 관한 문항에 대한 응답 점수가 강박열정에 관한 문항에 대한 응답 점수보다 높게 나타나면 조화열정의 유도(조작)가 제대로 이루어졌음을 확인할 수 있다.

을 하는지를 알아본 벨랑제, 라프르니에르, 크루글란스키, 발러랜드(2013)의 연구에서 도출되었다. 잘 알려진 아리 크루글란스키(Ari Kruglanski)의 목표-시스템 이론(goal-system theory)(Kruglanski et al. 2002)에 의하면 사람들은 목표에 도달하기 위해 서로 다른 유형의 수단(활동 등)을 사용한다. 다면적 수단은 동시에 여러 목표를 달성할 수 있게 하는 수단이다. 예를 들어 공부 목표와 사교 목표를 동시에 달성하기 위해 친구들과 스터디 팀을 만들 수 있다. 반대로 대결적 수단은 한 목표를 달성하고자 다른 목표를 희생해야 하는 수단이다. 예를 들어 시험 전날 밤을 새워 공부하기로 결정한다면 건강 목표를 희생시키면서 공부 목표를 선택한 것이다. 열정이원론에 의하면 조화열정은 다양한 목표들을 조화롭게 구성하도록 촉진한다. 그러므로 조화열정을 가진 사람들은 대결적 목표보다는 다면적 목표를 선호할 것으로 가정된다. 반면 강박열정은 목표 간에 갈등을 초래한다. 그러므로 강박열정을 가진 사람들은 다면적 목표보다는 대결적 목표를 선호할 것으로 가정된다. 벨랑제 등(2013)의 연구에서는 이와 같은 가설들을 검증하였다.

첫 번째 연구(연구 1A)에서는 대학생 참여자들에게 학업 열정 척도와, 학업과 관련된 다면적 수단(예: "나는 종종 친구들과 서로 퀴즈를 내며 공부한다")과 대결적 수단("나는 종종 밤잠을 줄여가며 공부한다")에 해당하는 활동에 얼마나 참여하는지 응답하였다. 이어서 참여자들에게 각 수단이 좋은 성적을 얻는 데 얼마나 효과적이라고 생각하는지 7점 만점으로 응답하도록 하였다. 다중회귀분석 결과 연구가설이 지지되었으며 구체적으로 조화열정의 점수와 다면적 수단의 선호 간에는 정적 상관이 나타난 반면 강박열정의 점수와 다면적 수단의 선호 간에는 유의한 상관이 나타나지 않았다. 반대로, 강박열정의 점수와 대결적 수단의 선호 간에는 정적 상관이 나타난 반면 조화열정의 점수와 대결적 수단의 선호 간에는 유의한 상관이 나타나지 않았다.

연구 2A에서는 앞서 설명한 바와 같이 대학생 참여자들을 학업에 대한 조화열정 또는 강박열정 조건의 실험집단에 무작위로 배정하였다. 이후 그들에게 좋은 성적을 받는 목표에 대한 다면적 수단과 대결적 수단으로 분류될 수 있는 방법들을 평가하도록 하였다. 다변량 분산분석 결과, 조화열정 조건의 참여자들은 강박열정 조건의 참여자들보다 다면적 수단을 더 선호하였고 반대로 강박열정 조건의 참여자들은 조화열정 조건의 참여자들보다 대결적 수단을 더 선호하였다. 따라서 열정 척도를 이용한 연구 1A에서 얻은 결과는 열정의 실험 조작을 이용한 연구 2A에서도 재확인되었다.

또한 낭만적 열정을 다룬 연구에서 열정 척도와 열정의 실험 조작을 모두 사용한 결과 역시 이전과 유사하게 나타났다(Bélanger et al. 2013 참조). 심리적 행복에 대한 연구에서도 마찬가지로 열정의 실험 조작을 사용한 결과와 열정 척도를 사용한 결과가 유사하게 나타났다. 이 연구들에 대해서는 8장에서 더 자세히 설명한다(Lafrenière et al. 2013, 연구 2).

이상의 연구결과들은 조화열정과 강박열정에 대한 실험 조작이 타당함을 강하게 지지한다. 실제로 이러한 조작은 의도한 유형의 열정을 경험하도록 적절히 유도하였고, 열정이원론의 가설대로 결과를 이끌어냈으며, 그 결과는 열정 척도를 사용했을 때와 같았다. 이 책의 다른 장에서 열정의 실험연구들을 더 소개하기로 한다.

요 약

이 장에서는 열징 연구를 위해 개발된 방법론적 도구들을 살펴보았다. 첫째, 개발된 열정 척도는 높은 심리측정학적 특성을 보여주었다. 특히 흥미를 끄는 것은 20건 이상의 연구에서 척도의 요인 구조를 지지하는 증거가 나타난다는 것이다. 또한 대규모 아카이브 연구(Marsh et al. 2013)에서 성별, 언어, 활동 유형 등 여러 변인에 대한 척도의 동일성(불변성)이 경험적으로 지지되었다. 둘째, 타당한 실험 절차에 의해 특정 유형의 열정을 유도할 수 있었다. 즉 조화열정이나 강박열정을 유도할 수 있고, 주어진 시점에서 그 결과를 관찰할 수 있다. 전체적으로 이러한 방법론적 도구들은 열정뿐만 아니라 열정의 결정요인과 그 결과까지도 연구할 수 있도록 해주었다. 열정의 결정요인과 그 결과에 관한 논의는 이 책의 다른 장에서 다룰 것이다.

열정의 발달
The Development of Passion

몇 년 전 NBA 뉴욕 닉스의 프로농구선수 출신으로 뉴저지 주의 상원의원을 지낸 빌 브래들리(Bill Bradley)는, "농구에 대한 나의 흥미가 정확히 언제 열정으로 변했는지 모르겠다"고 말했다. 우리는 이 말에서 두 가지 재미있는 사실을 발견할 수 있다. 첫째, 흥미와 열정은 같지 않다. 2장과 3장에서 보았듯 열정은 활동이나 대상에 대한 흥미 이상을 뜻한다. 열정은 의미 있다고 생각하는 활동을 사랑하고 그것에 많은 시간을 할애하며 그 활동을 자기 정체성의 일부로서 자신의 연장선으로 보는 것을 의미한다. 따라서 활동에 대해 열정을 갖는 것은 특별한 일이다. 흥미는 여러 가지 일에 가질 수 있지만 열정을 가지는 일은 한두 개뿐이다. 빌 브래들리의 말에 들어 있는 두 번째 요점은 열정이 실제로 어떻게 발달하는가이다. 열정은 어떻게 전개되는가? 일단 열정이 발달한 뒤에 시간이 지나면 그 열정은 어떻게 유지되거나 변화하는가? 다시 말해 일단 활동이나 대상에 열정을 가진 뒤에 그것은 어떻게 진화하는가?

위와 같은 질문에 답하기 위해 이 장에서는 첫째, 열정의 발달 문제를 다룬다. 둘째, 열정의 초기 발달과 지속적 발달에 관련된 요인을 검토한다. 셋째, 열정의 발달에 욕구 충족이 미치는 역할에 관한 연구를 검토한다. 마지막으로 열정의 변화에 대해 논의한다.

열정의 발달

3장에서 인간에게는 자기성장의 경향성이 있다는 것을 확인하였다. 그러한 경향성은 디씨(Deci 1975)가 말했듯 활동에 숙달하기 위한 **자기결정적**(self-determinant) 능력을 발휘하여 세계에 참여하게 만든다. 즉 우리는 활동을 숙달하고자 노력하면서 유능해지는 느낌을 경험한다. 세계를 다루면서 우리는 세계에 대한 탐구를 시작하고 특정한 종류의 활동을 선호하게 된다. 이 활동은 우리에게 긍정적인 경험을 주고 우리의 심리 욕구 중 일부를 만족시킨다(Deci & Ryan 1985, 2000). 대체로 우리는 여러 가지 활동 중 한 가지를 선택하고, 그럴 필요가 없을 때조차도 계속해서 그 활동에 참여한다. 활동이 자신을 보는 방식과 일치하고 활동에서 성공하는 만큼 그 활동은 높은 가치를 가지게 되고 결국 정체성에 내면화된다. 사회적 맥락과 개인 특성에 따라 자율적이거나 통제적인 내면화 과정 중 어느 한쪽이 우세할 수 있다. 자율적인 과정은 조화열정의 발달로, 통제적인 과정은 강박열정으로 이어진다. 요약하면 열정이원론에서는 활동에 대한 열정의 초기 발달에 세 가지 주요 과정이 영향을 미친다고 본다. 활동의 선택, 활동의 가치화, 그리고 정체성에서 활동(대상 또는 사람)의 내면화가 그것이며, 이들은 조화열정 혹은 강박열정으로 이어질 수 있다. 이하에서는 현재까지의 연구들을 살펴보며 이러한 과정에 대해 논의한다.

활동의 선택

사람들은 다양한 활동을 탐색한 뒤 한두 개의 활동을 선택한다(예: Bloom 1985; Côté 1999; Vallerand 2010). 활동 선택이란 어떤 활동에 대한 선호 또는 다른 활동보다 이 활동을 선택하도록 유도하는 것을 말한다. 활동의 선택에 영향을 주는 요인은 다양하다. 첫 번째는 자연 환경이다. 추운 겨울이 있는 캐나다의 아동들은 눈과 얼음에 익숙하기 때문에 얼음을 본 적도 없는 자메이카의 아동들보다 아이스하키 활동을 더 많이 선택한다(물론 봅슬레이 설비가 없음에도 불구하고 1988년 캘거리 동계 올림픽에 참여한 자메이카 봅슬레이팀의 열정도 간과해서는 안 된다).

가치화를 통해 활동의 선택에 영향을 미치는 또 다른 요소로는 문화가 있다(예: Rogoff et al. 2007). 유럽의 일부 지역에도 눈과 얼음이 있지만, 그곳의 문화에서는 아이스하키보다 축구가 주된 스포츠이다. 때로는 문화마다 성별에 적합한 것이 다를 수도 있다. 20세기 이전 대부분의 문화에서 스포츠는 여성에게 적합하지 않다고 여겼다. 또한 캐나다와 미국 문화에서는 남자들이 발레하는 것이 이상하게 보이지만 러시아 문화에서는 환영받는다. 그러나 문화가 항상 개인에게 직접 영향을 미치는 것은 아니다. 문화가 개인에게 미치는 영향은 가족들에 의해 매개되기도 한다(예: Grusec & Davidov 2007). 가족에 따라 문화적 가치를 더 많이 혹은 더 적게 고수하기도 하고 아예 고수하지 않을 수도 있다. 예를 들어 캐나다에서도 모두가 하키를 하는 것은 아니다. 어떤 부모는 음악, 농구, 체스 등을 선호할 수 있으며 이는 자녀들에게 영향을 미친다. 블룸(Bloom 1985)에 따르면 부모가 자녀의 활동에 관여하는 것은 자녀가 지속해서 참여할 수 있는 맥락을 만들어내기 때문에 중요하다. 이는 활동을 통해 성장하고 결국 전문적인 지식을 가지도록 촉진한다. 다른 연구자들 역시 부모의 관여가 자녀가 활동에 참여하기 시작하고(Csikszentymihalyi et al. 1993; Snyder & Spreitzer 1973; Spreitzer & Snyder 1976) 활동을 계속 유지(Brown, Frankel, & Fennell 1989; Côté 1999)하는 데 중요함을 보여주었다.

특정 활동에 참여하는 형제자매나 친구들도 부모와 마찬가지로 자녀의 행동에 영향을 미칠 가능성이 높다(예: Bukowsky, Brendgen, & Vitaro 2007; Côté 1999; Dunn 2007). 따라서 자녀가 동일시하는 가족이나 친구들은 모델의 역할을 할 수 있으며, 활동 선택에 중요한 영향을 미치는 원천이 된다. 여러 연구에서 거듭 밝히고 있듯이 타인은 결국 열정이 되는 활동에 참여하는 시작점을 제공하는 데 중요한 역할을 한다(예: Lecoq 2012, 연구 6). 따라서 사회 환경은 특정 활동에 가치를 부여하거나 가치를 부각시킴으로써, 다른 활동이 아니라 바로 그 활동(과 대상)을 선택하도록 이끈다.

활동의 가치화

열정의 발달에서 두 번째 과정은 그 활동에 부여하는 가치 또는 주관적인 중요성을 평가하는 것이다. 이것은 2장에서 언급했던 스탕달(Stendhal)의 결정화 효과를 말한다. 여기서도 사회 환경이 중요한 역할을 한다. 앞서 말했듯 부모, 형제자매, 친구들은 특정 활동에 참여하도록 돕는다. 그러나 그들은 활동에 참여하도록 격려하는 것 이상의 일을 한다. 그들은 특정 활동에 참여하도록 유도하면서 자신도 그 활동에 가치를 두고 있다는 사실을 강조하고, 이 메시지를 암묵적 또는 명시적으로 전달한다. 선택된 활동에 참여하는 것을 즐기고 유능감, 자율성, 관계성에 대한 심리 욕구가 활동 내에서 반복적으로 충족되는 만큼 그 활동은 가치를 가진다. 심리 욕구에 대해서는 이 장의 후반부에서 다시 이야기할 것이다.

개인의 정체성 또한 활동의 가치화를 결정하는 요인이다. 어떤 활동이 그 사람의 자아의식과 일치할 때, 그 사람은 그 활동의 관점에서 자신을 보기 시작하고 그것에 가치를 두게 된다. 어떤 활동이 자신의 정체성에 기여하거나 또는 그렇게 할 수 있는 잠재력을 가졌다고 보는 순간, 사람들은 단기적이든 장기적이든 그 활동을 중요시하고 그 활동에 시간을 투자하며 그리하여 그 활동에 대한 열정을 더 강하게 갖는다. 정체성이란 개인과 관련된 모습, 특징, 경험, 그리고 이들이 상호 연관되는 방식을 말한다(Schlenker 1985). 또한 3장에서 보았듯 정체성 요소는 그 사람의 자기과정, 즉 요소들의 중심성, 중요성, 그리고 현저성에 따라 그의 자기사고, 정서, 행동과 연결되어 있다(예: Cantor & Mischel 1979; Greenwald 1980; Markus 1977). 앞에서 말했듯 정체성은 주어진 활동을 선택하게 할 뿐만 아니라 그것을 가치 있게 여기도록 한다. 요약하면 자신이 참여하는 활동이 진정한 자신의 선택과 흥미를 반영하고 자신의 정체성과 일치한다고 느낄수록 활동에 대해 더 높은 가치를 부여한다. 이는 미래 자아(future selves)(Markus & Nurius 1986)의 개념과 맥락이 같다. 이 개념은 미래에 자신을 투영하는 것과 활동에 대한 가치화가 서로 관련 있다는 것을 보여준다. 어떤 사람은 아직 음악가가 아니지만 미래에 음악가가 되는 자신을 볼 수 있다. 미래 자아는 활동을 가치 있다고 평가하고 결국 그 활동을 자신의 정체성에 통합하기 때문에 높은 동기를 제공한다(Markus & Nurius 1986).

정체성에서 활동의 내면화

3장에서 보았듯 활동의 가치화는 정체성 활동을 내면화하고 열정이 발달하는 데 중요한 역할을 한다. 따라서 어떤 대상에 의미를 두는 만큼 그 대상이 자아 속으로 들어가는 길이 열린다. 열정이원론의 가정은 한 가지가 더 있다. 내면화의 유형에 따라 높은 가치를 가지게 된 활동은 열정의 유형을 결정한다는 것이다. 활동 표상에 대한 자율적인 내면화는 조화열정의 발달로 이어지는 반면, 통제적인 내면화는 강박열정의 발달로 이어진다. 자율적인 내면화(Deci & Ryan 1985; Sheldon 2002; Vallerand 1997)는 개인이 활동을 그 자체로 중요시하고 어떠한 수반성이나 환경의 간섭 없이 자유롭게 활동을 수용할 때 발현된다. 이러한 형태의 내면화는 통합된 자아(Hodgins & Neel 2002; Ryan & Deci 2003)에서 발생하며, 내면화된 요소들이 자기과정에 일관성 있게 들어맞도록 하여 최적의 자기과정을 가능하게 만든다. 반면에 통제적인 내면화(Deci & Ryan 1985; Sheldon 2002; Vallerand 1997)는 대체로 개인 내(intrapersonal) 그리고/또는 개인 간 (interpersonal) 압박에 기인한다. 사회적 수용이나 자존감과 같은 느낌이 활동에 수반되는 한편 활동에서 파생된 흥분을 통제할 수 없기 때문이다. 이는 최적의 자기과정에 이르지 못하게 하고, 자기요소들 간의 본질적인 조화를 깨뜨려 갈등을 일으키며, 심지어 부적응적인 자기과정을 이끈다.

열정이원론에 의하면 사회 환경이 개인의 자율성을 촉진 또는 통제하는 정도는 내면화 과정을 결정하는 데 중요하다(Deci & Ryan 1987). 부모와 교사가 자율성 지지(또는 스스로 선택과 결정을 내리도록 격려하는 것)를 제공하면 자녀가 가치를 자율적으로 내면화하고, 학교에 가는 일과 같이 상대적으로 재미없는 일을 조절할 수 있게 한다(Grolnick & Ryan 1989; Vallerand, Fortier, & Guay 1997 참조). 마찬가지로 열정이원론에서는 자율성 지지가 정체성 내에서 흥미로운 활동의 자율적인 내면화를 촉진시켜 조화열정으로 이어진다고 가정한다. 반면 주어진 활동을 선택하여 높은 가치를 부여한 상태에서 통제적인 환경은 정체성 내에서 활동의 통제적인 내면화를 촉진시켜 강박열정으로 이어진다.

마지막으로, 3장에서 언급했듯 열정은 일단 개발되면 지속적으로 발달하기 때문에 특정한 활동 또는 대상에 대한 열정은 거기서 끝나지 않는다. 실제로 그 활동에 대해 새로운 경험을 할 때마다 자신의 열정을 더욱 발전시킬 수 있다. 그 열정이 어떻게 더 발전하는가는 사회 요인과 개인 요인에 따라 달라진다. 자율적인 내면화 과정과 관련된 사회 요인(예: 중요한 타인에 의한 자율성 지지)과 개인 요인(예: 자신의 자율성)은 자율적인 방식으로 정체성에 내면화된 열정 활동이 자율적으로 작동하도록 만들어 이후 조화열정을 발달시키고 유지한다. 반면에 통제적인 내면화 과정과 관련된 요인들은 정체성에 내면화된 열정 활동이 통제적으로 촉발되게 하여 이후 강박열정을 발달시키고 유지한다. 이하에서는 열정의 발달에 대한 경험적 증거들을 논의한다.

열정의 초기 발달

열정의 초기 발달에 관한 연구를 살펴보기 전에 두 가지 중요한 문제를 다룰 필요가 있다. 첫째, 누가 열정적이 되는가? 둘째, 어떤 유형의 활동이 열정적으로 추구되는가? 이하에서는 이 문제들을 먼저 살펴보기로 한다.

열정의 편재성

3장에서 보았듯 열정이원론에서는 자기성장을 추구하는 것이 우리의 본성이라고 가정하고, 나아가 자기성장을 행위지원하는 활동에 대한 열정은 자기성장을 추출할 수 있는 가장 큰 잠재력을 제공한다고 본다. 따라서 대부분의 사람들은 특정 활동에 열정을 발달시킨다는 것을 알 수 있다. 과연 이것은 사실일까? 다시 말해 일반인들에게 열정은 어느 정도 편재하는가? 이 질문에 답하기 위해서는 다수의 일반인을 대상으로 그들이 좋아하는 활동에 대한 열정 수준을 평가해야 하며, 특히 이러한 연구 대상은 가능한 한 무작위로 선정되어야 한다. 즉 열정을 가졌기 때문에 연구 대상에 포함되어서는 **안 된다**. 따라서 온/오프라인 동호회에서 특정 활동에 참여하고 있는 사람들은 배제된다. 왜냐하면 그들은 이미 열정을 가지고 있을 가능성이 높고, 이 결과는 실제 모집단에서 열정을 가진 사람들의 비율을 과장할 수 있기 때문이다.

적어도 두 개의 연구(Philippe, Vallerand, & Lavigne 2009, 연구 1; Vallerand et al. 2003, 연구 1)에서 열정의 편재성을 알아보았다. 발러랜드 등(Vallerand et al. 2003, 연구 1)의 초기 연구에서는 500명 이상의 대학생들이 '진심으로 좋아하는' 활동을 적은 후 그 활동에 대한 열정 척도에 응답하였다. 4장에서 보았듯 열정 척도에는 열정 준거가 포함되어 있다. 이 연구에서 발러랜드 등은 열정 준거 중 활동이 그들에게 얼마나 '열정'으로 인식되고 있는지를 묻는 한 문항만을 사용하였다. 문항은 리커트 척도로 응답하도록 되어 있는데, 7점 척도에서 최소 4점의 컷오프 점수를 사용한 결과 84%의 참여자가 적어도 한 가지 활동에 보통 이상의 열정을 가지고 있다고 응답했다. 또한 그들은 거의 6년 동안 주당 평균 8.5시간을 이 활동에 참여하고 있었다. 깨어있는 시간의 10%에 가까운 시간을 활동에 투자하고 있다는 점은 중요하다. 게다가 참여자들이 6년 동안 그 활동을 하고 있다는 점은 그것이 한때의 관심 이상임을 의미한다. 실제로 참여자들은 활동에 평균

2,500시간 이상 투자해온 것으로 나타났다. 참여자들이 평균 20세 정도였다는 점을 생각해보면 대부분 10대부터 활동에 참여한 것으로 보인다. 이러한 결과는 청소년기가 정체성 구축에 중요하다고 주장하는 학자들의 입장을 지지한다(Erikson 1968; Marcia 1967). 나아가 이 결과는 열정의 대상을 찾는 것이 사실상 정체성 형성 과정의 일부가 된다는 점을 시사한다.

이 연구결과는 사람들의 삶에서 열정이 높은 비율로 나타나고 있다는 사실을 뒷받침하고 있지만 다음 세 가지를 차례로 짚어보아야 한다. 첫째, 대학생 집단만을 사용하였다. 따라서 열정의 편재성에 대한 결과는 대학생과 관련이 있을 뿐 일반인 집단과는 관련이 없다. 둘째, 열정 준거 중 하나만을 사용하여 열정을 가지고 있는지를 판단하였지만 다른 준거도 사용할 필요가 있다. 셋째, 중간 수준의 컷오프 점수(7점 척도에서 최소 4점)를 사용하였지만, 보다 엄격한 컷오프 점수를 사용하여 높은 수준의 열정을 측정한다면 어떻게 될 것인가? 예를 들어 필리페, 발러랜드, 라빈(Philippe, Vallerand, & Lavigne 2009, 연구 1)은 일반인이 다수인 집단에서 18세부터 90세까지 750명 이상의 참여자를 모집하여 열정 수준을 측정하였다. 그들은 열정 준거 중 활동에 대한 선호, 가치화, 활동에 투자하는 시간, 활동을 열정으로 인식하는 수준을 사용하였고 7점 척도에서 평균 5점의 컷오프 점수를 사용하였다(이 연구에서는 활동을 정체성으로 인식하는 수준에 대한 문항은 사용하지 않았다). 그 결과 75%의 사람들이 삶에서 적어도 한 가지 활동에 높은 열정을 가지고 있다는 것을 발견하였다. 이 결과는 일반인 집단에서도 높은 수준의 열정이 편재한다는 사실을 다시 한번 강하게 지지하고 있다.

대다수의 사람들이 그들의 삶에서 특정 활동에 열정을 가지고 있다고 확실히 결론을 내리기 전에 해결해야 할 마지막 문제가 있다. 즉 사람들이 활동에 열정을 가졌다고 편향되게 답할 가능성을 배제할 수 있어야 한다. 만일 그러한 가능성이 있다면 열정의 편재성은 실제보다 부풀려질 것이다. 우리는 이미 4장에서 열정 척도가 사회적 바람직성과 무관하다는 것을 확인하였으므로(Rousseau et al. 2002) 따라서 이러한 가능성은 낮다. 그러나 이 결과가 열정 척도의 판별 기능에 대한 추가 연구들이 필요하지 않다는 뜻은 아니다. 이하에서 더 살펴보겠지만, 마고 등(Mageau et al. 2009, 연구 3)의 연구에서는 음악 과목을 신청한 학생 중 이전에 악기를 만져본 적이 **없는** 고등학생들을 5개월 동안 추적 조사하였다. 음악 과목은 선택 과목이 아니라 그 학교의 모든 1학년들이 들어야 하는 필수 과목이었다. 따라서 일부 학생만이 음악에 대한 열정을 가지고 있다고 예상할 수 있다. 열정 준거에서 평균 4점의 컷오프 점수를 사용한 결과, 학생들 중 36%만이 음악에 대한 열정이 있는 것으로 나타났다. 따라서 대다수 사람들이 활동에 대한 열정을 발달시킬 수 있지만, 음악 과목을 듣는 학생들에게서 볼 수 있는 것처럼 활동에 참여한다고 해서 모두 열정이 발달하는 것은 아니다. 열정의 발달 과정에는 활동의 성격, 그리고 그 성격이 정체성과 어떻게 관련되는가가 매우 중요하다.

열정 활동의 유형

3장에서 언급한 바와 같이 열정이원론에서는 어떤 사람이 특정 활동에 열정을 가졌다고 보려면 적어도 세 가지 요소가 필요하다고 가정한다. (1) 활동에는 그 활동을 사랑하게 하는 본질적으로 흥미로운 속성이 포함되어 있다. (2) 활동을 의미 있는 것으로 인식한다(활동에 대한 개인적인 가치화). (3) 활동은 개인의 정체성 요소와 일치한다. 대체로 많은 활동에서 이 세 요소가 발견된다. 그러므로 모두는 아니지만 어떤 사람들에게 열정으로 인식되는 활동의 종류는 매우 많다. 비록 어떤 활동은 다른 활동보다 더 열정을 불러일으킬 가능성이 높기는 하지만 사람들이 열정을 가지고 하는 활동의 수는 매우 많다.

어떤 활동에 열정을 가지게 되는가를 다룬 연구에는 발러랜드 등(2003, 연구 1)이 있다. 이 연구에서 참여자들은 150개가 넘는 다양한 활동에 열정을 가지고 있다고 기술하였다. 참여자의 대다수(84%)가 최소한 중간 수준의 열정을 가졌다고 응답하였기 때문에 이들이 언급한 150개의 활동 대부분은 열정 활동으로 간주될 수 있다. 가장 인기 있는 10가지 열정 활동은 순서대로 댄스, 하키, 스키, 독서, 수영, 체력 단련, 배구, 축구, 기타 연주, 농구였다. 활동은 개인 스포츠/신체 활동(조깅 등, 34.85%)에서부터 친밀한 관계 (예: 친구와의 대화, 1.98%)에 이르기까지 여덟 개 범주로 구분되었다. <표 5.1>은 범주에 속하는 활동의 예를 보여준다. 이 결과는 매우 많은 수의 열정 활동이 있다는 사실을 뒷받침하며, 따라서 모든 사람은 저마다의 열정 활동을 가지고 있다고 볼 수 있다.

표 5.1 열정 활동의 유형과 각 활동에 참여하는 사람의 비율

활동	활동의 유형	비율(%)
1. 개인 스포츠/신체 활동	사이클링, 조깅, 수영	34.85
2. 집단 스포츠	농구, 하키, 축구	25.54
3. 감상 및 관람	음악 감상, 영화 감상	15.05
4. 음악 연주	기타 연주, 피아노 연주	10.01
5. 독서	소설, 시 등의 독서	4.95
6. 미술 창작	그림 그리기, 사진 촬영	3.96
7. 일/자기계발	아르바이트, 자기 분야의 독서	3.56
8. 대인관계	친구나 가족과 함께하기	1.98

주. 대학생 539명의 자료에 근거함.
출처: 발러랜드 등(2003, 연구 1)에서 수정

노르웨이 대학생들을 대상으로 한 연구에서 스텐셍(Stenseng 2008)은 발러랜드 등 (2003, 연구 1)의 결과와 유사한 범주와 비율을 보고하였다. 발롱, 르코크, 리메(Balon, Lecoq, & Rimé 2013)가 200명 이상의 프랑스 참여자를 대상으로 한 연구에서는 발러랜드 등에서 나타난 범주와 유사한 것들을 포함하여 총 12개의 범주가 나타났다. 발롱 등의 연구에서는 동물(예: 승마, 19.4%), 단체(예: 스카우트, 5.1%), 멀티미디어(예: 인터넷 서핑, 비디오 게임, 2.4%)와 관련된 활동이 보인다는 점이 눈길을 끈다. 이러한 범주들이 나타나는 것은 문화적인 차이 때문일 수도 있고, 이 연구자들이 특정 온라인 동호회에서 참여자들을 모집했기 때문일 수도 있다.

요약하면, 대다수 사람들이 열정 활동을 가지고 있으며 또한 그들은 다양한 활동 중 하나에서 열정을 경험할 수 있다. 어떤 활동은 다른 활동보다 열정을 심어줄 가능성이 더 높을 수 있지만, 그럼에도 불구하고 적어도 어떤 사람들에게 열정을 줄 잠재력을 가진 활동은 매우 많다.

열정의 초기 발달에서 사회 요인의 역할

열정의 초기 발달 과정에 관련된 몇 가지 요인을 살펴보자. 열정이원론에서는 개인과 환경 사이의 변증법이 열정의 초기 발달에 중요한 요소들을 이끈다고 주장한다. 이 요소

는 활동에 참여하기 시작할 때 다른 활동이 아닌 그 활동을 선택하는 것, 활동에 대한 가치화, 활동을 자신의 단기적 또는 장기적 미래의 일부로 파악하는 것, 그리고 활동과 관련된 사회적 맥락에서 자율성 지지를 얻는 것이다. 이 중 마지막 사회 요인의 역할에 특히 주목할 필요가 있다. 자율성 지지(또는 그 반대인 통제적 행동)는 두 가지 경로로 열정 발달에 중요한 역할을 한다. 첫째, 활동 참여의 초기 단계에서는 조화열정, 강박열정에 상관없이 열정이 피어나기 위한 자율성 지지가 중요하다. 자율성 지지가 없으면 진정으로 활동을 선택했다고 느낄 수 없다. 예를 들어 어떤 아이가 피아노를 쳐야 한다고 느낀다면 기껏해야 외적 동기가 생길 수는 있겠지만 열정은 일어나지 않을 것이다. 둘째, 그 아이가 피아노를 열심히 치기로 선택한 뒤에는 개인의 자율성과 사회 환경이 내면화의 유형, 그리고 그 결과 나타나는 열정의 유형에 영향을 미칠 것이다. 이 과정에서 계속적으로 자율성이 지지되면 자율적인 내면화 과정과 조화열정이 발달한다. 반면 일단 어떤 활동에 시간과 노력을 투자하기로 결정한 상태에서 사회 환경(예: 교사, 부모, 코치)이 아이를 통제하면 통제적인 내면화 과정과 강박열정이 발달한다.

마고, 발러랜드, 샤레스트 등(Mageau, Vallerand, Charest, et al. 2009, 연구 3)은 이 가설을 시험하기 위한 단기 종단연구를 수행하였다. 이 연구는 필수 과목인 음악을 수강하게 된 약 200명의 고등학생 참여자들을 대상으로 하였다. 이들은 지금까지 악기를 연주해본 적이 없었다. 따라서 모든 참여자들은 같은 수준에서 음악을 시작했고, 선택 과목이 아니었기 때문에 음악에 대한 선호도도 처음에는 같았다고 볼 수 있다. 연구자들은 학기초('시점 0')부터 학기말까지 이 학생들 중 누가 음악에 대한 열정을 키워나갈지 그리고 그중에서 조화열정 또는 강박열정이 어떻게 생겨날지 예측하였다.

참여자들은 5개월에 걸쳐 일련의 설문지에 응답하였다. 개학 후 첫 번째 혹은 두 번째 음악 시간에는 설문지 1로 개인 변인(음악에 대한 개인적 정체성, 음악 활동 전문성에 대한 개인적 선호도)을 측정하였다. 2개월 후에는 설문지 2로 대인관계 변인(부모와 교사의 자율성 지지, 음악 활동에 대한 부모의 가치화, 음악 활동 전문성에 대한 부모의 선호도)을 측정하였다. 설문지 2는 음악 활동과 관련해서 개인과 사회 환경(부모와 음악 교사)의 상호작용이 일어나는지 확인하기 위해 나중에 평가되었다. 마지막으로 학기말에는 설문지 3으로 열정 척도를 실시하였다. 4장에서 보았듯 열정 척도는 조화열정과 강박열정, 열정 준거를 포함하고 있어 참여자들이 음악에 열정이 있는지 아닌지를 판단할 수 있다.

선행 연구(Vallerand & Houlfort 2003)에서와 같이 음악 열정에 따라 학생들을 분류하기 위한 2단계 절차가 사용되었고, 그 결과 조화열정, 강박열정, 무열정 집단이 구분되었다. 이 과정에서 열정이 없는 학생들과 열정이 있는 학생들을 구별하기 위해 열정 준거가 사용되었다. 열정 준거에서 중간 수준 이상(7점 척도에서 평균 4점 이상)에 위치한 학생들은 열정 집단으로 분류되었다. 표본의 36%가 이 컷오프 점수를 충족했다. 이는 36%의 학생이 학기말(처음 악기를 시작한 지 5개월 후)에 음악에 대해 중간 이상의 열정을 가지게 되었음을 의미한다. 음악은 필수 과목이어서 학생들이 선택하는 것이 아니었기 때문에 상대적으로 소수 학생들만이 음악 열정을 가지게 되었음을 알 수 있다. 이 연구의 결과는 모든 사람이 참여하고 있는 활동에 언제나 열정을 가지는 것이 아님을 보여준다.

음악 열정을 가지게 된 사람들과 그렇지 않은 사람들을 구별하는 요소는 무엇인가? 판별분석 결과 학기말에 음악 열정을 갖게 된 학생(표본의 36%)들은 그렇지 않은 학생들보다 개인 변인(정체성, 전문성에 대한 개인적 선호도)과 환경 변인(자율성 지지, 활동에 대한 부모의 가치화, 전문성에 대한 부모의 선호도)의 수준이 높았다. 이 결과는 열정이원론의 가설을 강하게 지지한다. 열정은 성격 특성이 아니라 구체적인 활동과의 특수한 관계의 발달로 보아야 한다. 분명 열정은 각 개인에게 고유한 개인-활동 간 인터페이스를 수반한다. 사람들이 모든 활동에 열정적일 수는 없다. 오히려 열정이 발달하기 위해서는 자신의 흥미와 능력, 그리고 특히 과제와의 궁합이 필요하다. 그러나 궁합이 중요하기는 해도 그것만으로 열정이 발달하지는 않는다. 실제 결과가 보여주듯 사회 환경(예: 자율성 지지)은 주어진 활동이 정체성에 내면화되는 과정에 중요한 역할을 하고, 그 결과 열정을 가지도록 한다.

학기말에 음악 열정을 갖게 된 36%의 학생들로부터 또 다른 주요 결과를 얻을 수 있다. 두 집단에서 조화열정과 강박열정은 각각 어떻게 발달하였을까? 조화열정을 가진 학생과 강박열정을 가진 학생은 열정 하위척도의 표준화 점수를 비교하여 최고 점수를 받은 유형에 따라 두 열정 집단 중 하나로 분류되었다(Vallerand & Houlfort 2003 참조). 조화열정 하위척도의 표준화 점수가 높은 학생은 조화열정 집단에, 강박열정 하위척도의 표준화 점수가 높은 학생은 강박열정 집단에 분류된 것이다. 또한 열정을 가진 학생들만을 대상으로 별도의 판별분석을 실시하였다. 그 결과 가까운 성인(부모와 음악 교사)이 높은 자율성 지지를 제공할수록 조화열정의 발달에 도움이 되었다. 반면 높은 자율성 지지는 강박열정과 **부적으로** 관련되어 있었다. 이 연구결과는 학생들의 경우 중요한 성인의 낮은 자율성 지지(혹은 반대로 높은 통제적 행동), 그리고 부모가 그 활동에 높은 가치를 부여하고 있다는 인식은 몇 달 후 강박열정의 발달을 예측한다는 것을 보여준다.

콜맨과 구오(Coleman & Guo 2013)의 질적 연구에서 활동(예: 연기, 독서, 수학, 영화 제작 등)에 따라 열정이 각기 다른 연령에서 발달하는 것으로 나타난 점은 흥미롭다. 사회 환경은 열정의 초기 발달 및 발달할 수 있는 열정의 유형에 중요한 역할을 한다. 그렇기 때문에 이들의 연구결과는 활동의 성격에 따라 특정 연령대에 더 중요한 역할을 하는 타인(예: 부모, 교사, 코치 등)이 있다는 것을 시사한다. 이에 대한 후속 연구가 진행되어야 한다.

이상의 연구결과들은 열정이원론의 가설들을 지지하고 있다. 음악 열정의 초기 발달을 위해서는 활동의 선택, 활동의 가치화, 정체성 과정, 그리고 중요한 성인들의 자율성 지지가 특히 중요하다. 따라서 악기 연주 활동을 중요시하고 다른 활동보다 선호하며 활동이 자신의 정체성과 부합한다고 믿는 아동들은 이 활동에 대한 열정을 키우기 시작할 것이다. 나아가 활동에 참여하는 환경에서 자율성 지지가 높은 수준으로 지속된다면 조화열정이 발달할 가능성이 있다. 그러나 초기에 활동에 참여하는 동안 자유(또는 자율성 지지)가 부족하고, 부모들이 그 활동의 가치를 매우 높게 인식한다는 메시지를 전달하는 등 높은 압력이 주어진다면 어떤 열정도 발달하지 못한다. 그러나 초기에 활동 참여에 대한 선택권이 어느 정도 있었더라도 이후 자율성을 지지하지 않고 통제적인 환경이 조성된다면 강박열정이 발달할 가능성이 있다.[1]

열정의 초기 발달에서 개인 요인의 역할

지금까지 사회 환경이 열정의 초기 발달로 이어지는 내면화 과정에서 중요한 결정요 인임을 확인하였다. 마찬가지로 개인 요인(개인차)도 내면화 과정에서 중요한 결정요인이며, 간접적으로 열정의 유형을 결정한다(이 주제에 대해서는 Vallerand 2010; Vallerand & Houlfort 2003; Vallerand & Miquelon 2007 참조). 열정이원론에서는 개인적으로 자율성을 지향하는 경우 자율적인 내면화 과정을 촉진시켜 조화열정의 초기 발달로 이어지

---

[1] 이 문단에서는 부모의 자율성 지지 → 조화열정, 자녀의 선택과 부모의 통제적 행동 → 강박열정, 부모의 통제적 행동과 부모의 가치에 대한 압력 → 무열정으로 설명하는데, 앞의 연구에 의하면 선택＋자율성 지지 → 조화열정, 선택＋통제적 행동 → 강박열정, 무선택＋압력 → 무열정으로 정리하는 것이 옳다. 즉 열정의 발달에서 중요한 것은 자녀의 선택이며, 이 중 부모의 자율성 지지와 통제는 각각 조화열정과 강박열정으로 이어진다고 볼 수 있다.

는 반면 통제성을 지향하는 경우 통제적인 내면화 과정을 촉발시키고 강박열정의 초기 발달로 이어진다고 본다.

선행 연구(Vallerand 1997; Vallerand & Ratel 2002 참조)에 의하면, 자율적인 성격 지향(즐거움 또는 선택에 의해 무언가를 하는 경향)은 흥미 없는 활동에서 자율적인 내면화를 일으키는 반면 통제적인 성격 지향(외적인 또는 내적인 압박에 의해 무언가를 하는 경향)은 흥미 없는 활동에서 통제적인 내면화로 이어진다(Guay, Mageau, & Vallerand 2003 참조; Vallerand, 1997, 2001 참조). 따라서 자율적인 성격 지향은 자율적인 내면화 과정과 관련 있는 반면 통제적인 성격 지향은 통제적인 내면화 과정과 관련 있다. 이상의 논의에 비추어 볼 때 즐기는 활동에 가치를 두는 한 자율적인 성격을 가진 사람들은 조화열정을 우세하게 발달시키고 유지할 가능성이 더 높다. 반면에 같은 조건에서 통제적인 성격을 가진 사람들은 강박열정을 발달시킬 가능성이 더 높다.

최근 발러랜드 등(2006, 연구 1)의 연구에서는 위의 가설을 검증하기 위해 대학 농구 선수들을 대상으로 농구 열정 척도, 그리고 자율적, 통제적인 성격 지향을 평가하는 일반적 동기 척도(Global Motivation Scale)(Guay et al. 2003)를 실시하였다. 구조방정식모형 분석 결과 가설이 지지되었다. 구체적으로 활동의 가치화와 자율적인 성격 지향은 공통적으로 조화열정을 예측한 반면 활동의 가치화와 통제적인 성격 지향은 강박열정을 예측하였다([그림 5.1]). 이 결과는 단기 종단설계를 사용해서 4개월 후 실시한 두 번째 연구(Vallerand et al. 2006, 연구 3)에서도 동일하게 나타났다.

앞서 제시한 결과는 열정의 발달에 특히 자율적 대 통제적 성격 지향이라는 개인 요인이 중요한 역할을 하고 있음을 보여준다. 그러나 발러랜드 등(2006, 연구 1, 3)에 참여한 사람들은 이미 연구 참여 당시에 그 운동을 하고 있었으며, 따라서 이 결과는 열정의 초기 발달이라기보다는 지속적인 발달과 관련되어 있을 가능성이 높다.

최근 연구(Lafrenière, Vallerand, Magazau, & Charest 2014)에서는 마고, 발러랜드, 샤레스트 등(2009, 연구 3)의 자료를 추가 분석하여 열정의 초기 발달에서 자율적 대 통제적 성격 지향의 역할을 더 직접적으로 살펴보았다. 이 연구의 절차는 앞에서 설명하였다. 음악 과목을 듣는 학생들은 '시점 1'에 일반적 동기 척도(Guay et al. 2003)에 응답하였으며, 4개월 뒤 열정 척도와 음악 활동의 가치화에 대한 문항에 응답하였다. 구조방정식모형을 이용한 경로분석 결과는 발러랜드 등(2006, 연구 1, 3)과 동일하게 나타났다.

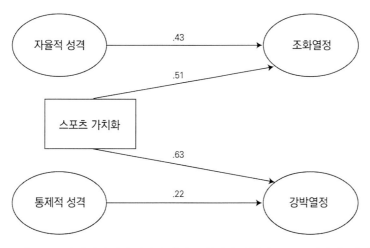

그림 5.1 조화열정과 강박열정의 결정요인(성격 지향과 스포츠 가치화) 간의
구조방정식모형

출처: 발러랜드 등(2006, 연구 1)에서 수정

즉 활동의 가치화는 조화열정과 강박열정을 모두 정적으로 예측하였으며, 또한 자율적인 성격 지향은 조화열정을, 통제적인 성격 지향은 강박열정을 예측하였다. 게다가 이 결과는 부모와 음악 교사가 제공하는 자율성 지지를 통제한 후에도 마찬가지였다. 사실 이론적 가설처럼 조화열정과 강박열정에 사회 요인(부모와 교사의 자율성 지지)과 개인 요인(자율적 대 통제적 성격 지향)은 모두 독립적인 효과를 가진다. 참여자들이 연구 시작 전까지는 악기를 연주한 적이 없었다는 사실을 감안하면, 이는 '시점 0'부터 열정의 발달을 살펴본 것이라고 할 수 있다. 따라서 우리는 사회 요인과 개인 요인 모두가 열정의 **초기** 발달에 핵심 역할을 한다는 것을 부분적으로 확인할 수 있다. 그럼에도 불구하고 이 결과가 다른 활동 또는 다른 연구 대상에서도 동일하게 나타나는지 알아보는 연구가 필요하다.

요약하면 이 절에서 검토한 연구들은 열정의 초기 발달에 관한 열정이원론의 주장을 지지한다. 구체적으로 자율성 지지 대 통제적 행동과 같은 사회 변인, 그리고 자율적 대 통제적 성격 지향과 같은 개인 변인들이 모두 열정의 초기 발달에 작용한다. 열정의 초기 발달에 이외의 다른 변인들이 어떠한 역할을 하고 있는지 알아보는 후속 연구가 필요하다.

열정의 지속적인 발달

열정이원론에서는 일단 활동에 열정을 가지게 되면 열정이 지속적으로 발달한다고 주장한다. 특정 활동에 몇 년 동안 지속적으로 참여하게 되면 열정도 계속 발달할 것이기 때문이다. 이 절에서는 열정의 지속적인 발달과 관련된 요인들을 살펴본다.

블룸(Bloom 1985)은 주어진 활동에 지속적으로 관여하는 특징을 기준으로 활동 참여에 세 단계가 있음을 확인하였다(이와 유사한 스포츠 참여의 세 단계는 Côté 1999 참조). 1단계에서는 활동에 입문하면서 탐색과 놀이에 초점을 맞춘다. 2단계에서는 몇 달 동안 활동에 참여하며 활동의 전문성을 높인다. 3단계에서는 상시적으로 참여한 결과 전문가 수준으로 수행하게 된다. 일반적으로 이 3단계에 도달하려면 약 10년 동안의 지속적인 참여가 필요하다(Ericsson & Charness 1994; Simon & Chase 1973). 흥미롭게도 열정의 발달에 관한 마고, 발러랜드, 샤레스트 등(2009)의 세 연구는 블룸의 활동 참여 단계 중 하나에 속한 참여자를 선정했다. 연구결과 각 단계별로 열정을 가진 사람의 비율이 다르게 나타났다. 1단계 초보자의 경우 36%(연구 3)가, 2단계 약 3년 정도 활동한 참여자의 경우 92%(연구 2)가, 3단계 10년 이상 활동한 전문가의 경우 100%(연구 1)가 열정을 가진 것으로 나타났다. 이처럼 시간이 지남에 따라 열정을 가진 사람들의 비율이 선형적으로 높아진 결과는, 열정은 증가하며 시간에 따라 변화한다는 것을 말해준다. 따라서 몇 년 동안 지속적으로 같은 활동에 참여하면 사람들은 훨씬 더 열정적이 될 수 있다. 물론 처음에 열정이 덜했던 사람들은 시간이 지나면서 그 활동에 대해 처음 가졌던 열정을 잃어버리고 결국 활동에서 멀어질 수도 있다. 그러나 이 후자의 가설조차도 열정은 변하는 것이라는 사실을 보여준다. 실제로 열정은 시간이 지남에 따라 변한다. 그것은 증가하거나 감소할 수 있고 질적으로 변화하여 더 조화로운 혹은 더 강박적인 성격을 가질 수도 있으며 아예 사라질 수도 있다.

열정이원론에서는 자율적 대 통제적인 내면화 과정에 관련된 사회 요인과 개인 요인에 따라 열정의 지속적인 발달이 달라진다고 주장한다. 3장에서 강조하였듯 내면화 과정은 모 아니면 도로 나타나는 것이 아니다. 그럼에도 불구하고 일단 열정이 발달하면 두 열정이 개인 내에서 서로 다른 수준으로 존재한다. 그러므로 내면화 과정의 이면에 들어있는 자율성 대 통제성, 그리고 그 차원에 중요한 영향을 미치는 사회 요인과 개인 요인을 통해 특정 열정 혹은 두 열정을 모두 유발하는 일이 가능하다. 다시 말해 주로 우세한 유형의 열정(예: 조화열정)이 작동하기는 하지만, 모종의 사회 요인이나 개인 요인이 두드러지면 그 열정이 더욱 강화되거나 다른 유형의 열정(예: 강박열정)이 작동할 수 있다. 이하에서 이러한 문제를 다룬 연구를 살펴본다.

열정의 지속적인 발달에서 사회 요인의 역할

조화열정 및 강박열정과 관련된 사회 요인들은 매우 많다. 자율성 지지, 리더십, 조직 지원, 조직 문화 등이 이 요인들에 포함된다. 최근 많은 현장 연구 중 특히 일에 대한 열정과 관련하여 다수의 과학적 연구가 이루어지고 있다(Perrewé et al. 2014; Vallerand, Houlfort, & Forest 2014 참조).

자율성 지지

자율적인 내면화 과정과 직결되는 첫 번째 변인은 자율성 지지이다. 마고, 발러랜드, 샤레스트 등(2009, 연구 3)에서 자율성 지지가 조화열정의 초기 발달을 촉진하는 데 중요한 역할을 한다는 것을 보았다. 마찬가지로 열정이원론에서는 자율성 지지가 초기에 발달한 조화열정의 지속적인 발달(또는 최소한의 유지)을 촉진하는 데에도 도움이 된다고 주장한다. 반대로 통제적 행동(또는 자율성 지지의 부재)은 초기에 발달한 강박열정의 지속적인 발달(또는 최소한의 유지)을 촉진할 수 있다.

여러 연구에서 위와 같은 가설이 검증되었다. 앞서 언급한 마고 등(2009)은 열정에 있어서 중요한 성인이 제공하는 자율성 지지의 역할을 알아보기 위한 연구를 실시하였다(연구 1). 이 연구에서는 평균 10년 동안 활동한 전문 음악가와 국가대표 운동선수를 대상으로 지각된 자율성 지지와 열정 및 그 밖의 변인들을 측정하는 설문을 실시하였다. 그 결과 강박열정 참여자들에 비해 조화열정 참여자들은 열정 활동을 두고 상호작용하는 성인들로부터 상당히 높은 수준의 자율성 지지를 받았다고 보고하였다. 따라서 이 결과는 일단 조화열정이 발달하고 나면 그것의 지속적인 발달을 촉진하는 데 자율성 지지가 중요하며, 자율성 지지의 부족은 강박열정의 지속적인 발달을 촉진한다는 것을 보여준다.

다른 연구들에서도 동일한 결과가 나타난다. 리우, 첸, 야오(Liu, Chen, & Yao 2011)는 중국의 대규모 표본(직원 1,300명 이상)을 사용한 두 연구를 발표하였다. 연구결과 팀과 부서에서 지각된 자율성 지지는 일에 대한 조화열정(연구 1, 2)과 정적 상관을, 강박열정(연구 2, 연구 1에서는 강박열정을 측정하지 않음)과 부적 상관을 보였다. 팀에서 자율성을 지지하지 않아도 부서에서 자율성을 지지할 경우 조화열정이 충분히 나타난다는 것은 흥미로운 결과이다. 따라서 직장의 어떤 위치에서든 자율성을 지지 받는 것은 일에 대한 조화열정을 유지하기에 충분한 것으로 보인다.

이 절에서 지금까지 살펴본 모든 연구들은 동일한 참여자에게 지각된 자율성 지지 척도와 열정 척도를 함께 실시했다. 따라서 이 두 구인의 관계를 만들어내는 것이 실제로 자율성을 지지하는 환경 때문인지 아니면 응답자의 성격에 의해 자율성 지지를 **지각했**기 때문인지 확인하기 어렵다. 마고 등(2009, 연구 2)에서는 이 문제에 대해 결론을 내렸다. 이 연구에서는 3년 넘게 활동에 참여한 아동들에게 열정 척도를, 그들의 부모에게 자율성 지지 척도를 실시하였다. 판별분석 결과 마고 등(2009)의 다른 연구와 동일한 결과가 나타났다. 구체적으로 조화열정을 가진 자녀의 부모들은 강박열정을 가진 자녀의 부모들보다 더 높은 수준의 자율성 지지를 제공한다고 보고하였다.

마고 등(2009, 연구 2)의 결과는 열정을 가진 개인이 지각한 자율성 지지와 이를 제공하는 중요한 성인이 보고한 자율성 지지가 동일한 결과를 보여주었다는 점에서 중요하다. 따라서 자율성 지지가 조화열정의 발달에 중요한 역할을 한다고 확실하게 말할 수 있다. 그러나 이 연구를 포함해서 지금까지 논의된 자율성 지지에 관한 연구는 단순히 자율성 지지가 없는 상황이 아니라 **통제적** 행동이 제공되는 상황이 강박열정의 발달에 어떤 역할을 하는 것인지 탐색하지는 않았다. 앞서 논의했듯 열정이원론에서는 중요한 성인들의 통제적 행동에 의해 강박열정의 지속적인 발달을 촉진하는 통제적인 내면화 과정이 촉발된다고 주장한다. 음악 과목 수강생들의 열정 지속에 대한 연구에서 보네빌 −루시, 발러랜드, 보파드(Bonneville−Roussy, Vallerand, & Bouffard 2013, 연구 2)는 대학생들에게 열정 척도와 교수자에 의해 제공되는 자율성 지지 및 통제적 행동에 대한 설문을 실시하였다. 예상대로 자율성 지지는 조화열정을 정적으로 예측한 반면 통제적 행동은 강박열정을 정적으로 예측하는 것으로 나타났다.

리더십

타인의 자율성 지지가 열정에 영향을 주는 것처럼 다른 대인관계 요인들도 열정에 영향을 준다. 최근 실시된 연구 중 홀포트, 발러랜드, 코스트너(Houlfort, Vallerand, & Koestner 2013, 연구 2)는 직속 상사의 리더십이 부하의 열정에 미치는 역할을 평가하였다. 그들은 변혁적 리더십과 거래적 리더십이라는 두 가지 형태의 리더십에 초점을 맞추었다. 변혁적 리더십(transformational leadership)(Bass 1985)을 가진 리더는 카리스마를 가지고 부하에게 지적인 자극, 개별화된 배려, 영감을 주는 동기를 제공한다. 이 리더십은 개별화된 배려를 통해 자율성을 지지해주고 업무를 더욱 흥미롭고 가치 있게 만들기 때문에 조화열정을 촉진할 수 있다. 한편 거래적 리더십(transactional leadership)(Bass 1985)을 가진 리더는 부하가 자신의 기대대로 행동하도록 하기 위해 각종 자원을 이용한다. 따라서 리더는 부하의 행동을 감독하고 수반된 보상을 제공함으로써 부하들에게서 그에 상응하는 것을 얻어낸다. 거래적 리더십은 통제적인 환경을 조장함으로써 강박열정을 촉진할 수 있다. 홀포트 등(2013, 연구 2)에서 참여자들은 자신의 업무에 대한 열정 척도와 감독자의 리더십 스타일에 대한 인식(Bass, 1985)에 응답하였다. 경로분석 결과 예상대로 변혁적 리더십은 업무에 대한 조화열정을 정적으로 예측한 반면 거래적 리더십은 강박열정을 정적으로 예측했다. 마찬가지로 직장 환경에서의 조화열정을 연구한 로버트슨과 발링(Robertson & Barling 2013)에서 리더들이 평가한 변혁적 리더십은 직원들의 조화열정을 정적으로 예측하고, 조화열정은 이어 조직에 친화적인 행동을 정적으로 예측하였다. 이 연구에서는 강박열정과 거래적 리더십을 측정하지는 않았다.

조직 지원과 조직 문화

앞서 리우 등(2011)에서 팀과 부서의 자율성 지지가 조화열정을 촉진한다는 것을 살펴보았다. 이 외에도 조직 지원과 같이 조직 수준에서 열정에 기여하는 요인들을 살펴본 연구들이 있다. 조직 지원(organizational support)은 조직이 직원들의 기여를 인정하고 직원들의 안녕에 관심을 갖는다고 인식되는 정도를 말한다(Eisenberger, Huntingon, Hutchinson, & Sowa 1986). 따라서 조직 지원은 조직이 개인에게 제공하는 자율성 지지와 유사하다고 볼 수 있다. 구성원들의 기여를 인정하고 구성원들의 의견을 존중하며 건강하고 유연하고 안전한 환경을 제공하기 위해 노력하는 조직은 조화열정을 촉진하는 환경을 만들어낼 것이라고 가정할 수 있다. 그러나 조직 지원과 강박열정은 관계가 없을 것이다. 이 가설을 검증하기 위해 최근 연구(Houlfort, Vallerand, & Koestner 2013, 연구 1)에서는 조직에서 몇 년 동안 근무한 직원을 대상으로 업무에 대한 조직 지원, 업무에 대한 가치화, 업무에 대한 열정 척도를 실시했다. 경로분석 결과 조직 지원과 업무 가치화는 조화열정을 정적으로 예측한 반면 조직 지원은 강박열정과 무관한 것으로 나타났으며, 오직 업무 가치화만이 강박열정을 예측하는 것으로 나타났다.

이 연구결과는 조직 차원에서의 사회 요인이 조화열정과 관련 있음을 보여준다. 이러한 사회 요인의 다른 예로는 조직에 두루 퍼져 있는 조직 문화(organizational culture)가 있다. 카메론과 퀸(Cameron & Quinn 2006)의 연구에 의하면 조직에는 두 가지 특수한 문화, 즉 관계지향 문화(clan culture)와 경쟁지향 문화(market culture)가 존재한다. 관계지향 문화는 긍정적인 관계와 개인을 배려하는 환경을 조성하는 반면 경쟁지향 문화는 집단 내 협력보다는 치열한 경쟁을 부추기는 환경을 조성한다. 따라서 관계지향 문화는 조화열정을 조장하는 반면 경쟁지향 문화는 강박열정을 조장할 것으로 예상된다. 이 가설은 홀포트, 발러랜드, 코스트너(2013, 연구 2)의 두 번째 연구에서 검증되었다. 이 연구에서는 정규직 직원을 대상으로 조직 문화(관계지향 대 경쟁지향) 척도와 업무에 대한 열정 척도를 실시하였고, 경로분석 결과 예상대로 관계지향 문화는 조화열정을 정적으로 예측한 반면 경쟁지향 문화는 강박열정을 정적으로 예측하였다.

업무 자율성, 업무 요구 및 업무 자원

지금까지 사회 환경이 열정에 어떤 영향을 미치는지 살펴보았다. 자율성 지지, 리더십 유형, 조직 지원, 조직 문화는 모두 주어진 환경에서 나타나는 열정의 유형에 영향을 미친다. 그러나 업무 자체가 열정에 중요한 영향을 미칠 수도 있다. 어떤 업무는 다른 업무보다 더 자율적인 행위지원을 제공한다. 예를 들어 더 많은 결정을 내려야 하는 업무도 있고 그저 실행에 옮기면 되는 업무도 있다. 열정이원론에 의하면 업무 유형에 따라 서로 다른 열정이 촉진될 수 있다. 자율성을 제공하는 업무는 자율적으로 내면화된 조화열정을 촉발하지만 반대로 자율성을 제공하지 않거나 자율성을 억압하는 업무는 통제적으로 내면화된 강박열정을 촉발한다.

페르네, 라빈, 발러랜드, 오스틴(Fernet, Lavigne, Vallerand, & Austin 2014)은 이 가설을 시험하기 위해 두 연구를 실시했다. 첫 번째 연구에서는 초임 교사에게 열정 척도와 업무 자율성을 평가하는 업무 내용 설문지(Job Content Questionnaire)(Karasek 1985, 예: "이 일에서 나는 스스로 많은 결정을 내릴 수 있다")를 작성하게 하였다. 구조방정식모형 분석 결과 업무(이 경우 수업) 자율성은 조화열정을 정적으로 예측하고 강박열정을 부적으로 예측하였다. 이 결과는 12개월 후 교차지연설계(cross-lagged design)를 사용하여 모형을 확장한 연구(Fernet et al. 2014, 연구 2)에서 다시 확인되었다. 구조방정식모형 결과 업무 자율성이 시간을 두고 교직에 대한 조화열정의 **증가**와 강박열정의 감소를 예측했다. 그러나 두 열정은 업무 자율성을 예측하지 못했다. 여기서 인과의 방향이 업무 자율성에서 열정으로 향하는 것이지 그 반대로 향하는 것이 아니라는 점이 중요하다.

업무와 관련된 다른 요인들, 예를 들어 업무 요구와 업무 자원도 열정의 유형에 영향을 미칠 수 있다(Bakker & Demerouti 2007). 업무 요구(task demands)는 업무에 따른 압박 또는 한계를 말한다. 업무 자원(task resources)은 업무를 더 잘 수행하기 위해 접근이 가능한 다양한 형태의 지원을 말한다. 업무 요구는 본질적으로 통제적 경험과 연결되어 통제적인 방식으로 내면화되기 때문에 강박열정을 촉진하는 요소들과 연결된다. 따라서 활동을 요구하는 압박감을 경험할수록 그 일을 완수하기 위해 강박열정을 동원하고 사용할 가능성이 높아진다. 또한 그 일을 마치도록 압박을 받으면 조화열정이 감소될 수 있는데, 그러한 압박이 삶의 다양한 영역들 간의 조화를 방해할 수 있기 때문이다. 반대로 업무 자원은 자신이 선택한 대로 업무를 효율적으로 수행할 수 있는 행위지원으로 볼 수 있다. 따라서 업무 자원은 조화열정을 포함해서 자율적인 방식으로 내면화된 요소들을 촉진할 수 있다. 실제로 좋아하는 일을 자기 방식대로 할 수 있는 자원과 지원이 있다는 것을 알게 되면 그 일에서 조화열정을 경험할 수 있다. 따라서 업무 자원은 조화열정을 촉진하는 반면 업무 요구는 강박열정을 촉진한다.

트레파니에, 페르네, 오스틴, 포레스트, 발러랜드(Trépanier, Fernet, Austin, Forest, & Vallerand 2014)는 1,000명이 넘는 간호사를 대상으로 대규모 연구를 실시하여 이 가설을 검증했다. 참여자들은 자신의 일에 대한 열정 척도와 업무 요구(예: "일할 때에는 고도의 집중력과 정확성을 발휘해야 한다"), 업무 자원(예: "복잡한 업무를 수행하는 데 도움이 되는 정보에 접근할 수 있다")에 대한 설문에 응답하였다. 구조방정식모형 결과 가설이 지지되었다. 구체적으로 업무 자원은 조화열정을 정적으로 예측하는 반면 업무 요구는 강박열정을 정적으로 예측하는 것으로 나타났다. 또한 업무 요구는 조화열정을 저해하는 것으로 나타났다. 즉 업무에 대한 과도한 요구는 강박열정을 증가시키고 조화열정을 감소시킬 수 있다.

이 절에서 검토한 연구들은 사회 요인이 열정의 지속적인 발달에 중요한 최소 세 가지 이유를 보여준다. 첫째, 열정이원론이 주장하는 것처럼 일단 열정이 발달하면 사회 요인은 조화열정과 강박열정의 지속적인 발달에 중요하게 작용한다. 둘째, 마고 등 (2009, 연구 2)에서 보았듯 자율성 지지 또는 통제적 행동과 같은 사회 변인들은 열정을 가진 사람들의 마음속에 들어있는 것이 아니라 감독자(부모, 교사, 상사)의 위치에 있는 사람들의 실제 행동에서 비롯된다. 이러한 감독자의 위치에 있는 사람들은 열정 활동이 이루어지는 환경에 영향을 미친다. 즉 감독자는 자녀, 학생, 부하들에게 조화열정이나 강박열정을 심어주고 유지시키는 중요한 역할을 한다. 마지막으로 업무 자율성, 업무 요구, 업무 자원 등의 업무 특성은 조화열정이나 강박열정을 작동시키는 데 중요한 역할을 한다. 따라서 특정 활동에 대한 열정을 설명 또는 예측하려고 할 때에는 사회 환경 외에도 업무 속성 자체를 고려할 필요가 있다.

열정의 지속적인 발달에서 개인 요인의 역할

열정의 지속적인 발달에 있어 개인 요인의 역할도 중요하다. 이하에서는 Big5와 같은 일반적인 성격 유형과 함께 완벽주의, 가치, 대표 강점과 같은 개인 요인들을 살펴본다.

성격 요인

성격이나 개인차도 열정을 결정하는 요인이 될 수 있다. 예를 들어 자율적인 성격 지향을 가진 사람들은 조화열정을 발달시키는 반면 통제적인 성격 지향을 가진 사람들은 강박열정을 발달시킬 가능성이 있다(Vallerand et al. 2006, 연구 1, 3). 일부 연구들에서는 다양한 성격 검사를 포함한 옴니버스형 설문지를 사용했다. 3장에서 언급했듯 열정이원론에서는 열정을 특별한 성격의 경향성으로 보지 않는다. 실제로 대부분의 사람들이 열정을 가지고 있다(Philippe, Vallerand, & Lavigne 2009, 연구 1; Vallerand et al. 2003, 연구 1)는 점에 비추어 보면, 열정적이거나 비열정적인 것이 어떤 성격 때문일 가능성은 낮다. 오히려 열정은 개인차로 나타나는 특수한 개인-활동 간 인터페이스를 반영한다. 그러나 어떤 성격 요인은 우세하게 나타나는 열정의 유형을 결정할 수 있다. 따라서 조화열정과 강박열정은 각각 특정한 성격에 근거할 수 있다.

토선과 라주넨(Tosun & Lajunen 2009)의 연구는 이 가설을 일부 지지하고 있다. 연구자들은 매일 인터넷을 사용하는 400명 이상의 대학생들에게 수정판 아이젠크(Eysenck)

성격 검사와 인터넷 열정 척도를 실시하였다. 그들은 외향성, 신경증(긴장, 우울), 정신병(고독, 무감각, 공격성), 이렇게 세 가지 성격 요소와 인터넷 열정이 어떻게 관련되는지 살펴보았다. 연구결과 성격 차원과 열정의 상관관계가 .03에서 .20까지로 다소 약하게 나타났는데, 예를 들어 정신병 경향은 강박열정($r=.20$)과 조화열정($r=.13$) 둘 다와 정적 상관이 있었으나 외향성은 강박열정($r=.13$)과만 유의한 상관이 있었다.

　Big5 성격 요인(예: Costa & McRae 1988)이 열정과 어떻게 관련되는지 살펴본 연구들도 있다. Big5에서는 인간 행동의 많은 부분이 다섯 가지 중요한 성격 특성에 의해 설명될 수 있다고 본다. 여기서 다섯 가지 요인은 경험에 대한 개방성(경험의 독창성과 넓음), 성실성(목표를 위해 열심히 일하려는 의지), 외향성(긍정정서의 경험), 친화성(긍정적인 관계 형성)과 신경증(부정정서의 경험)이다. 발롱, 르코크, 리메(2013)는 성인용 Big5를 평가하는 수정판 NEO 성격 검사와 '가장 소중한 활동'에 대한 열정 척도를 온라인으로 실시하였다. 그 결과는 <표 5.2>에 나타나 있다. 비록 상관계수는 중간 수준(.30 이하)이었지만, 다소 일관된 패턴이 나타났다. 조화열정은 예상대로 경험에 대한 개방성, 성실성, 친화성, 외향성과 유의한 정적 상관이 나타났다. 대조적으로 강박열정은 성격 요인과 유의한 상관이 거의 나타나지 않았고 오직 친화성과 유의한 부적 상관이 나타났다. 강박열정이 친화성과 부적 상관을 보인 것은 예상한 대로였지만, 신경증, 성실성과 유의한 정적 상관을 보이지 않은 것은 다소 의외이다. 그 이유는 이 연구에서 간편형 NEO 성격 검사를 사용했기 때문일 수도 있다. 간편형 검사는 성격의 기저에 있는 특수한 기질 차원을 평가하지 않는다. 조화열정과 강박열정은 어떤 기질과는 관련이 있고 다른 기질과는 관련이 없을 수 있다. 이 가설을 검증하기 위한 후속 연구가 필요하다.

표 5.2 Big5와 활동에 대한 열정과의 상관

Big5 차원	조화열정	강박열정
성실성	.30***	.04
친화성	.23**	−.19**
개방성	.20**	.08
외향성	.18*	.03
신경증	−.01	.11

주. *$p < .05$; **$p < .01$; ***$p < .001$
출처: 발롱, 르코크, 리메(2013)에서 수정

완벽주의

특정 활동에 열정적인 개인들은 그 활동에 많은 관심을 가질 뿐만 아니라 대개는 그것을 매우 잘하고 싶어 한다. 그러므로 완벽주의는 열정과 관련된 중요한 개인 요인이다. 완벽주의(perfectionism)는 지나치게 높은 성취 수준을 유지하고자 하는 것을 말한다(Hewit & Flett 2002). 이 연구자들은 세 가지 완벽주의 유형[2]을 포함하는 다차원적 모델을 제안했는데, 이 책의 열정 논의에서는 그중에 두 가지 유형이 특히 중요하다. 먼저 자기지향적(self-oriented) 완벽주의는 완벽주의의 첫 번째 유형으로, 남이 아닌 자기 자신에 대해 지나치게 높은 성취 수준을 유지하려는 것을 말한다. 이러한 완벽주의는 그 사람의 통제 범위에 있으며, 그 사람이 선제적으로 바꿀 수 있는 기준을 포함한다. 따라서 자기지향적 완벽주의는 부정적인 결과를 초래할 수도 있으나 다른 유형의 완벽주의보다는 긍정적인 특성을 지니고 있어 긍정적인 결과들을 이끄는 것으로 밝혀졌다(Miquelon, Vallerand, Grouzet, & Cardinal 2005 참조). 두 번째 유형은 사회적으로 규정된(socially-prescribed) 완벽주의로, 중요한 타인이 자신에게 지나치게 높은 기준을 강요하고 있으며 타인을 기쁘게 하기 위해 이러한 기준을 충족해야 한다는 인식을 말한다. 사회적으로 규정된 완벽주의는 일반적으로 부정적인 결과를 초래한다(이에 대한 검토는 Miquelon et al. 2005 참조). 자기지향적 완벽주의는 통합된 자아에서 비롯되기 때문에 우리가 중요하게 여기는 활동에 대해 조화열정을 가질 것으로 예상되지만, 사회적으로 규정된 완벽주의는 투사된 자아에 뿌리를 두고 있기 때문에 활동에 대해 강박열정을 가질 것으로 예상된다.

버너-필리온과 발러랜드(Verner-Filion & Vallerand 2014)의 최근 연구에서는 이러한 가설 중 일부를 검증하였다. 연구 1에서 대학생들은 열정 척도, 다차원적 완벽주의 척도(Cox et al. 2002), 삶의 만족(Diener et al. 1985) 척도에 응답하였다. 구조방정식모형 분석 결과 자기지향적 완벽주의는 조화열정을 정적으로 예측하였고 강박열정을 이보다 덜 예측하였다. 대조적으로 사회적으로 규정된 완벽주의는 강박열정만을 예측하였다. 삶의 만족을 정적으로 예측하는 변인은 오직 조화열정뿐이었으며, 이 결과로 적응적인 완벽주의는 조화열정에서 비롯되는 반면 부적응적인 완벽주의는 강박열정에서 비롯됨

---

2) 세 가지 완벽주의는 자기지향적, 타인지향적, 사회적으로 규정된 완벽주의이다. 이 대목에서 제외된 타인지향적(other-oriented) 완벽주의는 자신이 아닌 남에게 엄격한 기준을 요구하는 것을 말한다.

을 알 수 있다.

연구 2에서 버너-필리온과 발러랜드(2014)는 두 완벽주의의 기저에 있는 심리 차원에 대해 심층적으로 분석하였다. 이들은 왜 자기지향적 완벽주의가 조화열정, 강박열정과 정적으로 관련되어 있는지, 그리고 왜 사회적으로 규정된 완벽주의가 조화열정과 부적으로 관련되어 있는지 알아보고자 하였다. 캠벨과 디폴라(Campbell & DiPaula 2002)는 두 유형의 완벽주의가 각기 다른 심리에 근거한다고 하였다. 즉 자기지향적 완벽주의에는 '완벽해지기 위한 노력'과 '완벽해지는 것의 중요성'이라는 심리가 담겨 있다. 반면 사회적으로 규정된 완벽주의에는 '높은 기준에 도달해야 얻을 수 있는 타인의 조건부 수용'과 '타인이 규정한 높은 기준'이라는 심리가 들어 있다. 이에 버너-필리온과 발러랜드(2014)는 자기지향적 완벽주의에서 완벽해지기 위한 노력이 조화열정을 정적으로 예측할 것으로 가정하였다. 완벽해지기 위한 노력은 성장지향적이고 선제적이며 비통제적인 경험을 만들 가능성이 높고 따라서 통합된 자아와 연결되기 때문이다. 반면 완벽해지는 것의 중요성은 통제와 압박의 경험을 만들 가능성이 높고 따라서 투사된 자아와 연결되기 때문에 강박열정을 정적으로 예측할 것으로 가정했다. 또한 사회적으로 규정된 완벽주의에서 조건부 수용은 조화열정과는 부적으로, 강박열정과는 정적으로 연관될 것으로 예상하였는데, 이는 통제적인 경험이 투사된 자아와 관련되기 때문이다. 마지막으로 타인이 규정한 높은 기준은 두 종류의 열정과 무관할 것이라고 예상하였다. 평균적인 학업 열정을 가진 대학생을 대상으로 한 경로분석 결과 모든 가설이 지지되었다.

완벽주의가 열정에 미치는 역할을 알아본 두 연구의 결과에서 우리는 최소한 세 가지 사실을 알 수 있다. 첫째, 완벽주의는 열정에 영향을 미치는 개인차를 나타낸다. 두 연구의 결과는 매우 일관된다. 그러나 이들은 모두 상관관계에 기초하고 있으므로 그 결과를 재확인하기 위해서는 종단 및 실험설계를 이용한 후속 연구가 필요하다. 둘째, 열정의 결정요인으로서 완벽주의의 기저에 있는 역동성은 조화열정과 관련된 역동성보다 강박열정과 관련된 역동성이 덜 적응적인 것으로 보인다. 실제로 강박열정은 완벽해지는 것의 중요성과 타인의 조건부 수용이 있을 때 나타나는 반면 조화열정은 완벽해지기 위한 노력과 타인의 조건부 수용이 없을 때 나타난다. 타인을 기쁘게 하려고 행동하는 것은 자기성장을 추구하는 과정의 이상과 거리가 있다. 게다가 '완벽해지는 것의 중요성'이라는 모호한 개념은 '완벽해지기 위한 노력'만큼 선제적이지도 적응적이지도 않다. 셋째, 완벽주의의 일부 요소인 조건부 수용은 조화열정을 약화시킬 수 있다. 그러므로 열정이원론에서 가정한 대로 완벽주의의 유형 및 여기서 비롯되는 열정의 유형에 따라 열정이 증가하거나 감소할 수 있다.

개인 가치

열정에 영향을 주는 또다른 개인 요인은 개인이 가지고 있는 가치들이다. 선행 연구 (예: Kasser 2002; Kasser & Ryan 1993, 1996)에 따르면 사람들은 적어도 두 가지 유형의 가치, 즉 내재가치와 외재가치를 가진다. 내재가치는 통합된 자아와 일치하는 가치로서 그 자체를 추구하는 것으로 충족된다. 자기수용, 소속감, 공동체 의식과 같은 내재가치 는 특히 중요하다. 반면 외재가치에서는 사회적 칭찬과 보상이 상대적으로 중요하며, 대개 다른 목적을 위한 수단을 의미한다. 물질적 성공, 이미지, 인기는 전형적인 외재가 치를 나타낸다. 열정이원론에서는 이렇듯 서로 다른 가치들이 서로 다른 유형의 열정을 이끈다고 말한다. 내재가치는 통합된 자아(Hodgins & Nai 2002; Kasser 2002)에 뿌리를 두고 있고, 조화열정은 통합된 자아로부터 적응적 자기과정으로 연결된다. 따라서 내재 가치는 조화열정을 촉진할 수 있다. 대조적으로 외재가치는 투사된 자아에 뿌리를 두고 있고, 강박열정은 투사된 자아로부터 덜 적응적인 자기과정으로 연결된다. 따라서 외재 가치는 강박열정을 촉진할 수 있다.

그레니어, 라빈, 발러랜드(Grenier, Lavigne, & Vallerand 2014, 연구 2)는 이 가설을 검 증하였다. 연구자들은 수집품 전시회에서 평균 22년 동안 돌과 우표를 모아온 수집가들 을 모집하였고, 참여자들은 수집에 대한 열정 척도, 내재가치, 외재가치를 포함하는 설 문지(Aspiration Index)(Kasser & Ryan 1993, 1996)를 작성했다. 경로분석 결과 내재가치 는 조화열정을 정적으로 예측한 반면 외재가치는 강박열정을 예측한 것으로 나타났다. 이 결과는 그들이 몇 년 동안(사실 20년이 넘는 기간 동안) 가지고 있었던 열정을 촉진하거 나 유지하는 데 있어 개인 가치가 중요한 요인임을 시사한다.

대표 강점

긍정심리학에 의하면 대표 강점(signature strength)(Peterson & Seligman 2004)을 사 용하는 것, 즉 사교성이나 유머 등 우리가 가장 잘하는 것에 초점을 맞추는 것은 다양한 결과에 긍정적인 영향을 미친다. 유사하게 대표 강점을 활용하는 것은 직장에서의 최적 기능과 행복에 영향을 미친다는 결과가 있다(예: Govindji & Linley 2007; Seligman et al.

2005; Park et al. 2004). 그러나 대표 강점을 이용하는 것이 어떻게 긍정적인 결과로 이어지는지 그 과정에 대해서는 거의 알려지지 않았다. 포레스트, 마고, 크레비에-브로드, 베르게론, 뒤브뢰유, 라빈(Forest, Mageau, Crevier-Braud, Bergeron, Dubreuil, & Lavigne 2012)은 최근 연구에서 대표 강점을 사용하는 것은 조화열정을 촉진하고 이는 긍정적인 결과로 이어질 수 있다고 주장하였다. 사람들은 실제로 어떤 활동에 대해 조화열정을 가질 때 번성하고 최선을 다한다. 그들은 오랜 시간 그 활동에 참여하고 전문성을 개발한다. 따라서 사람들이 열정 활동 내에서 자신의 장점을 발휘하도록 격려하는 것은 조화열정을 기르는 것과 심리적 행복 등의 긍정적인 결과에 도움이 된다.

포레스트 등(2012)의 연구에서는 파트타임으로 일하는 학생들에게 심리적 행복(예: 활력, 삶의 만족), 파트타임 근무에 대한 열정 척도, 활동 가치(Peterson & Seligman 2004)가 수록된 설문지를 작성하게 했다. 활동 가치 설문은 사람들을 특징짓는 다섯 가지 주요 강점(또는 대표 강점)을 측정한다. 연구에서는 참여자들에게 다섯 가지 대표 강점을 확인한 후 각자 자신의 일에 최선을 다하는 모습을 그려보도록 한 뒤, 이후 실제로 일하는 동안 적어도 두 가지의 대표 강점을 새로운 방법으로 사용하도록 하였다. 다른 참여자들은 통제집단에 배치하였다. 참여자들은 2개월 후 동일한 설문지와 자신의 강점을 사용했는지 여부를 평가하는 설문에 응답하였다. 연구결과 실험집단의 참여자들은 통제집단의 참여자들보다 강점을 성공적으로 더 많이 사용한 것으로 나타났다. 경로분석에서는 더 중요한 결과를 얻었다. 프로그램에서 대표 강점을 사용한 것은 조화열정의 **증가**를 이끌었다. 이어서 두 번째 시점의 조화열정은 첫 번째 시점에서 두 번째 시점까지 심리적 행복의 **증가**를 예측하였다. 강박열정은 프로그램의 영향을 받지 않았고 결과와도 관련이 없었다. 따라서 대표 강점을 사용하는 것은 긍정적인 결과를 유도하는 것으로 볼 수 있다. 대표 강점이 조화열정의 경험을 촉진하고 조화열정은 적응적인 과정과 결과로 이어지기 때문이다(이러한 효과에 대해서는 Dubreuil, Forest, & Courcy 2014 참조).

이 절에 제시된 결과들은 열정의 지속적인 발달에 관한 열정이원론의 주장을 일부 지지하고 있다. 초기 연구들의 결과는 내면화 과정에 중요한 사회 및 개인 요인들이 열정의 지속적인 발달에도 관여하고 있음을 보여준다. 다양한 맥락에 걸친 사회 요인과 개인 요인들이 새롭게 발달하는 열정을 어떻게 변화시키는지 명확하게 판단하기 위한 후속 연구가 더 필요하다.

열정의 발달에서 욕구 충족의 역할

3장에서 살펴본 바와 같이 열정이원론에서는 욕구 충족이 활동에 대한 열정을 발달시키는 데 관여한다고 본다. 즉 열정 활동은 즐거울 뿐만 아니라 기본 심리 욕구를 충족시킨다(Vallerand 2010). 구체적으로 활동에 대한 열정을 가지면 그 활동에 지속적으로 참여하게 되고 결국 기술을 습득하고 시간이 흘러 유능감을 키울 수 있다(Deci & Ryan 1994). 또한 좋아하는 활동에 자유롭게 참여하는 것은 자율성을 느끼게 해준다. 마지막으로 그 활동을 다른 사람들과 공유함으로써 관계성을 경험할 기회를 가지게 된다. 물론 강박열정을 가지고 활동에 참여할 때에는 조화열정을 가지고 참여할 때보다 욕구가 덜 충족된다. 강박열정을 가진 사람은 통합된 자아와 적응적인 자기과정에 온전히 접근할 수 없기 때문이다. 예를 들어 활동을 잘하고 못하고에 따라서 자존감이 달라진다면 거기에 신경을 쓰느라 '그 순간'의 마음챙김이 방해를 받는다. 이렇듯 투사된 자아의 마음 상태에서는 조화열정을 가지고 활동에 참여하는 것에 비해 욕구가 충족되기 어렵다. 사람들은 심리 욕구를 충족시키기 위해 열정 활동에 오랫동안 지속적으로 참여한다. 그러므로 활동을 경험할 때 일어나는 욕구 충족은 열정의 유형을 결정하는 데 중요한 요인이 되지만 그 역할은 조화열정에 있어서 더 중요하다고 볼 수 있다.

동시에 열정 활동 밖에 있는 욕구 충족의 다른 원천 또한 중요한 결정요인이다. 실제로 활동 밖에서 욕구가 충족되지 못할 때에는 열정 활동에만 의존해서 보상받으려 한다. 왜냐하면 그 활동은 삶에서 욕구 충족을 경험할 수 있는 몇 안 되는 영역 중 하나이기 때문이다. 예를 들어 삶의 중요 영역(예: 직장, 학교)에서 욕구 불만이 자주 일어나면 열정 활동에 빠져들어 쉽게 보상을 얻으려 할 것이다. 그러나 이러한 상황에서는 참여의 질이 최적일 수 없다. 보상적 동기를 수반하는 자아관여와 활동 수반성 등과 같이 덜 효과적이거나 심지어 부적응적인 조절 과정에 의해 활동에 참여하기 때문이다(Deci & Ryan 2000; Kasser, Ryan, & Zax 1995; Vallerand 1997). 따라서 욕구 충족의 두 가지 원천은 조화열정과 강박열정에 차별적으로 영향을 미치는 것으로 볼 수 있다. 조화열정은 열정 활동 안에서의 욕구 충족에서 비롯되지만 강박열정은 삶의 다른 영역에서의 상대적인 욕구 불만과 맞물려 열정 활동에 의해서만 얻어지는 욕구 충족에서 비롯된다.

다음과 같은 예시를 들 수 있다. 린다와 피터는 둘 다 볼링에 열정을 가지고 있다. 그들은 볼링을 좋아하고 매우 중요하게 생각하며 볼링에 매주 상당한 시간과 에너지를 쏟는다. 그들은 원할 때 자유롭게 볼링을 치고, 볼링을 잘 친다고 느끼고, 친구들과 함께 볼링을 하면서 욕구를 충족시킨다. 스스로를 묘사해보라고 하면, 그들은 자신이 진짜 '볼링인'이며 볼링에 대해 열정을 가지고 있다고 이야기할 것이다. 볼링은 그들의 정체성의 일부이다. 그러나 린다와 피터가 다른 점은 볼링이 그들의 삶에서 차지하는 부분에 있다. 린다는 볼링인으로서의 자신을 인정하지만 또한 자신이 즐기는 다른 활동에도 시간과 에너지를 쏟는다. 그녀는 교사로서 자신의 일을 사랑하고 남편과 아이들과 함께 훌륭한 가정생활을 유지하고 있다. 이처럼 볼링은 삶의 다른 활동과 균형을 잘 유지하고 있기 때문에 린다의 삶에 조화를 가져온다. 즉 볼링은 그녀의 삶의 질을 높이는 데 일조한다. 대조적으로 피터의 경험은 다르다. 피터는 직장에서 일이 잘 풀리지 않고 자신의 공장일을 싫어 한다. 게다가 집에서도 사정이 좋지 않다. 피터와 그의 아내는 모두 오랜 시간 근무하고 어린 자녀들을 돌보느라 스트레스를 받는다. 집에서는 고함이 끊이지 않는다. 지금 피터의 인생에서 제대로 돌아가는 것은 볼링뿐이다. 그래서 그는 볼링을 더 많이 치기 위해 다른 중요한 활동들을 제쳐두고 필요 이상으로 시간을 쏟아붓는다. 피터는 볼링을 치지 않을 때에도 다음에 언제 치러갈지 그리고 어떻게 하면 퍼펙트 게임을 할지 항상 고민한다. 결과적으로 피터의 삶에는 균형이 부족하고, 비록 그가 볼링 때문에 얻는 이익이 없는 것은 아니지만 볼링이 없는 그의 삶은 빈껍데기처럼 느껴진다.

위의 예에서 볼 수 있듯이 열정 활동(볼링) 안에서 경험하는 욕구 충족은 (린다와 피터 모두) 볼링을 향한 조화열정과 강박열정의 발달과 유지로 이어진다. 그러나 피터는 삶의 다른 측면에서 욕구가 충족되지 **않기** 때문에 볼링에서 이를 보상받기 위해 더욱 애쓴다. 그 결과 욕구 불만을 해소하기 위해 볼링에 대한 강박열정이 커진다. 이는 강박열정이 삶에서 일어나는 부정적인 것들의 피난처 역할을 함으로써 부정적인 것에서 탈출하고자 하는 동기와 연관되어 있다는 주장과 맥을 같이 한다(Fuster, Chamarro, Carbonell, & Vallerand 2014; Lafrenière et al. 2009; Stenseng, Rise, & Kraft 2012 참조). 최근 랄란데 등 (Lalande et al. 2014)은 이 모형을 검증하기 위한 일련의 연구를 실시했다. 이 연구는 참여자(일반인과 학생)와 열정 활동(예: 인터넷 게임, 음악, 농구, 일)의 종류를 달리했는데도 그 결과들이 놀라울 정도로 비슷했다. 이하에서는 네 번째 연구만을 살펴보기로 한다. 이 연구에서 랄란데 등은 중년층에게 6개월에 걸쳐 설문지를 두 번 작성하게 했다. 이러한 예측설계(prospective design)는 열정과 그 결과의 변화를 예측할 수 있게 해준다. 시점 1에서는 일에 대한 열정 척도, 일 안에서의 욕구 충족과 일 밖에서의 일반적 삶의 욕구 충족을 평가하는 척도를 측정하였다. 일 안에서의 욕구 충족은 셸던, 엘리엇, 킴, 카서(Sheldon, Elliot, Kim, & Kasser 2001)의 척도를 수정하여 사용하였다. 또한 참여자들은 주관적 활력 척도(Subjective Vitality Scale)(Ryan & Frederick 1997)를 완성했다. 6개월 후 시점 2에서는 열정 척도와 주관적 활력 척도를 다시 측정하였다. 활력 척도와 같은 결과 변인을 측정하는 것은 개념적 이유에서 중요하다. 활동 안에서 일어나는 욕구 충족이 조화열정과 강박열정 둘 다로 이어진다면, 두 열정이 열정이원론에서 말하는 결과들을 차별적으로 이끈다는 것을 보여주기 때문이다. 두 열정이 결과물을 차별적으로 예측한다면 비록 이들이 열정 활동 안에서의 욕구 충족이라는 동일한 원천에서 발생하였을지라도 개념상 서로 다르다는 것을 증명할 수 있다. 또한 두 열정은 두 번째 결정요인, 즉 열정 활동 밖에서의 욕구 불만으로부터 서로 다른 영향을 받을 것으로 가정할 수 있다.

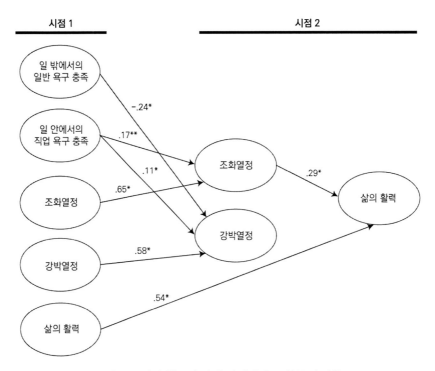

그림 5.2 열정 활동의 안과 밖에서 욕구 충족의 역할
출처: 랄란데 등(2014, 연구 4)에서 수정

구조방정식모형 분석 결과 [그림 5.2]와 같이 6개월 동안 일(열정 활동 안)에서의 욕구 충족은 조화열정과 강박열정을 모두 **증가**시키는 것으로 나타났다. 욕구 충족에서 조화 열정으로 가는 경로계수가 강박열정으로 가는 경로계수보다 크게 나타난 점은 흥미롭다. 또한 전반적인 생활(열정 활동 밖)에서의 욕구 불만은 강박열정의 **증가**를 예측한 반면 조화열정을 예측하지는 못했다. 마지막으로 오직 조화열정만이 6개월 동안 활력의 **증가**를 예측했다.

요약하면 열정이원론에서 주장한 바와 같이 욕구 충족은 열정의 발달에 중요한 역할을 하며 열정 활동 안에서 경험하는 욕구 충족은 두 유형의 열정이 발달하는 데 중요한 역할을 한다. 이와는 대조적으로 열정 활동 밖의 다른 영역에서 경험하는 욕구 불만은 보상 기제를 유도하여, 유일한 만족의 원천인 그 활동에 대해 강박열정을 가지게 한다. 개인적인 문제를 회피하는 것은 강박열정을 예측하지만 조화열정을 예측하지는 못한다는 결과와 이 연구결과가 맥을 같이하는 것은 흥미롭다(Stenseng, Rise, & Kraft 2011, 연구 1). 랄란데 등이 실시한 일련의 연구는 이미 가지고 있는 열정이 지속적으로 발달하는 과정을 중점적으로 다루었다는 점에서 중요하다. 열정의 초기 발달과 함께 이 결과들을 재확인하기 위한 후속 연구가 필요하다.

열정의 변형

이 장에서 살펴본 바와 같이 대체로 조화열정과 강박열정 중 하나가 우세하게 나타나더라도, 특정 상황에서 열정은 다른 열정으로 바뀔 수 있다. 즉 사회 요인에 따라 특정 열정이 일시적으로 생겨날 수 있다. 이 장을 마무리하면서 다루어야 할 중요한 문제는, 일단 열정이 발달하고 난 뒤 시간이 지나면서 이것이 어떻게 변하는가이다. 강도가 감소할 수 있고, 다른 대상으로 옮겨갈 수 있으며, 잠재해 있다가(혹은 잠들어 있다가) 다시 발생하거나, 아니면 아예 사라지는 등 여러 가지 변형이 일어날 수 있다. 우리는 3장에서 열정이 활동에 대한 사랑, 활동에 대한 가치화, 활동에 대한 시간과 에너지의 투자, 정체성의 일부로서의 활동, 이렇게 네 가지 구성 요소로 이루어진다는 것을 보았다(열정의 다섯 번째 요소는 개인이 그 활동을 열정으로 인식하는 수준이다. 그러나 이는 종합적인 주관으로 따라서 열정의 특성이 아니기 때문에 여기서는 논하지 않기로 한다). 이러한 요소 중 한 가지 이상이 실질적으로 변화하게 되면 열정도 변한다. 이하에서 열정의 변화가 주는 시사점을 몇 가지 살펴보기로 한다.

　첫 번째 가능성은 활동에 대한 사랑이 사라지는 것이다. 만약 그렇다면 열정 또한 사라질 것이다. 활동에 대한 사랑은 열정의 핵심 요소 중 하나이기 때문이다. 3장에서 언급했듯 우리는 활동이나 대상에 대한 열정을 찾고 그리하여 심리적으로 성장하는 데 필요한 행위지원을 해줄 수 있는 환경에 의존하게 된다. 그러나 활동 참여의 조건이 변하고 우리가 사랑하던 것이 사라지면 우리는 그 활동에 대한 열정을 잃게 된다. 프레드릭스, 알펠드, 에클스(Fredricks, Alfeld, & Eccles 2010)는 특정 과목을 좋아하던 영재들이 일반 학급에서 따분하게 가르치는 교사에게 쉬운 내용을 배우는 상황에 처하게 되면 결국 열정이 지루함으로 바뀌게 된다는 것을 보여주었다. 그들이 좋아했던 것을 더 이상 접할 수 없기 때문이다. 물론 어떤 영재학생은 '생물의 다양성'과 같은 심화 교과에 열정을 가지고 직접 도서관에서 책을 찾아 읽으면서 지루함을 이겨낼 수도 있을 것이다. 하지만 도서관이 집에서 한 시간이나 떨어져 있다면? 도서관에서 본 것이 '참신한' 것도 아니고 '멋진' 것도 아니라면? 이런 상황에서는 두 가지 정체성이 충돌하고, 오래 전 레빈(Lewin 1936)이 제안한 바와 같이 최소한으로 저항을 줄이려고 한다. 대체로 환경이 이기고 열정은 사라진다. 혹은 더 좋아하는 다른 활동을 발견하고 그 결과 이전 활동에 대한 사랑이 줄어들 수 있다(예: Feltz & Petlichkoff 1983). 이후 개인의 삶에 편재된 조건(예: 쓸 수 있는 여유 시간)과 개인의 심리적 조합에 따라 이전 활동에 대한 열정은 일시적으로 퇴보하거나 새로운 활동에 의해 대체될 수 있다.

　어떤 이유에서든 활동의 가치나 의미가 없어지면 열정이 사라진다. 유의미성(meaning-fulness)의 상실은 개인적인 경험 때문에 일어날 수 있다. 예를 들어 죽음에 가까운 경험을 하게 되면 삶에 대한 관점이 바뀌고 가치의 우선순위가 달라지며(예: Broth-Marnat & Summers 1998; Noyes 1980), 그에 따라 열정적으로 추구하던 것에 대해 더 이상 가치를 두지 않을 수 있다. 만약 열정의 다른 요소들, 특히 활동에 대한 사랑이 남아 있다면, 예전의 열정은 이제 삶에 있어서 몇 가지 관심사 중 하나로 변할지도 모른다. 그러나 활동에 대한 사랑이 사라지면 활동 자체가 무의미해질 뿐만 아니라 영원히 제쳐두는 일이 일어날 수 있다.

　정체성은 열정의 변형과 관련하여 중요하게 고려해야 하는 요소이다. 사람들은 늘 변화하고, 그에 따라 자신의 정체성이 일관성을 유지하기를 원한다(Swann 2012). 이 경우 일관성 있는 정체성을 만들어내거나, 일관성을 유지하기 위해 자신이 좋아했던 대상을 제쳐둘 수 있다. 오토바이 타는 것을 좋아했던 청년이 월 스트리트의 은행원이 된 후에 자신의 이미지와 맞지 않는다고 판단하여 자신의 정체성에서 '바이커'를 지우는 것이 그 예이다. 이때 오토바이에 대한 열정은 크게 줄어들고 심지어 사라질 수 있다. 무르니크, 모사코프스키, 카돈(Murnieks, Mosakowski, & Cardon 2012)은 기업인들을 대상으로 한 연구에서 기업가적 정체성을 얼마나 중요하게 생각하는가 또는 기업가적 정체성이 그의 정체성의 **중심**(centrality)으로 얼마나 남아 있느냐에 따라 열정이 높아지거나 낮아지는 것을 발견하였다. 무르니크 등의 결과는 열정 활동의 표상이 정체성 안에 남아있다고 하더라도 열정은 높아지거나 낮아질 수 있음을 시사한다. 중요한 것은 열정 활동이 정체성 요소들의 위계에서 어느 위치에 있는가이다. 만약 그 활동이 자신의 정체성 밖으로 완전히 내쳐졌다면, 월 스트리트 은행원처럼 오토바이에 대한 열정은 아주 오랫동안 또는 영원히 사라질지도 모른다. 이 주제에 대한 후속 연구가 필요하다.

열정의 변형과 관련된 마지막 요소는 활동에 시간과 에너지를 덜 쏟게 되는 것(또는 활동에 참여하는 것을 완전히 그만두게 되는 것)이다. 여기서 왜 참여하는 것을 그만두게 되었는지 그 이유가 중요하다. 만약 그것이 일시적인 원인, 예컨대 부상과 같은 상황 때문에 그렇게 된 것이라면 열정에 크게 영향을 주지 않고, 다시 활동으로 돌아왔을 때에는 오히려 열정이 높아질 수 있다. 실제로 열정 활동을 멀리 하는 시간(또는 주말부부나 장거리 파트너) 동안 다시 새로운 에너지를 충전하여 열정을 불태우게 될 수도 있다. 그러나 떨어져 있는 시간이 너무 길거나 영구적인 원인이 개입되어 있는 경우에는 열정이 사라질 정도로 영향을 받을 수 있다. 예를 들어 육상선수가 교통사고로 다리를 잃게 되면 육상에 대한 열정이 사라질 가능성이 크다. 규칙적으로 활동할 수 있는 수단이 없으면 열정은 사라지기 때문이다. 물론 어떤 사람은 열정이 너무 강한 나머지 그 장애물을 극복하고 활동에 다시 참여할 수 있다. 다리를 잃은 육상선수는 휠체어 육상 경기에 참여할 수 있고, 이런 사례는 그다지 놀라운 일이 아니다. 활동이 자신의 정체성에 확고히 자리 잡고 있다면 그렇게 될 가능성이 더 높다. 그러나 만약 그 활동에 참여하는 것이 더 이상 불가능하다면, 육상에 대한 열정은 육상을 가르치는 열정과 같이 다른 열정으로 바뀔 수도 있다. 나이가 많아져서 경기를 할 수 없게 된 많은 운동선수들이 운동에 대한 열정을 코치나 심판으로서의 열정으로 바꾸기도 한다. 마찬가지로 열정적인 가수들은 나중에 에이전트, 프로듀서, 보컬 트레이너를 하게 된다.

위의 논의와 이어지는 흥미로운 질문은 '타올랐던 이전의 불길은 어떻게 되는가?'이다. 즉 새로운 것으로 대체되었거나 제쳐두었던 오래된 열정은 어떻게 되는가? 우리는 연애 경험을 통해 첫사랑이 우리의 마음속에 특별하게 남는다는 것을 직관적으로 알고 있다. 태도 및 사회 인지 연구들은 이 직관적인 가설, 즉 우리가 사랑했던 것은 단순히 사라지지 않는다는 신념이 근거있음을 보여준다(예: Petty, Tormala, Brinol, Jarvis, & Blair 2000; Wilson, Lindsey, & Schooler 2000). 우리가 사랑했고 우리에게 내면화된 것들은 어둠 속에, 우리의 무의식 속에 숨어 있다. 그렇기 때문에 열정은 휴지기나 잠재기로 존재할 수 있으며, 알맞은 조건이 된다면 다시 불타오를 수 있다. 열정이 다시 불타오를 수 있는가를 결정하는 중요한 요소는 활동에 참여하는 것이 여전히 가능한지의 여부이다. 이전처럼 열정 활동에 참여할 수 없다면 십중팔구 열정은 사라지겠지만, 활동에 참여할 수 있고 시간이 주어진다면 열정은 다시 불타오를 수 있다. 중년층에서는 이런 일이 종종 일어난다. 자녀들이 커서 독립하면 개인 시간이 많아진다. 그리하여 많은 중년들이 스포츠나 음악 등 젊은 시절에 열정을 품었던 활동을 재개한다. 이 시기의 열정은 과거의 열정과 같다고 할 수 있는가? 아마도 인생 후반에 다시 불타오른 열정은 시간이 흐르고 심리적으로 성숙해지면서 더 조화롭게 작용할 수 있다(Sheldon & Kasser 2001). 혹은 그간 잃어버린 시간을 보충하기 위해 이전보다 훨씬 더 강한 열정을 불태울 수 있다. 이런 주제에 대한 후속 연구는 매우 흥미로울 것이다.

이와 관련하여 주목해야 할 문제가 있다. 더 이상 열정을 가지지 않게 된 활동에 계속 참여해야 하는 자기과정은 어떤 시사점을 주는가? 이 경우 열정이 활동에 대한 자기조절로 대체될 가능성이 있다. 프레드릭스 등(2010)에서 보았던 과학 영재들이 그 예이다. 과학에 대한 가치가 하락한 경우, 외적 조절3)(예: 고등학교 졸업장)로 인해 과학 수업을 들을 수 있다. 그렇지 않고 과학에 대한 가치가 높게 유지된 경우, 확인된 조절(예: 삶의 모든 것이 과학으로 귀결)로 인해 과학 수업을 들을 수 있다. 물론 최초에 가졌던 열정이 어떤 유형이었는가가 중요하다. 조화열정은 통합된 자아와 적응적 자기과정에 이르도록 할 수 있다. 따라서 활동에 대한 선호가 사라지더라도, 조화열정에서의 자기조절은 자기결정적 형태(확인된 조절)를 유지할 수 있다. 강박열정은 그렇지 않다. 강박열정은

---

3) 외적 조절(external regulation), 투사된 조절(introjected regulation), 확인된 조절(identified regulation)의 순으로 자기결정성(self-determination)이 높다. 외적 조절은 보상을 받거나 벌을 피하기 위해, 투사된 조절은 중요한 타인의 인정을 받기 위해, 확인된 조절은 그 가치를 확인함으로써 일어난다. 제시되지 않았지만 확인된 조절보다 더 높은 자기결정성을 보이는 조절은 그 가치와 자신이 일치된 통합된 조절(integrated regulation)이다(Deci & Ryan 2001).

적응적 자기과정에 접근할 수 없기 때문에 여기서의 자기조절은 자기결정적 형태를 유지할 수 없고 오히려 외적 조절이나 투사된 조절이 일어날 수 있다. 이러한 가설들을 검증하기 위한 후속 연구가 필요하다.

요 약

이 장에서 우리는 열정의 발달을 다루면서 첫째, 열정의 초기 발달 과정을 논의하였고 둘째, 열정의 초기 및 지속적인 발달에 관한 요인을 다룬 문헌을 검토하였다. 연구결과 열정의 발달에는 많은 사회 요인과 개인 요인이 관련되어 있음이 밝혀졌다. 활동에 참여할 때 자율성을 지지하는 요인들은 조화열정의 초기 발달과 유지를 촉진한다. 반대로 활동에 참여할 때 통제를 가하는 요인들은 강박열정의 초기 발달과 유지를 촉진한다. 셋째, 열정의 발달에 욕구 충족이 어떤 역할을 하는지에 대한 연구들을 김도하였다. 활동의 내부에서 경험하는 것, 그리고 활동의 외부와 삶의 다른 영역에서 경험하는 것, 이 두 가지 욕구 충족이 모두 중요하다. 활동 안에서의 욕구 충족은 두 유형의 열정을 모두 만들어낼 수 있지만 활동 밖과 삶의 다른 영역에서의 욕구 불만은 강박열정만을 촉진하는 보상 기제를 만들어 낸다. 마지막으로 열정의 변화를 논의하면서 후속 연구를 위한 여러 가지 주제를 다루었다.

제 **3** 부

열정의
개인적 결과

열정과 인지

Passion and Cognition

06

심리학에서는 오래전부터 인지를 항상 중요시했다. 윌리엄 제임스(William James 1890)는 고전이라고 할 수 있는 『심리학의 원리(*The Principles of Psychology*)』에서 심리학을 다음과 같이 정의했다. "심리학은 **정신** 현상과 그 조건을 다루는 과학이다. 정신 현상이란 우리가 감정, 욕망, **인지**, **추론**, **의사결정** 등으로 부르는 것들이다." 심리학자들이 인지를 강조하는 데는 이유가 있다. 르네 데카르트(René Decartes)가 몇백 년 전에 말한 것처럼, '나는 생각한다, 고로 존재한다(Cogito, ergo sum)'이기 때문이다. 생각한다는 것은 인간을 인간답게 만드는 근본적인 특성이다. 그러나 인지는 사고 행위에만 국한되지 않는다. 인지는 자극에 대한 지각과 주의, 주변 환경에 대한 인식, 다른 사람에 대한 판단, 의사결정, 나아가 자동 인지 과정까지 포함한다.

6장에서는 열정이 인지에 어떠한 역할을 하는지에 초점을 맞춘다. 열정이원론에서는 열정이 인지 과정에 중요한 방식으로 영향을 미친다고 본다. 실제로 열정을 가진 사람들은 활동에 더 많이 참여하기 때문에 '그 순간'에 어떤 일이 일어나고 있는지 주의 깊게 인식하고 몰입할 수 있다. 그들은 활동에 참여하고 있지 않을 때에도 활동에 대해 생각하고, 심지어 다른 활동에 집중하는 것이 적응에 더 도움이 될 때조차 활동을 생각한다. 열정이원론에 의하면, 열정의 유형에 따라서 주의를 기울이는 것과 같은 인지의 활용 수준은 물론 인지의 과정이 질적으로 달라진다. 구체적으로 조화열정은 적응에 더 도움이 되는 인지 과정을 더 자주 이용하도록 이끈다. 조화열정은 적응적이고 통합적인 자기과정을 유도하여 주의, 집중, 몰입을 촉진하는 개방성을 가지고 열정 활동에 온전히 참여하는 데 도움이 되기 때문이다. 또한 조화열정은 어떤 문제에 대해 자아의 방해를 받지 않고 결정을 내릴 수 있다. 그러나 강박열정이 작용하여 투사된 자아가 관여하게 되는 (Hodgins & Neven 2002) 상황에서는 눈앞의 과제를 보면서도 다른 한편으로 그 과제의 결과 또는 다른 사람들의 이목을 신경 쓴다. 이러한 방어지향성을 가지게 되면 인지를 활동에 온전히 투자할 수 없다. 강박열정이 적응적인 인지 과정을 유발할 때도 있지만, 조화열정이 이끄는 인지 과정보다는 질이 낮은 경우가 많다.

이 장의 각 절에서는 열정이 주의, 집중, 경험 상태(마음챙김과 몰입), 의사결정, 반추 등 여러 가지 인지 과정과 결과에서 어떠한 역할을 하는지 확인한 연구들을 검토한다. 또한 열정이 자신에 대한 인지인 자기인식과 인지적 목표에서 어떤 역할을 하는지 그리고 이 개념들이 어떻게 인지적으로 조직되는지 다룬다. 마지막 절에서는 열정에 대한 사회적 지각(social-perception), 즉 타인의 열정을 지각하는 문제를 다룬다.

주의와 집중에서 조화열정의 촉진 역할

활동을 잘하거나 최소한 즐기면서 할 수 있는 가장 첫 번째 전제 조건은 자신이 하고 있는 그 일에 온전히 집중하는 것이다. 당신이 그 활동을 좋아한다면 집중하는 것은 어렵지 않다. 과연 그런가? 발러랜드 등(Vallerand et al. 2003, 연구 1)은 열정이 활동에 참여하는 동안 일어나는 주의(attention)(또는 집중[concentration]) 수준에 어떤 역할을 하는지 연구하였다. 이들은 500명이 넘는 참여자들에게 자신이 좋아하는 활동에 대한 열정 척도와 활동에 참여하는 동안 일어나는 집중도를 평가하는 척도(예: "나는 이 활동을 할 때 완전히 집중하고 있다고 느낀다")를 실시하였다. 두 열정 간 상관을 통제한 부분상관 결과 조화열정만이 높은 집중도를 정적으로 예측하였다. 강박열정과 집중도 사이에는 유의한 상관관계가 없었다. 따라서 조화열정은 집중에 기여하는 반면 강박열정은 그렇지 않다고 할 수 있다.

발러랜드 등(2003, 연구 1)의 연구는 대학생들을 대상으로 한 것이었지만, 중년층을 대상으로 할 때에도 동일한 결과가 나타날 것인가? 포레스트 등(Forest et al. 2011)은 열정 척도와 업무에 대한 집중도를 평가하는 검사를 실시하였다. 그 결과 업무에 대한 조화열정은 집중도와 정적 관계가 있었지만 강박열정은 집중도와 무관했다. 다른 연구 (Ho, Wong, & Lee 2011)에서는 보험 회사 직원들에게 업무에 대한 열정 척도와 주의를 평가하는 검사(예: "나는 내 일에 많은 주의를 기울인다")를 실시했다. 구조방정식모형 분석 결과 조화열정은 주의와 정적으로 강하게 연관되었던 반면 강박열정은 주의와 부적으로 연관되었다.

호 등(Ho et al. 2011)의 연구에서는 몰두(absorption)를 측정했다. 몰두는 주의와 관련된 또 다른 인지 구인으로 활동에 참여할 때 강도 높은 집중과 몰입을 수반한다(예: "일할 때 나는 내 일에 완전히 몰두한다"). 호 등은 조화열정이 몰두와 정적 관계가 있는 반면 강박열정은 몰두와 무관하다는 것을 발견했다. 시이(Shi 2012) 역시 중국 직원들을 대상으로 한 연구에서 두 열정과 몰두 사이의 유사한 관계를 확인하였다. 마지막으로 스토버, 차일즈, 헤이워드, 피스트(Stoeber, Childs, Hayward, & Feast 2011)는 위트레흐트 작업 참여 척도(Utrecht Work Engagement)를 학업 상황에 적용하여(Schaufeli, Salanova, et al. 2012) 학업 열정과 몰두 수준 간의 관계를 탐색하였다. 연구결과 조화열정과 강박열정은 모두 몰두와 정적인 상관이 있었지만 조화열정이 강박열정보다 유의하게 높은 상관을 나타냈다. 운동선수를 대상으로 한 연구(Caudroit, Stephan, Brewer, & Le Scanff 2010)에서는 열정과 심리적 이탈(psychological disengagement)의 관계를 살펴보았는데, 심리적 이탈은 몰두와 개념상 반대이다. 연구결과 두 열정은 모두 경기 이후 심리적 이탈에 **부적인** 영향을 미쳤다. 즉 대부분의 연구에서 조화열정과 주의, 집중, 몰두 등의 관계는 강박열정과의 관계보다 더 정적으로 나타난다. 강박열정과 몰두에 대한 연구결과는 특히 흥미롭다. 이 둘의 관계는 통계적으로 유의하지 않거나(Ho et al. 2011; Shi 2012) 정적이거나(Stoeber et al. 2011) 또는 몰두와 반대인 이탈과 부적인 관계를 보이기 때문이다(Caudroit et al. 2009). 이러한 연구들은 일, 공부, 운동 등 과제의 성격에 따라 차이가 있었다. 과제의 성격에 따라 열정과 몰두 사이의 관계가 달라지는지를 직접 비교해보는 후속 연구가 필요하다.

이상 열정 유형과 주의/몰두 사이의 관계를 전반적으로 살펴보았다. 그러나 중요한 질문이 하나 더 있다. 열정은 상황이 나빠질 때에도 집중을 유지하게 하는가? 스트레스를 받을 때에도 집중하게 하는 탄력성(resilience)을 가진 열정은 어떤 종류의 열정인가? 필리페, 발러랜드, 안드리아나리소아, 브루넬(Philippe, Vallerand, Andrianarisoa, & Brunel 2009, 연구 2)은 프랑스 상위리그의 축구 심판들에게 열정 척도를 작성하게 한 뒤, 중요한 경기에서 오심을 한 직후 집중에 얼마나 어려움을 겪는지 질문하였다. 부분상관 결과 조화열정은 집중 문제와 부적 상관을, 강박열정은 집중 문제와 상관이 없음을 보여주었다. 다시 말해 조화열정은 실수 후 집중이 흐트러지는 문제를 어느 정도 완화해준다. 조화열정을 가진 사람들은 역경 속에서도 탄력성을 잃지 않지만 강박열정은 그렇지 못하다. 비슷한 결과는 10대 운동선수들을 대상으로 한 연구에서도 나타났다. 조화열정은 부모가 평가한 운동선수들의 정신적 강인함(mental toughness)을 정적으로 예측했던 반면 강박열정은 이를 부적으로 예측했다(Gucciardi, Jackson, Hatton, & Reid 2014).

앞서 살펴보았던 연구들은 모두 일, 운동, 독서 등과 같이 '긍정적인' 활동에 관한 것이다. 그러나 그 활동을 하는 사람에게 부정적인 영향을 미치는 활동이라면 어떻게 될 것인가? 이 경우 열정과 집중 간의 관계에 어떤 문제가 발생할 것인가? 부정적인 결과로 이어질 수 있는 활동에서는 조화열정이 집중에 미치는 긍정적인 영향도 달라질 것인가? 도박은 부정적인 결과를 가져올 수 있는 활동이다. 실제로 많은 연구에서 도박에 병적으로 집착하는 것은 엄청난 돈을 잃거나 실직하는 등의 심각한 결과를 초래할 수 있으며 때로는 이혼이나 자살로 이어질 수 있음을 보여준다(Walker 1992 참조). 레이틀, 발러랜드, 마고, 루소, 프로벤셔(Ratalle, Vallerand, Margeau, Rousseau, & Provencher 2004)는 도박 열정과 도박 중에 일어나는 집중의 관계를 알아보았다. 이들은 카지노에서 도박을 하고 있는 남녀에게 도박에 대한 열정 척도와 도박 중의 집중도를 평가하는 척도를 작성하게 했다. 부분상관 결과 강박열정과 조화열정 모두 집중과 **부적으로** 관련 있었는데, 상관계수는 강박열정이 -.33이었고 조화열정이 -.17이었다. 두 상관계수의 차이가 큰 것으로 보아 두 열정이 모두 도박 중의 집중도를 떨어뜨리기는 하지만 조화열정을 가진 경우 그 효과가 덜한 것을 알 수 있다.

도박이 다른 활동들과 비교해서 이질적인 결과를 낳는다고 확신하기 전에, 도박 열정에 관한 또 다른 연구(Mageau, Vallerand, Rousseau, Ratelle, & Provencher 2005)를 상기할 필요가 있다. 이 연구에서는 두 열정이 모두 도박 중의 집중도와 **정적으로** 관련 있었다(단 여기에서도 강박열정보다는 조화열정과의 상관관계가 더 강했다). 이 결과는 레이틀 등의 연구와 상반된다. 두 연구의 차이는 도박의 유형에 있었다. 레이틀 등의 연구에서는 카지노 도박을 하는 사람들을, 마고 등(2005)의 연구에서는 로또를 사는 사람들을 대상으로 하였다. 로또는 카지노 게임보다 위험한 결과를 낳을 가능성이 더 적다. 카지노에서는 로또보다 많은 돈을 걸게 하고, 이때 집중을 방해하는 스트레스 환경에 노출될 가능성이 크다. 이렇게 보면 활동의 성격과 그것이 심리에 미치는 영향은 열정이 집중에 미치는 영향을 조절할 가능성이 있다. 이 가능성을 확인하기 위한 후속 연구가 필요하다.

집중에 대한 심층적인 경험 연구 중 영국 축구팬들을 대상으로 한 연구가 있다(Vallerand, Ntoumanis, et al. 2008, 연구 1). 발러랜드, 은투마니스 등은 시즌 중의 야간 경기가 다른 활동에 미칠 집중의 효과를 알아보았다. 이것은 집중에 대한 새롭고 흥미로운 관점을 보여준다. 즉 앞으로 다가올 사건이나 활동에의 열정이 그 사건 전에 일어나는 다른 일에 집중하는 것을 방해하는가 혹은 촉진하는가? 연구에서는 축구팬들에게 응원하는 팀에 대한 열정 척도와 경기가 있는 날의 집중도 평가에 응답하게 하였다. 축구에 대한 강박 열정을 가진 사람들은 경기 당일 다른 활동에 온전히 집중하지 못했던 반면 조화열정을 가진 사람들은 그렇지 않았다. 이러한 결과는 연애와 관련한 레이틀(Ratelle 2002)의 연구에서 반복적으로 나타난다. 즉 조화열정이 아닌 강박열정을 가진 사람들은 파트너를 볼 수 없는 경우 일상 생활에 온전히 집중할 수 없었다.

요약하면 대체로 조화열정은 과제를 할 때 주의와 몰두를 촉진한다. 반대로 강박열정은 주의, 몰두와 무관하거나 부적으로 관련된다. 또한 강박열정은 앞으로 예정된 활동에 대해 기다리는 동안 다른 일에 집중하는 것을 방해한다. 강박열정보다 조화열정의 효과가 항상 더 긍정적이지만, 도박 연구의 결과에서 본 것처럼 과제의 성격에 따라 결과가 달라질 수 있기 때문에 이에 대한 추가적인 연구가 필요하다.

인지적 경험 상태: 마음챙김과 몰입

경험 상태(experiential states)란 의식 수준이 변화하는 인지 상태를 말한다. 마음챙김과 몰입은 이러한 경험 상태를 나타낸다. 이하에서는 열정과 마음챙김, 몰입의 관계에 대한 연구를 검토한다.

마음챙김을 촉진하는 조화열정

마음챙김(mindfulness)은 수용적, 개방적, 비판단적 마음 상태와 관련된 경험 처리 양상(Teasdale 1999)을 말한다. 마음챙김은 어떤 평가나 인지적 재평가로 인한 내적, 외적 자극을 걸러내려 하지 않고 그 자극을 관찰한 그대로 수용함으로써 지금-현재의 경험에 집중하게 한다(Brown & Cordon 2009). 마음챙김은 과거와 미래에 얽매이지 않고 현재 자신의 의식을 생생하게 만드는 데 초점을 둔다. 우리의 의식은 인식(awareness)과

주의를 포함한다. 이들은 서로 관련이 있지만 다르다. 인식을 통해서 우리는 끊임없이 안팎의 자극을 점검한다. 자극에 대한 인식은 주의를 기울이지 않아도 이루어진다. 반면에 주의란 제한된 범위의 경험에 의식을 집중시키는 과정을 말한다. 인식과 주의는 함께 작용한다. 인식은 경험을 전체적으로 조사(survey)하지만 주의는 일부 요소에 더 집중한다(Brown & Ryan 2003). 그러나 마음챙김은 경험을 제한하는 더 정교한 형태의 인지 즉 자기인식과 같은 반성적 의식을 포함하지 않는다. 사실 마음챙김은 자아가 작용하지 않는, **자아가 없는** 정보 처리의 형태라고 말할 수 있다. 마음챙김은 일어나고 있는 현재의 경험에 평가나 방어기제 없이 집중하게 한다. 마음챙김은 건강한 자기조절의 중요한 요소가 되며, 자율적 형태의 자기조절(Brown & Ryan 2003), 위협에 대한 방어가 적은 태도(Baer 2003), 낮은 정서적 반응성과 불쾌한 상태에 대한 높은 내성(Arch & Craske 2006; Eifert & Heffner 2003), 위협적인 사회 상황에 대한 적응적인 대처(Barnes, Brown, Krusemark, Campbell, & Rogge 2007)와 관련 있다.

열정이원론에 의하면, 조화열정은 자율적인 내면화 과정의 결과이기 때문에 마음챙김을 포함한 적응적 자기과정에 접근하도록 한다. 따라서 조화열정과 마음챙김 사이에는 정적 상관이 있을 것으로 예상된다. 반면 강박열정은 통제적인 내면화 과정의 결과로 마음챙김에 접근하는 것을 불가능하게 하거나 기껏해야 제한적으로 접근하게 한다. 그러므로 강박열정과 마음챙김 사이에는 부적(또는 유의하지 않은) 상관이 있을 것으로 예상된다. 현재까지 이러한 관계를 탐색한 연구는 오직 한 개뿐이다. 버너-필리온, 라프르니에르, 발러랜드(Verner-Filion, Lafrenière, & Vallerand 2013)는 예비 연구에서 축구 팬들에게 자신이 좋아하는 축구팀에 대한 열정 척도를 실시한 뒤 마음챙김 주의 인식 척도(Mindful Attention Awareness Scale; MAAS)를 측정하였다. 이 척도는 특성으로서의 마음챙김을 측정하는 신뢰도가 높고 타당한 척도이다(Brown & Ryan 2003 참조). 부분상관 결과 예상대로 조화열정은 마음챙김과 정적 관계를, 강박열정은 부적 관계를 보였다. 이 결과를 재확인하고 확장하기 위한 추가 연구가 필요하지만, 연구결과는 조화열정이 마음챙김 과정을 촉진하는 반면 강박열정은 이를 저해한다는 열정이원론의 주장을 지지하고 있다.

몰입에 기여하는 조화열정

몰입(flow)은 우리가 관심을 가질 만한 또 다른 경험 상태이다(Csikszentmihalyi 1978; Csikszentmihalyi, Rathunde, & Whalen 1993). 몰입은 사람들이 활동에 완전히 몰두할 때 경험하는 바람직한 상태를 가리킨다(예: "나는 완전한 통제감을 느낀다"). 칙센트미하이 (Csikszentmihalyi 1978)에 따르면 몰입은 자신의 기술과 과제의 요구가 일치한다고 느낄 때 일어날 가능성이 높다. 물론 이러한 일치감은 주관적이고 역동적이어서 어떤 순간에는 자신의 기술이 과제의 요구 수준에 못 미친다고 인식할 수도 있고 어떤 순간에는 자신의 기술이 최고 수준에 미친다고 인식할 수도 있다. 따라서 몰입을 경험하기 위해서는 현재 일어나고 있는 사건에 지나치게 강하게 반응해서는 안 된다. 조화열정은 방어적이지 않고 마음챙김을 유지하면서 안정적인 자존감, 유연성, 개방성을 가진 채 열정 활동에 온진히 참여하여 세계를 경험할 수 있게 해준다. 따라서 조화열정은 비교적 안정적으로 당면한 과제에 집중하게 하여 그 결과 몰입에 도움을 준다. 반대로 강박열정에는 통합적 자기과정이 아닌 통제적 자기과정이 작용한다. 그리하여 불안정하고 수반된 자존감(예: Crocker 2002; Kernis 2003)을 가지고 활동에 임하게 되고, 결국 경험에 개방적이기보다는 방어적이 된다. 이러한 상태는 몰입에 도움이 되지 않는다.

다양한 활동에서 열정과 몰입의 관계를 살펴본 일련의 연구들이 있다. 첫 번째 연구에서 왕, 구, 리우, 디바하란(C. K. J. Wang, Khoo, Liu, & Divaharan 2008)은 열정이 온라인 게임 몰입에 어떠한 역할을 하는지 살펴보았다. 참여자들은 게임에 대한 열정 척도와 게임 몰입을 평가하는 척도에 응답하였다. 군집분석 결과 열정이 높은 사람들은 열정이 낮은 사람들에 비해 더 높은 몰입을 경험했다. 그러나 열정적인 '게이머'들이 비열정적인 사람들보다 더 높은 몰입을 경험한다는 결과 자체는 조화열정과 강박열정 간의 잠재적 차이를 보여주지 못한다. 발러랜드 등(2003, 연구 1)의 초기 연구에서는 다양한 활동을 하는 참여자들을 대상으로 열정 척도 및 잭슨과 마쉬(Jackson & Marsh 1996)의 몰입 척도 중 세 하위척도(도전, 자의식의 부재, 통제감)를 측정하였다. 부분상관 결과 예상대로 조화열정이 몰입의 하위척도와 정적 관계가 있었던 반면 강박열정은 그렇지 않았다.

발러랜드 등의 연구결과는 스포츠 연구를 포함한 많은 연구에서 재확인된다. 프랑스의 상위리그 축구 심판들(국내 및 국제 심판) 90명을 대상으로 한 연구(Philippe, Vallerand, Andrianarisoa, & Brunel 2009, 연구 1)에서는 열정 척도와 잭슨과 마쉬(1996)의 몰입 척도 중 두 하위척도(도전, 통제감) 사이의 상관계수를 살펴보았다. 그 결과 조화열정은 하위척도와 정적인 관련이 있었지만 강박열정은 이들과 유의한 관련이 없었다. 발러랜드 등(2003, 연구 1)의 결과와 필리페, 발러랜드, 안드리아나리소아, 브뤼넬(2009, 연구 1)의 연구결과는 [그림 6.1]에 제시되어 있다.

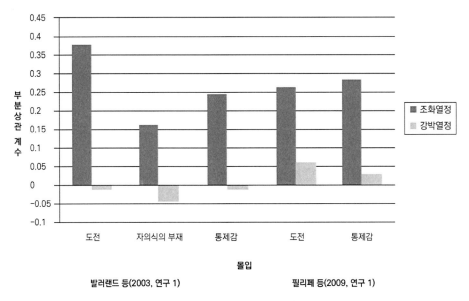

그림 6.1 몰입에 있어서 열정의 역할
출처: 발러랜드 등(2003, 연구 1), 필리페 등(2009, 연구 1)에서 수정

발러랜드 등과 필리페 등의 연구에서 나타난 결과는 일(Forest, Mageau, Sarrazin, & Morin 2009; Forest et al. 2008; Lavigne, Forest, & Crevier–Graud 2012, 연구 1), 인터넷 게임 (Wang, Liu, Chye, & Chatzisarantis 2011), 그리고 분명한 차이는 있었지만 도박(Mageau et al. 2005)에서도 재확인되었다. 마고 등의 연구에서는 조화열정과 강박열정이 모두 몰입의 도전 하위척도와 정적 관련이 있었지만 조화열정과의 관련이 더 컸다. 조화열정은 몰입의 통제 하위척도와도 정적 관련이 있었지만 강박열정은 관련이 없었다.

마지막으로 우리의 관심을 끄는 열정과 몰입에 대한 연구가 있다. 라빈 등(Lavigne et al. 2012, 연구 2)은 직장인들에게 6개월에 걸쳐 두 차례 열정 척도와 몰입 척도(Jackson & Marsh 1996) 중 통제감과 자기목적적 경험 하위척도를 측정하였다. 라빈 등에서는 두 시점 모두에서 열정과 몰입을 평가했기 때문에 교차지연설계가 가능했고, 따라서 열정과 몰입의 관계에서 방향성을 검증할 수 있었다. 이 연구에서는 두 가지 중요한 결과가 나타났다. 첫째, 열정은 6개월 동안 직장에서 일어나는 몰입의 **변화**를 예측하는 것으로 나타났다. 조화열정은 몰입의 증가를 유의하게 예측하였고 강박열정은 몰입과 약하지만 정적인 관련이 있었다. 따라서 라빈 등의 결과는 조화열정이 몰입에 미치는 긍정적인 역할에 관한 선행 연구들을 재확인하였다고 볼 수 있다. 둘째, 라빈 등에서는 시점 1에서의 몰입이 시점 1에서 시점 2까지의 열정의 변화를 예측하지 못했다. 이 연구에서는 실험설계를 사용하지 않았기 때문에 이후 재확인이 필요하지만, 이 결과는 열정(특히 조화열정)이 몰입의 변화에 인과적인 역할을 할 수 있는 반면 몰입은 열정의 변화에 그러한 역할을 하지 않는다는 것을 보여준다.

요약하면, 조화열정은 마음챙김, 몰입의 경험 상태와 정적으로 관련되어 있는 반면 강박열정은 마음챙김과 부적으로 관련되어 있고 몰입과는 대체로 무관하다.

의사결정

지금까지 열정이 주의, 집중, 마음챙김, 몰입과 같은 여러 인지 과정에 영향을 미칠 수 있음을 살펴보았다. 인지 과정에서 중요한 또 한 가지 유형은 의사결정(decision making)이다. 그러므로 이런 질문을 해볼 수 있다. 열정은 의사결정의 질에 차이를 가져오는가? 예를 들어 주어진 활동에 조화열정을 가진 사람들은 강박열정을 가진 사람들보다 더 나은 결정을 내리는가? 대부분의 인지 과정과 마찬가지로 의사결정은 압박을 받고 있는 상황에서 가장 많이 이루어진다(Neisser 1976). 이런 상황들은 대체로 급하게 내려야 하는 중요한 결정을 수반하고 따라서 최적의 의사결정 과정이 무엇인지 보여줄 수 있다. 이러한 실제 상황 중 하나는 경기에서 오심을 한 직후 심판을 계속 해야 하는 경우이다 (예: Dorsch & Paskevich 2007). 심판의 입장에서 실수에 대처하는 전략은 실수에 대한 반추, 집중력 저하, 심지어 보상판정(make up calls, 오심에 의해 부당하게 불이익을 받은 팀에게 이익을 주는 판정 [Wolfson & Neave 2007])에 이르기까지 매우 다양하게 나타난다. 보상판정은 1차 오심 이후에 또다시 2차 오심을 고의적으로 내리는 것이기 때문에 특히 흥미롭다. 보상판정은 심판이 최대한 피하고자 하는 의사결정의 유형이다. 왜냐하면 이것은 오심을 끝없이 반복하게 하는 악순환을 만들기 때문이다. 또한 이러한 의사결정은 판정을 예측할 수 없게 만들기 때문에 경기 중인 선수들을 비정상적인 상태로 몰고 가서 게임 자체를 통제할 수 없게 만든다.

열정이원론에 근거하면 심판들이 심각한 오심 이후에 어떻게 반응할지를 예상할 수 있다. 우선 조화열정은 마음챙김과 같은 적응적 자기과정에 접근할 수 있게 해준다. 따라서 오심을 했을 때에도 그것에 연연하지 않고 실수를 있는 그대로 받아들이게 된다. 또한 자신에 대한 위협을 피하고자 실수를 즉각적으로 만회하려는 보상판정을 하지 않는다. 따라서 다음과 같이 가정할 수 있다. 조화열정을 가진 심판들은 실수를 만회하기 위해 보상판정을 하지 않고도 상황에 대처할 수 있다. 반대로 강박열정을 가진 사람들의 정체성은 그 활동에 수반되기 때문에 활동을 잘하는 것은 자존감을 유지하는 데 중요하며, 그렇기 때문에 실수는 매우 위협적으로 작용한다. 따라서 강박열정을 가진 심판들은 보상판정을 하여 위협을 제거하려 할 것이다. 필리페, 발러랜드, 안드리아나리소아, 브뤼넬(2009, 연구 2)은 이러한 가설을 검증하기 위한 연구를 실시했다. 이들은 유럽의 상위리그 축구 심판들을 대상으로 중대한 오심을 한 뒤 보상판정을 하는 경향성과 함께 열정 척도를 측정하였다. 예상대로 실수 뒤에 강박열정은 보상판정을 **정적으로** 예측한 반면 조화열정은 보상판정을 **부적으로** 예측하였다.

이 연구결과는 특히 스트레스가 심한 경우 강박열정은 최적의 인지 기능과 의사결정을 저해하는 반면 조화열정은 이들을 촉진한다는 가설을 증명하였다. 그러나 이 결과를 다른 상황이나 대상에서 재확인하기 위한 후속 연구가 필요하다. 후속 연구에서는 열정이 정확성과 속도가 요구되는 다양한 상황에서 여러 형태의 의사결정에 어떤 역할을 하는지 검토해야 한다(이에 대한 예비 연구의 결과는 Thorgren & Wincent 2013a 참조).

열정과 덜 적응적인 인지: 반추

반추

반추 사고(ruminative thought)는 특정 주제를 생각해야 하는 환경의 직접적인 요구가 **없을 때**에도 반복하게 되는 의식적 사고를 말한다(Martin & Tesser 1996). 이렇게 과제와 상관이 없는데도 의도와 무관하게 반복되는 생각은 사람들의 현재 관심사(Klinger 1975, 1977)와 달성하지 못한 목표(Martin & Tesser 1989)를 반영한다. 따라서 반추는 목표가 달성되거나 목표가 없어질 때까지 목표지향적인 행동을 지속하려는 사람들의 경향성이다(Carver & Scheier 2001; Klinger 1977; Zeigarnik 1938). 또한 카버(Carver 1996)는 의식 속에서 사용가능한 정보는 그 순간 가장 큰 중요성을 가진다고 하였다. 따라서 반추 사고의 내용은 그 순간 다루고 있는 어떤 것보다도 더 중요한 것으로 간주된다.

만약 활동에 대해 반추하는 것이 삶의 다른 중요한 부분에 집중하는 것을 방해한다면, 그것은 분명 최적의 인지 과정이 아니다. 그러나 반추도 종종 적응적 목적을 달성할 수 있다는 점을 잊지 말아야 한다(Joorman, Dkane, & Gotlib 2006). 예를 들어 해결책을 찾기 위해 문제를 반추하는 것은 단기적으로 도움이 될 수 있다. 어떤 문제를 반추하는 것이 항상 나쁜 것은 아니지만, 혼자서 그 문제를 계속 곱씹고 있으면 자신뿐만 아니라 다른 사람과의 관계에서도 문제가 생길 가능성이 있다(Kashdan & Roberts 2007). 게다가 단기적일지라도 지나치게 문제에만 집중하는 것은 해결책을 찾는 가장 좋은 형태가 아니다. 실제로 문제에 대한 해결책을 찾는 가장 좋은 방법은 문제로부터 잠시 벗어나 있다가 다시 해결 과정에 온전히 집중하는 것이다(예: Greene & Grant 2003; Wrosch et al. 2003).

조화열정과 강박열정이 반추에 미치는 영향

3장에서 살펴본 바와 같이 조화열정은 방어적이지 않고 개방적이며 마음챙김이 있는 참여를 가져온다. 이러한 방식으로 활동에 참여하면 적응적 자기과정에 접근할 수 있다. 앞서 보았듯 적응적 자기과정으로부터 파생되는 긍정적인 결과로 과제에 대한 온전한 집중, 몰입, 그 순간의 마음챙김이 있다. 그러므로 조화열정을 가진 사람은 활동에 참여하지 않을 때 그 활동을 반추하고 있을 가능성이 낮다. 오히려 조화열정을 통한 방어적이지 않고 개방적인 접근은, 열정 활동이 잘 되지 않을 때에 다른 활동에 집중하게 한다. 반대로 강박열정은 적응적 자기과정에 온전히 접근하지 못하도록 방어적이고 경직된 형태의 참여를 낳는다. 경직된 참여를 지속하면 그 활동에 사로잡히고 실수에 연연하며, 자기위협으로부터 스스로를 보호하기 위해 방어적이고 자기고양적인 전략을 구사하게 된다. 따라서 특히 일이 잘 풀리지 않을 경우에 강박열정을 가지게 되면 열정 활동에 대한 과거 사건들을 계속 반추하게 된다.

많은 연구들이 열정과 반추의 관계를 검증하였다. 예를 들어 발러랜드, 은투마니스 등의 연구(2008, 연구 1)에서는 5문항으로 구성된 슬픔 반추 척도(Rumination on Sadness

Scale)를 수정해서 축구 팬덤(Conway, Csank, Holm, & Blake 2000; 예: "나는 축구 경기를 보지 않는 동안에도 예정된 경기에 대해 끊임없이 생각한다")과 축구팬들의 열정을 측정하였다. 부분상관 결과 강박열정은 반추와 강한 정적 상관을 보였지만 조화열정은 그렇지 않았다. 일(Forest et al. 2011), 도박(Ratelle et al. 2004), 자신이 좋아하는 활동(예: Carpentier et al. 2012; Vallerand et al. 2003, 연구 1) 등 다른 영역에서의 연구들도 거의 비슷한 결과를 보여준다. 즉 강박열정은 반추와 높은 관련이 있지만 조화열정은 관련이 없다.

위의 상관관계에 의하면 열정이원론의 가설이 지지되는 한편 조화열정과 반추 간의 **부적** 상관 또한 예상할 수 있다. 만약 조화열정이 마음챙김에 접근하도록 도와준다면 반추를 막아주는 역할을 할 것이다. 그러나 조화열정과 반추 간에 유의하지 않은 상관관계가 일관되게 나타나는 것은 사실 연구에서 채택한 방법론 때문일 수 있다. 참여자들은 상황에 관계없이 **일반적으로** 열정 활동에 대해 얼마나 반추하는지 응답하였다. 하지만 어떤 상황들은 다른 상황들보다 더 도전적이고, 그렇기 때문에 상황 자체가 보다 중요할 수 있다. 도전적인 상황에서는 자신을 보호하기 위해 더 적응적이고 탄력적인 반응이 나타나기 때문이다. 오심을 한 축구 심판들이 어떤 인지 반응을 하는지 알아보았던 필리페 등(2009, 연구 2)의 연구를 다시 살펴보기로 한다. 이 연구에서는 심판들에게 열정 척도, 그리고 오심 직후 일어나는 반추("나는 실수를 계속 떠올린다")에 대한 간단한 척도를 실시하였다. 그 결과 반추와 강박열정 사이에는 약한 정적 상관이 있었지만 반추와 조화열정 사이에는 유의한 **부적** 상관이 있었다. 그러므로 비록 예비 연구의 결과이기는 하나, 실패 또는 스트레스 상황과 같이 조화열정은 그것이 가장 많이 나타나는 상황에서 반추로부터 개인을 보호할 수 있다는 가설을 지지한다. 이 문제에 대해서 더 많은 연구가 필요하다.

앞서 말했듯 반추는 개인에게 여러 결과를 가져온다. 방금 살펴본 연구들에 의하면 반추는 실수를 계속 생각하게 하여 활동에 참여하는 동안 경험의 질에 부정적인 영향을 미칠 수 있다(Philippe, Vallerand, et al. 2009, 연구 2). 또한 반추는 열정 활동에 이어지는 다른 활동에 대한 참여의 질에도 부정적인 영향을 미칠 수 있다. 구체적으로 강박열정은 열정 활동에 대한 반추를 촉진하고, 이어지는 다른 활동에 온전히 참여하지 못하도록 방해한다. 이러한 방해는 다른 활동에 몰입하지 못하게 하고 결과적으로 그 활동에 온전히 참여할 때 얻어지는 심리적 행복을 빼앗는다. 가령 어떤 사람이 프로젝트에서 큰 진전을 보이고 있을 때 그가 가진 강박열정은 가족과의 저녁 시간 내내 그 프로젝트만을 반추하게 할 수 있다. 이러한 상황은 가정생활을 즐기는 최상의 상태가 아니다. 반추가 몰입(Nakamura & Csikszentmihalyi 2002)과 행복(Killingsworth & Gilbert 2010)을 저해한다는 것을 보여준 선행 연구는 이러한 사실을 지지하고 있다. 또한 이 결과는 특정 활동에 대한 강박열정이 활동의 다른 차원(Thorgren & Wincent 2013b), 그리고 삶의 다른 차원(예: Caudroit, Boiché, Stephan, Le Scanff, & Trouilloud 2011; Stenseng 2008; Vallerand et al. 2003, 연구 1; Vallerand, Paquet, Philippe, & Charest 2010; Young, De Jong, & Medic 2014)과 상충한다는 선행 연구와도 일치한다. 즉 반추는 갈등이 발생하는 요인 중 하나일 수 있다.

다시 말해 강박열정은 반추 사고에 영향을 미침으로써 다른 활동에 몰입하는 것과 부적으로 관련되며 나아가 갈등을 일으켜 궁극적으로는 행복을 저해한다고 가정할 수 있다. 조화열정은 반추 사고와 무관하고(Ratelle et al. 2004) 삶의 다른 영역에 몰입하는 것을 방해하지 않는다. 사실상 조화열정은 열정 활동과 삶의 다른 활동 간에 균형 잡힌 통합을 이룸으로써 다른 활동에 몰입하는 것을 촉진할 수 있다. 카펜티어, 마고, 발러랜드(Carpentier, Mageau, Vallerand 2012)는 이 가설을 검증하였다. 연구자들은 대학생들에게 그들이 좋아하는 활동에 대한 열정 척도, 그들이 좋아하는 활동을 할 때와 공부를 할 때의 몰입 척도, 공부할 때 좋아하는 활동을 생각하는 것에 대한 콘웨이 등의 반추 척도, 그리고 심리적 행복 척도를 측정하였다. 이들은 좋아하는 활동에 대한 강박열정이 높을수록 공부할 때 반추 사고가 높아질 것으로 가정하고, 반추 사고는 이어서 공부에 몰입하는 것을 방해할 것으로 가정하였다. 반대로 조화열정은 반추 사고와 무관하고 심지어 열정 활동과 공부 둘 다에서 참여와 몰입을 촉진할 것으로 가정하였고, 두 활동에서 몰입은 이어서 심리적 행복을 예측할 것으로 가정하였다. 구조방정식모형 분석 결과 이러한 가설이 지지되었다.

요약하면 열정은 반추에 매우 중요하다. 강박열정은 다른 일에 참여하는 동안 열정 활동을 반추하게 만든다. 결국 반추 때문에 다른 활동에 참여할 때의 질과 나아가 심리적 행복에 좋지 않은 영향을 미칠 수 있다. 반면 조화열정은 대체로 반추와 무관하며 특히 스트레스를 받거나 부정적인 상황에서 반추하지 않도록 보호해줄 수 있다.

자아에 대한 인지

인지는 환경뿐 아니라 자아와도 관련 있다. 이 절에서는 열정과 일반적 자존감의 관계 및 열정과 맥락적 자존감 즉 신체적 자기가치, 자존감 수반성, 자기불일치, 자기고양 전략과의 관계를 다룬다.

열정과 자존감

자존감(self-esteem)은 자신에 대한 평가나 태도를 의미한다(Sedikides & Gregg 2003, 2008; Sedikides & Strube 1997). 자존감은 높거나 낮을 수 있으며, 일반적 수준(전반적인 영역), 맥락적 수준(운동이나 공부 같은 특수한 영역), 상황적 수준(지금 여기서 하고 있는 과제 영역)에서 평가할 수 있다. 따라서 일반적 자존감이 높은 개인은 "나는 좋은 자질을 많이 가지고 있다고 느낀다"와 같은 진술에 동의할 수 있지만 일반적 자존감이 낮은 개인은 그렇지 않다. 일반적 자존감이 높은 것이 실제로 심리적 기능을 높이는 **원인**이 되는지는 분명하지 않지만(Baumeister, Smart, & Boden 1996 참조), 많은 연구에서 높은 수준의 일반적 자존감이 적응적인 심리적 기능과 상관이 있음을 보여주었다(Baumeister, Campbell, Krueger, & Vohs 2003).

3장의 열정이원론에서 살펴본 바와 같이 조화열정은 안정적인 자아의식에 뿌리를 두고 있으며 통합된 자아와 일치하기 때문에 적응적 자기과정에 접근할 수 있게 한다. 조화열정에는 방어적이지 않고 마음챙김적인 유연성 및 경험에 대한 개방성이 들어 있다. 그러므로 조화열정은 높은 자존감과 정적으로 관련된다. 대조적으로 강박열정은 통합된 자아와 일관되지 않기 때문에 불안감과 불확실성, 그리고 자기위협을 받는 불리한 상황을 경험하게 한다. 그러므로 강박열정은 자존감과 관련이 없거나 부적으로 관련 있다.

몇몇 연구에서 열정과 일반적 자존감의 관계를 탐색했다. 발러랜드, 은투마니스 등(2008, 연구 2)의 연구에서는 영국 축구팬들에게 축구 팬덤에 대한 열정 척도와 일반적 자존감을 측정하는 로젠버그(Rosenberg) 자존감 척도(1965)를 실시했다. 부분상관 결과 조화열정은 자존감과 정적인 상관을 보였고 강박열정은 자존감과 유의한 상관이 없었다. 마찬가지로 스텐센과 달스코(Stenseng & Dalskau 2010, 연구 1)의 연구에서도 조화열정을 가진 사람들이 강박열정을 가진 사람들보다 로젠버그 자존감 척도에서 높은 수준의 자존감을 보고했다.

자존감을 맥락적 차원에서 측정한 연구들도 있다. 할바리, 얼스타드, 바고이엔, 스케솔(Halvari, Ulstad, Bagoien, & Skjesol 2009)은 체육 프로그램에 등록한 대학생들의 운동에 대한 조화열정이 신체 활동에 대한 지각된 유능감과 정적 관련이 있음을 발견했다. 이 연구에서 강박열정은 측정되지 않았다. 이후 연구에서 코드와, 스테판, 브루어, 르 스칸프(Caudroit, Stephan, Brewer, & Le Scanff 2010)는 스포츠에 대한 두 열정과 신체적 자기가치(신체 활동에 대한 맥락적 자존감) 사이의 관계를 알아보았다. 이를 위해 프랑스 남자 운동선수들을 대상으로 열정 척도와 간편형 신체적 자아 척도(Physical Self Inventory)(Fox & Corbin 1989)를 측정하였다. 상관분석 결과 조화열정은 신체적 자기가치와 정적인 관련이 있었지만 강박열정은 이와 무관하였다.

자존감에 명시적인 형태와 암묵적인 형태가 있다는 점은 흥미롭다. 명시적 자존감은 지금까지 살펴본 것처럼 자신에 대한 의식적이고 반성적인 평가(예: Rosenberg 1965)를 말한다. 반면 암묵적 자존감은 자신에 대한 무의식적인 평가를 말한다(Greenwald & Barnaji 1995). 두 자존감은 개념화의 과정과 기능적 특성에서 차이가 있다(Greenwald & Barnaji 1995; Greenwald & Farnham 2000). 실제로 명시적 자존감과 암묵적 자존감 사이에는 약하지만 정적인 상관이 존재한다(예: Rudolph, Schröder-Abé, Schütz, Gregg, & Sedikides 2008). 라프르니에르 등(Lafrenière et al. 2011)은 두 열정과 두 자존감 사이의 관계를 알아보기 위한 연구를 실시했다. 선행 결과에 따라 연구자들은 명시적 자존감(로젠버그 척도)과 조화열정은 정적인 상관을, 강박열정은 유의하지 않은 상관을 나타낼 것으로 가정하였다. 이들은 또한 암묵적 자존감이 낮은 사람들은 강박열정이 더 높을 것이라고 가정하였다. 실제로 낮은 암묵적 자존감은 방어나 자기취약성(ego-fragility)과 정적인 관련이 있다(예: Gregg & Sedikides 2010; Jordan, Spencer, Zanna, Hoshino-Browne, & Correll 2003). 대체로 강박열정을 가진 사람들은 자기취약성의 징후를 보인다. 따라서 암묵적 자존감이 낮은 사람들에게서 높은 수준의 강박열정이 나타날 수 있다. 그러나 조화열정을 가진 사람들은 자기취약성의 징후를 보이지 않으므로 이와 같은 관계가 나타나지 않을 것이다. 연구에 참여한 대학생들은 열정 척도와 로젠버그 자존감 척도를 완성한 뒤, 실험실에서 암묵적 자존감 척도인 암묵적 연상 검사(Implicit Associations Test)(Greenwald & Farnham 2000)에 응답했다. 이 검사 과정에서 긍정적인 속성은 자신의 특징이라고 답하고 부정적인 속성은 자신의 특징이 아니라고 답하는 반응 속도가 빠를수록 암묵적 자존감이 높다고 볼 수 있다. 라프르니에르 등은 반응 속도에 대한 구조방정식모형 분석을 실시했다. 분석 결과 높은 명시적 자존감은 조화열정을 정적으로 예측한 반면 낮은 암묵적 자존감은 강박열정을 예측하였다.

이는 예비 연구의 결과에 불과하지만, 높은 명시적 자존감은 조화열정과 같이 적응적인 기능과 연관되어 있고, 낮은 암묵적 자존감은 강박열정과 같이 덜 적응적인 기능과 연관되어 있다는 것을 보여주는 선행 연구들과 일치한다. 연구결과에 의해 조화열정은 안정적인 자아의식에, 강박열정은 불안정한 자아의식에 뿌리를 두고 있다고 가정하는 열정이원론이 지지된다.

열정과 자존감 수반성

열정이원론에서 중요한 한 가지 가정은 열정 활동의 참여 이면에 어떤 수반성(contingency)이 있느냐에 따라 열정 유형도 달라진다는 것이다. 구체적으로 강박열정을 가지고 있으면 열정 활동에 자존감과 같은 수반성이 부가된다. 강박열정을 가진 사람들이 높은 자존감을 유지하기 위해서는 해당 활동을 잘하는 것이 필요하다. 사실 그 활동을 잘하는 것은 활동을 못하는 것보다 (활동을 하지 않았다면 낮았을지도 모르는) 유능감과 자존감을 높이는 데 도움이 될 수 있다. 그러나 수반성으로부터 비교적 자유로운 조화열정은 그렇지 않다. 조화열정은 안정된 자아의식에 뿌리를 두고 있기 때문에 자존감이 결과와 상관없이 비교적 일관적이다. 더구나 조화열정을 가진 사람들은 자존감이 이미 상당히 높고 안정적이기 때문에 열정 활동을 통해 그것을 높일 필요가 없다. 자존감 수반성에 대한 연구(예: Crocker & Park 2004)에서는 변동적인 원천(예: 특정 활동에 대한 수행)에 대해 수반성이 높은 사람들의 자존감은 수반성이 낮은 사람들의 자존감보다 더 많이 변한다고 하였다. 즉 열정 활동을 수행할 때 자존감 수반성이 높은 사람들은 수행 결과에 따라 자존감이 변하게 된다. 그러므로 강박열정을 가진 사람의 자존감은 성공이나 실패 상황에서 조화열정을 가진 사람의 자존감보다 훨씬 더 많이 변할 수 있다.

이 가설을 검증하기 위해 마고, 카펜티어, 발러랜드(Mageau, Carpentier, & Vallerand 2011)는 <매직 더 개더링(Magic The Gathering)> 게임에 열정적인 청년들을 대상으로 연구를 실시했다. 이 카드게임은 마법사끼리 대결하는 게임인데, 마법사는 상대를 물리치기 위해 크리쳐(게임 내 세계관에 등장하는 창조물), 아이템, 주문 카드를 사용하고, 상대

마법사도 자신의 주문 카드를 사용하여 방어한다. 매직 카드게임을 하는 선수들끼리는 거대한 커뮤니티가 있고 정기적인 토너먼트도 열린다. 마고 등(2011)에서는 정규 대회와 똑같이 토너먼트를 구성했다. 이들은 광고를 통해 참여자들을 모집했고 실험실에서 토너먼트를 열어 참여자들을 초청하였다. 대회에 앞서 참여자들은 열정(Vallerand et al. 2003), 매직 카드게임에 대한 자존감 수반성(Crocker 등의 2003년 척도를 수정), 일반적 자존감(Rosenberg 1965), 상태 자존감(McFarland & Ross 1982) 척도가 포함된 1차 설문지를 작성했다. 이어 모든 참여자는 최소 5라운드를 치렀고 각 토너먼트에서 상위 성적을 거둔 8명은 추가로 3라운드를 더 치렀다. 각 라운드마다 경기 결과가 기록되었고 선수들은 매 라운드가 끝난 후 상태 자존감 척도를 완성하였다.

자료는 위계선형모형(HLM)을 통해 분석되었다. 이 분석은 개인의 상태 자존감에 대한 개인 내 분산(상황)과 개인 간 분산(성향)을 추정할 수 있게 해준다. 연구결과 경기 수행 수준은 상태 사존감의 유의한 개인 내 예측 변인으로 판명되었다. 내체로 이긴 게임이 진 게임보다 높은 수준의 상태 자존감을 형성하였기 때문이다. 예상대로 개인 간 수준에서 일반적 자존감은 상태 자존감을 정적으로 예측했다. 이 연구에서 강박열정이 실제 경기 수행과 상태 자존감 사이의 관계를 조절했다는 결과는 흥미롭다. 이러한 상호작용 결과는 매직 카드게임에 대해 강박열정을 더 많이 가진 사람일수록 게임의 결과가 상태 자존감에 미치는 정적 영향이 더 크다는 것을 의미한다. 즉 이겼을 경우 비기거나 졌을 때보다 더 높은 수준의 상태 자존감이 나타났다. 그러나 이러한 상호작용 효과는 강박열정을 가진 사람들에게만 해당되었다. 예상대로 조화열정은 경기 수행 수준과 상태 자존감 사이의 관계를 조절하지 않았다. 추가 분석 결과 매직 카드게임에 대한 자존감 수반성 역시 강박열정과 같은 결과를 낳았다. 또한 강박열정과 자존감 수반성이 동시에 모형에 포함되었을 때 강박열정의 효과는 사라졌다. 이는 자존감 수반성이 그 효과를 매개한다는 것을 의미한다. 스텐센과 달스코(2010)는 다른 방법을 사용하여 강박열정을 가진 선수일수록 스포츠 활동에서 더 높은 자존감 수반성을 보이는 것을 발견했다. 구체적으로 강박열정을 가진 선수들은 다른 선수들보다 더 잘했다는 식의 사회적 비교를 할수록 자존감이 높게 유지되었다. 조화열정을 가진 선수들은 그렇지 않았다. 따라서 강박열정은 자존감 수반성을 통해 상태(또는 활동) 자존감에 영향을 미치지만 조화열정은 그렇지 않음을 알 수 있다.

열정과 자기고양 전략

　지금까지 조화열정은 대체로 더 적응적인 형태의 자기인식과 관련 있고, 또한 강박열정을 가진 사람들의 자존감은 열정 활동을 잘하는 것에 의존하거나 수반된다는 것을 알았다. 강박열정을 가진 사람들의 상태 자존감은 그 활동의 수행 결과에 따라 변하고, 그 활동을 할 때 그들의 자기가치는 상대적으로 불안정하고 불확실해 보인다. 이들은 자기위협이나 잠재적 실패에 방어적으로 접근하는 자기고양(self-enhancement) 전략을 사용한다. 자기고양은 자신을 다른 사람보다 더 긍정적으로 인식하거나(Alicke & Govorun 2005) 자신에 대해 객관적인 수준보다 더 긍정적으로 인식하는 것을 말한다(John & Robins 1994). 예를 들어 어떤 사람이 "나는 내가 하는 활동에서 우월감을 느낀다"라고 말할 때, 자기고양은 대개 그 사람의 기질이나 속성에 대해 일어나는데, 여기에 그가 하는 열정 활동도 해당된다. 이에 비추어 본다면 주어진 활동에 대해 강박열정을 가진 사람들은 활동 참여로부터 심리적 이익을 얻기 위해 자기고양 전략을 더 많이 사용한다. 그러나 조화열정을 가진 사람들은 방어적이지 않고 안정적인 마음가짐으로 활동하기 때문에 그렇지 않다.

　라프르니에르, 발러랜드, 세디키데스(Lafrenière, Vallerand, & Sedikides 2013)는 두 연구를 통해 이 가설을 검증했다. 첫 번째 연구에서 참여자들은 열정 척도, 열정 활동과 관련된 자기고양 척도, 삶의 만족 척도(Diener et al. 1985)를 완성했다. 다중회귀분석 결과 가설대로 조화열정은 삶의 만족을 정적으로 예측하였다. 또한 강박열정×자기고양의 상호작용 효과도 유의하게 나타났다. 상호작용 결과 강박열정은 자기고양이 높을 때만 삶의 만족을 높이는 것으로 나타났다. 이 결과는 열정이원론을 뒷받침하는 것이다. 즉 강박열정을 가진 사람들은 그들의 행복을 유지하기 위해 자기고양 전략을 사용하는 반면 조화열정을 가진 사람들은 그렇지 않았다. 이 결과가 실험을 통한 조작을 사용한 연구에서도 재확인될 수 있을까? 라프르니에르 등(2013)은 연구 2에서 열정 집단(조화열정, 강박열정, 통제)과 자기고양(유, 무)을 조합하여 6가지(3×2) 실험 조건 중 하나에 참여자들을 무작위로 할당했다. 4장에서 실험에 의해 조화열정과 강박열정을 유도한 것처럼, 라프르니에르 등은 통제집단을 추가한 것 외에는 이전 연구와 동일한 조작을 사용하였다. 그들은 자기고양 또한 실험적으로 조작하였고, 이후 참여자들은 삶의 만족 척도에 응답하였다. 결과는 연구 1과 동일했다([그림 6.2] 참조). 구체적으로 조화열정 집단은

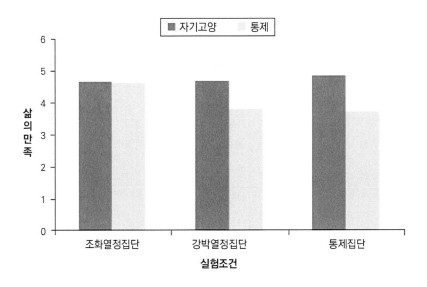

그림 6.2 열정과 자기고양 조건에 따른 삶의 만족

출처: 라프르니에르 등(2013, 연구 2)에서 수정

강박열정 집단과 통제집단보다 삶의 만족이 더 높은 것으로 나타나 조화열정의 주효과를 확인할 수 있었다. 또한 강박열정×자기고양의 상호작용 효과도 유의하게 나타났다. 즉 강박열정이 높고 자기고양이 있는 경우에는 삶의 만족이 높았고, 강박열정이 높고 자기고양이 없는 경우에는 삶의 만족이 낮았다. 연구 2의 결과는 열정이 행복에도 영향을 미친다는 것을 보여준다는 점에서 중요하다(이는 8장에서 다시 보게 될 것이다). 조화열정은 조건 없이 삶의 만족을 높일 수 있으나 강박열정은 자기고양이 있을 때만 삶의 만족을 높일 수 있다. 연구에 따르면 자기위협은 자기고양 전략을 더 많이 사용하도록 한다(Campbell & Sedikides 1999). 후속 연구에서 자기위협 상황에서 강박열정이 자기고양 전략을 촉발하는지 알아볼 필요가 있다.

열정과 인지적 목표

성취목표

심리학에서 인지적 목표에 대한 연구는 톨만(Tolman 1932)으로 거슬러 올라갈 만큼 오래되었고, 현대의 성취목표(achievement goal)(Nicholls 1984; Roberts 2001) 이론 역시 많은 관심을 받아왔다. 성취목표는 개인이 성취 환경에서 달성하고자 하는 유능성에 기반한 목표를 말한다(예: Dweck 2006; Elliot 1997). 그중 특히 앤드류 엘리엇(Andrew Elliot)의 연구들이 주목을 끌었다. 엘리엇과 동료들(Elliot 1997; Elliot & Harackiewicz 1996)은 열정 활동의 동기적 관여에 중요한 시사점을 주는 세 가지 서로 다른 목표를 제시하였다. 숙달 목표(mastery goal)는 유능감의 발전과 과제의 숙달에 초점이 있으며, 수행접근 목표(performance-approach goal)는 타인과 비교하여 유능함을 인정받는 데에, 수행회피 목표(performance-avoidance goal)는 타인과 비교하여 무능함을 감추는 데에 초점이 있다. 10장에서 보게 되겠지만, 이 세 가지 목표는 수행에 중요한 영향을 미친다. 이하에서는 세 목표가 활동에 서로 다른 방식으로 개입하는 것에 대해 주목해보고자 한다. 구체적으로 숙달 목표는 활동의 향상과 자기참조적 관점이 중시되는 반면 수행 목표는 활동의 향상보다 사회적 비교를 우선으로 하는 경쟁지향적, 타인참조적 관점이 중시된다. 따라서 숙달 목표는 성장지향적인 관점에 훨씬 더 부합하고, 수행 목표는 방어지향적인 관점을 유도하기 쉽다.

성취목표에서 조화열정과 강박열정의 차별적 역할

열정이 있으면 활동에 적극적으로 투자한다. 이는 유능감을 가지고 활동에 참여하기 위해 헌신한다는 것을 의미한다. 따라서 두 열정은 개인들로 하여금 그들의 활동에 서로 다른 성취목표를 채택하고 추구하도록 유도할 수 있다. 열정이원론에서는 활동 참여의 기저에 있는 열정의 유형에 따라 성취목표 과정이 달라진다고 주장한다. 구체적으로 조화열정은 동기 과정의 자율적 형태를 반영하기 때문에 성취와 관련된 활동을 숙달하고자 하는 적응적 목표를 촉진한다(Duda 2001; Dweck 1986). 조화열정은 활동을 통해 자기향상을 지향하는 자기성장적 관점에 바탕을 두고 있다. 따라서 조화열정은 수행접근 목표와 수행회피 목표에는 연결되지 않고, 명확히 과제중심적인 숙달 목표에 연결될 것으로 예상된다. 반대로 강박열정은 동기 과정에서 압박을 받고 내적으로 통제받으며 다소 불안정하기 때문에 갈등을 부르는 조절 과정을 이끈다. 그리하여 어떤 형태로든 성공에 접근하고 실패를 회피하는 성취목표에 연결된다. 여기에는 과제를 숙달하고, 다른 사람보다 잘하려고 노력하며, 다른 사람보다 못하는 것을 피하는 것이 포함된다. 이와 같이 강박열정은 숙달 목표, 수행접근 목표, 수행회피 목표와 정적으로 관련될 수 있지만 통제적인 내면화 과정이 만들어내는 불안정한 자아의식 때문에 특히 수행회피 목표와 더 깊이 관련될 수 있다.

이 가설을 검증하기 위해 학업(Vallerand et al. 2007, 연구 2), 스포츠(Vallerand, Mageau, et al. 2008, 연구 2), 음악(Bonneville-Roussy et al. 2011) 영역에서 연구가 진행되었다. 세 연구의 방법론적 전략은 매우 유사하다. 주로 활동에 참여하는 장소를 중심으로 참여자들을 섭외한 다음, 그들에게 열정 척도와 성취목표 척도(Elliot & Chruch 1997 참조)를 실시하였다. 이어 구조방정식모형 분석을 통해 열정과 성취목표 사이의 관계를 탐색하였다. 세 연구의 결과는 거의 일치한다. 가설대로 조화열정은 숙달 목표를 강하게 정적으로 예측했던 반면 비교를 중시하는 수행접근 목표나 수행회피 목표를 예측하지는 않았다. 또한 강박열정은 세 목표를 모두 예측하였으나 목표의 종류에 따라 선호도에 차이가 있었다. 강박열징이 높은 사람들은 수행회피 목표, 수행접근 목표, 숙달 목표의 순으로 선호하였다. 그러므로 강박열정을 가진 사람들은 다른 사람보다 '못하는' 것처럼 보이지 않는 목표, 가능하면 다른 사람보다 '잘할 수 있는' 목표를 선호한다. 이들은 남과 비교하지 않고 그 활동 자체를 숙달하고자 하는 목표를 가장 낮게 선호한다.

요약하면 서로 다른 성취목표는 서로 다른 열정 유형을 채택하게 한다. 조화열정이 과제지향적인 숙달 목표를 유도하는 반면 강박열정은 과제 목표(숙달 목표)를 포함해서 여러 목표를 유도하지만, 주로 다른 사람보다 못하는 것을 숨기고 잘하는 것을 드러내려 하는 비교 목표(수행 목표)를 채택하게 한다. 10장에서는 이러한 목표들이 높은 수행에 미치는 중요한 시사점에 대해 다룰 것이다.

열정과 인지 기능

사람들이 활동에 열정을 가질 때에는 활동에 대해 더 많이 생각할 뿐만 아니라 활동에 대한 목표를 가지게 된다. 그들은 다음 활동에 참여할 때 어떤 방법으로 얼마나 오래 할 것인지 목표를 세운다. 그러나 열정 활동에 관한 목표만 있는 것은 아니다. 사람들은 일, 가족, 친구 등에 대한 많은 목표를 가지고 있다. 이렇게 다양한 목표들과 열정 활동의 목표는 어떤 관계가 있는가? 목표들 사이의 이러한 관계는 어떤 결과를 낳는가? 우리는 이제 열정적인 사람들의 마음의 기능에 대해 살펴본다.

열정에 따라 달라지는 목표 추구

　인지 과정은 많은 기능 중 특히 목표와 관련된 기능에서 컴퓨터와 유사하다. 아리 크루글란스키(Arie Kruglanski)의 목표−시스템 이론(Kruglanski et al. 2002)에 의하면 우리는 하나의 목표에만 초점을 둘 수도 있고 멀티태스킹처럼 동시에 여러 목표를 추구할 수도 있다. 그리고 이 목표 추구는 우리의 '컴퓨터(두뇌)'가 다른 일을 처리하는 동안 우리의 인식 밖에서 일어날 수 있다. 우리가 추구하는 목표의 개수는 목표에 도달하기 위해 선택하는 여러 가지 수단에 영향을 미친다. 어떤 수단은 한 개의 목표만을 달성하게 하는 반면, 어떤 수단은 여러 개의 목표를 동시에 달성하도록 한다. 예를 들어 나는 사회생활, 건강, 유능감 등의 여러 가지 목표들을 이루고자 한다. 이때 한 목표에 한 가지씩의 수단을 써서 이 목표들을 달성할 수 있다. 예컨대 친구들과 규칙적으로 저녁 시간에 만나고(사회적 목표), 1주일에 세 번 대학에서 운동을 하고(건강 목표), 기타 연주를 통해 유능감을 느낄 수 있다. 그러나 농구를 잘하는 친구들과 경기를 하면 세 가지 목표를 한 번에 달성할 수 있다. 즉 친구들과 시간을 보내고 운동을 하고 높은 수준의 유능감을 가질 수 있다. 이처럼 수단의 유형에는 성공 기대가 높은 한 가지 목표에만 연결된 **단일 수단**(unifinal means)과 성공 기대가 상대적으로 낮은 두 가지 이상의 목표에 연결된 **다면적 수단**(multifinal means)이 있다(Kruglanski et al. 2002). 기대 수준이 높은 한 가지 목표를 추구하게 하여 다른 목표에 **해가 되는** 수단도 있다. 이러한 수단을 **대결적 수단**(counterfinal means)이라고 한다. 예를 들어 퇴근 후 매일 밤늦게까지 락밴드에서 기타를 치면 유능감을 높이려는 목표를 추구할 수 있겠지만 가족들과 시간을 보내고 건강을 챙기기 위한 다른 목표와는 배치된다. 대결적 수단은 한 가지 목표에는 기대 수준을 최대로 높일 수 있지만 다른 목표에는 해가 될 수 있다. 대조적으로 다면적 수단은 여러 가지 목표를 추구할 수 있게 하고 따라서 즐거움이나 만족감을 극대화할 수 있다.

　당면한 상황에 따라 선택하는 수단의 유형이 달라질 수 있다(Kruglanski et al. 2002 참조). 어떤 학생이 여러 가지 중요한 목표(공부, 친구)를 달성해야 할 때 특별히 한 가지 목표만을 이루어내야 한다는 압박감을 느끼지 않는다면 다면적 수단(예: 친구들과 함께 공부하기)을 선택한다. 그러나 기말고사 기간과 같이 특별한 상황에서는 공부라는 한 가지 목표가 가장 중요하기 때문에 다른 목표(예: 사회적 목표)를 희생하더라도 이 목표를 달성하기 위해 대결적 수단(예: 2주 동안 혼자서 공부하기)을 선택할 수 있다.

목표 수단의 선택에서 열정의 역할

수단의 종류는 개인 특성에 따라서 달라진다. 열정 유형은 목표를 추구하기 위해 어떤 수단을 선택하는가에 영향을 미치는 개인차를 반영한다. 강박열정은 불안정한 자아의식에 뿌리를 두고 있기 때문에, 열정 활동과 관련된 목표에 낮은 기대 수준(또는 높은 불안정감)을 갖게 하며 따라서 대결적 수단 즉 하나의 목표 달성에 높은 기대 수준을 갖게 하지만 다른 목표에는 해가 되는 수단을 선호하게 한다. 반대로 조화열정은 안정된 자아의식과 관련 있기 때문에(Vallerand 2010) 목표에 높은 기대 수준을 갖게 하며 따라서 다면적 수단 즉 하나의 목표를 추구하면서 다른 목표를 함께 달성하게 하는 수단을 선호하게 한다. 강박열정이 높은 사람은 다면적 수단보다 대결적 수단을 선호하는데, 대결적 수단은 목표가 달성될 것이라는 확신을 더 많이 주기 때문이다. 반면에 조화열정이 높은 사람은 목표 달성의 확신이 있기 때문에 여러 목표를 달성함으로써 얻는 부가가치를 극대화할 수 있는 다면적 수단을 선호한다.

이렇듯 수단의 선택은 열정 활동이 그 사람의 정체성에 내면화되는 방식, 그리고 그에 따라 자아 내에 있는 목표망(goal web)의 유형에 영향을 받는다. 조화열정은 자율적인 내면화 과정을 통해 다른 요소들과 조화를 이루며 내면화된다. 그렇기 때문에 열정 활동의 목표는 이미 긍정적으로 상호연결된 망의 일부로 존재한다. 따라서 조화열정을 가진 사람은 기존의 목표를 방해할 수 있는 대결적 수단을 사용하지 않고 열정 활동의 목표와 다른 목표를 동시에 달성하기 위해 다면적 수단을 사용한다. 반대로 강박열정은 통제적인 내면화 과정을 통해 정체성에 내면화된다. 그렇기 때문에 열정 활동의 목표와 자아 내에 있는 다른 목표들 사이에 조화보다는 갈등을 일으키는 목표망을 만들어 낸다. 갈등이 이미 존재하고 있기 때문에 강박열정을 가진 사람들은 대결적 수단을 사용할 것으로 예상된다.

벨랑제, 라프르니에르, 크루글란스키, 발러랜드(Bélanger, Lafrenière, Kruglanski, & Vallerand 2013)는 일련의 연구를 통해 열정에 따라 수단의 종류가 달라진다는 가설을 검증하였다. 연구 1B에서 그들은 연애 중인 참여자들에게 사랑하는 사람에 대한 열정 척도를 실시한 다음, 다면적 수단(예: "나는 대개 파트너와 함께 여가 활동을 한다")과 대결적 수단(예: "나는 파트너에게 몰입하기 위해서 여가 활동의 일부를 포기한다")의 사용 빈도를 답하게 하였다. 다중회귀분석 결과 예상한 바와 같이 조화열정이 높을수록 다면적 수단의 빈도가 높았던 반면 강박열정이 높을수록 대결적 수단의 빈도가 높았다. 학업 열정에 관한 연구 1A에서도 유사한 결과가 나타났다. 또한 이러한 결과는 참여자들이 공부(연구 2A)나 낭만적 관계(연구 2B)와 관련하여 조화열정 또는 강박열정 조건에 무작위로 배치되었던 실험연구에서도 유사하게 나타났다.

마지막으로 벨랑제 등은 조화열정이 우세한 사람들이 다면적 수단을 선호하고 강박열정이 우세한 사람들이 대결적 수단을 선호하는 이유를 알아보고자 하였다. 그들은 열정이원론에 의거하여 강박열정은 불확실성과 불안정성을 수반하기 때문에 목표 달성의 성공 기대가 낮을 것이라고 판단하였다. 목표 달성의 낮은 기대 수준은 대결적 수단을 선호하도록 유도하는데, 그 이유는 일반적으로 하나의 목표에만 집중하는 대결적 수단이 성공 기대를 높일 수 있기 때문이다(Klein 2011 참조). 대조적으로 조화열정은 방어적이지 않은 안전한 방식으로 기능하기 때문에 목표 달성의 성공 기대가 높다. 목표 달성의 높은 기대 수준은 다면적 수단을 선호하도록 한다. 그 이유는 성공 기대가 문제가 되지 않는다면 동시에 여러 목표를 달성함으로써 더 큰 가치를 제공하는 수단을 선택하기 때문이다. 벨랑제 등(2013, 연구 4A)은 이러한 가설을 검증하기 위해 참여자들에게 학업 열정 척도, 학업에 대한 다면적 수단과 대결적 수단을 평가하는 척도, 학업 목표 달성의 기대 수준인 일반적 성공 기대 척도(Generalized Expectancy for Success Scale)(Fibel & Hale 1978; 예: "나는 성공적으로 학업에 대한 책임을 다할 것으로 기대한다")를 실시하였다. 구조방정식모형 분석 결과 가설이 지지되었다. 조화열정은 성공 기대를 정적으로, 강박열정은 성공 기대를 부적으로 예측하였다. 이어 조화열정은 다면적 수단의 사용을 정적으로, 대결적 수단의 사용을 부적으로 예측하였다. 이러한 결과는 낭만적 관계에 대한 연구에서도 재확인되었다(연구 4B).

요약하면 두 열정은 활동 내에서 성공 기대에 대해 서로 다른 믿음을 유도하며, 따라서 목표에 도달하기 위한 활동(또는 수단)의 유형과 삶의 다른 차원에도 서로 다른 결과를 가져온다. 조화열정을 가진 사람들은 활동과 관련된 목표를 달성할 수 있다고 믿으며 따라서 그들은 다면적 수단을 사용한다. 다면적 수단은 활동과 관련된 목표와 함께 삶의 다른 목표도 달성하게 하는 보너스 효과를 가지고 있다. 대조적으로 강박열정을 가진 사람들은 중요한 목표를 달성할 수 없다는 불안감을 가지며 따라서 그들은 삶의 다른 목표를 희생시켜야 하는 대결적 수단을 사용한다. 강박열정을 가진 사람들은 활동에 성공적으로 참여하기 위해 삶의 일부를 기꺼이 희생한다.

열정에 따른 수단 기저에 놓인 자동 인지 기능

대결적 수단 또는 다면적 수단을 사용함으로써 발생하는 결과 중 하나는 시간이 흐르면서 자동적(self-sustaining)이 되는 여러 형태의 인지 기능과 행동 패턴을 발달시킨다는 것이다(Kruglanski & Shebrand 2013). 사람들이 특정 유형의 수단을 더 자주 선택할수록, 그리고 특히 이 수단이 효과가 있는 것처럼 보일수록 이 수단은 더 자주 사용된다. 특정한 수단을 반복적으로 접하게 되면 그 수단을 자동적으로 사용하게 된다. 조화열정을 가진 사람들은 동시에 여러 목표를 추구함으로써 행위지원에 개방적인 자세를 유지하는 반면, 강박열정을 가진 사람들은 열정 활동의 목표만을 추구함으로써 다른 목표들을 희생할 것이다. 다양한 상황에서 이러한 자동화 과정이 어떻게 작동하는가?

열정이원론에 의하면, 활동에 대해 강박열정을 가진 사람들은 그 활동을 다른 목표로부터 자동적으로 보호하는 법을 배운다. 강박열정은 질투심이 많은 열정이다. 즉 열정을 감소시킬 수 있는 다른 영향들로부터 자신을 보호하려 한다. 앞 절에서 강박열정을 가진 사람들이 대결적 수단을 선호하는 것을 보았다. 실제로 대결적 수단은 열정 활동의 목표를 다른 목표로부터 보호한다. 예를 들어 강박열정을 가진 도박꾼은 가족과 시간을 보내거나 운동을 하거나 집안일을 하는 것과 같은 다른 목표들을 피해 카지노에 갈 수 있는 확실한 방법을 찾으려 한다. 반대로 조화열정을 가진 사람들은 열정 활동의 목표를 자신이 인지하고 있는 다른 목표들과 조화롭게 공존시킨다. 따라서 조화열정을 가지게 되면 열정 활동의 목표를 다른 목표로부터 보호할 필요 없이 여전히 개방적인 태도로 다른 활동을 생각할 수 있다. 즉 조화열정을 가진 사람들은 목표 간의 갈등을 경험하지 않고 여러 가지 목표에 관여(멀티태스킹)할 수 있다. 그러나 강박열정을 가진 사람들은 열정 활동의 목표가 다른 목표와 충돌하는 동안 방어적인 형태의 인지 과정을 경험한다. 따라서 갈등을 일으키는 마음 상태에서 벗어나기 위해 열정 활동의 목표를 다른 목표로부터 더욱 보호하려 한다. 이로써 '목표 보호(goal shield)'라고 불리는 과정이 일어난다(Shah 2005). 목표 보호란 주의를 방해할 수 있는 다른 목표들을 억제함으로써 주의집중을 자동으로 조절하는 것을 말한다. 강박열정은 시간이 지나게 되면 목표 보호를 작동시켜 열정 활동의 목표를 다른 목표로부터 보호하는 자동 인지 과정을 형성한다. 조화열정은 여러 목표가 평화롭게 공존할 수 있기 때문에 목표 보호를 작동시킬 필요가 없다.

벨랑제, 라프르니에르, 발러랜드, 크루글란스키(2013b)는 일련의 연구를 통해 위의 가설을 실험했다. 처음 두 연구의 실험 패러다임은 같다. 참여자들은 실험실에서 "당신이 좋아하고 중요하게 생각하며 규칙적으로 상당한 시간을 투자하는 활동(열정의 정의)을 생각해 보십시오"라는 지시를 받고 그 활동을 떠올리며 열정 척도에 응답하였다(Vallerand et al. 2003). 이어 그들은 규칙적으로 즐겁게 참여하는 두 번째로 중요한 활동(대안 목표)과, 한 번도 해본 적이 없지만 즐겁게 할 수 있다고 생각되는 활동(즐거운 활동)을 보고하였다. 이어 참여자들은 다른 방에서 컴퓨터로 어휘 판단 과제(lexical decision task)를 수행하였다. 이 과제는 샤 등(Shah et al. 2002)이 사용한 것과 유사하며, 참여자들은 표적 단어가 중요한 활동을 나타내는지 가능한 한 빨리 판단하도록 지시받았다. 점화 단어는 참여자들이 알아차리지 못하게 표적 단어가 제시되기 전 17m/s 동안 제시되었다. 어휘 판단 과제에 포함된 표적 단어와 점화 단어는 열정 활동(예: 농구), 대안 목표(예: 공부), 즐거운 활동(예: 볼링)과 두 개의 중립 단어(예: 테이블과 의자)였다. 한 시행에 표적 단어와 점화 단어를 동시에 포함하지는 않았고, 점화–표적 단어의 조합은 각각 6회 제시되었다. 여러 시행(120회) 동안 참여자들은 표적 단어가 중요한 활동을 나타내는지 가능한 한 빨리 판단하도록 요청받았다. 목표 보호 지수는 중립 단어(예: 의자) 또는 목표 점화 단어(예: 농구)에 무의식적으로 노출된 후 표적 목표 단어(예: 공부)와 연관된 단어에 반응하는 시간을 비교하여 산출하였다. 중립 단어(예: 의자)에 비해 목표 점화 단어(예: 농구)에 노출된 후 표적 목표 단어(예: 공부)에 반응하는 시간이 느릴수록 억제 과정이 작용하는 것으로 가정한다. 목표 보호 지수가 높을수록 점화 단어는 반응 시간에 덜 간섭하며, 이는 억제 과정이 적게 작용하는 것으로 해석할 수 있다. 벨랑제 등은 일련의 연구를 통해 실험에 몇 가지 방법을 추가하고 개선하였다. 이에 여러 목표의 중요도에 대한 통제 연구(연구 2), 5장에서 확인한 실험 조작의 반복 연구(연구 3, 4), 이전에 참여한 적이 없었던 흥미로운 과제를 대안 활동으로 사용하고 내재동기와 외재동기를 통제한 연구(연구 4), 마지막으로 목표 보호 효과의 인지 부하에 대한 연구(연구 5)가 수행되었다.

일련의 연구결과를 요약하면 다음과 같다. 첫째, 모든 연구에서 목표 보호 효과가 나타났다. 열정 활동과 관련된 단어(예: 농구)가 무의식적으로 점화되었을 때 참여자들은 중립 단어(예: 의자)보다 대안 활동과 관련된 단어(예: 공부)에 더 느리게 반응했다. 그러나 이런 효과는 강박열정을 가졌을 때에만 일어났다. 조화열정을 가졌을 때에는 목표 보호 효과가 일어나지 않았다. 따라서 조화열정과 강박열정이 서로 다른 인지 기능에 관여한다는 가설은 충분히 지지된다. 강박열정을 가진 사람들의 인지 과정에서는 열정 활동을 대안 활동으로부터 보호하려 한다. 이것은 대결적 수단과 관련된 인지 기능으로 볼 수 있다. 강박열정을 가진 사람은 활동과 관련된 목표에만 집중하기 위해 일시적으로 다른 목표들을 제쳐두고 주의를 기울이지 않는다. 이런 현상은 모든 목표에 주의를 기울이고 있는 조화열정을 가진 사람에게는 일어나지 않는다. 둘째, 대안 활동과 관련된 단어(예: 공부)가 점화된 후 열정 활동과 관련된 단어(예: 농구)가 제시될 때에는 목표 보호 효과가 일어나지 않았다. 이 결과는 매우 중요한데, 목표 보호 효과를 일으키는 것은 오직 강박열정과 관련된 점화이고 다른 것과 관련된 점화에서는 일어나지 않기 때문이다.

셋째, 열정 척도를 사용한 결과와 4장에서 설명된 열정의 실험 조작 결과가 동일하다. 이는 두 가지 점에서 중요하다. 첫째, 열정을 실험을 통해 유도함으로써, 강박열정이 목표 보호와 단순한 상관만이 아니라 실제로 그것의 **원인**이 된다는 결론을 내릴 수 있다. 둘째, 앞서 논의한 바와 같이 사람들의 마음속에 있는 목표망의 종류는 안정적이고 (Higgins 1996) 상대적으로 영구적이며, 열정에서의 개인차를 반영한다. 그리고 이것은 실험 조작을 통해 일시적으로 만들어질 수 있다. 즉 적절하게 유도한다면 모든 사람들을 강박열정 혹은 조화열정을 가진 사람처럼 생각하게 만들 수 있고, 목표를 보호하거나 보호하지 않도록 만들 수 있다.

넷째, 목표 보호 효과는 학습된다. 실제로 목표 보호 효과는 대안 활동과 함께 제시될 때에는 시행 시작부터 나타났지만, 연구 2와 연구 4에서와 같이 한 번도 해보지 않은 새로운 활동과 함께 제시될 때에는 시행이 진행되면서 점진적으로 목표 보호 효과가 발생하였다.

마지막으로, 비록 목표 보호 효과는 학습되고 자동화되며 무의식적으로 일어나지만 그것은 시간이 흐르면서 정신 에너지를 고갈시킨다(연구 5). 목표 보호의 중요한 결과는 어려운 인지 과제를 이어서 수행해야 할 때 쓸 수 있는 인지적 에너지가 낮아지고 수행 수준도 떨어진다는 것이다.

두 연구(Bélanger, Lafrenière, Kruglanski, & Vallerand 2013; Bélanger et al. 2013b)를 종합해 보면 조화열정과 강박열정이 우리의 인지 기능에 미치는 영향에 대한 중요한 시사점을 얻을 수 있다. 연구결과는 조화열정 또는 강박열정을 가진 사람들의 마음이 서로 다른 방식으로 조직됨을 보여준다. 열정 활동과 자아의 다른 요소 사이에서 긍정적이거나(예: 다면적 수단) 부정적으로(예: 대결적 수단) 나타나는 상호연관성에서 볼 수 있듯이,

조화열정을 통해 사람들은 더 풍부한 목표망에 접근할 수 있다. 여기서는 목표가 서로 긍정적으로 연관되어 있기 때문에 열정 활동을 하고 싶을 때 다른 목표와 갈등을 일으키지 않고 활동에 접근할 수 있다. 심지어 카펜티어 등(2012)에서 볼 수 있듯 열정 활동이 다른 활동을 촉진할 수도 있다. 강박열정에 대해서는 정반대의 패턴이 존재한다. 여기서는 열정 활동의 목표가 다른 목표와 연결되는 것을 막는다. 물론 연합 네트워크(associative networks)에 관한 연구에서 알 수 있듯 목표 간 상호연관성의 질은 안정적이지만 간혹 상황적으로 유도될 수 있고 따라서 바뀔 수 있다. 어떤 사람의 열정 중에 무엇이 우세한가를 판단함으로써 우리는 열정 활동의 목표와 다른 목표, 그리고 이 목표를 위한 수단 사이의 일반적이고 안정적인 목표망이 무엇인지 알 수 있다. 또한 실험을 통해 유도된 열정에 따라 일시적으로 새로운 목표망을 만들어낼 수도 있다.

열정의 사회적 지각

지금까지 우리는 인지 과정에서 열정이 어떠한 역할을 하는지 살펴보았다. 이 장을 마무리하면서 우리는 열정–인지 관계의 또 다른 측면을 살펴보고자 한다. 우리는 다른 사람들의 열정을 어떻게 지각하고, 그러한 지각은 우리의 인지에 어떠한 영향을 미치는가? 열정은 우리를 둘러싸고 있기 때문에 이 질문은 중요하다. 실제로 우리는 주변에서 열정적인 사람들의 활동을 직접 목격한다. 우리는 사람들이 미소 짓고 웃고 에너지와 열광과 흥분을 표출하고 자기 자신을 완전히 내던지는 것을 보면서 그들이 열정을 가지고 있음을 알게 된다. 따라서 우리는 특정 활동에 열정적인 사람을 확인할 수 있다. 정말 그러한가? 열정적인 사람과 그렇지 않은 사람, 심지어 특정 영역에서 조화열정을 가진 사람과 강박열정을 가진 사람의 차이를 알 수 있을까? 이는 직원 채용과 같이 실제로 이루어지는 의사결정에 큰 영향을 미칠 수 있는 중요한 질문들이다.

특별히 다른 사람들의 열정에 주목하고자 하는 상황은 대체로 그 상황이 매우 중요할 때 일어난다. 기업에 대한 투자가 그 예이다. 대부분의 투자자들은 벤처 사업을 시작하고 키우는 데 열정이 중요하다고 믿는다. "열정, 이것이 내가 찾아야 할 첫 번째 중요한 신호이다. 나는 그렇게 배웠다"(Jon P. Goodman, 개인 투자자이자 EC2 설립자). 이 말처럼 투자자들은 열정이 있는 곳에 투자하려 한다. 연구자들은 이 가설을 경험적으로 연구하기 위해 투자에 있어서 (흔히 '엔젤'이라고 불리는) 벤처 캐피털리스트가 기업가의 열정을 지각하는 것이 어떠한 역할을 하는지 검증하였다(Cardon, Sudek, & Mitteness 2009, 연구 1; Chen, Yao, & Kotha 2009; Mitteness, Sudek, & Cardon 2012). 이 가설에는 두 가지 질문이 담겨 있다. (1) 투자자들은 실제로 기업가적 열정을 정확하게 지각할 수 있는가? (이것은 응용 연구뿐만 아니라 개념 연구로도 흥미로운 질문이다. 실제로 열정은 정확하게 지각되는가? 아니면 열정은 단순히 지각하는 개인의 마음속에만 있는 것인가?), (2) 열정에 대한 이러한 지각이 투자자의 벤처 펀딩 행동에 영향을 미칠 것인가? 이 쟁점들을 살펴보기로 한다.

타인의 열정에 대한 지각

첫 번째 질문은 투자자들이 지각한 열정이 얼마나 정확한가이다. 이 질문에 답하기 위해서는 기업가의 실제 열정과 투자자가 기업가에 대해 지각한 열정을 비교할 필요가 있다. 멜리사 카돈(Melissa Cardon)과 동료들(2009, 연구 2)이 시도한 첫 번째 방법이 이것이다. 첫째, 그들은 기업가들이 보이는 열정의 수준을 결정하기 위해 미국에서 가장 큰 투자 그룹 중 한 곳에서 심사 받는 기업인들의 프레젠테이션 녹화 영상을 평정자들로 하여금 평가하게 했다. 녹화 자료에 표현된 열정의 수준을 평가하기 위해 연구자들은 세 명의 평정자들을 훈련시켰고, 이들은 '에너지 넘치는 몸의 움직임', '다양한 어조로 말하기', '생기 있는 표정을 보여주기' 등 비언어적 행동에 초점을 맞췄다. 이 행동은 열광과 흥분을 표현한다. 평정자들 간에는 적절한 신뢰도가 확보되었다. 그런 다음 실제 투자자들이 각 기업가의 프레젠테이션을 놓고 "CEO는 회사에 매우 열정적이다"와 "CEO는 매우 열광적이다"라는 두 가지 항목으로 지각된 열정의 수준을 평가하였다. 상관분석 결과 평정자들이 평정한 '표현된 열정(displayed passion)'과 투자자들이 지각한 기업가의 열정 사이에는 유의한 정적 상관이 나타났다. 비록 매우 높지는 않지만 정적인 상관은 기업가의 열정이 투자자에 의해 정확하게 지각될 수 있다는 가설을 뒷받침한다.

나아가 첸 등(Chen et al. 2009, 연구 1)의 연구에서는 실험연구의 패러다임을 사용했다. 카돈 등과 마찬가지로 그들은 우선 '표현된' 열정과 관련된 비언어적 요소를 예비 연구에서 확인했다. 첸 등은 전문 배우를 고용하여 기업가(배우)가 엔젤 투자를 유치하기 위해 사업 계획을 발표하는 내용의 영상을 두 가지 버전으로 만들었다. 배우는 첫 번째 버전의 영상에서는 비언어적 요소를 사용하여 사업 계획을 매우 열정적으로 발표하였고, 두 번째 버전의 영상에서는 거의 열정을 보이지 않고 발표했다. 이어 두 버전의 영상 중 하나에 MBA 학생들을 무작위로 배정하여 투자자 역할을 하게 한 뒤 '표현된 열정 척도'에 응답하게 하였다. 이 척도는 기업가가 '열정적'인지 아닌지 판단하기보다는 비언어적인 열정 행동을 판단하도록 구성했다. 분산분석 결과 두 집단 간에 유의한 차이가 있는 것으로 나타났다. 구체적으로 높은 열정 영상을 본 참여자들은 낮은 열정 영상을 본 참여자들보다 '기업가(배우)'가 비언어적인 열정 행동을 유의하게 더 많이 보인다고 지각하였다. 열정에 대한 기업가의 자기평가와 그 열정에 대한 관찰자의 지각 사이의 관계를 더 확실하게 알아보기 위한 후속 연구가 필요하다. 추가적으로 관찰자들이 조화열정을 가진 사람과 강박열정을 가진 사람들을 정확하게 구별할 수 있는지 알아볼 필요가 있다.

타인의 열정에 대한 지각과 반응

이상의 연구결과를 통해 사람들이 (적어도 어느 정도까지는) 다른 사람의 열정을 정확하게 지각하고 있음을 알 수 있다. 그렇다면 그 지각은 정말로 중요한가? 이어지는 중요한 질문은 이것이다. 예를 들어 기업가가 열정이 있다고 지각하면 엔젤(투자자)은 투자를 결정하게 될까? 앞서 MBA 학생들을 대상으로 한 첸 등(2009, 연구 1)의 연구에서는 겉으로 드러난 열정과 벤처에 돈을 투자하기로 한 결정을 평가했다. 그 결과 기업가의 열정에 대한 지각과 투자 '결정' 사이에는 아무런 관계가 없었다. 그러나 실제 투자자와 은행가들을 대상으로 한 첸 등의 두 번째 연구에서 참여자들은 실시간 프레젠테이션뿐 아니라 서면 사업 계획서를 모두 살펴본 뒤 기업가의 지각된 열정을 평가하고 투자 여부를 결정하였다. 그 결과 지각된 열정과 투자 결정 사이에 작지만 정적이고 유의한 상관관계가 있었다. 따라서 다른 사람들에 의해 열정이 지각되는 것은 열정을 가진 사람에게 유리한 의사결정이 주어지는 데 영향을 줄 수 있다.

앞서 논의한 카돈 등(2009, 연구 2)에서는 실제 투자자들에게 기업가의 열정을 평가하도록 요구하였다. 연구자들은 또한 이 투자자들에게 다음의 두 가지 결정을 내리도록 요청하였다. 첫째, 투자 제안이 1단계를 통과할 수 있을 만큼 흥미로운가? 둘째, 실제로 그들은 최종 단계에서 사업에 투자할 것인가? 그 결과 평정자에 의한 평가나 투자자에 의해 지각된 열정은 실제 투자 결정과는 관련이 없는 것으로 나타났다. 그러나 경로분석 결과 평정자들에 의해 평가된 열정은 투자자들이 지각한 열정을 예측하고, 이어 열정은 제안의 1단계 통과 여부를 예측하였다. 따라서 우리는 다른 사람들의 열정을 지각할 수 있고, 지각된 열정은 열정을 가진 사람에게 유리한 결과로 이어진다고 볼 수 있다. 또한 이 결과는 MBA 학생(Chen et al. 2009, 연구 1)보다 '실제' 투자자(Cardon et al. 2009; Chen et al. 2009, 연구 2)들이 지각할 때 더 그렇게 될 가능성이 높다. 실제 투자자를 대상으로 한 추가 연구(Mitteness et al. 2012)에서 지각된 열정과 제안의 1단계 통과 여부 사이의 상관을 재확인하였다. 또한 이 두 변인 간의 관계는 투자자 개인의 특성에 따라 달라졌는데, 나이가 많고, Big5 성격이 직관적이고, 개방적이며, 멘토로서의 역할에 관심이 있을수록 그 관계가 더 강하게 나타났다. 중요한 점은, 발표 과정에서 보여준 열정은 3년 후 그 회사가 실제로 성공하는 정도를 예측했다는 것이다(Galbraith, DeNoble, Ehrlich, & Horowitz 2013). 요컨대 열정은 벤처 투자와 관련된 관찰자, 특히 경험이 많은 사람들이 내리는 중대한 의사결정 과정에서 매우 중요하다. 후속 연구에서는 열정의 유형(소화열정과 강박열정)도 중요한 것인지, 아니면 열정적이라는 사실만으로 적절한 투자를 끌어낼 수 있는지 알아볼 필요가 있다.

요 약

이 장에서 검토한 연구들에서 우리는 두 열정이 인지 기능에 영향을 줄 수 있고, 그리하여 조화열정은 가장 적응적인 결과로, 강박열정은 적응에 미치지 못하는 결과로 이어진다는 것을 확인하였다. 주의, 마음챙김, 의사결정, 반추, 자기과정 등 여러 인지 과정과 관련해서 이 연구결과를 얻었다. 후속 연구에서는 사회 또는 개인 요인이 어떻게 이러한 영향을 조절하는지 알아보는 것이 필요하다. 또한 이 장에서는 열정을 가진 개인의 인지 세계를 탐색하고, 조화열정 또는 강박열정에 따라 이 세계가 달라짐을 확인하였다. 강박열정은 목표 보호에 관여하는 반면 조화열정은 목표를 균형 있게 조직한다. 마지막으로 열정은 타인에 의해 정확하게 지각될 수 있음을 보여주었지만, 조화열정이나 강박열정을 가진 개인을 구분해서 지각할 수 있는지는 확인하지 못했다.

열정과 정서
Passion and Emotions

정서는 일상생활의 한 부분이다. 정서는 긍정적일 수도 있고 부정적일 수도 있다. 직장 상사에게 화가 나며 첫 데이트 이후에 무슨 일이 일어날지 흥분하고 궁금해하며 소중한 친구의 죽음에 슬퍼하고 좋아하는 활동을 할 때 열광한다. 오래전 철학자 제레미 벤담(Jeremy Bentham, 1748-1832)이 말했듯 쾌락과 고통은 인간의 조건에서 매우 중요한 차원이다. 그러나 우리는 어디서 정서를 가장 자주 경험하는가? 생각해보면 일(또는 공부), 대인관계, 그리고 열정을 품고 하는 활동 등 중요하게 생각하는 일이 벌어지고 있는 상황에서 정서를 경험한다. 브라운과 와이너(Brown & Weiner 1984)가 주장했듯이 가치화(valuation)는 정서의 강도를 높인다. 이 책을 통해 사람들은 열정 활동을 매우 중요시한다는 것을 알게 되었다. 따라서 사람들은 열정 활동을 할 때 상대적으로 강렬한 정서를 자주 경험할 것이다. 스포츠 참여자를 대상으로 한 질적 연구에서, 열정은 성취 상황에서 정서의 기능이 온전히 작동하기 위해 필요한 조건으로 나타났다(Puig & Vilanova 2011). 그러나 '가치화'가 정서에 영향을 미치는 유일한 원천은 아니다. 활동에 대해 가지는 열정의 유형 또한 중요하기 때문이다. 실제로 열정이원론에서 주장하듯 열정이 불러일으키는 활동의 질은 경험되는 정서의 질과 관련 있다. 따라서 조화열정은 가장 적응적인 자기과정에 접근하도록 하기 때문에 대체로 긍정정서를 더 이끌고 부정정서를 덜 이끈다. 대조적으로 강박열정은 특히 도전적인(또는 부정적인) 상황에서 부정정서를 더 이끌고, 예외가 있기는 하지만, 긍정정서를 덜 이끈다.

이 장에서는 정서에 미치는 열정의 역할을 연구한 결과들을 살펴보기로 한다. 첫 번째 절에서는 정서의 정의를 살펴보고 정서의 다양한 요소와 기능을 포함한 여러 문제를 다룰 것이다. 두 번째 절에서는 열정과 정서의 차이를 살펴본다. 이어 세 번째 절에서는 활동 중, 활동 후, 또는 활동에 참여하지 못할 때나 활동이 성공 또는 실패하는 여러 맥락에서 열정이 정서에 어떤 영향을 미치는지에 초점을 맞춘다. 네 번째 절에서는 자기관련 정서와 불안 등 여러 유형의 정서를 경험하는 데 열정이 어떤 역할을 하는지 살펴볼 것이다. 결론에서는 열정이 정서를 예측하는 데 어떤 역할을 하는지 또는 특정 사건 이후 어떤 느낌을 가질지 예측해보기로 한다.

정서에 대하여

130년 전 저명한 철학자이자 심리학자인 윌리엄 제임스(William James 1884)가 던진 "정서란 무엇인가?"라는 질문 이후로 우리는 정서에 대해 훨씬 더 많이 알게 되었다. 그러나 과학자들은 여전히 정서의 **정의**를 찾고 있다. 정서는 수십 가지로 정의되지만 (Arnold 1968; Carlson & Hatfield 1992; Ekman & Davidson 1994; Frijda 1986; Izard 1977; Niedenthal et al. 2006; Oatley & Jenkins 1996 참조), 아직까지 정서 현상을 연구하는 다양한 관점을 모두 통합한 정의는 없다. 현 시점에서는 다음과 같이 정서를 정의해볼 수 있다. 정서는 "… 변화하는 환경의 요구에 적응하고자 효율적인 양상으로 나타나는 단기간의 심리적-생리학적 현상"이다(Levenson 1994, p. 123). 이 절에서는 정서의 본질에 대한 몇 가지 요소 즉 정서의 차원, 구성 요소, 범주(개별 정서)에 초점을 맞추어 설명하고, 이어서 정서의 여러 가지 기능에 대해 간략하게 살펴볼 것이다.

정서의 차원

많은 연구에서는 모든 정서에 공통으로 들어있는 근본적인 특성을 확인하기 위해 정서의 차원에 집중했다. 제안된 차원은 많지만(예: Davitz 1969), 대부분의 연구자들이 동의하는 차원은 최소한 두 가지, 즉 쾌/불쾌 차원과 활성화 차원(Niedenthal et al. 2006; Watson & Tellegen 1985 참조)이다. 쾌/불쾌 차원은 정서의 유인가(valence)를 말한다. 유인가는 매우 부정적인 것에서부터 매우 긍정적인 것까지 다양하게 나타난다. 펠드먼 바렛(Feldman Barrett 2006)은 유인가(쾌/불쾌)가 '정서적인 삶의 기본 덩어리(block)'라고 주장한다. 환경에 대한 정서적 반응은, 쾌/불쾌의 특징을 갖는 핵심 정서를 반영하고, 이 정서는 의식적으로 이용 가능한 신경생리학적 상태로 경험된다. 유인가가 정서의 주요한 차원이라는 것이 많은 이론과 연구들에서 밝혀졌으며, '긍정정서'와 '부정정서'가 서로 다른 결과를 예측한다는 것이 알려져 있다.

반면에 활성화(activation)는 정서를 경험하는 동안 일어나는 정서의 각성 수준을 말한다. 활성화는 낮음(예: 수면 상태)부터 높음(예: 긴장 상태)까지 다양하게 나타난다. 2차원 접근법을 선호하는 이론가들과 연구자들이 볼 때 2(쾌락 고-저)×2(활성화 고-저) 차원이 만들어내는 사분면이 존재한다. 모든 정서는 사분면 중 하나에 놓일 수 있을 것이다(예: Watson & Tellegen 1985). 예를 들어 흥미는 쾌락 차원에서는 높고 활성화 차원에서는 낮거나 중간인 반면, 분노는 쾌락 차원에서는 낮고 활성화 차원에서는 높다고 볼 수 있다. 좀 더 복잡한 모델(예: Russell 1980)도 제안되었지만, 2차원 모델은 현재 가장 많은 지지를 얻고 있다.

정서의 구성 요소

많은 이론가들은 오랫동안 정서가 세 가지 주요 구성 요소로 이루어져 있다고 하였다(Strongman 1978 참조). 첫 번째 구성 요소는 정서 중에 일어나는 생리적 변화이다. 여기에는 심박수 증가, 혈압 상승, 피부 반응, 표정 변화 등 자율 시스템의 변화가 포함된다. 열정적인 사람들은 활동에 관여하는 정도가 높기 때문에 '생기 있는 얼굴 표정', '에너지 넘치는 동작', '다양한 어조' 등 타인이 지각할 수 있는 높은 수준의 정서를 경험한다. 따라서 6장에서 보았듯 어떤 사람의 정서적 표현은 그가 열정적인지 아닌지를 판단할 수 있는 중요한 단서가 된다(Chen et al. 2009 참조). 정서의 두 번째 구성 요소는 행동 경향성이다. 이론가들(예: Arnold & Gasson 1954; Frijda 1986)에 따르면 행동 경향성은 각각의 정서를 구체화하는 핵심 요소를 말한다. 행동 경향성을 통해 대상에 접근하거나 회피할 수 있으며 높거나 낮은 강도를 가질 수 있다(Gable & Harmon-Jones 2010 참조). 예를 들어 두려움과 열광은 강도는 높지만 방향은 반대이다. 마지막으로 정서의 세 번째 구성 요소는 정서적 일화(episode)에서 경험되는 주관적 경험이다. 주관적 경험 요소는 가장 많이 연구되는 주제이다. 일부 이론가들(예: Leventhal 1974)의 주장처럼 주관적 경험은 인간 정서의 가장 근본적인 측면이기 때문이다. 펠드먼 바렛의 핵심 정서의 개념이 이와 유사하다.

정서의 세 구성 요소가 항상 공존하는 것은 아니라는 점에 주목할 필요가 있다. 이런 이유 때문인지 연구자들은 한 가지 차원에만 초점을 맞추어왔다. 성격심리학 또는 사회 심리학에서 정서에 대한 대부분의 연구는 방법론적 전통에 의해 정서의 주관적 경험 에 대한 자기보고를 이용한다. 가장 대중적인 척도로는 긍정정서 및 부정정서 척도 (Positive and Negative Affect Schedule Scale; PANAS)(Watson, Clark, & Tellegen 1988)가 있다. PANAS 척도는 긍정정서와 부정정서를 각각 10개 문항으로 측정하며, 5점 리커 트 척도("전혀 그렇지 않다"에서 "매우 그렇다"까지)를 사용하여 다양한 긍정정서(예: 흥미 진진한, 원기왕성한, 주의 깊은)와 부정정서(예: 신경질적인, 두려운, 부끄러운)를 경험한 정 도를 평가한다. 이 척도는 "지금 이 순간", "지난 1주일 동안", "지난 1년 동안", "일반적 으로" 등 다양한 기간 동안 지속되는 정서를 측정한다(Watson et al. 1988 참조).

개별 정서

많은 이론가들(예: Ekman & Friesen 1971; Izard 1977; Tomkins 1962)은 삶에서 느끼는 많 은 정서들이 몇 개로 압축될 수 없다고 하였다. 오히려 일차적인 개별 정서(discrete emotions)가 있고, 이 정서들은 쾌−불쾌 또는 활성화와 같은 기저 차원으로 설명될 수 없다. 따라서 화가 나는 것은 두려워하는 것과 본질적으로 다르다. 두 정서 모두 높은 수 준의 불쾌감과 활성화를 수반하지만, 서로 다르게 경험된다. 몇몇 이론가들(예: Arnold 1960; Lazarus 1991; Scherer 1984; Smith & Lazarus 1990)은 상황에 대한 평가가 달라지면 서로 다른 정서가 촉발되어 차별적인 정서 경험으로 이어진다고 주장한다. 연구에 의하 면 최소 여섯 가지 서로 구분되는 기본 정서가 있는데, 분노, 혐오/경멸, 두려움, 행복, 슬픔, 놀람(Ekman & Friesen 1971)이 그것이다. 아이자드(Izard 1977)는 이 목록에 흥미 를 추가하였다. 흥미를 제외한 기본 정서는 다양한 문화권에서 그 존재가 확인되어왔으 며(Ekman & Friesen 1971; Ekman & Davidson 1994 참조), 따라서 이러한 정서들은 본질 적으로 타고난 것으로 볼 수 있다.

일부 연구자들은 자부심, 죄책감, 수치심 등 자기 자신과 관련된 정서들이 개인적으 로도 관계적으로도 중요한 함의를 가지고 있기 때문에 특별히 주의를 기울여야 한다고 보았다(Tracy, Robins, & Tangney 2007 참조). 이들은 개별 정서지만 여러 가지 평가

(appraisal) 결과를 반영하기 때문에 기본 정서라고는 할 수 없다(Weiner 1985 참조). 예를 들어 와이너에 따르면 사람들은 어떤 사건에 이어지는 성공이나 실패를 지각하고 기쁨 또는 슬픔의 정서를 이끌어내는 1차 평가를 내린다. 그런 다음 성공이나 실패가 왜 일어났는지 이해하기 위한 2차 평가(또는 귀인)를 내린다. 자부심이라는 자기관련 정서는 성공을 개인적 책임(내적이고 통제 가능한 귀인)으로 하는 2차 평가에서 비롯된다고 볼 수 있다. 마찬가지로, 죄책감은 부정적인 사건을 설명하기 위한 내적이고 통제 가능한 귀인이다. 이하에서 보는 바와 같이 자기관련 정서는 중요한 자기조절 기능을 한다.

정서의 기능

정서의 기능에 대해서는 여러 가지 다양한 관점이 제시되고 있다(Keltner & Gross 1999 참조). 첫째, 어떤 연구자들은 정서가 이성을 혼란스럽게 하고 역기능적인 행동으로 이어지기 때문에 피해야 한다고 제안하였다(예: Claparède 1928; Hebb 1949). 이러한 입장은 2장에서 논의한 바와 같이 초기 철학자들이 지지했던 이성주의적 관점에 뿌리를 두고 있다. 그러나 리퍼(Leeper 1948)를 비롯한 여러 연구자들은 이러한 관점에 대해서 다음과 같이 비판한다. "전체적으로 정서를 혼란스러운 것으로 보는 접근은 매우 부적절하다"(p. 16). 아닌 게 아니라 리퍼는 정서가 동기를 불러일으키는 등의 몇 가지 기능을 한다고 보았다. 따라서 둘째, 최근의 심리학(특히 긍정심리학)에서는 정서가 그 유형에 따라 여러 가지 목적에 기여하는 기능이 있다고 본다(예: Plutchik 2002; Smith & Lazarus 1993). 예를 들어 두려움은 위험한 상황에서 생존하려는 목적에, 분노는 부당함에 맞서 싸우려는 목적에 기여한다. 셋째, 정서는 과거 계통발생학적 기능을 가지고 있다고 보았지만 오늘날에는 정서가 기능적인 것도 역기능적인 것도 아니라는 관점을 취한다. 예를 들어 몇천 년 전에는 무서운 표정이 사람을 쫓아버리는 기능을 했다면 오늘날에는 그렇지 않다.

기능적 관점에서는 대체로 부정정서(예: Lazarus 1991)에 초점을 두고 있었으나, 최근 연구자들은 긍정정서에 더 관심을 두고 있다. 바바라 프레드릭슨(Barbara Fredrickson 2001, 2009)은 긍정정서가 적응적 기능을 한다는 것을 강하게 주장한 최초의 학자이다. 프레드릭슨은 긍정정서의 확장 및 형성 이론(Broaden-and-Build Theory of Positive Emotion)을 제안했다. 이 모델은 긍정정서(특히 즐거움, 흥미, 만족, 사랑)가 순간적인 사고-행동의 레퍼토리를 넓히는 역할을 한다고 가정한다. 예컨대 긍정정서를 경험할 때 사람들은 관심의 범위가 넓어지고 가용 정보를 더 많이 사용한다(예: Fredrickson & Branigan 2005; Johnson, Waugh, & Fredrickson 2010). 긍정정서를 경험하는 개인은 현재의 가용 요소들을 더 적응적으로 사용함으로써 더 높은 수준의 창의성을 보인다(예: Isen 1987). 프레드릭슨은, 순간적인 주의력 향상이 신체적이고 심리적인 기술과 도구를 지속적으로 만들어 이후 필요할 때 이용할 수 있게 한다고 강조한다. 따라서 긍정정서는 자원을 확장하고 자원을 만들어냄으로써 심리적 성장에 기여할 수 있다.

긍정정서는 심리적 성장에 기여하는 것 외에도 프레드릭슨이 말하는 '되돌리기(undo)' 효과를 가지고 있다. 되돌리기 효과는 부정정서가 생성하는 부정적인 영향을 긍정정서가 되돌릴 때 일어난다. 특히 부정정서가 부정적인 생리적 효과를 일으킬 때 그렇다. 두려움과 같은 강한 부정정서를 경험하고 바로 이어서 긍정정서를 경험하는 경우 생리적인 평형을 빨리 회복할 수 있을 것으로 예상된다. 프레드릭슨, 만쿠소, 브래니건, 두게이드(Fredrickson, Mancuso, Branigan, & Tugade 2000)는 실험연구에서 스트레스를 경험한 참여자들이 긍정정서를 경험했을 때 통제집단에 속한 참여자들보다 생리적으로 훨씬 빨리 회복한다는 결과를 보여주었다. 프레드릭슨, 투게이드, 워, 라킨(Fridrickson, Tugade, Waugh, & Larkin 2003)에 의하면 9·11 테러와 같은 부정적인 사건 이후 회복탄력성이 높은 사람일수록 긍정정서를 더 경험했으며 또한 긍정정서는 회복탄력성이 높은 사람들이 다시 일어설 수 있도록 해주었다고 한다.

자기관련 정서 역시 우리의 행동에서 중요한 역할을 한다. 이러한 정서들은 자기조절 기능, 즉 즉각적인 욕망이나 충동을 잘 통제할 수 있도록 하는 피드백을 제공한다(Tracy, Robins, & Tangney 2007). 예를 들어 죄책감은 도덕적 규범을 위반했거나 유혹에 굴복한 것에 대한 자기처벌로 볼 수 있다. 죄책감의 경험은 즐거운 활동을 할 때 가졌던 긍정적인 경험을 되돌리는 효과를 가질 수 있다(Hofmann, Kotabe, & Luhmann 2013). 반대로 자부심은 적절한 행동에 대한 보상 기능을 한다.

지금까지 논의한 정서의 기능은 주로 개인의 내적 결과와 관련이 있다. 그러나 정서의 기능을 개인에게만 한정할 필요는 없다. 정서는 사회적 기능도 할 수 있다(Frijda & Mesquita 1994). 사실 많은 연구에 의하면 정서는 다른 사람들과 의사소통하는 것을 돕는다. 예를 들어 스포츠 경기에서 미소 짓기, 손뼉치기(하이파이브), 소리 지르기 등의 정서적 행동은 행복과 같은 강한 긍정정서의 경험이자 자신의 즐거움을 다른 사람들과 나누는 행동이다. 그러한 정서는 양자 간(dyadic) 수준(Waugh & Fredrickson 2006)과 집단 수준(Haidt 2003)에서 타인과 긍정적인 상호작용을 할 가능성을 높인다. 대조적으로 얼굴을 붉히는 것은 수줍음을 나타내는 것이며, 타인이 자신보다 높음을 인정할 때 나타난다(Frijda & Mesquita 1994). 또한 수줍음은 특히 사회적 지위의 차이를 바람직하지 않은 것으로 보는 문화에서는 사람들에게 불편함을 느끼게 할 수 있다. 자기관련 정서 중 죄책감은 보상적인 행동을 낳는 한편 분노는 때로 공격적인 행동을 통해 정의를 회복하게 만들 수도 있다. 우리는 10장에서 관계에 대한 정서가 어떤 사회적 기능을 하는지 다시 살펴볼 것이다.

요약하면 정서는 차원(유인가, 활성화)과 구성 요소(생리적 표현, 행동 경향성, 주관적 경험)로 이루어져 있으며, 개별 정서(예: 공포, 행복)로 구분되며, 몇 가지 기능(예: 자기조절)을 제공할 수 있다.

정서와 구분되는 열정

2장에서 보았듯 열정과 정서의 개념적 관계를 놓고 몇 백 년에 걸친 논의가 있었다. 오랫동안 '열정'은 '정서'를 가리키는 용어로 사용되었다(Solomon 2000 참조). 두 구인을 명확하게 구분하기 시작한 것은 칸트부터이다. 무엇보다 칸트는 정서가 일시적이고, '격동적'이고(높은 강렬함), 본성상 격정적(affective)이며[1] 특정한 자극에 반응하는 반면, 열정은 때로는 평생에 걸칠 만큼 오래 지속되며(Mullen, Davis, & Polatajko 2012), 합리적이고, 대상에 대한 욕망을 수반하며 따라서 동기와 관련된다는 사실을 강조하였다. 열정은 또한 본성상 능동적인데, 특별히 열정의 대상이 포함된 사건이나 자극이 없을 때에도 시작될 수 있기 때문이다. 이후 리보(Ribot 1907)와 쥬생(Jussain 1928)은 칸트의 관점을 더욱 자세히 설명했다. "정서는 일시적 정신 상태지만 열정은 삶의 방식이다"라는 쥬생의 말은 두 개념의 차이를 잘 보여주고 있다.

최근 발러랜드, 생 루이, 라프르니에르(Vallerand, St-Louis, & Lafrenière 2014)는 정기적으로 스포츠에 참여하는 청소년(n=400)을 대상으로 이 추론을 검증하였다. 이 연구

---

1) 지금까지 심리학계의 통상적인 번역을 따라서 affect, emotion을 정서로 번역하였다. 단, 이 절에는 칸트 학계 번역의 관례(백종현 역, 2010. 『판단력 비판』)를 따라 affect를 '격정'으로 옮긴다. 2장에서 보았듯 칸트는 affect와 emotion 둘 다 passion과 구분되는 것으로 보았다.

에서는 참여자들에게 스포츠 활동에서 일반적으로 경험하는 PANAS 척도와 열정 척도를 작성하도록 했다. 첫 번째 가설은 열정과 정서가 독립적인 구인인가를 검증하는 것이었다. 발러랜드 등은 네 요인의 존재를 가정하고 확인적 요인분석을 실시했다. 즉 열정과 정서가 독립적이라면 조화열정, 강박열정, 긍정정서, 부정정서의 존재를 반영하는 요인 네 개가 확인되어야 한다. 확인적 요인분석 결과 각 요인들의 상대적 독립성을 반영하는 모형이 나타났다. 이 결과는 <표 7.1>에 제시되어 있으며, 열정과 정서가 동의

표 7.1 4요인(열정 2유형, 정서 2유형) 모형의 확인적 요인분석에 나타난 요인 부하량

문항	조화	강박	긍정정서	부정정서
조화1	.63			
조화2	.70			
조화3	.70			
조화4	.72			
조화5	.73			
조화6	.75			
강박1		.74		
강박2		.76		
강박3		.76		
강박4		.74		
강박5		.75		
강박6		.83		
긍정1			.70	
긍정2			.79	
긍정3			.74	
긍정4			.56	
긍정5			.79	
부정1				.86
부정2				.63
부정3				.71
부정4				.82
부정5				.53

모형적합도: Chi=3565; df=231; CFI=.90; RMSEA=.07 (.06-.07), Chi=chi square; df=degree of freedom; CFI=Comparative Fit Index; RMSEA=Root Mean Square Error of Approximation(90% confidence interval)
주. 조화=조화열정; 강박=강박열정; 긍정=긍정정서; 부정=부정정서

어가 아니라 서로 다른 구인이라는 가설을 강하게 지지한다.

이 결과에 비추어 보면 열정과 정서는 분명 다른 구인이다. 그렇다면 몇 백 년 동안 열정과 정서가 그토록 가깝다고 인식된 이유는 무엇일까? 한 가지 이유는 활동이나 대상에 대해 열정적일 때 높은 수준의 정서를 경험하기 때문이다. 사람들은 열정을 가진 활동의 가치를 높게 평가하고, 가치가 높아지면 정서의 강도도 높아진다(Brown & Weiner 1984). 이 사실을 통해 활동에 열정을 갖게 되면 활동을 할 때 경험하는 정서의 강도가 높아진다는 것을 알 수 있다. 따라서 열정과 정서의 강도는 정적 상관이 있을 것이다. 특정 활동이나 대상에 대한 열정이 높을수록 열정 활동에서 경험하는 정서들, 즉 다른 사람들이 지각하는 정서의 강도도 높아질 것이다. 그러므로 열정적으로 활동할 때 사람들은 정서를 표현한다고 볼 수 있다. 예를 들어 시위대가 거리를 활보하며 경찰과 서로 주먹질을 할 때, 이를 관찰하는 사람들은 "열정이 불타고 있다"라고 말한다. 실제로 열정은 불타지 않는다. 이 상황에서 열정적으로 대의를 지지하는 사람들은 감정적이 되고, 분노가 폭발하여 경찰을 때릴 수 있다. 따라서 사람들이 이 두 용어를 혼용하여 쓰는 것은 당연한 일이다.

열정이원론에 근거하면 열정과 정서는 개념적, 경험적으로 서로 구별된다. 나아가 열정은 정서를 증폭시키는 역할을 하기 때문에 정서를 결정하는 요인으로 볼 수도 있다. 이하에서는 다양한 맥락에서 경험하는 긍정정서와 부정정서에 열정이 어떤 역할을 하는지 자세히 살펴보기로 한다.

상황 속에서 열정과 정서

앞서 살펴본 것처럼 열정은 정서를 증폭시키는 효과가 있다. 그러나 열정이원론에서는 열정 유형 및 정서가 경험되는 맥락에 따라 정서가 다르게 경험된다고 본다. 구체적으로 조화열정을 가진 사람들은 개방성과 마음챙김을 가지고 자발적으로 열정 활동에 참여한다. 개방성과 마음챙김은 그 활동에 온전히 참여할 수 있게 하고, 참여하는 동안 긍정적인 정서 경험(예: 긍정정서)을 촉진한다(Hodgins & Neven 2002). 또한 조화열정은 삶의 다른 활동과 갈등을 일으키지 않기 때문에 활동에 참여하는 동안 긍정정서의 지속 시간을 극대화하며, 활동에 참여하고 난 후에도 오랫동안 긍정정서를 경험하도록 이끈다. 더욱이 자발적으로 활동에 참여하기 때문에 그 활동을 할 수 없을 때에도 의존감과 같은 부정정서가 높지 않다. 마지막으로 조화열정을 가진 사람들은 자존감이 안정적이기 때문에 성공해도 극단적으로 긍정적이 되지 않고, 실패해도 정서적으로 황폐해지지 않는다.

반대로 강박열정을 가진 사람들은 개방적이지 않고 방어적인 태도로 그 활동에 참여한다. 그래서 자신이 좋아하는 활동에 참여할 때 파생되는 긍정정서들을 온전히 경험하지 못한다. 이들은 때때로 자신을 통제하지 못한 채 활동에 참여하고, 하지 말아야 할 때에도 그 활동을 하기 때문에 삶의 다른 활동과의 갈등을 경험하게 된다. 이 갈등은 열정 활동에 온전히 참여하는 것을 방해하고 따라서 활동에 참여하는 동안 낮은 수준의 긍정정서와 높은 수준의 부정정서(예: 죄책감, 수치심, 불안감)를 유발한다. 나아가 강박열정을 가진 사람들은 활동에 참여하고 싶은 통제 불가능한 욕망을 경험하기 때문에 활동을 하지 못할 때는 높은 수준의 부정정서를 경험하고 결과적으로 모종의 정서적 고통을 느끼게 된다. 마지막으로 강박열정을 가진 사람들의 자존감은 자신이 잘하는 것에 좌우되기 때문에(예: Mageau et al. 2011; Stenseng et al. 2012), 성공할 때에는 극도로 높은 수준의 긍정정서를, 실패할 때에는 파괴적인 정서를 이끌 것으로 예측된다.

이하에서는 활동에 참여하는 중, 활동에 참여한 후, 활동에 참여하지 못하게 되었을 때, 또한 성공했을 때와 실패했을 때 등 다양한 맥락에서 이러한 가설을 검증한 연구를 검토하기로 한다.

활동 참여 중의 열정과 정서

많은 연구들이 활동에 참여하는 동안 경험된 열정과 정서 사이의 관계를 보고한다. 대부분 연구에서는 PANAS 척도를 사용하고 있지만 즐거움을 평가하는 척도, 긍정정서와 부정정서를 측정하는 다른 척도, 그리고 연구 목적을 위해 별도로 개발된 척도가 사용되기도 하였다. 스포츠와 운동, 게임(비디오 및 온라인 상호작용 게임), 도박 등 다양한 분야에서 연구가 이루어졌으며, 그 외 여러 유형의 활동에 종사하는 참여자들로 구성된 대규모 표본을 사용한 연구 또한 진행되었다. 이하에서는 이 연구들을 검토한다.

다음의 세 연구는 스포츠와 운동에 참여하는 동안 열정이 정서에 미치는 역할에 초점을 둔 것이다. 여기서 정서는 활동 참여 **직후**에 보고되었다. 첫 번째 연구에는 농구에서 상위권에 있는 남녀 고등학생들이 참여했다(Vallerand et al. 2006, 연구 2). 참여자들은 열정 척도와 함께 체육관이나 교실에서 방금 마친 연습 경기(또는 비공식 경기) 동안 어떻게 느꼈는지 PANAS 척도로 응답하였다. 부분상관 결과 조화열정은 긍정정서와 유의한 관계가, 부정정서와는 유의하지 않은 관계가 있는 것으로 나타났다. 대조적으로 강박열정은 부정정서와 정적 상관이, 긍정정서와는 유의하지 않은 상관이 나타났다. 이러한 연구결과는 프랑스의 배구 및 농구 심판(Philippe, Vallerand, Andianarisoa, & Brunel 2009, 연구 1)을 대상으로 방금 끝난 경기에서 느낀 정서를 PANAS 척도로 측정한 결과, 그리고 노인들을 대상으로 운동이 끝난 직후의 정서를 측정한 결과에서도 재확인되었다(Rousseau & Vallerand 2008).

　이 절에서 살펴볼 다른 연구들은 모두 열정 활동을 할 때 **일반적으로** 어떻게 느끼는지 보고하는 회상 절차를 사용하고 있다. 이 연구들에서는 삶의 다양한 활동에 대해 여러 척도를 사용했다. 필리페, 발러랜드, 홀포트, 라빈, 도나휴(Philippe, Vallerand, Houlfort, Lavigne, & Donahue 2010)가 실시한 네 연구에서는 활동 중에 경험하는 긍정정서와 부정정서에서 열정이 어떤 역할을 하는지에 대해 가장 일관된 결과를 보이고 있다. 연구는 일, 여가, 스포츠 캠프, 스터디 팀과 같은 다양한 맥락에서 다른 사람들과 함께하는 활동을 다루었다. 이 연구들이 대인관계에 주는 시사점은 10장에서 좀 더 자세히 논의될 것이며, 여기서는 정서에 있어서 열정의 역할에 초점을 두기로 한다. 모든 연구에서 참여자들은 열정 척도에 응답하였고, 첫 번째 연구에서는 긍정정서만을, 나머지 세 연구에서는 긍정정서와 부정정서를 모두 측정하였다. 연구에 따라 PANAS 척도를 실시한 것도 있고 아이자드(Izard 1977)와 러셀(Russell 1980)의 척도를 사용한 것도 있다. 열정과 정서를 동시에 측정한 연구도 있는 반면 시점 1에서 열정을, 4개월이 지난 시점 2에서 정서를 측정한 연구도 있다. 네 연구에서는 모두 경로분석을 수행하였는데, 그 결과들이 정확히 일치하기 때문에 이하에서는 간단히 요약한다. 첫째, 모든 연구에서 오직 조화열정만이 긍정정서를 정적으로 예측한 반면 강박열정은 긍정정서를 예측하지 못했다. 둘째, 강박열정을 측정한 세 연구에서는 모두 강박열정이 부정정서를 정적으로 예측했다. 이는 앞서 검토한 선행 연구들의 결과를 완벽하게 재확인하는 것이다. 또한 부정정서를 측정한 세 연구에서 모두 조화열정은 부정정서를 부적으로 예측하는 것으로 나타나, 조화열정이 부정정서에 대해 완충효과를 가지고 있다는 주장이 지지되었다.

　필리페 등이 실시한 일련의 연구는 조화열정이 긍정정서를 촉진하고 부정정서로부터 보호하는 반면 강박열정은 부정정서를 정적으로 예측하고 긍정정서와는 상관이 없음을 시사한다. 이와 완전히 같은 패턴이 열정과 정서에 대한 발러랜드 등(2003, 연구 1)의 결과에서도 나타났다. 그러나 약간 다른 패턴들도 발견된다. 예를 들어 열정 활동에 참여하는 동안 일반적으로 어떻게 느끼는지를 평가하는 연구에서 조화열정은 긍정정서와 일관된 관련성을 보이지만(Carbonneau, Vallerand, & Massicotte 2010, 연구 1; Lafrenière et al. 2009; Lee, Back, Hodgins, & Lee 2013; Mageau et al. 2005; Parastatidou, Doganis, Theodorakis, & Vlachopoulos 2012; Przybylski, Weinstein, Ryan, & Rigby 2009; Stoeber, Harvey, Ward, & Childs 2011) 이 연구들에서 강박열정은 긍정정서와 무관한 것으로 나타났다. 예외적으로 한 연구에서는 게임(Lafrenière et al. 2009)의 강박열정이 긍정정서를 **정적으로** 예측하였고 다른 연구에서는 도박(Mageau et al. 2005)의 강박열정이 즐거움을 **부적으로** 예측한 바 있다. 반면 강박열정은 위의 모든 연구에서 부정정서를 정적으로 예측하였지만 조화열정은 부정정서와 부적 관계(Carbonneau et al. 2010, 연구 1; Young et al. 2014), 유의하지 않은 관계(Lafrenière et al. 2009; Lee et al. 2013; Stoeber et al. 2011) 또는 정적 관계(Mageau et al. 2005)가 있었다.

이렇게 다양한 결과가 나오게 된 것은 측정된 정서의 종류가 다르기 때문이다. 르코크와 리메(Lecoq & Rimé 2009, 연구 1)는 다양한 활동 중 한 가지 활동에 열정적인 참여자들을 대상으로 **개별** 정서에서 열정의 역할을 연구했다. 부분상관 결과 조화열정은 세 가지 긍정정서(즐거움, 행복감, 경외감)와 정적으로 유의한 관계를, 놀라움과는 유의하지 않은 관계를, 혐오감과는 부적으로 유의한 관계를 나타냈다. 반면에 강박열정은 오직 하나의 긍정정서(경외감)와 정적으로 유의한 관계를, 불안감, 두려움, 슬픔, 수치심과는 정적으로 유의한 관계를, 분노, 혐오감과는 유의하지 않은 관계를 나타냈다. 이 결과는 매우 중요하다. 비록 정서의 분위기(tone)에서는 대체로 조화열정이 강박열정보다 더 긍정적이지만, 정서의 종류에 따라 결과가 약간씩 달라진다는 것을 보여주기 때문이다. 이 연구결과는 긍정정서와 부정정서의 종류마다 조화열정 및 강박열정과 약간씩 다른 관계가 나타났다는 점에서 개별 정서의 관점을 지지하고 있다.

정서에서 열정의 역할을 다룬 연구에서는 기본적으로 횡단설계를 사용하고 있으며 따라서 두 변인 간의 관계를 한 시점에서 살펴보았다. 일부 연구에서는 열정과 정서의 측정 사이에 시간차를 두었지만(Philippe et al. 2010, 연구 3, 4; Rousseau & Vallerand 2008 참조), 지금까지 검토한 연구들은 열정이 시간에 따른 정서의 **변화**에 어떤 영향을 미치는지 살펴보지는 않았다. 따라서 카보노 등(2010, 연구 2)은 요가를 정기적으로 하는 남녀에게 시점 1에서 열정 척도를 측정하고, 3개월 간격으로 긍정정서와 부정정서 (PANAS 척도)와 요가를 하는 동안 경험하는 불안을 두 차례(시점 1과 시점 2) 측정한 뒤 구조방정식모형을 이용하여 열정이 시간에 따른 정서의 변화를 이끄는지를 검증하였다. 주중 요가 시간 및 요가 경력을 통제하였을 때 조화열정은 3개월간 긍정정서의 **증가**, 그리고 부정정서와 상태 불안의 **감소**를 예측했다. 강박열정은 부정정서의 **증가**를 예측했을 뿐이다. 이 연구는 필리페 등(2010)이 수행한 일련의 연구결과들을 재확인하였다.

지금까지 살펴본 연구에서는 모두 조화열정과 강박열정을 비교했다. 한 가지 중요한 질문이 남아 있는데, 열정을 가진 사람들이 비열정적인 사람들에 비해 정서를 더욱 증폭시키는가 하는 것이다. 이 가설은 앞서 발러랜드, 생 루이, 라프르니에르(2014)가 스포츠 참여자들을 대상으로 한 연구에서 검증되었다. 4장에서 요약한 연구절차에 따라 스포츠에 대한 열정 진단 준거에 의해 열정을 가진 사람(7점 척도에서 평균 4점 이상)과 열정을 가지지 않은 사람(평균 4점 미만)의 집단을 구분하고, 열정 유형의 표준화 Z점수를 기준으로 조화열정 집단과 강박열정 집단을 구분하였다. 발러랜드 등(2014)은 집단 간 긍정정서와 부정정서를 비교하였는데, 조화열정 집단은 비열정 집단보다 더 높은 긍정정서를 경험하고 강박열정 집단은 비열정 집단보다 더 높은 부정정서를 경험할 것으로 가정하였다.

다변량 분산분석 결과 가설이 지지되었다. 조화열정 집단($M=5.48$, 7점 척도)은 비열정 집단($M=4.20$)보다 더 높은 수준의 긍정정서를 보고했다. 놀랍게도 강박열정 집단 ($M=5.32$) 또한 비열정 집단보다 더 높은 수준의 긍정정서를 보고했다. 조화열정 집단이 강박열정 집단보다 긍정정서를 더 높게 보고했지만 그 차이는 크지 않았다. 따라서 두 열정은 모두 긍정정서를 증폭시키는 것을 알 수 있다. 부정정서에 대한 결과에서는 강박열정 집단($M=2.36$)이 비열정 집단($M=2.01$)보다 더 높은 수준을 보고했다. 조화열정 집단($M=1.96$)은 강박열정 집단보다는 낮았고 비열정 집단과는 비슷했다. 따라서 열정은 활동에 참여하는 동안의 정서를 증폭시키며, 조화열정이 긍정정서에, 강박열정이 부정정서에 더 많이 기여한다는 열정이원론의 가설을 뒷받침한다.

이 절에서 검토한 연구결과들은 대체로 열정이 활동 중에 경험하는 정서에 어떠한 역할을 하는가와 관련 있다. 첫째, 조화열정은 긍정정서(즐거움)와 확실한 연관성이 있는 반면, 강박열정은 이 연관성이 훨씬 적다. 대체로 즐거움과 조화열정 또는 즐거움을 포함한 긍정정서와 조화열정 간의 **모든** 상관관계는 정적으로 나타난다. 또한 집단을 비교해도(Vallerand et al. 2014) 조화열정 집단은 비열정 집단이나 강박열정 집단보다 더 높은 수준의 긍정정서를 보고한다. 강박열정과 긍정정서 사이의 정적 상관은 게임 영역에서 간편형 PANAS 척도로 정서를 측정한 연구(Lafrenière et al. 2009)와 운동 영역에서 즐거움을 측정한 연구(Parastatidou et al. 2012)에서만 나타났다는 점도 눈여겨볼 필요가 있다. 그러나 이 두 연구에서도 강박열정과 긍정정서의 관계는 조화열정과 긍정정서의 관계보다 훨씬 덜 정적이었다는 사실에 유의해야 한다. 마찬가지로 강박열정 집단이 비열정 집단보다 더 높은 수준의 긍정정서를 보고했지만 그 수준은 조화열정 집단의 수준보다 다소 낮게 나타났다.

둘째, 강박열정이 부정정서의 주요한 예측 변인이라는 사실은 분명하다. 전반적으로 부정정서를 측정한 모든 연구에서 강박열정은 부정정서와 정적 상관이 나타난 반면 조화열정과 부정정서와 정적 상관이 나타난 연구는 단 한 개에 불과하였다. 또한 집단을 비교했을 때(Vallerand et al. 2014), 강박열징 집단은 비열징 집단보다 더 높은 수준의 부정정서를 경험하는 것으로 나타났다. 조화열정에 대해서는 다른 패턴이 발견된다. 사실 조화열정은 부정정서를 완충하는 효과를 보인다. 여덟 개의 연구에서 조화열정과 부정정서 사이에 유의한 부적 상관이 나타났고, 그중에는 요가를 하는 3개월 동안 조화열정이 부정정서와 상태 불안의 감소를 예측했다는 카보노 등(2010, 연구 2)의 예측설계 연구도 있다. 부정정서를 예방하는 데 조화열정이 인과적 역할을 하는 것인지 확인하기 위해서는 실험설계를 이용한 후속 연구가 필요하다.

셋째, 이러한 연구에서 방법론은 상당히 중요하다. 여러 연구를 비교할 때 나타나는 불일치는 방법론에서 일부 비롯되기 때문이다. 예를 들어 회상 절차를 사용한 두 연구에서는 강박열정과 긍정정서 간에 정적 상관이 나타났다. 참여자들에게 열정 활동을 할 때 대체로 어떻게 느끼는지 기억하도록 요구하는 회상 절차(예: Lafrenière et al. 2009; Parastatidou et al. 2012)는 강박열정 집단과 비열정 집단을 비교한 연구에서도 사용되었다(Vallerand et al. 2014). 긍정정서와 강박열정 사이의 이러한 정적 상관은 '실시간' 방법론을 사용한 다른 세 연구에서는 나타나지 않는다. 실시간 방법론에서는 참여자들에게 활동을 수행한 뒤 즉시 정서를 보고하도록 하였다(예: Philippe et al. 2009, 연구 1; Rousseau & Vallerand 2008; Vallerand et al. 2006, 연구 2). 조화열정이 부정정서에 미치는 잠재적인 완충효과도 마찬가지이다. '실시간' 방법론을 사용한 연구에서는 부적 상관이 나타나지 않았다. 후속 연구를 통해 정서 경험과 이것을 보고한 시점 간의 시간차가 조화열정이 부정정서에 미치는 완충 효과를 조절하는지 더 알아볼 필요가 있다.

연구결과의 패턴에서 방법론이 중요한 또 다른 이유는 정서의 측정과 관련 있다. 실제로 조화열정과 강박열정은 정서적 유인가에 따라 정서와 서로 다른 관련을 맺지만, 개별 정서 또한 고려해야 한다. 조화열정은 일부 부정정서와 부적인 관계를 보이지만 다른 정서와는 무관한 반면, 강박열정은 경외감과 같은 일부 긍정정서와 정적인 관계를 보이지만 혐오감과 같은 일부 부정정서와는 무관하다(Lecoq & Rimé 2009 참조). 개별 정서에 따라 열정의 역할이 달라지는지를 밝히는 후속 연구 역시 필요하다.

넷째, 모든 연구가 상관관계에 기초한 설계를 사용했기 때문에 정서에서 열정이 어떤 인과적 역할을 하는지 강하게 주장하기 어렵다. 카보노 등(2010, 연구 2)은 정서 **변화**에 대한 열정의 역할을 평가하기 위해 예측설계를 사용했지만, 실험설계만이 인과관계에 대해 확실한 결론을 내려준다. 따라서 후속 연구에서는 4장에서 기술된 열정 유도에 관한 방법론을 활용할 필요가 있다.

활동 참여 후의 열정과 정서

열정은 열정 활동 이후에 경험하는 정서에도 영향을 준다. 많지는 않지만 몇몇 연구에서 이 문제를 살펴보았다. 스텐센, 라이즈, 크래프트(Stenseng, Rise, & Kraft 2011)는 레저 활동에 대한 연구에서 중년층을 대상으로 열정 척도를 실시하고, 긍정정서(예: 행복한, 열광하는)와 부정정서(예: 슬픈, 걱정되는) 척도를 사용하여 열정 활동을 한 **후에** 일반적으로 어떻게 느끼는지 평가했다. 부분상관 결과 조화열정은 긍정정서와 정적으로, 부정정서와 부적으로 연관되어 있었다. 반면에 강박열정은 긍정정서와 무관하지만 부정정서와 정적으로 연관되어 있었다. 강박열정과 부정정서 사이의 정적 상관이 통계적 유의 수준에 접근한 것을 제외하면 발러랜드 등(2003, 연구 1)의 연구에서도 이와 유사한 결과가 나타났다.

마고 등(2005)이 실시한 마지막 연구에서는 도박 열정과 도박에 뒤따르는 일반적인 정서와의 관계를 평가했다. 참여자들은 도박을 한 후에 경험한 긍정정서와 부정정서 척도, 죄책감 척도, 그리고 열정 척도에 응답하였는데, 부분상관 결과 조화열정은 긍정정서와 높은 상관을, 부정정서와 유의하지 않은 상관을, 죄책감과 낮지만 정적인 상관을 보였다. 대조적으로 강박열정은 부정정서, 죄책감뿐만 아니라 긍정정서와도 낮은 정적 상관을 보였다.

열정 활동을 한 후에 경험한 정서와 열정 사이의 관계를 알아본 결과들은 서로 유사하다. 약간의 차이는 있으나 모든 연구에서 조화열정이 강박열정보다 활동 참여 후에 더 긍정적인 정서 분위기를 이끈다는 결론을 내리고 있다. 그러나 모든 연구는 '회상' 절차를 사용했다는 점을 유념할 필요가 있으며 따라서 후속 연구에서는 활동 참여 후 즉시 정서를 측정하는 '실시간' 방법론을 사용하여 이 결과들을 재확인할 필요가 있다. 또한 활동 참여 후에 경험한 정서의 인과관계를 검증하기 위한 실험 조작도 필요하다.

활동에 참여하지 못할 때의 열정과 정서

열정 활동에 참여하지 못하게 되었을 때 어떻게 느끼는지를 측정한 연구들도 있다. 열정이원론에 의하면 조화열정을 더 많이 가지고 있을 경우 활동에 참여하지 않아도 에너지의 방향을 조정할 수 있기 때문에 정서에 영향을 주지 않는다. 그러나 강박열정을 더 많이 가지고 있을 경우 활동을 멈추는 것이 쉽지 않다. 강박열정은 활동에 대해 경직된 지속성을 유발하고, 활동에 참여할 수 없을 때에는 정서적 고통을 낳는다. 몇몇 연구들에서 이 문제를 살펴보았다. 발러랜드 등(2003, 연구 1)에서는 참여자들에게 활동을 할 수 없게 되었을 때 부정정서를 경험하는 정도를 질문하였다(예: "활동이 금지되었을 때 나는 긴장을 느낀다"). 부분상관 결과 강박열정은 부정정서와 정적으로 연관되어 있는 반면 조화열정은 그렇지 않았다.

앞서 스토버 등(2011)의 게임 연구에서는 참여자들에게 열정 활동에 참여하지 못하게 되었을 때 정서를 어떻게 느끼는지 PANAS 척도로 질문하였다. 부분상관 결과 조화열정은 긍정정서와 부정정서 모두와 무관하다는 것을 보여주었다. 강박열정은 부정정서와 유의한 상관이 있었지만 긍정정서와는 무관하였다. 마찬가지로 낭만적 관계에 대한 레이틀(Ratelle 2002)의 연구에서 참여자들은 열정 척도와 파트너를 만날 수 없을 때 어떤 기분이 드는지 응답하였다. 이들은 PANAS 척도와 죄책감 척도(Vallerand, Blais, Brière, & Pelletier 1989)에 응답하였는데 부분상관 결과 조화열정은 긍정정서와 무관하고 죄책감과 부적으로 관련이 있었다. 이와는 대조적으로 강박열정은 긍정정서와 부적으로, 죄책감과 정적으로 관련이 있었다.

도박 문제를 연구한 레이틀, 발러랜드, 마고, 루소, 프로벤셔(Ratelle, Vallerand, Mageau,

Rousseau, & Provencher 2004)는 카지노 도박꾼들을 대상으로 도박 열정 척도(Rousseau et al. 2002)와 도박을 금지했을 때의 긍정정서, 불안, 죄책감을 측정하였다. 부분상관 결과 강박열정은 불안 및 죄책감과 정적으로, 긍정정서와 부적으로 관련되었지만 조화열정은 모든 변인과 무관하였다.

갈망, 즉 열정 활동에 참여할 수 없을 때에 느끼는 정서적 고통의 정도를 측정한 연구들도 있다. 예를 들어 스토버 등(2011)에서는 참여자들에게 수정된 도박 갈망 척도(Gambling Craving Scale)(Young & Wohl 2009)를 실시하여 열정 활동(게임)에 대한 갈망을 평가했다. 부분상관 결과 흥미롭게도 강박열정과 갈망의 상관이 조화열정과 갈망의 상관보다 더 높기는 했지만 두 열정 모두 게임에 대한 갈망과 정적인 관련이 있었다. 이는 포르노에 대한 열정과 포르노 갈망에 대한 연구에서도 비슷한 결과를 보인다(Rosenberg & Kraus 2014). 마지막으로 라프르니에르 등(2009)은 게임 연구에서 참여자들에게 열정 척도와 게임 의존증('문제 행동')(Tejeiro & Moran 2002) 척도를 완성하게 하였다. 척도의 문항은 다음과 같다. "내가 좋아하는 게임을 할 수 없을 때 나는 대체로 안절부절못하고/또는 짜증이 난다." 연구결과 강박열정은 게임 의존증과 강한 정적 상관을, 조화열정은 유의하지 않은 부적 상관을 나타냈다.

활동에 참여하지 못할 때 열정과 정서 간의 관계는 대체로 두 가지 결론으로 이어진다. 첫째, 활동에 참여하지 못하게 되는 상황은 유쾌하지 않다. 조화열정과 강박열정 모두 이러한 상황에서 긍정정서와 **정적** 상관을 보이지 않았다. 모든 연구(Ratelle 2002; Ratelle et al. 2004; Stoeber et al. 2011)에서 조화열정은 긍정정서와 유의한 상관이 없었던 반면 강박열정은 한 연구(Stoeber et al. 2011)에서 긍정정서와 유의하지 않은 상관을, 나머지 두 연구(Ratelle 2002; Ratelle et al. 2004)에서는 부적인 상관이 있었다. 여기에 조화열정에 대한 중요한 시사점이 있다. 조화열정은 모든 연구에서 활동에 참여하는 동안 그리고 참여한 후에 긍정정서와 정적 상관을 보였다. 그러나 활동에 참여하지 못하는 조건하에서는 그렇지 않았다. 조화열정은 모든 연구에서 긍정정서와 무관하게 나타났기 때문이다. 그러므로 활동에 참여하는 것이 금지되는 상황은 조화열정을 포함하여 열정을 가진 모두에게 유쾌하지 않은 상태라고 볼 수 있다.

둘째, 활동에 참여하지 못하도록 막는 것은 특히 강박열정이 개입된 경우 정서적 고통으로 이어진다. 모든 연구에서 강박열정이 부정정서 그리고/또는 활동에 대한 갈망과 정적 상관이 있음을 보여주었다. 이러한 상관은 조화열정의 경우 거의 나타나지 않았고,

제3부 열정의 개인적 결과

나타난다고 하더라도 갈망과의 상관이 강박열정보다 낮았다. 흥미롭게도 게임에 관한 연구(Lafrenière et al. 2009)에서는 조화열정과 갈망 사이에 부적이지만 유의하지 않은 상관이 나타났다. 활동에 참여하지 못하게 되었을 때 경험하는 부정정서와 갈망에 조화 열정이 어떠한 역할을 하는지 보다 명확하게 확인하기 위한 후속 연구가 필요하다.

정서에서 열정과 성공/실패의 역할

사회심리학의 많은 연구들은 성공과 실패가 정서에 중요한 영향을 미친다는 것을 보여준다(예: Weiner 1985). 대체로 성공은 긍정정서를 증가시키는 반면 실패는 부정정서를 증가시킨다. 열정이원론에 의하면 성공과 실패가 정서에 미치는 영향은 열정 유형에 의해 조절된다. 앞서 보았던 것처럼 어떤 활동에 강박열정을 가진 사람들의 자존감은 그 활동을 잘하는 것에 수반되기 때문에 개방적이기보다는 방어적인 태도가 나타난다(예: Mageau et al. 2011; Stenseng et al. 2012). 따라서 강박열정을 가진 사람들에게 실패는 정서에 대해 파괴적인 효과를 주기 때문에 실패 후에는 긍정정서가 낮아지고 부정정서가 높아질 것이다. 마찬가지로 이들에게 성공은 자존감을 높일 수 있기 때문에 성공 후에는 높은 수준의 긍정정서와 비교적 낮은 수준의 부정정서를 가지게 될 것이다. 반대로 조화 열정을 가진 사람들의 자존감은 이처럼 불안정하지 않기 때문에 성공과 실패는 큰 차이 없이 합리적인 수준에서 정서에 영향을 줄 것이다.

발리랜드, 버너-필리온, 라프르니에르, 뷰로(Vallerand, Verner-Filion, Lafrenière, & Bureau 2014, 연구 1)의 연구에서는 월드컵을 시청하는 각국의 축구팬들을 대상으로 이 가설을 검증하였다. 열정적인 팬을 대상으로 한 것은 개념적으로도 특히 흥미롭다. 이 장에서 지금까지 살펴본 연구들은 스포츠, 음악 등과 같이 그 자신이 적극적으로 활동에 참여하고 있는 사람들을 대상으로 한 것이다. 그러나 스포츠 팬처럼 타인의 활동을 통해 열정을 대리 경험하는 사람(Vallerand, Ntoumanis et al. 2008)에게서도 동일한 결과를 얻을 수 있을까? 열정이원론에서는 그 활동(이 경우 축구)이 팬들의 정체성에 내면화되어 있는 정도만큼 그럴 수 있다는 입장을 취한다. 즉 팬들이 자신이 좋아하는 팀에 열정이 있다면 그 팀은 팬들의 정체성에 내면화되어 마치 자신이 경기할 때와 같은 정서를 경험할 수 있다. 바스(Vass 2003)는 스포츠 팬들이 팀을 응원할 때에는 "자신을 위해 응원한다"고 하였다. 팬들은 좋아하는 팀을 자신의 일부로 생각하기 때문이다. 그리하여 팬들의 정서는 마치 자신이 경기할 때와 마찬가지로 팀에 대한 열정의 정도에 영향을 받는다.

발러랜드 등의 연구에서 참여자들은 먼저 자신이 응원하는 팀에 대한 열정 척도를 완성하고, 매일 경기를 시청한 뒤 온라인으로 설문지를 작성했다. 이 설문지는 팀의 승패에 따른 팬들의 정서 경험을 측정하는데, 참여자들의 정서는 PANAS 척도를 적용하여 각 6문항으로 구성되는 긍정정서(예: "나는 좋아하는 팀의 경기를 보고 흥분했다")와 부정정서(예: "나는 좋아하는 팀의 경기를 보고 화가 났다")를 측정하였다. 위계선형모형 분석 결과 팬들은 패배보다 승리에서 긍정정서를 더 많이 경험했다. 이것이 놀랄 만한 결과는 아니지만, 팀에 대해 강박열정을 더 많이 가질수록 패배에 따른 부정정서를 더 많이 경험했다는 점은 흥미롭다. 즉 강박열정은 실패가 부정정서에 미치는 부적 효과를 더 증폭시킨다.

이 결과는 성공/실패가 정서에 미치는 효과와 열정 사이에 상호작용이 있을 것이라는 가설을 지지한다는 점에서 중요하다. 그러나 성공과 실패가 실험으로 조작되지 않았기 때문에 변인들 간 인과관계의 방향은 명확하지 않다. 발러랜드 등(2014, 연구 2)은 두 번째 연구에서 이 문제를 다루었다. 이 연구에서 대학생들은 학업 열정 척도에 응답한 뒤 애너그램 수행에 대한 성공과 실패 조건에 무작위로 할당되었다. 대학생들에게 애너그램은 학위 과정을 마칠 수 있는 수준에 대한 타당한 예측 변인이라고 안내하였다. 참여자들은 애너그램 수행 후 PANAS 척도의 문항에 응답하였다. 긍정정서를 종속 변인으로 사용한 회귀분석 결과 조화열정의 주효과가 나타났으며, 이는 조화열정이 높을수록 긍정정서를 더 많이 가지고 있음을 의미한다. 대체로 강박열정이 높을수록 부정정서를 더 많이 가지고 있었지만, 이 결과는 실패 조건에서 특히 중요한 것으로 나타났다. 따라서 열정이원론에서 설명한 바와 같이 강박열정이 높은 사람들은 조화열정이 높은 사람들과 다른 방식으로 성공과 실패에 반응한다. 조화열정이 대체로 높은 수준의 긍정정서를 이끄는 반면 강박열정은 실패했을 경우 높은 수준의 부정정서를 이끈다.

요약하면, 활동에 대한 열정의 유형은 다양한 맥락의 정서에 매우 중요하다. 조화열정은 대체로 강박열정에 비해 높은 수준의 긍정정서와 낮은 수준의 부정정서를 갖는, 긍정적인 정서의 지평을 이끈다. 이러한 결과들은 열정이원론에서 예측한 것과 정확히 일치한다.

열정과 서로 다른 유형의 정서

이 장에서는 지금까지 두 열정이 정서의 유인가(긍정 대 부정)에 어떤 영향을 주는지에 초점을 맞추어 열정과 정서 간의 관계를 살펴보았다. 그러나 정서의 차원은 유인가뿐만이 아니다. 어떤 활동에 열정을 가진 사람들은 그 활동을 매우 중요하게 여기기 때문에 자기관련 정서(예: 자부심, 수치심, 죄책감 등)와 불안 정서를 경험할 수 있다. 이는 매우 중요한 사실이다. 지금까지 검토한 연구는 활동 중, 활동 후, 또는 활동이 금지되었을 때 경험하는 정서에 초점을 맞추었다. 그렇다면 활동 참여와 관계없이 삶에서 일상적으로 경험하는 정서는 어떠한가? 열정 활동의 가치는 매우 높기 때문에 활동에 참여하면서 경험했던 정서는 계속 남아 있고 결국 삶 전체에 영향을 줄 것이다. 이하에서는 이러한 쟁점을 짚어보며 정서에 있어서 열정의 역할을 다룬 연구들을 살펴보기로 한다.

자기관련 정서

연구에 따르면 강박열정은 긍정정서를 거의 예측하지 못하지만, 조화열정은 긍정정서를 확실하게 예측한다. 그러나 강박열정이 적어도 특정 순간이나 특정 상황에서는 모종의 긍정정서를 유도할 수 있지 않을까? 열정 활동이 개인의 정체성에 내면화되어 있음을 감안할 때, 자기관련 정서(예: 자랑스러운, 자신 있는, 유능한 등)는 강박열정과 조화열정 모두와 정적 관련이 있을 것으로 예상된다. 실제로 강박열정을 가진 사람들은 일반적인 긍정정서보다 자기관련 정서를 더 많이 경험할 수 있다. 자기관련 정서는 활동과 밀접한 자아와 연결되어 있기 때문이다. 반면에 조화열정은 일반적인 긍정정서와 자기관련 정서 모두와 정적인 상관을 보일 것이다. 수집가들을 대상으로 한 연구에서 이 가설이 검증되었다(Grenier et al. 2014, 연구 1). 이 연구에서 수집에 대한 열정 척도와 더불어 자기관련 긍정정서(예: 자랑스러운, 가치를 느끼는), 자기무관 긍정정서(예: 행복한, 즐거운), 구매 사건에서 일반적으로 경험하는 부정정서(예: 불안한)를 측정하였다. 부분상관 결과 가설이 지지되었다. 구체적으로 조화열정을 통제했을 때 강박열정은 자기관련 긍정정서를 예측하였지만 일반적인 긍정정서(자기무관 긍정정서)를 예측하지 못했다. 반대로 강박열정을 통제했을 때 조화열정은 두 가지 긍정정서를 정적으로 예측하였지만 부정정서와는 무관하였다. 마지막으로 이전 연구에서와 마찬가지로 강박열정은 부정정서를 정적으로 예측하였다.

　축구팬들을 대상으로 한 다른 연구에서 발러랜드, 은투마니스 등(2008, 연구 2)은 이러한 가설의 일부를 검증하였다. 연구자들은 2006년 월드컵의 프랑스 대 이탈리아의 결승전에서 캐나다 축구팬들을 대상으로 열정 척도와 토너먼트 당시까지 경험한 일반적인 긍정정서와 자기관련 긍정정서를 모두 측정하였다. 그 결과 그레니어 등(Grenier et al. 2014)의 수집가 연구에서 도출된 결과가 재확인되었다. 구체적으로 조화열정은 두 가지 긍정정서를 정적으로 예측한 반면 강박열정은 자기관련 긍정정서에만 정적 상관을 보였다.

　세 번째 연구에서 그레니어 등(2014, 연구 2)은 강박열정도 조화열정처럼 두 유형의 긍정정서(자기관련, 자기무관)를 경험하는 상황이 가능하다는 가설을 세웠다. 수집가가 중요하게 여기는 **성공** 경험에 뒤따르는 상황, 예를 들어 자기 컬렉션에 매우 중요한 작품을 획득하는 상황을 생각해볼 수 있다. 실제로 그러한 성공 경험은 조화열정뿐만 아니라 강박열정에서도 두 가지 긍정정서를 경험하게 할 정도로 충분히 강력한 사건이어야 한다. 높은 성공 조건은 강박열정이 우세한 사람들에게 자기관련 정서와 그에 수반되는 일반적인 긍정정서를 느낄 수 있게 하는 자기정당화(self-validation)를 유도하기 때문이다. 이 경우 강박열정은 부정정서(예: 불안)뿐만 아니라 두 가지 긍정정서를 모두 유도할 것이나, 조화열정은 긍정정서를 이끌지만 부정정서는 이끌지 않을 것으로 예상된다. 그레니어 등(2014, 연구 2)은 수집가들에게 중요한 작품을 구입한 후 그들이 일반적으로 느끼는 정서를 떠올리게 하고, 부정정서 및 두 유형의 긍정정서를 평가하였다. 그 결과는 위의 가설을 완벽히 지지하였다.

　이 연구들(Grenier et al. 2014, 연구 1, 2; Vallerand, Ntoumanis, et al. 2008, 연구 2)이 중요한 이유는 강박열정을 가지고 참여하는 활동에서는 부정정서 외에 일부 유형의 긍정정서(자기관련 정서)가 파생될 수 있다는 것을 보여주기 때문이다. 나아가 특정 상황(예컨대 중요한 성공)에서는 강박열정이 조화열정과 같은 유형의 긍정정서를 주기도 한다. 이 결과를 더 폭넓은 상황에서 재현하기 위한 후속 연구가 필요하다. 또한 열정적인 팬들은 자기가 응원하는 선수와 매우 비슷한 정서적 반응을 한다는 주장(Vallerand, Ntoumanis, et al. 2008) 역시 앞으로 연구할 가치가 있다. 팬들이 선수들과 항상 같은 정서를 경험하는 것은 아니기 때문이다(만약 그렇다면 팬들이 선수들을 야유하는 일은 없을 것이다). 따라서 팬들과 선수들을 비교하여 어떤 조건에서 그들이 유사한 정서와 상이한 정서를 경험하는지 연구할 필요가 있다. 이는 열정적으로 참여하는 사람들의 정서적 기능에 정체성이 어떠한 역할을 하는지에 관해서 중요한 통찰을 준다.

열정과 불안

이 장에서 우리는 열정과 정서의 관계가 대체로 분명하게 나타나며, 전체적으로 조화열정이 강박열정보다 더 긍정적인 정서 분위기를 이끌어낸다는 것을 보았다. 그러나 활동에 참여하는 동안 불안과 스트레스를 경험하는 경우에는 열정과 정서의 관계가 명확하지 않을 수 있다. 구체적으로 강박열정과 불안, 스트레스 사이의 관계는 정적으로 나타나거나(Lecoq & Rimé 2009, 연구 1; Mageau et al. 2005; Philippe et al. 2009, 연구 2; Ratelle et al. 2004) 유의하지 않게 나타난다(Carbonneau et al. 2010, 연구 1, 2; Vallerand et al. 2003, 연구 1). 한편 조화열정과 불안, 스트레스의 관계는 부적으로 나타나거나(예: Carbonneau et al. 2010, 연구 1, 2; Philippe et al. 2009, 연구 2) 유의하지 않거나(Lecoq & Rimé 2009, 연구 1; Ratelle et al. 2004; Vallerand et al. 2003, 연구 1) 정적으로 나타난다 (Mageau et al. 2005). 이러한 차이를 보이는 이유는 무엇인가?

열정과 대처

이처럼 열정과 정서의 관계가 명확하지 않게 나타나는 이유는 열정과 불안, 스트레스의 경험 사이에 모종의 심리적 기제가 작용하고 있기 때문이다. 즉 열정과 불안의 관계는 열정 유형에 따라 서로 다른 심리적 과정에 의해 매개될 수 있다. 따라서 불안을 촉진하는 과정이 있는가 하면 불안으로부터 보호하는 과정도 있다. 두 열정이 서로 다른 과정에 어떻게 관련되는지에 따라 열정과 불안의 관계가 결정될 수 있다. 대처(coping)는 불안을 예측하는 것으로 알려진 일련의 심리적 과정이다. 라자루스와 포크맨(Lazarus & Folkman 1984)은 대처를, "개인의 자원을 초과하는 것으로 평가되는 특정한 내적 그리고/또는 외적 요구를 관리하기 위해 끊임없이 변화시키는 인지적, 행동적 노력"(p. 141)으로 정의한다. 학업, 스포츠, 대인관계 등 삶의 다양한 영역에서 대처 전략과 불안 간의 상관이 있는 것으로 나타난다(예: Anshel, Williams, & Williams 2000; Folkman, Lazarus, Gruen, & DeLongis 1986; Folkman, Lazarus, Dunkel-Schetter, DeLongis, & Gruen 1986; Gaudreau & Blondin 2004; Ntoumanis & Biddle 2000). 개인은 스트레스와 불안을 다루기 위해 다양한 대처 전략을 사용한다(Compas, Connor-Smith, Saltzman, Thomsen, & Wadsworth 2001; Skinner, Edge, Altman, & Sherwood 2003). 라자루스와 포크맨(1984)에 따르면 대처에는 두 가지 핵심 차원이 있다. (1) 정서중심 대처는 상황의 본질을 바꾸려는 의도 없이 정서적 고통을 줄이거나 정서적 각성을 조절하기 위한 노력을 의미하며, (2) 문제중심 대처는 문제를 확인하고 해결하기 위한 인지적, 행동적 노력을 의미한다. 당면한 과제에 집중하는 것은 문제중심 대처라고 할 수 있다. 비록 예외는 있지만, 일반적으로 문제중심 대처는 정서중심 대처보다 더 적응적인 것으로 밝혀졌다(Schwarzer & Schwarzer 1996). 또 다른 연구자들은 제3의 대처 방식인 상황으로부터 분리(또는 회피)도 있다고 제안하였다(Carver, Scheier, & Weintraub 1989). 그러나 목표를 회피하는 것이 어떤 경우에는 적응적일 수 있지만(예: Wrosch, Scheier, Carver, & Schulz 2003), 능동적인 대처를 방해하기 때문에 덜 적응적일 수도 있다(Carver & Scheier 2003).

대처 전략은 열정과 불안 간의 불일치를 설명할 수 있다. 열정이 적응적으로 대처하게 한다면 불안과의 관계가 낮을 수 있지만, 만약 열정이 부적응으로 대처하게 한다면 열정과 불안의 관계는 높을 수 있다. 어떤 유형의 대처 전략을 사용할지는 열정 유형에 따라 달라진다. 구체적으로 강박열정은 투사된 자아와 연결되어 있고 이는 덜 적응적인 자기과정으로 이어지기 때문에 적절한 대처 전략을 사용하기 어렵다. 또한 강박열정을 가진 사람들은 부정정서를 경험하고 수행 이후 오랫동안 반추하기 때문에 부정정서를 줄이기 위해 정서중심 대처를 할 가능성이 크다. 한편 조화열정은 적응적 자기과정으로 이어지는 통합된 자아와 연결되므로 효과적인 대처 전략을 사용한다.

셸렌버그, 고드로, 크로커(Schellenberg, Gaudreau, & Crocker 2013)는 열정과 대처에 관한 단기 종단연구에서 위의 가설을 검증했다. 이 연구에서는 35개 팀의 대학 배구선수들이 대거 참여하여 시점 1에서는 열정 척도에, 3개월 뒤인 시점 2에서는 스포츠 대처 기술 척도(Coping Inventory for Competitive Sports)(Gaudreau & Blondin 2002)에 응답했다. 이 척도는 두 가지 일반적인 대처 경향성, 즉 과제지향(task-oriented) 대처와 비관여지향(disengagement-oriented) 대처를 측정하며, 이는 각각 적응적 대처와 부적응적 대처 전략을 반영한다. 구조방정식모형 분석 결과 조화열정은 3개월 후의 과제지향 대처를 정적으로 예측했던 반면 강박열정은 비관여지향 대처를 정적으로 예측했다. 또한 강박열정이 과제지향 대처를 정적으로, 조화열정이 비관여지향 대처를 부적으로 예측하였지만 이 두 경로는 통계적으로 유의하지 않았다.

셀렌버그, 베일리스, 크로커(Schellenberg, Bailis, & Crocker 2013)는 2012-2013년 내셔널 하키 리그 중단 당시 하키팬들의 열정과 대처에 관한 연구를 실시하였다. 이 연구에서 강박열정은 비관여지향 대처와 정적인 관련이 있었던 반면 조화열정은 이와 무관하였다. 이런 패턴은 강박열정을 가진 팬들이 리그 중단 사태를 모니터하지 않은 데 비해 조화열정을 가진 팬들은 이 사태를 모니터했던 이유를 설명해준다. 흥미롭게도 강박열정을 가진 사람들은 중단 기간 동안 경기를 보지 못하는 불안감에 대처하기 위해 술과 마약에 의존하는 경향이 높았지만, 조화열정을 가진 사람들은 그렇지 않았다. 이 두 연구는 전반적으로 강박열정이 조화열정보다 덜 적응적인 대처 양식을 촉진한다는 것을 보여준다.

열정, 대처, 불안

셀렌버그와 동료들이 수행한 위의 연구는 두 열정과 적응적, 부적응직 대처 사이에 차별적 관계가 있다는 사실을 지지한다. 그러나 이 연구에서는 불안을 측정하지 않았기 때문에 대처가 열정과 불안의 관계를 매개하는 것인지 확인할 수는 없었다. 버너-필리온, 발러랜드 등(Verner-Filion, Vallerand, et al. 2014)[2]은 이 질문에 대한 답을 얻기 위해 두 연구를 실시했다. 셀렌버그 등의 연구결과에 따라 조화열정이 더 적응적인 대처 전략(문제중심 대처)을 촉진시켜 불안을 덜 경험하게 할 것으로 예상하였고, 대조적으로 강박열정은 덜 적응적인 대처 전략(정서중심 대처, 회피 대처)을 높여 불안을 더 쉽게 경험하게 할 것으로 예상하였다.

두 연구에서 비슷한 결과를 얻었기 때문에, 이하에서는 연구 2에 초점을 두고 검토하기로 한다. 버너-필리온, 발러랜드 등(2014)은 캐나다와 미국 선수들을 대상으로 온라인 설문조사를 실시하였다. 참여자들은 자신의 분야에 대한 열정 척도와 함께 문제중심 대처("나는 상황을 바꿀 방법을 찾으려고 했다"), 정서중심 대처("나는 기분을 좋게 하려고 노력했다"), 회피 대처("나는 스트레스에서 벗어나기 위해 상황을 벗어나려 하였다")를 측정하는 대처 기능 설문지(Coping Function Questionnaire)(Kowalski & Crocker 2001)에 응답하였다. 마지막으로 선수들은 경기 직전 보통 어떻게 느끼는지에 대한 경쟁 상태 불안

---

2) 원서에는 in press로 되어 있으나 이후 2014년 출간되었음.
Verner-Filion, J., Vallerand, R. J., Donahue, E. G., Moreau, E., Martin, A., & Mageau, G. A. (2014). Passion, coping and anxiety in sport: The interplay between key motivational and self-regulatory processes. *International Journal of Sport Psychology*, 45, 516-537.

척도(Competitive State Anxiety Inventory-2)(Martens, Vealey, & Burton 1990)를 작성했다. 구조방정식모형 분석 결과 가설이 지지되었는데, 조화열정은 문제중심 대처를 정적으로 예측한 반면 강박열정은 회피 대처를 정적으로 예측하였다. 또한 조화열정은 회피 대처를 부적으로 예측하였다. 문제중심 대처는 불안을 부적으로 예측한 반면 회피 대처는 불안을 정적으로 예측하였고 정서중심 대처는 불안을 예측하지 못했다. 요약하면 이 결과는 대처 과정이 열정과 불안의 관계를 매개한다는 가설을 강하게 지지한다. 이 결과는 [그림 7.1]에 나타나 있다.

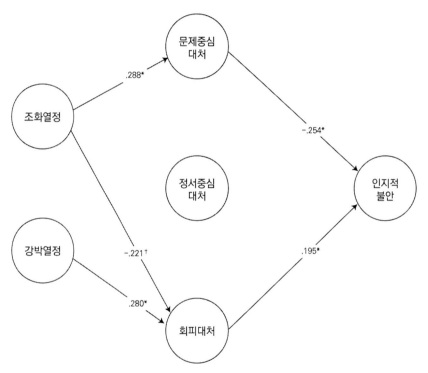

그림 7.1 열정, 대처 전략, 인지적 불안의 관계에 대한 최종 모형
주: *p<.05; †p<.08
출처: 버너-필리온과 발러랜드 등(2014, 연구 2)에서 수정

삶 전반에서의 긍정정서와 부정정서

정서와 관련하여 한 가지 흥미로운 질문이 있다. 열정이 과제에 참여하는 동안 경험하는 정서에 기여한다면, 삶의 일반적인 정서(열정 활동 밖의 정서)에도 영향을 미칠 수 있는가? 열정 활동은 높은 가치를 가지고 있기 때문에, 활동에 참여하면서 경험한 정서는 시간이 지나도 남아서 일상생활에 파급된다고 가정할 수 있다. 일련의 연구들에서 이 문제를 살펴보았다. 다음 세 연구는 같은 방법론을 사용하고 있다. 첫 번째 연구에서는 게임(Stoeber et al. 2011)을 주제로 하여 정기적으로 온라인 롤플레잉 게임을 하는 참여자들을 대상으로 게임에 대한 열정 척도, 그리고 열정 활동이 아닌 일상생활에서 대체로 어떻게 느끼는지에 대한 간편형 PANAS 척도를 측정하였다. 부분상관 결과 조화열정은 긍정정서와 정적인 관련이 있는 반면 강박열정은 이와 무관하였다. 이에 비해 강박열정은 부정정서를 정적으로 예측한 반면 조화열정은 이와 무관하였다. 흥미롭게도 이 결과는 과제 참여 도중과 과제 참여 이후 일반적으로 경험하는 정서에 대한 결과와도 완벽하게 일치한다.

두 번째 연구에서는 스웨덴의 엘리트 청소년 선수를 대상으로 같은 방법을 사용하였다(Gustafsson et al. 2011). 부분상관 결과 조화열정은 긍정정서를 정적으로 예측한 반면 강박열정은 이와 무관하였다. 부정정서에 대한 결과는 약간 달랐는데, 강박열정은 부정정서를 정적으로 예측하였으나 조화열정은 부정정서와 부적으로 관련이 있었다.

마지막 연구(Sheard & Golby 2009)에서는 일부 프로선수를 포함한 럭비선수들에게 열정 척도와 **지난 한 주 동안** 생활하면서 느낀 정서에 대해 PANAS 척도를 실시하였다. 선수들의 수준을 통제한 다중회귀분석 결과 조화열정은 긍정정서를 정적으로 예측했다. 강박열정도 이와 마찬가지였지만 조화열정의 경우보다는 상관이 낮았다. 오직 조화열정만이 부정정서를 부적으로 유의하게 예측하였으며 강박열정은 부정정서와 유의하지 않은 정적 관계를 나타냈다.

세 연구는 열정이원론에서 예측한 사실과 매우 일치하는 그림을 보여주고 있다. 약간의 차이는 있어도 대체로 조화열정을 가진 정서의 지평은 강박열정보다 훨씬 더 긍정적이다. 따라서 조화열정이 활동 참여 중에 경험하는 정서를 넘어 삶의 일반적인 정서에도 기여한다고 볼 수 있다. 그러나 이러한 연구들이 모종의 방법론적 한계를 가지고 있다는 점에 주목해야 한다. 즉 상관설계를 사용한 결과는 열정이 일반적인 정서의 **변화**를 이끌었는지 명확하게 알 수 없다. 이 문제를 다루기 위해서는 종단연구, 특히 실험설계 연구가 분명히 필요하다. 게다가 정서의 회상 문제도 중요하다. 삶의 일반적인 정서를 보고하는 것과 지난 한 주 동안 경험한 정서를 보고하는 것은 참조 기준이 서로 다르다(Sheard & Golby 2009). 삶 전반에 걸친 정서를 더 정확하게 알기 위해서는 며칠 동안 매일매일 정서를 보고하도록 할 필요가 있다. 이렇게 하면 특정 날짜에 열정 활동에 참여한 것이 이후 그 사람의 일반적인 정서에 영향을 주었는지 판단할 수 있다.

마고와 발러랜드(Mageau & Vallerand 2007)는 바로 이러한 방법을 써서 대학생들을 14일 동안 추적한 일기 연구를 수행하였다. 1일차에는 좋아하는 활동에 대한 열정 척도와 PANAS의 긍정정서 하위척도(Watson, Clark, & Tellegen 1988)를 측정하였고, 이후 13일 동안 매일 밤 취침 전 그날 열정 활동을 했는지 여부를 체크하고 긍정정서를 측정하였다. 위계선형모형 분석 결과 두 가지 중요한 점이 발견되었다. 첫째, 열정 활동을 한 날의 조화열정은 1일차의 긍정정서에 대한 기초선을 통제하고도 그날 마지막에 경험하는 긍정정서를 증가시켰다. 즉 조화열정을 가진 사람은 열정 활동에 참여한 날은 평소보다(즉 기준치 이상의) 더 긍정적인 느낌을 가지게 된다. 강박열정은 활동에 참여한 날의 긍정적인 느낌을 증가시키지 않았다. 이 결과는 앞서 말한 두 연구(Gustaffson et al. 2012; Stoeber et al. 2011)의 결과 즉 일상생활에서 긍정정서를 가지게 하는 데에는 강박열정이 아닌 조화열정이 기여한다는 결과와 일치한다.

둘째, 강박열정은 열정 활동을 하지 않은 날, 기준치에 비해 긍정정서의 **감소**를 예측하였다. 조화열정은 그렇지 않았다. 즉 강박열정을 가진 사람들은 활동을 하지 못하는 경우 평소보다 긍정정서가 낮아진다. 이는 강박열정이 부정정서와 정적 상관을 보였던 연구(예: Ratelle et al. 2004; Stoeber et al. 2011; Vallerand et al. 2003, 연구 1)에서 나타난 바와 같이 강박열정은 열정 활동에 참여하지 못하게 되었을 때 정서적 고통을 유발한다는 결과와 일치한다. 이 결과들은 운동 열정을 가진 여성들을 대상으로 한 일기 연구에서도 재확인되었다(Guérin, Fortier, & Williams 2013).

마고와 발러랜드(2007)의 연구는 활동에 열정적으로 참여함으로써 촉발된 정서적 경험이 적어도 하루 동안 남아 있고 삶의 다른 영역에도 일반화된다는 것을 보여주었다. 이 결과는 주목할 만한 것이기는 하지만 단지 14일 동안의 기록에 불과하다. 열정이 일반적인 긍정정서와 부정정서 모두에 미치는 장기적인 영향은 어떠한가? 발러랜드 등(2003, 연구 2)은 이 질문에 답하고자 하였다. 연구자들은 축구선수들의 열정 활동 참여가 전체 시즌 동안 긍정정서와 부정정서의 변화를 예측할 수 있는지 알아보기 위해 이들을 추적하였다. 이에 따라 선수들은 시즌 시작 후 시점 1에 열정 척도와 PANAS 척도에 응답하고 시즌이 끝난 시점 2에 다시 한번 PANAS 척도에 응답하였다. 또한 시점 1에서는 통제 변인으로 축구에 대한 내재동기 및 외재동기(외적 조절, 투사된 조절, 확인된 조절)에도 응답하였다. 다중회귀분석 결과 전체 축구 시즌 동안 조화열정은 긍정정서의 **증가**를 예측한 반면 강박열정은 부정정서의 **증가**를 예측한 것으로 나타났다. 나아가 조화열정은 부정정서를 예측하지 못했고, 강박열정은 긍정정서를 예측하지 못했다. 이는 축구에 대한 내재동기와 외재동기를 통제하여 얻은 결과이다.

이 절에서 검토한 연구들을 통해 비교적 확실한 두 가지 결론과 잠정적인 두 가지 결론을 얻을 수 있다. 첫째, 활동에 대한 조화열정은 삶 전반에서 긍정정서를 보다 쉽게 경험하게 한다. 이 점은 모든 연구에서 나타났으며, 과제 참여 도중 또는 참여 직후에 경험하는 긍정정서와는 서로 관련 있지만 약간 다른 결과를 보인다. 조화열정을 가지고 활동을 하는 것은 그저 몇 시간 동안이 아니라 자신의 삶에 전반적으로 좋은 느낌을 주는 데에 기여한다. 이는 무척 고무적이다. 둘째, 활동에 대한 강박열정은 삶 전반에서 부정정서를 경험하게 한다. 실제로 한 연구를 제외한 모든 연구에서 강박열정은 부정정서를 유도하였으며, 제외된 연구에서는 표본의 수가 적어서 통계적으로 유의하지 않았던 것으로 보인다(n = 78)(Sheard & Globy 2009). 셋째, 잠정적인 결론으로 강박열정은 삶의 일반적인 긍정정서와 관계가 없다. 이러한 패턴은 세 연구에서 얻어졌다. 그러나 한 연구에서는 강박열정이 높을수록 열정 활동을 할 수 없는 날의 긍정정서가 기준치에 비해 상대적으로 감소함을 예측하였고(Mageau & Vallerand 2007), 다른 연구에서는 강박열정이 긍정정서를 **정적으로** 예측하였다(Sheard & Golby 2009). 따라서 이 문제를 명확히 밝히기 위한 후속 연구가 필요하다. 마지막으로, 조화열정은 삶 전반에 걸친 부정정서로부터 보호할 수 있다. 이 연구결과는 부정정서를 측정한 두 연구에서 얻어진 반면, 다른 두 연구에서는 발견되지 않았다. 따라서 일반적인 부정정서에 대한 조화열정의 완충 효과는 아직 결론을 내릴 단계가 아니다.

요약하면 열정은 여러 유형의 정서에 기여할 수 있다. 전반적으로 조화열정은 긍정적인 자기관련 정서 및 삶의 일반적인 긍정정서와 정적 관련이 있지만 불안과는 부적 관련이 있거나 무관하였다. 다른 한편으로 강박열정은 삶의 일반적인 부정정서의 증가를 예측했던 반면 긍정적인 자기관련 정서(예: 자부심)와는 정적 관련이 있었고, 불안과는 정적 관련이 있거나 무관하였다. 이 결과로 강박열정에는 상반된 기능이 있음을 재차 확인할 수 있다.

열정과 정서 예측

사람들은 종종 미래의 사건이 어떤 정서적 결과를 가져올지 예상하고자 한다(Wilson & Gilbert 2003). 여기에는 충분한 이유가 있다. 자신의 행동에 무엇이 뒤따를지 예측할 수 있다면 그 행동을 할지 말지를 결정할 수 있기 때문이다. 누군가는 사람들이 정서를 상당히 잘 예측한다고 생각할 수 있다. 사람들은 매일 다양한 정서들을 경험하고, 따라서 모종의 사건이 어떤 정서를 가져올지 잘 예측하는 것은 당연하지 않을까? 그러나 과학적인 증거에 의하면 그렇지 않다. 정서 예측에 관한 연구(예: Wilson & Gilbert 2003), 즉 특정 상황에서 어떻게 느낄지를 예측하는 행동에 관한 연구에 의하면, 대체로 사람들은 미래의 삶에서 일어나는 사건에 대한 정서를 잘 예측하지 **못한다**(Gilbert, Pinel, Wilson, Blumberg, & Wheatley 1998). 구체적으로 사람들은 다가오는 사건이 가져올 정서적 결과를 과대평가하는 경향이 있다. 대체로 미래의 부정적인 사건들은 실제보다 그들을 더 불행하게 만들 것이며, 미래의 긍정적인 사건들은 실제보다 그들을 더 행복하게 만들 것이라고 예상한다(Wilson & Gilbert 2003). 또한 사람들은 미래의 정서 상태를 예측할 때 특정 사건에 지나치게 초점을 맞추는 반면 그 사건에 관여하는 다른 사건들의 영향을 과소평가하는 경향이 있다(Wilson, Wheatley, Meyers, Gilbert, & Axsom 2000).

정서 예측에 관한 연구가 10년 넘게 이루어졌지만, 예측의 정확도를 결정하는 개인차에 대한 연구는 많지 않다(예외적인 연구로는 Dunn et al. 2007; Hoerger et al. 2009; Buehler & McFarland 2001 참조). 열정이 그러한 개인차를 나타낼 수 있다는 주장이 있다. 실제로 어떤 활동에 열정적이라면, 그 활동과 관련된 미래 사건에 대한 기대는 정서 예측에 영향을 미칠 수 있다. 게다가 열정은 활동 중 그리고 활동 후의 정서에 영향을 미친다는 것이 입증되었다(Vallerand et al. 2003; Mageau et al. 2005). 따라서 열정은 열정과 관련된 사건에 대한 정서 예측에 영향을 미칠 것이다.

그러나 정서 예측은 열정의 유무뿐만 아니라 열정의 유형에도 영향을 받을 수 있다. 조화열정을 가진 사람들에게 그 활동은 자신의 정체성에 중요하긴 해도 지나치지 않을 만큼의 위치를 차지한다. 따라서 미래 사건에 대해 방어적이 아닌 개방성(Hodgins &

Knee 2002)과 마음챙김(Brown & Ryan 2003)을 가지고 대한다. 조화열정을 가진 사람들은 열정과 관련된 미래 사건의 정서를 더 정확하게 예측할 것으로 예상된다. 그러나 강박열정을 가진 사람들은 열정 활동이 그의 삶에서 지나치게 큰 위치를 차지하기 때문에 정서를 정확하게 예측할 수 없다. 더욱이 강박열정은 대체로 방어성을 보이는 투사된 자아와 관련 있기 때문에, 정서 예측 연구에서 말하는 전형적인 영향 편향(impact bias), 즉 성공과 실패 상황 모두에서 더 부풀려진 정서를 가질 것으로 예상된다.

이와 관련된 가설을 세워보면, 열정과 관련된 미래 사건에 대해 강박열정을 가진 사람들은 윌슨과 길버트(Wilson & Gilbert 2003)가 말한 정서 예측 문제를 겪게 되는 반면 조화열정을 가진 사람들은 정서를 더 정확히 예측할 것이다. 버너-필리온, 라프르니에르, 발러랜드(Verner-Filion, Lafrenière, & Vallerand 2012)는 이 가설을 검증하기 위한 일기 연구를 실시하였다. 연구자들은 2010년 월드컵 대회 기간에 일기 연구에 참여한 축구팬들을 대상으로 자신이 응원하는 팀에 대한 열정 척도를 먼저 실시하였다. 이어 정서 예측은 바렛과 러셀(Barrett & Russell 1998)의 정서 예측 척도에서 긍정정서와 부정정서 하위척도 각 6문항씩을 사용하였고, 팀의 승리와 패배 이후 어떻게 느낄 것인지에 대해 측정하였다. 즉 팀의 승패에 대한 **예측된** 긍정정서와 부정정서를 함께 측정한 것이다. 이후 참여자들은 팀이 경기를 치른 날마다 이메일로 설문지에 응답했다. 참여자들은 1회부터 7회까지의 범위 내에서 경기 후 **실제로** 경험한 정서를 보고하였는데, 이는 예측된 정서에서 사용된 것과 같은 하위척도를 수정한 긍정정서(예: "내가 응원하는 팀의 경기 이후 나는 흥분했다")와 부정정서(예: "내가 응원하는 팀의 경기 이후 나는 화가 났다")를 측정한다.

정서 예측의 **정확성**을 평가하기 위해 경기 후 경험한 정서에서 예측된 정서를 뺀 차이점수를 계산하였다(Sheldon, Gunz, Nichols, & Ferguson 2010 참조). 위계선형모형 분석결과 축구팬으로서의 삶이 가지는 중요도를 통제하고, 참여자들은 대체로 팀의 승리에 따른 긍정정서를 과대평가하는 것으로 나타났다. 또한 예상한 바와 같이 조화열정은 팀 성적과 긍정정서 예측 정확성 사이의 관계를 조절하는 것으로 나타났다. 즉 조화열정이 높을수록 긍정정서 예측이 더 정확했다. 강박열정은 팀 성적과 긍정정서 예측 정확성 사이의 관계를 조절하지 못했다. 부정정서의 연구결과도 이와 상당히 유사하였는데, 구체적으로 참여자들은 대체로 팀의 패배에 따른 부정정서를 과대평가했다. 조화열정은 팀 성적과 부정정서 예측 정확성 사이의 관계를 조절했는데, 조화열정이 높을수록 부정정서 예측이 더 정확했다. 반면 강박열정은 팀 성적과 부정정서 예측 정확성 사이의 관계를 조절하지 못했다.

요약하면 이 연구결과는 조화열정이 긍정정서와 부정정서를 정확하게 예측하는 데 도움이 된다는 것을 보여주고 있다. 대부분의 사람들은 성공과 실패에 뒤따르는 정서를 과장하기 때문에 정서 예측에 문제를 가지고 있는데, 강박열정을 가진 사람들의 경우 이런 문제에 더 빠지기 쉽다. 이러한 결과가 다른 열정 활동과 상황에서도 유사하게 나타나는지 후속 연구를 통해 알아볼 필요가 있다.

요 약

이 장에서 우리는 열정이 정서에서 중요한 역할을 한다는 것을 보았다. 대체로 조화열정은 강박열정보다 더 긍정적인 정서 분위기(높은 긍정정서와 낮은 부정정서)로 이어진다. 이러한 패턴은 활동에 참여하는 도중, 활동에 참여하고 난 후, 활동에 참여하지 못할 때 그리고 활동의 성패가 관여할 때 등의 다양한 맥락에서 모두 동일하게 나타났다. 두 열정은 또한 자기관련 정서(예: 자부심)와 불안 등 서로 다른 정서를 경험하게 하는 것으로 밝혀졌다. 불안과 관련된 연구에서는 적응적, 부적응적인 대처 유형이 열정과 불안의 관계를 매개하고, 관련된 대처 과정의 질이 열정 유형에 따라 달라진다는 것을 보여주었다. 마지막으로 정서 예측에서 열정의 역할을 다루었던 연구결과에 의하면 조화열정은 전형적인 확대 편향 즉 어떤 사건의 정서적 결과를 과대평가하는 것을 막아주었던 반면 강박열정은 그렇지 못했다.

열정과 심리적 행복

Passion and Psychological Well-Being

오랫동안 많은 연구와 이론들이 심리적 행복(심리적 안녕감, psychological well-being)에 주목하였다. 이유는 충분하다. 행복한 사람들은 신체적 건강, 원만한 대인관계, 높은 수준의 성과 등 훨씬 더 많은 이익을 경험하기 때문이다(예: Huppert 2009; Lyubomirsky, King, & Diener 2005). 그러나 심리적 행복이란 무엇인가? 이 개념은 행복감, 삶의 만족, 삶의 의미 등과 유사하다고 여겨졌다. 이들이 모두 심리적 행복과 같다고 할 수 있는가? 잘 적응하는 사람들을 행복하게 하는 것은 무엇인가? 즉 심리적 행복을 결정하는 요인은 무엇인가? 행복에 대한 여러 가지 생물학적, 문화적 결정요인이 확인되었지만(Huppert 2009 참조), 중요하고 의미 있는 활동에 대한 열정은 심리적 행복의 중요한 결정요인이다. 실제로 깊이 사랑하고 규칙적으로 참여하는 활동에 대한 열정은 심리적 행복에 기여한다.

이 장에서는 우선 심리적 행복의 본성을 논하면서 행복의 두 가지 유형인 쾌락과 에우다이모니아를 구분한다. 다음 절에서는 열정이원론에서 심리적 행복에 대한 열정의 역할에 대해 어떻게 설명하는지 알아본다. 이어지는 절에서는 열정과 심리적 행복의 관계 및 이 관계를 조절하는 상황에 대한 연구들을 다루고, 그 다음 절에서는 열정이 심리적 행복과 불행(ill-being) 각각에 미치는 영향을 매개하는 심리적 과정에 대한 연구를 검토한다. 마지막 절에서는 열정이 다양한 유형의 활동에 미치는 잠재적 역할과 함께 열정이 행복에 미치는 영향을 다룬다.

심리적 행복의 본성

불행의 부재 그 이상인 심리적 행복

심리적 행복이란 무엇인가? 그것은 불행이 없는 상태인가? 아니면 그 이상을 말하는가? 대부분의 심리학자, 특히 긍정심리학자들은 심리적 행복이 불행의 부재 그 이상을 의미한다고 단언한다. 가난하지 않다고 곧 부자는 아니듯 심리적 문제가 없는 것이 행복과 동일한 의미는 아니다(Huppert 2009; Seligman 2011). [그림 8.1]은 이 관계를 보여준다. 맨 오른쪽의 심리적 행복(+10)은 심리적 문제의 부재(0)보다 훨씬 크다. 자기성장을 온전히 경험하기 위해서는 맨 오른쪽의 완전한 심리적 행복(+10)으로 나아가야 한다. 그러므로 자기성장에 관심을 두는 우리의 학문적 과제는, 불행을 감소시키는 요소뿐만 아니라 행복을 증진시키는 요소를 확인하는 것이라 할 수 있다. 이하에서 보겠지만 열정(특히 조화열정)은 행복을 증진시키는 요소 중 하나이다.

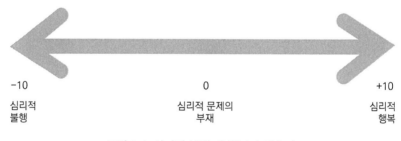

-10	0	+10
심리적 불행	심리적 문제의 부재	심리적 행복

그림 8.1 심리적 불행 대 행복의 연속선

심리적 행복의 정의

좋은 삶이란 무엇인가? 어떻게 하면 가장 가치 있는 삶을 살 수 있는가? 철학자들은 이 문제를 놓고 오랫동안 고민해왔다. 여기에는 두 가지 입장이 있다(Ryan & Deci 2001; Waterman 2013 참조). 쾌락(hedonia)의 관점이라고 불리는 첫 번째 입장에서는 좋은 삶이란 그 자체로 긍정정서를 경험하는 것이라고 본다. 여기서는 그 원인에 관계없이 쾌락을 실존의 주된 목표로 삼고 이를 추구한다. 쾌락주의를 따르는 사람들은 행복이 주관적 행복(subjective happiness)으로 이루어져 있다고 본다. 긍정정서를 경험하는 것은 쾌락적 행복의 주 요소이다(Kahneman, Diener, & Schwarz 1999). 따라서 쾌락적 행복은 긍정정서와 부정정서 사이의 균형 또는 오로지 긍정정서만 있는 상태 등으로 다양하게 조작되었다(예: Nix, Ryan, Manly, & Deci 1999; Waterman 1993; Watson, Clark, & Tellegen 1988). 어떤 연구자들은 쾌락적 행복과 **주관적** 행복을 동일시하여 긍정적인 기분의 존재, 부정적인 기분의 부재, 삶에 대한 전반적인 만족도의 총합으로 조작적 정의를 내린다(Diener 2000).

두 번째 입장에서는 자아실현, 자기성장, 자신의 잠재력에 도달하는 것이 좋은 삶이라고 주장한다. 이러한 입장을 에우다이모니아(eudaimonia)적 관점[1]이라고 하며, 참된 자아에 부합하는 개인적인 실현을 위해 노력하는 것에서 행복을 찾을 수 있다고 본다(예: Ryff & Singer 1998). 라이언과 디씨(Ryan & Deci 2001)에 따르면, 에우다이모니아적 행복은 단순히 행복감을 느끼는 것 이상으로 온전히 기능함을 함의한다. 에우다니모니아적 행복은 다양한 방법으로 정의되어 왔다. 예를 들어 워터맨(Waterman 1993)은 심리적 행복의 에우다이모니아는 참된 자아에 부합하는 삶을 의미한다고 보았다. 이는 자신이 소중하게 여기는 가치와 삶의 활동이 일치하는 것이다. 비슷한 맥락에서 리프(Ryff 1995, p. 100)는 에우다이모니아적 행복을 "참된 잠재력이 실현되는 완전성을 위해 노력하는 것"이라고 정의했다. 따라서 에우다이모니아의 관점에서 보면 심리적 행복은 대부분 개인의 성장과 발달을 바탕으로 한다. 에우다이모니아적 행복은 유의미성(meaningfulness)(McGregor & Little 1998), 주관적 활력(subjective vitality)(Ryan & Frederick 1997; Nix et al. 1999), 개인적 표현성(personal expressiveness)(Waterman 1993), 리프의 심리적 행복 척도(Ryff's Psychological Well-being Scale)(Ryff & Keyes 1995) 등으로 다양하게 조작되었다.

심리적 행복이, 쾌락과 에우다이모니아로 서로 관련 있지만 상대적으로 구별되는 결과를 보여주는 연구들은 흥미롭다. 예를 들어 키이스 등(Keyes et al. 2002)에서 심리적 행복은 한 개의 일반적인 구인 혹은 두 개의 독립적인 구인(쾌락과 에우다이모니아)을 나타내는 요인모형보다는 두 구인이 중간 정도로 관련된 요인모형으로 나타났다. 이 결과는 대체로 쾌락적 행복과 에우다이모니아적 행복이 몇 가지 공통적인 특징을 공유하지만 그럼에도 불구하고 서로 독립적인 구인이라는 것을 암시한다. 따라서 열정과 심리적

---

1) 에우다이모니아는 단순히 행운이나 쾌감의 행복이 아니라, 이 단어의 어원이 eu(excellent)+daimon (spirit)+a(state)를 뜻하는 것처럼, 개인의 인품이나 행동에 따른 결과로서의 행복을 의미한다.

행복의 관계 연구에서는 이 두 유형의 심리적 행복을 살펴보고 있으며, 이 둘을 함께 연구한 것도 있지만 대부분 별개로 연구한다(어떤 연구에서는 에우다니모니아만 측정하고 어떤 연구에서는 쾌락만 측정하였다).

심리적 행복에서 열정의 역할

열정이원론에 따르면 심리적 행복을 결정하는 열정의 역할에는 중요한 세 가지 논점이 있다. 첫째, 열정(특히 조화열정)은 행복에 중요하다. 둘째, 열정이 제공하는 긍정정서는 행복의 효과를 매개한다. 셋째, 열정을 통해 얻은 행복은 지속된다.

의미 있는 활동에의 열정

열정이원론에서 심리적 행복에 관한 첫 번째 논점은 의미 있는 열정 활동에 규칙적으로 참여하는 질적인 측면이 매우 중요하다는 것이다. 긍정심리학의 많은 연구(Huppert 2009; Lyubomirsky, Sheldon, & Schkade 2005; Seligman 2011 참조)에서는 고마움을 표현하기(Algoe, Haidt, & Gable 2008), 자신이 가진 것에 감사하기(Froh, Sefick, & Emmons 2008), 삶의 목표를 적어보기(King 2001), 새로운 활동에 참여하기(Lyubomirsky et al. 2005)와 같은 활동이 행복에 도움이 된다고 하였다. 그러나 열정이원론에서는 단순히 활동에 참여하는 것만이 아니라 활동에 참여하는 질이 더 중요하다. 오코너와 발러랜드(O'Connor & Vallerand 1990)의 노인 연구에서, 기도 자체는 기도의 이면에 있는 동기만큼 긍정적인 효과를 주지 못했다. 오코너와 발러랜드는 자신의 선택과 의지로 신과 연결되는 것과 같은 자기결정적인 이유를 가진 기도만이 행복을 정적으로 예측했다고 하였다. 천국에 가기 위해서와 같은 외적인 이유를 가진 기도는 심지어 행복의 감소로 이어졌다. 이는 일반인, 심지어 학자들(예: Myers 2008)의 믿음과 정반대이다.

같은 맥락에서, 매우 가치 있고 의미 있는 활동(또는 사물이나 사람)에 대한 열정(특히 조화열정)은 심리적 행복의 중요한 결정요인이다. 실제로 우리가 사랑하고 중요하다고 생각하는 무언가를 할 때에는 기분이 좋아지고 따라서 **쾌락적** 행복도 높아진다. 또한 대상에 대한 열정은 활동을 지속시키고 향상시키며, 결과적으로 이 활동의 복잡성을 증가시키기 때문에 열정 영역에서 자기성장의 요소들을 제공하며, 이를 통해 시간이 지나면서 에우다이모니아적 행복을 높일 수 있도록 돕는다. 3장에서 본 농구선수 장 클로드의 예를 떠올려 보자. 농구에 대한 열정, 특히 조화열정은 그가 농구할 때의 기분을 좋게 만들었고, 따라서 쾌락적 행복에 기여했다. 동시에 농구에 대한 열정은 그의 자기성장을 촉진했다. 몇 달이고 몇 년이고 연습을 계속하면서 농구 실력은 점차 향상되었고 농구에 대한 지식과 기술이 높아져 그 결과 자기성장을 경험하였다. 3장에서 보았듯 농구에서의 자기성장은 다른 긍정적인 효과(영어공부, 해외여행)를 이끌었다. 그러므로 열정(특히 조화열정)은 우리를 에우다이모니아적 행복 쪽으로, [그림 8.1]의 연속선에서 +(플러스) 쪽으로 이동하게 할 수 있다. 의미 있는 활동에서의 열정(특히 조화열정)은 연속선에서 + 쪽으로 이동하게 할 뿐만 아니라 −(마이너스) 쪽으로 이동하지 않도록 **보호**할 수 있다. 사랑하고 의미를 부여하는 활동에 참여하면 행복의 + 쪽에 있는 긍정적인 경험을 반복할 수 있기 때문이다.

긍정적인 활동을 경험하고 부정적인 활동을 경험하지 않는 것은 높은 심리직 행복을 이끈다. 경제에 비유하자면 은행 계좌의 돈을 최대한 늘리는 두 가지 방법은 큰 돈을 자주 예금하고 거의 찾지 않는 것이다. 마찬가지로 열정은 긍정적인 결과(입금)로 이어지게 하고 부정적인 결과(출금)로 이어지지 않도록 하여 행복을 경험하게 한다. 이렇듯 조화열정은 두 가지 방법을 통해 행복에 '경제적'으로 기여한다.

긍정적 활동 경험의 매개

열정이원론에서 심리적 행복에 관한 두 번째 논점은 긍정적인 경험 특히 정서에서 열정의 역할에 대한 것이다. 열정이원론에서는 활동에 참여하는 동안 긍정정서를 경험하도록 돕는 과정들이, 조화열정이 행복에 미치는 정적인 효과를 높이는 중요한 기제 중 하나라고 본다. 왜냐하면 긍정정서 및 몰입을 경험하는 것은 자아를 확장하고 기술의 레퍼토리를 넓히는 등의 다양한 이익을 주고(Fredrickson 2001 참조), 결국 심리적 행복을 촉진하는 긍정적인 경험을 선순환시키기 때문이다. 7장에서 보았듯 열정은 활동을 할 때 경험되는 정서의 유형을 결정하는 데 영향을 주며, 조화열정은 강박열정보다 긍정정서를 더 많이 이끌어낸다. 그러므로 조화열정은 심리적 행복을 촉진한다. 게다가 긍정정서는 부정적인 경험을 '되돌리는' 효과를 가지고 있다(Fredrickson 2001 참조). 이 효과에 의해 긍정정서는 우리를 '불행'의 영역으로 가지 않도록 보호한다. 조화열정은 부정정서를 약화시키기 때문에 우리를 심리적 문제로부터 보호하는 기능을 할 것이라고 예상할 수 있다. 강박열정은 간혹 긍정정서로 이어질 수 있지만, 대개는 부정정서로 이어지기 때문에 우리를 불행으로 이끌게 된다.

조화열정과 행복의 증진

열정이원론에서 심리적 행복에 관한 세 번째 논점은 열정, 특히 조화열정이 가져오는 긍정적인 이익(과 보호효과)이 계속 유지될 수 있다는 것이다. 심리적 행복에 대한 문헌에서는 행복이 시간이 지남에 따라 유지될 수 없다고 했지만 열정이원론에 의하면 그렇지 않다. 기존의 입장에는 최소한 두 가지 주장이 있다. 첫째, 개인마다 유전 요인에 의해 결정되는 심리적 행복의 최고 수준이 있다(예: Lykken & Tellegen 1996). 따라서 유전 요인만 놓고 보면 어떤 개인은 다른 개인보다 절대적으로 행복할 것이다. 또한 일단 최고 수준에 도달하면 행복은 더 이상 늘어나지 않는다. 둘째, 사람들은 변화에 적응한다. 따라서 일정 수준까지 행복이 증가하고 나면 사람들은 그 변화에 적응하기 때문에 행복이 계속 증가하지는 않는다. 예를 들어 브릭맨과 캠벨(Brickman & Campbell 1971)은 쾌락의 러닝머신이라는 비유를 제시하는데, 즉 사람들은 늘 새로운 변화에 적응하기 때문에 끝까지 가더라도 결국 제자리로 되돌아온다는 것이다.

유전 요인이 행복을 제한하는 면도 있지만 항상 그런 것은 아니다. 사람들은 적응적 행동과 습관을 통해 자신의 한계를 뛰어넘기 때문이다(예: Kurzweil & Grossman 2010). 또한 사건과 상황에 익숙해진다는 것은 심리적 행복이 증가하지 않는다거나 지속될 수 없음을 의미하는 것은 아니다. 열정 활동은 행복에 **지속적인** 이익을 제공할 수 있다. 사람들은 몇 년 동안, 때로는 일생에 걸쳐 매주 몇 시간씩 열정 활동을 하기 때문에 그 활동에 참여함으로써 얻는 심리적 이익은 계속해서 증가한다(Philippe, Vallerand, & Lavigne 2009, 연구 1; Rousseau & Vallerand 2003). 따라서 심리적 행복을 위한 쾌락적이고 에우다이모니아적인 이익은 지속될 수 있다. 그러나 지금까지 이 책에서 보았듯 모든 열정이 같은 역할을 하는 것은 아니며 심리적 이익은 조화열정을 가지고 활동에 참여할 때만 가능하다. 강박열정 역시 정체성에 부합하고 선호하는 활동을 지향하지만, 대체로 적응에 못 미치는 결과로 이어질 수 있으며 심지어 부적응적인 결과로 이어질 수 있다. 따라서 강박열정은 심리적 행복에 거의 기여하지 못하며 불행을 조장할 수 있다.

현재까지의 연구 동향을 요약하면 다음과 같다(Vallerand 2012b 참조). 조화열정은 활동 참여 중에 긍정정서를 경험하도록 하여 심리적 행복을 일시적으로 높인다. 또한 조화열정은 활동에 자주 참여하게 하고 긍정정서를 반복해서 경험하도록 하여 심리적 행복을 지속적으로 높인다. 나아가 조화열정은 부정적인 경험들을 막아주기 때문에 심리적 불행으로부터 보호한다. 따라서 조화열정은 심리적 행복(쾌락과 에우다이모니아)의 긍정적인 기능을 활성화하고 불행이 일어나는 것을 막아준다. 그러나 강박열정은 심리적 행복의 이러한 효과를 기대할 수 없으며 불행이 일어나는 것을 막아 주지 못한다. 이하에서는 이러한 과정과 결과에 대해 자세히 논의하면서, 활동에 참여할 때의 또 다른 긍정적인 경험들(예: 몰입)이 조화열정과 심리적 행복 사이의 관계를 어떻게 매개하는지 살펴보기로 한다.

심리적 행복의 증진과 열정

위의 가정대로라면 조화열정은 심리적 행복을 높이고 불행을 막아줄 것으로, 반대로 강박열정은 심리적 행복을 낮추고 불행을 야기할 것으로 예상된다. 많은 연구들이 이 가설을 검증하였다. 루소와 발러랜드(Rousseau & Vallerand 2003)는 노인 연구에서 열정 척도와 심리적 행복에 관한 쾌락 및 에우다이모니아 척도를 사용했다. 이들이 이용한 척도는 삶의 만족(Diener et al. 1985), 삶의 의미(Steger, Frazier, Oishi, & Kaler 2006), 활력(Ryan & Frederick, 1997)과 전반적 건강 설문지(General Health Questionnaire)(Goldberg & Hillier 1979)에서 추출한 불안, 우울 검사이다.

연구결과는 가설을 지지하였다. 즉 가장 좋아하는 활동(예: 카드게임, 악기 연주 등)에서의 조화열정은 심리적 행복 지표를 정적으로, 불행 지표를 부적으로 예측하였다. 반대로 강박열정은 불안, 우울을 정적으로 예측하였으나 삶의 만족과는 부적으로 관련 있었으며 활력, 삶의 의미와는 무관하였다. 따라서 조화열정이 행복을 증진시키고 불행으로부터 보호하는 기능이 있다는 가설은 뒷받침되었고, 강박열정은 이와 같은 최적의 기능을 하지 못하는 것으로 보인다. 실제로 강박열정은 심리적 행복을 저해하고 불행을 높이는 것으로 나타났다.

성인과 청소년 집단에서 다양한 활동을 대상으로 한 후속 연구에서도 유사한 결과가 나타났다. 스포츠, 연극, 일, 전문적 교육 분야에서의 조화열정은 삶의 만족 및 활력과

정적 관련(예: Houlfort, Philippe, Vallerand, & Menard 2014; Stenseng & Phelps 2013; Thorgren, Wincent, & Siren 2013; Vallerand et al. 2007, 연구 1, 2; Vallerand & Mageau, et al. 2008, 연구 2), 강박열정은 부적 관련(Stenseng & Phelps 2013; Vallerand et al. 2007, 연구 2), 또는 유의하지 않은 관련(Vallerand et al. 2007, 연구 1; Vallerand & Mageau, et al. 2008, 연구 2)이 있었다. 조화열정은 연령대와 관계없이 심리적 행복에 기여하는 것으로 나타났고, 따라서 조화열정이 심리적 행복을 증진시키고 불행으로부터 보호한다는 가설이 일부 지지된다고 볼 수 있다. 이 중 셸렌버그와 베일리스(Schellenberg & Bailis 2014)의 연구가 특히 흥미롭다. 이 연구에서는 한 가지 활동에 조화열정을 가진 경우보다 두 가지 활동에 조화열정을 가진 경우 심리적 행복의 수준이 더 높게 나타났다. 두 번째 활동에서의 조화열정이 첫 번째 활동에서 일이 잘 풀리지 않을 때의 보호(안전망) 역할을 하기 때문인 것으로 보인다. 이러한 결과가 나타난 이유를 더 자세히 설명하기 위한 후속 연구가 필요하다.

이 연구들에서 참여자는 열정이 있는 사람들로 한정되었다는 한계를 가지고 있다. 따라서 실제로 열정이 없는 사람들에 비해 조화열정이 심리적 행복의 증진을, 강박열정이 심리적 행복의 감소를 더 많이 가져왔는지 분명하지 않다. 한 연구(Philippe, Vallerand, & Lavigne 2009, 연구 1)에서는 18세에서 90세까지 다양한 연령대의 남녀에게 열정 척도와 자신이 '진심으로' 좋아하는 활동에 대한 열정 준거(예: 선호, 가치화, 규칙적인 시간과 에너지의 투자, 활동을 '열정'으로 인식하는 정도)에 응답하게 하였다. 참여자들은 또한 행복 척도인 쾌락(삶의 만족)(Diener et al. 1985), 에우다이모니아(자아실현)(Ryff & Keyes 1995) 척도에도 응답하였다. 필리페 등은 4장에서 설명한 기준을 적용하여 열정이 높은 사람(7점 척도에서 평균 5점 이상)과 낮은 사람(평균 5점 미만)을 구분하였다. 이들은 또한 발러랜드와 홀포트(Vallerand & Houlfort 2003)와 마찬가지로 열정이 높은 사람들 가운데 '조화열정을 가진 사람'(표준화 Z점수에서 조화열정>강박열정)과 '강박열정을 가진 사람'(표준화 Z점수에서 조화열정<강박열정)을 구분하였다. 연구자들은 이 세 집단의 심리적 행복 점수를 비교하였다.

연구결과 조화열정 집단은 강박열정 집단이나 무열정 집단보다 심리적 행복인 쾌락과 에우다이모니아 점수가 둘 다 높았다([그림 8.2]). 이 결과는 앞서 설명한 심리적 행복에 조화열정이 긍정적으로 기능한다고 보고한 연구들과 맥을 같이한다. 이 연구에서 주목할 점은 성별과 연령에 관계없이 이러한 결과가 나타났다는 점이다. 이 점에 대해서는

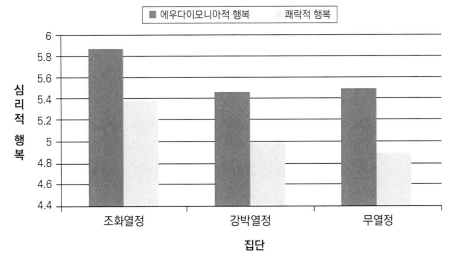

그림 8.2 열정(조화열정, 강박열정)집단, 비열정집단, 심리적 행복
출처: 필리페 등(2009, 연구 1)에서 수정

다시 언급할 것이다. 또 다른 중요한 결과는 강박열정과 무열정 집단의 결과가 크게 다르지 않았다는 것이다. 이 결과는 강박열정이 심리적 행복에 어떤 역할을 하는지에 대해 흥미로운 질문을 야기한다. 강박열정은 (무열정에 비해 상대적으로) 심리적 행복에 정적, 부적 효과 어느 쪽도 가지지 않는 것인가? 아니면 강박열정과 무열정은 모두 심리적 행복에 비슷한 부적 효과를 가지는가?

필리페 등(2009, 연구 2)의 두 번째 연구는 이 질문을 다루었다. 연구자들은 모든 연령층을 대상으로 하되 연구 1에 참여하지 않았던 참여자를 포함시켰다. 여기서는 시점 1에서 열정 척도와 에우다이모니아적 행복(주관적 활력; Ryan & Frederick 1997)을 측정하고 1년 뒤인 시점 2에서 다시 행복을 측정하였다. 이어 연구 1에서와 같이 세 집단을 구분하여 조화열정이나 강박열정이 1년 뒤 행복의 **변화**를 설명하는지 알아본 결과, 조화열정 집단이 심리적 행복에 있어서 큰 증가를 보여 선행 연구의 결과를 재확인하였다. 흥미롭게도 강박열정 집단이나 무열정 집단은 심리적 행복에 있어서 작지만 통계적으로 유의한 감소를 보였다. 따라서 앞의 질문에 대해서 강박열정을 가졌거나 열정이 아예 없는 사람들은 시간이 지남에 따라 심리적 행복이 감소한다고 할 수 있다.

이 절에서 소개한 연구결과로부터 다음과 같은 중요한 결론을 요약할 수 있다. 첫째, 조화열정은 심리적 행복을 증진시키고 불행으로부터 보호한다. 둘째, 강박열정은 심리적 행복과 부적인 관련이 있거나 무관한 반면 심리적 불행을 예측한다. 셋째, 열정이 없는 사람들은 심리적 행복이 약간 감소한다. 따라서 동일한 활동에 참여해도 그 질에 따라 심리적 행복이 달라진다. 조화열정은 최적의 활동 참여를 유도하기 때문에 긍정적인 행복을 예측한다. 강박열정은 최적에 못 미치는 방어적 형태의 참여를 유도하기 때문에 그렇지 못하다. 넷째, 위의 연구들은 상관연구에 기반하고 있다. 따라서 열정이 행복에 미치는 역할에 대한 확실한 원인을 밝히기 위한 실험연구가 필요하다. 마지막으로 이 결과는 다양한 성별, 연령, 그리고 심리적 행복의 두 요인인 쾌락, 에우다이모니아의 여러 척도를 사용한 연구에 모두 적용된다. 따라서 이 결과가 일반화될 가능성은 높다. 이 연구들은 대학생 집단만이 아니라 여러 집단에서 열정의 역할을 확인하였다는 점에서 매우 중요하다.

상황에 의해 조절되는 열정의 영향

이상의 연구들은 열정이 심리적 행복에 직접적으로 기여하는 효과를 살펴본 것이다. 그러나 이 연구들은 열정의 효과가 작동하는 상황을 다루지 않았다. 조화열정과 강박열정은 상황에 따라 행복에 다른 결과를 가져오고, 따라서 열정의 효과는 상황에 따라 달라질 수 있다. 성공과 실패는 중요한 상황이며, 열정 유형과 상황 간의 적합성이 이에 관여할 수 있다.

성공과 실패 상황

목표 달성이나 성공은 행복을 촉진한다(예: Sheldon et al. 2002). 따라서 행복에 있어서 조화열정과 강박열정의 차이는 주로 실패 이후에 일어난다. 강박열정을 가진 사람들은 활동을 잘하는 것에 대해 지나치게 큰 의미(예: 정체성과 자존감의 유지)를 두기 때문에 실패할 경우 심리적인 충격을 크게 받는다. 조화열정을 가진 사람들은 안정적인 자아의식을 가지고 있어서 방어적이지 않고, 마음챙김의 방식으로 부정적인 정보를 다룰 수 있기 때문에 그렇지 않다. 따라서 실패 상황에서 조화열정은 불행으로부터 보호하고 행복을 유지하도록 돕는 반면 강박열정은 더 부정적인 영향을 줄 수 있다.

두 연구에서 이 가설들을 검증하였다(Lafrenière, Vallerand, St-Louis, & Donahue 2012). 첫 번째 연구(Lafrenière et al. 2012, 연구 1)에서는 경력 20년 이상의 전문 화가들을 대상

으로 온라인 설문을 실시하였다. 여기서는 활동에 대한 열정 척도를 실시한 뒤, 화가들을 무작위로 두 조건 즉 창의적이었던 기간(성공 조건)을 회상하는 조건과 창의적이지 못했던 기간(실패 조건)을 회상하는 조건에 할당하였다. 그다음에는 이 기간 동안 삶이 얼마나 만족스러웠는지를 회상하는 프랑스어 버전(Blais et al. 1989) 삶의 만족 척도(Diener et al. 1985)를 실시하였다. 두 열정이 예술 활동의 성공 또는 실패 조건에서 삶의 만족에 어떠한 역할을 하는가를 알아본 회귀분석 결과 통계적으로 유의한 상호작용 효과가 있었다. 예상대로 성공 조건에서는 두 열정이 모두 비슷하게 높은 수준으로 삶의 만족을 예측하였다. 그러나 실패 조건에서는 강박열정이 낮은 수준의 삶의 만족을 유의하게 예측하였으나 조화열정은 그렇지 않았다.

이 결과는 실패 조건에서 조화열정이 보호 기능을 하는 데 비해 강박열정은 부정적인 영향을 주고 있음을 의미한다. 다시 말해 조화열정은 실패 이후 심리적 행복을 **보호**한다고 볼 수 있다. 또한 이 결과는 심리적 행복에 있어서 조화열정과 강박열정의 차이는 실패 조건에서 더 크다는 것을 보여준다. 이 결과는 기억 편향(Sedikides & Green 2000)으로 설명할 수 있다. 예를 들어 강박열정을 가진 사람들은 조화열정을 가진 사람들보다 부정적인 기간을 더 많이 기억하고, 이는 열정 유형에 따른 차이이기도 하다. 두 번째 연구(Lafrèniere et al. 2012, 연구 2)에서는 하키팬들을 대상으로 2009년 플레이오프 동안 일기 연구를 실시하였다. 플레이오프 시작 전 팬들은 먼저 각자가 응원하는 팀에 대한 열정 척도와 삶의 만족 척도에 온라인으로 응답하였다. 이어서 응원하는 팀의 야간 경기가 끝난 다음 날 아침 삶의 만족 척도에 응답하였다. 이는 승패 사건을 통제하고 경기가 끝남과 거의 동시에 행복 척도에 응답하도록 하기 위함이다.

위계선형모형 분석 결과 열정이 삶의 만족에 미치는 영향은 연구 1의 결과를 재확인하였다. 구체적으로 강박열정은 팀 패배 후의 삶의 만족에 부적 효과를 가져왔고, 조화열정은 승패 사건에 관계없이 삶의 만족을 계속 높게 유지시켰다. 이러한 결과는 조화열정이 나쁜 상황의 부정적인 결과로부터 보호하는 기능이 있다는 것을 의미한다. 반면 강박열정은 실패가 행복에 미치는 부적 효과를 더 악화시키는 것으로 보인다.

이 절에서 살펴본 연구들에 의하면, 조화열정을 가진 사람들은 실패 후의 충격에도 강박열정을 가진 사람들만큼 고통을 겪지 않는다. 조화열정을 가진 사람들은 매우 높은 수준의 심리적 행복을 유지한다. 그러나 이런 결과가 항상 나타나는가? 조화열정을 더 많이 가진 사람들이 심리적 행복의 감소를 경험하는 특별한 상황은 없을까? 때로는 정말 심각한 문제가 발생하고 그것을 되돌릴 수 없는 경우가 있다. 예컨대 어떤 선수가 중요한 팀에 들어가지 못한 실패 상황을 생각해보자. 입단을 못하면 그가 품어왔던 프로선수로서의 꿈을 포기해야 한다는 것을 의미하며, 이 상황은 조화열정을 공격할 수도 있고 그렇지 않을 수도 있다. 아미옷, 발러랜드, 블랜차드(Amiot, Vallerand, & Blanchard 2006)는 프로 경력에 필요한 상위권 리그에 들어가려 하는 청소년 및 청년 하키선수를 대상으로 이 가설을 검증하였다. 이 선수들은 몇 년 동안 높은 수준의 하키 경기에 참여하고 실전 캠프에서 자신의 실력을 증명해왔다. 참여자들은 시점 1에서 하키에 대한 열정 척도, 주관적 행복 척도 중 삶의 만족 척도(Blais et al. 1989), PANAS 척도, 불안 척도(Radloff 1977, 역코딩)에 응답하였다. 2주 후인 시점 2에서 그들은 팀에 입단하거나(성공) 입단하지 못한(실패) 결과를 통보받고 행복에 대한 두 번째 설문에 응답하였다. 4장에서 설명한 절차에 따라 선수들은 조화열정 및 강박열정의 두 집단, 성공 및 실패 조건의 두 집단으로 나뉘어 2(조화 대 강박)×2(성공 대 실패) 설계에 할당되었다.

연구결과는 가설을 지지했는데, 시점 1의 행복을 통제하고 시점 2의 주효과만이 통계적으로 유의하게 나타났다. 입단한 선수들은 입단하지 못한 선수들보다 높은 수준의 심리적 행복을 보고하였다. 중요한 것은 이 효과가 열정 유형에 **관계없이** 나타났다는 것이다. 따라서 진로 계획상 되돌릴 수 없는 실패를 하는 경우에는 조화열정도 강박열정과 마찬가지로 심리적 행복에 부정적인 영향을 주는 것을 알 수 있다. 이러한 결과는 조화열정을 가진 사람도 강박열정을 가진 사람과 마찬가지로 심리적 고통을 경험할 수 있다는 것을 보여준다. 심각하게 부정적인 사건은 이런 효과를 만들어낸다.

개인-환경 적합성

개인-환경 적합성(person-environment fit, P-E fit)은 개인 특성과 환경 특성이 잘 부합하는 경우 얻어진다. 예를 들어 성취 수준이 높은 사람은 높은 성취를 요구하는 상황이 자신에게 맞다고 생각할 것이다. 개인-환경 적합성을 가지는 것은 삶의 만족, 직업 만족, 개인적 성취와 같은 심리적 행복 지표와 정적인 관련이 있고, 정서적 소진, 이인화(depersonalization)[2], 신체화(somatic complaints)[3]와 같은 부정적 지표와 부적인 관련

---

2) 자신과 자신에 대한 지각이 분리되면서 비현실감을 느끼는 증세.
3) 부정정서가 신체적 증상으로 나타나는 현상.

이 있다(예: Harackiewicz, Sansone, Blair, Epstein, & Manderlink 1987; O'Conner & Vallerand 1994; Tauer & Harackiewicz 1999).

앞서 보았던 아미옷 등(2006)의 두 번째 연구 목적은 개인-환경 적합성의 관점에서 두 열정이 심리적 행복을 촉진하고 높은 행복을 경험하게 하는 서로 다른 상황이나 맥락이 존재하는가를 밝히는 것이었다. 아미옷 등은 매우 경쟁적인 환경, 즉 유연하지 않고 경직된 방식의 지속과 관여를 요구하거나 삶의 다른 영역을 희생하며 활동에 과도하게 몰입하도록 요구하는 환경은 강박열정을 가진 사람들에게 더 적합할 것으로 가정하였다. 반대로 덜 경쟁적인 환경은 시간과 에너지를 과도하게 투자하거나 삶의 다른 영역을 침범할 것을 지나치게 요구하지 않는다. 이러한 환경은 다양한 관심을 가지고 있는 조화열정을 가진 사람들에게 적합할 것으로 가정하였다(Vallerand 2010; Vallerand et al. 2003; Vallerand & Houlfort 2003). 선행 연구와 마찬가지로 열정 유형과 환경의 궁합은 높은 주관적 행복을 유도할 것으로 기대할 수 있다. 따라서 매우 경쟁적인 리그에서는 강박열정을 가진 선수들이 조화열정을 가진 선수들보다 높은 수준의 행복을 보고할 것이며, 덜 경쟁적인 리그에서는 이와는 반대로 조화열정을 가진 선수들이 강박열정을 가진 선수들보다 높은 수준의 행복을 보고할 것으로 예상하였다.

아미옷 등은 이 가설을 검증하기 위해 팀 선발 후 2개월 동안(정규 시즌 시작 후 약 3분의 1 정도의 기간) 하키선수들을 추적 조사하였다. 이 기간은 선수들이 새로운 환경에 적응하기에 충분한 시간이다. 하키선수들은 시점 1에서 응답했던 것과 같은 행복 척도를 완성하였다. 같은 방식으로 분석한 결과 시점 1의 행복을 통제하고 시점 2의 행복에는 상호작용 효과가 나타났다. 이것은 개인-환경 적합성의 관점에 부합한다. 구체적으로 상위권 리그에서는 강박열정을 가진 선수들이 조화열정을 가진 선수들보다 높은 수준의 행복을 보고하였다. 중하위권 리그에서는 조화열정을 가진 선수들이 강박열정을 가진 선수들보다 높은 수준의 행복을 보고하였다.

아미옷 등의 연구는 개인-환경 적합성 가설을 지지한다. 즉 규칙적으로 활동에 참여하고 있는 환경이 열정 유형과 일치한다면 긍정적으로 적응하고 행복을 더 많이 느낄 수 있다. 그러나 열정 유형이 그 환경과 맞지 않는다면 긍정적으로 적응하지 못하고 심리적 행복에 부정적인 결과를 가져온다.

이 연구는 개인-환경 적합성의 관점에서 열정과 행복의 관계를 살펴본 최초의 연구이다. 때문에 후속 연구에서는 삶의 다른 영역에서도 이러한 결과가 나타나는지 다시 확인할 필요가 있다. 또한 조화열정을 가진 사람들이 부담이 매우 큰 환경에서 어째서 행복의 감소를 경험하는지 알아볼 필요가 있다. 부담이 매우 큰 환경에서는 최고 수준의 활동을 지속할 것을 요구한다. 이러한 요구는 활동에 참여하면서 개인적으로 성장하고 삶의 다른 영역도 추구하고자 하는 조화열정의 욕구나 목표와 갈등을 일으키는가? 나아가 조화열정을 가진 사람들이 시간이 지나면서 경쟁적인 리그와 같은 '강박적인' 환경에 어떻게 적응하고 갈등을 해소하며 삶의 다른 영역에도 계속 참여하는지 종단연구를 통해 알아볼 필요가 있다. 이것은 이론적, 실제적 측면에서 중요한 함의를 지닌다. 이론적 측면에서는 조화열정을 가진 사람들이 부담이 매우 큰 환경에 어떻게 대처하고 적응하는지 알아보는 데 도움이 된다. 실제적 측면에서는 이들이 높은 수행을 해야 하는 경쟁적인 환경에서도 최적으로 기능하도록 도와줄 수 있다. 조화열정을 가진 사람들이 높은 수준의 성취를 보인다는 연구에서 알 수 있듯, 그들은 경쟁적인 환경에서도 잘 기능할 수 있다. 따라서 조화열정을 가진 사람들은 시간이 지나면서 경쟁적인 환경에서도 번영하고 높은 수준으로 행복을 경험할 것이다. 경쟁적인 영역에서의 참여와 삶의 나머지 영역에서의 참여 간의 갈등을 해소하기 위해 그들의 삶을 유연한 방식으로 재구조화할 수 있기 때문이다. 이로써 그들은 열정 활동에 더 많은 시간을 투자하여 긍정정서를 더 높이는 동시에, 활동에 참여하지 않을 때에는 정신적으로 거리를 두고 삶의 다른 활동에서 긍정정서를 얻는다. 이러한 설명을 증명하기 위한 후속 연구가 필요하다.

요약하면 이 절에서 살펴본 연구들은 조화열정과 강박열정이 심리적 행복을 각각 증가 또는 감소시키는 효과에 대해서 제한된 결론을 내릴 수밖에 없음을 보여준다. 첫째, 대체로 조화열정은 강박열정보다 높은 수준의 행복을 이끌지만 이 차이는 주로 실패 상황에서만 나타난다(Lafreinère et al. 2012). 사실 성공 조건에서는 두 열정의 차이가 미미하고 실패 조건에서는 차이가 극명하게 드러난다. 둘째, 결과가 매우 중요한 상황에서의 실패 조건에서는 두 열정의 차이가 나타나지 않는다(Amiot et al. 2006). 즉 굉장히 힘든 상황에서는 두 열정 모두 심리적으로 큰 타격을 받는다. 마지막으로 열정과 환경의 궁합이 잘 맞는 개인-환경 적합성이 작용하게 되면 높은 수준의 주관적 행복이 유도된다. 열정을 가진 사람들이 다양한 상황에서 어떤 심리적 과정을 경험하고 시간이 지남에 따라 이 과정이 행복에 어떠한 영향을 주는지 알아보는 후속 연구가 필요하다.

열정과 심리적 행복의 관계: 긍정 활동 경험

열정이 심리적 행복에 영향을 미칠 때 이 영향을 매개하는 과정은 무엇인가? 다시 말해 조화열정과 강박열정은 심리적 행복에 어떻게 영향을 주는가? 앞서 논의했던 바와 같이 각 열정이 낳는 각기 다른 경험은 열정이 행복에 미치는 효과를 매개한다. 이러한 경험에는 긍정정서와 부정정서 그리고 몰입이 포함된다.

긍정정서와 부정정서의 매개

열정이원론에 따르면 조화열정과 강박열정을 가진 사람들은 서로 다른 활동 참여를 지향하며 그 결과로 경험하는 정서도 다르다. 반복적으로 경험되는 정서는 이어 심리적 행복과 불행에 각기 다른 효과를 불러일으킨다. 조화열정을 가진 사람들은 활동에 마음 챙김적이고 개방적이며(Brown & Ryan 2003) 방어적이지 않게 접근한다(Hodgins & Knee 2002). 이 상태는 긍정적인 사건에서는 물론이고 부정적인 사건에서도 긍정정서를 이끌어낼 수 있다. 이들은 계획대로 일이 되지 않는다고 해도 자아와 심리적 행복에 미칠 수 있는 부정적인 결과 또는 잠재적으로 부정적인 결과를 지나치게 곱씹어 생각하지 않는다. 7장에서 살펴보았듯 조화열정을 가지고 의미 있는 활동에 규칙적으로 참여하는 것은 긍정정서를 이끌고 부정정서를 막을 수 있다. 또한 마고와 발러랜드(Mageau & Vallerand 2007)가 2주에 걸쳐 실시한 일기 연구에서 나타난 바와 같이, 과제에 참여하면서 경험한 긍정정서는 최소한 하루 종일 또는 다시 그 활동에 참여할 때까지 지속되어 긍정정서를 다시 경험하게 만든다. 따라서 조화열정에 의해 긍정정서가 반복적으로 경험되는 것은 분명하다.

반면 강박열정을 가진 사람들은 상대적으로 활동에 경직되고 방어적으로 접근하고, 따라서 활동에 참여하는 동안 긍정정서를 충분히 경험하지 못하고 부정정서(예: 스트레스, 불안)를 경험한다. 더구나 활동에 참여하는 것이 종종 자신의 통제를 벗어난 것으로 지각되기 때문에 그것에 참여하지 않아야 할 때에도 참여하게 된다. 따라서 활동에 참여하는 도중 또는 참여한 이후에는 죄책감이나 수치심과 같은 부정정서가 나타난다. 마지막으로 강박열정은 높은 수준의 경직성을 포함하기 때문에 활동에 참여하지 못할 때 부정정서(예: 좌절) 및 삶의 다른 영역과 갈등을 유발한다. 따라서 강박열정을 가진 사람들이 일부 긍정정서를 경험한다고 해도 활동에 참여하는 도중 그리고 참여한 이후에는 부정정서로 꺾이게 된다. 대부분의 정서 분위기는 조화열정을 가졌을 때보다 덜 긍정적이고 상당히 부정적일 수 있다. 최적에 못 미치는 이 정서 상태는 하루 종일 지속되고(Mageau & Vallerand 2007) 다시 반복된다.

몇 년 동안 매주 규칙적으로(평균 8시간씩) 활동에 참여하게 되면, 조화열정과 강박열정이 만들어내는 서로 다른 정서 상태가 반복되고 계속 재발하며 오랜 시간 지속된다. 7장에서 살펴본 바와 같이 정서는 몇 가지 기능을 하는데, 그중 한 가지 기능은 사고를 확장하고 그 결과 적응적인 자기자원(self-resource)에 접근하도록 돕는 것이다(Fredrickson 2001). 갈란드 등(Garland et al. 2010)은 프레드릭슨 등의 연구에서와 같이, 지속된 긍정정서가 주의의 확대, 사건의 긍정적 재평가, 사고 레퍼토리의 증진을 유도하고 이것이 서로 영향을 주며 긍정적인 상승 곡선을 만듦으로써 심리적 행복을 촉진한다고 가정하였다(Fredrickson & Joiner 2002). 또한 긍정정서는 부정정서가 일어나는 것을 막기 때문에 심리적 불행으로 가는 부정적인 하강 곡선을 방지할 수 있다. 또 다른 연구에서는 긍정정서를 반복해서 경험하는 것이 심리적 행복과 관련된 뇌 영역을 변화시킨다고 보았다(Garland et al. 2010 참조). 반면 강박열정이 이끌어낸 부정정서와 갈등은 심리적 행복의 긍정적인 상승 곡선을 저해하고 심지어 스트레스, 주의의 축소, 부정정서의 경험과 같은 부정적인 하강 곡선을 만듦으로써 심리적 불행을 초래한다.

요약하면 조화열정은 긍정정서를 만들어주는 열정 활동에 규칙적으로 참여하도록 이끌고, 이러한 긍정정서는 충분히 지속되어 심리적 행복을 촉진한다. 조화열정은 심리적 불행으로부터 보호해주며 심리적 행복을 촉진하고 유지한다. 따라서 조화열정은 두 가지 역할을 한다. 열정 활동에 규칙적으로 참여하게 하는 역할 그리고 심리적 행복을 촉진하여 정서적인 이익을 얻게 하는 역할이다. 그러나 강박열정의 경우에는 그렇지 않다. 강박열정은 주로 긍정정서보다 부정정서를 높이고, 부정정서는 심리적 행복과 관련이 없거나 심지어 심리적 불행을 촉진하기 때문이다.

루소와 발러랜드(Rousseau & Vallerand 2008)는 운동에 열정을 가진 노년층을 대상으로 열정과 심리적 행복의 관계에서 긍정정서와 부정정서의 매개 역할을 알아보았다. 참여자들은 시점 1에서 열정 척도와 심리적 행복(삶의 만족) 척도에 응답하고, 그로부터 5주 후인 시점 2에서는 운동이 끝난 직후 운동 중에 경험했던 긍정정서(예: 행복한, 즐거운)와 부정정서에 대해 응답하였다. 마지막으로 그로부터 3주 후인 시점 3에서는 심리적 행복 척도에 다시 응답하였다. 구조방정식모형 분석 결과 조화열정은 긍정정서를 정적으로 이끌고 시점 1부터 시점 3까지의 심리적 행복을 **증가**시키는 것으로 나타났다. 반면 강박열정은 긍정정서와 무관하였으나 부정정서를 정적으로 예측하였다. 또한 강박열정은 심리적 행복의 감소를 직접적으로 예측하였으나 부정정서는 심리적 행복과 무관하였다. 이 결과는 [그림 8.3]에 나타나 있다. 루소와 발러랜드(2008)에서 나타난 조화열정과 행복의 관계에서 긍정정서의 매개 역할은 중국 학생을 대상으로 한 연구(Zhang, Shi, Liu, & Miao 2014)에서 다시 확인되었다. 이 연구에서는 행복의 지표로 삶의 의미 발견을 측정하였다. 연구결과 강박열정은 삶의 의미 **발견**과는 무관하였지만 삶의 의미 **탐색**과는 관련이 있었다. 이 결과는 강박열정이 삶에서 부족한 어떤 부분을 반영한다고 보았던 랄란드 등(Lalande et al. 2014)의 주장과 일치한다.

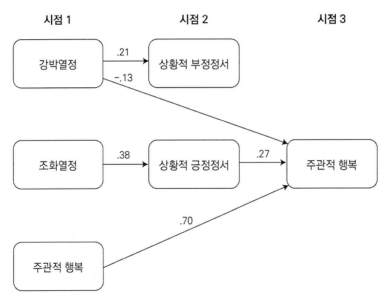

그림 8.3 열정-심리적 행복 관계에서 정서의 매개 역할
출처: 루소와 발러랜드(2008)에서 수정

서로 다른 강도의 긍정정서

지금까지 살펴본 연구들은 주로 열정이 행복에 미치는 관계를 정서의 유인가(예: 긍정 대 부정)가 어떻게 매개하는지에 초점을 맞추었다. 이어 두 번째 매개요인으로 정서의 강도를 살펴보고자 한다. 동기적 강도(motivational intensity)는 정서에 내재되어 있는, 대상이나 목표에 접근 또는 회피하고자 하는 동기의 강도를 말한다(Gable & Harmon-Jones 2010). 동기적 강도의 개념은 활성화와 관련이 있지만 동일한 개념이 아니라는 사실에 유념할 필요가 있다(이 주제에 대해서는 Gable & Harmon-Jones 2010 참조). 결과적으로 긍정정서의 상태는 동기적 강도에 있어서 다양하게 개념화될 수 있으며 어떤 상태는 동기적 강도가 높고(예: 흥분한, 열광한) 어떤 상태는 동기적 강도가 낮다(예: 행복한, 만족한).

열정 연구에서 이러한 구분은 정서 상태의 동기적 강도가 행복과 관련된 중요한 결과를 낳는다는 점에서 특히 중요하다. 카버(Carver 2003, 2006)는 사람들이 중요한 목표를 추구하는 동안 높은 강도의 긍정정서를 경험한다고 하였다. 즉 열정 활동을 하고 있는 동안 사람들은 흥분과 열광을 경험한다. 반면 열정 활동에서 목표를 달성하고 나면 만족감과 같이 낮은 강도의 긍정정서를 경험한다. 따라서 조화열정과 강박열정은 모두 높은 강도의 긍정정서와 관련 있다. 활동의 가치는 매우 높고 개인은 성공하기 위해 열심히 노력하기 때문이다. 그러나 강박열정은 낮은 강도의 긍정정서와는 관련이 없는데, 강박열정이 높은 사람들은 신체적으로 혹은 인지적인 반추를 통해 열정 활동에 계속 참여할 수밖에 없기 때문이다. 활동에 참여하는 것은 이들에게 자기보호나 자기고양의 역할을 한다. 그러므로 강박열정을 가진 사람들은 목표를 (신체적, 인지적으로) 계속 추구하고 그에 따라 높은 강도의 정서를 계속 가지게 된다. 목표 추구의 상태가 끊임없이 이어지는 상태에서는 잠시 멈춰서 작은 성공을 인정하며 주변을 돌아볼 시간이 없기 때문에 낮은 강도의 긍정정서를 느끼기 어렵다. 반면 조화열정을 가진 사람들은 열정 활동을 통제함으로써 활동에서 만족을 얻을 수 있으며(Mageau & Vallerand 2007; Vallerand et al. 2006, 연구 2) 성공 상황에서 낮은 강도의 긍정정서를 경험할 수 있다.

위의 논지에 비추어 보면 조화열정과 강박열정은 둘 다 높은 강도의 긍정정서를 경험하게 할 수 있으나, 오직 조화열정만이 낮은 강도의 긍정정서를 경험하게 한다. 더 중요한 것은 이 두 긍정정서가 심리적 행복에 각기 다른 영향을 미친다는 점이다. 프레드릭슨(Fredrickson 2001)과 같은 정서이론가는 사랑이나 만족감과 같이 낮은 강도의 긍정정서가 더 적응적이라고 주장하였다. 왜냐하면 이 상태는 주의, 인지, 집중을 확장하고 이를 통해 적응적 행동 전략을 선택하게 하여 높은 수준의 심리적 행복을 촉진하기 때문이다.

반면 행복에 미치는 이러한 긍정적인 효과는 높은 강도의 정서에서는 일어나지 않는다. 높은 강도의 정서에 중요성을 두다 보면 주의와 인지 수준을 높이기는 어렵다. 오히려 높은 강도의 정서는 제한된 부분에만 에너지를 쏟는 것과 관련이 있다. 바라는 대상이나 목표를 높은 강도로 추구하는 동안 불필요한 자극이나 인지를 차단해야 하기 때문이다. 게이블과 하몬-존스(Gable & Harmon-Jones 2008, 연구 1)에 따르면 실제로 높은 강도의 긍정정서는 심리적 행복이 함의하고 있는, 자기과정에 필요한 주의의 범위를 **좁히는** 것으로 나타났다. 주의와 인지의 확장은 심리적 행복을 촉진하므로 높은 강도의 정서는 낮은 강도의 정서에 비해 심리적 행복과 관련이 적을 것으로 예상된다.

라프르니에르, 발러랜드, 도나휴(Lafrenière, Vallerand, & Donahue 2014)는 이 가실을 검증하기 위해 두 연구를 실시하였다. 연구 1에서는 첫째, 활동을 추구하고 있는 동안에는 두 열정이 모두 높은 강도의 정서와 관련 있을 것으로 가정하고, 둘째, 강박열정이 아닌 조화열정은 낮은 강도의 정서와 관련 있을 것으로 가정하였으며, 셋째, 낮은 강도의 긍정정서는 심리적 행복과 관련이 있지만 높은 강도의 긍정정서는 그렇지 않을 것으로 가정하였다. 스포츠에 열정을 가진 사람들을 대상으로 열정 척도와 스포츠를 하는 동안 경험하는 높은 강도의 긍정정서(예: 흥분한, 열광한) 및 낮은 강도의 긍정정서(예: 행복한, 만족한), 그리고 쾌락(삶의 만족)과 에우다이모니아(삶의 의미)를 측정하였다. 구조방정식모형 분석 결과 조화열정은 높거나 낮은 강도의 정서를 모두 정적으로 예측하였고 강박열정은 높은 강도의 정서만을 예측하였다. 또한 낮은 강도의 정서는 쾌락적 행복과 에우다이모니아적 행복을 모두 정적으로 예측하였으나 높은 강도의 정서는 두 행복과 무관하였다.

라프르니에르 등(2014)의 연구는 강도가 다른 긍정정서가 차별적인 역할을 할 것이라는 가설을 지지한다. 그러나 이 연구에서 부정정서는 측정하지 않았다. 긍정정서와 마찬가지로 부정정서 역시 다양한 동기적 강도를 가지고 있다(Gable & Harmond-Jones 2010). 따라서 모든 부정정서가 주의와 인지의 축소를 유발해서 심리적 행복에 영향을 주는 것은 아니다. 높은 강도의 정서만 그렇다. 사실 낮은 강도의 부정정서(예: 슬픈, 불행한)는 높은 강도의 부정정서(예: 불안한, 화난)보다 주의와 인지를 덜 제한한다. 낮은 강도의 부정정서는 도달할 수 없는 목표에는 거리를 두고 새로운 가능성을 위한 개방성을 촉진하기 때문이다(Wrosch & Miller 2009). 이 같은 맥락에서 게이블과 하몬-존스(2010)는 중립 조건에 비해 낮은 강도의 부정정서 조건에서는 주의집중이 덜 축소되고(연구 1), 높은 강도의 부정정서 조건에서는 주의집중이 더 축소될 것으로(연구 2) 가정하였다. 확장 및 형성 이론(Fredrickson 2001)에 따르면, 높은 강도의 부정정서는 심리적 행복의 중진에 꼭 필요한 주의와 인지의 확장을 감소시키기 때문에 심리적 행복에 유해하다.

라프르니에르, 발러랜드, 도나휴의 두 번째 연구(2014, 연구 2)에서는 연구 1에서 긍정정서에 대해 얻은 결과를 재확인하고 심리적 행복에 있어서 높거나 낮은 강도의 부정정서가 어떤 역할을 하는지 탐색하였다. 비디오 게임에 열정을 가진 참여자들은 온라인 설문으로 열정 척도, 게임을 할 때 느끼는 높은 강도의 긍정정서와 부정정서(예: 불안한, 화난) 및 낮은 강도의 긍정정서와 부정정서(예: 슬픈, 불행한) 척도, 쾌락(삶의 만족) 및 에우다이모니아(자아실현) 척도에 응답하였다. 여기서도 연구 1의 결과가 재확인되었다. 조화열정과 강박열정은 모두 높은 강도의 긍정정서를 정적으로 예측하였으나 조화열정만이 낮은 강도의 긍정정서를 정적으로 예측하였다. 또한 낮은 강도의 긍정정서는 쾌락적 행복과 에우다이모니아적 행복을 둘 다 정적으로 예측하였다. 강박열정은 두 유형의 부정정서를 정적으로 예측하였으나 조화열정은 이와 무관하였다. 낮은 강도가 아닌 **높은** 강도의 부정정서만이 강박열정과 행복(쾌락 및 에우다이모니아)의 관계를 매개한다.

라프르니에르 등(2014)의 연구결과로 세 가지 중요한 결론을 내릴 수 있다. 첫째, 긍정정서는 조화열정과 심리적 행복의 관계를 매개한다. 이러한 결과는 루소와 발러랜드(2008)의 결과와 동일한 것으로, 행복에 긍정정서가 중요한 역할을 한다는 점을 다시금 강조한다. 그러나 라프르니에르 등에 의해 수행된 두 연구는 모두 낮은 강도의 긍정정서만이 심리적 행복을 유도한다는 것을 보여주었다. 이것은 현재 통념에 반하는 중요한 발견이다. 실제로 대부분의 정서이론가들은 긍정정서를 단일한 하나의 집합체로 보거나, 아니면 낮은 강도의 긍정정서에만 초점을 맞추고 있기 때문이다(예: Fredrickson 2000; Isen 1987). 둘째, 높은 강도의 부정정서는 강박열정과 심리적 행복의 관계를 매개한다. 이러한 결과는 강박열정이 어째서 행복과 부적인 관련을 보이거나 무관한지 밝혀줄 수 있다는 점에서 중요하다. 즉 강박열정은 높은 강도의 부정정서를 유발할 때만 심리적 행복을 저해하는 것으로 보인다. 이 결과는 루소와 발러랜드(2008)의 연구에서 낮은 강도의 부정정서가 강박열정과 행복의 사이를 매개하지 않은 이유를 설명할 수 있다. 높은 강도의 부정정서가 측정되었다면 이러한 관계가 나타났을지도 모른다. 마지막으로, 강박열정은 활동에 참여할 때 높은 강도의 긍정정서를 예측할 수 있다. 이러한 긍정정서는 힘든 활동에도 처음부터 끝까지 참여할 수 있게 해주지만, 심리적 행복에 긍정적인 이익을 주지는 않는다. 이런 문제들에 대해 라프르니에르 등(2014)의 결과가 다른 연구 대상과 활동에서도 동일하게 나타나는지 확인하고, 나아가 이 결과가 이론과 실제에 어떤 함의를 지니는지 보여주기 위한 후속 연구가 필요하다.

행복에서 몰입의 매개 효과

6장에서 살펴본 것처럼 조화열정은 활동에 참여하는 동안의 몰입과 관련이 있지만, 강박열정은 그렇지 않다(Forest et al. 2008; Mageau et al. 2005; Philippe, Vallerand, Andrianarisoa, & Brunel 2009, 연구 1; Vallerand et al. 2003, 연구 1). 칙센트미하이(Csikse-ntmihalyi 1975, 1988)는 몰입을, 현재의 순간에 온전히 몰두하여 모든 의식의 내용이 서로 조화를 이루는 것이라고 정의하였다. 몰입 상태에서는 환경을 완벽히 숙달하고 활동에서 강한 주의집중을 경험하며 그 결과 자의식에서 벗어날 수 있다. 따라서 이전 연구들에서 몰입이 심리적 행복을 비롯해서 많은 긍정적인 결과들을 보여준 것은 당연하다(Cantor & Sanderson 1999; Csikszentmihalyi 1988; Eisenberger et al. 2005; Nakamura & Csikszentmihyali 2002; Steele & Fullagar 2009).

조화열정은 몰입을 정적으로 예측하고 몰입은 행복과 반복적으로 연관되기 때문에, 활동에 참여하는 동안 몰입을 경험하는 것이 조화열정과 행복의 정적 관계를 설명한다고 가정할 수 있다. 카펜티어, 마고, 발러랜드(Carpentier, Mageau, & Vallerand 2013)는 이러한 가설을 검증하기 위해 대학생들에게 열정 척도, 몰입 척도, 쾌락적 행복 척도를 실시하였다. 경로분석 결과 조화열정이 높을수록 활동에 높은 수준으로 몰입하고, 이어 몰입은 심리적 행복을 정적으로 예측했다. 카펜티어 등의 연구결과는 몰입이 행복에 기여하는 역할과, 조화열정이 몰입에 있어서 중요한 결정요인임을 밝혀주었다. 다른 영역에 대해서도 이러한 관계가 나타나는지 확인하기 위한 후속 연구들이 필요하다.

열정과 심리적 불행의 관계: 소진

앞 절에서 살펴본 연구에 의하면 조화열정이 심리적 행복에 미치는 영향에서 정서나 몰입과 같은 긍정적인 과제 경험이 매개 역할을 하고 있다. 이 절에서는 두 가지 논점을 다룬다. 첫째, 심리적 불행에 있어서 조화열정의 보호 효과 그리고 매개 과정이다. 조화열정이 심리적 불행을 막아준다면, 그 안에는 어떤 과정이 포함되는가? 긍정적인 과제 경험은 보호 효과를 매개하는가? 조화열정의 보호 기능에 관련된 또 다른 매개 변인들은 무엇인가? 둘째, 강박열정이 심리적 불행에 기여하는 과정이다. 이 두 논점을 다룬 연구는 심리적 불행 중에서도 소진에 초점을 맞추고 있다.

열정과 소진

소진은 그 자체로 흥미로운 주제이지만, 많은 연구자들이 지적하듯 열정이 관여하기 때문에 더욱 주목을 받는다(Burke & Fiksenbaum 2009; Gustafsson, Hassmén, & Hassmén 2011; Tassel & Flett 2007). 예를 들어 성공하기 위해 사람들은 활동에 모든 것을 쏟아붓고 열정과 에너지를 불태워야 하지만, 결국 에너지를 다 써서 잃어버릴 위험에 처하고 소진된다. 불꽃이 꺼지지 않고 계속 타오르게 하는 것은 중요하므로, 소진과 열정의 관계는 여기서 확실히 드러난다. 열정이원론에 의하면 조화열정은 활동에 완전히 몰입하게 하면서도 그것에 압도당하거나 소진되지 않도록 해준다. 반면 강박열정은 한계를 넘는 에너지를 쓰게 하고 따라서 소진되게 한다. 교사(Carbonneau, Vallerand, Fernet, & Guay 2008), 운동선수(Martin & Horn 2013)의 소진을 다룬 초기 연구는 이러한 분석을 지지하고 있다. 예를 들어 카보노 등에서 소진은 강박열정과 정적 관련을, 조화열정과는 부적 관련을 보였다. 이 연구는 초임 교사를 대상으로 한 연구(Fernet, Lavigne, Austin, & Vallerand 2014)에서도 재확인되었다.

그렇다면 다음 질문은 조화열정과 강박열정의 긍정적인 혹은 부정적인 효과가 어떻게 매개되는지에 대한 것이다. 열정과 정서 경험에 대한 선행 연구에 의하면, (강박열정이 아닌) 조화열정은 직무만족을 유도하여 소진을 막는 역할을 한다. 실제로 긍정적인 활동을 경험하는 것은 에너지를 갉아먹는 일의 압박에서 우리를 보호한다. 반면 강박열정은 열정 활동(일)과 삶의 다른 활동(예: 가족 모임) 간의 심리적 갈등을 경험하도록 하는 매개 역할을 한다고 가정할 수 있다. 강박열정을 가진 사람들은 활동에 참여하지 않으면 안 될 것 같은 충동을 억제할 수 없다. 그래서 그 활동에 참여해야 한다는 생각과 그 활동을 그만두면 안 된다는 생각으로부터 벗어나기가 매우 어렵고 그 결과 삶의 다른 부분과 갈등이 초래된다(예: Caudroit, Boiché, Stephen, Le Scanff, & Trouillaoud 2011; Vallerand et al. 2003, 연구 1; Vallerand, Ntoumanis et al. 2008). 이러한 갈등은 삶의 다른 영역을 추구하는 것을 방해하고, 따라서 정신적으로 피폐해지며 직무만족을 떨어뜨리고(Thorgren, Wincent, & Sirén 2013) 결국 소진으로 이어진다(Garland, Fredrickson, Kring, Johnson, Meyer, & Penn 2010). 또한 강박열정은 대체로 활동(일)에 참여하는 동안과 그 외의 활동에 참여하는 동안의 긍정정서 경험과 무관하기 때문에, 조화열정처럼 심리적 불행을 막는 역할을 하기 어렵다. 반면 조화열정을 가진 사람들은 과제에 참여한 뒤에는 열정 활동으로부터 완전히 벗어나 삶의 다른 활동에 완전히 몰입하고, 따라서 둘 사이에 갈등이 유발되지 않는다. 그러므로 조화열정은 활동과 삶의 다른 활동 간에 갈등이 아닌 정서적 보상을 경험하게 하고 그 결과 두 과정에서 모두 소진을 막아준다.

이 가설을 검증하기 위해 두 연구(Vallerand, Paquet, Philippe, & Charest 2010, 연구 1, 2)가 이루어졌다. 이는 프랑스와 캐나다의 간호사들을 대상으로 이루어졌는데, 연구 1에서 프랑스 참여자들은 열정 척도, 일과 삶의 다른 활동 간의 심리적 갈등 척도, 긍정정서 경험(직무만족), 캐나다−프랑스어로 된 소진 척도(Dion & Tessier 1994)에 응답하였다. 구조방정식모형 분석 결과는 [그림 8.4]에 제시되어 있다. 주당 근무 시간(그림에는 제시되지 않음)을 통제한 모형은 가설을 지지하였는데 구체적으로 강박열정은 일과 다른 활동 간의 심리적 갈등을 통해 소진을 촉진하였다. 강박열정과 직무만족 사이에는 관련이 없었다. 반면 조화열정은 심리적 갈등의 감소와 직무만족의 증가를 통해 소진을 막아주었다. 이 결과는 캐나다 참여자들을 대상으로 한 연구 2에서도 재확인되었다. 이 연구에서는 예측설계를 사용하여 6개월 후 소진의 **변화**를 예측할 수 있도록 하였다. 추가 연구가 분명 필요하지만, 조화열정은 소진과 같은 심리적 불행으로부터 보호하는 반면 강박열정은 활동(일)과 다른 활동 간의 갈등을 통해 소진과 같은 심리적 불행에 기여하는 것으로 보인다.

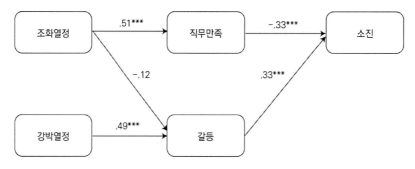

그림 8.4 열정과 소진의 관계에서 갈등 및 직무만족의 매개 역할
출처: 발러랜드 등(2010, 연구 1)에서 수정

 열정 활동 외의 삶의 다른 활동은 조화열정 혹은 강박열정에 따라 서로 다른 방식으로 인식된다. 강박열정을 가진 사람들에게 다른 활동은 열정 활동을 하지 못하게 하는 방해 요소로 비춰진다. 반대로 조화열정을 가진 사람들은 다른 활동을 환영하는데, 그 활동 역시 행복에 기여하는 만족감의 잠재적 원천이기 때문이다. 예를 들어 스텐셍과 펠프스(Stenseng & Phelps 2013)에 의하면 조화열정은 삶의 다양한 영역(예: 일, 여가, 친구, 파트너 등)에서 긍정적인 결과를 경험하게 하는 데 기여하며, 이어 이러한 경험은 높은 수준의 심리적 행복을 이끈다.

 이러한 활동들이 삶에 기여하는 또 다른 방식은 일에서 비롯되는 스트레스를 극복할 수 있도록 도와주는 것이다. 소넨택(Sonnentag) 등은 심리적 행복에서 '회복(recovery) 활동'의 역할을 강조하였다. 이 연구에서는 일에서 벗어난 자유 시간에 회복 활동에 참여하는 것(예: 업무에서 심리적으로 분리하기, 이완하기, 활동에 숙달하기)이 행복을 예측하는 것으로 나타났다(Sonnentag, Binnewies, & Mojza 2008; Sonnentag & Zijlstra 2006). 예를 들어 저녁 시간에 회복 활동에 참여하는 것은 다음날 직장에서의 행복을 예측하였다. 그러나 일을 잠시 내려놓고 회복 활동에 참여하게 하는 심리적 변인, 반대로 회복 활동을 하지 못하고 위험에 빠지게 하는 심리적 변인이 무엇인지는 확인되지 않았다. 열정이원론에 따르면 조화열정은 일하고 난 뒤에 회복 활동에 참여하게 하지만 강박열정은 그렇지 않다.

 마찬가지로 도나휴, 포레스트, 발러랜드, 레미어, 크레비어-브로드, 버거슨(Donahue, Forest, Vallerand, Lemyre, Crevier-Braud, & Bergerson 2012)은 두 열정이 회복 활동 참여에 어떤 역할을 하며 이것이 열정과 소진을 어떻게 매개하는지 연구하였다. 참여자들은 열정 척도, 회복 경험 설문지(Recovery Experience Questionnaire)(Sonnentag & Fritz 2007), 일에 대한 반추 척도, 소진 척도에 응답하였다. 구조방정식모형 분석 결과 조화열정은 회복 활동에 참여하는 것을 정적으로 예측하였고 회복 활동은 이어 소진을 막아주었다. 반면 강박열정은 회복 활동과 무관했던 반면 반추를 정적으로 예측하고 반추는 이어 소진을 정적으로 예측하였다.

라빈, 포레스트, 크레비어-브로드(Lavigne, Forest & Crevier-Braud 2012)는 다른 연구에서 조화열정이 소진에 미치는 영향을 매개하는 또 다른 변인인 몰입을 조사하였다. 라빈 등(2012)은 횡단연구(연구 1)와 종단연구(연구 2)를 실시하였는데, 두 연구 모두 매우 유사한 결과를 나타냈기 때문에 이하에서는 종단연구 결과만을 설명하기로 한다. 이 연구에서는 퀘벡 시청의 공무원들을 대상으로 열정 척도, 몰입 척도, 소진 척도를 6개월 간격을 두고 실시하였다. 구조방정식모형 분석 결과 조화열정은 시간이 지남에 따른 몰입의 **증가**를 정적으로 예측했고 몰입은 이어 소진의 **감소**를 예측했다. 강박열정은 몰입과 관련이 없었으나 소진을 정적으로 직접 예측했다. 몰입과 같은 긍정적인 경험은 조화열정이 심리적 행복에 미치는 보호 효과를 매개한다.

요약하면 이 절에서 소개한 연구들은 열정이 소진에 중요한 역할을 한다는 가설을 지지하고 있다. 몇 년 전까지 연구자들은, 일에 열정을 가지는 것은 심리적으로 일에 계속 참여하게 하고 일과 떨어질 수 없게 하여 결국 소진을 초래한다고 주장하였다(예: Freudenberger & Richelson 1981). 최근 연구에 의하면 이러한 분석은 강박열정만을 다루고 조화열정을 다루지 않았기 때문에 부분적으로만 옳다고 볼 수 있다. 또한 강박열정이 소진에 기여하는 두 가지 경로가 있다는 것이 밝혀졌다. 첫 번째 경로에서 강박열정은 일 외의 활동을 막는다. 강박열정은 일에 대해 끊임없이 생각하게 하며 일과 다른 삶에 갈등을 일으키고 회복 활동에 참여하는 것을 막는다. 두 번째 경로에서 강박열정은 소진의 해독제가 되는 긍정정서를 경험하게 하는 것을 막는다. 따라서 강박열정은 일과 그 외의 활동에서 모두 발생하기 때문에 소진이 높아질 위험이 더 크다. 반면 조화열정의 보호 기능은 일에서 벗어나 회복 활동에 참여하게 하는 것뿐만 아니라 긍정적인 정서 경험(직무만족, 몰입)이나 갈등의 부재와 같은 과정을 통해 이루어진다. 게다가 조화열정은 일과 삶 모두에 온전히 참여하게 만듦으로써 소진과 같은 심리적 불행을 막는다. 소진이 아닌 다른 심리적 문제에도 이러한 매개 과정이 일어나는지 밝히는 후속 연구가 필요하다.

행복에서 활동의 중요성

이 장에서는 행복에 있어서 활동이 어떤 역할을 하는지 아직 다루지 않았다. 독자들은 이런 질문을 떠올릴지 모른다. 긍정적인 활동에 단순히 참여하는 것만으로 심리적 행복이 높아지는 것이 충분히 가능한가? 이는 타당한 질문이다. 어떤 활동은 매우 적응적이고 활동에 참여하는 것 자체로 심리적 행복을 높일 수 있다. 예를 들어 마음챙김 명상법(Lutz, Slagter, Dunne, & Davidson 2008)과 자애(loving-kindness) 명상법(Fredrickson et al. 2008)은 심리적 행복에 기여한다는 결과가 있다. 이러한 활동에도 열정이 중요한가?

이 장을 비롯한 이 책 전체의 입장은 활동의 종류에 관계없이 활동에 대한 열정이 중요하며 심지어 결정적이라는 것이다. 여기에는 두 가지 이유가 있다. 첫째, 열정은 활동에 규칙적으로 참여하게 하며 적응적 활동으로부터 심리적 이익을 반복해서 경험하게 한다. 그 활동이 매우 적응적이라 할지라도 열정이 없으면 그 활동에 몇 달, 몇 년 혹은 평생에 걸쳐 규칙적으로 참여하기 어려우며 따라서 활동에서 얻어지는 이익을 경험하기 어렵다. 둘째, 열정은 활동 그 자체를 넘어서 활동 참여의 질을 결정한다. 즉 주어진 활동에 조화열정을 가지면 강박열정을 가질 때보다 긍정적인 경험을 더 많이 하게 되고, 이로써 '적응적' 활동에 참여하는 데서 오는 이익이 더 많아진다. 이하에서는 이 주제를 다루고자 한다.

열정과 적응적 활동

요가 연구에서 앞서 말한 가설들이 검증되었다. 최근 요가는 매우 긍정적인 활동으로 인식되는데, 연구결과 요가를 하면 호흡 및 심혈관 기능뿐만 아니라 근육과 유연성이 강화되는 장점이 있다. 요가의 심리적 효과는 어떨까? 요가는 자동적으로 긍정정서를 증가시키고 부정정서를 감소시키며 그 결과 심리적 행복에 상응하는 효과를 이끄는가? 활동 그 자체만이 중요하다면, 요가에 대한 열정이 행복에 큰 차이를 가져오지는 않을 것이며, 요가에 참여하는 것만으로 긍정적인 결과를 충분히 얻을 수 있을 것이다. 그러나 열정이 중요하다면, 조화열정은 요가에서조차 긍정적인 효과를 이끌고 강박열정은 이와 무관하거나 부정적인 효과를 이끌 것이다.

카보노, 발러랜드, 매시코트(Cabonneau, Vallerand, & Massicotte 2010, 연구 1, 2)는 요

가의 긍정적인 효과를 알아보기 위해 두 연구를 수행하였다. 연구 1에서는 몇 년 동안 요가를 해온 19-60세의 '일반인'을 대상으로 열정 척도, 요가 수업 **동안** 경험하는 긍정 정서와 부정정서, 상태 불안을 측정하였다. 연구결과 조화열정은 긍정정서와 정적 관련이, 부정정서 및 상태 불안과는 부적 관련이 있었다. 강박열정은 상태 불안과 통계적으로 유의하지 않은 부적 관련이 있었다. 연구 2에서는 규칙적으로 요가를 하는 다른 일반인을 대상으로 3개월에 걸쳐 어떤 변화가 일어나는지 확인하였다. 결과는 대체로 연구 1과 비슷하였고, 구체적으로 조화열정은 요가 수업 동안 부정정서와 상태 불안의 **감소**를 예측하였고 긍정정서의 **증가**를 예측하였다. 강박열정은 요가 수업 동안 부정정서의 유의한 **증가**를 예측하였다. 이는 요가 경력과 주당 수업시간을 통제한 결과이다.

이 연구들에서 심리적 행복을 측정하지는 않았지만, 카보노 등(2010)은 활동뿐만 아니라 활동에 참여하는 열정이 중요하다는 점을 보여주었다. 긍정적인 활동에 참여함으로써 발생하는 이익을 최대로 얻으려면 조화열정이 필요하다. 강박열징이 작용하는 한, 가장 적응적인 활동(예: 요가)에 참여한다고 해도 부정정서(혹은 적어도 긍정정서의 부재)를 경험할 것이며 결국 심리적 행복과 불행에 대한 어떤 효과가 나타날 수 있다.

열정과 문제 활동의 지속

요가 연구에서처럼 강박열정이 적응적 활동의 좋은 효과를 낮춘다면, 이는 문제 활동의 나쁜 효과를 높일 것인가? 여기에는 어떤 과정이 관여하는가? 한 가지 유력한 가설은, 문제 활동에서는 바람직하지 않고 경직된 열정이 일어난다는 것이다. 열정이원론의 중요한 전제 중 하나는 두 열정 모두 활동에 대한 지속성을 이끈다는 것이다. 그러나 두 열정이 낳는 지속성은 종류가 다르다. 강박열정은 심각한 손해가 있어도 그 활동을 계속하게 하는 경직된 지속성을 이끈다(Vallerand et al. 2003, 연구 3, 4). 반면 조화열정은 마음 챙김과 유연성을 가지고 있으므로 상황이 변할 경우 또는 계속 활동에 참여하는 것이 좋지 않을 경우에는 활동을 그만둘 수 있게 한다.

열정 유형, 그리고 각 유형이 촉진하는 서로 다른 지속성을 구분하는 것은 특히 중요하다. 열정은 중독 가능성이 있는 활동이나 행동에 긴 시간 동안 참여하도록 만들기 때문이다(Vallerand & Verner-Filion 2014 참고). 동일한 활동이 조화열정을 가진 사람에게는 즐거움, 재미, 무해한 오락의 원천이 되는 반면 강박열정을 가진 사람에게는 잠재적으로 해가 되는 부정적인 결과를 낳을 수 있다. 그러므로 조화열정을 가지게 되면 잠재적으로 해로운 활동의 부정적인 효과가 거의 일어나지 않으며, 일어난다면 그 활동을 그만둘 수 있다. 그러나 강박열정을 가지게 되면 해로운 활동으로 인해 부정적인 결과를 경험하게 되고 그럼에도 활동을 그만두지 않기 때문에 장기적으로 부정적인 결과를 낳게 된다.

도박(혹은 비디오 포커와 같은 특정한 형태의 도박)은 병적 도박, 사회적 고립, 우울, 심지어 자살에 이를 수 있는 잠재적으로 해로운 활동이다(Bergh & Kühlhorn 1994). 조화열정이 보호 기능을 한다면, 이는 부정적인 결과를 경험하고 병적 도박으로 진행되는 것을 막아주며, 아마도 긍정적인 결과(몰입, 흥분)를 경험하도록 해줄 것이다. 그러나 강박열정의 경우에는 그렇지 않다. 사실 강박열정은 경직된 참여와 지속성에 기여하기 때문에 이는 병적 도박을 비롯한 부정적인 결과를 낳으며 어떤 긍정적인 결과도 낳지 못할 것이다.

도박 연구들은 위의 분석을 뒷받침하고 있다. 예를 들어 강박열정을 가진 사람들은 조화열정을 가진 사람들보다 많은 돈을 걸고 오랜 시간 도박을 하는 것으로 나타났다(Rousseau et al. 2002). 또한 강박열정은 도박을 하는 동안에는 불안 및 죄책감, 도박을 하지 않는 동안에는 반추와 같은 부정정서와 정적 관련이 있으며, 이 관련성은 도박에 대한 경직된 참여를 보여준다(Ratelle et al. 2004). 반면 도박에 대한 조화열정은 도박을 하는 동안의 유쾌함, 재미, 즐거움과 같은 긍정정서와 정적 관련이 있다(Mageau et al. 2005 참고). 마지막으로 강박열정은 조화열정과 달리 병적 도박을 예측한다(Philippe & Vallerand 2007; Ratelle, Vallerand, et al. 2004; Stitch & Hodgins 2005; Alberghetti & Collins 2013 참고).

이 연구들의 시사점은 강박열정이 병적 도박을 포함한 부정적인 결과의 발생을 예측한다는 것이다. 강박열정은 스스로 통제하지 못하는 경직된 지속성을 낳기 때문이다. 과연 그러할까? 열정 활동에 대한 경직된 지속성이 정말로 병적 도박과 같은 중독 문제에 작용할 것인가? 이 가설을 검증하기 위한 연구(Vallerand et al. 2003, 연구 4)에서는 일주일마다 정기적으로 카지노 도박을 하는 참여자와 도박 문제가 너무 심해서 자발적으로 카지노에 출입 금지를 요청한 참여자를 대상으로 두 열정을 비교하였다. 후자에 속하는 사람들의 문제는 더 심각했다(스스로 출입금지를 요청한 사람들의 93%, 정기적으로 도박을 하는 사람들의 37%가 병적 도박 증세를 나타냈다. 일반인 중에서는 2-4%의 사람들만이 병적 도박 증세를 나타내는 것에 비하면 굉장히 높은 비율이다). 선행 연구에 근거하여 두 유형의 참여자들이 서로 다른 열정을 가졌을 것으로 가정했으며 구체적으로 조화열정보다는 강박열정에서 더 큰 차이를 보일 것으로 예상했다. 연구결과 출입금지를 요청한 집단은 정기적으로 도박을 하는 집단보다 강박열정이 유의하게 높았다. 조화열정은 두 집단에서 다르지 않았다. 판별분석 결과 강박열정은 모든 사례에서 집단 소속을 80%로 정확히 예측할 수 있었다. 또한 출입금지를 요청한 집단에서 강박열정은 조화열정보다 유의하게 높았으나 통제집단(정기적 도박 참여 집단)에서 두 열정의 차이는 없었다.

　마지막 결과는 열정이 카지노 도박뿐만 아니라 다른 형태의 도박에 어떤 역할을 하는지 살펴본 연구에서 재확인되었다(Philippe & Vallerand 2007). 연구자들은 55세 이상 노인들의 집을 방문하여 도박 열정 척도(Rousseau, Vallerand, Ratelle, Mageau, & Provencher 2002)와 개정판 사우스오크 병적 도박 검사(South Oakes Gambling Screen-Revised) (Lesieur & Blume 1993)를 면대면으로 실시하였다. 발러랜드 등(2003, 연구 4)의 결과와 마찬가지로 병적 도박자들은 문제가 없는 도박자들보다 강박열정이 유의하게 높았으나 조화열정에는 차이가 없었다([그림 8.5]의 오른쪽 막대그래프 참고). 또한 병적 도박자들의 강박열정은 조화열정보다 유의하게 높았으며, 문제가 없는 도박자들에서는 두 열정 간의 차이가 없었다. 맥킬롭, 앤더슨, 카스텔다, 매트슨, 도노빅(MacKillop, Anderson, Castelda, Mattson,

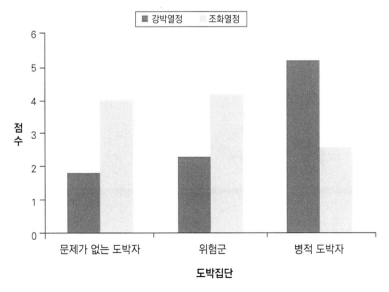

그림 8.5 도박 심각성에 따른 조화열정과 강박열정
출처: 필리페와 발러랜드(2007)에서 수정

& Donovick 2006) 역시 강박열정이 병적 도박자와 문제가 없는 도박자를 구분할 수 있는 반면 조화열정은 그렇지 않다는 것을 보여주었다. 마지막으로 병적 도박자 집단에서는 강박열정이 조화열정보다 도박 의도를 더 강하게 예측한 반면 문제가 없는 도박자 집단에서는 조화열정이 강박열정보다 도박 의도를 더 강하게 예측하였다(Back, Lee, & Stinchfield 2011).

이러한 연구결과에 의하면 도박과 같이 잠재적으로 해로운 문제 활동에서도 조화열정은 병적 도박이나 도움이 필요한 단계까지 가지 않게 해준다. 그러나 강박열정은 삶에 치명적인 영향을 미칠 수 있는 중독으로 가게 할 수 있다.

문제 활동 중에서 온라인 게임에 대해 살펴볼 필요가 있다. 이 활동은 초조함, 식음 전폐, 시력 문제와 같은 심각한 정신적, 신체적 문제를 초래한다. 생리적 욕구를 무시한 채 며칠씩이나 게임에 몰두하다가 목숨을 잃는 심각한 경우도 있다(Danger 2009). 경직된 지속성을 보이는 강박열정이 온라인 게임에 어떠한 역할을 하는지 살펴본 연구들이 있다. 400명 이상의 표본을 대상으로 한 왕과 추(C. C. Wang & Chu 2007)의 연구에서는 강박열정이 게임 문제(지속적인 게임 욕구, 게임 중단 시의 짜증)와 정적 관련이 있었으나 조화열정은 이와 무관했다.

라프르니에르, 발러랜드, 도나휴, 라빈(Lafrenière, Vallerand, Donahue, & Lavigne 2009)은 왕과 추의 연구를 확장하여 다중접속 온라인 게임 사용자를 대상으로 긍정적인 결과와 부정적인 결과(게임 문제 행동) 모두를 살펴보았다. 이 게임은 비디오 게임과 비슷하지만 24시간 내내 다수의 사용자와 상호작용하며 플레이한다는 점이 다르다. 따라서 강박열정을 가진 사람들은 한 번 접속해서 며칠씩 게임을 할 수 있다. 참여자들은 1주일에 평균 22시간 이상 게임을 하는 것으로 확인되었다. 참여자들은 열정 척도, 긍정정서와 부정정서 척도, 게임 과몰입에 대한 문제 행동 척도(Tejeiro & Morán 2002), 에우다이모니아적 행복 척도(Miquelon & Vallerand 2008)에 응답하였다.

정준상관 분석 결과 유의한 함수가 도출되었다. 첫 번째는 강박열정에 의해 예측되었으며 주로 부적응적 지표(부정정서, 게임 문제 행동, 지나치게 많은 주당 게임 시간, 낮은 에우다이모니아적 행복)와 한 가지 적응적 지표(일부 긍정정서)가 나타났다. 두 번째는 조화열정에 의해 예측되었으며 모두 적응적 지표(높은 긍정정서, 부정정서의 부재, 게임 문제 행동의 부재, 높은 심리적 행복)가 나타났다. 이 연구에서 가장 중요한 점은 온라인 게임에 대한 강박열정이 문제를 회피하기 위해 게임을 하는 행동과 정적 관련이 있지만 조화열정은 그러한 행동과 무관하다는 점이다.

마지막 연구에서는 온라인 쇼핑과 같이 잠재적으로 문제 행동이 될 수 있는 활동을 살펴보았다. 왕과 양(C. C. Wang & Yang 2007)은 참여자들을 대상으로 온라인 쇼핑에 대한 열정 척도와 쇼핑 의존증 척도를 실시하였다. 다른 연구자들 역시 유사한 방법을 사용하여 온라인 경매(C. C. Wang & Chen 2008), 약물 사용(Davic & Rosenberg 2014), 인터넷 포르노(Rosenberg & Krause 2014), 운동 중독(Paradis, Cooke, Martin, & Hall 2013; Parastatidou, Doganis, Theodorakis, & Vlachopoulos 2014)과 같은 여러 가지 중독 행동에서 열정이 어떠한 역할을 하는지 알아보았다. 연구결과에서는 대체로 조화열정보다 강박열정을 더 많이 가지게 되면 중독으로 발전할 위험이 더 큰 것으로 나타났다.

요약하면 강박열정은 문제 활동을 하지 말아야 할 때에도 활동을 경직되게 지속하는 데 기여한다. 병적 도박, 과도한 온라인 게임과 온라인 쇼핑, 운동 의존증 등에서 그 증거를 찾을 수 있다. 조화열정은 다르다. 조화열정은 문제 활동에 장기간 참여하는 데서 오는 문제들을 막아주고 그런 활동에 참여하면서도 심지어 긍정적인 정서 경험을 이끌기 때문이다. 이러한 결과가 다른 문제 활동(예: 거식증, 가학-피학 성행위 습관 등)에도 일반화될 수 있는지 알아보는 후속 연구가 필요하다.

비록 강박열정이 문제 활동의 경직된 지속성을 예측한다고 할지라도 중독과 동일하다는 의미는 아니다. 이 점을 특히 강조할 필요가 있다. 강박열정과 중독의 큰 차이점 중 하나는 활동에 대한 사랑이다. 강박열정을 가진 사람은 여전히 열정 활동을 사랑하고 그것에 참여하기를 기대한다. 그러나 중독자는 어느 순간 그 활동을 그만두고 싶은 마음이 활동에 대한 사랑을 눌러버리지만(예: Frankfurt & Watson 1982; Rinehart & McCabe 1997), 불행히도 활동을 그만두지 못한다. 따라서 강박열정과 중독은 다른 구인이다. 사실 강박열정은 중독의 선행 변인이 된다(Vallerand & Verner-Filion 2014). 강박열정과 중독의 다른 유사점과 차이점을 확인하기 위한 종단연구가 필요하다.

요 약

이 장에서는 열정이 심리적 행복에 어떠한 역할을 하는지 알아보았다. 조화열정은 삶의 전반적인 영역에서 긍정정서가 반복되도록 촉진하고 따라서 지속가능한 심리적 행복을 조성한다. 또한 조화열정은 부정정서, 심리적 갈등, 심리적 불행으로부터 보호한다. 반면 강박열정은 긍정정서와 심리적 행복을 최소화하고 부정정서, 다른 활동과의 갈등, 소진과 같은 심리적 불행을 촉진한다. 마지막으로 조화열정은 적응적 활동에 참여하게 하여 긍정적인 결과물을 도출하게 하지만 강박열정은 그렇지 않다. 강박열정은 조화열정과 달리 문제 활동에 장기간 참여하게 하고 그 활동에 경직된 지속성을 높인 결과 부정적인 결과물을 낳는다. 강박열정이 중독에 어떤 인과적 역할을 하는지 열정이원론의 주장을 심층적으로 검증하기 위한 종단연구가 필요하다.

열정과 신체적 건강

Passion and Physical Health

아프기를 바라는 사람은 없다. 아프면 비참함과 무력감을 느낀다. 전 세계 보건의료 시스템이 질병의 예방과 치료를 위해 매년 수십조 원을 쓰는 것은 당연하다. 그러나 질병이 없다고 해서 건강하다고 할 수 있는가? '질병(illness)의 부재'를 넘어 '웰니스(wellness)'의 수준을 생각해 볼 수 있을까? 힘이 넘치고 생기 있고 에너지와 스테미나가 넘쳤던 순간을 떠올려 볼 수 있다. 밤늦게까지 일을 할 수 있는 체력이 있다고 느끼는가? 신체적인 웰니스가 최고조에 이른 상태가 이어진다면 어떨까? 그리고 열정은 이러한 상태에 어떤 역할을 하는가? 열정은 일이 잘되고 건강을 유지하며 활동에 참여하는 데만 필요한 것인가?

이 장에서는 건강과 관련하여 열정을 다룬 연구들을 살펴본다. 사실 열정은 건강에 중요한 역할을 한다. 적어도 세 가지 경로를 통해 열정은 건강에 영향을 미친다. 첫째, 열정은 신체 활동처럼 건강을 증진하는 활동에 참여하도록 촉진한다. 예를 들어 테니스 열정은 건강에 좋은 운동에 규칙적으로 참여하도록 하며 생리적 이익을 유도한다. 둘째, 꼭 신체 활동이 아니더라도 열정 활동은 높은 에너지를 주어 그 자체로 건강하게 만들거나 바람직한 건강 상태를 이끈다. 마지막으로 활동에 대한 열정(특히 조화열정)은 질병으로부터 보호하고 웰니스를 촉진하는 적응적인 정서 상태를 유도한다.

이 장은 네 개의 절로 구성되어 있다. 첫 번째 절에서는 성장지향적인 건강 모델의 예시를 제안한다. 이 모델에서는 개인이 자신의 건강에 보다 적극적인 역할을 하며, 열정은 건강에 기여하고 질병을 막는다고 본다. 두 번째 절에서는 열정이 웰니스에 영향을 주는 세 가지 경로, 즉 열정이 신체 활동에 지속적으로 깊이 참여하는 데 어떤 역할을 하는지 탐색할 것이다. 세 번째 절에서는 열정이 활동에 참여하는 동안 그리고 활동에 참여한 후에 에너지와 활기(혹은 그 반대인 피로)를 어떻게 제공하는지에 대해서 다룰 것이다. 마지막 절에서는 열정과 건강의 관계에서 정서의 매개 역할에 대해서 살펴볼 것이다.

열정과 건강

질병의 부재로부터 웰니스로

최근 몇 년간 보건 연구에서는 큰 변화가 있었다. 의학 분야에서 건강은 질병이나 질환이 없는 상태로 인식되지만, 현재는 단순히 질병이 없는 것이 건강과 같은 의미가 아니라는 인식이 수용되고 있다. 65년 전 세계보건기구(WHO)에서는 이미 다음과 같이 주장하였다. "건강은 매우 긍정적인 신체적, 정신적, 사회적 행복의 상태를 말하며 단순히 질환 혹은 병약함이 없는 상태가 아니다"(World Health Organization 헌장 서문, 1948). 앞 장에서 우리는 정신 건강(또는 심리적 행복)에서 열정의 역할을 논의하였다. 정신 건강에 대한 결과로부터 이 장의 내용을 유추할 수 있다. 정신 건강이 단순히 정신질환의 부재가 아닌 것처럼, 신체적 건강은 질병의 부재를 넘어서는 것이다. 신체적으로 건강하다는 것은 신체적으로 번영하고 신체 기능을 최대한 사용할 수 있는 것이다. 물론 이렇게 되기 위해서는 우선 질병이 없어야 한다. 그러나 그것으로 충분하지는 않다. 신체적으로 완전히 번영하기 위해서는 하루 종일 일하고 활동을 즐기는 것 이상의 에너지와 활기가 있어야 한다. 이하에서 보겠지만 건강에 대한 다른 관점이 있었기에 웰니스적 관점은 오랫동안 도외시되었다.

생의학 모델에서 성장지향 모델로

역사적으로 보건의료계는 생의학 모델에 의존해왔다. 기본적으로 이 모델은 세 가지 전제가 있다(Taylor & Sirois 2008). 첫째, 병의 치료를 강조한다. 둘째, 질병은 생물학적 방법으로만 치유된다. 셋째, 의사는 전문가인 반면 환자는 의료 서비스를 수동적으로 받아들이는 수혜자이므로 의료 과정에 거의 관여하지 않는다. 20세기 초 유행한 생의학 모델은 특히 결핵과 같은 전염병을 근절하는 데 일조하였다. 그러나 이후 건강 심리학의 많은 연구들에서는 생의학 모델의 전제가 가진 한계를 지적해왔다. 예를 들어 병을 치료하는 것이 필요하다는 점은 명백하지만, 그 병이 발생하기 전의 예방 또한 중요하다. 아프리카의 에이즈가 그 예이다. 에이즈를 미리 예방하지 않는다면 아프리카 대륙 전체로 전염될 수 있다(De Cock, Jaffe, & Curran 2012). 둘째, 비록 생물학적 치료를 대체할 수는 없지만 심리적 과정은 심혈관 질환과 같은 다양한 질병에서 더 빨리 치유될 수 있도록 돕는다. 많은 연구에서 이런 결과가 나타났다(예: Buchanan 1995; Scheier et al. 1989). 따라서 정서 과정을 포함한 심리적 요인(예: Cohen & Pressman 2006)은 건강을 지키는 무기가 될 수 있다. 마지막으로 환자가 의료 과정에 가능한 한 적극적으로 개입할 때 최상의 결과를 얻을 수 있다. 점점 더 많은 연구에서 이 사실이 밝혀지고 있다. 예를 들어 의사결정에 참여하는 기회가 많은 당뇨환자는 치료를 더 잘 받는다고 한다(예: Williams, McGregor, King, Nelson, & Glasgow 2005; Williams, Lynch, & Glasgow 2007).

생의학 모델의 한계를 극복하고자 생물심리사회(biopsychosocial) 모델이 등장하였다(Engel 1977). 이 모델은 생의학 모델의 한계를 수정, 보완하여 확장한 모델이다. 따라서 생물심리사회 모델은 다음의 세 가지 요소를 담고 있다. (1) 예방은 생물학적 치료만큼 중요하다. (2) 건강에는 정신적, 사회심리적 과정이 포함된다. (3) 개인과 그의 환경은 건강 과정에 적극적인 역할을 한다. 이 모델에 의해 건강에 대한 관점이 확장되었다는 사실은 부인할 수 없다.

여기에 두 가지 의견을 덧붙일 수 있다. 첫째, 생물심리사회 모델이 올바른 접근이기는 하나, 이 모델은 건강의 긍정적인 측면을 충분히 부각시키지 못했다. 실제로 앞의 세 요소들은 여전히 질병을 없애는 것에 초점을 두고 있다. 질병을 없애는 것은 분명 필요하다. 그러나 질병의 부재 상태에서 웰니스와 같은 신체의 번영 상태로 초점이 바뀌지는 않았다. 완전한 건강 모델은 단순히 부정적인 측면(질병)만이 아니라 질병에서 웰니스까지의 전체적인 연속성을 포함해야 한다(Keyes[2007]의 정신 건강에 대한 유사한 분석 참고). 둘째, 생물심리사회 모델의 세 요소는 그 자체로도 중요하지만, 이 요소들은 '성장지향(growth-oriented) 모델'이라고 불리는 새로운 모델의 하위요소로도 이해될 수 있다. 성장지향 모델에 의하면 개인은 의료 체제에 관여할 뿐만 아니라 자신의 건강에 적극적으로 관여한다. 예를 들어 개인은 건강에 이로운 것들을 적극적으로 수용하여, 운동(즉 예방)을 하거나 삶에 대해 긍정적인 관점을 유지(즉 적응적인 정신적, 사회심리적 과정)하는 등 생활 전반에서 건강과 관련된 모든 측면을 능동적으로 관리한다. 그리고 필요하다면 의료진과 함께 의사결정 과정에 충분히 관여한다. 개인을 자율적인 존재로 바라보는 이 관점은 건강 문제에서 질병의 부정적인 측면을 막아줄 뿐만 아니라 웰니스의 긍정적인 측면을 극대화한다.

성장지향 모델에서는 개인이 온전히 번영하고 질병을 최소화하면서 웰니스를 최대화하는 데 적극적으로 참여한다고 본다. 열정은 이러한 과정에서 최소한 세 가지 역할을 한다. (1) 신체 활동과 같은 건강 증진 활동에 참여하는 동기를 부여한다. (2) 일상생활에 에너지와 활기를 제공한다. (3) 건강에 기여하고 질병을 예방하는 긍정정서 상태를 산출한다. 이하에서는 이 방법들에 대해서 설명한다.

신체 활동의 참여 기저에 있는 열정

규칙적인 운동은 건강을 증진하는 가장 중요한 행동 중 하나이다. 실제로 최적의 건강 상태를 유지하기 위해서는 신체적으로 건강한 외형을 가져야 한다. 이는 비교적 적절한 체질량 지수(체중[kg]을 신장[meter]의 제곱으로 나눈, 신체의 마른 상태를 나타내는 대략적인 지표로, 18.5에서 25 정도의 범위가 최적의 상태임), 탄력 있는 근육, 일과를 충분히 소화할 수 있을 정도의 에너지를 가진 것을 말한다. 연구에 의하면 이러한 신체적 상태를 얻기 위한 가장 좋은 방법은 최소한 중강도(숨이 찰 정도)의 운동을 규칙적으로 하는 것이다(Wells 2012). 즉 성인의 경우 1주일에 5회, 한 번에 적어도 30분 이상(아동의 경우 매일 60분 이상) 중강도로 운동해야 한다(18~64세 성인을 위한 캐나다 신체 활동 지침, 2013). 즉 수면 시간을 제외하고 1주일 동안 우리가 쓸 수 있는 시간이 112시간이라면 그중 약 2.5시간의 운동이 필요하다. 그러나 권장량을 채우지 못하더라도 운동을 하는 것은 건강에 유익하다. 실제로 하루에 15분가량 짧은 운동을 하는 것은 사망률을 14% 줄이고 수명을 3년 연장할 수 있다(Wen et al. 2011). 즉 운동은 수명을 연장시킨다. 또한 신체 활동은 큰 재미와 즐거움을 주는 원천이며, 신체 활동에 지속적으로 참여하는 것은 다양한 생리적 기능을 향상시켜 질병을 예방할 뿐만 아니라 웰니스로 이어지게 하여 신체적으로 번성하게 해준다(7장과 8장에서 말한 심리적 기능은 말할 것도 없다)(Wells 2012).

운동이 필요하다는 것을 모르는 사람은 없다. 그러나 과연 모두가 운동을 할까? 주변을 둘러보면 비만이 유행이 아닌가 싶을 정도로 운동을 하는 사람이 없다. 사람들은 시간이 없다고, 운동이 안 맞는다고 둘러댄다. 그러나 운동에 열정을 가진 사람들의 경우는 어떠한가? 운동을 좋아하고 중요하게 생각하고 운동과 자신을 동일시하는 경우는 어떠한가? 그들은 규칙적으로 운동을 할까? 이제까지 살펴본 내용에서 알 수 있듯 활동에 열정적인 사람들은 그 활동에 1주일에 평균 8.5시간을 투자한다. 그렇다면 **운동에 열정적인 사람들**은 신체 활동에 1주일에 8시간 이상 참여할 것이다. 이 운동량은 현재 건강 전문가들이 권장하고 있는 2.5시간보다 훨씬 더 많다. 이 정도로 운동을 한다면 그들은 분명 웰니스의 영역에 들어가 있을 것이다.

따라서 열정이 건강에 기여하는 첫 번째 방법은 모종의 신체 활동에 열정을 가지게 하는 것이다. 앞의 설명에 비추어 볼 때 열정이원론에 근거한 세 가지 가설이 도출될 수 있다. 첫째, 신체 활동에 열정을 가지는 것은 그 활동에 1주일에 최소한 2.5시간 이상 참여하도록 이끈다. 둘째, 열정은 그 활동을 지속할 수 있게 하기 때문에, 신체 활동에 열정을 가지고 있는 사람은 자신만의 건강관리법(regimen)을 몇 년, 때로는 평생 유지할 것이다. 중요한 점은 조화열정과 강박열정 모두 신체 활동에 대해 높은 수준의 참여를 이끈다는 것이다. 셋째, 열정이 건강에 미치는 전반적인 효과는 열정 유형에 따라 그 질이 달라진다. 조화열정은 강박열정보다 유익한 효과를 낸다. 조화열정은 마음챙김이 있는 유연한 참여를 낳는데, 이것은 강박열정이 낳는 경직된 참여보다 더 유익하기 때문이다. 이하에서는 이러한 가설들과 열정이 건강에 미치는 효과에 대해 다루기로 한다. 이는 신체 활동에 참여하는 수준, 그리고 급성 혹은 만성 부상에 대한 열정의 보호 기능과 관련 있다.

지속적인 신체 활동을 촉진하는 열정

열정이 신체 활동 참여에 어떠한 역할을 하는지를 살펴본 다섯 개의 연구 중 세 개는 운동, 두 개는 스포츠에 관한 연구이다. 운동에 대한 첫 번째 연구(Parastatidou, Doganis, Theodorakis, & Vlachopoulos 2012)에서는 피트니스 센터에 다니고 있는 그리스 중년층을 대상으로 하였다. 연구 당시 이들은 평균 6년 이상, 매주 6시간 넘게 웨이트 트레이닝, 에어로빅, 개인체력훈련(PT) 등 다양한 활동에 참여하였다. 참여자들은 그리스어 버전의 운동 열정 척도(Parastatidou et al. 2012), 그리고 고딘의 여가 시간 운동 설문지(Godin Leisure Time Exercise Questionnaire)(Godin & Shephard 1985)에 응답하였다. 고딘 설문지는 운동 행동을 측정하는 척도로 1주일 동안 한 번에 15분 이상 저, 중, 고강도의 운동에 참여하는 빈도를 측정한다.

파라스타티도 등(Parastatidou et al. 2012)의 연구결과는 적어도 세 가지 측면에서 흥미롭다. 첫째, 운동을 하는 사람들은 열정적이었다. 열정 준거를 사용했는지 알 수는 없지만, 조화열정과 강박열정의 평균 점수는 참여자들이 중상 수준의 열정을 가지고 있음을 보여주었다. 둘째, 조화열정과 강박열정은 둘 다 고강도 운동에 참여하는 빈도를 예측하였다. 따라서 두 열정 모두 높은 수준의 신체 활동을 예측하였다. 열정은 저강도와 중강도 운동을 예측하지는 않았다. 즉 참여자들은 힘이 들지 않는 운동에는 거의 또는 아예 참여하지 않은 것으로 보인다. 마지막으로 조화열정과 강박열정 모두 운동에 참여한 총 기간(개월 수)과 정적 상관을 보였다. 이러한 결과는 열정이원론에 근거한 앞의 두 가지 가설을 지지하고 있으며 이는 두 열정이 활동에 열심히 그리고 규칙적으로 참여하도록 이끈다는 것을 의미한다.

운동에 관한 다른 연구에서는 파라스타티도 등(2012)의 결과를 재확인하였다. 체육교육과 대학생을 대상으로 한 할바리, 얼스타드, 바고이엔, 스케술(Halvari, Ulstad, Bagoien, & Skjesol 2009)의 연구에서 참여자들은 중상 정도의 조화열정을 가지고 있었으며, 조화열정은 신체 활동에의 규칙적인 참여를 예측했다(이 연구에서 강박열정은 측정되지 않았다). 매주 평균 5시간 정도 요가를 하는 캐나다 중년층을 대상으로 한 요가 연구에서 카보노, 발러랜드, 매시코트(Cabonneau, Vallerand, & Massicotte 2010, 연구 2)는 참여자들이 높은 수준의 조화열정과 낮은 수준의 강박열정을 가졌음을 확인하였다. 이 결과는 요가의 특징 즉 강박적이지 않고 여유롭게 참여할 수 있는 특징을 반영한 것일 수 있다. 흥미로운 것은 조화열정과 강박열정 모두 요가 시간과 정적 관련이 있었다는 것이다. 그러나 두 열정 모두 요가 경력과는 유의한 상관을 보이지 않았다.

다른 두 연구는 열정이 **스포츠** 참여에 미치는 역할을 살펴보았는데, 여기서는 운동선수들을 참여자로 섭외하였다. 첫 번째 연구(Stephan, Deroche, Brewer, Caudroit, & Le Scanff 2009)에서는 평균 37세의 프랑스 장거리 육상선수들을 대상으로 하였다. 이들은 평균 10년 이상의 경력자로 1주일에 세 번 훈련을 받고 있었다. 참여자들의 열정 척도와 주당 훈련 횟수를 측정한 결과 두 가지 흥미로운 점이 발견되었다. 첫째, 참여자들은 높은 수준의 조화열정과 중간 수준의 강박열정을 가지고 있었다. 둘째, 예상대로 조화열정과 강박열정 모두 주당 훈련 횟수를 예측하였다.

스포츠에 대한 두 번째 연구(Gustaffson, Hassmén, & Hassmén 2011)에서는 스웨덴 선수촌에서 21개의 개인 종목과 단체 종목에 출전하는 **고등학생**을 대상으로 하였다. 이 연구는 이전 연구와 다른 결과를 보여주었다. 첫째, 참여자들은 조화열정도 높았지만 특히 강박열정이 높은 수준이었다. 둘째, 강박열정만이 주당 훈련 횟수와 유의한 상관이 있었다. 조화열정과의 상관이 나타나지 않은 이유는 훈련 시간이 제한된 범위에 있었기 때문이다. 모든 참여자들은 선수촌에서 생활하면서 팀별로 훈련을 받고 있었기 때문에, 혼자 따로 훈련할 수 있는 시간은 제한되어 있었다. 조화열정 선수와 강박열정 선수로 집단을 나누었을 때, 주당 훈련 시간은 강박열정 집단이 높았지만 두 집단의 평균은 큰 차이가 없었다(11.6시간 vs. 10.9시간). 이 연구의 결과는 통제된 훈련 환경(8장에서 논의되었던, 본질적으로 강박적인 환경)과 같은 조건에서는 강박열정이 조화열정보다 신체 활동 참여를 약간 더 유도한다는 것을 시사한다.

지금까지 살펴본 것처럼 열정이 운동 그리고/또는 스포츠, 신체 활동의 참여와 맺는 관계는 다섯 가지 결론으로 정리된다. 첫째, 신체 활동에 참여하는 사람들은 매우 열정적이다. 에어로빅, 요가, 웨이트 트레이닝, 육상, 격투기 등 신체 활동에 참여하는 사람들은 중간 이상의 열정을 가지고 있었다. 이는 농구(Vallerand et al. 2006, 연구 1, 2, 3; Vallerand, Mageau, et al. 2008, 연구 1), 수구와 싱크로나이즈드 스위밍(Vallerand, Mageau, et al. 2008, 연구 2), 아이스하키(Amiot et al. 2006), 축구 심판(Philippe et al. 2009, 연구 1, 2), 코치(Lafrenière et al. 2009) 등과 같이 다양한 스포츠에 참여하는 사람들이 높은 수준의 열정을 가지고 있었던 결과와 맥을 같이한다. 따라서 열정은 신체 활동과 관련이 있다. 둘째, 조화열정과 강박열정은 모두 신체 활동의 높은 참여를 예측했다. 앞서 살펴본 연구에서 참여자들은 권장 운동량인 주당 2.5시간보다 적어도 두 배 정도 더 많은 시간을 신체 활동에 참여하고 있었다. 그러나 열정과 훈련 시간 사이의 상관은 대체로 중상 정도(.17에서 .39)에 불과했다. 강박열정이 조화열정보다 상관이 약간 더 높았던 결과는 흥미롭다. 이는 강박열정을 가진 사람들이 상황에 관계없이 경직된 지속성을 가지고 훈련하는 것을 반영하는 것이기도 하다. 전체적인 결과는 강박열정을 가지는 것이 운동을 약간 더 하게 만든다고 볼 수 있다. 셋째, 대부분의 연구에서 두 열정은 지속적인 참여를 예측했다. 따라서 신체 활동에 대한 열정을 가지는 것은 그 활동을 몇 년 동안 꾸준히 하게 한다. 예상한 것처럼 두 열정 모두 신체 활동에 대한 높은 수준의 지속적인 참여를 예측하였다.

넷째, 스포츠에 대한 열정 수준이 운동에 대한 열정 수준보다 상대적으로 높았다. 이 결과를 주의 깊게 살펴볼 필요가 있는데, 운동을 다룬 연구의 수(n=3)와 스포츠를 다룬 연구의 수(n=2)가 제한적이기 때문이다. 그러나 이 결과는 운동 참여자가 스포츠 참여자보다 낮은 수준의 내재동기를 보고했던 결과와 일맥상통한다(Wilson, Mack, & Gratta 2008 참고). 이것은 실제적인 면에서 중요한 함의를 지닌다. 열정이 신체 활동에 높고 지속적인 참여를 이끈다는 점과 스포츠 열정 수준이 운동 열정 수준보다 높다는 점을 감안하면, 규칙적인 참여와 건강상의 이익을 확보하기 위해서는 운동보다 스포츠에 참여하는 것이 더 적응적일 수 있기 때문이다. 물론 이것은 하나의 일반화일 뿐이고 사람에 따라서는 에어로빅이나 웨이트 트레이닝에 더 높은 수준의 열정을 보일 수도 있다. 그러나 **평균적으로**, 만약 사람들이 최대한 규칙적으로 훈련에 참여하고 싶다면, 자신의 정체성에 맞고 즐길 수 있을 만큼 충분히 잘한다고 느끼며 열정을 가질 수 있는 스포츠를 선택하는 것이 좋을 것이다.

다섯째, 방법론에 있어서 최소한 두 가지를 고려해야 한다. 첫째, 현재까지 수행된 연구들은 (비록 한 연구에서 타당화된 고딘의 여가 운동 시간 설문지를 사용하기는 했지만) 신체 활동 참여에 대한 자기보고를 사용하였다. 후속 연구에서는 객관적인 평가 도구를 사용할 필요가 있다. 열정적인 참여자들은 객관적인 수준보다 더 높은 수준으로 참여한다고 응답할 수 있기 때문이다. 둘째, 모든 연구는 상관설계를 사용했다. 향후 열정이 신체 활동의 강도 높고 지속적인 참여에 어떤 인과적 역할을 하는지 더 명확하게 설명하기 위해 실험설계를 사용할 필요가 있다.

급성 부상으로부터 보호하는 열정

앞 절에서 신체 활동에 규칙적으로 참여하는 것이 다양한 생리적 이익을 유도하며 또한 조화열정과 강박열정이 신체 활동의 강도 높고 지속적인 참여를 예측한다는 것을 보았다. 즉 열정을 가지는 것은 생리적 이익과 건강을 촉진한다. 규칙적인 신체 활동이 가진 장점 중 하나는 우리 몸이 쉽게 닳거나 고장나지 않도록 해준다는 것이다. 따라서 지속적으로 운동하는 것의 또 다른 장점은 운동에 참여하게 할 뿐만 아니라 적절한 근지구력을 키워 부상을 예방한다는 것이다. 열정은 급성 부상(또는 작은 통증)으로부터 신체를 간접적으로 보호한다. 실제로 물리치료사들의 고객 중 상당수는 어쩌다 한 번씩 운동하는 '주말 운동가(Sunday morning athletes)'이다. 이들은 활동에 필요한 신체적 요구를 감당할 준비가 되어 있지 않기 때문에 부상당하기 쉽다. 운동 열정은 신체 활동에 규칙적으로 참여하도록 해서 쥐가 나거나 발목을 삐는 등의 급성 부상을 막아준다. 또한 조화열정, 강박열정은 신체 활동의 지속적이고 규칙적인 참여를 이끌어 심각한 부상을 입지 않도록 보호해준다.

립, 포틴, 발러랜드(Rip, Fortin, & Vallerand 2006)의 연구에서는 평균 11년의 경력을 가진 모던 재즈댄스 학생들과 전문 무용수들이 설문에 응답했는데, 설문지에는 춤에 대한 열정 척도와 부상과 관련된 다양한 질문이 포함되었다. 질문 중 하나는 지난 12개월 동안 근육이나 발목 이상으로 규정되는 급성 부상(반복적이거나 만성 부상이 아닌) 때문에 며칠 동안 춤을 출 수 없었는지를 물었다. 부분상관 결과 조화열정과 강박열정 모두 급성 부상으로 인해 춤을 추지 못했던 기간과 부적으로 관련 있었다. 이는 열정적일수록 중상을 덜 입었다는 것을 의미한다. 그러므로 춤과 같은 신체 활동에 대한 열정은 그 활동에 참여하는 동안 급성 부상으로부터 우리를 보호한다.

덧붙여 댄스플로어 밖에서도 최상의 신체 조건을 유지할 수 있다는 점도 기억할 필요가 있다. 실제로 춤에 대한 열정 덕택에 부상 없이(그리고 신체적으로 더 강해지면서) 어려운 춤 동작을 반복해서 할 수 있게 되면 추운 거리를 더 잘 활보할 수 있다. 매년 겨울 많은 사람들이 빙판길에 넘어져서 골절상을 입는다는 사실에 비추어볼 때, 이 또한 열정으로부터 얻을 수 있는 건강상의 혜택임에 분명하다.

만성 부상과 열정

우리의 몸은 신체 활동을 위한 도구이기 때문에 지나친 운동은 부상을 입게 한다. 열정적인 참여는 신체를 부상에 취약하게 만드는가? 만약 그렇다면 어떤 종류의 열정이 그렇게 할 가능성이 더 높은가? 스테판 등(Stephan et al. 2009)의 연구는 이러한 질문을 다루고 있다. 이 연구에서는 육상선수를 대상으로 열정 척도, 부상에 대한 취약성(susceptiblity) 척도, 이전 시즌에 입은 부상 횟수에 대해 조사했다. 회귀분석 결과 강박열정은 주당 훈련 횟수나 육상 경력을 포함한 많은 변인을 통제하고도 부상에 대한 취약성을 정적으로 예측했다. 조화열정은 부상에 대한 취약성과 **부적**인 관련이 있었으며 강박열정(조화열정은 아님)은 과거의 부상 횟수와 정적인 관련이 있었다. 따라서 강박열정은 스포츠에서 부상을 입게 하는 위험 요인이 될 수 있지만 조화열정은 그렇지 않다.

이 연구에서 스테판 등은 만성 부상을 살펴보지 않았고 부상에 대한 취약성만을 측정하였다. 앞서 언급한 재즈 무용수들을 대상으로 한 립 등(2006)의 연구에서는 무용수들에게 만성 부상에 대해 질문한 바 있다. 여기서 중요한 질문은 부상 여부가 아니라 부상을 당한 것에 어떻게 반응하느냐(Turner & Wainwright 2003) 하는 것이었다. 여러 차례 언급했듯 강박열정은 경직된 지속성과 관련 있다. 따라서 강박열정은 부상을 입고도 계속 춤을 추게 하여 만성 부상을 입게 할 수 있다. 반면에 조화열정은 마음챙김을 통해서 활동을 통제하게 한다. 따라서 조화열정을 가진 사람들은 유연한 지속성을 가질 것으로 예상되며, 만성 부상의 위험이 있을 경우 춤을 그만두거나 내려놓을 수 있다. 립 등(2006)의 연구에서는 춤에 대한 열정 척도와 지난 1년간 발생한 만성 부상에 관한 설문을 실시하였는데, 부분상관 결과 강박열정은 만성 부상으로 인해 춤을 쉬었던 기간(주)과 정적 상관을 보였으나 조화열정은 이와 무관했다. 이 결과는 급성 부상에 대한 결과와 함께 [그림 9.1]에 제시되어 있다.

이 절에서 검토한 연구들을 요약하면, 조화열정과 강박열정은 몇 달 혹은 몇 년에 걸쳐 지속되는 신체 활동에 대한 높은 참여를 예측한다. 또한 두 열정은 급성 부상을 막아

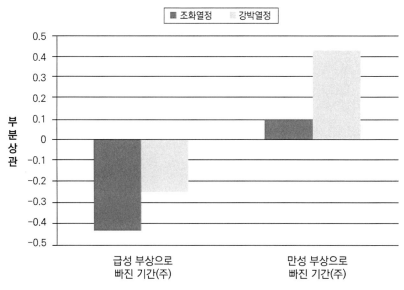

그림 9.1 급성 부상과 만성 부상에서 열정의 역할

출처: 립 등(2006)에서 수정

주는 역할을 하고 있다. 그러나 강박열정은 무용수의 만성 부상을 예측하는 것으로 밝혀졌다. 만성 부상을 입지 않고 신체 활동을 충분히 하게 하는 조화열정은 그렇지 않다. 이 결과가 다른 유형의 신체 활동에서도 재확인될 수 있는지에 대한 후속 연구가 필요하다. 또한 자기보고식 응답이 아닌 보다 객관적인 의료 기록을 통해 연구결과를 재확인할 필요가 있다.

강박열정과 위험한 건강 행동

신체 활동은 우리를 속일 수 있다. 때로 엄청나게 즐거운 나머지 그 즐거움을 기대하면서 해서는 안 되는 행동을 하기도 한다. 열정은 건강에 심각한 결과를 초래할 수 있는 위험한 행동에 빠지게 할 수 있다. 다음의 예를 살펴보자. "수십 번이나 넘어져 골절상을 입었죠. 하지만 나는 해가 갈수록 스키 타는 것이 점점 더 좋아져요." 캐나다의 프리스타일 스키선수인 사라 버크(Sarah Burke)는 2005년 세계 챔피언이기도 했지만 무엇보다 슈퍼파이프 종목[1)의 선구자로 주목받았다. 그녀는 점프를 즐기고 스릴을 즐겼다. 그녀는 결국 고난도 점프를 시도하다가 추락한 지 9일 만인 2012년 1월 19일, 29세의 젊은 나이로 사망했다. 이 비극은 열정이 건강을 위협하는 행동을 하게 하는지 의문을 일으킨다. 즉 강박열정은 하지 말아야 할 시점에도 그 행동을 하도록 만들어서 오히려 건강을 해치게 하는 것은 아닌가? 사라 버크가 했던 위험한 점프까지는 아니더라도, 하루 종일 스키를 타서 피곤할 때 마지막으로 한 번 더 타는 것, 혹은 테니스를 중단해야 하는 징후가 나타날 때 마지막으로 한 세트 더 뛰는 것처럼 말이다. 충분한 활동을 하고 난 후에 바로 멈출 수 있는가? 아니면 계속 더 많이 하고자 하는 욕망에 저항할 수 없는가? 건강에 위험이 되는 시점에서는 활동을 멈추고 내려놓을 수 있어야 한다(Wrosch, Scheier, Carver, & Schulz 2003). 조화열정을 가진 사람들은 마음챙김적이기 때문에 상황에 들어있는 위험을 보다 쉽게 인지하고 그것을 멈출 수 있다. 조화열정은 유연성을 수반하기 때문에 기분 나쁘지 않게 좋아하는 활동을 끝내게 할 수 있다. 강박열정을 가진 사람들은 그렇지 않다. 강박열정은 활동에 대한 경직된 지속성을 수반하기 때문에 활동을 멈추지 못해 부상의 위험에 처하게 할 수 있다.

사이클링을 예로 들어보자. 이 운동은 봄, 여름, 가을에는 아주 재미있고 건강에도 도

---

1) 눈을 이용해 만든 반원통 형태의 구조물에서 각종 에어 스핀, 플립 기술 등을 구사하는 종목.

움이 되지만, 겨울에는 (최소한 퀘벡 주에서는) 사정이 다르다. 도로가 빙판에 눈으로 덮여 있어 자전거를 타다가 넘어지면 부상을 당할 수 있다. 이러한 조건에서는 분명 자전거를 타지 않는 것이 바람직하다. 강박열정이 경직된 지속성을 유발한다는 가설이 맞다면, 이 열정은 겨울에도 자전거를 타게 하는 위험한 행동을 유도할 것이다. 반면 조화열정이 유연한 지속성을 유발한다는 가설이 맞다면, 이 열정은 위험한 행동을 유도하지 않을 것이다. 실제로 조화열정을 가진 사람들은 상황의 변화에 따라 마음챙김을 가지고 적응할 수 있기 때문에 겨울에는 사이클링을 자제할 수 있다.

발러랜드 등(2003, 연구 3)은 사이클링을 즐기는 일반인을 대상으로 이 가설을 검증했다. 참여자들은 8월에 열정 척도를 작성하고 6개월 후인 다음 해 2월 아직도 자전거를 타고 있는지 물어보는 이메일을 받았다. 그 결과 참여자 중 겨우 30%만이 겨울에도 자전거를 타는 것으로 나타났다. 여기서 겨울에도 자전거를 탔던 사람들은 자전거를 타지 않는 사람들보다 강박열정이 더 높게 나타났던 사람들이다. 조화열정에서는 차이가 발견되지 않았다. 판별분석 결과 강박열정은 모든 사례의 79%에서 집단 소속을 정확하게 예측할 수 있었다. 그러므로 강박열정은 위험한 운동에 참여하도록 유도함으로써 건강에 부정적인 영향을 미칠 수 있다. 조화열정은 그렇지 않다.

이 연구(Vallerand et al. 2003, 연구 3)는 중요한 정보를 제공하고는 있으나, 겨울에도 자전거를 타는 사람들이 과연 그 활동을 위험하다고 인식하는지 묻지 않았다. 이들은 매우 조심하고 있으며, 심지어 사이클링이 비교적 안전한 운동이라고 인식할 가능성이 있다. 그렇다면 과연 강박열정이 위험한 행동을 하게 만드는 것인지 의문이 남는다. 스윙 댄서들을 대상으로 한 연구(Harvey & Vallerand 2013)에서는 참여자들에게 열정 척도를 실시하고 안전한 동작, 위험한 동작으로 인식되는 기술을 얼마나 많이 하는지 물어보았다. 그 결과 강박열정은 안전한 기술과 **위험한** 기술(에어 스텝 등) 모두를 정적으로 예측했다. 조화열정은 **안전한** 기술만을 정적으로 예측하였고($p < .11$) 위험한 기술과는 관계가 없었다. 그러므로 강박열정은 위험 행동에 관여할 수 있지만 조화열정은 그렇지 않다. 모던 재즈와 발레 무용수들을 대상으로 한 에이케허스트와 올리버(Akehurst & Oliver 2013)의 연구에서도 강박열정을 가진 사람들이 조화열정을 가진 사람들보다 위험한 행동을 더 하는 경향이 있었다.

에너지 공급원으로서의 열정

열정을 가지고 활동에 참여하는 것은 에너지를 준다. 이 사실은 오래전부터 알려진 사실이다. 도널드 트럼프가 말한 것처럼 "열정 없이는 에너지가 없다. 에너지 없이는 얻는 것도 없다"(1장의 <표 1.1> 참조). 각종 연구결과들은 트럼프의 말을 지지하고 있다. 실제로 우리는 6장에서 열정적인 사람들이 주변 사람들로부터도 활기차고 열의[2]가 있다고 지각된다는 것을 보았다(Cardon et al. 2009; Chen et al. 2009). 특정 활동에 열정적인 사람들은 높은 수준의 에너지와 열의를 가지고 있다(예: Donahue et al. 2012; Vallerand, Ntoumanis, et al. 2008, 연구 2). 열정적인 사람들이 에너지 수준이 높은 것으로 보이는 한 가지 이유는 활동에 대한 열정이 그 에너지를 주기 때문이다. 활동을 하면 사랑하고 의미를 부여하는 것을 찾게 되고 이로써 높은 수준의 에너지와 활력을 얻을 수 있다. 신체 활동을 포함한 모종의 활동에 즐거움, 열의, 의미, 목적을 경험하는 것은 동력과 결합된 높은 수준의 에너지와 활력을 생성한다.

그러나 활동에 참여하는 **동안**만이 아니라 참여한 **후에도** 높은 에너지를 경험할 수 있다. 이러한 효과는 조화열정에 의해서 일어날 가능성이 높다. 조화열정은 에너지의 재충전을 돕는 적응적 자기과정에 접근하도록 하기 때문이다. 재미있고 의미 있는 활동을 하고 있을 때보다 그 활동을 한 뒤에 **더 높은** 에너지를 얻게 되는 경우를 상상해보자. 이것은 두 가지 측면에서 건강에 중요하다. 첫째, 이 새로운 에너지를 사용하여 건강에 도움이 되는 적응적 회복 활동(Sonnentag 2003)을 비롯한 삶의 다른 활동을 열의를 가지고 시작할 수 있다. 둘째, 쓸 수 있는 더 많은 에너지가 있다면 건강에 해로운 흡연, 정크 푸드 섭취, 과음 등의 유혹에 저항할 수 있어 건강을 더욱 증진시킬 수 있다(Baumeister et al. 1994). 따라서 열정이 활동에 참여하는 동안 그리고 참여한 후의 에너지에 미치는 역할을 중요하게 고려할 필요가 있다. 그러나 열정이 특정 활동을 마치고 나서도 에너지를 계속 소모시킨다면, 이러한 손실은 피로와 고갈 상태에 빠지게 하여 결국 면역체계에 부정적인 영향을 미치고 심각한 건강 문제를 일으키게 된다.

이하에서는 두 가지 연구 동향을 살펴볼 것이다. 첫째, 활동에 참여하는 **동안** 경험하는 에너지와 활기에 열정이 미치는 역할을 검토한다. 둘째, 같은 역할을 활동에 참여한

---

2) 이 문단과 다음 문단에서는 문맥상 enthusiasm을 '열의'로 번역함. 해당 부분 외에서는 'enthusiasm'은 '열광'으로, 'zest'는 '열의'로 번역하였으나 저자는 특별히 이 두 용어를 구분하고 있지 않다.

후에 경험하는 과정에 대해 평가한다. 이와 함께 에너지가 낮은 상태, 즉 정서적인 피로에 대한 연구도 검토한다. 이러한 연구들은 운동뿐만 아니라 다양한 영역의 활동과 관련 있다는 점에서 중요하다.

활동에 참여하는 동안 높은 에너지를 제공하는 조화열정

신체 활동에 참여하는 동안 열정과 에너지의 관계를 살펴본 연구들이 있다. 열정이원론에 의하면 조화열정이 강박열정보다 높은 에너지와 정적 관련이 더 높을 것이라는 가설을 세울 수 있다. 왜냐하면 조화열정은 갈등 없이 적응적 자기과정에 접근하게 해줌으로써 불필요한 에너지를 낭비하지 않게 하기 때문이다. 고등학교 농구선수를 대상으로 한 첫 번째 연구에서 발러랜드 등(2006, 연구 2)은 참여자들에게 열정 척도와 평소 농구를 할 때 느끼는 활력 척도(Vitality Scale)(Ryan & Fredrick 1997)를 실시했다(예: "나는 농구할 때 활기차고 에너지가 넘친다"). 부분상관 결과 조화열정은 활력과 정적으로 유의한 상관을 보였지만 강박열정은 이와 무관하였다.

다른 연구에서 루소와 발러랜드(Rousseau & Vallerand 2008)는 운동에 열정을 가진 노년층(평균 66세)에게 짧은 설문지를 5주 간격으로 두 번 실시하였다. 참여자들은 시점 1에서는 열정 척도를, 시점 2에서는 운동 중의 에너지 수준을 평가하는 척도인 운동 감정 검사(Exercise–Induced Feeling Inventory; EFI)(Gaubin & Rejeski 1993) 중 긍정적 참여(Positive Engagement) 하위척도에 응답하였다. 경로분석 결과 조화열정은 5주 후 운동 중의 높은 에너지(긍정적 참여)를 정적으로 예측했지만 강박열정은 이와 무관했다. 이 결과는 2006년 월드컵 시즌 축구팬들을 대상으로 한 연구에서 재확인되었는데, 조화열정은 팬들의 열광을 정적으로 예측한 반면 강박열정은 그렇지 않았다(Vallerand, Ntoumanis, et al. 2008).

마지막으로 스토버, 차일즈, 헤이워드, 피스트(Stoeber, Childs, Hayward, & Feast 2011)는 대학생들을 대상으로 열정 척도와 공부 중에 경험하는 활기(vigor) 척도를 실시하였다(예: "나는 공부할 때 힘차고 활기가 넘친다"). 이와 함께 학업에 대한 내재동기와 외재동기도 측정되었다. 회귀분석 결과 조화열정과 강박열정은 내재, 외재동기를 통제하고도 활기를 정적으로 예측하였다(내재, 외재동기는 활기를 유의하게 예측하지 못했다).

지금껏 검토한 연구들을 요약하면 매우 일관된다. 즉 조화열정은 종류에 **관계없이** 활동 중 높은 수준의 에너지, 활기, 열의를 이끌었다. 강박열정은 스포츠나 운동에서의 에너지와는 무관했던 반면 공부와 같이 더 인지적인 과제에서의 에너지와는 정적 관련이 있었다(Stoeber et al. 2011). 후속 연구를 통해서 이 결과를 재확인할 필요가 있다. 참여자의 대부분이 중년층 또는 노년층이었다는 사실(Rousseau & Vallerand 2008) 또한 흥미롭다. 왜냐하면 이 결과가 높은 연령층에게도 적용될 가능성이 있기 때문이다. 노년기에는 정신적, 신체적 건강이 증진되는 데 상대적으로 시간이 걸리기 때문에, 조화열정이 촉발하는 에너지를 통해 건강에 간접적으로 긍정적인 영향을 줄 수 있다.

활동에 참여한 후 에너지를 제공하는 조화열정

활동에 참여한 후에 경험하는 열정과 에너지 사이의 관계를 연구한 것들도 있다. 이전에 살펴본 게임 연구에서 프지블스키 등(Przybylski et al. 2009)은 비디오 게임 플레이어들에게 열정 척도와 활성–비활성 체크리스트(Activation-Deactivation Adjective Checklist; AD-ACL)(Thayer 1986)를 실시하였다. 이 척도는 에너지(활발한, 에너지 넘치는, 활기찬 등)와 긴장(예: 불안한, 무서운 등)을 평가한다. 상관분석 결과 예상대로 조화열정은 게임 후 에너지와 정적 상관을 나타내고 게임 후 긴장과는 무관한 것으로 나타났다. 반면 강박열정은 게임 후 에너지와 게임 후 긴장에 모두 정적 상관을 나타냈다(단 게임 후 에너지와의 상관계수는 조화열정에서의 상관계수보다 작았다).

일련의 연구들에서 활동에 참여한 후의 공허감과 피로도를 측정했다는 점은 흥미롭다. 구스타프슨 등(Gustafsson et al. 2012)은 스웨덴 선수들을 대상으로 운동선수용 소진 설문지(Athlete Burnout Questionnaire)(Raedeke & Smith 2001)의 정서적 탈진 하위척도(예: "농구를 하면 매우 피곤함을 느낀다")를 실시하였다. 부분상관 결과 강박열정을 통제한 조화열정은 탈진에 부적인 영향을 미치는 반면 조화열정을 통제한 강박열정은 탈진에 정적인 영향을 미쳤다. 이 결과는 고등학교 농구선수들을 대상으로 한 연구(Lalande et al. 2014, 연구 3)에서도 일부 재현되었다. 여기서 강박열정은 정서적 피로와 정적으로 유의한 상관이 있었고 조화열정은 이와 무관했다. 세 번째 연구인 스토버 등(2011)에서 조화열정은 탈진과 부적 상관이 있었지만 강박열정은 유의한 상관이 없었다. 청소년 남자 축구선수들을 대상으로 한 마지막 연구(Curran, Appleton, Hill, & Hall 2011)에서는 열정과 정서적 탈진 사이에 유의한 상관이 나타나지 않았다.

이 절에서 검토한 연구결과들은 한 가지 확실한 결론을 내리고 있다. 조화열정을 가지고 활동에 참여하게 되면 강박열정을 가지고 참여했을 때보다 더 많은 에너지를 가지게 되고 긴장과 정서적 탈진을 덜 경험한다. 강박열정은 이후에 높은 에너지를 남길 때도 있지만, 그러한 에너지에는 긴장과 탈진으로 인한 대가가 따를 수 있다. 테이어(Thayer 1987)는 에너지 수준을 평온-긴장 차원으로 교차시킨 결과 '평온한 에너지' 대 '긴장된 에너지' 구인을 얻고 이 두 구인이 같은 것이 아니라는 점을 보여주었다. 평온한 에너지는 긴장된 에너지보다 더 긍정적인 결과와 관련이 있다(Thayer 1987 참조). 프지블스키 등(2009)의 연구에 따르면 조화열정은 평온한 에너지, 강박열정은 긴장된 에너지의 특징을 가지고 있다. 이전 연구결과를 재확인하면서 이 두 에너지가 특정 활동에 열정적인 개인의 건강에 미치는 결과를 알아보기 위한 후속 연구가 필요하다.

이보다는 덜 확실한 두 번째 결론은 조화열정의 잠재적인 보호 기능과 강박열정의 정서적 탈진에 관한 것이다. 조화열정의 완충 효과는 두 연구에서 보고되었고 다른 두 연구에서는 나타나지 않았다. 강박열정과 정서적 탈진의 관계는 두 연구에서 보고되었고 나머지 연구에서는 나타나지 않았다. 이 관계가 활동 유형에 따라 달라질 가능성은 적어보인다. 조화열정은 스포츠(Gustafsson et al. 2012)와 공부(Stoeber et al. 2011)에서 탈진과 부적으로 연관되었고, 강박열정은 스포츠(Curran et al. 2011)와 공부(인지 활동, Stoeber et al. 2011)에서 유의한 결과가 나타나지 않았기 때문이다. 두 열정이 어떤 조건에서 에너지 부족과 탈진에 영향을 미치는지 명확히 알아보기 위한 후속 연구가 필요하다. 이 결과는 다른 유형의 활동에도 중요하지만 특히 신체 활동과 관련해서 흥미롭다. 강박열정의 사례에서 보았듯, 신체 활동에서 소진과 긴장이 나타난다면, 운동이 주는 이로운 효과는 탈진이 주는 해로운 효과에 의해 감소될 수 있다. 반면 조화열정을 통해 얻어지는 이로운 효과는 운동 자체가 주는 효과를 더해 건강에 두 배로 긍정적일 것이다.

열정, 정서, 건강

이 절에서는 열정, 정서, 건강의 관계를 살펴본 연구에 초점을 맞춘다. 정서는 장수에 도움이 되는 등 건강에 이로운 것으로 밝혀졌기 때문에 중요하다(Danner, Snowdon, & Friesen 2001). 이것에 대해 다음 네 가지 차원을 검토한다. 첫째, 열정과 건강(혹은 경중 질환)의 연관성을 검토한다. 둘째, 정서가 건강에 미치는 다양한 역할을 탐색한다. 셋째, 특정 질병 즉 암 연구에서 열정과 정서의 연관성을 다룬다. 마지막으로 열정은 정서를 결정하는 중요한 요인이며 정서는 건강에 영향을 미치기 때문에 이 세 구인을 통합한 연구를 검토한다.

열정과 건강

연구자들은 먼저 열정이 건강과 관련된 활동에 어떻게 참여하도록 하는지 살펴보았다. 게임은 이와 관련된 주제 중 하나이다. 게임은 배고픔, 갈증, 수면과 같은 생물학적 욕구를 무시하도록 만든다는 점에서 주목을 끈다. 이 상태를 오랫동안 방치하면 건강을 해치고 때로는 심각한 질병을 초래한다. 며칠 동안 게임만 하다가 심각한 건강 문제를 겪은 사람들의 사례는 적지 않다(예: Chuang 2006). 실제로 게임을 오랫동안 하다가 사망에 이른 경우도 있다(Danger 2009). 강박열정은 경직된 지속성을 갖기 때문에 극단적인 건강 문제를 정적으로 예측할 수 있다. 강박열정을 가진 사람들은 생물학적 욕구를 망각하면서까지 활동을 그만두지 못해 심각한 건강 문제를 일으킬 수 있다. 반대로 조화열정은 마음챙김과 유연한 지속성을 갖기 때문에 생물학적 욕구를 충족시키기 위해 활동을 그만둘 수 있다. 그러므로 조화열정은 건강에 해로운 결과를 예방할 수 있다.

첫 번째 연구(Lafrenière, Vallerand, Donahue, & Lavigne 2009)에서는 다중접속 역할 수행 온라인 게임(MMORPG)을 하는 남녀 사용자(평균 연령 23세)를 대상으로 하였다. 이 게임은 24시간 상호작용이 가능하며, 게임의 성격상 사용자들이 경기에 계속 참여하도록 부추긴다. 참여자들은 1주일에 평균 22시간 동안 자신이 좋아하는 게임(예: 월드 오브 워크래프트)을 하는데 이는 상당히 많은 시간이다. 라프르니에르 등은 참여자들에게 게임 열정 척도와 신체적 문제(식욕 저하, 수면 장애, 안구 건조 등)를 포함한 신체 증상을 평가하는 척도(Emmons & King 1988에서 수정)를 온라인으로 작성하도록 요청했다. 연령, 성별, 게임 시간 등을 통제하고도 게임에 대한 강박열정은 부정적인 신체 증상을 정적으로 예측하였으나 조화열정은 이러한 증상과 무관했다.

이 결과는 두 번째 연구(Przybylski et al. 2009)에서 다시 확인되었다. 여기서는 다양한 유형의 비디오 게임에 참여하는 남녀 사용자에게 게임 열정 척도와 신체적 건강에 대한 설문(일반적 건강, 일반 신체 기능, 신체적 문제 없음, 통증 없음)에 응답하도록 하였다. 상관분석 결과 예상대로 강박열정은 신체적 건강과 부적인 상관을, 조화열정은 이와 무관하게 나타났다.

게임 열정에 대한 이 두 연구를 통해 한 가지 결론을 내릴 수 있다. 강박열정은 건강에 부정적인 영향을 미치는 반면 조화열정은 이와 무관하다. 그러나 이 연구들이 열정과 신체 증상을 동시에 측정했다는 점을 유의해야 한다. 열정이 건강에 인과적 영향을 미친다고 주장하기 어렵기 때문이다. 한 연구(Carbonneau et al. 2010, 연구 2)에서는 선행 결과를 확장하여 3개월 동안 일어난 건강상의 **변화**가 운동 열정에 따라 어떻게 달라지는지 살펴보았다. 카보노 등은 요가에 열정을 가진 캐나다 남녀를 대상으로 시점 1과 시점 2에서 열정 척도와 두통, 현기증, 수면 장애 등을 포함하는 경증 질환 척도(Berne 1995)를 측정하였다. 구조방정식모형 분석 결과 요가 시간과 요가 경력을 통제하고도 조화열정은 3개월간 (부정적) 신체 증상의 **감소**를 예측하였지만 강박열정은 신체 증상의 변화를 예측하지 못했다.

요약하면 열정과 건강 간의 관계에 대한 연구는 대체로 조화열정이 강박열정보다 건강과 더 긍정적인 관계를 가지고 있음을 보여준다. 그러나 이 관계에 세부적인 차이가 있다는 점을 강조해야 한다. 즉 조화열정은 긍정 건강 지표(Przybylski et al. 2009)나 부정 건강 지표(Lafrenière et al. 2009)와 무관했지만 시간이 지남에 따른 경증 질환의 감소를 예측했다(Carbonneau et al. 2010, 연구 2). 반면 강박열정은 부정 건강 지표에는 정적으로(Lafrenière et al. 2009) 그리고 긍정 건강 지표에는 부적으로(Przybylski et al. 2009) 관련 있었지만 시간이 지남에 따른 부정 건강 지표의 변화와는 무관했다(Carbonneau et al. 2010). 연구결과에 의하면 조화열정이 강박열정보다 건강에 더 긍정적으로 기여한다는 점은 알 수 있지만, 후속 연구를 통해 여러 연구에서 차이를 보인 이유를 더 자세히 설명할 필요가 있다.

건강에서 정서의 역할

열정은 정서에 미치는 이익을 통해 건강에 간접적으로 기여할 수 있다. 7장에서 보았듯 실제로 신체 활동을 포함한 활동에 대한 열정, 특히 조화열정은 긍정적인 정서 상태를 촉진하는 중요한 역할을 한다. 연구에 따르면 일반적으로 긍정정서는 건강에 긍정적인 영향을 미친다(Fredrickson 2009). 긍정정서가 장수에 기여하는 것을 보여준 연구결과들은 흥미롭다. 예를 들어 대너, 스노우돈, 프리센(Danner, Snowdon, & Friesen 2001)은 유명한 종단연구인 '수녀 연구'에서 수녀들이 20살 무렵 썼던 글에 나타난 긍정정서와 50년 이상 장수한 수명과의 관계를 연구하였다. 수도원의 공동체 생활을 했기 때문에 이 수녀들이 동일한 생활 조건을 평생 공유했다는 사실이 중요하다. 연구결과 20살 무렵에 긍정정서 상위 50퍼센트에 해당하는 수녀들은 하위 50퍼센트에 해당하는 수녀들보다 9년을 더 장수했다.

프레스먼과 코헨(Pressman & Cohen 2012)이 말한 것과 같이, 모든 긍정정서가 장수에 도움이 되는 것이 아니라 생기, 활기, 집중력 등 높은 수준의 활성화를 수반하는 긍정정서만이 장수에 도움이 된다는 점은 흥미롭다. 이러한 정서는 다른 변인들에 의해 경험될 수도 있지만 특히 열정에 의해 유도되기 때문이다. 따라서 모든 긍정정서가 적응적인 것이 아니라 열정이 이끄는 긍정정서만이 장수에 긍정적인 영향을 미칠 수 있다. 이 주장에 대한 후속 연구가 필요하다.

긍정정서는 스트레스가 건강에 미치는 부정적인 영향을 막아준다고 본 연구들도 있다(Cohen & Pressman 2006; Huppert 2009; Marsland, Pressman, & Cohen 2007 참조). 코헨 등(Cohen et al. 2003)은 감기 바이러스에 노출되기 전 3주간 긍정정서를 더 많이 경험한 참여자는 적게 경험한 참여자에 비해 감기에 덜 걸린다는 사실을 발견했다. 다른 연구에서는 긍정정서가 스트레스에 대한 완충 효과를 가질 뿐만 아니라(Robles, Brooks, & Pressman 2009), 스트레스를 겪어도 더 빠른 '리바운드 효과(회복)'로 이어진다는 것을 보여주었다(Tugade & Fredrickson 2004). 노인 시설에 거주하는 참여자를 대상으로 한 연구(예: Levy et al. 2002; Ostir et al. 2000)에서도 유사한 결과를 얻었다. 그러나 건강하지 않은 상태에서의 긍정정서는 해로울 수 있다(Pressman & Cohen 2005)는 연구는 예외적이다. 기본적으로 정서에는 활성화 차원이 작용하고 있기 때문에 환자의 경우 높은 활성화 수준(예: 흥분)은 면역체계에 부정적인 영향을 미칠 수 있다. 그러나 이 결과가 아직 확실한 것은 아니기 때문에 이 주제에 대한 연구가 더 필요하다.

부정정서는 질병과 관련 있다. 에몬스(Emmons 1991)는 대학생의 일기를 21일 이상 추적한 연구에서 불쾌 정서를 더 많이 경험한 날에는 경중 질환(예: 두통, 요통, 감기 등)이 더 많이 나타났다는 사실을 발견했다. 브라운과 모스코위츠(Brown & Moskowitz 1997)도 비슷한 방법론을 사용하여 부정정서가 경중 질환의 발생을 더 예측한다는 것을 발견하였다. 이 연구들은 상관설계에 근거하였지만, 크냅과 동료들(Knapp et al. 1992)은 부정정서를 실험적으로 유도하여 부정정서로 인해 생리적 기능의 저하, 미토겐 반응(mitogenic lymphocyte reactivity)[3]과 수축기 혈압 상승 등의 증상이 나타남을 확인하였다.

　코헨, 타이렐, 스미스(Cohen, Tyrell, & Smith 1993)의 고전적 연구에서는 부정정서가 경중 질환에 어떠한 역할을 하는지 알아보았다. 이들은 대학생들을 대상으로 부정정서를 모니터링 하고, 1주일 뒤 약한 감기 바이러스를 주사하고 참여자들을 격리시켰다. 그 결과 부정정서를 높게 경험한 참여자들은 바이러스에 감염될 가능성이 더 높았고(따라서 감기에 걸릴 가능성이 더 높았으며), 이는 여러 요인(성별, 나이, 스트레스, 체중, 건강 습관 등)을 통제한 결과였다. 최근 연구에서도 면역체계를 통해 부정정서의 부정적인 효과가 일어난다는 것을 보여주었다(이에 대한 검토는 Segerstrom & Miller 2004 참조).

질병에서 열정과 정서

　앞서 검토한 연구를 통해 정서가 건강과 관련된 결과에서 중요한 역할을 한다는 것을 알 수 있다. 그러나 이 연구들에서 열정을 측정하지는 않았다. 최근 연구에서는 특정 질병, 예컨대 유방암 환자들을 대상으로 열정이 활동을 통해 유도된 정서에 어떠한 역할을 하는지 조사했다(Burke, Sabiston, & Vallerand 2012). 여성의 경우 유방암으로 인한 사망은 폐암에 이어 두 번째로 높다(캐나다 암 협회, 2010). 캐나다 암 협회에 따르면 매년 약 2만 명의 여성들이 유방암 진단을 받고 있다. 유방암의 예후는 매년 나아지고 있다. 예를 들어 유방암 환자의 88%는 진단 후 최소 5년 이상 생존하였다. 이 수치들이 고무적이긴 하지만 여기에 감춰진 중요한 사실이 있다. 유방암 진단을 받은 후에는 정서적인 고통을 겪는다는 것이다. 환자들은 우울, 불안, 정신적 고통을 경험하는데, 이 경험은 신체 건강에 부정적인 영향을 미칠 수 있다. 브라운, 레비, 로즈버거, 에드거(Brown, Levy, Rosberger, & Edgar 2003)는 부정정서, 특히 우울이 인구통계학적, 의학적 위험 요인들을 통제하고도 수명 단축을 예측하는 중요한 변인임을 보여주었다. 암으로 인해 부정정서를 경험하는 것은 수명을 줄이고 유방암 환자의 건강에 부정적인 영향을 더 많이 줄 수 있다.

　의미 있는 활동에 열정을 가지는 것은 잠재적으로 생명을 보호하는 효과를 줄 수 있다. 이 장에서 보았듯 걷기(유방암 환자들에게서 나타난 열정 활동 중 하나)와 같은 활동에

---

3) 림프구의 증식을 유도하는 미토겐의 반응.

열정을 가지고 규칙적으로 참여할 수 있다면, 특히 그 열정이 조화열정인 경우, 긍정적인 생리적 효과와 정서적 효과가 합쳐져서 건강에 가장 유익한 효과로 이어질 수 있다. 버크 등(Burke et al. 2012)은 정서 상태에서 열정의 역할을 살펴보았다. 참여자들은 177명으로, 평균 55세의 유방암 환자들인 이들은 1기부터 3기까지의 유방암 진단을 받은 후 여러 가지 치료(예: 수술, 방사선)를 받고 있었다. 이들에게 운동을 비롯한 여러 활동에 참여하지 못할 정도의 추가적인 건강 문제는 없었다. 참여자들은 열정 척도, 긍정정서와 부정정서 척도(PANAS), 암의 재발을 걱정하는 정도를 평가하는 암 걱정 척도(Assessment of Cancer Concerns)(Gotay & Pagano 2007)가 포함된 설문지를 작성했다. 암 걱정 척도는 우울 및 암의 경험과 관련된 심리적 문제를 예측하는 것으로 알려진 척도이다.

경로분석 결과 세 가지 흥미로운 사실이 나타났다([그림 9.2]). 먼저 이 장에서 살펴본 연구들과 대체로 일맥상통하는 결과가 나타났다. 구체적으로 특정 활동(반드시 신체 활동일 필요는 없음)에 대한 조화열정은 긍정정서를 정적으로 예측하였고 암에 대한 걱정을 부적으로 예측하였다(조화열정은 부정정서에는 유의하지 않은 부적 관계를 보였다). 대조적으로 강박열정은 부정정서와 암에 대한 걱정을 정적으로 예측했고 긍정정서와는 무관하였다. 이 결과는 열정이 정서에 미치는 역할에 대한 이전 연구들을 재확인하고 있

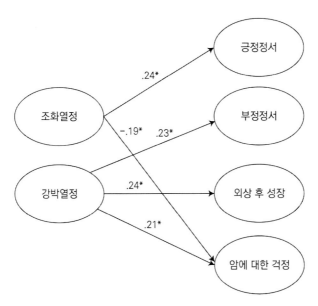

그림 9.2 암 치료 후 결과에서 열정의 역할
출처: 버크, 사비스톤, 발러랜드(2012)에서 수정

다. 또한 특정 활동에 대해 조화열정을 가지는 것은 암에 대한 걱정을 막아주고 긍정정서에 영향을 미쳐 간접적으로 건강에 긍정적인 영향을 준다. 따라서 열정은 암으로부터 보호해줄 수 있다. 반대로 강박열정은 부정정서와 암에 대한 걱정을 일으켜 암을 재발시키고 수명을 단축시킬 수 있다(Brown, Levy, Rosberger, & Edgar 2003).

두 번째 결과는 다소 놀라웠다. 이 연구에서 참여자들은 외상 후 성장 척도(Post-traumatic Growth Inventory)(Tedeshi & Calhoun 1996)를 작성했다. 이 척도는 타인과의 긍정적인 관계, 새로운 가능성, 개인적 장점, 영적 변화, 삶에 대한 감사 등 다섯 가지 차원에서 긍정적인 변화(또는 성장)를 경험한 정도를 평가한다. 강박열정은 외상 후 성장을 정적으로 예측했지만 조화열정은 이와 무관하였다. 즉 강박열정을 가진 사람은 자신의 삶에 긍정적인 변화가 나타났다고 보고했지만 조화열정을 가진 사람은 그렇지 않았다. 이에 대해서는 여러 가지 설명이 가능하다. 우선 암이라는 질병은 일부 여성들, 특히 강박열정을 가진 여성을 각성시키는 경험일 수 있다. 암은 이들의 삶을 다른 시각으로 보면서 삶을 더 충분히 향유하도록 만들었을지도 모른다. 그러나 조화열정을 가진 여성은 이미 자신의 '삶'을 가지고 있었기 때문에 이런 경험이 필요 없었고, 따라서 자신의 삶을 바꿀 필요가 없었을지도 모른다. 또한 강박열정이 만들어낸 부정정서와 암에 대한 걱정이 자신의 삶을 재조명하게 한 결과 특정 영역에서 성장을 경험하게 만들었을 가능성도 있다. 이러한 가설을 검증하기 위한 후속 연구가 필요하다.

마지막으로 연구결과에 따르면 환자의 약 50%는 스포츠, 걷기, 수영과 같은 다양한 운동과 그 외 그림 그리기, 사진, 독서, 음악 감상 등에 참여하였다. 연구의 실제적 측면에서 흥미로운 점은, 상대적으로 휴식을 취하는 여가(예: 독서, 음악 감상)를 보내는 여성들은 운동을 통해 활동적인 여가를 보내는 여성들보다 조화열정 수준이 낮았다는 것이다. 따라서 암환자가 참여하는 활동의 유형이 중요하다고 볼 수 있다. 활동에 따라 조화열정이 미치는 영향이 달라지는데, 조화열정은 긍정정서를 촉진하고 암에 대한 걱정을 막아주어 건강에 영향을 주기 때문이다. 이러한 결과들은 지역사회의 건강 프로그램에 중요한 시사점을 준다.

열정, 정서, 건강의 통합적 역할

우리는 7장에서 강박열정은 부정정서를 정적으로, 조화열정은 부정정서를 부적으로 예측한다는 것을 보았고(예: Philippe, Vallerand, et al. 2010), 이 장에서는 부정정서가 건강에 부정적인 영향을 미친다는 것을 보았다(예: Brown, Levey, Rosberger, & Edgar 2003; Cohen et al. 1993). 따라서 조화열정은 부적으로, 강박열정은 정적으로 부정정서를 예측하고, 이어 부정정서는 질병을 정적으로 예측할 것이다. 즉 부정정서를 매개로 강박열정은 경중 질환을 야기하고, 조화열정은 경중 질환을 막아줄 것이다. 이러한 가설을 검증하기 위해 두 연구가 수행되었다. 첫 번째 연구(Vallerand, Rousseau, & Dumais 2013, 연구 1)에서는 상위권 고등학교 농구선수들을 대상으로 지역 토너먼트 기간 동안 설문조사를 실시하였다. 설문지에는 열정 척도, PANAS의 부정정서 하위척도, 부정적인 신체 증상을 평가하는 척도가 포함되었다. 경로분석 결과 연구모형이 지지되었으며, 구체적으로 조화열정과 강박열정은 각각 부적, 정적으로 부정정서를 예측했고 부정정서는 이어 부정적인 신체 증상을 정적으로 예측했다.

연구 1에서 설정한 모형은 5개월 동안 진행된 예측설계 연구에서 나시 검증되었다(Vallerand, Rousseau, & Dumais 2013, 연구 2). 연구자들은 상위권 고등학교 수구선수와 싱크로나이즈드 스위밍선수(선수 중에는 주니어 국가대표도 있었다)를 대상으로 한 시즌 동안 설문을 2회 실시하였다. 시점 1의 설문지에는 첫 번째 연구에서 사용된 열정 척도와 부정정서 척도를 포함하였고, 시점 2의 설문지에는 첫 번째 연구에서 사용된 부정적인 신체 증상 척도(Emmons 1991에서 수정)를 포함하였다. 조화열정은 부적, 강박열정은 정적으로 부정정서를 예측하고, 부정정서는 이어 5개월 후에 경험하는 부정적인 신체 증상을 정적으로 예측할 것이라는 가설을 검증한 결과 귀무 가설이 지지되었으며 이 결과는 [그림 9.3]에 나타나 있다.

마지막 두 연구에서 나온 결과는 열정과 건강의 관계에서 부정정서가 매개함을 보여주었다. 특히 조화열정은 사람들이 부정정서를 덜 느끼도록 함으로써 경중 질환을 막아준다. 반대로 강박열정은 부정정서와 정적인 관계를 가지고 있기 때문에 건강 문제를 일으킨다. 조화열정과 강박열정은 서로 다른 건강상의 결과를 이끌고, 이에 부정정서가 매개 역할을 한다는 것은 분명하다. 이러한 결과는 건강 문제에서 부정정서의 역할에 대해 연구한 결과와 일치한다(예: Cohen et al. 1993; Segerstrom & Miller 2004). 조화열정과 건강의 관계에 긍정적인 영향을 미칠 수 있는 잠재적인 보호 역할이 무엇인지 알아보기 위한 후속 연구가 필요하다.

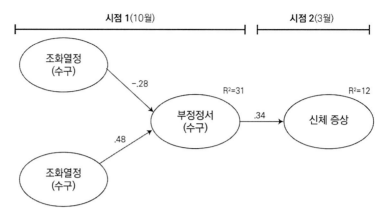

그림 9.3 열정과 신체 증상의 관계에서 부정정서의 매개 효과

출처: 발러랜드 등(2013, 연구 2)에서 수정

요 약

이 장에서는 열정이 건강에 어떤 역할을 하는지 알아보았다. 먼저 개인이 건강에 적극적인 역할을 하며 열정은 건강에 기여하고 질병을 예방할 수 있다는 성장지향 모델을 제안하였다. 이 모델을 통해 질병에서 웰니스에 이르기까지의 상태를 보다 포괄적으로 이해할 수 있다. 이어 열정이 건강에 영향을 주는 세 가지 경로를 살펴보았다. 신체 활동에 높은 수준으로 지속적으로 참여하는 데 두 열정이 어떠한 역할을 하는지 그리고 열정이 활동 중과 활동 후에 에너지와 활기의 제공(또는 반대로 탈진의 예방)에 미치는 역할은 무엇인지 상세히 알아보았다. 마지막으로 열정과 건강의 관계에서 정서의 매개 역할을 자세히 알아보았다. 많은 연구가 더 이루어져야 하지만 열정이 신체적 건강과 관련해서 매우 중요하다는 사실은 변함없다.

열정, 그리고 수행과 창의성

Passion, Performance and Creativity

뛰어난 수행을 해내는 사람들은 경외감이 들 정도로 숙련된 기술을 보여준다. 예를 들어 밥 딜런, 마이클 조던, 빌 게이츠는 각각 음악, 스포츠(농구), IT 분야를 새롭게 정의한 인물이다. 밥 딜런(Bob Dylan)은 1,000여 곡의 훌륭한 노래를 썼고 35개의 오리지널 앨범을 녹음했으며 100만 장 이상의 판매고를 올려 11번이나 그래미 상을 수상했다. 그는 50년 음악 인생의 공로로 로큰롤 명예의 전당에 이름을 올렸으며 지금도 여전히 활발하게 활동하고 있다. 조던은 10시즌 동안 정규 시즌 최고 득점을 기록한 유일한 NBA 선수이며 최고 수비수로도 선정되었다. 그는 시즌 내내 최고의 공격수이자 최고의 수비수로서 올스타에 14번 선정되었고 NBA 명예의 전당에 이름을 올렸다. 빌 게이츠(Bill Gates)는 마이크로소프트의 공동창업자이자 전 CEO로서 유명하며, 35년 동안 매년 새로운 컴퓨터 프로그램을 개발했다. 그렇다면 이 세 인물이 높은 수행과 창의적인 수행을 하게 된 이유가 무엇일까? 그것은 이들이 자신의 기술에 대해 열정을 품었기 때문이다.

이 장에서는 수행과 창의성에서 열정의 역할을 조사한 연구들을 검토한다. 먼저 열정을 포함해서 높은 수행을 결정하는 것이 무엇인지 살펴볼 것이다. 이어 열정과 수행의 관계를 확인하면서 장단기 수행에서 열정이 어떻게 관여하는지 중점적으로 논의한다. 마지막으로 창의성에서 열정의 역할을 살펴본다.

높은 성취를 결정하는 요인

높은 수행을 결정하는 요인으로는 타고난 능력, 특수한 상황, 그리고 열정을 꼽을 수 있다.

타고난 능력

여러 해 동안 연구자들은 전문가들의 수행이 어떤 요인의 영향을 받는지 알아내기 위해서 노력했다(Ericsson, 1996; Starkes & Ericsson 2003 참조). 어떤 학자는 타고난 재능이 핵심이라고 말한다(Gagné 2007 참조). 실제로 대부분의 분야에서 최고 수준의 탁월성을 보이려면 최소한의 재능이나 능력이 필요하다. 색맹이라면 유명한 화가가 되기 쉽지 않을 것이다. '키가 매우 작다면' 프로 농구선수가 되기 어렵다. 물론 예외도 있다. 160cm인 타이론 보그스(Tyrone "Muggsy" Bogues)는 **평균** 신장이 2미터 이상인 NBA에서 빛나는 경력을 쌓았다. 보그스는 네 팀의 **선발** 출전 가드로 뛰었다. 그는 샬롯 호네츠(Charlotte Hornets)에서 10년간 활약했으며 지금도 경기 시간, 총 어시스트 수, 총 스틸 수의 기록을 보유하고 있다. 그러므로 농구에서의 신장과 같은 타고난 신체 조건이 매우 중요하긴 하지만, 보그스의 성과에서 알 수 있듯이 그것으로 모든 것이 설명되지는 않는다.

탁월한 수행을 보인 밥 딜런과 마이클 조던의 예로 돌아가면, 두 사람 다 처음부터 기술이 탁월했던 것은 아니다. 이 점은 종종 간과된다. 처음에는 로버트 짐머맨(Robert Zimmerman)으로 불렸던 딜런은 무대에서 야유받기 일쑤였고 부르기로 했던 곡들을 다 마치지 못한 적도 있다. 고향 미네소타에서 그와 밴드를 같이 했던 동료들조차 처음에는 그를 빼고 연주한 적도 있다. 노래를 제대로 들려줄 기회도 없이 무대를 여러 번 내려온 사람에게 작곡과 노래에 '선천적 재능'을 가지고 있다고 말하기 어려울 것이다. 조던도 마찬가지였다. 그는 고등학교 시절 대표팀에 들어가지 못했다. 이 사실을 기억하는 사람은 드물다. 이는 그가 농구에 재능이나 기술을 타고난 것이 아님을 말해준다. 흥미롭게도 최고 수준의 운동선수에 대한 연구는 이 주장을 뒷받침한다(Moran 2009 참조). 통제된 실험연구에 의하면 통념과는 달리 최고의 운동선수는 일반인들보다 반응시간이 더 빠르지 **않다**. 그들이 가진 능력은 신체적 장점이 아니라 오랫동안 훈련을 통해 발전시킨, 자신의 종목에서 요구되는 인지적 장점(지식)이었다. 달리 말해 조던처럼 최고의 운동선수라고 해서 보통의 선수나 일반인보다 장점을 더 많이 타고나는 것은 아니다. 그들이 가진 것은 자신의 활동에 특화된 것으로, 적절한 반응을 거의 자동적으로 끌어낼 수 있는 단서를 선택하는 능력이다. 이러한 장점은 타고난 것이 아니라 오히려 고된 연습을 통해 획득되는 것이고 자신의 고유 영역에 특화된 것이다. 실제로 뛰어난 선수들은 물론 대부분의 운동선수에게 '선천적 능력' 때문에 성공한 것이라고 하면 기분이 별로 좋지 않을 것이다. 이것은 성공을 위해서 그가 얼마나 열심히 노력했는지를 간과한 평가이기 때문이다.

특수한 상황

어떤 연구자들은 특수한 상황이 높은 수행을 만들어낸다고 하였다. 프로 하키선수들을 대상으로 한 연구에 의하면 대다수는 연초(1월에서 3월)에 태어났다고 한다. 그 이유는 무엇인가? 반슬리와 톰슨(Barnsley & Thompson 1988)에 따르면 연초에 태어난 아이들은 연말에 태어난 아이들보다 신체적으로 성숙하다는 장점이 있다. 가령 1월에 태어난 하키선수는 12월에 태어난 하키선수보다 나이를 한 살 정도 더 먹은 셈이다. 여덟 살이 되면 신체 운동 발달의 차이가 확연하다. 하키는 신체를 사용하는 스포츠이므로, 신체적으로 성숙한 선수는 그렇지 않은 선수보다 중요한 이점을 갖게 된다. 대부분의 스포츠 리그가 연령대별로 조직되기 때문에, 이런 장점은 선수가 프로에 선발될 때까지 계속된다. 축구와 같은 스포츠에서도 유사한 결과가 발견된다(Helsen, Starkes, & Winckel, 2000; Musch & Grondin, 2001 참조). 따라서 스포츠 분야에서는 연초에 태어나는 것과 같은 특수한 상황이 성공의 원인이 될 수 있다.

특수한 상황의 또 다른 유형은 환경에서 찾을 수 있다. 말콤 글래드웰(Malcolm Gladwell 2008)은 그의 책 『아웃라이어(Outlier)』에서 빌 게이츠를 예로 든다. 빌 게이츠는 1960년대 고등학생 시절 개인용 컴퓨터를 쓸 수 있었다. 그 당시 개인용 컴퓨터는 고사하고 컴퓨터 자체가 매우 드물던 시절이었으므로 이는 흔치 않은 일이었다. 이런 환경에서 개인용 컴퓨터와 같은 드문 기기에 접근할 수 있었던 기회(행위지원)(Gibson 1979)는 이 분야에서 높은 숙련도를 얻는 데 큰 도움이 되었다.

특수한 상황에 대한 이와 같은 분석이 맞을 수도 있지만, 이것 역시 일부만을 설명한다. 특수한 상황이 하키선수의 숙련도를 설명한다 해도 다음 두 질문에 대해서는 답하기 어렵다. (1) 연말에 태어났는데도 프로 하키선수가 된 아이들은 어떻게 설명할 것인가? (2) 연초에 태어났는데도 프로 하키선수가 되지 못한 아이들은 왜 그런가? 마찬가지로 빌 게이츠의 경우도 (1) 개인용 컴퓨터를 이용할 수 없었지만 컴퓨터 비즈니스에서 성공한 사람들은 어떻게 설명할 것인가? (2) 같은 학교에 다녔고 개인용 컴퓨터를 이용할 수 있었지만 컴퓨터 비즈니스에서 성공하지 못한 사람들은 왜 그런가? 특수한 상황이 높은 수행을 만들어낸다는 설명만으로는 충분하지가 않다.

열 정

방금의 논의는, 비록 선천적 재능과 특수한 상황이 높은 수행에 기여할 수는 있어도 그것으로 모두 설명되는 것은 아니라는 사실을 보여준다. 그렇다면 높은 수행에는 무엇이 필요한가? 재능과 특수한 상황은 경쟁에서 유리한 이점을 주지만, 활동을 위한 열정이야말로 높은 숙련도를 가지는 데 꼭 필요한 요소이다. 예를 들어 하키에 대한 열정은 연초생이든 연말생이든 하키를 계속하게 만들고, 결국 프로 하키선수가 되게 한다. 연초에 태어난 아이일지라도 열정이 부족할 경우에는 하키를 그만두게 되고, 이는 연초에 태어났으나 프로 수준에 도달하지 못하게 되는 이유를 설명한다. 마찬가지로 빌 게이츠가 밤새도록 학교에서 컴퓨터를 공부한 것은 컴퓨터에 대한 열정 때문이었다. 그리고 40년이 지난 지금까지도 그는 컴퓨터와 관련된 활동을 하고 있다. 같은 학교에 다니던 친구들에게는 이런 열정이 없었다. 그들은 컴퓨터에 접근할 수 있었음에도 불구하고 컴퓨터를 계속 공부해야 한다고 느끼지 못했고 이 분야에서 탁월한 성취를 하지 못했다.

열정은 모든 사람에게 중요하지만, 타고난 재능이나 특수한 상황을 얻지 못한 사람, 또는 처음부터 가혹한 조건과 좌절에 처한 사람들에게 특히 중요하다. 악조건에도 불구하고 참아내야 하는 사람들에게는 더욱 열정이 필요하다. 밥 딜런과 마이클 조던은 처음에는 실패했지만 포기하지 않았다. 오히려 그들은 매일 오랜 시간 더 열심히 연습했다. 딜런은 미네소타를 떠나 뉴욕으로 가서 작은 술집과 카페에서 생계를 꾸려가며 훌륭한 포크 연주자들과 교류하고, 점차 자신만의 음악 스타일을 구축하였다. 조던은 매일 아침 7시 30분, 그를 대표팀에 받아주지 않았던 그 코치와 함께 훈련했다. 자신을 거절한 사람과 함께 연습을 할 수 있었던 동기와 열정을 생각해보자. 농구를 향한 그의 열정은 대표팀에 들어갈 수 있을 때까지 열심히 훈련하도록 만들었다.

밥 딜런과 마이클 조던처럼 큰 업적을 이룬 뒤에는 그 활동에 대한 열정을 잃게 된다고 생각하는 사람이 있을지 모른다. 예를 들어 마이클 조던이 나중에는 농구에 대한 열정이 아니라 3,600만 달러의 연봉 때문에 농구를 한 것인가? 그러나 조던이 시카고 불스(Chicago Bulls)와의 계약에서 '게임에 대한 애정' 조항을 넣은 몇 안 되는 선수라는 사실에 주목해야 한다. 대개 프로팀은 부상의 위험 때문에 스타플레이어가 즉석 경기에 참여하는 것을 허락하지 않는다. 그러나 조던은 농구에 대한 열정이 너무 컸던 나머지 자신이 원하면 언제 어디서든 플레이할 수 있다는 조항을 넣었다. 일요일 아침마다 시카고 YMCA 체육관에서는 "같이 할 사람!"을 외치는 조던을 볼 수 있었다.

밥 딜런과 마이클 조던의 열정은 일시적인 관심이 아니었고, 난관을 극복하고 자기 분야의 최고가 되는 데 큰 도움을 주었다. 이 점은 분명하다. 그러나 그들만 그런 것이 아니다. 올림픽에 출전하는 코치와 운동선수 역시 열정이 필요하다(Vallerand, Lalande, Donahue, & Lafrenière in press). 높은 수준의 성과를 내기까지는 쉽지 않기 때문이다. 올림픽에 출전한 코치들은 스포츠에 대한 열정 때문에 선수들이 정상에 도달할 수 있었다고 말한다(Olusoga, Maynard, Hays, & Butt 2012). 실제로 몇 년 동안 혹은 평생 활동에 참여하려면 활동을 매우 사랑하고 힘들 때에도 그것을 하고 싶다는 욕망을 가져야 한다.

열정과 높은 수행

최고 수준의 성과를 낸 사람에 대한 앞의 논의는 일종의 일화에 해당한다. 그렇다면 실제로 열정이 높은 수행에 개입한다는 주장을 뒷받침하는 경험적 증거가 있는가? 이 문제를 살펴볼 수 있는 한 가지 방법은 높은 수준에 도달한 사람들의 열정과, 이제 막 해당 분야에 참여하기 시작해서 아직 그 수준에 도달하지 못한 사람들의 열정을 비교하는 것이다. 마고 등(Mageau et al. 2009, 연구 3)의 연구에서는 **열정적인** 두 집단의 음악가들을 대상으로 조화열정, 강박열정, 그리고 열정 준거를 측정하였다. 초보자 집단은 고등학교 음악 수업에 참여한 지 5개월 후 음악에 열정을 가지게 된 집단이다. 즉 그들은 음악에 열정이 있기는 했으나 음악을 한 지 이제 5개월밖에 되지 않았다. 전문가 집단은 평균 10년 이상의 경력을 가진 국내외 유명 음악가를 포함한 대학 교수들이었고, 이들은 높은 음악 실력을 갖춘 사람들이다.

앞의 가설이 맞다면, 비록 초보자 집단이 음악에 대한 열정을 가졌다고 해도, 전문가 집단은 초보자 집단보다 열정 점수가 더 높아야 한다. 결과는 가설을 지지했다. 전문가 집단은 조화열정과 강박열정 모두에서 초보자 집단보다 유의하게 높은 점수를 얻었고, 열정 준거 중 세 가지(활동의 가치화, 시간 투자, 열정으로 인식하는 정도)가 더 높았다. 두 집단 모두 음악에 대해 적어도 중간 수준의 열정을 보였지만(열정 준거에서 평균 4점 이상), 전문가 집단은 초보자 집단보다 더 열정이 있었다. 4장에서 살펴보았듯 흥미롭게도 음악에 대한 **사랑**이라는 열정 준거에서는 두 집단의 차이가 없었고, 두 집단의 점수는 매우 높았다(7점 척도에서 Ms=6.27 및 6.29). 활동에 대한 사랑이 유사하다는 사실로 미루어 볼 때 열정과 내재동기는 활동에 대한 애정을 포함한다는 점에서 서로 관련 있지만 실제로 구별되는 구인임을 알 수 있다. 구체적으로 열정은 활동에 대한 사랑을 넘어 가치화(또는 중요성과 의미 부여)와 시간과 에너지의 투자가 포함된다. 토르겐과 빈센트(Thorgren & Wincent 2013c)는 벤처 기업을 **성공적으로** 이끈 상시적 기업가(habitual entrepreneurs)[1]가 그렇지 못한 초보 기업가보다 열정 수준이 더 높다는 것을 발견했다. 마고 등과 토르겐과 빈센트의 연구는 횡단연구이기 때문에 이들의 결과를 재확인하기 위한 종단연구가 필요하지만, 그럼에도 불구하고 열정이 높은 수행을 얻게 하는 필수 요소라는 사실을 알 수 있다.

열정은 높은 수행에 관여한다. 높은 수행을 보이는 사람은 실제로 낮은 수행을 보이는 사람보다 조화열정, 강박열정뿐만 아니라 열정 준거의 수준이 높았다. 열정이 높은 수행 수준과 관련 있다면 어떻게 해서 그런 결과를 낳는가? 이 문제를 살펴보기 위해서는 장기 수행과 단기 수행을 구분할 필요가 있다. 장기 수행은 긴 시간에 걸쳐 숙련도를 향상시키고 성취하게 하는 변인, 단기 수행은 일정 수준의 숙련도를 달성하고 최고 수준으로 성취하게 하는 변인을 말한다. 이하에서는 두 수행을 모두 검토한다.

열정과 장기 수행

장기 수행에 있어서 열정은 왜 중요한가? 열정은 시간을 두고 수행을 향상시키는 데에 매우 중요한 특수한 유형의 활동, 즉 의도적 연습(deliberate practice)에 지속적으로 참여하도록 만든다. 나아가 열정은 또한 과업과 수행을 향상시키는 데 중요한 성취목표(achievement goal)를 촉진한다. 그러나 아래에서 살펴볼 것처럼 이 과정에서 조화열

---

1) 일회성 성공이 아니라 여러 사업을 성공한 경험이 풍부한 기업가.

정과 강박열정은 서로 다른 방식으로 중요하게 작용한다.

의도적 연습에 동기를 부여하는 열정

전문가의 수행에 관한 연구(Ericsson & Charness 1994)에 따르면 마이클 조던과 같이 아주 높은 수준의 숙련도를 달성한 사람들은 긴 시간 동안 자신의 능력과 기술을 개선하고 정련하는 능동적인 학습과정을 거친다. 사이먼과 체이스(Simon & Chase 1973)는 숙련된 체스 마스터가 국제 수준의 위상에 도달하기까지는 최소 10년, 1만 시간 이상의 훈련이 필요하다는 것을 처음 밝혀냈다. 이후 에릭슨, 크램프, 테쉬-뢰머(Ericsson, Krampe, & Tesh-Römer 1993)는 훈련의 종류가 아니라 의도적 연습이 수행에 중요한 역할을 한다고 하였다. 의도적 연습이란 수행을 향상시키려는 명시적인 목표에 동기화된, 고도로 구조화된 활동으로 정의할 수 있다. 이 연습은 수행과 그 결과에 대해 즉각적인 피드백과 지식을 제공하기 때문에 학습과 기술 습득을 위한 최적의 기회가 된다. 코치와 전문교사들은 반복과 정련을 통해 수행의 특정 측면을 향상시킬 목적으로 활동을 설계한다. 일정 기간의 훈련 이후 이런 전략은 자동적으로 사용하게 된다. 의도적 연습은 매우 어려운 것이어서 하루에 몇 시간밖에 할 수 없다.

높은 수행을 발달시키는 데에 의도적 연습이 중요하다는 것이 여러 연구에서 밝혀졌다. 에릭슨 등(Ericsson et al. 1993)은 의도적 연습이 증가함에 따라 수행 수준이 선형적으로 증가한다는 결과를 보여주었다. 연구에 참여한 20세가량의 상급 바이올린 연주자들은 중급 연주자들보다 2,500시간 더 연습했고, 하급 연주자들보다는 5,000시간 더 연습했다. 축구에 대한 연구(예: Ford & Williams 2012)에 따르면 15세에 청소년 프로팀에 들어간 선수들은 그렇지 않은 선수들보다 1,260시간 더 의도적 연습에 참여했다. 마찬가지로 드브륀, 스미츠, 리커스, 슈미트(de Bruin, Smits, Rikers, & Schmidt 2008)에 의하면 체스선수의 의도적 연습은 매우 높은 수행과 관련된다. 나아가 이 사실은 최상위권 선수뿐만 아니라 모든 선수에게 다 해당되며, 의도적 연습을 덜 하게 되면 실력이 줄어들고 결국 경기에서 지게 된다. 이 결과는 과학(Ericsson 2004), 오페라(Skull 2011), 예술(Winner 1996), 체스(Charness, Krampe, & Mayr 1996; Charness et al. 2005) 및 스포츠(Baker, Côté, & Deakin 2005; Starkes, Deakin, Allard, Hodges, & Hayes 1996; Ward, Hodges, Williams, & Starkes 2004) 등에서 매우 다양하게 확인되었다.

의도적 연습은 대부분 높은 수행을 이끈다. 그러나 필요한 것이 더 있다. 높은 수행에 도달하려면 많은 시간을 투자해야 한다. 사이먼과 체이스(1973)와 에릭슨 등(1993)의 연구에 따르면 노력이 필요한 대부분의 분야에서 최소한 10년의 헌신과 1만 시간의 의도적 연습이 필요하다. 이는 10년간 매주 6회 이상 하루 4시간씩 훈련하는, 실로 엄청난 양의 연습이다. 이 정도의 연습은 그저 재미를 위한 것이 아니다. 실제로 의도적 연습은 고되고 반복적이며 재미있는 것이 아니라는 점에서 여가 활동과 다르다. 특정 활동(예: 신체운동적, 시각적 활동)은 원래 매력적임에도 불구하고 계속 반복하게 되면 상투적으로 변하고 피로를 느낄 수 있다. 또한 의도적 연습은 외적 보상이나 금전적 보상이 거의 없다는 점에서 직업 활동과 구분된다. 마이클 조던은 페이드 어웨이 점프샷을 위해 훈련이 끝나도 45분 더 연습했다. 이 일은 그의 연봉과 아무 상관이 없었다. 의도적 연습은 종종 좌절을 가져오고, 내적으로 동기화되지 않는다. 에릭슨과 샤니스(Ericsson & Charness 1994)는 이 사실을 들어 의도적 연습을 가능하게 하는 동기적 에너지는 어떤 성격을 가졌는지를 질문하였다.

의도적 연습의 기저에 놓인 중요한 동기는 열정이다. 열정은 종종 좌절이 따르는 연습 과정을 참고 견디게 해주며, 시간이 흘러 높은 수행을 낳는 중요한 동력이다. 열정 활동은 사람들에게 너무 중요하고 의미 있는 것이어서 과업을 숙달하는 동안 반복되는 실패에 좌절해도 잘 대처할 수 있게 해주기 때문이다. 열정 활동은 즐거움과 유쾌함을 주는 것을 넘어 그 이상으로 깊은 관심을 가져야만 가능한 중요한 활동이다. 사람들은 여러 해 동안 활동에 깊이 참여하고 그 활동에 매우 큰 중요성을 부여하고 아울러 그 활동을 자신의 정체성의 일부로 삼기 때문에, 기꺼이 그 활동을 개선하고 성장하려 노력한다. 열정이 있으면 힘들고 때로는 좌절이 와도 기꺼이 노력한다. 이렇듯 강한 숙달지향적 활동을 몇 주, 몇 달, 몇 년에 걸쳐 반복하게 되면 시간이 지남에 따라 높은 숙련도를 달성하게 된다.

조화열정과 강박열정은 모두 의도적 연습에 참여하도록 함으로써 여러 연구들에서 밝혀진 높은 수준의 장기 수행으로 이어진다고 가정할 수 있다. 즉 열정이 직접적으로 수행에 영향을 미친다기보다 에너지, 동력, 목적을 가지고 의도적 연습에 참여하게 함으로써 간접적으로 높은 수행에 영향을 미친다는 것이다. 그러므로 의도적 연습은 수행에 더 직접적이고 긍정적인 영향을 미친다. 열정이 탁월성을 획득하기 위해 필요한 활동에 오랜 기간 참여하는 것과 관련이 있다는 결과는 이 가설을 지지한다(예: Mageau et al.

2009, 연구 1).

가설 모형은 극예술 공연 전공자들을 대상으로 한 연구에서 최초로 검증되었다 (Vallerand et al. 2007, 연구 1). 이 연구에서는 퀘벡 주의 최상위권 학교에 다니는 극예술 전공 학생들을 대상으로 학년초에 열정 척도와 의도적 연습을 평가하는 척도를 실시했다. 의도적 연습 척도는 에릭슨과 샤니스(Ericsson & Charness 1994)의 정의를 토대로 만든 것이다. 학년말, 교사들은 극예술 분야의 우수성을 평가하는 몇 가지 차원을 가지고 학생들의 수행을 독립적으로 평가했다. 경로분석 결과 모형이 지지되었으며 구체적으로 두 열정은 의도적 연습 참여로, 의도적 연습은 다시 교사가 평정한 객관적인 수행으로 이어졌다.

첫 번째 연구(Vallerand et al. 2007, 연구 1)의 결과는 제안된 가설을 극예술 분야에서 검증하였다. 여기서 외적 타당도에 관한 질문, 즉 이 결과가 다른 분야에서의 탁월성 역시 설명할 수 있는가 하는 문제를 생각해보자. 이 질문에 대한 답을 얻기 위해 이번에는 농구선수들을 대상으로 스포츠 열정, 의도적 연습, 객관적 수행으로 구성된 모형을 검증했다(Vallerand, Mageau, et al. 2008, 연구 1). 농구는 단체 경기이고 정신적, 신체적 기술을 모두 포함한다는 점에서 극예술과 상당히 다르다. 첫 번째 연구와 유사한 결과가 확인된다면, 열정-의도적 연습-수행으로 이어지는 모형을 지지하는 중요한 근거가 될 것이다. 두 번째 연구(Vallerand, Mageau, et al. 2008, 연구 1)에서는 대학 농구선수들을 대상으로 열정 척도와 의도적 연습 척도를 측정하고, 선수들의 수행은 주요 토너먼트의 첫 경기를 마친 후 코치들이 직접 평가했다. 경로분석 결과 두 열정은 의도적 연습으로 이어졌고, 의도적 연습은 다시 객관적인 수행으로 이어졌다. 그러므로 마이클 조던이 초기에 그랬듯이 농구선수의 열정은 숙련도를 높이는 의도적 연습에 참여하도록 이끈다.

요약하면 발러랜드와 동료들이 실시한 두 연구(Vallerand et al. 2007, 연구 1; Vallerand, Mageau, et al. 2008, 연구 1)에서 조화열정과 강박열정은 모두 의도적 연습에 참여하게끔 유도함으로써 시간이 지남에 따라 기술의 향상 및 높은 수행을 가져왔다. 그러므로 의도적 연습은 숙련도를 얻는 데 핵심 요소이며, 열정은 의도적 연습에 반복해서 참여할 수 있게 하는 중요한 동력이 된다.

열정과 성취목표

봄과 로크(Baum & Locke 2004; Baum, Locke, & Smith 2001 참조)의 초기 연구에서 기업가 정신에 대한 CEO의 열정은 목표를 포함한 다양한 요인을 매개하여 회사의 성장(또는 성과)을 예측했다. 이 연구는 목표가 열정과 수행을 매개한다는 사실을 지지한다. 그러나 여기서는 열정적인 사람들이 활동에 참여하면서 실제로 달성하고자 하는 목표의 **유형**은 무엇인지, 그 목표를 채택하는 데 두 열정이 어떤 역할을 하는지 살펴보지 않았다. 여러 연구에 따르면 성취목표는 수행에서 중요한 역할을 한다. 6장에서 살펴본 바와 같이 성취목표는 성취 환경에서 개인이 도달하고자 하는 능력에 대한 목표를 나타낸다(예: Dweck 2006; Elliot 1997). 엘리엇과 동료들(Elliot 1997; Elliot & Harackiewicz 1996)은 세 가지 유형의 성취목표, 즉 능력과 과제 숙달에 초점을 두는 숙달 목표, 타인에 비해 유능함을 보이는 데 초점을 두는 수행접근 목표, 타인에 비해 무능함을 숨기는 데 초점을 두는 수행회피 목표를 구분했다.

6장에서 보았듯 조화열정과 강박열정은 성취목표와 서로 다른 관련을 맺는다. 이 점은 중요하다. 구체적으로 조화열정은 자기과정의 관점에서 볼 때 자율적인 동기 과정을 반영하므로 성취 활동에서 숙달하고자 하는 적응적 목표를 채택하게 한다(Duda 2001; Dweck 1986). 또한 조화열정은 개방적이고 안전한 마음 상태에 근거하므로 수행접근 목표나 수행회피 목표 둘 다와 관련이 없을 것으로 예상할 수 있다. 반대로 강박열정은 내적 통제와 압박감이 큰 동기 과정을 반영하므로 갈등적인 조절 과정을 유발할 것이다. 따라서 강박열정을 가지게 되면 과제를 숙달하거나, 남보다 잘하거나 남보다 못하지 않기 위해 성공에 접근하고 실패를 피하려하는 목표 중 하나 혹은 모두를 채택할 수 있다. 이러한 관계는 다양한 연구들에 의해 지지된다(Bonneville-Roussy, Lavigne, & Vallerand 2011; Vallerand et al. 2007, 연구 2; Vallerand, Mageau, et al. 2008, 연구 2).

두 열정이 서로 다른 성취목표로 이어진다면, 이 사실은 의도적 연습 및 수행과 어떻게 연결되는가? 의도적 연습은 숙달 목표와 함께 진행된다. 숙달 목표는 과업 수행을 향상시키기 위한 노력이기 때문이다(Ericsson et al. 1993 참조). 따라서 숙달 목표는 의도적 연습에 참여하는 것을 예측한다. 수행접근 목표와 수행회피 목표는 대체로 타인을 염두에 두고 그보다 잘하거나 못하지 않는 데 초점이 있다. 이런 유형의 목표가 과업 숙달을 배제하는 것은 아니다. 타인에 비해 높은 수행을 보이고 낮은 수행을 막아주는 데 도움이 되기 때문이다. 그렇기는 해도 수행접근 목표와 수행회피 목표에서는 향상 자체가 초점이 아니다. 따라서 이 두 유형의 목표는 의도적 연습을 예측하지 않는다. 그러나 학업 성취목표에 대한 연구(예: Elliot et al. 1999)에 따르면 수행회피 목표는 일반적으로 수행에 부적인 영향을 미치는 반면 수행접근 목표는 수행과 관련이 없거나 수행을 정적으로 예측한다.

따라서 열정 활동에 참여하는 과정은 다음과 같다. 조화열정은 의도적 연습에 강하게 영향을 미치는 숙달 목표를 채택하도록 하고, 의도적 연습은 객관적인 수행 수준을 높인다. 강박열정도 숙달 목표를 촉진하지만 조화열정만큼은 아니며, 보다 중요한 사실은 강박열정이 수행회피 목표와 수행접근 목표를 채택하도록 한다는 것이다. 수행회피 목표는 직접적으로 수행 수준을 떨어뜨리는 반면 수행접근 목표의 역할은 분명하지 않다. 수행을 촉진하기도 하고 약화시키기도 하고 어떤 때에는 아무 영향이 없는 것으로 나타나기 때문이다.

스포츠, 학업, 음악, 세 가지 영역의 연구에서 이 통합 모형이 검증되었다(Bonneville-Roussy et al. 2011; Vallerand et al. 2007, 연구 2; Vallerand, Mageau, et al. 2008, 연구 2). 첫번째 연구는 실력이 우수한 수구선수와 싱크로나이즈드 스위밍선수를 대상으로 하여 한 시즌 동안 이루어졌다(Vallerand, Mageau, et al. 2008, 연구 2). 시점 1에서 선수들은 열정 척도와 성취목표 척도(Elliot & Church 1997 참조)에 응답하고, 4개월 후 시점 2에서 의도적 연습 척도(Ericsson & Charness 1994)에 응답했다. 마지막으로 1개월 후 시점 3에서 코치는 시즌 전체에 걸친 선수의 수행을 평가했다. [그림 10.1]에 제시된 바와 같이 경로분석 결과 조화열정은 숙달 목표를 정적으로 예측했고, 숙달 목표는 객관적 수행을 정적으로 예측하는 의도적 연습을 이끌어냈다. 반면에 강박열정은 목표 유형과 모두 정적인 관련이 있었지만 그 상대적 크기는 달랐다. 숙달 목표와의 관련성이 가장 약했고 수행회피 목표와의 관련성이 가장 강했다. 수행접근 목표는 수행을 거의 예측하지 못했지만 수행회피 목표는 수행을 강하게 부적으로 예측했다. 이 결과는 흥미롭다. 왜냐하면 강박열정이 수행에 부정적인 영향을 미칠 수 있다고 했던 단체경기 선수들의 연구결과와 일치하기 때문이다(예: "… 축구 경기는 나의 열정입니다 … 이 때문에 질식할 것 같습니다. 경기에 신경을 너무 씁니다…")(Hill & Shaw 2013, p. 107).

따라서 이 결과는 단체경기 선수들에 대한 선행 연구를 지지한다. 수구나 싱크로나이즈드 스위밍 같은 단체경기는 탁월성을 볼 수 있는 매우 특수한 분야이다. 이 결과가 개

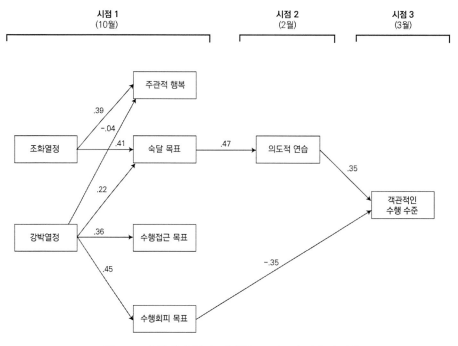

그림 10.1 수행에서 열정, 성취목표, 의도적 연습의 역할
출처: 발러랜드 등(2008, 연구 2)에서 수정

인적인 활동에서도 동일하게 나타날까? 또한 비록 코치의 평가가 선수 자신의 평가보다는 객관적이라 할지라도, 그보다 더 완벽히 객관적인 평가가 있다면 좋을 것이다. 두 번째 연구(Vallerand et al. 2007, 연구 2)는 이 두 가지 제한점을 개선하고 이전 결과를 재확인하기 위해 실시되었다. 이 연구에서는 학기초에 미래의 직업을 목표로 심리학 공부에 열정을 가진 학생들을 대상으로 학업 열정 척도, 성취목표 척도(Elliot & Church 1997), 그리고 학업에 대한 의도적 연습 정도를 평가하고, 학기말에 설문지에 이어 객관식 시험(객관적 수행의 척도)을 실시했다(Vallerand et al. 2007, 연구 2). 경로분석 결과 적응적 숙달 목표는 두 열정과 의도적 연습을 매개하는(그러나 조화열정이 숙달 목표를 더 강하게 예측했다) 모형을 지지하는 것으로 나타났다. 그러나 부적응적 수행회피 목표는 강박열정이 수행에 미치는 부적인 영향을 매개했다. 마지막으로 이 결과는 세계적 수준의 전문 연주자를 포함한 세 번째 연구(Bonneville-Roussy, Lavigne, & Vallerand 2011)에서도 비슷하게 나타났다.

이 열정과 수행에 대한 연구들(Bonneville-Roussy et al. 2011; Vallerand et al. 2007, 연

구 1; Vallerand et al. 2008, 연구 2)에서 심리적 행복도 평가했다는 점은 흥미롭다. 세 연구 모두에서 조화열정은 심리적 행복과 정적으로 유의한 관련이 있었고, 강박열정은 이와 부적이거나 관련이 없었다. 이는 8장에서 열정이 심리적 행복에 미치는 역할에 대해 다룬 연구결과들과 일치한다. 따라서 두 열정 모두 장기 수행에 기여할 수 있지만, 조화열정을 가지면 '삶을 살아가면서도' 행복하고 높은 수행에 도달할 수 있다는 보너스가 주어진다. 강박열정은 그렇지 않다.

지금까지의 연구를 종합하면 시간을 들여 높은 수준의 수행을 이끄는 두 가지 과정이 있다. 첫 번째 과정은 다소 직선적이다. 즉 조화열정이 숙달 목표를 추구하게 하고 숙달 목표는 의도적 연습을 이끌며, 의도적 연습은 다시 높은 수행으로 이어지는 것이다. 다른 성취목표는 관여하지 않는다. 나아가 이 과정을 택한 사람들은 행복을 더 느낀다. 이 주장은 고통을 통해서만 높은 수행을 얻을 수 있다는 통념을 반박한다. 반면 탁월성을 향한 두 번째 과정은 이런 고정관념을 지지한다. 첫 번째 과정에서 중요한 점은, 조화열정을 가지고 활동에 참여하면 높은 수행과 행복감(성취 영역과 삶의 다른 영역 둘 다에서)이 가능하다는 것이다. 두 번째 과정은 좀 더 복잡하고 강박열정에 의해 이루어진다. 강박열정은 (의도적 연습을 통해 수행으로 이어지는) 숙달 목표를 어느 정도 이끌지만, 대체로 수행에 크게 영향을 미치지 않는 수행접근 목표를 이끌고, 수행에 직접적으로 부정적인 영향을 미치는 수행회피 목표를 이끈다. 따라서 두 번째 과정은 첫 번째 과정보다 탁월성이 떨어지고 특히 삶에서의 행복을 어느 정도 희생해야만 한다. 이러한 연구결과는 우리가 열정 활동에 참여하는 방식에도 시사점을 주지만 특정 분야의 탁월성을 위해 학생들을 가르치고 지도하는 방식에도 시사점이 크다. 탁월성이냐 삶이냐 하는 선택은 불필요하다. 조화열정을 가지고 활동에 참여할 때에는 높은 수행 결과를 얻고, 삶의 다른 영역에도 충분히 참여하며, 그러면서도 또한 행복할 수 있다.

열정과 단기 수행

앞 절에서는 긴 시간을 두고 전문성을 발달시키는 데에 열정이 어떤 역할을 하는지 연구한 결과들을 다루었다. 그러나 일단 숙련도가 어느 수준에 도달하고 난 후에도 수행 잠재력을 극대화하여 특정 순간에 최고 수준으로 수행할 수 있도록 하는 어떤 요인이 있을 것이다. 이하에서는 이러한 요인 중 하나인 열정의 역할에 대해서 검토한다.

인지 과정

수행을 촉진하는 것으로 밝혀진 한 가지 요인에는 인지적 관여(cognitive engagement)가 있다(예: Kahn 1990). 인지적 관여는 심리적 현존감(presence)을 가지고 주어진 과제에 집중하는 것을 말한다. 이 안에는 몰두와 주의라는 두 가지 요인이 있다(Rothbard 2001). 몰두는 과제에 참여할 때 경험하는 초점(focus)과 몰입(immersion)의 강도로 정의할 수 있으며, 주의는 과제를 수행할 때 소비하는 인지적 자원의 양을 의미한다. 몰두와 주의는 각각 인지적 관여의 질과 양의 차원이라고 말할 수 있다. 수행에 두 차원이 매우 중요하다는 것은 상식이다. 실제로 인지적 용량(capacity)이 더 크고 인지적 처리 수준이 월등히 심층적일수록 수행은 더 나아진다. 특히 과제가 복잡하고 어려운 문제를 풀어야 하는 경우가 그렇다. 인지심리학의 많은 연구가 이 가설을 뒷받침한다(Pashler, Johnston, & Ruthruff 2001).

6장에서 논의한 바와 같이 조화열정은 인지적 관여를 촉진할 것이라고 예상된다. 조화열정은 유연성과 마음챙김을 가지고 과제에 참여하도록 하기 때문에, 참여하는 동안 최선을 다해 자신의 인지 기능을 충분히 발휘할 수 있다. 반면 강박열정은 갈등과 방어적 형태로 과제에 참여하도록 하기 때문에 상대적으로 과제에 덜 집중하는 인지 상태가 된다. 요컨대 조화열정은 몰두와 주의에 긍정적인 영향을 미쳐 수행을 촉진하지만, 역으로 강박열정은 이와 무관하거나 부적인 관련이 있기 때문에 수행에 긍정적인 영향을 미치지 못할 것으로 예상된다.

호, 웡, 리(Ho, Wong, & Lee 2011)는 이 가설을 검증하기 위해 대형 보험회사 직원들에게 업무 열정 척도와 몰두 척도(Rothbard 2001; "일을 할 때 완전히 몰입한다"), 주의 척도("나는 내 일에 주의를 많이 쏟는다")를 실시했다. 아울러 통제 변인으로 성별, 근무기간, 직위, 직무만족도, 조직헌신도, 직무정체성을 사용했고, 직원들의 상사로부터 업무 수행 수준에 대한 '객관적' 정보를 수집했다. 경로분석 결과 조화열정은 몰두와 주의를 정적으로 예측했지만 강박열정은 몰두와는 무관하였고 주의를 **부적으로** 예측했다. 오직 몰두만이 이어서 객관적 수행 수준을 정적으로 예측했다. '조화열정–인지적 관여–수행'으로 이어지는 관계는 뒤브뢰유(Dubreuil et al. 2014)의 연구에서도 유사하게 나타났다.

이 연구결과는 두 가지 점에서 흥미롭다. 첫째, 열정이원론에서 말하는 열정의 역할을 인지 과정에서 확인했다는 점이다. 구체적으로 조화열정은 몰두와 주의를 정적으로,

강박열정은 주의를 부적으로 예측했다. 이 결과로 알 수 있듯, 조화열정은 인지 과정의 질과 강도를 모두 촉진한다. 따라서 조화열정을 가지면 인지 과정의 질과 강도를 모두 최고 수준으로 발휘할 수 있다. 그러나 강박열정을 가지면 인지 과정의 강도가 낮고 인지 과정의 질이 가진 장점을 활용할 수 없도록 만든다. 6장에서 보았듯 두 열정은 인지 과정에 각기 다른 영향을 미치며, 조화열정이 더 긍정적인 효과가 있다. 둘째, 몰두만이 수행을 정적으로 예측한다는 점이 흥미를 끈다. 결과를 재확인하기 위한 후속 연구가 필요하지만, 이 결과는 수행에 있어서 인지적 관여의 (양이 아니라) 질이 더 중요함을 의미한다. 연구결과를 통해 대체로 (강박열정이 아닌) 조화열정이 양질의 인지 과정을 거쳐 단기 수행에 영향을 미친다는 것을 알 수 있다.

성공과 실패 정보

삶에는 늘 성공과 실패가 따른다. 성공과 실패는 이어지는 수행에 영향을 미친다. 성공과 실패의 정보는 이어지는 수행에 어떤 영향을 미치는가? 예를 들어보자. 친구가 피아노를 친다. 파티에서 연주하기 전 정말 잘 친다는 말을 들으면 그녀의 연주는 어떻게 될까? 또는 실력이 좋지 않다는 말을 들으면 그녀의 연주는 어떻게 될까? 일반적으로 성공은 좋은 수행으로, 실패는 나쁜 수행으로 이어진다. 통제된 실험실 상황에서 이루어진 다수의 연구에 따르면 성공은 수행을 향상시키고, 실패는 수행을 저해하는 경향이 있다 (예: Bandura 1986, 1991; Diener & Dweck 1978; Mikulincer 1989; Seligman 1975; Vroom 1964). 그러나 여기서 주의해야 할 부분은, 수행에 대한 성공 및 실패 정보의 영향을 다룬 선행 연구에서는 참여자에게 새로운 과제를 부여했다는 것이다. 참여자의 개인차를 통제하기 위해 이전에 한 적이 없던 새로운 과제를 사용하는 것이 중요하지만, 이 방법에는 한계가 있다. 참여자들이 과제에 별로 의미를 두지 않았던 것이다. 따라서 참여자는 그 활동에 깊게 관여하지 않았으며, 성공과 실패 정보의 영향은 그 과제에 깊이 관여하거나 그 과제에 열정을 가질 때만큼 확연하게 나타나지 못할 수 있다.

강박열정과 부정적인 정보

실패는 깊은 관심을 가지고 헌신하며 자신을 정의하고 있는 분야에서도 일어날 수 있다. 의미를 부여하고 중요하게 여기는 활동에서 성공할 때에는 모든 것이 다 좋게 여겨지고, 헌신하는 행동이 거의 영향을 받지 않는다. 반면 실패와 같이 부정적인 정보는 자기위협을 유발하고, 상황을 바꾸기 위한 행동을 동기화시키는 불안정한 상태를 만들어 다음 수행을 더 좋게 만들 수 있다. 이 관점에 따르면 실패나 부정적인 정보는 이어지는 수행 수준을 높이도록 촉진하는 요인이다. 이러한 분석을 지지하는 연구에 의하면 자기정의(self-defining) 과제에서 실패 정보는 이어지는 수행 수준을 높였지만, 성공 정보는 수행 수준에 거의 영향을 미치지 않았다(Brunstein 2000; Brunstein & Gollwitzer 1996; Peters, Greenberg, Williams, & Schneider 2005).

그러나 깊은 관심을 가진 과제에서 성공 혹은 실패 정보에 반응하는 방식은 다양하다. 과제 헌신에 있어서 성패의 영향을 알아본 연구에서는 헌신을 많이 하거나 적게 하는 '양적' 차원만을 고려했다. 이 점을 강조할 필요가 있다. 열정이원론과 다른 연구들에 따르면 특정 활동에 대한 열정은 '질적' 차원에서 서로 다른 헌신을 이끈다. 강박열정을 가진 사람은 불안정한 자아의식 때문에 실패 정보를 (자신에 대한 부정적 함의를 갖는) 위협으로 인식하고, 이어지는 수행을 향상시키기 위한 에너지를 확장하려 한다. 반면 조화열정을 가진 사람은 자아의식이 안정적이므로 유연하고 마음챙김적으로 실패 정보를 그대로 수용한다. 이들은 실패에 위협을 느끼지 않으면서 좋아하는 과제에 참여하여 위협을 완화하고 온전성을 회복한다. 강박열정이 작용할 때에는 상대적으로 성공보다는 실패가 수행의 향상으로 이어지지만 조화열정이 작용할 때에는 차이가 없다. 따라서 실패 후에 수행을 향상시키는 현상은 항상 나타나는 것은 아니며, 열정 유형에 따라 달라진다.

이제 피아노에 열정을 가진 친구에게 긍정적/부정적인 정보를 제시한다고 가정해 보자. 이 정보는 그녀의 연주에 어떤 영향을 미치는가? 열정이원론에 의하면 피아노 연주에 대한 열정의 유형에 따라 다르다고 할 것이다. 강박열정을 가지고 있다면 부정적인 정보를 받은 후에 평소보다 더 높은 수행을 할 것이고, 조화열정을 가지고 있다면 이 경우 평소와 같은 수행을 할 것이다. 벨랑제, 라프르니에르, 발러랜드, 크루글란스키(Bélanger, Lafrenière, Vallerand, & Kruglanski 2013a)는 이 가설을 검증하기 위한 일련의 연구를 실시했다. 첫 번째 연구는 대학 피트니스 센터에서 규칙적으로 운동하는 사람들을 대상으로 하였다(Bélanger et al. 2013, 연구 1). 참여자들은 먼저 운동과 직접 관련 있는 근력 수행 과제(최대한 손을 강하게 쥐는 악력계 과제)를 수행하고 나서 열정 척도에 응답한 다음, 성공 또는 실패의 실험 조작에 무작위로 할당되었다. 실패 정보 조건에서는 운동 상황에서 자신의 약점 두 가지를 글로 써서 설명하도록 하고, 성공 정보 조건에서는 운동 상황에서 자신의 강점 두 가지를 글로 써서 설명하도록 했다. 조작 후 시점 2에서는 악력계 과제를 다시 수행했다. 강박열정을 가진 경우 시점 1과 시점 2 사이에 실패 정보가 주어지면 수행을 향상시키는 상호작용 효과가 나타나고, 성공 정보가 주어지면 그렇지 않을 것이라고 가정하였다. 조화열정을 가진 경우 성공 또는 실패 정보로 인한 상호작용 효과가 없을 것이라고 가정하였다. 연구결과는 [그림 10.2]와 같다. 예상대로 강박열정을 가진 사람들에게서만 상호작용 효과가 나타났으며 조화열정을 가진 사람들에게서는 효과가 나타나지 않았다.

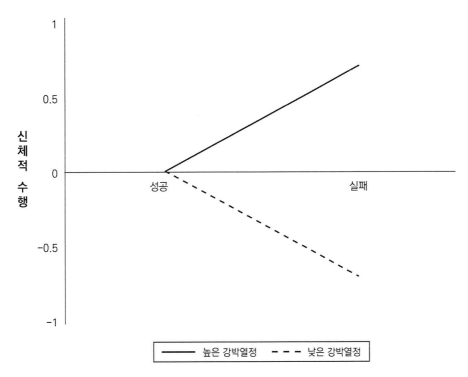

그림 10.2 성공 및 실패 정보와 강박열정에 따른 신체적 수행
출처: 벨랑제 등(2013a, 연구 1)에서 수정

강박열정과 자기위협

이 결과는 긍정적인 정보 혹은 부정적인 정보를 받은 후 조화열정과 강박열정이 객관

적인 수행에 서로 다른 영향을 줄 것이라는 가설을 지지하였다. 왜 그러한가? 열정이원론에 따르면 강박열정이 우세한 사람들에게 활동에 대한 부정적인 정보는 자아에 있어서 매우 중요한데, 그 이유는 열정 활동을 자신의 정체성으로 삼는 방식에 그것을 잘하고 못하고가 매우 중요하기 때문이다. 3장과 6장에서 살펴보았듯 활동을 잘하는 것은 긍정적인 자아의식을 갖는 조건이 된다(Mageau et al. 2011). 따라서 실패를 암시하는 부정적인 정보는 활동 자체를 넘어서 자아의식과 광범위하게 관련 된다. 만약 부정적인 정보가 자아를 위협하고, 부정적인 정보에 이어서 열정 활동을 할 수 없는 상황이라면, 자신을 보호하기 위해 자아와 관련된 다른 과제들을 잘하려고 노력할 것이다. 자기확신이론(self-affirmation theory)(Aronson, Blanton, & Cooper 1995; Steele 1988)에 따르면, 자기위협을 경험할 경우, 위협을 받는 부분과는 **무관하지만** 자아에게 **중요한** 다른 부분을 확신함으로써 자아의 통합을 유지하려 한다. 따라서 강박열정을 가진 사람들은 열정 활동에 부정적인 정보가 주어졌을 때 그 활동과는 무관하지만 자신에게 중요한 다른 활동에서 더 높은 수행을 할 것이라고 예상된다. 그러나 이러한 효과는 긍정적인 정보를 받은 후에는 일어나지 않을 것이다. 또한 연구 1에서와 같이 조화열정을 가진 사람들은 자기위협을 느끼지 않으므로 긍정적인 정보 혹은 부정적인 정보를 받은 후의 수행에 변화가 없을 것이다.

벨랑제 등(Bélanger et al. 2013, 연구 2)은 두 번째 연구에서 이 가설을 검증했다. 참여자들은 강의실에서 시험을 치르는 대학생들이었다. 연구자들은 학생들에게 그들의 언어 능력과 여가 활동에 대해서 정보를 제공해달라고 요청했다. 먼저 참여자들은 자신이 좋아하는 활동에 대한 열정 척도에 응답하고, 연구 1과 같은 방식으로 활동과 관련된 성공 정보, 실패 정보, 그리고 정보가 없는 통제조건에 무작위로 할당되었다. 마지막으로 참여자들은 철자법 과제를 5분 동안 수행했다. 이 과제는 언어 능력을 측정하는 대표적인 척도이다. 참여자들은 대학생이었기 때문에 언어 능력은 대학생이라는 자아와 밀접한 관련이 있을 것이다. 결과적으로 철자법 과제와 같은 자기관련 활동은 열정 활동에 대한 부정적인 정보가 있을 때 자신을 보호해줄 가치 있는 활동이 될 수 있다. 다만 열정이 강박열정이 경우에만 그렇다. 조화열정일 경우에는 어떤 효과도 일어나지 않을 것이다. 연구 1에서 일어난 것과 동일한 상호작용 효과가 나타났다. 즉 강박열정을 가진 사람은 열정 활동에 부정적인 정보를 받은 경우 자기위협을 경험했다고 볼 수 있다. 즉 열정 활동 안에서는 위협받는 자아를 확신할 수 없기 때문에 열정 활동 밖의 자기관련 활동을 통해 자아의식을 지키려 한 것이다. 연구 1과 마찬가지로 조화열정을 가진 사람들에게서 이런 효과는 나타나지 않았다. 이 결과는 조절 초점(regulatory fit)(Higgins & Spiegel 2004)이나 내재/외재동기(Ryan & Deci 2000)와 같은 변인들을 통제한 연구(Bélanger et al. 2013a, 연구 3)에서도 유사하게 나타났다.

이 결과를 통해 강박열정을 가진 사람에게 부정적인 정보는 자기위협을 제거하기 위해서 수행을 높이는 데 긍정적인 효과가 있음을 알 수 있다. 강박열정을 가진 사람은 (열정 활동 또는 자기관련 활동에서) 수행 결과가 자아의식을 회복시킬 수 있는 정도까지 더 잘하려는 동기를 갖게 된다. 그렇다면 그 과제가 자아의식과 관련이 없을 때는 어떻게 될 것인가? 이러한 과제에서는 높은 수행이 자기위협을 제거하고 자아를 회복시키지 못하기 때문에 더 잘하려는 동기가 낮을 것이다. 벨랑제 등(Bélanger et al. 2013a, 연구 4)은 다른 연구에서 이 가설을 직접 검증했다. 참여자들은 실험실 환경에서 학업 열정 척도를 마친 다음, 잠재의식 자극 조건(성공, 실패, 그리고 통세조건)에 무작위로 할당되었다. 6장에서 논의한 바와 같이 열정을 가진 사람들은 특별히 의식하지 않고도 정보를 처리할 수 있다. 열정 활동과 관련된 정보를 처리하는 방법을 충분히 익혔기 때문이다. 참여자들은 여러 철자 조합을 보고 그것이 단어인지 아닌지 가능한 한 빨리 맞춰야 하는 어휘 판단 과제를 수행했다. 어휘 판단 과제의 중간중간에 중립 단어(테이블, 의자, 바퀴, 바닥, 벽 등), 성공을 뜻하는 단어(성공, 승리, 이김, 개선, 승자), 실패를 뜻하는 단어(실패, 실패하다, 지다, 패배, 패배자)들을 참여자들이 의식하지 못하게 제시했다. 마지막으로 문제해결 과제가 제시되었는데, 이는 학과 공부와 관련된 과제(지능검사) 또는 무관한 과제(재미로 하는 단어 게임)로 참여자들의 수행 정도를 측정했다. 실제로는 모든 참여자들에게 동일한 과제(레이븐 지능검사, Progressive Matrices Test II)(Raven 1962)가 주어지고 자기관련에 대한 지각만이 다르게 주어졌다. 연구결과 삼원 상호작용(three-way interaction) 효과가 나타났는데, 강박열정에서 부정적인 정보를 제시받은 후 수행이 높아진 효과는 동일했으나 오직 자기관련 과제에서만 그 효과가 나타났다. 자기관련 과제가 아닐 때에는 상호작용 효과가 나타나지 않았다. 다른 연구에서와 마찬가지로 조화열정에서는 상호작용 효과가 발견되지 않았다. 다시 말해 자기위협은 자신의 수준을 넘어설 수 있도록 유도하지만, 그 과제에 강박열정이 있고 그 과제가 자기관련성이 있을 때만 그렇다.

강박열정과 실패에 대한 두려움

벨랑제 등(Bélanger et al. 2013a)의 다른 연구결과는 열정이원론에서 도출된 가설을 강하게 지지한다. 즉 활동에 강박열정을 가지고 있을 때, 그 활동에 대한 부정적인 정보를 받는다면 가능한 한 수행 수준을 높이려 하거나, 그것이 불가능할 경우 자기관련성이 있는 다른 활동에서 수행 수준을 높이려 한다. 이러한 수행의 향상은 성공 정보가 주어지거나, 이어지는 활동이 자기관련성이 없을 때, 또는 조화열정을 가지고 있을 때는 나타나지 않는다.

이러한 높은 수행은 자아가 위협을 받기 때문에 나타나는 것으로 가정할 수 있다. 강박열정은 자아의 안정성이 낮은 상태에 기반하기 때문에 자기위협은 실패에 대한 두려움을 주입하여 높은 동기를 유발할 것으로 예측할 수 있다. 앞의 연구는 강박열정이 작용할 때 높은 수행을 통해서 자기위협을 제거하려는 동기가 높아진다는 것을 보여주었지만, 이러한 효과가 실패에 대한 두려움에 의해 매개되는지는 알아보지 않았다. 벨랑제 등(Bélanger et al. 2013a, 연구 4)의 네 번째 연구는 참여자의 실패에 대한 두려움을 측정하기 위해 개정판 성취동기 척도(Revised Achievement Motives Scale)(Lang & Fries 2006)(예: "많은 것이 내게 달려 있는 어려운 상황에서는 실패하는 것이 두렵다")에 이어 어휘판단 과제를 제시하였다. 연구모형에서는 부정적인 정보(실패) 조건에서 실패에 대한 두려움이 강박열정과 수행 결과를 매개하는지 검증하고, 이러한 매개 효과가 실패 조건 그리고 자기관련성이 높은 과제에서만 일어나는지 검증하였다. 통제조건이나 긍정적인 정보(성공) 조건에서는 실패에 대한 두려움이 일어나지 않을 것이고, 자기관련성이 없는 과제는 부정적인 정보를 받은 이후 자아를 회복시키지 못하기 때문이다. 경로분석 결과 모든 가설이 지지되었다. 열정과 관련된 다른 효과는 확인되지 않았다.

연구결과(Bélanger et al. 2013a, 연구 1, 2, 3, 4)에서 다음 네 가지 점이 중요하다. 첫째, 실패 정보가 주어질 때 강박열정을 가진 사람들의 수행이 높아지는 것은 실패에 대한 두려움 때문이다. 강박열정이 수행을 높이는 이유는 실패에 대한 두려움과 그 두려움이 자아에 대해서 가지고 있는 의미 때문이라는 것이 명확해졌다. 강박열정을 가질 때에는 자존감이 낮아지거나 무능하다는 느낌을 원하지 않는다. 따라서 실패를 피하기 위해 많은 노력을 기울인다. 또한 강박열정에서는 자신을 보호하고자 하는 동기가 높아지고 따라서 부정적인 정보에 매우 민감해진다. 이 결과는 취약한 자기개념과 방어적 특성을 가진 사람들에 대한 연구(예: Donahue et al. 2009; Lafrenière et al. 2011; Mageau, Carpentier, & Vallerand 2011; Rip, Vallerand, & Lafrenière 2012)나 이러한 사람들이 어려운 조건에서 높은 수행을 보인다는 연구(Omorede, Thorgren, & Wincent 2013)와 같이 강박열정을 가진 사람들을 묘사한 다른 연구들과 일치한다.

둘째, 이렇게 불안정하고 방어적인 기능은 깊이 뿌리박혀 있다. 왜냐하면 **잠재의식적으로** 촉발되는 부정적인 정보는 의식적으로 인지할 수 없기 때문이다. 따라서 강박열정이 있을 때에는 중요한 자아의 통합성을 유지하기 위해 거의 자동적으로 이러한 기능이 작용한다고 볼 수 있다. 이처럼 자동화된 방어 기능이 동기를 어떻게 증폭시키는지 알아보는 후속 연구가 더 필요하다.

셋째, 조화열정을 가지면 성공 또는 실패 정보(긍정적인 정보 또는 부정적인 정보)에 반응하지 않거나 적어도 수행이 그 정보의 영향을 받지 않는다. 이 결과는 얼핏 흥미롭게 보이지만, 활동에 대한 개인적인 장단점을 쓰게 하거나 혹은 성패에 대한 잠재의식을 자극하는 단어를 제시하여 성공과 실패 정보가 매우 일반적인 용어로 조작되었음을 유념할 필요가 있다. 조화열정이 우세한 사람들이 성공과 실패 정보에 전혀 반응하지 않는지, (현재 연구에서처럼) 자아를 다루고 있는 정보보다 과제의 향상을 다루고 있는 정보에 더 반응하는지 등에 대해 알아보는 후속 연구가 필요하다. 조화열정이 높은 사람들은 과제를 향상시키고 숙달하는 데 유용한 정보에 더 관심을 가지며, 이러한 지향성은 조화열정이 유발하는 숙달 목표와 더 일치한다(Bonneville-Roussy et al. 2011; Vallerand et al. 2007, 연구 2; Vallerand et al. 2008, 연구 2).

넷째, 강박열정을 가진 사람들이 부정적인 정보를 제시받은 후 수행이 높아진다는 사실은, 강박열정이 특정 조건에서는 조화열정보다 더 바람직한 결과로 이어질 수 있음을 나타낸다. 후속 연구를 통해 이 결과를 재확인할 수 있는지 알아보는 동시에 조화열정보다 강박열정을 가질 때 유리한 조건은 무엇인지 더 알아볼 필요가 있다. 아울러 이렇게 수행을 향상시키는 것이 다른 차원에서 발생할 수 있는 해로운 결과를 숨기고 있는 것은 아닌지 확인하는 연구가 필요하다. 예를 들어 스포츠 분야의 연구에 따르면 강박열정과 조화열정 모두 비슷하게 높은 수행으로 이어졌지만, 그 과정에서 강박열정은 조화열정보다 활력 수준을 낮게 예측했다(Li 2010).

열정과 자아고갈

로이 보마이스터(Roy Baumeister)와 동료들은 흥미로운 현상을 발견했다. 주어진 과제에 많은 에너지를 소비하면 쓸 수 있는 에너지가 고갈된다. 에너지는 무한하지 않으며 이어지는 과제를 하기 위한 에너지 또한 필요하기 때문에, 에너지를 소비한 다음 후속 과제에 대한 수행은 낮아진다(예: Baumeister, Bratlavsky, Muraven, & Tice 1998). 시험공부를 열심히 한 뒤에 크로스워드 퍼즐을 제대로 풀지 못하는 것과 같은 자아고갈(ego-depletion) 효과는 개인적, 관계적, 문화적 과제들에서 다양하게 나타난다(Bauer & Baumeister 2011 참조). 6장에서는 강박열정이 목표 보호에 관여한다는 것을 보았다. 즉 열정 활동이 머릿속에 있는 와중에 다른 목표가 제시되면, 강박열정을 가진 사람들은 이 두 번째 목표를 옆으로 치워두기 위한 인지적 활동을 벌인다. 이러한 인지적 활동이 무의식적으로 자동화되는 경우 정신적 자원과 에너지를 소비하여 그 대가를 치르게 된다. 따라서 목표 보호는 자아고갈 상태를 만들어서 이어지는 수행에 부정적인 영향을 가져올 수 있다. 그러나 이러한 효과는 강박열정을 가진 사람에게만 나타날 것이다. 조화열정을 가진 사람에게는 열정 활동을 포함해서 서로 다른 목표들이 평화롭게 공존할 수 있기 때문에 목표 보호 효과는 나타나지 않는다.

벨랑제 등(Bélanger et al. 2013b, 연구 5)은 6장에서 언급한 목표 보호 패러다임을 이용한 가설을 검증했다. 참여자들은 열정 척도에 응답한 뒤 다음 두 조건에 무작위로 할당되었다. 시행의 40%가 잠재의식적으로 점화된(primed) 열정 활동과 동시에 대안 목표의 중요성을 판단해야 하는 높은 수준의 목표 보호 조건, 그리고 시행의 10%가 열정 활동 및 대안 목표와 관련된 낮은 수준의 목표 보호 조건이다. 전체 시행 후 참여자들은 스트룹 과제(Stroop task)라고 불리는 색채 재인 과제를 수행했다. 이 과제에서는 스크린에 나타난 단어의 색상을 소리 내어 말해야 한다. 단어의 색은 단어와 일치할 수도 그렇지 않을 수도 있다. 예컨대 '녹색'이라는 단어는 녹색으로 쓰여 있을 수도 있고 적색으로 쓰여 있을 수도 있는데, 이때 틀리게 말한 개수로 점수를 계산한다. 벨랑제 등의 가설이 옳다면, 강박열정을 가지고 높은 수준의 목표 보호 조건에 있는 참여자들은 다른 조건에 있는 참여자들보다 더 높은 수준의 자아고갈을 경험하고 스트룹 과제에서 더 많은 오류를 범해야 한다. 결과는 [그림 10.3]과 같이 가설을 지지했다. 목표 보호(높은 수준의 목표 압박 조건)가 발동하면 에너지가 고갈되고, 이어서 무의식적으로 에너지 손실이 발생

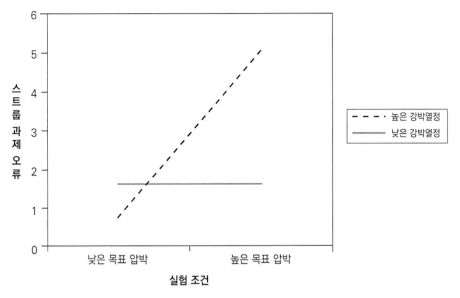

그림 10.3 대안 목표 압박과 강박열정의 실험조건에 따른 수행

출처: 벨랑제 등(2013b, 연구 5)에서 수정

되며, 이는 후속 과제에서의 수행 저하로 이어진다. 그러나 수행을 압박하는 부정적인 효과는 강박열정을 가질 때에만 일어난다. 조화열정을 가지면 목표 보호가 일어나지 않으며 후속 과제에서의 수행 저하가 일어나지 않는다.

요약하면 열정은 장기 수행과 단기 수행에 모두 중요하다. 열정 유형은 수행에 기여할 수 있고, 강박열정은 때로 조화열정보다 더 높은 수행으로 이어질 수 있다. 그러나 강박열정은 종종 자아고갈로 이어질 수 있는 반면 조화열정은 그렇지 않다. 마지막으로 이 장에서 논의된, 열정이 수행에 영향을 미치는 모든 기제는 대인관계에서의 특징 또한 가지고 있다는 점을 강조할 필요가 있다. 호와 폴락(Ho & Pollack 2014)의 최근 연구를 보면, 직장에서 폭넓은 대인관계의 네트워크를 가진 사람들은 판매와 같은 특정 과제에서 더 나은 수행을 보인다. 열정에 대한 연구결과가 수행의 사회적 차원이 중요한 경우에도 나타나는지 재확인하는 후속 연구가 필요하다.

열정과 창의성

파블로 피카소(Pablo Picasso), 지미 헨드릭스(Jimmy Hendrix), 닥터 제이(Julius Erving,

Dr. J.)는 각각 그림, 음악, 스포츠(농구) 분야에서 가장 창의적인 사람들이다. 피카소는 이전에 상상할 수 없었던 세계를 보여줌으로써 회화의 영역을 바꾸어놓았다. 지미 헨드 릭스는 이전에 없었던 사운드를 만들어내는 기타 연주를 들려주었다. 닥터 제이는 중력 의 법칙을 거스르는 것과 같은 새로운 플레이를 펼쳤다. 이들은 모두 각자의 분야에서 탁월했지만 그것만이 아니었다. 그들은 자신만의 특별한 방식을 가지고 있었다. 그들은 독특하고 독창적이며 창의적이었다.

그렇다면 창의성이란 무엇인가? 창의성은 당면한 과제에서 적절하고 독창적이며 양질 의 결과를 산출하는 것을 의미한다(Amabile 1996; Kaufman & Sternberg 2010; Sternberg & Lubart 1999). 창의성은 수행과 관련 있으나 서로 구분되는 구인이다. 예를 들어 어떤 사람이 매우 높은 수행을 보이지만 참신함이나 독창성이 거의 없다면 창의성은 낮을 수 있다. 올림픽 피겨 스케이팅선수의 경우 기술은 완벽하게 구현해도 독창성이 부족하다 면 심판의 눈에 띄는 동작을 보여주지 못할 수 있다. 창의성은 사회 전반에 관여하며 사 회 진보에 필수적이므로(Moran 2010) 따라서 창의성에 관심을 기울일 필요가 있다.

이 절에서는 먼저 열정이 창의성과 관련이 있는지 그리고 어떤 열정이 창의성에 더 도움이 되는지 자세히 살펴볼 것이다. 또한 열정이 창의적 과정에서 어떤 역할을 하는지 그리고 이 과정에서 어떤 요소들이 매개 역할을 하는지 알아볼 것이다.

창의성에 관여하는 열정

열정이 창의성과 관련 있다는 사실은 암묵적으로 알려져 있다(Goldberg 1986). 예를 들어 아마빌과 피셔(Amabile & Fisher 2009)는 창의성을 극대화하기 위해서는 열정을 가 지라고 권고한다. 창의적 과정은 장기적, 단기적 차원에서 힘든 과정이기 때문에 그것 을 끝까지 추구하기 위해서는 열정이 필요하다(Simonton 2010). 밥 딜런이나 마이클 조 던과 같이 피카소, 지미 헨드릭스, 닥터 제이도 처음부터 위대했던 것은 아니다. 그러나 이 세 사람은 자신의 결과가 환영받지 못하던 초기의 힘든 조건을 극복했다. 그들은 결 코 열정을 내려놓지 않았고, 자신이 품었던 독특한 비전에 끝까지 충실했다. 그들의 인 내는 마침내 보상을 얻었다. 세상은 그들을 수용하게 되었고 그들을 매우 독창적이고 그 영역에서 매우 중요한 공헌자로 인정하기 시작했다. 따라서 만약 열정이 수행에 중요하 다면 창의성에서도 중요할 것이다. 실제로 열정은 기술을 연마할 때도 필요하지만, 주류가 아니라는 이유로 다수로부터 거부당할 때 자신의 아이디어, 비전, 행동 방식을 포기하지 않기 위해서도 필요하다. 이렇게 보면 열정은 창의성에 관여하는 것으로 보인다. 과연 그러한가?

라프르니에르, 생 루이, 발러랜드, 도나휴(Lafrenière, St-Louis, Vallerand, & Donahue 2012, 연구 1)는 전문 화가들에게 열정 척도를 실시했다. 이들은 20년 동안 그림을 그려온 사람들로 아마추어가 아니라 그림을 그려 돈을 버는 프로들이다. 직업으로서의 회화는 일정 수준 이상의 창의성이 필요하다. 따라서 20년 동안 회화를 직업으로 삼았던 사람들의 그림은 창의적이라고 볼 수 있다. 연구결과 그들은 자신의 기예에 매우 열정을 가지고 있었다. 이 사실을 강조할 필요가 있다. 이 결과는 다음 두 가지로 나타났다. 첫째, (Philippe et al. 2009 연구에서와 같이) 열정 준거에서 평균 4점 컷오프 기준으로 화가들은 100% 모두 그림에 열정이 있었다. 둘째, 조화열정과 강박열정의 평균은 매우 높았고(7점 척도에서 각각 5.65와 3.78) 분산은 작았다. 따라서 창의적 활동을 통해 직업을 유지하는 사람들은 매우 열정적이라고 볼 수 있다.

창의성을 촉진하는 열정 유형

창의적 과정에 열정이 관여한다면, 어떤 유형의 열정이 창의성을 이끄는가? 앞 절에서 살펴본 바와 같이 두 열정 모두 높은 수행을 이끌었다. 그러나 창의성은 수행과 약간의 차이가 있다. 앞서 언급했듯 창의성은 수행뿐만 아니라 과제와 관련된 독창성과 적절성을 포함한다(Sternberg & Lubart 1999). 예를 들어서 창의적인 기타 연주는 보통의 연주와 달라야 하기도 하고(독창성) 동시에 곡의 나머지 부분과 같은 톤을 가져야 한다(적절성). 그렇지 않다면 소리가 별로이거나 전혀 창의적이지 않을 것이다. 그러므로 앞서 본 것처럼 숙련도를 얻기 위해 (장기적으로) 기술을 연마해야 하지만, 참신성, 독창성, 창의성을 극대화하기 위한 기술도 연마해야 한다. 선행 연구에 의하면 다른 사람의 제약이나 심지어 스스로 부과하는 제약은 창의성에 도움이 되지 않는다(Amabile 1983; Hennessey 2010). 따라서 다른 사람보다 잘하려는 혹은 못하지 않으려는 목표로 활동에 참여하는 것은 높은 수준의 창의성에 도움이 되지 않는다. 이러한 목표는 강박열정의 특징이다. 오히려 자유, 경험에 대한 개방성과 마음챙김을 가지고 활동에 참여하는 것이 필요하다 (Csikszentmihalyi 1988; Hennessey 2010). 이러한 마음의 상태는 조화열정의 특징이므로, 조화열정은 강박열정보다 창의성을 촉진한다고 예상할 수 있다.

언급한 라프르니에르와 동료들의 연구(2012, 연구 1)에서 프로 화가는 창의적일 것이라고 가정했고, 화가의 열정은 그의 작품에 기여하고 따라서 창의성에 기여하는 것으로 보았다. 다른 연구에서는 열정을 창의성과 직접 관련지었다. 예를 들어 타이완의 디자인 전공 학생을 대상으로 실시한 연구에서 루와 루(Luh & Lu 2012)는 디자인에 관한 열정 척도와 창의적 성취에 관한 자기보고를 측정했다(Carson et al. 2005). 상관분석 결과 조화열정과 강박열정 모두 창의성과 정적 관련이 있었다. 시이(Shi 2012)는 중국 직장인들의 혁신 행동에 대한 연구를 수행했다. 직원들은 직무에 관한 열정 척도를, 그들의 상사는 직원들의 혁신성을 평가하기 위해 스콧과 브루스(Scott & Bruce 1994)가 개발한 혁신 행동 측정 척도를 완성했다. 상사가 평가한 결과는 직원의 자기보고 결과보다 더 객관적이다. 상관분석 결과 혁신 행동과 조화열정은 정적 관련, 강박열정은 부적 관련이 있었다.

두 연구결과에서 약간의 차이가 있다. 조화열정은 모두 창의성과 정적 관계가 있었다. 그러나 강박열정은 디자인 전공 학생을 대상으로 한 연구(Luh & Lu 2012)에서는 창의성을 정적으로 예측했지만, 직장인을 대상으로 한 연구에서는 그렇지 않았다(Shi 2012). 리우, 첸, 야오(Liu, Chen, & Yao 2011, 연구 1, 2)에서 열정과 창의성의 관련을 조사했다. 연구 1에서 리우 등은 금속 회사 직원들에게 열정 척도 중 조화열정 하위척도를 실시하고(강박열정은 연구 1에서 조사하지 않았다) 상사에게 직원들의 직무 창의성 수준을 평가하는 13개 문항(Zhou & George 2001)에 응답하게 했다. 문항에는 "이 직원은 문제를 해결하는 창의적인 방안을 제시한다", "이 직원은 새로운 기술, 과정, 제품 아이디어 등을 찾으려 한다" 등이 있다. 상관분석 결과 조화열정은 상사가 평가한 창의성 수준과 정적 관련이 있었다. 이 결과는 참여자의 성별, 연령, 학력, 근무기간, 직위, 작업 단위, 내재/외재 동기 등 여러 변인을 통제해도 마찬가지였다. 연구 2에서는 대형 은행 직원들을 대상으로 종단연구를 수행했고, 직원들은 조화열정, 강박열정이 모두 포함된 열정 척도에, 상사들은 연구 1에서 사용한 것과 동일한 창의성 척도에 응답했다. 연구 1과 같은 통제 변인을 사용한 결과 조화열정은 창의성과 정적 관련이 있었던 반면, 강박열정은 창의성과 무관했다.

리우 등(2011)에서 '자율성 지지–열정–창의성'으로 이어지는 인과관계를 검증했다는 점은 흥미롭다. 열정이원론 및 5장에서 언급한 열정의 결정요인에 대한 선행 연구에 근거하여, 연구자들은 팀 혹은 부서에서 자율성을 지지하면 조화열정이 촉진되고, 조화열정은 다시 상사가 평가한 창의성으로 이어질 것으로 예상하였다. 조화열정은 이 관계를 지지하였으나, 강박열정은 자율성 지지나 창의성과 무관했다. 이 결과는 자율성과 자유를 지지 받는다는 느낌이 조화열정을 키우고 그리하여 창의성 또한 길러진다는 점을 강조하고 있다.

디자인 전공 학생들의 창의성을 다룬 앞의 연구에서 루와 루(2012)는 열정과 창의성을 이어주는 개인 요인을 알아보기 위해, 열정 척도 및 창의적 성취 척도 외에 혁신적 인지 양식 척도인 커톤의 적응-혁신 검사(Kirton Adaption-Innovation Inventory)(Kirton 1976)를 실시했다. 성별 및 연령과 같은 인구통계학적 변인을 통제한 위계적 회귀분석 결과 개인의 인지 양식은 조화열정과 강박열정을 모두 정적으로 예측했지만 조화열정만이 창의성을 정적으로 예측했다.

요약하면 조화열정은 창의성을 촉진하지만 강박열정은 창의성과 무관해 보인다. 또한 일부 개인, 사회 요인들은 조화열정을 이끌며, 이어서 창의성을 간접적으로 촉진한다. 직업 환경에서 자율성을 지지하는 상황이 이 요인 중 하나이다. 5장에서 보았듯 조화열정을 통해 창의성을 촉발되기 위해서는 자율성 지지가 매우 중요하다. 마지막으로 특정한 인지 양식은 조화열정을 경험하게 하고 그 결과 창의성이 발휘된다.

창의성에서 열정, 몰두, 사회적 자존감의 역할

열정, 특히 조화열정이 창의성과 정적 관련이 있음을 살펴보았다. 그렇다면 열정은 어떻게 창의성으로 이어지는가? 첫 번째 절에서 다룬 열정과 수행의 관계에서 볼 수 있듯 인지 과정은 열정이 수행에 미치는 영향을 매개한다. 그러므로 창의성과 관련해서도 비슷한 그림이 나타날 수 있다. 구체적으로 인지적 용량이 크고 인지적 처리 수준이 심층적일수록 자신의 인지 능력과 지식에 충분히 접근하고, 이에 따라 창의성이 발휘된다. 6장에서 보았듯 조화열정은 인지 과정을 정적으로 예측하는 반면 강박열정은 적응적 인지 과정과 관련이 없거나 심지어 부적으로 관련 있다. 또 다른 중요한 요소는 개인을 직접적으로 둘러싼 환경이다. 동료들과 긍정적으로 소통하는 환경에서는 다른 사람이 자신의 아이디어를 조롱하거나 훔칠 것이라는 걱정 없이 자유롭게 아이디어를 공유할 수 있다. 개인 혼자 인지적으로 몰두하여 혁신적인 아이디어를 내는 것만으로는 작업 환경에서 혁신적인 행동을 구현하기에 충분하지 않을 수 있다. 동료를 신뢰할 수 있는 확고한 사회적 자존감도 필요하다. 조화열정은 안정된 자아의식에 뿌리를 두고 있지만 강박열정은 그렇지 않다(또는 그 정도가 덜하다). 따라서 조화열정은 사회적 자존감을 정적으로 예측하지만 강박열정은 사회적 자존감과 부적 관련이 있거나 무관하다고 볼 수 있다. 즉 조화열정은 인지적 몰두와 사회적 자존감을 모두 예측하고, 강박열정은 이 둘과 부적 관련이 있거나 무관할 것이며, 인지적 몰두와 사회적 자존감은 다시 창의성을 정적으로 예측할 것이다.

시이(Shi 2012)는 이러한 가설을 검증하기 위해 중국의 19개 기업 직원들에게 열정 척도, 인지적 몰두 척도(Rothbard 2001), 사회적(이 경우 조직적) 자존감 척도(Pierce & Gardner 2004)를 실시했다. 창의성은 직속 상사가 혁신 행동 척도를 이용하여 평가했다. 경로분석 결과 조화열정은 인지적 몰두와 사회적 자존감을 정적으로 예측했다. 강박열정은 두 변인과 부적 관련이 있었으나 사회적 자존감으로의 경로만 유의했다. 예상대로 인지적 몰두와 사회적 자존감은 상사가 평가한 혁신 행동을 정적으로 예측했다. 요컨대 조화열정은 창의성이 발휘될 수 있도록 하는 개인적이고 적응적인 자기과정(인지적 몰두 및 사회적 자존감)을 만들어냄으로써 창의성을 촉진한다.

창의적 과정에서 열정과 정서의 역할

7장에서 보았듯 조화열정은 과제에 참여하는 동안의 긍정정서에 정적 영향을 미친다. 또한 긍정정서는 창의성을 촉진한다(예: Isen 1987). 따라서 조화열정은 긍정정서를 통해 부분적으로 창의성에 긍정적인 영향을 미칠 것이다. 강박열정은 그렇지 않다. 7장에서 보았던 정서의 기능 중에는 창의적 과정과 관련하여 중요한 것들이 있다. 첫째, 자아와 인지 레퍼토리를 개방하는 기능이다. 바바라 프레드릭슨(Barbara Fredrickson 2009)은 이렇게 말한다. "긍정정서는 우리의 마음과 정신을 열어서 더 수용적이고 **창의적**으로 만든다. 이것이 긍정정서에 관한 가장 중요한 진실이다(저자 강조)(p. 21)." 앨리스 아이센(Alice Isen 1987)은 구체적으로 긍정정서가 창의성에 다음과 같이 기여한다고 가정하였다. (1) 인지적 자료들을 추가로 생성하여 서로 다른 인지적 요소 및 그 상호관련된 연관성을 사용할 수 있도록 촉진한다. (2) 인지적 요소의 폭을 증가시켜 배타적이지 않고 포용적인 아이디어를 창출한다. (3) 긍정정서로 인해 증가된 인지적 유연성을 통해 아이디어 간의 잠재적 연결을 촉진한다. 실제로 많은 연구에서 긍정정서가 중립정서에 비해 전반적으로 창의성을 촉진하는 것으로 나타났다(Amabile 1996; Baas, De Dreu, & Nijstad 2008; Kaufman 2003; Lubart & Getz 1997). 반면 부정정서와 창의성 사이에서는 부적 관련이 있었다(예: Koy & Yeo 2008; Wright, Cropanzano, & Meyer 2004).

둘째, 에너지를 제공하는 기능이다. 이에 낮은 수준으로 활성화된 정서에 대한 연구가 많이 진행되었고, 프레드릭슨(Fredrickson 2000, 2009)이 말한 개방 효과(opening up effect)가 확인되었다. 그러나 높은 수준으로 활성화된 정서(예: 열광)에 대한 연구는 훨씬 적은 편이다. 열정 활동에 참여할 때 열광이나 흥분을 느낀다는 결과(예: Klaukien, Shepherd, & Patzelt 2013; Przybylski et al. 2009; Vallerand, Ntoumanis, et al. 2008, 연구 2)를 보면, 높은 수준으로 활성화된 정서는 창의적 과정 전반에 걸쳐 활동할 수 있는 에너지를 제공한다고 가정할 수 있다(예: Carver 2006). 연구에 따르면 높은 수준으로 활성화된 부정정서(예: 공포, 불안 등)는 창의적 과정을 훼손하지만, 낮은 수준이나 중간 수준으로 활성화된 부정정서는 중립정서에 비해 창의성을 더 낮추지는 않는다(이 효과에 대해서는 Baas, De Dreu, & Nijstad 2008 참조).

이 논의는 창의성에서 정서의 유인가와 활성화 수준이 모두 중요하다는 것을 시사한다. 구체적으로 활성화 수준이 낮은 긍정정서는 자아와 인지 레퍼토리를 개방하는 데 중요한 역할을 하고, 활성화 수준이 높은 긍정정서는 창의적 과정을 처음부터 끝까지 완수하는 데 필요한 에너지를 제공한다. 그러나 활성화 수준이 높은 부정정서는 방해가 된다. 여기서 열정 유형이 정서에 미치는 역할이 흥미롭다. 7장에서 언급했듯, 조화열정은 강박열정보다 긍정정서에 더 도움이 된다. 그러나 조화열정은 활성화 수준이 낮거나 높은 긍정정서를 경험하도록 촉진하는 반면, 일부 연구에 따르면 강박열정은 대체로 활성화 수준이 높은 긍정정서와 관련 있다(Lafrenière et al. 2013). 마지막으로, 7장에서 본 것처럼 강박열정은 활동에 참여하는 동안 부정정서의 경험을 예측하지만 조화열정은 부정정서와 무관하거나 심지어 부적 관련이 있다.

요약하면 조화열정이 창의성에 미치는 긍정적인 효과는 경험적으로 지지된다. 조화열정은 중간 수준과 높은 수준의 정서를 촉진함으로써 (창의적 생산의 질을 보장하는) 개방 효과와 함께 (창의적 과정의 완성을 보장하는) 에너지 효과를 모두 촉진하기 때문이다. 반면에 강박열정은 활성화 수준이 높은 긍정정서에 정적 영향을 미침으로써 에너지 효과를 촉진하여 창의적 과정을 완성하도록 돕는다. 그러나 강박열정이 활성화 수준이 높은 부정정서(예: 실패에 대한 공포)를 포함한 부정정서를 경험하도록 한다는 사실을 고려하면, 이 열정이 만들어내는 창의적 과정이 질적인 측면에서 높지는 않을 것이다.

생 루이와 발러랜드(St-Louis & Vallerand 2015)는 이 질문의 일부를 확인하기 위해서 두 연구를 진행했다. 이들은 성공적인 창의적 과정의 여러 단계에서 조화열정과 강박열정을 가진 예술가들이 경험하는 정서 유형을 조사했다. 창의적 과정은 새롭고 적절한 산출물을 만들어내는 아이디어와 행동을 의미한다(Lubart 2000). 연구자들은 아마빌(Amabile 1996), 메이스와 워드(Mace & Ward 2010)의 연구를 참조하여 창의적 과정의 4단계를 자세히 제시했다. (1) 자료 또는 아이디어 준비, (2) 실제 아이디어를 도출하는 아이디어 생성, (3) 창작/제작, 즉 실제로 작품을 만드는 과정, (4) 프로젝트 완료. 연구 1의 참여자는 다양한 미술 분야(예: 회화, 디자인, 사진, 드로잉)에 종사하는 예술가들이었다. 이들은 열정 척도에 응답한 다음 자신이 성공적으로 수행한 창의적 과정에 대해 묘사하고, 이후 창의적 과정의 각 단계에서 어떤 정서를 얼마나 자주 경험했는지 응답하였다. 정서 척도는 바렛과 러셀의 정서 모형(Barrett & Russell 1998)에서 추출했는데, 여기에는 중간 수준으로 활성화된 긍정정서(예: 행복한, 즐거운)와 높은 수준으로 활성화된 긍정정서(예: 터질 것 같은, 흥분한)가 포함된다. 연구자들은 조화열정 집단과 강박열정 집단(4장 참조)을 나눈 뒤 열정이 창의적 과정의 각 단계에서 정서에 어떤 영향을 미쳤는지, 그 과정에서 우세한 정서 유형은 무엇인지 확인하는 분산분석을 실시했다. 이 연구에서는 성공적인 창의적 과정을 조사하였기 때문에 열정과 정서가 창의성에 어떻게 기여하는지에 대해 중요한 답을 줄 수 있다.

주요 결과는 네 가지이다. 첫째, 성공적인 창의적 과정의 4단계 모두에서 대부분의 예술가들은 중간 수준으로 활성화된 긍정정서를 높은 수준으로 활성화된 긍정정서보다 더 자주 경험했다. 둘째, 두 긍정정서는 창의적 아이디어를 준비하기 위해 가장 많은 개방이 이루어지는 첫 단계에서 가장 큰 차이를 나타냈다. 나머지 세 단계에서는 두 긍정정서의 차이가 크게 두드러지지 않았고, 이는 두 정서가 모두 (개방 기능과 에너지 기능에) 작용했음을 시사한다. 셋째, 전 단계에 걸쳐 조화열정을 가진 예술가들은 중간 수준으로 활성화된 긍정정서를 높은 수준으로 활성화된 긍정정서보다 더 자주 경험하는 것으로 나타났다. 넷째, 강박열정을 가진 예술가들은 중간 수준으로 활성화된 긍정정서와 높은 수준으로 활성화된 긍정정서를 같은 빈도로 경험한 반면, 조화열정을 가진 예술가들은 중간 수준으로 활성화된 긍정정서를 높은 수준으로 활성화된 긍정정서보다 더 자주 경험했다.

　연구 1의 예술가 표본과 유사한 분야의 다른 예술가들을 대상으로 창의적 과정의 4단계에 초점을 맞추어 진행한 두 번째 연구결과(St-Louis & Vallerand 2015, 연구 2)는 연구 1의 결과와 거의 흡사했다. 여기서는 추가로 높은 수준과 중간 수준으로 활성화된 부정정서도 각각 평가했다. 성공적인 창의적 과정에서 부정정서는 자주 나타나지 않기 때문에 상대적으로 찾아보기 어려웠지만, 중요한 것은 창의적 과정의 4단계 모두에서 강박열정을 가진 예술가들이 조화열정을 가진 예술가들보다 부정정서를 더 많이 경험했다는 점이다. (높은 수준으로 활성화된) 부정정서는 창의적 과정에 해롭기 때문에(Baas et al. 2008), 강박열정은 그것이 가져오는 부정정서를 통해 창의성을 낮춘다고 볼 수 있다. 긍정정서와 부정정서의 상대적인 역할, 그리고 실패한 창의적 과정에서 조화열정과 강박열정이 정서에 어떻게 영향을 미치는지 확인하기 위한 후속 연구가 필요하다.

　위의 두 연구는 예비 연구에 가깝기 때문에 결론을 내리기에 앞서 후속 연구를 통해 연구결과를 재확인해야 한다. 그렇기는 해도 이 결과는 열정과 정서 그리고 정서와 창의성의 관계에 대한 선행 연구들과 일치하며, 그런만큼 창의적 과정에 대해 중요한 시사점을 준다. 첫 번째 시사점은 창의성에 긍정정서가 미치는 영향에 관한 것이다. 정서이론가들(Fredrickson 2000; Isen 1987)은 긍정정서가 성공적인 창의적 과정과 관련 있다고 본다. 그러나 이 이론가들은 긍정정서의 활성화가 중간 수준일 때와 높은 수준일 때를 구별하지 않았다. 현재 연구결과를 볼 때 이 구분은 다음과 같은 이유에서 중요하다. 중간 수준으로 활성화된 정서(예: 행복한, 유쾌한)는 모든 단계에서 중요하지만, 특히 창의적인 아이디어를 탐색하고 인지 레퍼토리를 충분히 개방해야 하는 첫 단계에서 그렇다. 높은 수준으로 활성화된 긍정정서(예: 흥분)는 첫 단계에서는 그다지 유용하지 않다. 그러나 창의적 아이디어가 나온 이후의 단계에서는 높은 수준으로 활성화된 긍정정서가 더 중요해지고 이는 중간 수준으로 활성화된 긍정정서와 함께 결실을 맺을 수 있게 한다. 높은 수준으로 활성화된 긍정정서는 창의적 아이디어를 가지고 완성 단계로 가는 창의적 과정의 모든 단계에 높은 수준의 에너지를 제공하기 때문에 중요하다. 두 번째 시사점은, 부정정서는 긍정정서보다 경험할 가능성이 높지 않아 성공적인 창의적 과정에 관여하는 것 같지 않다는 것이다. 이 연구결과는 부정정서, 특히 높은 수준으로 활성화된 부정정서에 관한 선행 연구들과 일치한다(Baas et al. 2008 참조). 실패한 창의적 과정에 부정정서가 어떻게 관여하는지 확인하기 위한 후속 연구가 필요하다.

마지막 시사점은 정서에서 열정의 역할과 관련 있다. 생 루이와 발러랜드(2015)의 연구에서는 성공적인 창의적 과정과 관련된 정서 패턴이 무엇인지 알아보았다. 여기서 조화열정은 강박열정보다 창의적 과정을 더 촉발한다. 또한 조화열정을 가진 사람들은 부정정서는 매우 낮은 빈도로 경험하고, 중간 수준으로 활성화된 긍정정서는 높은 빈도로 경험하며, 그리고 이보다 더 높은 수준(중상 수준)으로 활성화된 긍정정서는 더 높은 빈도로 경험한다. 이것은 창의성을 낳는 정서 상태가 어떤 것인지 보여준다. 실제로 조화열정은 두 가지 긍정정서에 이르는 길을 열어주어 창의적 과정 전반에 걸친 적응적 자기과정을 가능하게 한다. 강박열정은 중간보다 높은 수준으로 활성화된 긍정정서를 촉진하고 두 가지 부정정서를 경험하게 하기 때문에 정서 패턴이 덜 적응적이다. 다시 말해 조화열정을 가진 사람들이 창의성을 더 발휘하는 이유 중 하나(예: Liu et al. 2011; Shi 2012)는, 강박열정을 가진 사람들보다 더 높은 수준의 창의성을 만들어내는 정서 패턴을 경험하기 때문이라고 할 수 있다. 여기서 열정과 정서가 다시 한번 밀접하게 얽혀 있음을 알 수 있다.

요 약

열정은 수행에서 중요한 역할을 한다. 조화열정과 강박열정은 서로 다른 경로를 통해 높은 수행으로 이어진다. 장기 수행은 몇 년에 걸쳐서 의도적 연습을 통해 얻을 수 있다. 몇 달, 몇 년에 걸쳐 그런 연습에 참여하게 하는 것이 열정이다. 또한 성취목표 중에 특히 숙달 목표가 중요한 역할을 한다. 단기 수행은 인지 과정의 양과 질(즉 높은 수준의 몰두와 주의집중)에 의해 촉진되며, 조화열정은 이러한 양과 질에 도움이 된다. 강박열정이 조화열정보다 더 높은 수행으로 이어지는 상황이 한 가지 있다. 즉 과제를 수행하는 자신의 능력에 대해서 부정적인 정보가 주어지고 열정 활동이나 자기관련 활동에서 실패에 대한 두려움을 경험할 때이다. 마지막으로 열정은 창의성과 관련하여 중요하다. 창의성에는 강박열정보다는 조화열정이 더 도움이 된다. 조화열정은 긍정정서를 일으키고 부정정서를 보호하는 긍정적인 효과를 가지기 때문이다.

열정의
사회적 결과

열정과 대인관계

Passion and Interpersonal Relationships

지금까지는 인지, 정서, 심리적 행복, 건강, 수행, 창의성과 같은 열정의 개인적 결과를 살펴보았다. 이제 4부에서는 열정이 타인과 사회 전반에 미치는 결과를 집중적으로 살펴볼 것이다. 구체적으로 11장에서 대인관계에 대한 열정의 역할을, 그리고 12장에서 집단관계 혹은 사회적 결과에 대한 열정의 역할을 알아본다. 11장에서는 먼저 열정이 대인관계에서 얼마나 중요한지 알아본다.

관계는 개인에게 매우 중요하다. 소속감 욕구(Baumeister & Leary 1995)나 관계 욕구(Deci & Ryan 2000)는 선천적이라고 말하는 이론에서 볼 수 있듯 타인과의 관계는 매우 중요하다. 이러한 욕구 때문에 우리는 수많은 타인과 관계를 맺으며 지속적으로 상호작용한다. 직장에서 상사들과, 학교에서 교사 또는 친구들과, 취미활동에서 동호인 또는 낯선 회원들과 그리고 가정에서 부모, 파트너, 자녀 등 가족들과 상호작용한다. 열정은 이 모든 관계에 긍정적 또는 부정적 영향을 줄 수 있다. 열정 활동은 삶의 중심을 차지하기 때문에 이는 당연한 것이며(Vallerand 2010; Vallerand et al. 2003, 연구 1) 그런 만큼 열정 활동은 우리가 맺는 관계에도 밀접한 관련이 있다.

대인관계에서 열정이 중요한 영향을 미치는 세 가지 측면이 있다. 첫째, 특정 활동에서의 열정은 그 활동의 범위 내에서 상호작용하는 사람들과의 관계에 영향을 미친다. 예를 들어 학자의 연구 열정은 동료 학자나 대학원생과 우정을 나누고 유지하는 데 영향을 준다. 둘째, 특정 활동에서의 열정은 그 활동을 벗어나 다른 영역에서 맺고 있는 관계에도 영향을 미친다. 연구에 대한 강박열정 때문에 가족과의 관계가 소홀해질 수 있다. 마지막으로 열정은 낭만적 관계에도 영향을 미친다. 여기서 열정은 사람에 대한 열정, 즉 사랑하는 사람 및 관계에 대한 열정을 말한다. 이 세 가지 경우에서 열정이 유도하는 결과는 크고 중요하며, 이하에서 이 주제들을 차례로 다룬다.

활동 내의 대인관계와 열정의 영향

열정 활동은 대부분의 사회 환경 안에서 이루어진다. 르코크와 리메의 연구(Lecoq & Rimé 2009, 연구 2)에 의하면 83%의 사람들은 적어도 한 명 이상과 함께 활동에 참여한다. 따라서 활동에 열정을 품는 것은 그 활동을 같이하는 사람에게 하는 행동과 관련 있다. 이 절에서는 열정이 대인관계에 미치는 영향을 세 가지로 살펴볼 것이다. 첫째, 열정이 관계의 발전과 유지에 미치는 영향, 둘째, 성취 관련 상황의 도덕적 행동에 미치는 영향, 셋째, 함께하는 사람에 대한 공격적 행동에 미치는 영향이 그것이다.

우정의 발전과 유지

활동에 참여하는 동안에는 비슷한 지위에 있는 동료나 높은 지위에 있는 감독자(교사, 코치, 상사)들과 상호작용하게 된다. 이 두 가지 종류의 관계를 살펴보자.

열정 그리고 지위가 비슷한 사람들과의 우정

열정을 가진 사람은 에너지가 넘치며 따라서 다른 사람들에게 매력적으로 보이기 때문에 더 양질의 우정을 나누게 된다. 열정 유형은 새로운 관계에 어떠한 역할을 하는가? 일, 스포츠, 공부와 같이 다양한 상황에 대한 연구가 이루어졌다. 한 연구(Philippe, Vallerand, Houlfort, Lavigne, & Donahue 2010, 연구 3)에서는 1주일 동안의 농구 캠프에서 선수들이 맺는 새로운 대인관계의 질에 열정이 어떤 영향을 주는지 추적했다. 연구에서는 캠프의 시작과 끝에 열정 척도를 측정하고, 캠프에 참여하는 동안 선수들이 새롭게 맺은 관계의 질을 평가하기 위해 대인관계의 질(Quality of Interpersonal Relationship Scale; QIRS)(Senécal, Vallerand, & Vallières 1992)을 측정했다. 이 척도는 다른 사람과 맺고 있는 관계(이 연구에서는 캠프에 참여한 다른 선수들)가 얼마나 풍부하고 만족스러운지를 평가한다. 상관분석 결과 선수들은 조화열정을 가질수록 캠프 기간에 매우 양질의 새로운 우정을 발달시켰다. 강박열정은 관계의 질에 영향을 주지 않았다. 그러므로 조화열정은 양질의 새로운 관계를 발전시키는 데 긍정적인 영향을 미치는 것으로 보인다. 한 학기 동안 스터디 팀을 같이 한 학생들을 대상으로 한 연구에서도 이와 유사한 결과가 나타났다(Philippe, Vallerand, Houlfort et al. 2010, 연구 4). 이 연구는 이하에서 더 자세히 다룬다.

그렇다면 열정은 이미 오래전부터 상호작용을 하고 있는 사람들과의 관계에는 어떤 영향을 주는가? 새로운 관계를 형성할 때와 같은 방식으로 영향을 줄 것인가? 한 가지 가능성은 이렇다. 열정을 가진 사람의 인기는 비록 처음에는 매우 높을지 몰라도, 시간이 흐르면서 점점 하락할 가능성이 있다. 그들이 보여주는 열의와 강렬함에 질려버리고 열정 활동에 대한 이야기에 싫증을 느끼기 때문이다. 특히 강박열정이 우세하면 이렇게 될 가능성이 크다. 반대로 조화열정이 우세하면 긍정적인 관계를 계속 유지할 수 있다. 앞서 살펴보았듯(Verner-Filion et al. in press) 조화열정을 가지면 좀 더 침착하고 평온할 수 있기 때문이다. 따라서 두 열정은 이미 형성된 관계에도 각기 다른 영향을 미친다.

우츠, 요나스, 톤켄스(Utz, Jonas, & Tonkens 2012)는 ≪월드 오브 워크래프트≫와 같은 MMORPG(다중접속 온라인 게임)에 관한 연구에서 게이머들에게 열정 척도, 온라인에서의 친구 수와 관계의 질, 매주 함께 게임하는 시간에 응답하게 하였다. 주당 게임 시간을 통제한 회귀분석 결과 조화열정과 강박열정 모두 온라인에서의 친구 수를 정적으로 예측했다. 그러나 오직 조화열정만이 이 우정의 질을 정적으로 예측했다. 이미 형성된 우정의 질에 대한 결과는 일과 여가 활동에 대한 연구(Philippe, Vallerand, & Houlfort et al. 2010)에서도 유사하게 나타났다. 또한 파라디스, 마틴, 카론(Paradis, Martin, & Carrón 2012)의 연구에서는 여가 혹은 경쟁 스포츠에서 조화열정이 강박열정보다 더 높은 수준의 응집력을 보였다. 마지막으로 스텐셍, 포레스트, 큐란(Stenseng, Forest, & Curran 2014)의 연구에서는 여가 스포츠를 즐기는 선수 중 강박열정이 아닌 조화열정이 소속감을 예측했다. 그러므로 열정, 특히 조화열정은 활동 영역 내 양질의 관계를 발전시키고 유지하는 데 기여한다.

조화열정이 양질의 관계를 발전시키고 유지하는 데 도움이 된다면, 어떤 과정이 개입하였기 때문일까? 달리 말해 조화열정은 긍정적인 관계를 어떻게 촉진하고, 반대로 강박열정은 긍정적인 관계를 어떻게 방해하는가? 7장에서 보았듯 사람들은 조화열정이 작용할 때 긍정정서를 경험하지만 강박열정이 작용할 때에는 부정정서를, 기껏해야 긍정과 부정이 뒤섞인 정서를 경험한다. 정서가 우리의 정서 상태를 다른 사람에게 전달하도록 만드는 사회적 기능을 한다는 사실은 매우 중요하다(Frijda & Mesquita 1994). 따라서 축구와 같은 단체경기에 참여할 때 긍정정서를 경험하는 것은 남들과 친해지는 데 도움이 된다. 사람들은 대개 행복한 사람과 친하게 지내기를 원하기 때문이다. 또한 7장에서 본 확장 및 형성 이론에 의하면 긍정정서는 자신을 개방하게 만들 뿐만 아니라(자아에 온전히 접근하도록 만들 뿐만 아니라), 주변 환경과 타인에게도 개방하게 만든다(Fredrickson 2001; Waugh & Fredrickson 2006 참조). 이러한 긍정적인 상태에 있는 사람들은 미소와 웃음과 스킨십을 나누며 활동에 적극적으로 참여한다. 이들은 긍정적인 관계를 맺을 수 있도록 다른 사람에게 마음을 열고 다른 사람에게 맞추려 한다(Waugh & Fredrickson 2006 참조). 이 현상은 '매직 존슨 효과'라고 불린다. LA 레이커스의 올스타였던 매직 존슨(Magic Johnson)은 멋진 경기를 펼치면서 다른 사람을 향해 웃고 동료들과 하이파이브를 나누고 서로의 등을 두드리면서 긍정정서를 한껏 나누었기 때문이다. 매직 존슨은 동료는 물론이고 상대팀 선수와도 오랫동안 좋은 관계를 유지했다.

여기서 부정정서의 영향을 다시금 언급할 필요가 있다. 긍정정서는 다른 사람들에게 긍정적인 신호를 보내고 타인과 충분히 좋은 관계를 맺는 방식으로 우리를 개방한다. 이에 비해 부정정서는 반대의 신호를 보낸다. 부정정서는 대부분 정서를 경험하는 사람에게 뭔가 잘못되었다는 신호를 준다. 따라서 상황을 바로잡기 위해서 무엇이 잘못되고 있는지 생각하는 동안 일을 멈추거나 움츠러들게 된다(Mandler 1975). 부정정서는 자아를 개방하지 않고 제한한다. 그래서 부정정서를 경험하는 사람은 방어적이고 복지부동하며 타인에게 무관심하고 낯을 가리고 행복한 표정을 짓지 않는다. 사람들은 대개 불행한 사람과는 상호작용하고 싶지 않기 때문에, 행복해 보이지 않는 사람들은 다른 사람들과 친해지기 어렵다(Fowler & Christakis 2008). 이 경우는 다른 사람들과 관계를 맺고 우정을 발전시키기 위한 최적의 조건이 아니다.

열정이원론에서는 다음과 같이 가정한다. 조화열정은 상황에 따른 긍정적인 경험을 증진시키기 때문에 양질의 관계를 만들어낸다. 역으로 강박열정은 긍정정서와 무관하거나 약한 관련이 있고, 부정정서와 정적 관련이 있기 때문에 열정 활동 안에서 양질의 관계를 경험하는 데 방해가 될 것이다.

필리페, 발러랜드, 홀포트 등(Philippe, Vallerand, Houlfort et al. 2010)은 열정과 대인관계에 대한 일련의 연구를 통해 이 가설을 검증하였다. 앞서 언급한 스터디 팀에 대한 연구(Philippe, Vallerand, Houlfort et al. 2010, 연구 4)에서는 처음에 별로 친하지 않았던 경영학과 스터디 팀을 대상으로 학기초에 경영학에 대한 열정 척도, 15주 후 학기말에는 그동안 스터디 팀에서 경험한 긍정정서와 부정정서 및 대인관계의 긍정적 측면(소속감)과 부정적 측면(고립감)을 측정했다. 또한 참여자들은 팀원들 각각에 대한 대인관계의 긍정적, 부정적 측면에 응답했다. 여기서 조화열정은 한 학기 동안 경험한 긍정정서를 정적으로 예측하고 부정정서를 부적으로 예측할 것으로 기대되었으며, 반대로 강박열정은 긍정정서와는 무관하고 부정정서를 정적으로 예측할 것으로 기대되었다. 또한 스터디 팀에서 경험한 긍정정서와 부정정서는 참여자와 팀원들이 보여주는 대인관계의 긍정적, 부정적 측면을 예측할 것으로 기대되었다. 구조방정식모형 분석 결과 [그림 11.1]과 같이 가설이 지지되었다(이러한 관점을 뒷받침하는 다른 연구는 Philippe et al. 2010 참조).

필리페 등(2010)의 연구는 다섯 가지 측면에서 중요하다. 첫째, 열정은 활동을 통해 만들어가는 관계의 질에 **처음부터** 영향을 미친다. 활동에 대한 열정은 새로운 친구를 사귀는 것으로 이어진다. 둘째, 관계의 긍정적인 효과는 강박열정이 아닌 조화열정에서

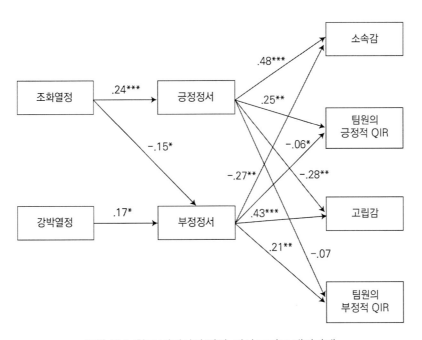

그림 11.1 활동 내에서의 열정, 정서 그리고 대인관계
주: QIR-대인관계의 질
출처: 필리페 등(2010, 연구 4)에서 수정

비롯된다. 실제로 강박열정은 새로운 친구를 사귀는 것을 방해할 수 있다. 셋째, 조화열정과 강박열정은 각각 긍정정서와 부정정서를 통해 대인관계에 서로 다른 영향을 미친다. 긍정정서는 관계의 질을 개선하는 반면 부정정서는 관계의 질을 약화시킨다. 넷째, 좋은 관계를 새롭게 형성하는 것과 그러한 관계를 유지하는 것에는 동일한 과정이 작용한다. 즉 긍정정서와 부정정서는 각각 조화열정과 강박열정이 대인관계에 미치는 효과를 매개한다. 마지막으로 필리페 등의 연구에서 나타났듯 이러한 정서적 과정은 열정을 가진 사람들에게서만 경험되는 것이 아니라 활동에 같이 참여하는 사람들에게서도 경험된다. 즉 열정이 관계의 질에 미치는 효과는 그 사람뿐만 아니라 그 활동을 함께하는 다른 사람들에게도 확장된다. 정서는 본질적으로 사회적이다. 따라서 다른 사람들은 우리의 기분이 좋다는 것을 알 수 있고, 그럴 때 그들은 우리를 향해 더 많이 다가오고 우리는 그들을 향해 더 많이 다가갈 수 있다. 결국 이러한 과정은 우리 자신에게도 타인에게도 긍정적인 관계를 더 많이 만들어 준다. 정서이론가(예: Frijda 2007)들의 주장처럼 정서는 대인관계를 포함하여 사회적으로 중요한 기능을 한다.

열정 그리고 지위가 다른 사람들과의 관계

이상의 연구들에서는 같은 팀원이나 동료들과의 관계를 다루었다. 이러한 관계는 동등한 위계를 보이며 그 누구도 다른 사람보다 높은 지위를 가지고 있지 않다. 그러나 동등한 지위 관계에서 나타난 원칙들이 지위가 다른 관계에도 적용될 수 있을까? 연구들에 따르면 열정은 교사와 학생, 상사와 부하, 코치와 선수의 관계에서도 중요하다(Jowett, Lafrenière, & Vallerand 2013; Lafrenière, Jowett, Vallerand, Donahue, & Lorimer 2008, 연구 1, 2). 이 연구들에서는 관계의 질, 그리고 코치와 선수의 열정을 동시에 측정하였다. 라프르니에르 등(2008)에서는 열정이 코치-선수 관계의 질에 미치는 역할을 알아보았다. 먼저 연구 1에는 영국 선수들을 대상으로 열정 척도와 코치-선수 관계 설문지(Coach-Athlete Relationship Questionnaire)(Jowett & Ntoumanis 2004)를 실시하였다. 이 설문지는 선수들이 지각한 코치와의 관계의 질을 여러 지표들을 통해 평가하는 척도이다. 연구결과 선수들의 조화열정은 코치와의 관계가 만족스러움을 나타내는 지표와 대부분 정적으로 관련되고, 강박열정은 이들 지표와 일부 부적으로 관련되거나 무관한 것으로 나타났다.

다른 연구에서는 코치의 열정이 선수들과의 관계 행동에 어떤 영향을 미치는지 살펴보았다. 카펜티어와 마고(Carpentier & Mageau 2014)에서 강박열정을 가진 코치는 선수들에게 변화지향적인 피드백을 더 많이 제공함으로써 통제적 특성을 보이는 것으로 나타났다. 다시 말해 그러한 코치들은 '통제적인 과잉 코칭'이라고 불리는 행동을 더 많이 한다. 코치의 이러한 행동은 선수들과의 관계의 질에 영향을 미칠 가능성이 크다. 실제로 이런 행동은 선수들이 스스로 자신의 행동을 바꿀 수 있는 자율성을 경험하기 어렵게 함으로써 어느 순간 코치에게 분노를 느끼도록 만든다.

라프르니에르 등(2008, 연구 2)은 코치와 선수를 대상으로 필리페 등(2010)의 연구에서 얻은 결과를 재현하였다. 연구자들은 다양한 스포츠에 종사하는 100명 이상의 프랑스계 캐나다 코치들을 대상으로 열정 척도와 선수들과의 관계의 질을 평가하는 척도, 대인관계의 질 척도(Quality of Interpersonal Relationship Scale)(Senécal et al. 1992)를 실시했다. 코치들은 선수를 지도할 때 경험하는 정서에 대한 척도에도 응답했다. 상관분석 결과 조화열정은 관계의 질과 징직 상관을 보였지만 강박열정은 그렇지 않았다. 이어지는 경로분석 결과가 앞서 논의한 필리페, 발러랜드, 홀포트 등(2010)의 결과와 매우 일치하였다는 점은 흥미롭다. 즉 조화열정은 긍정정서를 예측했고, 긍정정서는 다시 선수들과의 관계의 질을 예측했던 반면, 강박열정은 긍정정서 또는 관계의 질과 무관했다.

라프르니에르 등(2008)의 결과는 열정이 '상사-부하' 관계의 질에 중요하다는 사실을 보여준다. 또한 이 결과는 동등한 지위의 사람들과의 관계에서 열정의 효과가 매개된 것(Philippe, Vallerand, Houlfort et al. 2010)과 유사한 과정이 '지위가 높은' 사람들과의 관계에서도 나타난다는 것을 보여준다. 라프르니에르 등의 연구에서는 부정정서를 측정하기 않았기 때문에 강박열정에서 부정정서에 이르는 또는 부정정서에서 관계의 질에 이르는 경로를 검증하지 못했다는 점을 유념할 필요가 있다. 학교나 직장에서 지위가 다른 사람들과 맺는 다양한 관계에서 이러한 결과가 유사하게 나타나는지 후속 연구에서 재확인할 필요가 있다.

열정과 도덕적 행동

도덕적 행동은 대인관계와 관련이 높다. 투리엘(Turiel 1983)은 타인의 권리와 안녕에 영향을 미치는 행동을 도덕적 행동으로 분류하였다. 그러므로 도덕적 영역에서 어떻게 행동하느냐는 타인에게도 중요한 의미가 있다. 예를 들어 상대평가에서 저지르는 부정행위는 다른 학생이 A를 받을 기회를 뺏는 기만적 행동이다. 또한 그러한 행동은 부정행위를 한 사람과 부정행위를 당한 사람들 사이의 관계의 질에 좋지 못한 영향을 미칠 수 있다. 따라서 도덕적 행동은 대인관계와 높은 관련이 있다.

이 논의에서 중요한 것은 열정이 도덕적 행동과도 관련 있다는 점이다. 열정을 가진 사람들은 성취 상황에서 많은 위험을 감수한다. 열정 활동은 실제로 그들의 정체성을 이루기 때문에 그 활동을 잘하지 못한 결과는 자아의식에 부정적인 의미를 준다. 그러나 우세한 열정이 무엇인지에 따라 같은 상황이라도 상당히 다르게 행동할 수 있다. 강박열정이 작용하는 경우, 활동에 더 많은 자기가치 수반성(self-worth contingency)을 가지게 된다(Mageau, Carpentier, & Vallerand 2011). 즉 자아의식은 수행 결과에 크게 의존한다. 따라서 강박열정은 실패(와 그에 따른 자존감 상실)를 피하기 위해 비도덕적인 행동을 하거나 성공을 통해 자존감을 높이려 한다. 반면 조화열정은 자기가치 수반성을 가지지 않으며(Mageau et al. 2011), 통합된 자아와 적응적 자기과정에 강하게 연결되어 있어서 도덕적 이상을 따르고 부정적인 결과를 더 많이 수용할 수 있게 하고, 자아의식을 보호할 때 나오는 부정행위를 막아준다. 따라서 조화열정이 우세한 사람들은 같이 활동하는 타인을 존중하고 부정행위를 통해 그들을 부당하게 이용하지 않으며 도덕적인 그리고 긍정적인 관계를 맺는다.

만약 열정이 도덕적 행동에 영향을 미친다면, 그 과정은 어떤 특성을 갖는가? 두 열정이 각각 자아와 연결되는 방식의 차이는 열정을 가진 개인이 어떤 유형의 자기관련 정서를 경험하는지를 시사한다. 도덕적 행동과 특히 관련 있는 자기관련 정서는 자부심(Niedenthal et al. 2006)이다. 연구자들(예: Tangney, Stuewig, & Mashek 2007)에 따르면 자부심(pride)은 현재 우리의 자아의식을 보여주는 바로미터일 뿐만 아니라 적절한 행동을 하도록 강화하는 역할을 한다. 7장에서 보았듯 두 열정은 모두 자부심과 정적으로 관련 있다(예: Grenier et al. 2014; Vallerand, Ntoumanis, et al. 2008, 연구 2). 자부심은 자기관련 정서이고 열정은 본질적으로 자기와 관련이 있기 때문에 이는 충분히 예상가능하다. 최근 연구에서 두 종류의 자부심(예: Tracy & Robins 2007) 즉 진정한 자부심과 오만한 자부심을 구분한다는 점은 흥미롭다. 진정한 자부심(authentic pride)은 성취에 근거하며 진정으로 자기가치를 느끼는 것을 의미한다. "나는 게임을 할 때 대개 성취감을 느낀다"라고 말한다면 진정한 자부심이 발휘된 경우이다. 이러한 유형의 자부심은 자존감, 장기 목표 달성, 더 나은 사회적 상호작용, 친사회적 행동과 연관된다(Carver et al.

2010; Tracy et al. 2009; Tracy & Robins 2007). 반면 오만한 자부심(hubristic pride)은 성취에 근거하지 않은, 왜곡되고 과장된 자기관점을 반영한다. "나는 게임을 할 때 대개 내가 잘났다고 느낀다"라고 말한다면 오만한 자부심이 발휘된 경우이다. 이러한 유형의 자부심은 자아도취적인 자기과장(self-aggrandizement), 단기 목표 달성, 공격적이고 반사회적인 행동과 연관된다(Carver et al. 2010; Tracy et al. 2009).

두 자부심은 서로 다른 도덕적 기능을 한다는 점에서 특히 중요하다. 예를 들어 진정한 자부심은 수용 가능한 판매전략 실행이나 긍정적인 시민 행동과 같은 도덕적 행동을 촉진하는 것으로 밝혀졌다(Verbeke et al. 2004). 반면 오만한 자부심은 공격성 및 적대감과 연관된다(Tangney 1999). 열정은 두 자부심에 중요하다. 열정적인 사람들은 시간을 두고 그 활동을 지속하기 때문에 기술과 지식이 향상되어 그 활동을 잘하게 된다. 그 결과 조화열정과 강박열정은 대체로 진정한 자부심의 요소인, 활동에 대한 자신감과 성취감의 경험으로 이어진다(Tracy & Robins 2007). 강박열정은 사람들로 하여금 다른 사람들보다 우월하다고 느끼는 투사된 자아와 방어적인 활동 방식을 채택하도록 이끈다. 이런 우월감을 갖는 사람들은 오만한 자부심을 경험한다. 또한 자존감이 활동을 잘하느냐 못하느냐에 수반된다는 사실(Mageau, Carpentier, & Vallerand 2011)을 감안하면 강박열정을 가진 사람들은 실패에 따르는 자존감의 위협을 최소화하기 위한 수단으로 자신을 과장할 수 있다. 조화열정을 가진 사람들은 자율적으로 활동에 참여하고 활동을 스스로 통제하며 그 활동에 수반되는 것이 없기 때문에 그렇지 않다. 요약하면 조화열정과 강박열정 둘 다 진정한 자부심을 예측하지만 강박열정만이 오만한 자부심을 예측할 것으로 예상된다. 또한 진정한 자부심은 도덕적 행동을 촉진하지만 오만한 자부심은 도덕적 행동을 저해할 것으로 예상된다.

뷰로 등(Bureau et al. 2013, 연구 1, 2)은 이 가설을 검증하기 위해 두 연구를 수행했다. 두 연구가 매우 유사한 결과를 도출했기 때문에 이하에는 연구 2만 제시한다. 이 연구에서는 영국의 상위권 운동선수들을 대상으로 열정 척도와 도덕적, 비도덕적 행동을 측정하는 척도를 실시하였다. 또한 선수들은 두 종류의 자부심을 측정하는 자부심 척도(Pride Scale)(Tracy & Robins 2007)에 응답하였다. 구조방정식모형 분석 결과 가설은 지지되었으며 구체적으로 두 열정이 모두 진정한 자부심으로 이어졌고, 강박열정만이 다시 오만한 자부심을 예측했다. 이어지는 진정한 자부심은 도덕적 행동을 예측했고, 오만한 자부심은 비도덕적 행동을 정적으로, 도덕적 행동을 부적으로 예측했다. 이 결과는 [그림 11.2]에 제시되어 있다.

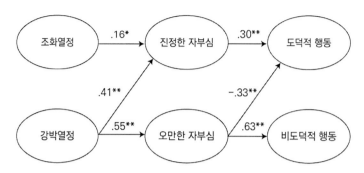

그림 11.2 열정-도덕적 행동의 관계에서 자부심의 매개 역할

출처: 뷰로 등(2013, 연구 2)에서 수정

뷰로 등(2013)의 결과는 열정이 도덕적, 비도덕적 행동에 중요하며 열정 유형이 성취 상황에서 개인이 어떤 행동을 취하는가에 영향을 미친다는 점을 시사한다. 또한 이 결과는 안정적인 자아의식(진정한 자부심) 또는 불안정한 자아의식(오만한 자부심)과 관련된 정서가 열정과 도덕적/비도덕적 행동을 매개함을 보여준다. 후속 연구에서는 다양한 맥락에서의 종단설계 및 실험설계를 통해 이러한 결과가 다른 유형의 도덕적/비도덕적 행동에서도 유사하게 나타나는지 확인할 필요가 있다.

열정과 공격성

10장에서 보았듯 강박열정은 위협 상황에서 실패를 피하기 위해 활기차게 행동하도록 이끈다. 이는 수행 결과를 통제할 수 있을 경우에 가능하며, 따라서 적어도 순간적으로는 이 전략을 통해 단기 수행을 향상시킬 수 있다. 그러나 때로는 수행 결과를 통제할 수 없는 경우가 있다. 중요한 목표에 강박열정을 가지고 융통성 없이 매달렸다가, 누군가가 그 목표를 위협하거나 좌절시킨다면 어떻게 될까? 이 경우 성공을 위해 또는 최소한 실패를 피하고 위협적인 결과에서 벗어나기 위해 공격적 행동이 나타날 수 있다. 이러한 상황에서 나타나는 공격적 행동에 열정이 어떤 역할을 하는지 알아본 연구들이 있다.

경쟁 상황에서의 열정과 도구적 공격성

경쟁 상황은 대체로 제로섬(zero-sum) 게임이다. 즉 내가 이기면 상대편이 지고 그 반대도 마찬가지다. 앞서 지적한 바와 같이 패배는 자아와 정체성에 중대한 부정적인 의미를 주기 때문에, 강박열정이 우세한 사람들은 이 바람직하지 않은 상황을 피하기 위해 공격적 행동을 할 수 있다. 어떤 상황에서는 공격성이 유도되는 경우도 있다. 따라서 강박열정은 특별히 상대방에게 부정적인 느낌이나 분노가 없음에도 상대방의 승리를 막기 위한 소위 도구적 공격성(instrumental aggression)에 관여하게 할 수 있다. 도구적 공격성(Berkowitz 1993)은 상대가 이기는 것을 (그리고 내가 지는 것을) 막기 위해 하키에서 팔꿈치로 얼굴을 가격하며 경기력을 떨어뜨리고자 상대방을 전략적으로 방해하는 것과 같다. 조화열정을 가진 사람들은 부정적인 결과(지는 것)에 마음챙김을 가지고 대면할 수 있기 때문에 패배를 피하기 위해 공격적으로 행동할 필요가 없다.

도나휴, 립, 발러랜드(Donahue, Rip, & Vallerand 2009)는 이러한 가설을 검증하기 위한 연구를 실시했다. 연구 1에서는 대학 농구선수들을 대상으로 열정 척도와 경기 중 공격적 행동의 수준을 평가하는 척도, 브레드미어 운동선수 공격성 평가 척도(예: Bredemeier Athletic Aggression Inventory)(Bredemeier 1985)를 실시했다. 연구결과는 가설과 일치하였으며, 대체로 강박열정을 가진 선수들이 조화열정을 가진 선수들보다 더 공격적으로 행동한다는 것을 확인했다.

연구 2에서는 강박열정을 가진 운동선수들이 특히 어떤 상황에서 공격적 행동을 보일 가능성이 높은지 알아보았다. 연구자들은 열정이원론에 근거하여 자신의 유능감과 정체성이 위협받았을 때에 공격적 행동이 더 많이 일어난다고 예상하였다. 실제로 공격적 행동은, 위협받는 자아본위[1](threatened egotism, 자신에 대한 우호적인 평가가 외부의 부정적인 평가에 의해 위협받을 때 나타나는 것)(Baumeister, Bushman, & Campbell 2000)에서 나타난다. 자기관점이 위협을 받는 경우 사람들은 긍정적인 자기관점을 지키기 위해 공격적으로 행동하기 위한 동기를 가지게 된다(Steel 1988). 현재 상황에서 공격성이 성공(또는 최소한 실패를 방지)을 가져온다고 기대할 수 있을 때 더욱 그렇다. 또한 이러한 효과는 강박열정을 가진 사람들에게 훨씬 더 중요할 수 있다. 왜냐하면 그들은 자기위협

---

1) 우호적인 자기평가와 부정적인 외부평가가 부딪히게 되는 상황(자존감의 위협)에서 공격성이 나타난다는 이론으로 높은 자존감을 가진 사람들일수록 자존감이 위협을 받는다고 더 느끼는 경향이 있음.

에 방어하려는 동기가 강하기 때문이다(Bélanger et al. 2013a; Hodgins et al. 2006 참조). 조화열정을 가진 사람들은 위협적인 정보에도 방어적이지 않은 태도를 보이기 때문에 그렇지 않다. 또한 자신의 정체성이 위협받기 전 자신을 확신할 수 있는 기회를 갖거나(Steel 1988) 자신의 능력이나 기술에 대한 정보에 초점을 맞출 수 있는 기회를 가지게 되면 위협적인 정보에 대해 덜 방어적이 된다. 즉 자기확신 조건에서는 공격성을 훨씬 덜 보일 것으로 예상된다. 10장에서 보았듯 자기확신 조건에서는 정체성에 위협이 되는 정보를 받지 않으므로 강박열정과 조화열정의 차이가 두드러지게 나타나지 않을 것이다.

도나휴 등(2009)은 두 번째 연구에서 위의 가설을 검증했다. 대학 농구선수들은 열정 척도를 완성한 뒤 정체성 위협 조건과 자기확신 조건 중 하나에 무작위로 배정되었다. 이전 연구(예: Steel 1988)처럼 정체성 위협 조건의 참여자들은 자신의 약점을 성찰하고, 자기확신 조건의 참여자들은 자신의 강점을 성찰하도록 유도하였다. 마지막으로 참여자는 세 가지 가상 상황을 읽고 각 상황에서 공격성 의도를 측정하는 네 문항에 응답했다. 첫 번째 가상 상황은 다음과 같다.

> 중요한 경기에서 2초가 남아 있다. 당신의 팀은 1점 차로 앞서고 있다. 상대 팀이 슛을 했는데 들어가지 않아서 리바운드 되었다. 상대 팀은 '팁 인[2]'을 해서 경기에서 이기려고 한다. 당신은 골대 밑에 있고 모든 시선이 상대 팀 선수 쪽으로 쏠려 있어서 심판을 포함한 아무도 당신을 보지 못한다. 상대 팀 선수에게 어떻게 하겠는가?

이어 참여자들은 다음 각 문항에 대해 7점 척도로 응답했다. (1) "상대방이 슛을 하도록 둔다." (2) "소리를 질러 상대방의 주의를 어지럽힌다." (3) "상대방 몸에 손을 대 슛이 빗나가게 만든다." (4) "상대방의 다리를 걸어 박스 아웃으로 밀어낸다." 이를 바탕으로 (1)번에서 (4)번으로 갈수록 공격성이 선형적으로 증가하는 것을 나타내는 공격성 합성 점수를 산출하였다.

발러랜드와 홀포트(2003)의 연구에서와 마찬가지로, 선수들은 열정 척도의 점수에 따라 강박열정 집단과 조화열정 집단 중 하나에 배정되었다. 정체성 위협 조건에서 강박열정 집단은 위협에 방어하고 정체성의 통합성을 지키려 하기 때문에 조화열정 집단에 비해 더 높은 수준의 상황적 공격성을 보일 것으로 예상된다. 반면 자기확신 조건에서는

---

2) 들어가지 않고 튀어나오는 공을 손으로 건드려 골로 이으려는 동작.

정체성이 확실하고 자기위협도 경험하지 않기 때문에 두 집단의 상황적 공격성에는 차이가 없을 것으로 예상된다. 연구결과는 예상대로 첫째, 강박열정은 조화열정보다 대체로 더 높은 수준의 공격성을 유도하였다. 이 결과는 연구 1의 결과를 재확인한 것이다. 둘째, 상호작용 분석 결과 자기확신 조건에서는 집단 간 차이가 없었지만, 정체성 위협 조건에서는 강박열정 집단이 조화열정 집단보다 더 공격적인 것으로 나타났다. 즉 강박열정은 두 조건에서 모두 더 높은 도구적 공격성으로 이어졌고, 또한 공격성은 정체성 위협 조건에서 강박열정을 가졌을 때 극대화되었다.

목표 좌절 상황에서의 열정과 반응적 공격성

도나휴 등(2009, 연구 2)의 결과에 의하면 강박열정을 가지고 있으면서 자아가 위협받고 있을 때 공격성이 나타날 가능성이 높다. 공격성이 나타날 가능성이 높은 또 다른 상황은 다른 사람이 자신의 정체성에 중요한 목표를 직극직으로 좌질시키는 경우다. 이때 사람들은 분노하고 반응적 공격성(reactive aggression)을 보인다(예: Baron & Richardson 1994). 반응적 공격성은 대개 분노와 좌절감을 수반하며, 다른 사람을 해치거나 다치게 하려는 의도를 가진다. 이 경우 주된 목표는 상대에게 상처나 신체적, 심리적 고통을 입히는 것이다.

많은 사람들이 다양한 이유로 드라이브를 즐긴다. 이들은 속도감이나 장애물을 피하는 느낌을 좋아한다. 그러나 천천히 가거나 속도를 줄이는 앞차 때문에 즐기려는 목표가 좌절되면 어떻게 될까? 사람들은 화를 내고 보복 운전(road rage)(DePasquale et al. 2001; Vest et al. 1997)을 할 수 있다. 공격적 운전 행동(즉 보복 운전) 현상은 이 절에서 우리가 관심을 갖고 있는 상황, 즉 자신의 정체성이나 정체성과 관련된 목표를 어떤 장애물이 위협할 때 그것을 공격적으로 제거하려는 상황과 관련 있다. 실제로 느린 운전자에게 보복 운전으로 공격적 행동을 보이는 것은 속도를 늦추는 것이 자신의 운전 정체성을 위협한다고 느끼기 때문이다. 또한 공격적 행동으로 분노를 표출할 수 있을 뿐만 아니라 느린 운전자가 피하도록 하여 자신이 원하는 대로 운전할 수 있다. 앞서 말한 바와 같이 그러한 공격성은 주로 강박열정을 가진 경우 나타나며 조화열정을 가진 경우는 나타나지 않을 것이다. 강박열정을 가진 사람들은 다른 차들 때문에 빨리 갈 수 없을 때 분노와 좌절감이 생기며 이는 결국 상대 운전자를 향한 공격적 행동을 낳는다. 조화열정을 가진 사람들은 운전에 대한 열정이 잠시 좌절된 것에 대해 마음챙김을 가지고 평화롭게 대할 수 있기 때문에 그렇지 않다.

필리페, 발러랜드, 리처 등(2009)은 일련의 연구를 수행했는데, 그중 두 연구가 이 가설과 특히 관련이 있다. 한 연구(Philippe, Vallerand, Richer, et al. 2009, 연구 2)에서는 퀘벡 주의 중년층 운전자들을 대규모로 무작위 표집하고, 이들에게 운전에 대한 열정 척도를 실시한 뒤 최근 다른 운전자에 의해 방해받았던 운전 사건을 회상해 보라고 요청하였다. 이어 운전 분노 표현 검사(Driving Anger Expression Inventory)(Deffenbacher, Lynch, Oetting, & Swaim 2002)를 바탕으로 '손가락 욕설하기', '운전자에게 주먹 휘두르기', '욕하기', '차를 이용해 운전자에게 복수하기'의 다양한 행동 지표를 사용하여 공격적으로 행동한 정도를 보고하도록 하였다. 상관분석 결과 강박열정은 공격적 행동과 관련 있었으나 조화열정은 무관한 것으로 나타났다.

이러한 연구들은 참여자들의 회상에 근거하기 때문에, 사건의 심각성을 통제하지 못했다는 한계가 있다. 즉 강박열정을 가진 운전자가 보고한 사건들이 다른 운전자가 보고한 사건보다 더 심각한 것이었는지 알 수 없다. 또한 공격성을 자기보고식으로 측정하였기 때문에 주관성이 개입할 여지가 있다. 따라서 다른 연구(Philippe, Vallerand, Richer, et al. 2009, 연구 3)에서는 통제된 조건에서 **실제** 나타나는 공격적 행동을 측정했다. 필리페 등은 운전에 열정이 있는 남성들을 연구실로 오게 하였다. 참여자들은 열정 척도에 응답한 뒤 시뮬레이션 실험실로 안내되었다. 실험실에는 실제 자동차에서 보는 것과 같이 생생한 시야가 시뮬레이션된 거대한 스크린 장치가 있었다. 그 다음 참여자들은 옆방에서 노란 차를 운전하고 있는 다른 운전자를 소개받았다. 두 운전자는 "같은 도로를 달린다"라고 안내받았다. 사실 옆방 운전자는 실험 협조자였고 노란 차를 포함한 장애물은 실험자가 컴퓨터로 조종하고 있었다. 모든 참여자들은 동일한 조건에 놓여 있었으며 실험 과정은 비디오로 녹화되었다. 그들은 일정 시간 안에 목적지에 도착하라는 목표를 받은 후, 과제에 대해 몇 가지 연습을 한 뒤 운전하기 시작했다. 참여자들은 처음에는 방해를 받지 않고 운전할 수 있었고 따라서 제시간에 목적지에 도착하는 목표를 달성할 수 있을 것처럼 보였다. 그러나 어느 틈에 노란 차가 참여자의 차를 추월하며 속도를 줄였고, 참여자가 다시 노란 차를 추월하려 할 때마다 방해했다. 실험자는 중간중간 시간이 이미 늦었고 이대로 계속 간다면 제시간에 목적지에 도착하지 못할 것이라는 메시지를 전달하였다. 이 메시지는 정체성에 대한 위협으로 작용한다. 결국 참여자는 30분 늦게 목적지에 도착했고, 이어서 노란 차 운전자에 대한 분노와 운전 중 상대 운전자를 향해

보여준 공격적 행동 수준에 대한 다양한 설문에 응답했다.3)

상관분석 결과 강박열정은 공격성을 정적으로 예측했으며, 또한 이 결과는 자기보고 척도와 영상을 본 관찰자가 평가한 객관적인 공격성 척도에서 동일하게 나타났다. 반면 조화열정은 공격성을 예측하지 못했는데, 이는 선행 연구를 재확인하는 것이다(Philippe et al. 2009, 연구 1, 2). 경로분석 결과 강박열정은 분노를 예측했고, 분노는 이어서 객관적, 주관적 공격성 지표를 예측하는 것으로 나타났다. 분노 및 공격성과 무관한 조화열정은 이러한 결과를 나타내지 않았다. 따라서 강박열정은 보복 운전과 중요한 관련이 있다고 볼 수 있다.

요약하면 이 절에서 검토한 연구들을 통해 열정이 우정의 발전과 유지, 도덕적 행동, 그리고 도구적, 반응적 공격성을 포함한 대인관계의 지표에 중요함을 알 수 있다. 조화열정이 양질의 우정을 정적으로 예측한 반면 강박열정은 그렇지 않았다. 실제로 강박열정은 우정과 무관하거나 해로우며, 부정행위나 공격성 등 부정적인 행동을 촉진하는 것으로 나타났다. 조화열정은 활동에 참여하도록 하면서도 강박열정만큼 부정적인 행동을 촉진하지 않았다. 이 결과는 통제된 실험뿐만 아니라 실제 상황에서도 나타났으며, 공격성에 대한 객관적인 평가를 사용하였을 때에도 나타났다는 점에 주목할 필요가 있다(Philippe, Vallerand, Richer, et al. 2009, 연구 3). 또한 강박열정을 가진 사람들은 정체성에 위협을 느끼거나 성공을 막는 장애물(또는 위협)을 제거하는 데 도움이 되는 경우 공격적 행동을 더 많이 하는 것으로 나타났다. 만약 조화열정도 공격성으로 이어질 수 있다면 그 조건은 무엇인지 탐색하기 위한 연구가 필요하다.

열정이 삶의 다른 영역에서의 관계에 미치는 영향

활동에 대한 열정이 대인관계에 영향을 미칠 수 있는 두 번째 상황은 열정이 삶의 다른 영역에서 맺는 관계의 질과 갈등을 일으킬 때 발생한다. 구체적으로 열정이원론에서는 활동에 대한 강박열정이 삶의 다른 맥락에서의 대인관계에 부정적인 영향을 미칠 수 있다고 본다. 강박열정 하에서는 활동을 그만두지 못한 나머지 그 활동 밖에 있는 관계

---

3) [저자주] 전체적으로 이 설정이 매우 신뢰할 만하다는 점을 강조할 필요가 있다. 사실, 몇몇 참여자들은 다른 운전자를 향해 그들이 느끼는 좌절감을 표현했고, 특히 한 참여자는 노란 차 운전자에게 그의 감정을 드러내려고 차에서 내리기까지 하였다. 비록 이 연구는 통제된 상황에서의 실험에 기반했지만 연구설계의 생태학적 타당성이 상당히 확보된 것으로 보인다.

와 갈등을 일으키기 때문이다. 이러한 갈등은 어느 순간 대가를 치르게 되고, 관계에 부정적인 영향을 끼치게 된다. 조화열정하에서는 둘 이상의 목표나 활동이 어떠한 갈등도 겪지 않고 평화롭게 공존할 수 있기 때문에 그렇지 않다. 6장에서 살펴본 발러랜드 등(Vallerand et al. 2003, 연구 1)의 결과를 상기할 필요가 있다. 이 연구는 열정 활동과 삶의 다른 영역 사이에 갈등을 일으키는 데 (조화열정이 아닌) 강박열정이 어떠한 역할을 하는지에 대한 예비 연구이다. 연구 가설은 열정 활동의 밖에서 경험하는 대인관계의 질에 중요한 시사점을 준다.

게임 열정에 대한 우츠 등(Utz et al. 2012)의 연구에서는 강박열정이 **오프라인**에서의 친구 수 그리고 친구들과의 우정의 질을 **부적으로** 예측했으나, 조화열정은 이러한 관계를 보이지 않았다. 우츠 등의 연구는 열정이 활동 밖의 관계에 미치는 역할이 무엇인지 밝혔지만, 이 관계에서 갈등이 어떠한 역할을 하는지 탐색하지는 않았다. 세퀸-레베스크 등(Séguin-Lévesque et al. 2003)의 연구는 인터넷 사용자의 열정이 낭만적 관계에서의 갈등과 어떤 관련이 있는지 살펴보았다. 연구결과 인터넷 사용 시간을 통제하고 강박열정은 파트너와의 갈등을 예측하는 반면 조화열정은 그것과 무관하였다. 그러므로 열정 활동을 하는 시간이 가장 큰 문제가 아니라(물론 시간이 문제가 될 수도 있다), 열정의 유형이 무엇인지 그리고 활동 참여와 낭만적 관계가 얼마나 갈등을 일으키는지가 문제이다.

발러랜드, 은투마니스 등(Vallerand, Ntoumanis, et al. 2008, 연구 3)은 축구 열정과 낭만적 관계의 질 사이에서 갈등의 매개 역할을 직접 검증하였다. 영국 대도시에서 모집된 팬들은 열정 척도, 축구와 파트너 사이의 지각된 갈등을 평가하는 척도(Séquin et al. 2003에서 수정), 지각된 관계의 질 검사(Perceived Relationship Quality Components Inventory)(Fletcher, Simpson, & Thomas 2000) 등에 응답하였다. 구조방정식모형 분석 결과는 [그림 11.3]과 같다. 강박열정은 축구와 파트너 간의 갈등을 예측했고, 갈등은 이어서 관계 만족도를 부적으로 예측했다. 조화열정은 이러한 변인들과 무관하였다. 즉 갈등은 낭만적 관계의 질과 강박열정을 매개하지만 조화열정은 이러한 매개와 관계가 없다.

이 연구에서 독신인 축구팬들에게 열정이 독신으로 지내는 원인이 되는지의 여부를 표시하도록 한 것은 흥미롭다. 이 변인과 강박열정과는 매우 강한 정적 상관이 나타났지만 조화열정과는 부적 상관이 나타났다. 만약 어떤 사람이 강박열정을 가진 독신의 축구

팬이라면, 그는 대부분의 시간을 축구 클럽에서 보낸 결과 계속 독신으로 지내게 될 가능성이 높다. 그러나 조화열정을 가진 팬들은 그렇지 않다. 이런 현상은 축구 이외의 활동에서도 일어날 가능성이 높다.

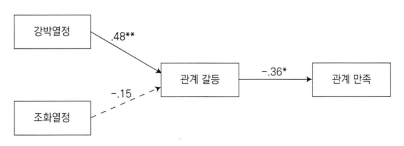

그림 11.3 열정과 관계 만족도에서 갈등의 역할
출처: 발러랜드, 은투마니스 등(2008, 연구 3)에서 수정

이 연구에서 나타난 사실은 강박열정을 갖는 것은 열정 활동 밖에 있는 친구의 수에도 영향을 미칠 뿐만 아니라 우정의 질을 해친다는 것이다(Utz et al. 2012). 또한 인터넷 활동이나 축구팬 활동에 강박열정을 가지는 것은 낭만적 관계의 질을 떨어뜨릴 수 있다(Séguin-Lévesque et al. 2003; Vallerand et al. 2008, 연구 3). 나아가 강박열정과 관계의 질은 갈등에 의해 매개된다(Vallerand et al. 2008, 연구 3). 조화열정은 갈등이나 관계 만족도의 감소와 무관하다. 따라서 열정 유형은 활동 밖에서 일어나는 관계의 질에 중요한 영향을 미친다. 후속 연구들을 통해 강박열정이 활동 밖에서 일어나는 다른 형태의 관계(예: 부모, 형제자매 등)에도 영향을 미치는지, 또한 조화열정이 이러한 관계에 긍정적으로 기여하는지를 알아보고, 그러한 효과가 나타나는 과정이 무엇인지 규명할 필요가 있다.

낭만적 관계에서의 열정

열정과 대인관계에 관한 마지막 주제는 사랑하는 사람에 대한 열정이 낭만적 관계의 질에 미치는 영향이다. 이 열정은 다른 사람에 대한 열정이며, 앞서 다룬 활동에 대한 열정은 아니다. 이 절에서는 낭만적 열정에 대한 두 이론과 열정이원론을 비교하고, 특히 낭만적 열정이 관계의 결과에 어떠한 역할을 하는지에 초점을 맞춘다. 마지막으로 낭만적 관계에서 열정과 갈등에 대한 연구를 검토하면서 결론을 내리고자 한다.

낭만적 열정에 대한 이론

사회심리학에는 낭만적 열정을 다룬 연구가 많다. 이는 1960년대로 거슬러 올라간다. 열정과 관련된 가장 중요한 이론 두 가지는 일레인 해트필드 등(Elaine Hatfield et al. 1993)의 이론과 스턴버그(Sternberg 1986, 1988)의 이론이다. 해트필드 등(Hatfield & Rapson 1990, 1993; Kim & Hatfield 2004)에 따르면 열정적인 사랑(passionate love)은 매우 큰 생리적 흥분 상태 및 다른 사람과 결합하고자 하는 강한 갈망 상태로 정의된다(Kim & Hatfield 2004; Walster 1978). 이는 더 정확히 말하면 고양감, 초월감과 관련된 강렬한 느낌과 성적인 이끌림을 특징으로 하는 뜨거운 정서로 개념화할 수 있다(Hatfield & Rapson 1990, 1993; Kim & Hatfield 2004). 해트필드와 랩슨은 낭만적 관계에 있는 상대방의 행동이 관계에서 경험하는 결과에 큰 영향을 미친다고 하였다. 짝사랑은 공허감, 불안감, 절망감으로 이어지는 반면, 주고받는 사랑은 성취감, 황홀감으로 이어진다. 해트필드 등은 동반자적 사랑(companionate love, 사랑하는 사람을 존경하고 신뢰하는, 보다 성숙한 사랑의 형태)이라고 불리는 좀 더 온화한 형태의 사랑이 있다고 제안했다. 그러나 이러한 형태의 사랑은 열정적인 사랑에 비해 본성상 열정이 드러나지 않는다. 연구들에 의하면 대체로 열정적인 사랑은 부정적인 효과로 이어질 수 있는 반면 동반자적 사랑은 긍정적인 효과로 이어질 수 있다(Hatfield, Bensman, & Rapson 2010; Hatfield & Walster 1978 참조).

로버트 스턴버그(Robert Sternberg)의 이론에서는 열정이 사랑에 중요한 역할을 한다. 사랑의 삼각이론(Triangular Theory of Love)(Sternberg 1986, 1988)에 따르면 열정은 성적 매력 및 리머런스(limerence)[4]와 관련된 충동을 포함하며, 애무와 성관계를 통해 표현된다. 따라서 스턴버그는 열정의 개념을 본질적으로 성적인 것으로 본다. 또한 여기서 열정은 사랑의 세 요소 중 하나(나머지 두 요소는 친밀감과 헌신)에 불과하다는 점을 강조할 필요가 있다. 해트필드와 동료들(예: Hatfield & Rapson 1990, 1993)과 마찬가지로 스턴버그(1986)는 열정적인(혹은 심취한) 사랑의 존재를 인정하는데, 이 사랑은 (성적) 열정은 높지만 친밀감과 헌신이 낮은 사랑이다. 스턴버그는 열정 그 자체는 다소 공허한 형태의 사랑으로 이어지며, 다른 형태의 사랑, 특히 사랑의 세 요소가 모두 높은 수준인

---

[4] 자신의 의지와 상관없이 사랑에서 보상을 얻고자 압도적이고 강박적인 욕구를 가지고 다른 사람에게 낭만적으로 열중하고 반하게 되는 것을 말함.

이상적인 사랑에 비해 긍정적인 결과가 적다고 주장한다. 일부 연구에서 이 세 요소가 관계 만족도에 중요하다고 나타났으나(예: Acker & Davis 1992; Lemieux 2000) 세 요소가 어떻게 통합되어 스턴버그가 말한 사랑의 유형이 나타나는지는 충분히 검증되지 않았다.

열정이원론에 근거한 낭만적 관계

2장에서 살펴본 열정의 정의에 따르면 활동, 대상, 사람에 대한 열정이 가능하다. 따라서 열정이원론에 근거하면 낭만적 열정은 **시간과 에너지를 투자하는 중요한 관계에서 자신이 사랑하고 정체성의 일부로 삼는 사람에 대한 강한 이끌림**으로 정의할 수 있다. 2장에서 본 열정의 정의와 낭만적 열정의 정의에 비추어 보면 낭만적 관계에서 열정을 경험하기 위해서는 사랑의 느낌이 필요하긴 해도 그것으로 충분하지는 않다. 열정이 존재하기 위해서는 낭만적 관계에 시간과 에너지를 투자하고 이 관계를 중요하고 가치 있게 인식해야 한다. 또한 사랑하는 사람이 자신 및 자신의 정체성의 일부가 되어야 하고 그래야 상대방에 대한 열정이 발전하게 된다.

열정이원론에 의하면 두 유형의 낭만적 열정이 존재한다. 사랑하는 사람이 자율적 과정을 통해 내면화되면(예: 상대를 사랑하고 순수하게 그 자체로 그 사람이 중요할 때) 조화열정이 발달할 수 있다. **조화열정**은 낭만적 관계를 기꺼이 맺고자 하는 동기적 경향을 말한다. 조화열정을 가진 사람들은 관계를 추구해야 한다는 의무감을 느끼지 않기 때문에 자율적으로 관계를 맺는다. 그들의 낭만적 열정은 삶의 다른 영역과도 조화를 이룬다. 반대로 통제적 과정을 통해 내면화되면(예: 상대를 사랑하지만 최소한 어느 정도는 그 관계에서 얻는 특권 때문에 그 사람이 중요할 때) 강박열정이 발달할 수 있다. **강박열정**은 낭만적 관계를 추구하도록 내적으로 압박한다. 이런 열정을 가진 사람들은 열정에 통제당하는 느낌과 낭만적 관계를 지속해야만 한다는 느낌을 받는다. 강박열정은 열정에 의해 통제받기 때문에 이런 유형의 낭만적 열정은 삶의 다른 영역과 갈등을 일으킨다.

더 중요한 것은 두 열정이 개인적 결과와 관계적 결과 모두에 서로 다른 영향을 미친다는 것이다. 이렇듯 결과의 질이 달라지는 큰 이유는, 낭만적 관계에 참여하는 열정의 유형에 따라 상대방에 대한 행동이 달라지기 때문이다. 선행 연구에서와 마찬가지로, 강박열정이 아닌 조화열정을 가지고 낭만적 관계에 참여하는 것이 더 긍정적인 경험을 준다. 조화열정은 적응적 특성을 보이며 관계에서 방어적이지 않고 개방적인 참여를 촉진하기 때문이다. 조화열정을 가진 사람들은 상대와 경쟁하여 '이긴다거나' 상대보다 더 나은 사람이 되기 위한 관계가 아니라, 상대와 함께 나누고 협력하기 위한 관계를 맺는다. 반면 강박열정은 방어적인 참여를 촉진한다. 강박열정을 가진 사람들은 관계에서 긍정적인 결과가 아닌 부정적인 결과를 경험하기 쉽고, 이 특성은 관계적 행동에 영향을 준다. 따라서 열정은 우정에서와 마찬가지로 낭만적 관계에 대해 많은 시사점을 준다.

열정이원론과 낭만적 열정 이론의 차이

앞서 논의한 낭만적 열정의 두 가지 이론 즉 해트필드와 랩슨의 열정적인 사랑(예: Hatfield & Rapson 1990, 1993)과 스턴버그의 사랑의 삼각이론(예: Sternberg 1986, 1988)의 관점과 열정이원론의 낭만적 관계 이론을 비교할 필요가 있다. 첫째, 세 모델 사이에 몇 가지 유사점이 있다는 점을 유념해야 한다. 예컨대 세 모델 모두 낭만적 관계에서 열정이 중요하다는 사실에 동의한다. 열정이 낭만적 관계의 주요한 측면이기 때문이다. 또한 세 모델 모두 열정이 중요한 결과로 이어진다는 것에 동의한다. 그러나 이 세 모델은 최소한 네 가지 측면에서 다르다. 첫째, 열정의 본성에 대해 각각 다른 의견을 가지고 있다. 해트필드와 랩슨은 열정을 감정(열정적인 사랑)으로 간주하고, 스턴버그는 열정을 순전히 성적인 것으로 간주한다. 그러나 열정이원론에서는 사람들이 성적 활동에 열정을 가질 수 있다는 것을 인정하지만(Philippe et al. 2014; Rosenberg & Kraus 2014 참조), 열정은 성적 활동뿐만 아니라 사랑하는 사람과의 관계에서 일어나는 활동을 포함하여 낭만적 관계 전반에 관여한다고 본다. 또한 열정이원론에서는 열정을 동기적 요소로 간주하기 때문에 열정이 결과를 이끌어낸다고 보지만 해트필드의 관점에서는 열정을 정서적 요소로 간주하기 때문에 다른 요인들이 열정을 이끌어낸다고 본다.

둘째, 다른 두 모델과 달리 열정이원론에서는 사랑하는 사람이 정체성에 내면화되는 방식에 따라 두 유형의 낭만적 열정이 존재한다고 본다. 사실 세 모델 중 열정이원론만이 유일하게 사랑하는 사람이 자신의 정체성의 일부가 된다고 가정한다. 또한 열정에는 조화열정과 강박열정이 있으며, 두 열정은 낭만적 관계에 관여하는 두 가지 방식을 나타낸다. 이에 비해 다른 모델들은 열정에 단지 한 종류만 있다고 본다. 예를 들어 스턴버그는 (성적인) 열정이라는 한 가지 유형을 주장하며, 해트필드 역시 열정적인 사랑이라는 한 가지 유형을 주장한다. 비록 해트필드가 동반자적 사랑이라고 불리는 더 적응적인 사랑이 존재한다고 언급하였지만, 이러한 유형의 사랑은 열정이 아니라는 사실을 강조할 필요가 있다. 따라서 다른 두 모델은 열정이 강도(높은 열정 또는 낮은 열정)의 측면에서만 다를 수 있다고 보지만, 열정이원론에서는 질적인 측면의 차이를 고려하여 조화열정이 강박열정보다 낭만적 관계에서 더 높은 참여의 질과 그에 상응하는 결과를 얻을 수 있다고 본다.

셋째, 세 모델은 사랑의 본성을 다르게 본다. 열정이원론에서 상대방에 대한 사랑은 (시간과 에너지 투자, 가치화, 그리고 정체성의 일부로 인식하는 것과 함께) 열정의 구성 요소 중 하나를 나타내는 반면, 다른 모델에서는 열정이 사랑에 기여한다. 예를 들어 스턴버그 모델의 경우 사랑의 질은 열정이 친밀감 및 헌신과 통합되는 방식에 의해 결정된다. 또한 해트필드 모델의 경우 두 종류의 사랑(열정적인 사랑과 동반자적 사랑)이 존재하지만 이 중 하나만 열정을 포함한다. 따라서 열정이원론에서는 사랑이 열정에 기여하는 반면, 스턴버그와 해트필드의 모델에서는 열정이 사랑에 기여하며 열정과 사랑이 다르다고 강조한다. 이렇듯 모델의 개념적 차이에 따라 낭만적 행동과 그 결과에 대한 설명이 달라진다. 후속 연구를 통해서 모델들을 좀 더 비교해볼 필요가 있다.

넷째, 열정이원론과 다른 모델은 그 결과에 대해서도 차이가 있다. 해트필드와 랩슨은 사랑의 교호성(reciprocity)에 수반되는 결과에 유인가(긍정적 혹은 부정적)가 존재한다고 주장한다. 즉 주고받는 사랑은 성취감, 황홀감과 이어지는 반면 짝사랑은 공허함, 불안감 또는 절망으로 이어진다고 가정한다(Hatfield & Sprecher 1986; Hatfield & Walster 1978). 반면 스턴버그는 친밀감이나 헌신과 통합되지 않은 성적 열정이 어떤 결과로 이어지는지를 정확히 제시하지 않았다. 물론 열정이원론에서도 성적 행동을 포함한 파트너의 행동이 낭만적 관계가 만들어내는 결과에 영향을 미칠 수 있다고 보지만(이러한 효과에 대해서는 Ratelle et al. 2013 참조), 열정이원론에서는 열정이 관계의 질을 결정하기 때문에 열정 자체로도 결과에 영향을 미칠 수 있다고 가정한다. 따라서 열정이원론에 의해 낭만적 열정의 본성이 가지고 있는 중요한 특징 외에도 열정이 개인적, 관계적 결과로 이어지는 새로운 과정을 예측할 수 있다.

열정이원론과 낭만적 관계 연구의 타당도

캐서린 레이틀(Catherine Ratelle 2002)은 낭만적 관계의 열정 구인을 타당화한 초창기 연구자이다. 그녀는 낭만적 관계에 있는 참여자들을 대상으로 열정 척도를 실시하였다. 예를 들어 조화열정 문항은 "나와 파트너와의 관계는 삶의 다른 영역과 조화를 이루고 있다"였고, 강박열정 문항은 "나는 파트너에게 상당히 집착한다고 느낀다"와 같다. 분석 결과는 낭만적 열정 척도의 심리측정학적 적합성을 지지하였다. 레이틀은 해트필드와 스프레처(Hatfield & Sprecher 1986), 스턴버그(1997)의 이론적 관점에 근거한 사랑 척도와 아론 등(Aron et al. 1992)의 포함 관계 척도(Inclusion of the Other in the Self Scale)[5]를 실시하였다.

연구결과 두 열정은 모든 척도에서 유사하게 높은 상관을 보였다. 이는 조화열정과 강박열정 모두 사랑하는 사람에 대한 '열정'으로 인식되고, 사랑하는 사람이 자신에게 높은 수준으로 내면화되었다고 본다는 가설을 지지한다. 발러랜드 등(Vallerand et al. 2003, 연구 1)의 연구에서와 마찬가지로, 이 연구에서는 상대방과 함께 시간을 보낼 때, 함께 시간을 보낸 후, 함께 시간을 보낼 수 없을 때의 세 조건에서 정서 상태를 평가하였다. 그 결과는 발러랜드 등(2003, 연구 1)에서와 마찬가지로 처음 두 조건(상대방과 함께 시간을 보내는 동안과 그 후)에서는 조화열정이 긍정정서 및 활력과 강한 정적 상관을 보인 반면 강박열정은 이 변인들과 상관이 없었다. 세 번째 조건(상대방과 함께 시간을 보낼 수 없을 때)에는 조화열정이 활력을 정적으로 예측했지만 긍정정서는 예측하지 못했다. 그에 비해 강박열정은 두 변인을 모두 부적으로 예측했다. 마지막으로 발러랜드 등(2003, 연구 1)에서와 마찬가지로 강박열정은 상대방과 함께 시간을 보낼 수 없을 때에는 다른 활동에 집중하지 못하는 것과 죄책감을 강하게 예측하였지만 조화열정은 집중과 무관하고 죄책감을 부적으로 예측하였다.

이 결과들은 대체로 낭만적 열정이 활동에 대한 열정과 매우 유사하게 정서, 인지(예: 집중)에서 개인적 효과를 이끈다는 것을 보여준다. 따라서 이 연구들은 열정이원론이 낭만적 관계에 타당하게 적용될 수 있음을 보여준다. 이하에서는 관계적 결과에 초점을 맞춘다.

---

5) 벤다이어그램으로 자신과 타인 사이의 관계가 얼마나 많은 부분 중첩되는지를 표현하는 척도. 여기서는 사랑하는 사람이 자신에게 얼마나 내면화되었는지 평가하기 위해 사용되었다.

낭만적 열정 및 관계적 결과

우리는 관계가 얼마나 '좋은가' 하는 것이 상대방의 행동에 달려 있다고 가정한다. 사실 해트필드가 말한 열정적인 사랑에 대한 관점이 이것이다. 물론 어떤 상황에서는 이러한 가정이 타당하다. 예를 들어 상대방이 바람을 피우고 있다는 사실을 알게 되면 관계가 좋지 않음을 느끼고 그에 따라 행동할 가능성이 있다. 그러나 열정이원론은 이러한 관점에 더하여, 우리가 상대방의 행동에 의해 전적으로 좌우되지는 않는다고 본다. 실제로 우리가 상대방과 상호작용하는 방법은 관계의 질을 더 좋게 혹은 더 나쁘게 하는 데 영향을 줄 수 있다. 다시 말해 낭만적 열정에서 관계의 질은 그 관계에서 도출되는 결과의 질을 상당 부분 결정한다. 열정이원론에 근거하면 조화열정이 강박열정보다 더 긍정적인 결과를 이끌 것으로 예상할 수 있다.

레이틀 등(2013)의 연구는 관계적 결과에서 조화열정과 강박열정의 상내적 역할을 검증하였다. 첫 번째 연구에서는 남녀 대학생에게 열정 척도와 지각된 관계의 질 검사(Fletcher et al. 2000)를 실시하였다. 이 척도는 만족, 헌신, 친밀감, 신뢰, 성적 열정, 사랑, 이렇게 여섯 가지 요소를 평가한다. 회귀분석을 통해 성별을 통제하고 조화열정과 강박열정을 예측 변인으로 하여 관계의 질에 대해 추정하였다. 분석 결과 조화열정은 모든 요소를 강하게 정적으로 예측하였으나 강박열정은 신뢰 요소를 부적으로, 헌신과 사랑 요소를 정적으로 예측하였다. 또한 관계의 질을 나타내는 모든 요소에 대해 조화열정의 기여도가 강박열정의 기여도보다 통계적으로 더 높았다(<표 11.1> 참조).

표 11.1 성별을 통제한 조화열정과 강박열정에 따른 관계의 질

	조화열정		강박열정		성별	
	β	p	β	p	β	p
1. 만족	.89	<.001	−.11	.15	−.02	.62
2. 헌신	.59	<.001	.17	.006	−.09	.14
3. 친밀감	.71	<.001	−.01	.91	−.09	.13
4. 신뢰	.52	<.001	−.26	<.001	.00	.99
5. 성적 열정	.46	<.001	.11	.12	.14	.04
6. 사랑	.58	<.001	.30	<.001	−.01	.89

주. β＝베타 값, p＝유의수준. 레이틀 등(2013 연구 1)에서 수정

연구 1에서 얻은 결과들은 조화열정이 강박열정보다 관계의 질적 요소들을 더 강하게 정적으로 예측한다는 것을 보여준다. 강박열정은 사랑과 헌신 요소를 예측하였는데, 이는 낭만적 열정의 중요한 특성 중 상대방과의 사랑 및 관계에 시간과 에너지를 투자하는 것이 포함되어 있다는 점에서 당연하다. 그러나 강박열정은 친밀감과 관계의 만족에서 이익을 기대할 수 없다. 더 안 좋은 점은, 강박열정은 상대방에 대한 불신과 관련이 있다는 것이다. 강박열정을 가진 사람들은 관계에서 긍정적인 경험은 없고 부정적인 경험만 있을 때에도 관계를 유지하려는 경직된 지속성을 보이기 때문이다. 요컨대 강박열정은 낭만적 관계에서도 경직된 지속성을 나타낸다는 것이 재확인된다.

연구 1의 결과는 조화열정과 강박열정이 관계의 질을 나타내는 지표와 서로 다르게 연관되어 있다는 것을 보여주었다. 그러나 이 결과는 커플 중 한 명의 응답에 기초한 것이다. 연구 2에서 레이틀 등(2013)은 조화열정 및 강박열정이 관계의 질을 예측하는 상대적 기여도를 조사하기 위해 커플 양쪽의 응답을 수집했다. 이러한 비교를 통해 관계의 결과를 예측하는 데 자신과 상대방의 역할을 더 직접적으로 검증할 수 있다. 이는 사람들이 단순히 상대방의 관여에 따라 반응만 하는 존재가 아니라는, 열정이원론의 가정을 말해준다는 점에서 중요하다. 관계에 대한 열정 유형은 관계에서 경험하는 결과에 기여한다.

연구 2에서는 커플들을 대상으로 낭만적 열정 척도 및 지각된 관계의 질 검사(Fletcher et al. 2000)를 실시했다. 결과에서 흥미로운 점은 네 가지이다. 첫째, 연구 1에서 나타난 열정의 효과를 다시금 보여주었다. 즉 조화열정은 강박열정보다 관계의 다양한 차원에서 긍정적인 효과를 더 많이 가져왔다. 둘째, 상대방의 열정은 자신의 관계 만족도에 상당히 기여했다. 예를 들어 여성의 조화열정과 강박열정을 통제하였을 때, 상대방 남성의 조화열정은 여성이 지각하는 전반적인 관계 만족도를 정적으로 예측했다. 실제로 여성의 조화열정보다 상대방 남성의 조화열정이 여성의 성생활 만족도를 더 크게 정적으로 예측했다. 상대방 남성의 강박열정은 여성의 성생활 만족도를 상당히 부적으로 예측했다. 이러한 결과는 예측의 정도가 그렇게 강하지는 않았지만, 남성들의 관계 만족도에서도 얻어졌다. 전체적으로 해트필드와 랩슨의 가설 즉 상대방에 대한 열정이 관계에서 경험하는 결과에 영향을 미친다는 가설이 일부 지지되었다. 셋째, 열정이원론의 주장 즉 자신의 열정은 상대방의 열정보다 관계적 결과에 훨씬 더 중요한 영향을 끼치며, 관계의 질에서 많은 비중을 차지한다. 이는 관계에서 경험하는 결과는 대부분 자신이 가지고 있는 상대방에 대한 열정에서 나온다는 것을 의미한다.

넷째, 상대방이 자신과 일치하는 유형의 열정을 가지고 있는지의 여부와 관계의 질이 어떤 관련이 있는지가 중요하다. 선행 연구에서는 커플 간 유형이 매칭되는가에 따라 결과가 다르게 나타났다. 어떤 연구자들(예: Tucker & Aron 1993)은 커플 간 열정적인 사랑의 수준이 유사하다고 보고한 반면, 가오(Gao 2001)는 남녀가 지각한 수준이 다르다고 보고했다. 열정적인 사랑의 수준에서 나타나는 불일치는 관계에서의 비용(낮은 수준의 친밀감, 보살핌, 헌신, 성적 열정, 만족)을 수반한다는 증거가 있다(Davis & Latty-Mann 1987; Morrow, Clark, & Block 1995). 레이틀 등의 결과에 의하면 커플 간의 열정 유형은 매칭되지 않는 편이었다(즉 같은 유형의 열정을 가진 커플의 수는 다른 유형의 열정을 가진 커플의 수보다 많지 않았다). 그러나 같은 유형의 열정을 가진 커플의 경우 남성에게는 매칭의 효과가 있는 것으로 밝혀졌다. 예를 들어 상대방과 같은 강박열정을 가진 남성의 경우 만족도와 사랑 수준이 가장 낮았다. 열정 유형의 매칭에 관여하는 요인이 무엇인지 확인하기 위한 후속 연구가 필요하며, 이는 '집단 열정(collective passion)'이라는 현상에 대한 통찰을 제공한다는 점에서 중요하다(Drnovsek, Cardon, & Murnieks 2009).

레이틀 등의 세 번째이자 마지막 연구(2013, 연구 3)에서는 열정이 관계 지속성을 어떻게 예측하는지 확인하였다. 조화열정은 적응적으로 기능하는 커플이 보여주는 지표와 정적 관계를 가지고 있으므로 관계 지속성을 높일 것으로 예상할 수 있지만, 강박열정은 많은 부정적인 특징들, 특히 상대방에 대한 불신 때문에 관계 지속성을 낮출 것으로 예상할 수 있다. 연구 3에서는 3개월의 기간을 둔 예측설계를 사용하여 이러한 가설을 검증하였다. 참여자들은 대략 5년 동안 낭만적 관계를 유지해왔다. 그들은 시점 1에서 낭만적 열정 척도와 지각된 관계의 질 검사를 온라인으로 작성한 뒤, 시점 2에서 여전히 같은 낭만적 관계를 유지하고 있는지 응답하였다. 다중회귀분석 결과 조화열정은 관계 지속성을 정적으로 예측했던 반면 강박열정은 시점 1에서 성별 및 관계의 질을 통제한 후에도 관계 지속성을 부적으로 예측했다. 즉 조화열정을 가지는 것은 긍정적인 관계를 경험하고 나아가 관계를 성장시키고 지속하는 데 기여한다.

갈등 상황에서의 낭만적 열정

앞서 낭만적 관계에서 조화열정이 여러 긍정적인 결과로 이어지는 반면 강박열정은 덜 긍정적인 결과, 그리고 심지어 일부 부정적인 결과로 이어진다는 것을 보았다. 그렇다면 이 두 열정에 의해 움직일 때 사람들은 어떻게 다르게 행동할 것인가? 낭만적 관계에서 갈등이 발생했을 때 행동하는 방식은 매우 중요하다(예: Hojjat 2000). 일부 통념과 달리, 갈등이 있고 없고가 중요한 게 아니라 갈등이 발생할 때 어떻게 대처하느냐가 중요하다. 관계 연구의 선구자인 고트만(Gottman 1994, 1998)은 부부 갈등을 어떻게 다루는가가 결혼 만족도와 더불어 결혼생활의 유지기간을 나타내는 강력한 지표라는 것을 보여주었다. 특정한 갈등 행동들은 관계에서 행복을 해친다고 볼 수 있다. 고트만(1994, 1998)은 그중 네 개의 행동을 '종말의 기수(騎手)'[6]라고 명명했다. 종말의 기수는 경멸, 비난, 냉담, 방어이다. 경멸은 상대방을 모욕하려는 의도를 가지고 공격하는 것으로 조롱하기, 욕설하기, 적대적 유머 등을 포함한다. 경멸은 상대방에 대한 혐오를 드러내기 때문에 네 요인 중 가장 좋지 않은 것이다. 비난이란 상대방의 행동이 아닌 성격이나 인격에 대한 공격을 말한다. 냉담은 상호작용을 피하고 자신을 고립시키려는 의도를 가지고 사용하는 대화 행동이며 대답하지 않기, 거리 두기, 주제를 바꾸기, 나가버리기 등을 포함한다. 마지막으로 방어는 문제에 대한 책임을 부인하기, 변명하기, 맞받아 불평하기(불평에 대해 피장파장이라고 받아치는 것), 푸념하기 등을 포함하는 모든 형태의 자기방어를 말한다. 종말의 기수는 결혼 만족도의 감소와 조기 이혼을 강력하게 예측하는 변인이다(Gottman 1993, 1994; Gottman & Levenson 1992).

고트만과 동료들의 연구는 갈등 **중에** 일어나는 일이 관계와 관계를 구성하는 사람들에게 매우 중요하다는 사실을 강조하였다. 그러나 살바토레, 쿠오, 스틸, 심슨, 콜린스(Salvatore, Kuo, Steele, Simpson, & Collins 2011)는 갈등 **후에** 일어나는 일도 매우 중요하다고 주장한다. 예를 들어 갈등이 일어난 후, 사과나 애정을 담은 신체 접촉과 같이 이미 입은 상처를 회복하고 상대방과 다시 연결되고자 하는 행동은 헌신과 친밀감의 회복을 촉진하고(Tsang, McCullough, & Fincham 2006) 관계 만족도와 안정성을 높이며(예: McCullough et al. 1998) 상대방을 아낀다는 지각과 친밀감을 유지시켜 준다(Alvaro 2001).

조화열정이건 강박열정이건 낭만적 열정은 높은 정서적 관여, 강한 집중, 사랑하는

---

6) 'Four Horsemen of the Apocalypse'. 성경의 요한계시록에서 재앙을 불러일으키고 세계를 멸망시키는 네 명의 기사를 뜻함. 고트만은 이것이 역기능적 의사소통 행동을 불러일으켜 이혼이 다가오고 있음을 차례로 알리는 위험 신호라는 뜻에서 이 표현을 사용함. 즉 앞의 기수는 다음 기수가 등장할 길을 차례로 열어 놓으면서 결혼생활에 갈등을 심화시켜 이혼 확률을 높임.

대상에 대한 심취(preoccupation)로 특징지어진다. 이렇듯 관계에 대한 강도 높은 관여는 부부 갈등이 발생했을 때 높은 수준의 정서적 반응을 하게 만드는 계기가 된다. 그러나 갈등 중에 나타나는 행동은 열정 유형에 의해 부분적으로 결정될 수 있다. 조화열정을 가진 사람은 통합된 자아(Deci & Ryan 2000)를 가지고 있어 마음챙김적이고(Brown & Ryan 2003) 방어적이지 않은(Hodgins & Knee 2002) 관계를 가질 수 있다. 따라서 조화열정은 '종말의 기수'와 같은 행동을 막고 갈등 후에 회복을 위한 행동을 촉진할 것이다. 반대로 강박열정을 가진 사람들은 투사된 자아(Deci & Ryan 2000; Hodgins & Knee 2002)를 가지고 있으며 이는 불안정하고 수반된 자존감과 연관되기 때문에 자아를 보호하기 위해 '종말의 기수'와 같은 행동을 하고 갈등 후에 회복을 위한 행동을 하지 않으려할 것이다.

카보노와 발러랜드(2013)는 낭만적 열정의 두 유형이 갈등과 회복적 행동에 어떤 역할을 하는지 조사하기 위해 두 가지 연구를 실시했다. 연구 1에서는 평균 4년 이상 낭만적 관계를 유지한 성인들을 대상으로 낭만적 열정 척도, 그리고 갈등 중에 상대방에게 일반적으로 보이는 행동을 평가하는 두 가지 척도를 실시했다. 첫 번째 척도는 종말의 기수(예: Gottman 1994; Gottman & Silver 1999)와 같은 파괴적인 행동을 측정하며 문항의 예시는 다음과 같다. "갈등 중에 … 때때로 나는 파트너가 너무 바보 같다고 속으로 생각한다." 두 번째 척도는 회복적 행동을 평가한다(예: "갈등 후에 나는 상대방을 안아준다"). 다중회귀분석 결과, 관계 지속 기간을 통제하고 조화열정은 피해를 주는 행동을 부적으로 예측하고 갈등 후의 회복적 행동을 정적으로 예측했다. 반대로 강박열정은 피해를 주는 행동을 정적으로 예측했고 갈등 후의 회복적 행동을 유의하게 예측하지 못했다.

연구 1의 결과는 열정이원론의 가설 즉 갈등 상황에서 낭만적 열정의 두 유형이 차별적 역할을 한다는 가설을 지지한다. 그러나 이는 방법론상의 한계가 있다. 첫째, 두 행동 척도를 평가하면서 참여자들이 떠올린 갈등의 심각성 수준이 통제되지 않았다. 조화열정을 가진 사람들은 비교적 덜 심각한 갈등을, 강박열정을 가진 사람들은 더 심각한 갈등을 회상했을 가능성이 있다. 만약 그렇다면 강박열정이 조화열정보다 덜 긍정적인 행동 패턴으로 이어지는 결과는 당연한 것이 된다. 둘째, 회상에 근거하여 행동을 평가했다는 것이다. 그러므로 회상이 아닌 사건이 일어난 직후 어떻게 행동했는지를 평가하는 것이 더 좋다. 사건 직후의 기억이 더 안정적이기 때문이다. 이러한 한계점을 해결하기 위해 카보노 등(2013, 연구 2)은 낭만적 열정이 갈등 발생 시 피해를 주는 행동과 회복적 행동에 어떠한 역할을 하는지 알아보기 위해 참여자들을 10일 동안 추적하는 일기 연구를 실시했다. 이 결과는 연구 1의 결과를 그대로 재현했으며 갈등의 심각성 수준과 관계 지속 기간을 통제한 후에도 동일했다. 이는 연구 1의 결과 즉 강박열정을 가진 사람들이 사건을 더 부정적으로 회상하거나 더 심각한 갈등에 초점을 맞추는 단순한 기억 편향을 일으키는 것이 아니라는 사실을 보여주기 때문에 중요하다. 다시 말해 연구 1에서의 결과가 매일 저녁 그날의 사건에 대해 묻는 설문지를 사용한 연구에서도 나타났다는 점은, 기억 편향이 작용하고 있지 않으며 두 열정이 실제로 차별적인 행동 패턴을 발생시킨다는 점을 시사한다.

낭만적 열정은 다양한 관계의 과정과 결과에 핵심 역할을 한다. 낭만적 열정에 대한 어떤 연구에서도 성별의 차이가 발견되지 않았다는 점에 주목할 필요가 있다. 그러므로 낭만적 열정과 그 과정은 남녀 모두에게 적용된다고 볼 수 있다. 그러나 낭만적 열정은 사랑하는 관계에서 매우 중요하다. 이에 대한 후속 연구가 필요하다. 예를 들어 낭만적 관계에서 강박열정을 가진 사람들이 신뢰가 낮고(Ratelle et al. 2013) 상대방에 대해 덜 적응적인 행동 패턴을 보인다(Carbonneau & Vallerand 2013)는 결과는, 열정-신뢰-갈등 경로의 일부를 인과적으로 보여줄 수 있다. 게다가 강박열정을 가진 사람들이 (상대방에 대한 신뢰가 없는 상황에서도) 경직된 관계에 더 집착하고(Ratelle et al. 2013, 연구 2) 더 많은 관계 단절을 경험한다는 사실(Ratelle et al. 2013, 연구 3)은 결국 상대방과 헤어지는 결과를 낳을 수 있다. 이러한 가설을 검증하는 연구, 즉 강박열정을 가진 사람들이 나타내는 부적응적인 갈등 행동이 이별로 이어지는지 확인하는 연구가 필요하다.

요 약

이 장에서 검토한 연구들은 대인관계의 여러 영역에서 열정의 역할을 강조하고 있다. 첫째, 특정 활동에 대한 열정은 활동 영역 안에서 형성되고 유지되는 관계의 질을 결정한다. 조화열정을 가질수록 긍정적인 관계를 맺는 것이 확인되었고, 정서가 열정과 관계 사이를 매개한다는 사실 역시 재차 확인되었다. 긍정정서는 조화열정이 관계에 미치는 긍정적인 영향을 매개하는 반면, 부정정서는 강박열정이 관계에 미치는 영향을 매개한다. 열정은 또한 도덕적 행동과 공격성과 관련해서 중요하다. 강박열정이 우세하면서 자아와 정체성이 위협받는 경우에는 비도덕적이고 공격적으로 행동하기 쉽다. 조화열정은 이런 유형의 행동으로 이어지지 않는다. 둘째, 특정 활동(예: 일)에 대한 열정은 삶의 다른 영역(예: 가정)에서의 관계에 영향을 미칠 수 있다. 강박열정을 가질수록 부정적인 효과는 커진다. 열정 활동과 삶의 다른 영역 사이의 갈등은 강박열정이 결과에 미치는 영향을 매개한다. 마지막으로 사랑하는 사람에 대한 열정이 있으며, 이러한 낭만적 열정은 사랑하는 사람과의 관계에서 경험하는 개인적, 관계적 결과에 모두 중요한 영향을 미친다. 낭만적 관계에서 조화열정을 가질수록 개인적, 관계적 결과가 긍정적이지만 강박열정을 가질수록 고통, 낮은 관계 만족도, 관계 단절과 같은 부정적인 결과가 나타난다. 이러한 차이점은 낭만적 열정에 의해서 일어나는 갈등과 회복적 행동의 차이에서 비롯될 수 있다. 강박열정은 높은 수준의 갈등과 낮은 수준의 회복적 행동으로 이어지는 반면, 조화열정은 그 반대, 즉 더 적응적인 행동 패턴으로 이어진다. 따라서 조화열정이 관계 지속 기간을 포함한 보다 긍정적인 결과를 이끄는 것은 당연하다. 따라서 열정은 대인관계의 여러 차원에서 중요하다.

열정과 집단적, 사회적 관계

Passion and Intergroup and Societal Outcomes

11장에서는 개인 간의 관계에서 열정의 영향을 다룬 연구를 살펴보았다. 12장에서는 집단 간의 관계[1]에서 열정이 다른 집단의 구성원을 향한 우리의 행동에 어떤 영향을 미치는지에 대한 연구들을 검토한다. 첫 번째 절에서는 열정과 집단 간 관계를 다룬다. 대의를 추구하는 열정은 때로는 적절하게, 때로는 부적절하게 행동하게 한다. 두 번째 절에서는 사회적 대의를 추구하는 열정의 역할에 초점을 맞추며, 열정과 대의를 위해 어떤 변화를 만들고자 하는 행동의 관계를 다룬다. 열정을 가지고 만드는 변화는 사회에 도움이 될 수도 있고 그렇지 않을 수도 있다. 사회 변화에는 추구하고자 하는 대의를 포함해서 다양한 요인들이 작용한다. 세 번째 절에서는 열정이 사회적 기여에 실제로 어떠한 역할을 하는지 알아본다.

열정과 집단 간 관계

집단은 삶의 일부로서 떼려야 뗄 수 없다. 우리는 여러 집단에 속한다. 나는 캐나다 국적을 가진 백인 코카서스 인종이다. 국적과 인종은 스스로 선택한 것은 아니지만 내가

---

1) 이 장에서 제목 외에 intergroup은 '집단 간', out-group은 '타집단', 그 외 other(different) group은 '다른 집단'으로 번역하였다. 저자는 집단 대 집단의 관계적 의미를 설명할 때에는 특히 'intergroup'이라는 단어를 사용하고('intergroup relation'으로 표현), 개인이 자신이 속한 집단과 다른 집단을 대비하는 맥락에서는 'out-group'이라는 용어를 사용하고, 그 외에는 'other/different group'이라는 단어를 사용하였기 때문에 이 장에서도 이를 구분하여 번역하였다.

누구인지를 반영한다. 반면 스스로 선택한 집단도 있다. 나는 대학 교수이자 아버지이며 아침형 인간이다. 이러한 비공식적인 집단은 그 집단에 정체성을 가지고 있는 정도와 그 집단이 정체성의 일부가 되는 정도에 따라 중요도가 다르다. 열정을 가지고 있는 대상과 활동은 나를 어떤 집단에 속하게 할 수 있다. 예를 들어 농구, 음악, 연구에 대한 열정은 나를 농구선수, 음악가, 학자 집단에 속하게 한다. 또한 활동에 열정을 가진다는 것은 집단에 대해서도 열정을 가지고 있음을 의미한다. 집단에 대해 가지고 있는 열정의 유형은 그 집단에 대한 사고, 정서, 행동에 영향을 미친다.

그뿐이 아니다. 어떤 사람들은 나의 집단이 지지하는 이데올로기와 충돌하는 다른 집단에 속할 수 있다. 예를 들어 퀘벡당(Parti Québécois) 소속 민족주의당원은 '하나 된 캐나다'를 선호하는 자유당원과 충돌할 수 있다. 민족주의당원과 자유당원의 두 이데올로기는 서로 충돌한다. 집단 간 관계 분석에서는 한 집단의 구성원이 다른 집단의 구성원에게 어떻게 행동하는지 탐구한다(Tajfel & Forgas 2000). 많은 연구(Bourhis & Leyens 1999; Dovidio & Gaertner 2010 참조)에 의하면 자신과 다른 집단에 속한다는 단순한 사실만으로도 그 집단의 구성원에게 충분히 부정적인 행동을 보일 수 있다(Tajfel 1974). 한 집단에 속하면 대체로 그 집단을 편애하고, 그 집단에 속하지 않은 사람에게 편견을 가지거나 차별한다(Brewer & Brown 1998; Efferson, Lalive, & Fehr 2008). 그러나 여기에도 몇 가지 조건이 있으며, 특정 조건에서는 정반대가 될 수도 있다(예: Lewis & Sherman 2003).

열정이원론에서는 집단이 옹호하는 대의(또는 이데올로기)에 대한 열정의 수준과 유형에 따라 집단 구성원의 열정적인 태도가 타집단 구성원에게 미치는 영향이 다르다고 가정한다. 즉 어떤 유형의 열정을 갖느냐에 따라 특정 집단의 활동이나 지지하는 이데올로기에 의한 행동이 달라질 수 있다. 어떤 사람들은 집단을 지키기 위해 극단적으로 행동하지만 어떤 사람들은 타집단으로부터 위협을 받을 때에도 긍정적으로 행동할 수 있다. 다른 장에서 살펴보았듯 열정은 다른 집단에 속한 사람을 포함한 타인을 대하는 행동의 유형을 결정하는 데 매우 중요하다. 구체적으로 조화열정은 통합된 자아와 관련 있기 때문에 더 긍정적으로 행동하게 한다. 그러므로 조화열정을 가진 사람들은 그들이 지지하는 것과 다른 대의를 가진 사람들을 위협으로 받아들이지 않고, 따라서 타집단에 속한 사람들에게 공격적 행동을 보이지 않는다. 반대로 강박열정은 방어적이고 투사된 자아와 관련 있기 때문에 자신과 다른 입장에 대해 위협을 느끼게 하고, 그 결과 강박열정을 가진 사람들은 타집단에 속한 사람들을 심하게 비난할 수 있다.

이 장의 첫 번째 절에서는 국제 경기와 종교 문제에 대한 집단 간 관계에서 열정의 역할을 다룬다.

국제 경기에서 열정과 집단 간 행동

국제 경기는 팬들의 관점에서 열정을 연구할 수 있는 매우 흥미로운 분야이다. 열정적인 팬들은 스포츠나 국가를 자신에게 내면화하기 때문에 활동에 매우 높은 가치를 부여한다. 축구는 전 세계에서 가장 많은 사람들이 참여하는 스포츠이다. 축구팬들은 깃발 흔들기, 응원가 부르기, 팀을 상징하는 색으로 온몸 칠하기 등으로 팀에 대한 높은 지지를 보인다. 국가대표팀은 자신의 조국과 자신이 열광하는 스포츠를 모두 대표하기 때문에 응원 수준이 배가 된다. 팬들은 팀의 승리에 자부심을, 패배에 좌절과 고통을 느낀다. 국제 경기는 경기 이상의 의미를 가지기 때문에 집단 간 행동을 훨씬 더 많이 보여준다. 실제로 1972년 캐나다와 구소련 간의 아이스하키 경기를 본 중장년층 하키팬들은 그것이 단순한 경기가 아니었다고 추억할 것이다. 이 하키 시리즈는 냉전이 한창일 당시 민주주의와 공산주의라는 두 정치 체제를 대표하는 국가 대항전이었다.

따라서 이런 스포츠 대항전이 많은 적대적 행동을 일으킬 수 있다는 것은 놀라운 일이 아니다(Stott, Hutchison, & Drury 2001). 한 팀의 팬이 상대 팀 팬을 공격한 기록은 얼마든지 찾을 수 있다. 훌리건의 파괴적인 행동은 전 세계적으로 유명하다. 팬들이 그런 행동을 하는 이유는 무엇인가? 물론 패배에 따른 좌절감(예: Dollard & Miller 1941) 때문일 수도 있다. 예컨대 2011년 스탠리컵 결승시리즈 7차전 홈경기에서 패배한 밴쿠버 캐넉스(Vancouver Canucks) 팬들은 거리로 뛰쳐나가 폭동을 일으켰다. 그러나 좌절감이 모든 것을 설명하지는 않는다. 팀이 이겼을 때에도 폭력적인 행동을 할 수 있기 때문이다. 1993년 스탠리컵 경기에서 이긴 몬트리올 캐너디언스(Montreal Canadians) 팬들 역시 거리로 뛰쳐나가 폭동을 일으켰다. 겉으로 보기에는 정반대 상황인 승리와 패배를 두고 똑같이 폭력적으로 행동하는 심리적 과정은 과연 무엇인가?

폭력적 행동은 열정 유형과 그것이 유발하는 정서에 의해서 설명된다. 여기에 관련된 정서는 자부심과 증오이다. 7장에서 자부심이 개인의 정체성과 밀접한 관련이 있다는 것을 보았다. 따라서 팀이 승리하면 열정은 평화로운 축하를 통해 자부심을 공개적으로 표현하게 만든다. 반면 증오는 누군가에 대한 부정정서이다. 이는 패배한 상대 팀을 조롱하는 것과 같이 타인을 향한 외적인 행동으로 이어질 수 있다. 조화열정과 강박열정은 둘 다 승리에 뒤따르는 자부심과 정적 관련이 있을 것으로 예상된다. 열정의 대상인 팀은 자신의 정체성과 결부되어 있기 때문이다. 반면에 상대방에 대한 증오는 조화열정이 아니라 강박열정 때문에 나타날 것이다. 조화열정은 통합된 자아에 뿌리를 두고 있기 때문에(Deci & Ryan 2000; Hodgins & Knee 2002) 정체성을 안전하게 지키도록 하고, 그 결과 상대 팀 팬들을 장애물이나 적으로 돌리지 않게 한다. 그러므로 조화열정은 상대 팀 팬들에 대한 증오로 이어지지 않는다. 강박열정은 투사된 자아에서 유래하므로(Hodgins & Knee 2002), 상대 팀 팬들을 자기 팀의 승리를 가로막는 장애물, 심지어 자아에 대한 상징적 위협으로 인식하게 하고(Steele 1988) 이는 상대 팀에 대한 증오로 이어진다. 자부심과 증오는 사회적 기능을 가지고 있어 축구팬들의 집단 간 행동에 중요한 영향을 미치지만, 그 방식은 다를 것으로 예상된다. 구체적으로 증오는 상대 팀을 조롱하거나 조롱하기 위해서 거리로 나가도록 하는 반면 자부심은 거리에서도 충돌 없이 축하하게 할 것이다.

발러랜드, 은투마니스 등(Vallerand, Ntoumanis, et al. 2008, 연구 2)은 이 문제를 탐구하였다. 2006년 월드컵 결승전이 시작되기 바로 몇 시간 전, 연구자들은 결승에 진출한 프랑스와 이탈리아의 팬들에게 팬으로서의 열정 수준과, 결승전까지의 토너먼트 기간 동안 경험한 정서를 특히 자부심과 증오를 중심으로 질문하였다. 마지막으로 연구자들은 참여자들에게 토너먼트 기간 동안 거리에서의 '평화로운 축하'와 '상대 팀에 대한 조롱' 행동에 얼마나 참여했는지 물었다. 두 팀은 결승에 오르기까지 모두 승리했기 때문에 응원하는 팀이 결승에서 질 경우 어느 정도 수용 가능한 행동을 할 것인가에 대한 답을 줄 수 있다. 구조방정식모형 분석 결과 두 열정 모두 자부심을 예측했고, 이어 자부심은 평화로운 축하 행동을 예측했다. 예상대로 강박열정만이 증오를 예측했고, 이어 증오는 패배한 팀의 팬들을 조롱하는 행동을 예측했다.

이는 집단 간 관계에서 조화열정은 긍정적인 효과로, 강박열정은 덜 적응적인 결과로 이어진다는 것을 보여준다. 그러나 이 연구에서는 11장에서 언급했던 두 유형의 자부심(진정한 자부심과 오만한 자부심)이 어떻게 열정과 적응 또는 부적응 행동의 관계를 매개하는지 알아보지 않았다. 집단 간 행동에서 자부심의 두 유형이 어떤 효과를 가지는지에 대한 후속 연구가 필요하다.

종교적 이데올로기에서 열정과 집단 간 행동

2001년 9월 11일에 일어난 한 사건은 세상을 영원히 바꿔 놓았다. 알 카에다 소속 이슬람 테러리스트들이 서구 사회에 대한 **지하드**(성전)로서 뉴욕 워싱턴 D.C의 세계 무역센터와 펜타곤을 공격하여 3,000명의 사망자가 발생했다. 9·11사태는, 유명작가들의 말처럼 세계의 역사를 그 이전과 이후로 나누었다. 이 시기부터 이슬람 세계와 그 외의 세계가 분명히 구분되는, 즉 명백한 집단 간 관계의 패러다임이 생겨나게 된 것이다.

앞서 발러랜드, 은투마니스 등(Vallerand, Ntoumanis, et al. 2008, 연구 2)의 연구에서 참여자들은 모든 경기에서 승리한 프랑스와 이탈리아 팀의 열광적인 축구팬이었다. 그러나 참여자들은 응원하는 팀이 승리했을 때에도, 특히 강박열정을 가졌을 경우에는 상대 팀에 대해 부정적인 행동을 보였다. 만약 경기에서 졌거나 상대 팀 팬들에게 위협적인 말을 들었다면 어떤 일이 일어났을까? 립 등(Rip et al. 2012, 연구 2)은 종교적 열정을 가진 사람들이 위협에 어떻게 반응하는지 알아보는 연구를 진행하였다. 이 연구는 실험을 통해 위협을 조작한 다음, 타집단인 비이슬람교인들에 대한 증오와 공격성 수준을 측정했다. 참여자들은 캐나다 몬트리올 소재 온건파 모스크와 기도실에서 모집한 독실한 이슬람교인이었다. 이들은 열정 척도를 마친 후 정체성 위협 집단과 통제집단에 무선 할당되었다. 정체성 위협 조건의 참여자들은 교황 베네딕토(Benedict) 16세의 담화문을 읽었는데, 이 담화문은 전 세계 이슬람교인들의 공분을 산 발언이다.

무함마드(마호메트)는 자신의 설교를 칼로 수호하라는, 사악하고 비인간적인 명령 말고는 그 어떤 것도 우리에게 새로 준 것이 없습니다.

위협 조건의 참여자들이 이 인용문을 읽고 실제로 위협적이라고 인식한 것에 비해 통제조건의 참여자들은 아무것도 읽지 않았다. 이어 두 집단의 참여자들에게 증오를 측정하는 척도("지금 어느 정도 미움을 느낍니까?") 및 평화적인 종교 활동(예: "전 세계 종교인들과의 좋은 관계를 위해 타 종교 신자들과 협력하기")과 종교적 극단주의(예: "비난만 할 것이 아니라 무장해서 성전을 감행하기")를 측정했다. 전자는 평화적 행동을, 후자는 종교적 극단주의의 폭력적 행동을 반영한다.

열정이원론 그리고 11장에서 언급했던 열정과 공격성에 대한 연구(예: Donahue et al.

2009; Philippe et al. 2009)에 근거하면 다음과 같이 가정할 수 있다. 첫째, 조화열정은 평화적 행동만을 정적으로 예측할 것이다. 둘째, 강박열정은 증오로 이어질 수 있지만 정체성 위협 조건에서만 그러할 것이다. 즉 강박열정을 가진 사람들은 위협을 가하는 사람들에게 증오를 느낀다. 조화열정을 가지고 있는 사람들 또는 통제집단의 사람들에게서는 이러한 효과가 나타나지 않을 것이다. 마지막으로 증오는 종교적 극단주의의 폭력적 행동으로 이어질 것이다. 구조방정식모형 분석 결과 [그림 12.1]과 같이 가설이 강하게 지지되었다. 조화열정은 조건에 관계없이 평화적 행동을 정적으로 예측하였고, 정체성 위협이라는 실험 조건은 증오를 직접적으로 예측하였다. 그러나 더 관심을 끄는 부분이 있다. 강박열정과 정체성 위협의 상호작용을 보면 정체성 위협이 증오에 미치는 영향은 강박열정이 높은 사람들에게만 유의하게 나타났다. 마지막으로 증오는 종교적 극단주의의 폭력적 행동을 예측했다. 그 밖의 다른 효과는 없었다.

요컨대 열정은 집단 간 행동에 있어 중요하다. 지금까지 연구는 조화열정과 강박열정이 서로 다른 정서를 예측한다고 하는 열정이원론을 지지하고 있으며, 이 정서들은 다시 타집단(예: 다른 팀 팬이나 타 종교 신도)에 대한 서로 다른 행동(폭력을 유발할 수 있는 행동을 포함해서)을 이끈다. 특별히 분노나 증오는 집단 간 관계에서 중요하다. 훌리건(예:

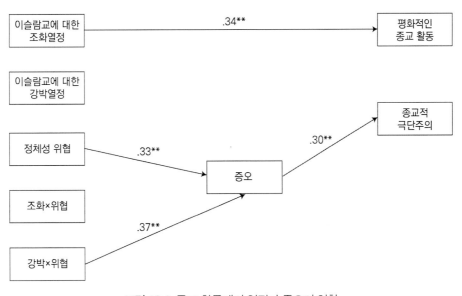

그림 12.1 종교 활동에서 열정과 증오의 역할

주: 조화×위협＝조화열정과 정체성 위협의 상호작용; 강박×위협＝강박열정과 정체성 위협의 상호작용
출처: 립 등(2012, 연구 2)에서 수정

Stott et al. 2001)이나 테러로 나타나는 폭력의 원천이 무엇인지 이해할 수 있기 때문이다. 또한 조화열정 역시 폭력적 행동으로 이어질 수 있으므로, 이러한 조건이 무엇인지 알아보는 후속 연구도 필요하다.

대의를 위한 열정: 사회 변화의 추구

많은 사람들이 자신을 초월한 공동체 나아가 사회 전체에 (긍정 혹은 부정의) 영향을 미치는 대의, 이데올로기, 열망을 가지고 활동에 참여한다. 어떤 대의는 고등학교에 컴퓨터 장비를 들이기 위해 모금하는 것처럼 국지적이기도 하고, 어떤 대의는 환경(또는 지구)을 구하는 것이거나 버마(미얀마)나 시리아와 같은 국가의 민주주의를 회복하는 것처럼 국제적이기도 하다. 이 중에는 1980년대 후반 베를린 장벽을 무너뜨린 일과 같이 중요한 사회 변화로 받아들여지는 것도 있고, 1989년 중국의 천안문 사태와 같이 그렇지 않은 것도 있다. 또한 의료봉사(예: 적십자 활동)와 같은 대의는 긍정적인 반면, 테러 활동(예: 알 카에다)은 그렇지 않다. 대의를 달성하기 위한 노력에는 비전이 있어야 하고 그 비전을 추구하는 데 필요한 열정이 있어야 한다. 이하에서 살펴보겠지만 이 두 가지는 서로 관련이 있다. 대의를 위한 열정 유형은 대의를 성취하는 방식에 영향을 미친다.

대의를 추구하는 열정

대의를 성취하기 위해서는 장기적으로, 심지어 평생에 걸쳐 시간과 에너지를 투자할 수 있을 정도의 열정을 가져야 한다. 과연 그런가? 비전을 추구하고 대의를 삶의 중요한 축으로 삼으려면 열정이 꼭 필요한가? 직관적으로는 이것이 사실이라고 볼 수 있다. 몇 년 동안 그리고 평생에 걸쳐 대의와 관련된 활동을 하는 것은 쉬운 일이 아니기 때문이다. 삶의 다른 영역(일, 가정)과 부딪힐 수도 있고, 사회 통념에 반하는 신념(낙태)을 따라야 할 수도 있으며, 때로는 많은 어려움과 큰 고통을 겪을 수도 있기 때문이다. 넬슨 만델라(Nelson Mandela)가 남아프리카에서 아파르트헤이트(인종분리정책)의 폐지라는 대의를 위해 싸우는 동안 그가 겪었을 고초를 떠올려보자. 그렇다면 열정은 대의를 위한 활동가가 되거나 그 활동을 지속하기 위해서 필수적인가?

구스-르사르, 발러랜드, 카보노, 라프르니에르(Gousse-Lessard, Vallerand, Carbonneau, & Lafrenière 2013)는 환경보호 열정에 대해 세 연구를 수행했다. 이들은 퀘벡주 환경보호 단체에서 적극적으로 활동하는 400명의 직원, 회원, 자원봉사자의 열정을 측정했다. 참여자들은 열정 준거가 포함된 열정 척도에 응답했다. 열정 준거(자세한 내용은 4장 참조)의 일반적인 컷오프 점수가 4점이라고 칠 때 참여자들의 평균은 모두 그 이상으로 나타나, 세 연구를 합친 참여자의 93% 이상은 환경보호라는 대의에 열정을 가지고 있다고 볼 수 있다. 적십자와 같은 인도주의 활동에 참여한 사람들을 대상으로 한 세 연구(St-Louis, Carbonneau, & Vallerand 2016[2])에서도 유사한 결과가 나타났다. 이 연구에서는 활동가의 89%가 열정을 가지고 있는 것으로 나타났다. 마지막으로 정치적 대의를 추구하는 활동가들에게서도 비슷한 결과(79%)가 나타났다(Rip et al. 2012, 연구 1).

이 결과는 환경보호, 인도주의, 정치적 대의를 위해 일하는 사람들은 그 대의에 열정적이라는 가설을 지지한다.

대의를 위한 열정과 채택한 수단의 유형

6장에서 살펴본 바와 같이 열정 유형에 따라 활동이나 대의처럼 중요한 목표를 달성하기 위해 선호하는 수단이 달라진다(Bélanger et al. 2013). 강박열정은 불안정한 투사된 자아에 근거하기 때문에, 삶의 다른 목표를 희생하고서라도 열정 목표의 달성 가능성을 극대화시키는 대결적(또는 극단적, 급진적) 수단을 선호한다. 반대로 조화열정은 안정적이고 통합된 자아에 근거하기 때문에 열정 목표는 물론 삶의 다른 목표(타인에 대한 존중을 포함해서)를 모두 달성하려 하는 다면적(또는 통상적, 민주적) 수단을 선호한다. 이와 같이 서로 다른 수단에 대한 선호는 대의나 이데올로기를 위한 전략에 영향을 준다. 강박열정을 가지고 있으면 대의를 위한 대결적 수단을 선호하고 조화열정을 가지고 있으면 대의와 다른 목표들도 함께 달성할 수 있는 다면적 수단을 선호한다.

립, 발러랜드, 라프르니에르(Rip, Vallerand, & Lafrenière 2012, 연구 1)는 정치적 대의 즉 캐나다 퀘벡 주의 주권 회복(또는 독립)에 대한 열정과 이 대의를 위한 수단에 대해 위의 가설을 검증하였다. 영국의 스코틀랜드 지역, 스페인의 바스크 지역과 마찬가지로

---

2) 원서에는 in press로 되어 있으나 이후 2016년 출간되었음.
St-Louis, A. C. Carbonneau, N. & Vallerand, R. J. (2016). Passion for a cause: How it affects health and subjective well-being. *Journal of Personality, 84*(3), 263-276.

퀘벡 지역은 지난 50년 동안 캐나다로부터의 분리 독립을 심각하게 고려해왔다. 1980년과 1995년 두 차례 국민 투표가 열렸으며, 마지막 투표는 거의 주권 회복에 근접한 결과가 나오기도 했다(주권 회복 또는 독립에 찬성한 비율이 49.3%). 많은 사람들이 이 목표를 이루기 위해 애썼고, 사람들은 자신의 대의에 열정이 있었다. 그러나 열정 유형이 다르면 대의를 위한 수단도 달라질 것인가? 이 연구는 이것을 검증하고자 하였다.

참여자들은 퀘벡 주권 회복 운동가와 퀘벡당 즉 민족주의(분리주의) 정당에 속한 남녀였다. 참여자들은 2005년 전당대회에서 모집되었으며 이들에게 주권 회복에 대한 열정 척도 및 민주적 정치 행동과 급진적 정치 행동을 각각 7개씩의 문항으로 측정하는 두 척도를 실시했다. 민주적 행동에는 "주권을 회복할 수 있는 방안을 퀘벡 사람들에게 알리기 위해 공개 포럼을 조직한다", "록 콘서트와 같이 주권 회복을 위한 문화 활동을 조직한다"가 포함되어 있다. 급진적 행동에는 "사보타주 행동을 벌인다"와 "독립을 얻기 위해 **필요한** 모든 수단을 취한다"가 포함되어 있다. 두 유형의 열정을 예측 변인으로, 두 유형의 정치적 행동을 종속 변인으로 하여 인구통계학적 변인들을 통제한 다중회귀분석 결과 조화열정은 민주적 행동을 정적으로 예측했으나 급진적 행동을 예측하지는 않았다. 반대로 강박열정은 급진적 행동을 정적으로 예측했으나 민주적 행동을 예측하지는 않았다. 립 등(Rip et al. 2012, 연구 1)의 연구는 민주적, 급진적 정치 행동에 대해 두 열정이 상이한 역할을 할 것이라는 열정이원론에 의한 가설을 뒷받침한다.

이 결과는 열정 유형에 따라 정치적 대의라는 목적을 이루기 위한 수단이 서로 다르게 나타남을 시사한다. 다른 대의에도 이 결과를 일반화할 수 있을까? 환경보호는 지난 25년간 우리가 관심을 기울인 대의 중 하나이다. 실제로 환경보호의 중요성을 모르는 사람은 없다. 많은 환경보호 단체들은 사람들이 환경을 아끼고 있는지 감시한다. 그러나 이 단체가 보여주는 활동의 형태는 다를 수 있다. 예를 들어 폴 윌슨(Paul Wilson)이 이끄는 해양생태계 보호 단체(Sea Shepherd Conservation Society)는 멸종 위기 생물을 잡아들이는 선박을 직접 공격하는 등 극단적으로 활동한다. 반면 스티븐 길보트(Steven Guilbeault)가 이끄는 에퀴테르(Equiterre)나 그린피스(Greenpeace)와 같은 단체들은 환경보호를 위한 생활 정보를 제공하는 등의 통상적인 활동을 벌인다. 조화열정과 강박열정은 이 두 유형의 활동에 어떤 영향을 미치는가? 구스−르사르, 발러랜드, 카보노, 라프르니에르(Gousse-Lessard, Vallerand, Carbonneau, & Lafrenière 2013)가 최근에 수행한 세 연구는 이 질문을 다루고 있다. 연구 1에서는 평균 8년 동안 환경보호에 종사한 참여자들에게 대의를 이루기 위해 수용 가능한 행동을 묻는 척도와 열정 척도를 실시했다. 이 행동 중에는 통상적인 것과 극단적인 것이 포함되었다(이 척도는 환경운동 전문가들을 대상으로 한 예비 연구에서 결정했다). 통상적인 행동은 "환경의 중요성을 다른 사람에게 설득하는 토론 집단에 참여하기", 극단적인 행동은 "오염원을 배출하는 공장의 대표에게 신체적 공격을 감행하기" 같은 문항이 들어 있다.

경로분석 결과는 [그림 12.2]와 같이 나타났다. 조화열정은 통상적인 행동만을 정적으로 예측했다. 반대로 강박열정은 극단적인 행동을 정적으로 예측하고 통상적인 행동에 대한 예측 수준은 낮았다. 아마도 강박열정이 작용하면 대의를 달성하지 못할 수도 있다는 것을 전혀 고려하지 않으며, 목적이 수단을 정당화하고, 목표를 달성하기 위해 어떤 극단적인 행동도 마다하지 않는 것으로 보인다. 연구 1은 환경운동가들에게 어떤 행동이 **수용 가능한지**만을 평가했으나, 연구 2에서는 현실적으로 인식된 수용 가능성보다는 행동의 의도를 측정했다(Gousse-Lessard et al. 2013, 연구 2). 여기서도 연구 1과 동일한 결과가 나왔다. 따라서 조화열정은 통상적인 실천 행동으로 이어지는 반면 강박열정은 두 가지 행동 모두에 연관되지만 특히 급진적이고 극단적인 실천 행동에 더 기여하는 것으로 보인다.

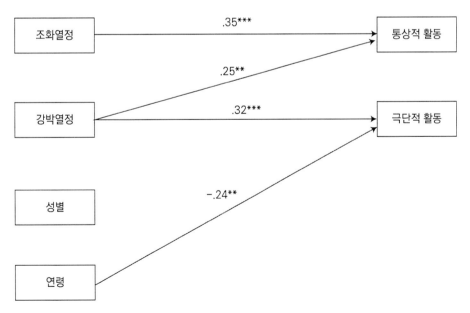

그림 12.2 성별, 연령을 통제한 열정과 활동가의 행동 유형 간의 관계
출처: 구스-르사르 등(2013, 연구 1)에서 수정

열정과 실천 행동 간의 관계를 매개하는 정서

구스-르사르 등(Gousse-Lessard et al. 2013)의 연구 1과 2의 결과에서 두 열정은 통상적인 행동과 급진적인 행동에 대한 수용 가능성 혹은 실제 행동 의도와 서로 다른 관련을 보여주었다. 이 결과는 환경보호라는 대의를 위한 실천 행동이 열정 유형에 따라 달라진다는 점을 강조하고 있지만, 더 살펴보아야 할 질문이 있다. 열정과 두 행동 간의 관계를 매개하는 심리적 과정은 무엇인가? 이 중요한 질문에 대한 답을 얻고자 하는 것이 연구 3의 목적이었다. 11장에서 살펴보았듯 정서는 열정 유형과 다른 사람을 변화시키는 행동을 매개할 것이다. 7장에서 살펴본 것처럼 조화열정은 활동에 온전히 참여하도록 돕는 개방성과 마음챙김을 가지고 활동에 자발적으로 참여하게 한다. 그러므로 조화열정을 가진 사람들은 과업을 수행하는 동안 긍정정서를 경험하고 부정정서를 거의 경험하지 않는다. 반대로 강박열정은 경직되고 갈등적인 형태로 활동에 참여하게 한다. 따라서 강박열정을 가진 사람들은 과업을 수행하는 동안 부정정서를 높은 수준으로, 자부심 혹은 흥분과 같은 일부 긍정정서를 높은 수준으로 경험한다(예: Bureau et al. 2013; Lafrenière et al. 2009; Vallerand, Ntoumanis, et al. 2008, 연구 2). 또한 프레드릭슨(Fredrickson 2001)이 제안한 확장 및 형성 이론(Broaden-and-Build Theory)에 의하면 긍정정서는 사고-행동 레퍼토리와 자아를 확장시켜 적응적인 행동을 하게 하고(Cohn & Fredrickson 2006 참조), 대인관계의 질을 높인다(Philippe et al. 2010). 그러나 부정정서는 사고-행동 레퍼토리와 자아를 위축시켜 적응적인 행동을 어렵게 하고(예: Fredrickson & Branigan 2005), 부정적인 대인관계를 이끈다(Philippe et al. 2010).

열정 유형이 대인관계에 미치는 영향을 정서가 매개한다는 연구(예: Philippe et al. 2010)에서처럼 구스-르사르 등(Gousse-Lessard et al. 2013, 연구 3)은 조화열정이 긍정정서를 정적으로 강하게 예측하는 반면 강박열정은 부정정서를 정적으로, 긍정정서를 다소 약하게 예측할 것으로 예상하였다. 또한 긍정정서는 이어서 통상적인 실천 행동을 정적으로, 부정정서는 이어서 극단적인 실천 행동을 정적으로 예측한다고 가정했다. 연구 참여자는 캐나다 환경보호 단체의 직원 또는 회원으로, 환경보호에 대한 열정 척도, 환경운동에 참여하면서 경험한 긍정정서와 부정정서에 대한 PANAS 척도, 연구1과 2에서 사용한 행동 유형 척도에 응답했다. 연구 3의 결과는 대체로 가설을 지지했다. 첫째, 상관분석 결과 성별과 연령을 통제하고 조화열정은 통상적인 행동에 정적 관련이 있었던 반면 강박열정은 통상적인 행동과 급진적인 행동 모두를 예측했다. 둘째, 경로분석 결과 활동 참여에서 경험한 긍정정서는 두 열정과 통상적인 행동 간의 관계를 완전 매개하였다. 셋째, 조화열정과 긍정정서와의 관계는 강박열정과 긍정정서와의 관계보다 통계적으로 더 강하게 나타났다. 이 점은 중요하다. 마지막으로 부정정서는 강박열정과 급진적인 행동 간의 관계를 부분 매개하였다. 따라서 강박열정과 급진적인 행동 간의 관계에는 다른 심리적 과정이 매개할 수 있다.

이 절의 논의에서는 다음 두 가지가 중요한다. 첫째, 대의를 위해 지속적으로 활동에 참여하려면 열정이 필요하다. 지속적인 참여는 매우 힘들기 때문에 열정이 있어야 대의를 추구할 수 있다. 둘째, 두 열정은 대의를 구현하는 데 있어서 서로 다른 전략을 채택하게 한다. 구체적으로 조화열정은 통상적인(따라서 더 수용 가능한) 행동으로 이어지는 반면, 강박열정은 급진적인 행동을 확실히 선호하고 통상적인 혹은 급진적인 행동 모두와 이어진다(Gousse-Lessard et al. 2013, Rip et al. 2012). 강박열정이 각각의 실천 행동으로 이어질 때는 언제인지, 그리고 극단적인 행동으로 이어질 때는 언제인지를 알아보기 위한 후속 연구가 더 필요하다. 또한 조화열정이 급진적인 행동으로 이어지거나 강박열정이 통상적인 행동으로 이어지는 등의 역효과가 언제, 어떤 조건에서 관찰되는지에 대한 후속 연구도 필요하다.

열정과 사회 기여

앞 절에서 검토한 연구는 대의 또는 이데올로기를 위한 활동에 참여하는 사람들이 열정을 가지고 있는지, 그리고 열정 유형이 어떤 행동으로 이어지는지 설명하는 데 중점을 두었다. 이 행동들이 사회에 실질적인 이익을 주지 않을 수도 있다는 점을 강조해야 한다. 예를 들어 어떤 지도자는 잘못된 대의를 추구하는 데 매우 열정적일 수 있다. 만일 그가 추종자들에게 성전, 즉 지하드를 벌이도록 지시한다면 어떤 면에서든 장기적으로는 긍정적인 영향을 줄 수 없다. 즉 대의를 위한 열정 때문에 벌이는 행동이라고 해서 모두 사회에 이익이 되지는 않는다. 이 절에서는 열정이 실제로 사회에 기여할 때의 역할에 중점을 두고 세 가지 문제를 다룬다. 첫째, 열정은 사회에 실질적인 기여를 하는가? 둘째, 조화열정과 강박열정 중 어느 유형이 사회에 더 많이 기여하는가? 셋째, 한 개인이 번영하면서도 사회에 기여할 수 있는가, 아니면 사회에 기여하기 위해서 개인이 희생해야 하는가? 이하에서 차례로 살펴보기로 한다.

열정과 사회 기여

첫 번째 질문에 답하기 위한 한 가지 방법은 사회에 봉사하는 집단을 선택하여 그들이 열정을 가지고 있는지 확인하는 것이다. 높은 수준의 열정이 확인되면 개인의 열정이 사회 기여를 이끈다는 잠정적인 결론을 내릴 수 있다. 교사는 이런 집단을 대표한다. 초중등 학교 교사가 사회, 즉 우리의 아이들을 교육하는 중요한 역할을 담당하고 있다는 것에는 대부분 동의할 것이다. 2011년 버락 오바마(Barak Obama) 미국 대통령은 다음과 같이 말했다.

> 오늘 밤, 어떤 직업을 택할지 고민하는 청년들에게 말씀드리겠습니다. 우리의 삶을 바꾸고 싶다면, 아이들의 삶에 변화를 주고 싶다면, 교사가 되십시오. 우리나라는 여러분이 필요합니다.

오바마 대통령이 보는 것처럼 교육은 확실히 사회에 기여한다. 다음 세 연구에서는 교사의 열정을 분석했다. 첫 번째 연구에서 카보노, 발러랜드, 페르네, 구웨이(Carbonneau, Vallerand, Fernet, & Guay 2008)는 초중능학교 교사에게 열정 준거 및 교직에 대한 열정 척도를 실시했다. 열정 준거 평균 4점을 컷오프 점수로 사용할 때 최소한 93%는 교직에 열정을 가지고 있는 것으로 나타났다. 이와 같은 절차를 사용한 페르네 등의 두 연구(Fernet et al. 2014)에서도 유사한 결과가 나왔다(연구 1=94%, 연구 2=93%). 즉 교사들은 가르치는 일에 열정을 가지고 있다고 볼 수 있다. 최근 교직에서 열정이 어떤 역할을 하는지에 대한 연구가 많아진 것은 당연하다(예: Day 2004; Greenberger 2012; Phelps & Benson 2012; Santoro, Pietsch, & Borg 2012).

사회에 기여하는 또 다른 집단은 간호사이다. 실제로 간호사는 사회에 봉사하며 도움이 필요한 사람들에게 양질의 의료서비스를 제공하기 위해 오랜 시간 힘들게 일한다. 두 연구에서 간호사들의 열정을 조사했다(Vallerand, Paquet, Philippe, & Charest 2010, 연구 1, 2). 연구결과 프랑스와 캐나다 두 문화권의 간호사는 모두 상당히 높은 수준의 열정을 나타냈다. 페르네 등(2014)이 사용한 연구방법을 사용한 결과 프랑스에서는 88%의 간호사들이(연구 1), 캐나다에서는 69%의 간호사들이(연구 2) 최소한 보통 이상의 열정을 가지고 있었다. 이로써 사회에 기여하는 간호사 집단 역시 상당히 열정적임을 알 수 있다.

이 결과는 교사나 간호사와 같이 사회에 기여하는 직업에 종사하는 사람들은 중간 이상 높은 수준의 열정을 가지고 있음을 시사한다. 그러나 이 연구들에는 중요한 한계가 있다. 첫째, 연구의 참여자들이 실제로 사회에 기여하는지 알아보고 선정된 것이 아니다. 따라서 각각의 개인이 사회에 기여하는지 확인할 수 없다. 둘째, 비교집단이 없었다. 따라서 교사, 간호사보다는 덜 기여하겠지만 다른 직업(예: 변호사, 언론인)을 가진 사람들 역시 열정을 가지고 있는지 알 수 없다.

발러랜드(Vallerand 2014)의 최근 연구는 이 문제를 해결하기 위해 진행되었다. 첫째, 사회에 기여한 사람들을 객관적으로 선정하여 비교집단과 대조하였다. 구체적으로 퀘벡 주의 유명한 신문인 《라 프레스(La Presse)》 위원회에서 선발된 금주의 인물을 '객관적인' 사회공헌자로 보고, 지난 10년 동안 과학, 예술, 비즈니스, 스포츠 등 여러 분야에서 금주의 인물로 선정된 사람들에게 연락을 취해 연구 참여를 요청했다. 둘째, 비교집단을 얻기 위해 일반 직장인들을 모집했다. 비교집단의 직장인들도 사회에 어느 정도 기여하지만, '금주의 인물'은 사회에 상당히 기여한 것으로 인정된다. 모든 참여자들은 열정 준거와 기타 변인들을 포함해서 자신의 활동에 대한 열정 척도가 포함된 설문에 응답했다. 두 집단을 비교하면 사회에 기여하는 집단이 활동에 대한 열정을 더 높게 가지고 있는지 확인할 수 있을 것이다.

분산분석 결과 첫째, 사회공헌자('금주의 인물' 집단)는 일반 직장인보다 훨씬 더 높은 수준의 열정(열정 준거 점수)을 나타냈다. 실제로 높은 수준의 열정을 나타내는 엄격한 기준(Philippe, Vallerand, & Lavigne 2009, 연구 1에서 사용된 열정 준거 컷오프 점수인 평균 5점)을 적용할 때 사회공헌자의 96%, 일반 직장인의 33%가 높은 열정을 가진 것으로 나타났다. 이 비율은 주목할 만하다. 둘째, 사회공헌자들은 일반 직장인보다 더 긴 시간(평균적으로 주당 9시간 이상) 일한다는 것이다. 중요한 것은 열정의 집단 간 차이가 근무 시간을 통제해도 나타났다는 것이며, 따라서 두 집단의 중요한 차이는 근무 시간이 아니라 열정 수준에 의해 구분된다고 볼 수 있다.

요약하면 이 절에서 살펴본 연구결과들은 열정이 사회 기여에 중요하다는 점을 시사한다. 실제로 사회에 기여한다고 널리 인정받는 사람들뿐만 아니라 다양한 활동과 직업 분야에서 사회에 더 기여하는 사람들은 덜 기여하는 사람들보다 열정이 더 높다. 그러므로 열정은 사회 기여를 이끄는 것으로 보인다.

열정의 유형과 사회적 이익

앞선 발러랜드(2014)의 결과는 사회적으로 기여하는 사람들이 그렇지 않은 사람들보다 더 열정적이라는 것을 보여준다. 그러나 이 연구결과로는 어떤 열정 유형이 사회에 긍정적인 결과를 낳는지 알 수 없다. 대의를 추구하는 사람들이 선택하는 수단에 대한 결과를 볼 때 조화열정이 강박열정보다 더 긍정적인 기여로 이어질 것으로 예측된다. 이 점은 대의를 위해 사용하는 수단의 유형과 관련이 있다. 대의를 추구할 때에는 주변 사람도 자신과 같은 입장을 가지도록 설득함으로써 타인에게 (그래서 사회에) 변화를 일으키고자 한다. 그러기 위해서 통상적인 행동, 때로는 좀 더 극단적인(급진적인) 행동을 벌이기도 한다. 예컨대 환경보호 단체에서 일하는 사람은 사회를 변화시키기 위해 다양한 방법으로 노력한다. 사람들에게 공개강의에 참석하도록 권하거나 유용한 정보를 제공하는 것과 같은 통상적인 행동도 있지만, 환경을 오염시키는 개인이나 기업에게 폭력을 행사하는 것과 같은 극단적인 행동도 있다. 사회 변화에 있어서 사람들을 계도하기 위한 정보를 제공하는 행동은 극단적인 행동보다 더 긍정적인 수단으로 보인다. 직관적으로 알 수 있듯 극단적, 폭력적 행동은 사람들의 반발을 사거나 지지하지 않도록 만들기 때문에 대의를 이루는 데 방해가 된다. 선행 연구에 비추어보면 조화열정은 더 통상적이고 수용 가능한 행동을 촉진하고 강박열정은 더 급진적이고 수용하기 어려운 행동을 촉진한다(Gousse-Lessard et al. 2013; Rip et al. 2012). 즉 조화열정을 가지고 대의를 추구할 때에는 강박열정을 가지고 대의를 추구할 때보다 사회에 이익을 가져올 확률이 더 높다고 가정할 수 있다.

사회공헌자들에 대한 연구(Vallerand 2014)에서 하나 더 주목할 점이 있다. 이 연구에서 사회공헌자들은 일반 직장인들에 비해 조화열정과 강박열정 수준이 더 높았다. 이 결과는 두 열정이 모두 실제로 사회에 기여하는 데 관여함을 시사한다. 다른 연구에서 발러랜드와 랄란데(Vallerand & Lalande 2014)는 간호사들의 지각된 사회 기여 수준과 두 열정 수준과의 관련을 살펴보았다. 그 결과 두 열정은 지각된 사회 기여를 정적으로 예측했다.

이 절에서 검토한 연구에 의하면, 비록 강박열정도 사회 기여와 정적 관련을 맺기는 하지만 조화열정이 강박열정보다 사회 기여에 더 긍정적이다. 그러나 어느 열정도 없는 통제집단에 비해서 이 열정들이 얼마나 사회 기여로 이어지는지 알아보기 위한 후속 연구가 더 필요하다. 비록 강박열정이 조화열정보다는 사회 기여에 영향을 덜 미쳐도, 열정이 없는 것보다는 더 높은 수준의 기여로 이어질 수 있다는 점에서 중요하다. 열정은 사회에 중요한 대의를 오랜 기간 추구하는 데에 필요한 에너지를 제공한다. 따라서 후속 연구에서도 열정이 있는 사람이 열정이 없는 사람보다 사회 기여를 더 많이 하는 것으로 나타날 가능성이 크다.

개인의 최적 기능과 사회 기여

사회를 더 좋게 만드는 대의에 적극적으로 참여하는 사람들에 대한 연구를 보면, 대의를 추구하는 것이 쉽지 않음을 알 수 있다. 예를 들어 적십자나 《국경없는 의사회(Médecins sans Frontières)》 등에 소속된 해외봉사자들은 직장과 가정을 떠나 타국에 거주해야 하며, 종종 열악한 음식과 주거 환경, 심한 압박과 스트레스에 놓일 수 있다. 그래서 어떤 봉사자들은 건강에 심각한 문제를 안고 귀국하기도 한다. 특히 분쟁 국가에 파견된 사람들은 외상 후 스트레스 장애(PTSD)를 겪는 경우도 있다. PTSD는 불안을 유발하는 사건 때문에 겪는 정신건강상의 문제로, 일반적으로 플래시백, 악몽, 사건에 대한 반복적인 기억 등을 포함한다(Foa, Cashman, Jaycox, & Perry 1997 참조). 그러나 같은 상황의 모든 봉사자들이 건강문제를 겪는 것은 아니다. 실제로 어떤 사람들은 오히려 에너지를 얻고 더 건강해져서 돌아오기도 한다. 인도주의적 활동에 참여하는 열정의 유형이 무엇이냐에 따라서 건강의 변화가 다를 것으로 예상할 수 있다. 9장에서 본 것처럼 조화열정은 건강을 촉진하고 질병을 예방하며 강박열정은 건강에 부정적인 영향을 미친다.

인도주의 봉사자에 대한 최근 연구에서 생 루이, 카보노, 발러랜드(St-Louis, Carbonneau, & Vallerand 2016[3], 연구 3)는 이 가설을 검증했다. 연구에서는 80명의 적십자 자원봉사자들에게 3개월 동안의 해외봉사 전과 후에 두 차례 설문을 실시하였다. 시점 1(출국)과 시점 2(귀국)의 설문에는 열정 척도, 전반적 건강에 대한 평가 척도(Idler & Benyamini 1997), 부정적인 신체 증상 척도(Emmons 1991을 수정)가 포함되었다. 연구에

---

3) 이 장의 각주 2 참고.

서는 어떤 유형의 열정이 건강에 영향을 미치는지 알아보기 위한 교차지연설계를 사용하여 열정과 건강 간의 관계가 어떤 방향성을 갖는지 알아보았다. 구조방정식모형 분석 결과 가설이 지지되었으며, 강박열정은 전반적인 건강의 감소와 부정적인 신체 증상의 증가를 예측했던 반면 조화열정은 전반적인 건강의 증가와 부정적인 신체 증상의 감소를 예측했다. 흥미롭게도 건강에 대한 두 척도는 3개월간 열정의 변화를 유의하게 예측하지 않았다. 이 결과에 비추어보면 열정은 건강에 영향을 주지만 건강이 열정에 영향을 주지는 않으며, 조화열정은 강박열정보다 건강에 더 긍정적인 영향을 끼친다.

이 연구에서 흥미로운 점이 하나 더 있다. 생 루이 등(2016[4])은 시점 1에는 대의를 반추하는 정도를, 시점 2에는 귀국 당시의 PTSD를 평가했다. 연구자들은 강박열정을 가진 사람들이 봉사활동 중에 겪은 부정적인 사건을 더 반추할 것이고, 이어 반추는 PTSD를 더 경험하게 할 것이라고 예측했다. 경로분석 결과 가설이 지지되었으며, 조화열정은 반추 또는 PTSD와 관련이 없었다.

이 연구결과에 의하면 몇 달 동안 해외에서 고된 임무를 수행한다고 해서 반드시 건강 문제가 생기는 것은 아니다. 건강은 대의를 향한 열정에 따라 달라진다는 것이 더 중요하다. 9장에서 살펴보았듯 조화열정은 건강을 증진하고 부정적인 증상을 예방하는 반면, 강박열정은 부정적인 효과를 가져온다. 그러나 생 루이 등의 연구는 주로 부정적인 건강 상태를 평가하는 데 초점을 두었고, 최적의 기능이라는 더 큰 문제에 접근하지 못했다. 따라서 사회에 기여하면서도 개인이 번성할 수 있는지 (따라서 긍정적인 행복을 경험할 수 있는지) 확인하지 못했다. 다음의 두 연구는 이 문제를 다루었다. 첫째 연구는 앞서 살펴본 퀘벡 주의 사회공헌자를 대상으로 한 연구이다(Vallerand 2014). 이 연구에서 사회공헌자는 일반 직장인보다 두 열정이 모두 높았는데, 참여자들에게 심리적 행복을 평가하는 척도를 실시한 결과 조화열정만이 심리적 행복을 예측했다. 이 결과는 조화열정과 강박열정 모두 사회적 기여로 이어질 수 있지만 조화열정만이 그러한 기여를 하면서도 행복을 경험할 수 있도록 한다는 것을 보여주고 있다.

두 번째 연구에서 이 가설을 더 완벽하게 검증하기 위해 발러랜드와 랄란데(Vallerand & Lalande 2014)는 어떤 열정이 최적으로 기능하는지 확인하고자 했다(Vallerand 2013; Vallerand & Carbonneau 2013). 사회에서의 최적 기능 척도(Optimal Functioning in Society; OFIS)는 심리적, 신체적, 관계적 행복과 주요 분야에서의 높은 수행, 공동체와 사회에

---

4) 이 장의 각주 2 참고.

대한 기여라는 다섯 가지 요소를 포함하여 다차원적으로 전반적 행복을 다루는 구인이다('삶의 관여[engaged living]'와 유사)(Froh et al. 2010 참조). 다섯 가지 요소 모두에서 높은 점수를 얻은 사람들은 최적의 기능을 하는 것으로 가정한다(Vallerand 2013). 연구자들은 조화열정이 최적 기능을 촉진하는 반면, 강박열정은 수행 수준과 사회 기여와 같은 일부 요소만을 촉진함으로써 최적 기능에 부분적으로 기여한다고 가정하였다. 발러랜드와 랄란데는 간호사에게 열정 척도와 사회에서의 최적 기능 척도(OFIS)에 응답하도록 했다. 이 척도는 최적 기능의 다섯 가지 요소를 평가한다. 정준상관분석 결과 유의한 두 차원이 추출되었는데, 첫 번째 차원은 조화열정이 예측하는 차원으로 최적 기능의 다섯 가지 요소와 모두 정적인 관련이 있었고, 두 번째 차원은 강박열정이 예측하는 차원으로 수행 수준 및 사회 기여와는 정적인 관련이 있었지만 대인관계의 질, 건강과는 부적인 관련이 있었고 심리적 행복과는 무관했다(결과는 <표 12.1> 참조). 그러므로 조화열정을 가지고 대의, 활동, 직업에 참여하면 사회적으로 기여하면서 개인적으로도 최적의 기능을 발휘할 수 있다. 반면 강박열정을 가지고 대의, 활동, 직업에 참여하면 사회적으로 기여해도 개인적으로는 고통을 겪을 수 있다.

표 12.1 열정과 최적 기능의 정준상관 분석 결과

정준변인	상관계수	
	1	2
조화열정	1.00	.03
강박열정	.02	1.00
공변인		
심리적 행복	.56	−.06
건강(신체 증상)	.84	−.49
대인관계	.37	−.40
수행 수준	.65	.32
사회 기여	.48	.61

출처: 발러랜드와 랄란데(2014)에서 수정

10장에서는 탁월성에 이르는 두 가지 경로, 즉 조화열정의 과정과 강박열정의 과정이 있음을 보았다. 두 경로 모두 높은 수행으로 이어지지만 조화열정에 의해서만이 탁월성 및 자기성장을 추구하면서도 행복하고 만족스러운 삶을 살 수 있다(예: Bonneville-Roussy et al. 2011; Vallerand et al. 2007; Vallerand, Mageau, et al. 2008). 이 장에서 다룬 내용과 10장의 결과들은 놀랍도록 일치한다. 높은 탁월성을 얻는 것과 마찬가지로 사회적 기여에는 두 가지 경로가 있다. 사회에 봉사하면서 고통을 받는 강박열정의 과정과 사회에 봉사하면서 개인도 번성하는 조화열정의 과정이다. (특히 임무에서 떠나 있을 때) 조화열정에 의한 과정은 강박열정에 의한 과정보다 더 많은 사회적, 개인적 이익을 낳지만, 열정이 없는 것보다는 강박열정이라도 있는 것이 사회에 더 많이 기여하게 한다. 이 문제에 대해 앞으로 더 많은 연구가 필요하다. 사회 기여를 이끄는 두 가지 경로에 대한 후속 연구는 이론적으로도 실제적으로도 매우 중요하다. 특히 조화열정과 강박열정이 통상적인 활동과 극단적인 활동에 미치는 차별적 영향에 어떤 다른 매개 요인이 있는지 후속 연구를 통해 밝힐 필요가 있다. 나아가 특정 상황에서는 통상적인 활동이 긍정적인 사회 변화를 가져오는 데 효과적이지 않다는 것도 인정해야 한다. 예를 들어 간디(Ghandi)는 불복종 평화운동이 히틀러(Hitler)를 상대로 했다면 영국을 상대로 했을 때와 달라졌을 것이라고 했다. 강박열정이 긍정적인 사회 변화로 이어지는 조건과 조화열정이 긍정적인 사회 변화로 이어지지 못하는 조건을 확인하는 후속 연구가 필요하다.

요약

이 장에서는 집단 간 관계 및 사회적 결과에서 열정의 역할에 초점을 두었다. 조화열정은 타인에게 긍정적인 영향을 주고 타집단과 긍정적인 관계를 맺도록 하지만, 강박열정은 특히 정체성이 위협을 받을 때 타집단에 대한 증오와 부정적인 행동으로 이어진다. 열정은 또한 환경보존이나 정치적 목적 달성 등의 특정 대의를 위한 높은 참여를 이끈다. 그러나 대의를 위한 수단은 열정 유형에 따라 달라진다. 조화열정은 삶의 다른 활동에 참여하면서 대의에 도달할 수 있는 수단(다면적 수단)을 채택하고 민주적인 행동을 하도록 이끈다. 강박열정은 대의를 추구하는 동안 '삶을 살아가는' 것을 방해하는 대결적 수단을 사용하고 극단적이고 급진적인 행동을 하도록 이끈다. 마지막으로 열정은 사회 기여에 꼭 필요하다. 조화열정은 강박열정보다 사회 기여를 더 이끌지만, 두 열정 모두 열정이 없는 경우보다는 더 많은 사회적 기여를 이끈다. 나아가 조화열정은 강박열정보다 사회적으로 더 기여하면서도 개인적으로 번성하고 최적의 기능을 발휘할 수 있게 돕는다.

제 5 부

결 론

13 요약

요 약

Summing up

이 책의 여정이 끝난 지금 몇 가지 결론을 내려야 하는 과제가 남아 있다. 1장에서 말한 대로 열정의 개념에 대해서 우리가 지금까지 알아낸 것, 앞으로 알아내야 할 것을 확인하는 것이 이 책의 목적이다. 13장에서 이를 요약하고자 한다.

열정이란?

그동안 살펴본 바와 같이 열정에 대한 상당한 지식이 축적되었다. 열정에 대해 알아낸 주요 사실들은 다음과 같다.

열정의 본성

열정의 본성에 대해 많은 논의가 있었지만 열정이원론에서 열정은 사랑하는(적어도 매우 좋아하는) 사물, 활동, 개념, 사람에 강하게 끌리는 것을 말한다. 열정은 정체성의 일부가 되어 사랑하는 활동(또는 사람)에 시간과 에너지를 규칙적으로 투자하게 만든다. 여러 연구들이 이 가설을 뒷받침하고 있다.

열정이원론에서는 조화열정과 강박열정이라는 두 가지 형태의 열정이 있다고 가정한다. 조화열정은 본성상 자율적이며 개인의 삶과 자아의 다른 측면과 조화를 이루며 적응적 결과를 이끈다. 강박열정은 개인의 삶과 자아의 다른 측면과 갈등을 일으키는 통제적 열정으로 주로 부적응적 결과를 초래한다. 많은 연구들이 열정의 이원성을 뒷받침하고 있다.

열정의 편재성

열정은 사람들의 삶에 편재한다. 대부분의 사람들은 특정 활동에 대한 열정을 가지고 있으며, 실제로 약 85%의 사람들이 활동에 대해 보통 이상의 열정을, 75%의 사람들이 높은 열정을 보인다. 따라서 열정의 편재성은 상당히 높다. 열정은 행복한 소수 또는 특혜를 입은 일부의 삶이 아니라 다수의 삶에 들어 있는 특징이다.

또한 사람들은 150여 가지 활동 중 하나에 열정을 가지고 매주 몇 시간씩 규칙적으로 몇 년 동안 참여한다. 물론 각 활동마다 어떤 유형의 열정을 어느 정도로 가지고 있는지 자세히 알지 못하지만, 거의 대부분의 활동은 열정적 참여를 이끈다.

열정 척도를 이용한 연구 방법

4장(열정 연구의 방법)에서 살펴보았듯 100편 이상의 연구에서 열정 척도의 심리측정학적 특성은 안정적으로 나타났다. 따라서 척도를 통해 다양한 상관연구를 수행할 수 있다. 또한 열정에 대한 실험연구도 가능하다. 실험연구에서는 조화열정과 강박열정을 유도하고 그것이 결과에 어떤 영향을 미치는지 관찰할 수 있다. 그러나 열정적인 사람들에 대한 인터뷰 연구는 거의 찾아볼 수 없다. 인터뷰 방법을 사용한 예비 연구 중 하나는 조화열정/강박열정을 구분하는 이원론을 뒷받침하였지만(Swimberghe, Asktakhova, & Wooldridgh 2014, 연구 1 참조), 분명 후속 연구가 더 필요하다. 현재까지의 실험연구와 종단연구를 보완하기 위해서도 이러한 질적 연구가 이루어져야 한다.

사회 환경의 중요성

사회 환경, 즉 개인을 둘러싸고 있는 사람들은 열정의 발달에 매우 중요하다. 사회 환경은 '내용(what)'과 '방식(how)'을 통해 열정 발달에 영향을 미친다. '내용'이란 가까운 사람들이 가치를 부여하고 다양한 방식으로 참여하는 활동을 가리킨다. '방식'이란 이러한 활동에 참여할 때 그 사람들이 보여주는 행동을 가리킨다. 주변 사람들은 선택의 자유를 주고 활동에 가치를 부여할 수도 있고, 어떤 활동을 대신 선택해주고 강요할 수도 있다. 사회 환경의 '내용'과 '방식'은 열정 발달을 위해 활동을 선택하는 문제뿐만 아니라 발달할 가능성이 있는 열정의 유형에도 영향을 준다. 대체로 자율성을 지지하는 환경에서는 조화열정이 발달하는 반면 통제적 환경에서는 강박열정이 나타난다.

사회 환경은 열정의 지속적 발달에도 중요한 역할을 한다. 일단 활동에 대한 열정이 발달하면, 타인의 행동에 따라 어느 유형의 열정이든 그 유형이 더욱 우세해지고 효과를 나타낸다. 중요한 타인들이 자율성을 높일 경우 조화열정이 힘을 얻는 반면 통제를 가하면 강박열정이 촉진될 것이다.

성격과 열정 발달의 관계

성격은 열정 발달에 영향을 미친다. 자율성을 지향하는 성격은 자신이 가치 있게 여기는 활동에 열정을 키우려고 한다. 반면에 통제성을 지향하는 성격은 그들이 관심을 두는 활동에 강박열정을 가지는 편이다. 또한 완벽주의나 가치, 그리고 이보다는 덜하지만 Big5 같이 일반적인 성격 유형도 열정의 발달에 다소 영향을 미친다.

성취에 중요한 열정

열정은 다양한 결과에 매우 중요하다. 여러 연구에서 열정은 인지, 정서, 심리적 행복, 신체적 건강, 수행과 창의성, 대인관계, 집단 간 관계, 그리고 사회적 결과에 큰 영향을 미치는 것으로 나타났다. 이러한 결과는 열정 활동뿐만 아니라 그 밖의 활동에서도 광범위하게 나타난다. 예를 들어 특정 활동에 대해 조화열정을 가진 사람들은 열정이 없거나 강박열정을 가진 사람들보다 더 높은 수준의 심리적 행복을 보고한다. 따라서 열정은 삶에 긍정적으로 기여한다. 또한 활동에 대한 열정은 삶의 다른 영역에도 파급 효과를 가진다. 예를 들어 축구팬들의 열정은 낭만적 관계의 질에 중요한 영향을 미친다.

높은 자기과정을 유도하는 조화열정

열정 활동을 추구하면서 경험하는 결과는 이원적이라는 사실이 중요하다. 따라서 어떤 사람의 경험이 어떠한지 예측할 때 그가 가진 열정의 유무만으로는 충분하지 않으며, 그 열정의 성격이 조화로운 것인지 강박적인 것인지 알 필요가 있다. 이 책에서 검토한 연구들에 따르면 조화열정이 강박열정보다 더 적응적인 결과로 이어진다. 앞서 말한 바와 같이 열정의 결과 측면에서, 조화열정은 개인의 삶에 균형 있게 스며들기 때문에 그 영향력이 상당하다. 강박열정은 그렇지 못하다. 강박열정은 활동에서 높은 성취를 달성하고 전문성을 획득하는 것과 같이 상당히 긍정적인 효과도 있지만, 조화열정에 의한 결과보다 적응적이지 않고 심지어 해로울 수도 있다. 심리적 의존, 소진, 양질이 아닌 우정, 연애 관계에서의 실패, 부정행위, 타인이나 다른 집단에 대한 공격성 등의 부정적인 효과가 나타날 수 있다. 따라서 조화열정에서는 대부분 자기성장이 나타나는 반면, 강박열정에서는 활동이나 자기가 소속된 일부 공동체에 참여할 때만 자기성장이 나타난다.

매개 요인으로서의 정서와 몰입

열정이원론에 따르면 열정은 정체성에 내면화되어 있으므로 활동의 표상이 자기과정에 침투하도록 돕는다. 자기과정은 중심부에서(proxiamal) 결과에 가깝게 직접적으로 영향을 미치지만, 열정은 자기과정을 촉발하므로 상대적으로 말단부위에서(distal) 영향을 미친다. 또한 경험의 결과는 열정 유형에 따라 달라진다. 조화열정을 가진 통합된 자아는 적응적인 자기과정을 촉발하고 이어 긍정적인 결과로 이어진다. 반대로 강박열정을 가진 투사된 자아는 덜 적응적인 자기과정을 촉발하고 이것은 최적의 결과에 미치지 못하는, 때로는 확실히 부정적인 결과를 낳는다. 이 책에서 검토한 연구결과들은 이원론에 근거한 이 가정을 강력하게 지지한다. 정서는 열정의 결과를 매개하는 주요 과정 중 하나이다. 여러 연구들을 살펴보았듯 정서는 심리적 행복, 창의성, 도덕적 행동, 공격성, 그리고 그 밖의 많은 결과물에 대한 열정의 효과를 매개한다. 또 다른 매개 요인은 몰입인데, 몰입은 대부분 심리적 행복과 관련하여 영향을 미친다.

어떤 연구를 해야 하는가?

1장에서 이 책의 목표는 열정에 대해 알고 있는 것을 확인하고 향후 열정에 대한 연구 방향을 정하는 것이라고 하였다. 사실 열정에 대해 알고 있는 것을 확인하면 동시에 무엇을 더 확인해야 하는지 알게 된다. 이 책 전반에 걸쳐 많은 후속 연구를 제안했다. 이하에서는 이들을 반복하기보다 열정 연구가 어디로 향해 가는지 크게 두 가지를 말하고자 한다. 즉 열정의 발달에 관한 연구와 열정의 발달이 가져오는 결과에 대한 연구가 그것이다.

열정의 발달

많은 연구가 열정의 결과에만 초점을 두고 있지만, 열정의 시작과 진행 과정 모두를 더 잘 이해하기 위한 연구가 필요하다.

열정 발달의 시작

이와 관련한 연구는 오직 한 편(Mageau et al. 2009, 연구 3)뿐이다. 열정이 시작점(또는 시점 0)에서부터 어떻게 발달하는지 주의를 기울일 필요가 있다. 따라서 지금까지 한 번도 참여하지 않았던 새로운 활동에 열정이 어떻게 생겨나는지 알기 위해서는 마고 등의 결과를 재확인하고 확장하는 후속 연구가 필요하다. 또한 음악 외의 다른 활동, 그리고 교사나 부모 외에 감독 역할을 하는 다른 사람(예: 코치, 관리자 등)에도 초점을 맞춘 연구가 필요하다. 학업에서 직업 영역으로 전환하는 것은, 새로운 활동 즉 일에 대한 초기 열정이 어떻게 생겨나는지 알아볼 수 있는 흥미로운 연구주제이다.

열정의 전달

열정의 시작과 관련된 또 다른 중요한 문제는 열정이 어떻게 전달(transmission)되는가이다. 한 사람에게서 다른 사람에게로 열정이 전달될 수 있을까? 대부분 사람들의 기억 속에는 전공이나 직업을 선택하는 데에 영감을 준 교사가 있다. 많은 사람들이 자신의 인생에 열정의 씨앗을 뿌려준 어떤 사람을 기억한다(Lecoq & Rimé 2009). 그러나 실제로 이런 현상이 존재할까, 아니면 이것은 편향적 회상에 의해 해석된 것일까? 만약 열정이 전달되는 것이라면, 어떤 과정을 거치며, 열정 유형에 따라 그 과정은 어떻게 달라지는가? 어떤 연구자들(예: Cardon 2008)은 기업가의 열정은 직원에게 전달될 수 있으며, 이는 기업가의 열정에 대한 정서적 모방과 목표 일치감(goal alignment) 때문이라고 하였다. 새로운 활동에서 가지게 되는 열정을 연구한 마고 등(2009, 연구 3)에 따르면 이러한 설명이 옳다고 볼 수 있지만, 그러한 전달 과정에서 자율성 지지가 어떤 역할을 하는지 살펴볼 필요가 있다. 향후 이 주제에 대한 연구가 더 필요하다.

열정 발달에서 욕구의 충족

열정이원론에서는 욕구 충족이 열정의 발달에 중요한 역할을 한다고 가정하지만, 열정 유형에 따라 몇 가지 중요한 차이가 있다. 즉 활동에 참여하는 동안 욕구가 충족될 때에는 조화열정이 나타난다. 그러나 강박열정은 학교나 직장, 또는 일반적으로 꼭 필요한 맥락에서 욕구가 충족되지 않을 때 나타난다. 나아가 강박열정의 경우 욕구 충족이 일종의 보상 기능을 하기 때문에 활동에서 경험하는 욕구 충족은 조화열정을 가진 경우보다 긍정적이지 않다. 5장에서 보았던 초창기 연구들(Lalande et al. 2014)은 이러한 가설을 지지한다. 이 연구들의 결과를 재확인하고 확장하기 위한 후속 연구가 필요하다. 중요한 것은 활동에 참여할 때의 욕구 충족 수준과 열정 활동이 아닌 삶의 다른 주요 활동(공부나 일)에 참여할 때의 욕구 충족 수준을 비교하는 것이다. 즉 서로 다른 시점과 상황에 따라 실제로 나타나는 욕구 충족 수준이 어떻게 다른지 확인할 필요가 있다. 연구 결과에 따라서는 랄란데 등(2014)의 연구에서 나타난 기억 편향(memory biases) 가설을 배제할 수 있을 것이다.

열정의 단계

열정의 발달은 모종의 단계를 거칠 수 있다. 예를 들어 처음에는 강박열정을 경험하다가 어느 시점에 조화열정으로 변하는 경우가 그것이다. 이러한 경우가 진짜 가능한가? 두 열정은 어떤 단계를 거치는가? 안타깝게도 우리는 현재 이 질문에 답할 확실한 경험적 증거를 가지고 있지 않다. 그러나 예비 연구의 결과는 위의 예가 꼭 맞지 않음을 보여준다. 즉 발러랜드 등(Vallerand et al. 2003, 연구 1)에서는 활동 참여 기간과 열정 유형 사이에 관련이 없었다. 마고 등(Mageau et al. 2009, 연구 1)의 열정 발달 연구에서도 같은 결과가 나왔다. 음악을 10년 이상 배운 학생들은 몇 달 배운 학생들보다 조화열정과 강박열정 수준이 모두 높았다. 또한 두 집단의 학생들은 조화열정의 수준이 강박열정의 수준보다 높았다. 이러한 결과는, 초보자는 강박열정, 전문가는 조화열정의 순서로 단계마다 우세한 열정을 가진다는 가설에 반한다. 그러나 횡단설계를 기본으로 한 결과는 해석에 한계가 있다. 열정에 단계가 존재하는지 명확하게 판단하기 위해서는 종단설계를 적용한 후속 연구가 필요하다.

열정의 지속적인 발달을 위한 성장 가능성

예전에 나는 테니스를 좋아했다. 열 살에서 열두 살 무렵 한여름에도 하루에 세 번씩 게임을 할 정도로 열광했다. 어느 순간 실력도 늘었다. 이후 고등학교에 가서는 농구에 빠져들게 되었고 농구 역시 잘했다. 예전의 퀘벡 주에는 실내 테니스장도 실외 농구장도 거의 없었다. 그래서 나는 여름 내내 밖에서 테니스를 하고, 나머지 계절에는 실내에서 농구를 했다. 열여섯 살이 된 나는 다음 단계로 도약하려면 이 두 운동 중 하나를 선택해야만 했다. 실내 테니스장이 별로 없었고, 게다가 농구 프로그램이 더 좋았기 때문에 나는 1년 가까이 농구만 했다. 또한 나 스스로 테니스보다는 농구를 더 잘할 수 있는 기회가 많다고 생각했다. 따라서 농구 열정을 살리기로 한 나의 결정은 테니스보다 농구에서 나의 **성장** 가능성을 더 높게 인식했기 때문이다.

놀랍게도, 활동의 선택에 있어서 성장 가능성의 인식이 어떤 역할을 하는지에 대한 연구가 거의 없으며, 열정 발달에 미치는 영향에 대한 연구도 거의 이루어지지 않았다. 현재 우리 관심사에 비추어보면, 성장 가능성의 인식이 지속적인 열정 발달에 어떤 역할을 하는지 연구가 필요하다. 여기서 능력의 인식(perceptions of competence)은 현재의 능력이 높다는 지각인 반면, 성장 가능성의 인식(perceptions of progression)은 미래의 능력이 높아질 것이라는 예상을 의미한다. 내 경우 비록 테니스와 농구를 둘 다 잘할 수 있었지만, 어느 시점에 가면 테니스 실력은 정체될 것이라고 생각했다. 초보자에 비하면 상대적으로 높은 실력이었을지는 모르나, 결국 더 이상 성장하지 않을 것이라는 인식은 나의 테니스 열정을 감퇴시켰다. 그에 비해 농구에서 성장 가능성의 인식은 농구 열정을 발달시키거나 최소한 유지시켰다.

나아가 이러한 인식이 두 열정에 같은 영향을 미치는지 알아보는 것도 중요하다. 강박열정은 경직된 지속성을 낳기 때문에 성장 가능성과 관계없이 활동을 계속하게 만들지 모른다. 그러나 조화열정을 가질 경우 선택과 유연성, 자기성장의 가능성을 가지고 활동에 참여하기 때문에 성장 가능성의 인식은 이러한 열정에 더 큰 영향을 미칠 것이다. 이 경우 활동의 지속성은 과제에 참여하는 것에 대해 계속 성찰한 끝에 선택한 결과를 나타내며, 성장 가능성의 인식은 이러한 선택의 결정요인 중 하나이다. 그러므로 성장 가능성의 인식은 강박열정보다 조화열정의 유지와 발달에 더 중요할 것이다. 이 주제에 대한 후속 연구들은 열정의 지속적인 발달을 예측하는 데 필요하다.

열정과 그 결과

지금까지의 연구들은 주로 열정의 결과에 초점을 두었지만, 아직도 이에 대한 후속 연구가 더 필요하다. 이 책의 여러 장에 걸쳐 언급한 관련 연구들 외에도 다음과 같은 연구가 더 이루어져야 한다.

열정이 결과에 미치는 영향

많은 연구에서 열정 유형이 서로 다른 결과와 과정을 예측하는 것을 보여주었다. 그러나 이 증거의 대부분이 상관연구에 기초한 것임을 유념해야 한다. 물론 주목할 만한 예외도 있다. 라프르니에르 등(Lafrenière et al. 2013, 연구 2)은 실험연구에서 열정을 유도하였고, 조화열정이 강박열정이나 열정 부재에 비해 심리적 행복(삶의 만족)을 증가시키는 원인이 된다는 것을 발견했다. 벨랑제 등(Bélanger et al. 2013b, 연구 3, 4)은 조화열정과 강박열정을 유도한 결과가 열정 척도를 사용한 결과와 같다는 것을 보여주었다. 열정이 여러 상황에서 다양한 결과와 맺는 인과관계를 확실히 알아보기 위해서는 실험연구가 더 필요하다. 이와 관련하여 셸렌버그와 베일리스(Schellenberg & Bailis 2014, 연구 2)를 참조할 수 있다.

사회적 결과에서 열정의 역할

12장에서는 열정이 사회적 결과에 미치는 중요한 영향에 대해 살펴보았다. 열정은 사회의 핵심을 이루며 집단 간 관계와 사회 변화에 모두 영향을 미친다. 실제로 연구 참여자의 대부분은 그들이 옹호하는 대의에 열정을 품고 있다고 응답했다. 나아가 대의는 정치나 환경보호 등 어떤 유형의 활동이든 조화열정에 의해 촉진되었다. 따라서 조화열정은 더 나은 세상을 만드는 데 도움이 된다. 반면에 강박열정은 대의를 달성하기 위해 폭력이나 공격을 사용하게 하여 정반대의 결과를 낳을 수 있다. 그러나 지금까지 열정의 사회적 결과에 대한 연구는 민주국가에서 실시되었다는 사실을 기억해야 한다. 따라서 후속 연구에서는 전체주의 체제의 비민주국가에서 어떤 유형의 열정이 긍정적인 사회 변화를 가져오는지 알아볼 필요가 있다. 이러한 정치적 환경에서는, 어쩌면 극단적인 수단을 사용하고 누군가의 건강이나 심지어 생명을 희생시켜가면서까지 사회를 변화시키려는 강박열정이 필요할 수도 있다. 특히 전 세계적으로 확산되고 있는 테러의 위험을 생각해보면 앞으로 이 문제에 관한 연구는 매우 중요하다.

조화열정은 모두 좋으며 강박열정은 모두 나쁜가?

이 책에서 검토한 연구들을 보면 대체로 조화열정이 적응적 결과를 이끌어 내는 반면 강박열정은 덜 적응적이거나 어떤 경우 부적응적 결과로 이어진다. 그러나 여기에서 조화열정이 항상 '좋은 것'을, 강박열정이 항상 '나쁜 것'을 의미하지는 않는다는 점을 덧붙일 필요가 있다. 우선 조화열정을 살펴보면, 어떤 조건(특히 정체성 위험)에서는 조화열정이 강박열정보다 낮은 수준의 수행으로 이어진다(Bélanger et al. 2013a). 게다가 조화열정을 가진 하키선수들이 경쟁적인 리그에서 뛸 때에는 주관적 행복이 감소했다는 사실도 기억할 필요가 있다(Amiot et al. 2006). 이러한 연구는 조화열정이 최적의 기능을 발휘하지 못하는 특수한 상황을 확인했다는 점에서 중요하다. 조화열정이 왜, 어떤 조건에서 최적의 기능과 관련된 장점을 잃게 되는지 알아보는 후속 연구가 필요하다.

또한 어떤 상황에서는 강박열정이 긍정적인 결과로 이어지는 것을 발견할 수 있었다. 예를 들어 강박열정은 긍정적인 자기관련 정서와 높은 강도의 긍정정서 등 일부 정서에 정적인 영향을 미쳤다(7장 참조). 또한 강박열정은 의도적 연습을 정적으로 예측하고, 이어서 의도적 연습은 객관적인 수행 수준을 예측하였다. 마지막으로 강박열정을 가진 사람들은 자기위협이 높고 부담이 큰 상황에서 매우 높은 수행을 달성한다. 이 외에도 강박열정이 좋은 결과, 어쩌면 조화열정보다 더 나은 결과를 이끌 수 있는 다른 조건들을 규명하는 후속 연구가 필요하다.

결과에 대한 다차원적 접근

열정의 역할에 관한 연구에서는 대부분 한 번에 하나의 결과를 보고자 한다. 초기 연구에서라면 이러한 접근법으로 충분하지만, 다수의 결과들을 동시에 고려할 때에는 두 열정이 서로 다른 결과로 이어지는지 확인하기 위한 연구가 필요하다. 이러한 연구에는 '사회에서의 최적 기능 척도(Optimal Functioning in Society; OFIS)(Vallerand 2013 참조)'와 같은 구인이 유용하다. 12장에서 보았듯 OFIS는 심리적, 신체적, 관계적 행복, 자신이 주로 노력하고 있는 분야(예: 일 또는 공부)에서의 높은 수행, 그리고 공동체나 사회에 대한 기여라는 다섯 가지 요소를 포함하는 다차원적인 행복을 말한다. 최적 기능을 발휘하기 위해서는 다섯 가지 요소에서 모두 높은 점수를 받아야 한다(Vallerand 2013). 또한 조화열정은 최적 기능을 촉진하는 반면, 강박열정은 일부 요소(대체로 높은 수행과 사회적 기여)만을 촉진함으로써 최적 기능에 부분적으로 기여하고 다른 요소들을 촉진하지는 못한다. 그러나 이는 간호사 대상의 연구(Vallerand & Lalande 2014)에서만 나타난 결과이다. 따라서 종단 및 실험설계를 모두 사용하여 이러한 연구결과를 다른 집단에서 재검증하고 확장하기 위한 후속 연구가 필요하다.

열정적이지 않은 사람들

이 책의 많은 논의는 열정을 가진 사람들에게 초점을 맞추고 있다. 대부분의 사람들이 특정 활동에 열정을 가지고 있으므로 이러한 논의는 대체로 타당하다. 그럼에도 불구하고 인구의 약 15–25%는 어떤 활동에서도 열정을 경험하지 않는다. 우리는 이들에 대해 잘 알지 못한다. 이들은 조화열정을 가진 사람들보다 쾌락적 행복이든 에우다이모니아적 행복이든 심리적 행복의 수준이 낮다. 게다가 행복은 시간이 지남에 따라 약간씩이지만 체계적이고 유의하게 감소한다. 즉 이들의 심리적 행복은 상대적으로 낮으며 게다가 점차 더 낮아진다. 그렇다면 왜 열정적이지 않은 사람들은 조화열정을 가진 사람들보다 행복하지 못할까? 조화열정을 가진 사람들이 가지고 있는, 의미 있는 활동에 대한 열정이 없기 때문에 삶의 열의가 낮은 것일까? 시간이 지남에 따라 조화열정을 가진 사람들에 비해 상대적으로 행복이 낮아지는 이들이, 강박열정을 가진 사람들과 비슷한 수준의 행복감을 느끼는 이유는 무엇일까? 그리고 왜 그들은 무언가를 열정적으로 추구하지 못하는가? 헌신하는 것을 두려워하는 것일까? 성공과 실패 경험의 기복을 원하지 않기 때문일까? 그렇다면 학교나 직장 등 중요한 활동에서의 성공과 실패를 어떻게 감당하는가? 마지막으로 그들은 누구인가(성격은 어떠한가)? 그들의 삶은 어떠한가? 그들은 자신의 친구나 친척들에게 어떻게 인식되는가? 그들은 심심하고 생기 없는 사람으로 인식되는가, 아니면 반대로 균형이 잘 잡혀 있는 사람으로 인식되는가? 이러한 질문들을 포함한 후속 연구는 매우 중요하다.

마치며

영화 ≪빅 이어(The Big Year)≫(감독 데이빗 프랭클 David Frankel 2011)는 현실 세계에서의 열정을 살펴볼 수 있는 괜찮은 영화이다. 이 영화에서는 열정적으로 새 관찰(bird watching)을 하는 사람들이 그려진다. 영화는 1년 365일 동안 되도록 많은 종류의 새를 관찰하는 대회에 참여한 세 명의 전문가들이 벌이는 경쟁을 그리고 있다. 오언 윌슨(Owen Wilson), 스티브 마틴(Steve Martin), 잭 블랙(Jack Black)이 이 전문가들을 연기했다. 세 사람은 모두 매우 열정적이며, 우승할 수 있는 기회와 세계 기록까지 갈아치울 수 있는 기회가 오게 되자 그들의 열정은 더욱 고조된다. 오언 윌슨은 새 관찰에 강박열정을 가지고 있다. 그는 최근 몇 년 동안 높은 성적을 거두었고, 세계 최고의 전문가로 확실히 인정받고 있었다. 그는 강박열정 때문에 직장과 집을 가리지 않고 어디서나 새 관찰을 생각하며, 새를 관찰하는 동안 웃거나 즐거워하지 않는다.

게다가 그는 새로운 종류의 새를 발견하면 죄책감에 빠지기도 한다. 그 시간에 해야 할 다른 일이 있었기 때문이다. 그는 다른 관찰자들을 방해하려고 속임수를 쓰고 거짓말을 한다. 때문에 다른 사람들과 사이도 좋지 않다. 열정은 일과 관계에도 좋지 못한 영향을 끼쳤다. 1년 내내 부부관계가 점점 악화된 나머지 그는 아내를 계속 등한시했고 결국 임신한 아내와 이혼하게 되었다.

잭 블랙과 스티브 마틴이 연기하는 주인공은 조화열정을 가지고 있지만 열정의 수준은 윌슨 못지않다. 이들 역시 새 관찰에 많은 시간을 쏟고 새로운 종을 찾고 대회에서 이기기 위해 미국 전역을 여행하지만, 새롭게 발견한 새들을 충분히 보고 느낄 여유가 있다. 새를 관찰하는 동안 입가엔 미소가 끊이지 않으며 새로운 광경이 펼쳐질 때마다 서로 하이파이브를 나눈다. 이들은 다른 사람들과도 사이가 좋고 경기 중에도 진정한 우정을 맺는다. 그들은 또한 새 관찰에만 시간을 쏟아붓지 않았다. 마틴은 큰 회사의 CEO로서 (때로는 원격으로) 사업을 운영하며 가족과 함께 시간을 보내고 첫 손자를 보기 위해 달려가기도 한다. 블랙은 새로운 여자친구를 만나고 병든 아버지를 간호하던 중 결국 아버지에게도 열정이 전달되고, 이러한 열정을 함께한 덕택에 부자관계도 회복된다. 대회에서의 경쟁은 치열했지만, 그럼에도 불구하고 두 주인공은 비교적 조화로운 열정을 가진 결과 새 관찰과 그 밖의 여러 활동들 그리고 그들의 삶 전체에서 윌슨보다 더 긍정적인 결과를 경험한다.

연말 결산에서 윌슨이 1위, 블랙은 2위, 마틴은 4위를 차지했다. 결과가 나오자 마틴은 약간 실망한다. 그러나 블랙은 바로 이렇게 말한다. "모르겠어요? 당신이 이겼어요!" 둘 다 윌슨에게 졌는데 그게 무슨 뜻이냐고 마틴이 묻자 블랙이 대답한다. "그는 새를 더 많이 가졌을지 몰라도, 우리는 모든 것을 더 많이 가졌잖아요(He got more birds, but we have more of everything)." 마틴은 고개를 끄덕이며 미소를 지었다.

조화열정을 가진 삶은 이런 모습이다. 전 세계에서 2위나 4위를 하는 것은 상당히 높은 성적이다. 블랙과 마틴은 이런 높은 성취를 이루면서 가족이나 친구와 같이 인생에서 중요한 일들에서도 의미를 잃지 않았다. 강박열정은 그렇지 않다. 1등을 한 윌슨처럼 고독, 불행, 이혼 등 큰 희생을 치르게 할 수도 있다. 영화는 이처럼 다차원적 결과를 잘 보여줌으로써 조화열정이 강박열정보다 풍성한 삶과 자기과정에 기여하는 과정을 요약하고 있다. 따라서 블랙이 한 말은 옳다. 그와 마틴은 1년 동안 모든 것을 더 많이 얻었다. 발러랜드와 랄란데(2014)의 연구에서 조화열정을 가진 간호사들이 그랬고, 최소한 하나의 활동에서 조화열정을 가진 수천 명의 코치, 운동선수, 심판, 팬, 음악가, 화가, 교사, 환경보호 운동가들이 그랬다. 반면 윌슨은 좀 더 높은 성취를 했을지 몰라도 다른 분야에서는 실패했다. 조화열정을 가지면 블랙의 말대로 '모든 것을 더 많이' 가지게 된다. 맛있는 케이크를 가질 수도 있고 먹을 수도 있다. 이 책이 주는 가장 중요한 메시지도 이것이다.

참고 문헌

Acker, M., & Davis, M. H. (1992). Intimacy, passion and commitment in adult romantic relationships: A test of the triangular theory of love, *Journal of Social and Personal Relationships*, *9*, 21-50.

Akehurst, S., & Oliver, E. J. (2014). Obsessive passion: A dependency associated with injury-related risky behavior in dancers. *Journal of Sport Sciences*, *32*, 259-267.

Alberghetti, A., & Collins, P. A. (2013). A passion for gambling: A generation-specific conceptual analysis and review of gambling among older adults in Canada. *Journal of Gambling Studies*, *31*(2), 343-358.

Algoe, S. B., Haidt, J., & Gable, S. L. (2008). Beyond reciprocity: Gratitude and relationships in everyday life. *Emotion*, *8*, 425-429. doi:10.1037/1528-3542. 8.3.425

Alicke, M. D., & Govorun, O. (2005). The better-than-average effect. In M. D. Alicke, D. A. Dunning, & J. I. Krueger (Eds.), *Studies in self and identity: The self in social judgment* (pp. 85-106). Psychology Press.

Alicke, M. D., & Sedikides, C. (2009). Self-enhancement and self-protection: What they are and what they do. *European Review of Social Psychology*, *20*, 1-48. doi:10.1080/10463280802613866

Alvaro, J. A. (2001). An interpersonal forgiveness and reconciliation intervention: The effect on marital intimacy. *Dissertation Abstracts International: Section B: The Sciences and Engineering*, *62*(3-B), 1608. (UMI no. AAI3011552)

Amabile, T. M. (1983). The social psychology of creativity: A componential conceptualization. *Journal of Personality and Social Psychology*, *45*(2), 357-376. doi:10.1037/0022-3514.45.2.357

Amabile, T. M. (1996). *Creativity in context: Update to "The Social Psychology of Creativity."* Westview Press.

Amiot, C., Vallerand, R. J., & Blanchard, C. M. (2006). Passion and psychological adjustment: A test of the person-environment fit hypothesis. *Personality and*

Social Psychology Bulletin, 32, 220-229.

Anshel, M. H., Williams, L. R. T., & Williams, S. M. (2000). Coping style following acute stress in competitive sport. *The Journal of Social Psychology, 140*(6), 751-773. doi:10.1080/00224540009600515

Arch, J. J., & Craske, M. G. (2006). Mechanisms of mindfulness: Emotion regulation following a focused breathing induction. *Behaviour Research and Therapy, 44*(12), 1849-1858. doi:10.1016/j.brat.2005.12.007

Arnold, M. B. (1960). *Emotion and personality: Vol. 1. Psychological aspects.* Columbia University Press.

Arnold, M. B. (1968). Introduction. In M. B. Arnold (Ed.), *The nature of emotion* (pp. 9-14). Penguin Books.

Arnold, M. B., & Gasson, J. A. (1954). *The human person: An approach to an integral theory of personality.* Ronald Press.

Aron, A., Aton, E. N., & Smollan, D. (1992). Inclusion of other in the self scale and the structure of interpersonal closeness. *Journal of Personality and Social Psychology, 63*, 596-612.

Aron, A., Mashek, D., MeLaughlin-Volpe, T., Wright, S., Lewandowski, G., & Aron, E. (2005). Including close others in the cognitive structure of the self. In M. W. Baldwin (Ed.), *Interpersonal cognition* (pp. 206-232). Guilford.

Aronson, J., Blanton, H., & Cooper, J. (1995). From dissonance to disidentification: Selectivity in the self-affirmation process. *Journal of Personality and Social Psychology, 68*(6), 986-996. doi:10.1037/0022-3514.68.6.986

Assor, A., Roth, G., & Deci, E. L. (2004). The emotional costs of parents' conditional regard: A self-determination theory analysis. *Journal of Personality, 72*(1), 47-88.

Averill, J. R. (1980). On the paucity of positive emotions. In K. R. Blankstein (Ed.), *Assessment and modification of emotional behavior* (Vol. 6, pp. 7-45). Springer.

Avnet, T., & Higgins, E. T. (2003). Locomotion, assessment, and regulatory fit: Value transfer from "how" to "what." *Journal of Experimental Social Psychology, 39*(5), 525-530. doi:10.1016/S0022-1031(03)00027-1

Baas, M., De Dreu, C. K., & Nijstad, B. A. (2008). A meta-analysis of 25 years of mood-creativity research: Hedonic tone, activation, or regulatory focus? *Psychological Bulletin, 134*, 779-806.

Back, K-J., Lee, C-K., & Stinchfield, R. (2011). Gambling motivation and passion: A comparison study of recreational and pathological gamblers. *Journal of Gambling Studies, 27*, 355-370.

Baer, R. A. (2003). Mindfulness training as a clinical intervention: A conceptual and empirical review. *Clinical Psychology: Science and Practice, 10*, 125-143.

Baker, J., Côté, J., & Deakin, J. (2005). Expertise in ultra-endurance triathletes early sport involvement, training structure, and the theory of deliberate practice. *Journal of Applied Sport Psychology, 17*, 64-78.

Bakker, A. B., & Demerouti, E. (2007). The Job Demands-Resources model: State of the art. *Journal of Managerial Psychology, 22*, 309-328. doi:10.1108/0268394 0710733115

Balon, S., Lecoq, J., & Rimé, B. (2013). Passion and personality: Is passionate behaviour a function of personality? *European Review of Applied Psychology/ Revue Européenne de Psychologie Appliquée, 63*, 59-65. doi:10.1016/j.erap. 2012.06.001

Bandura, A. (1977). *Social learning theory*. Prentice-Hall.

Bandura, A. (1986). From thought to action: Mechanisms of personal agency. *New Zealand Journal of Psychology, 15*, 1-17.

Bandura, A. (1991). Social cognitive theory of self-regulation. *Organizational Behavior and Human Decision Processes, 50*, 248-287. doi:10.1016/0749-5978(91)90022-L

Barnes, S., Brown, K. W., Krusemark, E., Campbell, W. K., & Rogge, R. D. (2007). The role of mindfulness in romantic relationship satisfaction and responses to relationship stress. *Journal of Marital and Family Therapy, 33*, 482-500. doi:10.1111/j.1752-0606.2007.00033.x

Barnsley, R. H., & Thompson, A. H. (1988). Birthdate and success in minor hockey: The key to the NHL. *Canadian Journal of Behavioural Science/Revue Canadienne des Sciences du Comportement, 20*(2), 167-176. doi:10.1037/h0079927

Baron, R. A., & Richardson, D. R. (1994). *Perspectives in social psychology: Human aggression* (2nd ed.). Plenum Press.

Barrett, L. F. (2006). Valence is a basic building block of emotional life. *Journal of Research in Personality, 40*, 35-55. doi:10.1016/j.jrp.2005.08.006

Barrett, L. F., & Russell, J. A. (1998). Independence and bipolarity in the structure of current affect. *Journal of Personality and Social Psychology, 74*(4), 967-984. doi:10.1037/0022-3514.74.4.967

Bass, B. M. (1985). *Leadership and performance beyond expectations*. Free Press.

Bauer, I. M., & Baumeister, R. F. (2011). Self-regulatory strength. In K. D. Vohs & R. F. Baumeister (Eds.), *Handbook of self-regulation: Research, theory, and applications* (2nd ed.) (pp. 64-82). Guilford Press.

Baum, J. R., & Locke, E. A. (2004). The relationship of entrepreneurial traits, skill, and motivation to subsequent venture growth. *Journal of Applied Psychology, 89*, 587-598.

Baum, J. R., Locke, E. A., & Smith, K. G. (2001). A multidimensional model of venture growth. *Academy of Management Journal, 44*, 292-303. doi:10.2307/3069456

Baumeister, R. F. (1998). The self. In D. T. Gilbert, S. T. Fiske, & G. Lindzey (Eds.), *The handbook of social psychology* (Vols. 1 and 2, 4th ed., pp. 680-740). McGraw-Hill.

Baumeister, R. F., & Bratslavsky, E. (1999). Passion, intimacy, and time: Passionate love as a function of change in intimacy. *Personality and Social Psychology Review, 3*, 49-67. doi:10.1207/s15327957pspr0301_3

Baumeister, R. F., Bratslavsky, E., Muraven, M., & Tice, D. M. (1998). Ego depletion: Is the active self a limited resource? *Journal of Personality and Social Psychology, 74*(5), 1252-1265. doi:10.1037/0022-3514.74.5.1252

Baumeister, R. F., Bushman, B. J., & Campbell, W. K. (2000). Self-esteem, naracissism, and aggression: Does violence result from low self-esteem or from threatened egotism. *Current Directions in Psychological Science, 9*, 26-29.

Baumeister, R. F, Campbell, J. D., Krueger, J. I., & Vohs, K. D. (2003). Does high self-esteem cause better performance, interpersonal success, happiness, or healthier lifestyles? *Psychological Science in the Public Interest, 4*(1), 1-44. doi:10.1111/1529-1006.01431

Baumeister, R. F., Heatherton, T. F., & Tice, D. M. (1994). *Losing control: How and why people fail at self-regulation.* Academic Press.

Baumeister, R. F., & Leary, M. R. (1995). The need to belong: Desire for interpersonal attachments as a fundamental human motivation. *Psychological Bulletin, 117*(3), 497-529. doi:10.1037/0033-2909.117.3.497

Baumeister, R. F., Smart, L., & Boden, J. M. (1996). Relation of threatened egotism to violence and aggression: The dark side of high self-esteem. *Psychological Review, 103*(1), 5-33. doi:10.1037/0033-295X.103.1.5

Baumeister, R. F., Wotman, S. R., & Stillwell, A. M. (1993). Unrequited love: On heartbreak, anger, guilt, scriptlessness, and humiliation. *Journal of Personality and Social Psychology, 64*(3), 377-394. doi:10.1037/0022-3514.64.3.377

Bélanger, J. J., Lafrenière, M. A. K., Kruglanski, A. W., & Vallerand, R. J. (2013). By all means? Are you sure? How expectancy of goal-achievement guides means preference for passionate individuals. [Manuscript submitted for publication].

Bélanger, J. J., Lafrenière, M. A. K., Vallerand, R. J., & Kruglanski, A. W. (2013a). Driven by fear: The effect of success and failure information on passionate individuals' performance. *Journal of Personality and Social Psychology, 104*(1), 180-195. doi:10.1037/a0029585

Bélanger, J. J., Lafrenière, M. A. K., Vallerand, R. J., & Kruglanski, A. W. (2013b). When passion makes the heart grow colder: The role of passion in alternative goal suppression. *Journal of Personality and Social Psychology, 104*(1), 126-147. doi:10.1037/a0029679

Bem, D. J. (1967). Self-Perception: An alternative interpretation of cognitive dissonance phenomena. *Psychological Review, 74*(3), 183-200. doi:10.1037/h0024835

Bem, D. J. (1972). Constructing cross-situational consistencies in behavior: Some thoughts on Alker's critique of Mischel. *Journal of Personality, 40*(1), 17-26. doi:10.1111/j.1467-6494.1972.tb00645.x

Bergh, C., & Kühlhorn, E. (1994). Social, psychological and physical consequences of pathological gambling in Sweden. *Journal of Gambling Studies, 10*(3), 275-285. doi:10.1007/BF02104968

Berkowitz, L. (1993). Pain and aggression: Some findings and implications. *Motivation and Emotion, 17*(3), 277-293. doi:10.1007/BF00992223

Blais, M. R., Vallerand, R. J., Pelletier, L. G., & Brière, N. M. (1989). L'échelle de satisfaction de vie: Validation canadienne-française du "Satisfaction With Life Scale" [French-Canadian validation of the Satisfaction With Life Scale]. *Canadian Journal of Behavioural Sciences, 21*, 210-223.

Bloom, B. S. (Ed.). (1985). *Developing talent in young people.* Ballantine.

Bonneville-Roussy, A., Lavigne, G. L., & Vallerand, R. J. (2011). When passion leads to excellence: The case of musicians, *Psychology of Music, 39*(1), 123-138. doi:10.1177/0305735609352441

Bonneville-Roussy, A., Vallerand, R. J., & Bouffard, T. (2013). The roles of autonomy support and harmonious and obsessive passions in educational persistence. *Learning and Individual Differences, 24*, 22-31. doi:10.1016/j.lindif.2012.12.015

Bourhis, R. Y., & Leyens, J. P. (Eds.). (1999). *Stéréotypes, discrimination et relations intergroupes* [Stereotypes, discrimination, and intergroup relations]. Editions Mardaga.

Bredemeier, B. J. (1985). Moral reasoning and the perceived legitimacy of intentionally injurious sport acts. *Journal of Sport Psychology, 7*(2), 110-124.

Brewer, M. B., & Brown, R. J. (1998). Intergroup relations. In D. T. Gilbert, S. T. Fiske, & G. Lindzey (Eds.), *The handbook of social psychology* (Vols. 1 and

2, 4th ed., pp. 954-594). McGraw-Hill.

Brickman, P., & Campbell, D. T. (1971). Hedonic relativism and planning the good society. In M. H. Appley (Ed.), *Adaptation-level theory* (pp. 287-305). Academic.

Brislin, R. W. (1970). Back-translation for cross-cultural research. *Journal of Cross-Cultural Psychology, 1*(3), 185-216. doi:10.1177/135910457000100301

Brown, B. A., Frankel, B. G., & Fennell, M. P. (1989). Hugs or shrugs: Parental and peer influence on continuity of involvement in sport by female adolescents. *Sex Roles, 20*(7-8), 397-412. doi:10.1007/BF00287999

Brown, J., & Weiner, B. (1984). Affective consequences of ability and effort ascriptions: Empirical controversies, resolutions, and quandaries. *Journal of Educational Psychology, 76,* 146-158.

Brown, K. W., & Cordon, S. (2009). Toward a phenomenology of mindfulness: Subjective experience and emotional correlates. In F. Didonna (Ed.), *Clinical handbook of mindfulness* (pp. 59-81). doi:10.1007/978-0-387-09593-6_5

Brown, K. W., Levy, A. R., Rosberger, Z., & Edgar, L. (2003). Psychological distress and cancer survival: A follow-up 10 years after diagnosis. *Psychosomatic Medicine, 65*(4), 636-643. doi:10.1097/01.PSY.0000077503.96903.A6

Brown, K. W., & Moskowitz, D. S. (1997). Does unhappiness make you sick? The role of affect and neuroticism in the experience of common physical symptoms. *Journal of Personality and Social Psychology, 72*(4), 907-917. doi:10.1037/0022-3514.72.4.907

Brown, K. W., & Ryan, R. M. (2003). The benefits of being present: Mindfulness and its role in psychological well-being. *Journal of Personality and Social Psychology, 84,* 822-848.

Brunstein, J. C. (2000). Motivation and performance following failure: The effortful pursuit of self-defining goals. *Applied Psychology: An International Review, 49*(3), 340-356. doi:10.1111/1464-0597.00019

Brunstein, J. C., & Gollwitzer, P. M. (1996). Effects of failure on subsequent performance: The importance of self-defining goals. *Journal of Personality and Social Psychology, 70*(2), 395-407. doi:10.1037/0022-3514.70.2.395

Buchanan, G. M. (1995). Explanatory style and coronary heart disease. In G. M. Buchanan & M. E. P. Seligman (Eds.), *Explanatory style* (pp. 225-232). Lawrence Erlbaum Associates.

Buehler, R., & McFarland, C. (2001). Intensity bias in affective forecasting: The role of temporal focus. *Personality and Social Psychology Bulletin, 27*(11),

1480-1493. doi:10.1177/01461672012711009

Bukowski, W. M., Brendgen, M., & Vitaro, F. (2007). Peers and socialization: Effects on externalizing and internalizing problems. In J. E. Gruseck & P. D. Hastings (Eds.), *Handbook of socialization: Theory and research* (pp. 355-381). Guilford.

Bureau, J. S., Vallerand, R. J., Ntoumanis, N., & Lafrenière, M.-A. K. (2013). On passion and moral behavior in achievement settings: The mediating role of pride. *Motivation and Emotion, 37*(1), 121-133. doi:10.1007/s11031-012-9292-7

Burke, R. J., & Fiksenbaum, L. (2009). Work motivations, work outcomes, and health: Passion versus addiction. *Journal of Business Ethics, 84* (Suppl2), 257-263. doi:10.1007/s10551-008-9697-0

Burke, S. M., Sabiston, C. M., & Vallerand, R. J. (2012). Passion in breast cancer survivors: Examining links to emotional well-being. *Journal of Health Psychology, 17*(8), 1161-1175.

Cameron, K. S., & Quinn, R. E. (2006). *Diagnosing and changing organizational culture* (2nd ed.). Jossey-Bass.

Campbell, J. D., & Paula, A. D. (2002). Perfectionistic self-beliefs: Their relation to personality and goal pursuit. In G. L. Flett & P. L. Hewitt (Eds.), *Perfectionism: Theory, research, and treatment* (pp. 181-198). doi:10.1037/10458-007

Campbell, K. W., & Sedikides, C. (1999). Self-threat magnifies the self-serving bias: A meta-analytic integration. *Review of General Psychology, 3*, 23-43.

Canadian Cancer Society. Retrieved from http://www.cancer.ca/concer information/ cancer-101 canadian-cancer-staitstics-publication.

Canadian Physical Activity Guidelines for adults 18-64 years. Retrieved from http://www.csep.ca/guidelines.

Cantor, N. (1990). From thought to behavior: "Having" and "doing" in the study of personality and cognition. *American Psychologist, 45*(6), 735-750. doi:10. 1037/0003-066X.45.6.735

Cantor, N., & Mischel, W. (1979). Prototypicality and personality: Effects on free recall and personality impressions. *Journal of Research in Personality, 13*(2), 187-205. doi:10.1016/0092-6566(79)90030-8

Cantor, N., & Sanderson, C. A. (1999). Life task participation and well-being: The importance of taking part in daily life. In D. Kahneman, E. Diener, & N. Schwarz (Eds.), *Well-being: The foundations of hedonic psychology* (pp. 230-243). Russell Sage Foundation.

Carbonneau, N., & Vallerand, R. J. (2013). On the role of harmonious and obsessive romantic passion in conflict behavior. *Motivation and Emotion, 37*, 743–257. doi:10.1007/s11031-013-9354-5

Carbonneau, N., Vallerand, R. J., Fernet, C., & Guay, F. (2008). The role of passion for teaching in intra and interpersonal outcomes. *Journal of Educational Psychology, 100*, 977–987.

Carbonneau, N., Vallerand, R. J., & Massicotte, S. (2010). Is the practice of yoga associated with positive outcomes? The role of passion. *The Journal of Positive Psychology, 5*(6), 452–465. doi:10.1080/17439760.2010.534107

Cardon, M. S. (2008). Is passion contagious? The transference of entrepreneurial passion to employees. *Human Resource Management Review, 18*, 77–86.

Cardon, M. S., Sudek, R., & Mitteness, C. (2009). The impact of perceived entrepreneurial passion on angel investing. *Frontiers of Entrepreneurship Research, 29*, 1–15.

Cardon, M. S., Wincent, J., Singh, J., & DrnovSek, M. (2009). The nature and experience of entrepreneurial passion. *The Academy of Management Review, 34*(3), 511–532. doi:10.5465/AMR.2009.40633190

Carlson, J. G., & Hatfield, E. (1992). *Psychology of emotion*. Harcourt Brace Jovanovich.

Carpentier, J., & Mageau, G. A. (2014). The role of coaches' passion and atheltes' motivation in the prediction of change-oriented feedback quality and quantity. *Psychology of Sport and Exercise, 15*, 326–335.

Carpentier, J., Mageau, G. A., & Vallerand, R. J. (2012). Ruminations and flow: Why do people with a more harmonious passion experience higher well-being? *Journal of Happiness Studies, 13*(3), 501–518. doi:10.1007/s10902-011-9276-4

Carson, S. H., Peterson, J. B., & Higgins, D. M. (2005). Reliability, validity, and factor structure of the Creative Achievement Questionnaire. *Creativity Research Journal, 17*(1), 37–50. doi:10.1207/s15326934crj1701_4

Carver, C. S. (1996). Cognitive interference and the structure of behavior. In I. G. Sarason, G. R. Pierce, & B. R. Sarason (Eds.), *Cognitive interference: Theories, methods, and findings* (pp. 25–45). Lawrence Erlbaum Associates.

Carver, C. S. (2003). Pleasure as a sign you can attend to something else: Placing positive feelings within a general model of affect. *Cognition and Emotion, 17*(2), 241–261. doi:10.1080/02699930302294

Carver, C. S. (2006). Approach, avoidance, and the self-regulation of affect and action. *Motivation and Emotion, 30*(2), 105–110. doi:10.1007/s11031-006-9044-7

Carver, C. S., & Scheier, M. F. (2001). *On the self-regulation of behavior.* Cambridge University Press.

Carver, C. S., & Scheier, M. F. (2003). Self-regulatory perspectives on personality. In T. Millon & M. J. Lerner (Eds.), *Handbook of psychology: Personality and social psychology* (Vol. 5, pp. 185-208). John Wiley.

Carver, C. S., Scheier, M. F., & Weintraub, J. K. (1989). Assessing coping strategies: A theoretically based approach. *Journal of Personality and Social Psychology, 56*(2), 267-283. doi:10.1037/0022-3514.56.2.267

Carver, C. S., Sinclair, S., & Johnson, S. L. (2010). Authentic and hubristic pride: Differential relations to aspects of goal regulation, affect, and self-control. *Journal of Research in Personality, 44*(6), 698-703. doi:10.1016/j.jrp.2010.09.004

Castelda, B. A., Mattson, R. E., MacKillop, J., Anderson, E. J., & Donovick, P. J. (2007). Psychometric validation of the Gambling Passion Scale (GPS) in an English-speaking university sample. *International Gambling Studies, 7,* 173-182.

Caudroit, J., Boiché, J., Stephan, Y., Le Scanff, C., & Trouilloud, D. (2011). Predictors of work/family interference and leisure-time physical activity among teachers: The role of passion towards work. *European Journal of Work and Organizational Psychology, 20*(3), 326-344. doi:10.1080/13594320903507124

Caudroit, J., Stephan, Y., Brewer, B. W., & Le Scanff, C. (2010), Contextual and individual predictors of psychological disengagement from sport during a competitive event. *Journal of Applied Social Psychology, 40*(8), 1999-2018. doi:10.1111/j.1559-1816.2010.00648.x

Chanal, J. P., Marsh, H. W., Sarrazin, P. G., & Bois, J. E. (2008). Big-Fish-Little-Pond effects on gymnastics self-concept: Social comparison processes in a physical setting. *Journal of Sport & Exercise Psychology, 27*(1), 53-70.

Chandler, C. L., & Connell, J. P. (1987). Children's intrinsic, extrinsic and internalized motivation: A developmental study of children's reasons for liked and disliked behaviours. *British Journal of Developmental Psychology, 5*(4), 357-365. doi:10.1111/j.2044-835X.1987tb01072.x

Charness, N., Krampe, R., & Mayr, U. (1996). The role of practice and coaching in entrepreneurial skill domains: An international comparison of life-span chess skill acquisition. In K. A. Ericsson (Ed.), *The road to excellence: The acquisition of expert performance in the arts and sciences, sports, and games* (pp. 51-80). Lawrence Erlbaum Associates.

Charness, N., Tuffiash, M., Krampe, R., Reingold, E., & Vasyukova, E. (2005). The role of deliberate practice in chess expertise. *Applied Cognitive Psychology*, *19*(2), 151-165. doi:10.1002/acp.1106

Chen, X.-P., Yao, X., & Kotha, S. (2009). Entrepreneur passion and preparedness in business plan presentations: A persuasion analysis of venture capitalists' funding decisions, *Academy of Management Journal*, *52*(1), 199-214. doi:10.5465/AMJ.2009.36462018

Chin, J. (1990). Current and future dimensions of the HIV/AIDS pandemic in women and children. *The Lancet*, *336*(8709), 221-224.

Chuang, Y. C. (2006). Massively multiplayer online role-playing game-induced seizures: A neglected health problem in Internet addiction. *Cyber Psychology and Behavior*, *9*, 451-456.

Claparède, E. (1928). Feelings and emotions. In M. L. Reymert (Ed.), *Feelings and emotions* (pp. 124-138). Clarke University Press.

Cohen, S., Doyle, W. J., Turner, R. B., Alper, C. M., & Skoner, D. P. (2003). Emotional style and susceptibility to the common cold. *Psychosomatic Medicine*, *65*, 652-657.

Cohen, S., & Pressman, S. D. (2006). Positive affect and health. *Current Directions in Psychological Science*, *15*(3), 122-125. doi:0.1111/j.0963-7214.2006.00420.x

Cohen, S., Tyrrell, D. A., & Smith, A. P. (1993). Negative life events, perceived stress, negative affect, and susceptibility to the common cold. *Journal of Personality and Social Psychology*, *64*(1), 131-140. doi:10.1037/0022-3514.64.1.131

Cohen, M. A., & Fredrickson, B. L. (2006). Beyond the moment, beyond the self: Shared ground between Selective Investment Theory and the Broaden-and-Build Theory of Positive Emotions. *Psychological Inquiry*, *17*(1), 39-44.

Coleman, L. J., & Guo, A. (2013). Exploring children's passion for learning in six domains. *Journal for the Education of the Gifted*, *36*(2), 155-175.

Compas, B. E., Connor-Smith, J. K., Saltzman, H., Thomsen, A. H., & Wadsworth, M. E. (2001). Coping with stress during childhood and adolescence: Problems, progress, and potential in theory and research. *Psychological Bulletin*, *127*(1), 87-127. doi:10.1037/0033-2909.127.1.87

Conway, M. A. (1996). Autobiographical knowledge and autobiographical memories. In D. C. Rubin (Ed.), *Remembering our past: Studies in autobiographical memory* (pp. 67-93). doi:10.1017/CBO9780511527913.003

Conway, M., Csank, P. A. R., Holm, S. L., & Blake, C. K. (2000). On individual differences in rumination on sadness. *Journal of Personality Assessment*,

75(3), 404–425. doi:10.1207/S15327752JPA7503_04

Conway, M. A., & Pleydell-Pearce, C. W. (2000). The construction of autobiographical memories in the self-memory system. *Psychological Review, 107*(2), 261–288. doi:10.1037/0033-295X.107.2.261

Costa, P. T., & McRae, R. R. (1988). Personality in adulthood: A six-year longitudinal study on self-reports and spouse ratings on the NEO Personality Inventory. *Journal of Personality and Social Psychology, 54*, 853–863.

Côté, J. (1999). The influence of the family in the development of talent in sport. *The Sport Psychologist, 13*(4), 395–417.

Cox, B. J., Enns, M. W., & Clara, I. P. (2002). The multidimensional structure of perfectionism in clinically distressed and college student samples. *Psychological Assessment, 14*(3), 365–373. doi:10.1037/1040-3590.14.3.365

Crocker, J. (2002). Contingencies of self-worth: Implications for self-regulation and psychological vulnerability. *Self and Identity, 1*, 143–149.

Crocker, J., Luhtanen, R. K., Cooper, M. L., & Bouvrette, A. (2003). Contingencies of self-worth in college students: Theory and measurement. *Journal of Personality and Social Psychology, 85*, 894–908.

Crocker, J., Park, L. E. (2004). The costly pursuit of self-esteem. *Psychological Bulletin, 130*, 392–414.

Csikszentmihalyi, M. (1975). *Beyond boredom and anxiety.* Jossey Bass.

Csikszentmihalyi, M. (1978). Intrinsic rewards and emergent motivation. In M. R. Lepper & D. Greene (Eds.), *The hidden costs of reward* (pp. 205–216). Lawrence Erlbaum Associates.

Csikszentmihalyi, M. (1988). The future of flow. In M. Csikszentmihalyi & I. S. Csikszentmihalyi (Eds.), *Optimal experience: Psychological studies of flow in consciousness* (pp. 364–383). Cambridge University Press.

Csikszentmihalyi, M., Rathunde, K., & Whalen, S. (1993). *Talented teenagers: The roots of success and failure.* Cambridge.

Curran, T., Appleton, P. R., Hill, A. P., & Hall, H. K. (2011). Passion and burnout in elite junior soccer players: The mediating role of self-determined motivation. *Psychology of Sport and Exercise, 12*(6), 655–661. doi:10.1016/j.psychsport.2011.06.004

Danger, R. (2009). *The top 10 deaths caused by video games.* Retrieved from http://wwwspike.com/articles/id98jf/the-top-10-deaths-caused-by-video-games.

Danner, D. D., Snowdon, D. A., & Friesen, W. V. (2001). Positive emotions in early life and longevity: Findings from the nun study. *Journal of Personality and*

Social Psychology, 80(5), 804-813. doi:10.1037/0022-3514.80.5.804

Darwin, C. (1872). The expression of the emotions in man and animals. Philosophical Library. doi:10.1037/10001-000

Davis, A. K., & Rosenberg, H. (2014). The prevalence, intensity, and assessment of craving for MDMA/ecstasy in recreational drug users. Journal of Psychoactive Drugs, 46, 154-161.

Davis, K. E., & Latty-Mann, H. (1987). Love styles and relationship quality: A contribution to validation. Journal of Social and Personal Relationships, 4(4), 409-428. doi:10.1177/0265407587044002

Davitz, J. R. (1969). The language of emotion (pp. 142-143). Academic Press.

Day, C. (2004). A passion for teaching. Routledge Falmer.

De Bruin, A. B. H., Smits, N., Rikers, R. M. J. P., & Schmidt, H. G. (2008). Deliberate practice predicts performance over time in adolescent chess players and dropouts: A linear mixed models analysis. British Journal of Psychology, 99(4), 473-497. doi:10.1348/000712608X295631

De Charms, R. (1968). Personal causation: The internal affective determinants of behavior (pp. 319-353). Academic Press.

Deci, E. L. (1971). Effects of externally mediated rewards on intrinsic motivation. Journal of Personality and Social Psychology, 18, 105-115.

Deci, E. L. (1975). Intrinsic motivation. Plenum. doi:10.1007/978-1-4613-4446-9

Deci, E. L. (1980). The psychology of self-determination. D. C. Heath.

Deci, E. L., Eghrari, H., Patrick, B. C., & Leone, D. R. (1994). Facilitating internalization: The self-determination theory perspective. Journal of Personality, 62(1), 119-142. doi:10.1111/j.1467-6494.1994.tb00797.x

Deci, E. L., Koestner, R., & Ryan, R. M. (1999). A meta-analytic review of experiments examining the effects of extrinsic rewards on intrinsic motivation. Psychological Bulletin, 125(6), 627-668. doi:10.1037/0033-2909.125.6.627

Deci, E. L., & Ryan, R. M. (1985). Intrinsic motivation and self-determination in human behavior. Plenum.

Deci, E. L., & Ryan, R. M. (1987). The support of autonomy and the control of behavior. Journal of Personality and Social Psychology, 53, 1024-1037.

Deci, E. L., & Ryan, R. M. (2000). The "what" and "why" of goal pursuits: Human needs and the self-determination of behavior. Psychological Inquiry, 11, 227-268.

De Cock, K. M., Jaffe, H. W., & Curan, J. W. (2012). The evolving epidemiology of HIV/AIDS. Aids, 26, 1205-2013.

Deffenbacher, J. L., Lynch, R. S., Oetting, E. R., & Swaim, R. C. (2002). The Driving Anger Expression Inventory: A measure of how people express their anger on the road. *Behaviour Research and Therapy, 40*, 717-737.

DePasquale, J. P., Geller, E. S., Clarke, S. W., & Littleton, L. C. (2001). Measuring road rage: Development of the Propensity for Angry Driving Scale. *Journal of Safety Research, 32*(1), 1-16. doi:10.1016/S0022-4375(00)00050-5

Descartes, R. (1961). *Passions of the soul: Essential works of Descartes* (L. Blair, Trans). Bantam books.

Descartes, R. (1649/1972). Les passions de l'âme (The passions of the soul). In E. S. Haldane & G. Ross (Trans.) *The philosophical works of Descartes.* Cambridge University Press.

Dewey, J. (1930). *Human conduct: An introduction to social psychology.* The Modern Library.

Diderot, D. (1746/1998). Pensées philosophiques [Philosophical thoughts]. Actes Sud.

Diener, C. I., & Dweck, C. S. (1978). An analysis of learned helplessness: Continuous changes in performance, strategy, and achievement cognitions following failure. *Journal of Personality and Social Psychology, 36*(5), 451-462. doi:10.1037/0022-3514.36.5.451

Diener, E. (2000). Subjective well-being: The science of happiness and a proposal for a national index. *American Psychologist, 55*(1), 34-43. doi:10.1037/0003-066X.55.1.34

Diener, E., Emmons, R. A., Larsen, R. J., & Griffin, S. (1985). The Satisfaction With Life Scale. *Journal of Personality Assessment, 49*, 71-16.

Dion, G., & Tessier, R. (1994). Validation de la traduction de l'Inventaire d'épuisement professionnel de Maslach et Jackson [Validation of a French translation of the Maslach Burnout Inventory (MBI)]. *Canadian Journal of Behavioural Science/Revue canadienne des sciences du comportement, 26*(2), 210-227. doi:10.1037/0008-400X.26.2.210

Dollard, J., & Miller, N. E. (1941). *Social learning and imitation.* Oxford University Press.

Donahue, E. G., Forest, J., Vallerand, R. J., Lemyre, P-N., Crevier-Braud, L., & Bergeron, É. (2012). Passion for work and emotional exhaustion: The mediating role of rumination and recovery. *Applied Psychology: Health and Well-Being, 4*(3), 341-368. doi:10.1111/j.1758-0854.2012.01078.x

Donahue, E. G., Rip, B., & Vallerand, R. J. (2009). When winning is everything: On passion, identity, and aggression in sport. *Psychology of Sport and Exercise, 10*, 526-534.

Dorsch, K. D., & Paskevich, D. M. (2007). Stressful experiences among six certification levels of ice hockey officials. *Psychology of Sport and Exercise, 8,* 585–593.

Dovidio, J. F., & Gaertner, S. L. (2010). Intergroup bias. In S. T. Fiske, D. T. Gilbert, & G. Lindzey (Eds.), *Handbook of social psychology* (Vol. 5, 5th ed., pp. 1084–1121). John Wiley.

Drnovsek, M., Cardon, M. S., & Murnieks, C. Y. (2009). Collective passion in entrepreneurial teams. In A. L. Carsrud & M. Brannback (Eds.), *Understanding the entrepreneurial mind* (pp. 191–215). Springer.

Dubreuil, P., Forest, J., & Courcy, F. (2014). From strengths use to work performance: The role of harmonious passion, subjective vitality, and concentration. *The Journal of Positive Psychology, 9,* 335–349.

Duckworth, A. L., Peterson, C., Matthews, M. D., & Kelly, D. R. (2007). Grit: Perseverance and passion for long-term goals. *Journal of Personality and Social Psychology, 92,* 1087–1101.

Duda, J. L. (2001). Achievement goal research in sport: Pushing the boundaries and clarifying some misunderstandings. In G. C. Roberts & D. C. Treasure (Eds.), *Advances in motivation in sport and exercise* (3rd ed., pp. 129–182). Human Kinetics.

Dunn, J. (2007). Siblings and socialization. In J. E. Grusec & P. D. Hastings (Eds.), *Handbook of socialization: Theory and research* (pp. 309–327). Guilford Press.

Dweck, C. S. (1986). Motivational processes affecting learning, *American Psychologist, 41*(10), 1040–1048. doi:10.1037/0003–066X.41.10.1040

Dweck, C. S. (1989). Motivation. In A. Lesgold & R. Glaser (Eds.), *Foundations for a psychology of education* (pp. 87–136). Lawrence Erlbaum Associates.

Dweck, C. S. (2006). *Mindset: The new psychology of success.* Random House.

Efferson, C., Lalive, R., & Fehr, E. (2008). The coevolution of cultural groups and ingroup favoritism. *Science, 321*(5897), 1844–1849. doi:10.1126/seience.1155805

Eifert, G. H., & Heffner, M. (2003). The effects of acceptance versus control contexts on avoidance of panic-related symptoms. *Journal of Behavior Therapy and Experimental Psychiatry, 34*(3–4), 293–312. doi:10.1016/j.jbtep.2003.11.001

Eisenberger, R., Huntington, R., Hutchinson, S., & Sowa, D. (1986). Perceived organizational support. *Journal of Applied Psychology, 71,* 500–507.

Eisenberger, R., Jones, J. R., Stinglhamber, F., Shanock, L., & Randall, A. T. (2005). Flow experiences at work: For high need achievers alone? *Journal of Organizational Behavior, 26*(7), 755–775. dot:10.1002/job.337

Ekman, P., & Davidson, R. J. (Eds.). (1994). *Series in affective science. The nature of emotion: Fundamental questions.* Oxford University Press.

Ekman, P., & Friesen, W. V. (1971). Constants across cultures in the fate and emotion. *Journal of Personality and Social Psychology, 17*(2), 124-129. doi:10.1037/h0030377

Elliot, A. J. (1997). Integrating "classic" and "contemporary" approaches to achievement motivation: A hierarchical model of approach and avoidance achievement motivation. In P. Pintrinch & M. Maehr (Eds.), *Advances in motivation and achievement* (Vol. 10, pp. 143-179). JAI Press.

Elliot, A. J., & Church, M. A. (1997). A hierarchical model of approach and avoidance achievement motivation. *Journal of Personality and Social Psychology, 72,* 218-232.

Elliot, A. J., & Harackiewicz, J. M. (1996). Approach and avoidance achievement goals and intrinsic motivation: A mediational analysis. *Journal of Personality and Social Psychology, 70,* 968-980.

Elliot, A. J., McGregor, H. A., & Gable, S. (1999). Achievement goals, study strategies, and exam performance: A mediational analysis. *Journal of Educational Psychology, 91*(3), 549-563. doi:10.1037/0022-0663.91.3.549

Emmons, R. A. (1986). Personal strivings: An approach to personality and subjective well-being. *Journal of Personality and Social Psychology, 51*(5), 1058-1068. doi:10.1037/0022-3514.51.5.1058

Emmons, R. A. (1991). Personal strivings, daily life events, and psychological and physical well-being. *Journal of Personality, 59*(3), 453-472. doi:10.1111/j.1467-6494.1991.tb00256.x

Emmons, R. A., & King, L. A. (1988). Conflict among personal strivings: Immediate and long-term implications for psychological and physical well-being. *Journal of Personality and Social Psychology, 54,* 1040-1048.

Engel, G. L. (1977). The need for a new medical model: A challenge for biomedicine, *Science, 196*(4286), 129-136. doi:10.1126/science.847460

Ericsson, K. A. (1996). *The road to excellence: The acquisition of expert performance in the arts and sciences.* Lawrence Erlbaum Associates.

Ericsson, K. A. (2004). Deliberate practice and the acquisition and maintenance of expert performance in medicine and related domains. *Academic Medicine, 79*(10), S70-S81.

Ericsson, K. A., & Charness, N. (1994). Expert performance: Its structure and acquisition. *American Psychologist, 49,* 71-76.

Ericsson, K. A., Krampe, R. T., & Tesch-Römer, C. (1993). The role of deliberate practice in the acquisition of expert performance. *Psychological Review, 100*(3), 363-406. doi:10.1037/0033-295X.100.3.363

Erikson, E. H. (1968). *Identity: Youth and crisis.* Norton.

Feltz, D. L., & Petlichkoff, L. (1983). Perceived competence among interscholastic sport participants and dropouts. *Canadian Journal of Applied Sport Sciences, 8*(4), 231-235.

Fernet, C., Lavigne, G., Vallerand, R. J., & Austin, S. (2014). Fired up with passion: Investigating how job autonomy and passion predict burnout at career start in teachers. *Work and Stress, 28*, 270-288.

Fibel, B., & Hale, W. D. (1978). The Generalized Expectancy for Success Scale: A new measure. *Journal of Consulting and Clinical Psychology, 46*(5), 924-931. doi:10.1037/0022-006X.46.5.924

Fisher, C. M., & Amabile, T. (2008). Creativity, improvisation and organizations. In T. Rickards, M. A. Runco, & S. Moger (Eds.), *Routledge companions: The Routledge companion to creativity* (pp. 13-24). Routledge/Taylor & Francis Group.

Fletcher, G. J. O., Simpson, J. A., & Thomas, G. (2000). The measurement of perceived relationship quality components: A confirmatory factor analytic approach. *Personality and Social Psychology Bulletin, 26*, 340-354.

Foa, E. B., Cashman, L., Jaycox, L., & Perry, K. (1997). The validation of a self-report measure of posttraumatic stress disorder: The Post Trauimatic Diagnostic Scale. *Psychological Assessment, 9*, 445-451.

Folkman, S., Lazarus, R. S., Dunkel-Schetter, C., DeLongis, A., & Gruen, R. J. (1986). Dynamics of a stressful encounter: Cognitive appraisal, coping, and encounter outcomes. *Journal of Personality and Social Psychology, 50*(5), 992-1003. doi:10.1037/0022-3514.50.5.992

Folkman, S., Lazarus, R. S., Gruen, R. J., & DeLongis, A. (1986). Appraisal, coping, health status, and psychological symptoms. *Journal of Personality and Social Psychology, 50*(3), 571-579. doi:10.1037/0022-3514.50.3.571

Ford, P. R., & Williams, A. M. (2012). The developmental activities engaged in by elite youth soccer players who progressed to professional status compared to those who did not. *Psychology of Sport and Exercise, 13*(3), 349-352. doi:10.1016/j. psychsport.2011.09.004

Forest, J., Mageau, G. A., Crevier-Braud, L., Bergeron, É., Dubreuil, P., & Lavigne, G. L. (2012). Harmonious passion as an explanation of the relation between signature strengths' use and well-being at work: Test of an intervention program. *Human Relations, 65*(9), 1233-1252. doi:10.1177/0018726711433134

Forest, J., Mageau, G. A., Sarrazin, C., & Morin, E. M. (2011). "Work is my passion": The different affective, behavioural, and cognitive consequences of harmonious and obsessive passion toward work. *Canadian Journal of Administrative Sciences, 28*, 17-30.

Forest, J., Sarrazin, C., Morin, E. M., Brunet, L., Savoie, A., & Mageau, G. A. (2008). La passion harmonieuse et la passion obsessive comme variables prévisionnelles de la santé psychologique et de l'état psychologique optimal de flow au travail: Résultats d'une étude empirique réalisée auprès de 118 travailleurs québécois [Harmonious and obsessive passion as predictors of mental health and the optimal psychological state of flow at work: Results from an empirical study with 118 Quebec workers]. In *Actes du colloque du 14ème congrès de l'Association International de Psychologie du Travail de Langue Francaise* (pp. 43-54). L'Harmattan.

Fowler, J. H., & Christakis, N. A. (2008). Dynamic spread of happiness in a large social network: Longitudinal analysis over 20 years in the Framingham Heart Study. *British Medical Journal, 337*, 1-9.

Fox, K. R., & Corbin, C. B. (1989). The Physical Self-Perception Profile: Development and preliminary validation. *Journal of Sport & Exercise Psychology, 11*(4), 408-430.

Frankfurt, H. G., & Watson, G. (1982). Freedom of the will and the concept of a person. In P. Russell & O. Deery (Eds.), *The philosophy of free will.* Oxford University Press.

Fredricks, J. A., Alfeld, C., & Eccles, J. (2010). Developing and fostering passion in academic and nonacademic domains. *Gifted Child Quarterly, 54*(1), 18-30. doi:10.1177/0016986209352683

Fredrickson, B. L. (2001). The role of positive emotions in positive psychology: The Broaden-and-Build Theory of positive emotions. *American Psychologist, 56*, 218-226.

Fredrickson, B. L. (2008). *Positivity.* Three Rivers Press.

Fredrickson, B. L., & Branigan, C. (2005). Positive emotions broaden, the scope of attention and thought-action repertoires. *Cognition and Emotion, 19*(3), 313-332. doi:10.1080/02699930441000238

Fredrickson, B. L., Cohn, M. A., Coffey, K. A., Pek, J., & Finkel, S. M. (2008). Open hearts build lives: Positive emotions, induced through loving-kindness meditation, build consequential personal resources. *Journal of Personality and Social Psychology, 95*, 1045-1062.

Fredrickson, B. L., & Joiner, T. (2002). Positive emotions trigger upward spirals toward emotional well-being. *Psychological Science, 13*, 172-175.

Fredrickson, B. L., Mancuso, R. A., Branigan, C., & Tugade, M. M. (2000). The undoing effect of positive emotions. *Motivation and Emotion, 24*(4), 237-258. doi:10.1023/A:1010796329158

Fredrickson, B. L., Tugade, M. M., Waugh, C. E., & Larkin, G. R. (2003). What good are positive emotions in crisis? A prospective study of resilience and emotions following the terrorist attacks on the United States on September 11th, 2001. *Journal of Personality and Social Psychology, 84*(2), 365-376. doi:10.1037/0022-3514.84.2.365

Freud, S. (1940/1969). *An outline of psycho-analysis* (rev. ed.) Norton.

Freudenberger, H. J., & Richelson, G. (1981). *Burnout: The high cost of high achievement.* Bantam Books.

Frijda, N. H. (1986). *Studies in emotion and social interaction: The emotions.* Cambridge University Press.

Frijda, N. H. (2007). *The laws of emotion.* Lawrence Erlbaum Associates.

Frijda, N. H., & Mesquita, B. (1994). The social roles and functions of emotions. In S. Kitayama & H. R. Markus (Eds.), *Emotion and culture: Empirical studies of mutual influence* (pp. 51-87). American Psychological Association. doi;10.1037/10152-002

Frijda, N. H., Mesquita, B., Sonnemans, J., & Van Goozen, S. (1991). The duration of affective phenomena or emotions, sentiments and passions. In K. T. Strongman (Ed.), *International review of studies on emotion* (Vol. 1, pp. 187-225). Wiley.

Froh, J. J., Kashdan, T. B., Yurkewicz, C., Fan, J., Allen, J., & Glowacki, J. (2010) The benefits of passion and absorption in activities: Engaged living in adolescents and its role in psychological well-being. *The Journal of Positive Psychology, 5*, 311-332.

Froh, J. J., Sefick, W. J., & Emmons, R. A. (2008). Counting blessings in early adolescents: An experimental study of gratitude and subjective well-being. *Journal of School Psychology, 46*(2), 213-233. doi:10.1016/j.jsp.2007.03.005

Fuster, H., Chamarro, A., Carbonell, X., & Vallerand, R. J. (2014). Relationship between passion and motivation for gaming of massively multiplayer online role-playing games. *Cyberpsychology, Behavior, and Social Networking, 17*,

292-297.

Gable, P. A., & Harmon-Jones, E. (2008). Approach-motivated positive affect reduces breadth of attention. *Psychological Science, 19*(5), 476-482. doi: 10.1111/j.1467-9280.2008.02112.x

Gable, P., & Harmon-Jones, E. (2010). The motivational dimensional model of affect: Implications for breadth of attention, memory, and cognitive categorization. *Cognition and Emotion, 24*, 322-337.

Gagné, F. (2007). Ten commandments for academic talent development. *Gifted Child Quarterly, 51*, 93-118.

Galbraith, C. S., DeNoble, A. F., Ehrlich, S. B., & Horowitz, A. N. (2013). Presenter passion and presentation design on reviewer assessment and subsequent success: An empirical study of high technology proposal and business plan presentations. *Journal of High Technology Management Research 24*, 53-63.

Gao, G. (2001). Intimacy, passion and commitment in Chinese and US American romantic relationships. *International Journal of Intercultural Relations, 25*(3), 329-342. doi:10.1016/S0147-1767(01)00007-4

Garland, E. L., Fredrickson, B., Kring, A. M., Johnson, D. P., Meyer, P. S., & Penn, D. L. (2010). Upward spirals of positive emotions counter downward spirals of negativity: Insights from the broaden-and-build theory and affective neuroscience on the treatment of emotion dysfunctions and deficits in psychopathology. *Clinical Psychology Review, 30*(7), 849-864. doi:10.1016/j.cpr.2010.03.002

Gaudreau, P., & Blondin, J.-P. (2002). Development of a questionnaire for the assessment of coping strategies employed by athletes in competitive sport settings. *Psychology of Sport and Exercise, 3*(1), 1-34. doi:10.1016/S1469-0292(01)00017-6

Gaudreau, P., & Blondin, J.-P. (2004). Different athletes cope differently during sport competition: A cluster analysis of coping. *Personality and Individual Differences, 36*(8), 1865-1877. doi:10.1016/j.paid.2003.08.017

Gauvin, L., & Rejeski, W. J. (1993). The Exercise-Induced Feeling Inventory: Development and initial validation. *Journal of Sport & Exercise Psychology, 15*(4), 403-423.

Gay, V. P. (1989). Philosophy, psychoanalysis, and the problem of change. *Psychoanalytic Inquiry, 9*(1), 26-44. doi:10.1080/07351698909533753

Gibson, J. J. (1979). *The ecological approach to visual perception.* Houghton-Mifflin.

Gilbert, D. T., Pinel, E. C., Wilson, T. D., Blumberg, S. J., & Wheatley, T. P. (1998). Immune neglect: A source of durability bias in affective forecasting. *Journal of Personality and Social Psychology, 75*(3), 617-638. doi:10.1037/0022-3514.75.3.617

Gillet, N., Berjot, S., Vallerand, R. J., Amoura, S., & Rosnet, E. (2012). Examining the motivation-performance relationship in competitive sport: A cluster-analytic approach. *International Journal of Sport Psychology, 43*, 79-102.

Gladwell, M. (2008). *Outliers: The story of success.* Little, Brown and Co.

Godin, G., & Shephard, R. J. (1985). Gender differences in perceived physical self-efficacy among older individuals. *Perceptual and Motor Skills, 60*(2), 599-602. doi:10.2466/pms.1985.60.2.599

Goldberg, C. (1986). The interpersonal aim of creative endeavor. *The Journal of Creative Behavior, 20*(1), 35-48.

Goldberg, D. P., & Hillier, V. F. (1979). A scaled version of the General Health Questionnaire. *Psychological Medicine, 9*(1), 139-145. doi:10.1017/ 0033291700021644

Gordon, C. (1968). Self-conceptions: Configurations of content. In C. Gordon & K. J. Gergen (Eds.), *The self in social interaction: Classic and contemporary perspectives* (pp. 115-136). Wiley.

Gotay, C. C., & Pagano, I. S. (2007). Assessment of survivor concerns (ASC): A newly proposed brief questionnaire. *Health and Quality of Life Outcomes, 5*, 15.

Gottman, J. M. (1993). A theory of marital dissolution and stability. *Journal of Family Psychology, 7*(1), 57-75. doi:10.1037/0893-3200.7.1.57

Gottman, J. M. (1994). *What predicts divorce? The relationship between marital processes and marital outcomes.* Lawrence Erlbaum Associates.

Gottman, J. M. (1998). Psychology and the study of the marital processes. *Annual Review of Psychology, 49*, 169-197. doi:10.1146/annurev.psych.49.1.169

Gottman, J. M., & Levenson, R. W. (1992). Marital processes predictive of later dissolution: Behavior, physiology, and health. *Journal of Personality and Social Psychology, 63*(2), 221-233. doi:10.1037/0022-3514.63.2,221

Gottman, J. M., & Silver, N. (1999). *The seven principles for making marriage work: A practical guide from the country's foremost relationship expert.* Random House.

Gousse-Lessard, A.-S., Vallerand, R. J., Carbonneau, N., & Lafrenière, M.-A. K. (2013). The role of passion in mainstream and radical behaviors: A look at environmental activism. *Journal of Environmental Psychology, 35*, 18-29.

Govindji, R., & Linley, P. A. (2007). Strengths use, self-concordance and well-being: Implications for strengths coaching and coaching psychologists. *International Coaching Psychology Review, 2*(2), 143-153.

Greenberger, S. W. (2012). Teacher passion and distance education theory. *Journal of Instructional Research, 1*, 34-41.

Greene, J., & Grant, A. M. (2003). *Solution-focused coaching: Managing people in a complex world.* Pearson Education.

Greenwald, A. G. (1980). The totalitarian ego: Fabrication and revision of personal history. *American Psychologist, 35*(7), 603-618. doi:10.1037/0003-066X.35.7.603

Greenwald, A. G., & Banaji, M. R. (1995). Implicit social cognition: Attitudes, self-esteem, and stereotypes. *Psychological Review, 102*(1), 4-27. doi:10. 1037/0033-295X.102.1.4

Greenwald, A. G., & Farnham, S. D. (2000). Using the Implicit Association Test to measure self-esteem and self-concept. *Journal of Personality and Social Psychology, 79*(6), 1022-1038. doi:10.1037/0022-3514.79.6.1022

Gregg, A. P., & Sedikides, C. (2010). Narcissistic fragility: Rethinking its links to explicit and implicit self-esteem. *Self and Identity, 9*(2), 142-161. doi:l0. 1080/15298860902815451

Grenier, S., Lavigne, G. L., & Vallerand, R. J. (2014). *Passion for collecting: A look at determinants and outcomes.* [Manuscript in preparation].

Grolnick, W. S., & Ryan, R. M. (1989). Parental styles associated with children's self-regulation and competence in school. *Journal of Educational Psychology, 81,* 143-154.

Groth-Marnat, G., & Summers, R. (1998). Altered beliefs, attitudes, and behaviors following near-death experiences. *Journal of Humanistic Psychology, 38*(3), 110-125.

Grusec, J. E., & Davidov, M. (2007). Socialization in the family: The roles of parents. In J. E. Grusec & P. D. Hastings (Eds.), *Handbook of socialization: Theory and research* (pp. 284-308). Guilford Press.

Guay, F., Mageau, G. A., & Vallerand, R. J. (2003). On the hierarchical structure of self-determined motivation: A test of top-down, bottom-up, reciprocal, and horizontal effects. *Personality and Social Psychology Bulletin, 29,* 992-1004.

Gucciardi, D. F., Jackson, B., Hanton, S., & Reid, M. (2014). Motivational correlates of mentally tough behaviours in tennis. *Journal of Science and Medicine in Sport, 18*(1), 67-71.

Guérin, E., Fortier, M., & Williams, T. (2013). "Because I need to move": Examining women's passion for physical activity and its relationship with daily affect and vitality. *Psychology of Well-Being: Theory, Research, and Practice, 3, no. 4.*

Gustafsson, H., Hassmén, P., & Hassmén, N. (2011). Are athletes burning out with passion? *European Journal of Sport Science, 11*(6), 387-395. doi:10.1080/ 17461391.2010.536573

Haidt, J. (2003). The moral emotions. In R. J. Davidson, K. R. Scherer, & H. H. Goldsmith (Eds.), *Handbook of affective sciences* (pp. 852–870). Oxford University Press.

Haldane, E. S., & Ross, G. R. T. (1972). *The philosophical works of Descartes: Vol. 1 and 2.* Cambridge University Press.

Hall, C. (2002). "Passions and constraint": The marginalization of passion in liberal political theory. *Philosophy & Social Criticism, 28*, 27–748.

Halvari, H., Ulstad, S. O., Bagøien, T. E., & Skjesol, K. (2009). Autonomy support and its links to physical activity and competitive performance: Mediations through motivation, competence, action orientation and harmonious passion, and the moderator role of autonomy support by perceived competence. *Scandinavian Journal of Educational Research, 53*(6), 533–555. doi:10.1080/00313830903302059

Harackiewice, J. M., Sansone, C., Blair, L. W., Epstein, J. A., & Manderlink, G. M. (1987). Attributional processes in behavior change and maintenance: Smoking, cessation and continued abstinence. *Journal of Consulting and Clinical Psychology, 55*, 372–378.

Hart, D., & Matsuba, M. K. (2012). The development of self-knowledge. In S. Vazire & T. D. Wilson (Eds.), *Handbook of self-knowledge* (pp. 7–21). Guilford Press.

Harvey, S.-P., & Vallerand, R. J. (2013). *Dancing with passion: Is there a harmonious and an obsessive way to swing dance?* [Manuscript submitted for publication].

Hatfield, E., Bensman, L., & Rapson, R. L. (2010). A brief history of social scientists' attempts to measure passionate love. *Journal of Social and Personal Relationships, 29*, 143–164.

Hatfield, E., & Rapson, R. L. (1990). Passionate love in intimate relationships. In B. S. Moore & A. M. Isen (Eds.), *Studies in emotion and social interaction: Affect and social behavior* (pp. 126–151). Cambridge University Press.

Hatfield, E., & Rapson, R. (1993). Love and attachment processes. In M. Lewis & J. M. Haviland (Eds.), *Handbook of emotions* (pp. 595–604). Guilford Press.

Hatfield, B., & Sprecher, S. (1986). Measuring passionate love in intimate relationships. *Journal of Adolescence, 9*, 383–410.

Hatfield, E., & Walster, G. W. (1978). *A new look at love.* Addison-Wesley.

Hebb, D. O. (1949). *The organization of behavior.* Wiley.

Helsen, W. F., Starkes, J. L., & Van Winckel, J. (2000). Effect of a change in selection year on success in male soccer players. *American Journal of Human Biology, 12*(6), 729–735.

Hennessey, B. A. (2010). The creativity–motivation connection. In J. C. Kaufman & R. J. Sternberg (Eds.), *The Cambridge handbook of creativity* (pp. 342–365). Cambridge University Press. doi:10.1017/CBO9780511763205.022

Hewitt, P. L., & Flett, G. L. (2002). Perfectionism and stress enhancement, perpetuation, anticipation, and generation in psychopathology. In G. L. Flett & P. L. Hewitt (Eds.), *Perfectionism: Theory, research, and treatment* (pp. 742–775). American Psychological Association.

Higgins, E. T. (1996). Knowledge activation: Accessibility, applicability, and salience. In E. T. Higgins & A. W. Kruglanski (Eds.), *Social psychology: Handbook of basic principles* (pp. 133–168). Guilford.

Higgins, E. T., & Spiegel, S. (2004). Promotion and prevention strategies for self–regulation: A motivated cognition perspective. In R. F. Baumeister & K. D. Vohs (Eds.), *Handbook of self–regulation: Research, theory and applications* (pp. 171–187). Guilford Press.

Hilgard, E. R. (1987). *Psychology in America: A historical survey.* Harcourt Brace Jovanovich.

Hill, D. M., & Shaw, G. (2013). A qualitative examination of choking under pressure in team sport. *Psychology of Sport and Exercise, 14*, 103–110.

Ho, V. T., & Pollack, J. M. (2014). Passion isn't always a good thing: Examining entrepreneurs' network centrality and financial performance with a Dualistic Model of Passion. *Journal of Management Studies, 51*, 433–459.

Ho, V. T., Wong, S.-S., & Lee, C. H. (2011). A tale of passion: Linking job passion and cognitive engagement to employee work performance. *Journal of Management Studies, 48*(1), 26–47. doi:10.1111/j.1467–6486.2009.00878.x

Hodgins, H. S., & Knee, R. (2002). The integrating self and conscious experience. In Deci, E. L., & Ryan, R. M. (Eds.). *Handbook on self–determination research: Theoretical and applied issues* (pp. 87–100). University of Rochester Press.

Hodgins, H. S., Yacko, H., & Gottlieb, E. (2006). Autonomy and nondefensiveness. *Motivation and Emotion, 30*, 283–293.

Hoerger, M., Quirk, S. W., Lucas, R. E., & Carr, T. H. (2009). Immune neglect in affective forecasting. *Journal of Research in Personality, 43*(1), 91–94. doi:10.1016/j.jrp.2008.10.001

Hofmann, W., Kotabe, H., & Luhmann, M. (2013). The spoiled pleasure of giving in to temptation. *Motivation and Emotion, 37*, 733-741. doi:10.1007/s11031-013-9355-4

Hojjat, M. (2000). Sex differences and perceptions of conflict in romantic relationships. *Journal of Social and Personal Relationships, 17*(4-5), 598-617. doi:l0.1177/0265407500174007

Houlfort, N., Philippe, F., Vallerand, R. J., & Ménard, J. (2014). On passion as heavy work investment and its consequences. *Journal of Managerial Psychology, 29*, 25-45.

Houlfort, N., Vallerand, R. J., & Koestner, R. (2013). *On the organizational and interpersonal determinants of passion.* [Manuscript in preparation].

Hull, C. L. (1943). The problem of intervening variables in molar behavior theory. *Psychological Review, 50*(3), 273-291. doi:10.1037/h0057518

Hunt, M. (1993). *The story of psychology.* Random House.

Huppert, F. A. (2009). Psychological well-being: Evidence regarding its causes and consequences. *Applied Psychology: Health and Well-Being, 1*, 137-164.

Idler, E. L., & Benyamini, Y. (1997). Self-rated health and mortality: A review of twenty-seven community studies. *Journal of Health and Social Behavior, 38*, 21-37.

Isen, A. M. (1987). Positive affect, cognitive processes, and social behavior. In L. Berkowitz (Ed.), *Advances in experimental social psychology* (Vol. 20, pp. 203-253). Academic Press. doi:10.1016/S0065-2601(08)60415-3

lzaed, C. E. (Ed.). (1977). *Human emotions.* Plenum Press.

Jackson, S. A., & Marsh, H. W. (1996). Development and validation of a scale to measure optimal experience: The Flow Scale. *Journal of Sport & Exercise Psychology, 18*, 17-35.

James, W. (1884). What is an emotion? *Mind*, (34), 188-205.

James, W. (1890). *Principles of psychology.* Henry Holt & Company (reprinted in 1950).

John, O. P., & Robins, R. W. (1994). Accuracy and bias in self-perception: Individual differences in self-enhancement and the role of narcissism. *Journal of Personality and Social Psychology, 66*(1), 206-219. doi:10.1037/0022-3514.66.1.206

Johnson, K. J., Waugh, C. E., & Fredrickson, B. L. (2010). Smile to see the forest: Facially expressed positive emotions broaden cognition. *Cognition and Emotion, 24*(2), 299-321. doi:10.1080/02699930903384667

Joormann, J., Dkane, M., & Gotlib, I. H. (2006). Adaptive and maladaptive components of rumination? Diagnostic specificity and relation to depressive biases. *Behavior Therapy, 37*(3), 269-280.

Jordan, C. H., Spencer, S. J., Zanna, M. P., Hoshino-Browne, E., & Correll, J. (2003). Secure and defensive high self-esteem. *Journal of Personality and Social Psychology, 85*(5), 969–978. doi:10.1037/0022-3514.85.5.969

Joussain, A. (1928). *Les passions humaines*. Ernest Flammarion.

Jowett, S., Lafrenière, M.-A. K., & Vallerand, R. J. (2013). Passion for activities and relationship quality: A dyadic approach. *Journal of Social and Personal Relationship, 30*, 734–749.

Jowett, S., & Ntoumanis, N. (2004). The Coach-Athlete Relationship Questionnaire (CART-Q): Development and initial validation. *Scandinavian Journal of Medicine & Science in Sports, 14*(4), 245–257.

Kahn, W. A. (1990). Psychological conditions of personal engagement and disengagement at work. *Academy of Management Journal, 33*(4), 692–724. doi:10.2307/256287

Kahneman, D., Diener, E., & Schwarz, N. (1999). *Foundations of hedonic psychology: Scientific perspectives on enjoyment and suffering*. Russell Sage Foundation.

Kanagawa, C., Cross, S. E., & Markus, H. R. (2001). "Who am I?": The cultural psychology of the conceptual self. *Personality and Social Psychology Bulletin, 27*, 90–103.

Kant, I. (1982). *Immanuel Kant's critique of pure reason*. Macmillan.

Karasek, R. A. (1985). *Job content questionnaire and user's guide*. University of Massachusetts Press.

Kashdan, T. B., & Roberts, J. E. (2007). Social anxiety, depressive symptoms, and post-event rumination: Affective consequences and social contextual influences. *Journal of Anxiety Disorders, 21*(3), 284–301.

Kasser, T. (2002). *The high price of materialism*. MIT Press.

Kasser, T., & Ryan, R. M. (1993). A dark side of the American dream: Correlates of financial success as a central life aspiration. *Journal of Personality and Social Psychology, 65*(2), 410–422.

Kasser, T., & Ryan, R. M. (1996). Further examining the American dream: Differential correlates of intrinsic and extrinsic goals. *Personality and Social Psychology Bulletin, 22*, 280–287.

Kasser, T., Ryan, R. M., Zax, M., & Sameroff, A. J. (1995). The relations of maternal and social environments to late adolescents' materialistic and prosocial values. *Developmental Psychology, 31*(6), 907–914.

Kaufman, J. C. (2003). Critical thinking, creativity, and culture: An introduction. *Inquiry: Critical Thinking Across the Disciplines, 22*(3), 5–7.

Kaufman, J. C., & Sternberg, R. J. (Eds.). (2010). *The Cambridge handbook of creativity*. Cambridge University Press. doi:l0.1017/CBO9780511763205

Keltner, D., & Gross, J. J. (1999). Functional accounts of emotions. *Cognition & Emotion, 13*(5), 467–480.

Kernis, M. H. (2003). Toward a conceptualization of optimal self-esteem. *Psychological Inquiry, 4*, 1–26.

Keyes, C. L. (2007). Promoting and protecting mental health as flourishing: A complementary strategy for improving national mental health. *American Psychologist, 62*(2), 95–108.

Keyes, C. L., Shmotkin, D., & Ryff, C. D. (2002). Optimizing well-being: The empirical encounter of two traditions. *Journal of Personality and Social Psychology, 82*(6), 1007–1022.

Killingsworth, M. A., & Gilbert, D. T. (2010). A wandering mind is an unhappy mind. *Science, 330*(6006), 932–932.

Kim, J., & Hatfield, E. (2004). Love types and subjective well-being: A cross-cultural study. *Social Behavior and Personality, 32*(2), 173–182.

King, L. A. (2001). The health benefits of writing about life goals. *Personality and Social Psychology Bulletin, 27*(7), 798–807.

Kirton, M. (1976). Adaptors and innovators: A description and measure. *Journal of Applied Psychology, 61*, 622–629.

Klaukien, A., Shepherd, D. A., & Patzelt, H. (2013). Passion for work, nonwork-related excitement, and innovation managers' decision to exploit new product opportunities. *The Journal of Product Innovation Management, 30*, 574–588.

Klein, K. (2011). *The augmentation effect: When cost enhances the perceived benefit of extreme means*. Master's thesis, University of Maryland.

Klinger, E. (1975). Consequences of commitment to and disengagement from incentives. *Psychological Review, 82*(1), 1–25.

Klinger, E. (1977). *Meaning and void: Inner experience and the incentives in people's lives*. University of Minnesota Press.

Knapp, P. H., Levy, E. M., Giorgi, R. G., Black, P. H., Fox, B. H., & Heeren, T. C. (1992). Short-term immunological effects of induced emotion. *Psychosomatic Medicine, 54*(2), 133–148.

Koestner, R., Bernieri, F., & Zuckerman, M. (1992). Self-regulation and consistency between attitudes, traits, and behaviors. *Personality and Social Psychology Bulletin, 18*, 52–59.

Koestner, R., & Losier, G. F. (2002). Distinguishing three ways of being highly motivated: A closer look at introjection, identification, and intrinsic motivation. In E. L. Deci & R. M. Ryan (Eds.), *Handbook of self-determination research* (pp. 101-121). University of Rochester Press.

Koestner, R., Losier, G. F., Vallerand, R. J., & Carducci, D. (1996). Identified and introjected forms of political internalization: Extending self-determination theory. *Journal of Personality and Social Psychology, 70,* 1025-1036.

Koestner, R., Ryan, R. M., Bernieri, F., & Holt, K. (1984). Setting limits on children's behavior: The differential effects of controlling vs. informational styles on intrinsic motivation and creativity. *Journal of Personality, 52*(3), 233-248.

Kowalski, K. C., & Crocker, P. R. E. (2001). Development and validation of the Coping Function Questionnaire for adolescents in sport. *Journal of Sport & Exercise Psychology, 23*(2), 136-155.

Koy, A., & Yeo, G. (2008). BIS sensitivity, negative affect and performance: Dynamic and multilevel relationships. *Human Performance, 21*(2), 198-225. doi:10.1080/08959280801917826

Krosnick, J. A. (1990). Government policy and citizen passion: A study of issue publics in contemporary America. *Political Behavior, 12*(1), 59-92.

Kruglanski, A. W. (1989). *Lay epistemics and human knowledge: Cognitive and motivational bases.* Guilford.

Kruglanski, A. W., Shah, J. Y., Fishbach, A., Friedman, R., Chun, W. Y., & Sleeth-Keppler, D. (2002). A theory of goal systems. *Advances in Experimental Social Psychology, 34,* 331-378.

Kruglanski, A. W., & Sheveland, A. (2013). Thinkers' personalities: On individual differences in the processes of sense making. In S. T. Fiske & C. N. Macrae (Eds.), *Sage handbook of social cognition* (pp. 474-494). Sage.

Kurzweil, R., & Grossman, T. (2010). *Transcend: Nine steps to living well forever.* Rodale.

Lafrenière, M.-A. K., Bélanger, J. J., Sedikides, C., Vallerand, R. J. (2011). Self-esteem and passion for activities. *Personality and Individual Differences, 51,* 541-544.

Lafrenière, M.-A. K., Jowett, S., Vallerand, R. J., & Carbonneau, N. (2011). Passion for coaching and the quality of the coach-athlete relationship: The mediating role of coaching behaviors. *Psychology of Sport and Exercise, 12,* 144-152.

Lafrenière, M.-A. K., Jowett, S., Vallerand, R. J., Donahue, E. G., & Lorimer, R. (2008). Passion in sport: On the quality of the coach-player relationship. *Journal of Sport & Exercise Psychology, 30,* 541-560.

Lafrenière, M.-A. K., St-Louis, A. C., Vallerand, R. J., & Donahue, E. G. (2012). On the relation between performance and life satisfaction: The moderating role of passion. *Self and Identity, 11*, 516-530.

Lafrenière, M.-A. K., Vallerand, R. J., & Donahue, E. G. (2014). *On the mediating role of emotions of different intensity in the passion-well-being relationship.* [Unpublished raw data].

Lafrenière, M.-A. K., Vallerand, R. J., Donahue, E. G., & Lavigne, G. L. (2009). On the costs and benefits of gaming: The role of passion. *Cyberpsychology & Behavior, 12*, 285-290.

Lafrenière, M.-A. K., Vallerand, R. J., Mageau, G., & Charest, J. (2014). *The role of personality and the social environment as determinants of passion.* [Unpublished raw data].

Lafrenière, M.-A. K., Vallerand, R. J., Philippe, F. L., Mageau, G. A., & Charest, J. (2013). *The role of the autonomous vs. controlled personality orientation in predicting changes in passion.* [Manuscript in preparation].

Lafrenière, M.-A. K., Vallerand, R. J., & Sedikides, C. (2013). On the relation between self-enhancement and life satisfaction: The moderating role of passion. *Self and Identity, 12*, 516-530.

Lafrenière, M.-A. K., St-Louis, A. C., Vallerand, R. J., & Donahue, E. G. (2012). On the relation between performance and life satisfaction: The moderating role of passion. *Self and Identity, 11*, 516-530.

Lalande, D. R., Vallerand, R. J., & Lafrenière, M.-A. K., Verner-Filion, J., Forest, J., Laurent, F.-A., & Paquet, Y. (2014). *On the determinants of harmonious and obsessive passions: The role of need satisfaction inside and outside the activity.* [Manuscript submitted for publication].

Lang, J. W., & Fries, S. (2006). A revised 10-item version of the Achievement Motives Scale: Psychometric properties in german-speaking samples. *European Journal of Psychological Assessment, 22*(3), 216.

Lavigne, G. L., Forest, J., & Crevier-Braud, L. (2012). Passion at work and burnout: A two-study test of the mediating role of flow experiences. *European Journal of Work and Organizational Psychology, 21*(4), 518-546.

Lazarus, R. S. (1991). *Emotion and adaptation.* Oxford University Press.

Lazarus, R. S., & Folkman, S. (1984). *Stress, appraisal, and coping.* Springer.

Lecoq, J. (2012). La passion: Aspects émotionnels, sociaux et existentiels [The passion: Emotional, social, and existential aspects]. Doctoral thesis, Université Catholique de Louvain, Belgique.

Lecoq, J., & Rimé, B. (2009). Les passions: Aspects émotionnels et sociaux. *Revue Européenne de Psychologie Appliquée/European Review of Applied Psychology, 59*(3), 197-209.

Lee, C.-K., Back, K. J., Hodgins, D. C., & Lee, T. K. (2013). Examining antecedents and consequences of gambling passion: The case of gambling on horse races. *Psychiatry Investigation, 10*, 365-372.

Leeper, R. W. (1948). A motivational theory of emotions to replace "emotion as disorganized response." *Psychological Review, 55*, 5-21.

Lemieux, R. (2000). Intimacy, passion, and commitment among married individuals: Further testing of the triangular theory of love. *Psychological Reports, 87*, 941-948.

Lepper, M. R., & Henderlong, J. (2000). Turning "play" into "work" and "work" into "play": 25 years of research on intrinsic versus extrinsic motivation. In C. Sansone & J. M. Harackiewicz (Eds.), *Intrinsic and extrinsic motivation: The search for optimal motivation and performance* (pp. 257-307). Academic Press.

Lesieur, H. R., & Blume, S. B. (1993). Revising the South Oaks Gambling Screen in different settings. *Journal of Gambling Studies, 9*(3), 213-223.

Levenson, R. W. (1994). Human emotions: A Functional view. In P. Ekman & R. J. Davidson (Eds.), *The nature of emotion: Fundamental questions* (pp. 123-126). Oxford University Press.

Leventhal, H. (1974). Emotions: A basic problem for social psychology. In C. Nemeth (Ed.), *Social psychology: Classic and contemporary integrations.* Rand McNally.

Levy, B. R., Slade, M. D., Kunkel, S. R., & Kasl, S. V. (2002). Longevity increased by positive self-perceptions of aging. *Journal of Personality and Social Psychology, 83*, 261-270.

Lewin, K. (1936). *Principles of topological psychology.* McGraw-Hill.

Lewis, A. C., & Sherman, S. J. (2003). Hiring you makes me look bad: Social-identity based reversals of the ingroup favoritism effect. *Organizational Behavior and Human Decision Processes, 90*(2), 262-276.

Li, C-H. (2010). Predicting subjective vitality and performance in sports: The role of passion and achievement goals. *Perceptual and Motor Skills, 110*(3), 1029-1047.

Little, B. R. (1989). Personal projects analysis: Trivial pursuits, magnificent obsessions, and the search for coherence. In D. M. Buss & N. Cantor (Eds.), *Personality psychology: Recent trends and emerging directions* (pp. 15-31). Springer-Verlag.

Liu, D., Chen, X. P., & Yao, X. (2011). From autonomy to creativity: A multilevel investigation of the mediating role of harmonious passion. *Journal of Applied Psychology, 96*(2), 294-309.

Lubart, T. I. (2000). Models of creative process: Past, present, and future. *Creativity Research Journal, 13*, 295-308.

Lubart, T. I., & Getz, I. (1997). Emotion, metaphor, and the creative process. *Creativity Research Journal, 10*(4), 285-301.

Luh, D.-B., & Lu, C.-C. (2012). From cognitive style to creativity achievement: The mediating role of passion. *Psychology of Aesthetics, Creativity, and the Arts, 6*(3), 282-288. doi:10.1037/a0026868

Lutz, A., Slagter, H. A., Dunne, J. D., & Davidson, R. J. (2008). Attention regulation and monitoring in meditation. *Trends in Cognitive Sciences, 12*(4), 163-169.

Lykken, D., & Tellegen, A. (1996). Happiness is a stochastic phenomenon. *Psychological Science, 7*(3), 186-189.

Lyubomirsky, S., King, L., Diener, E. (2005). The benefits of frequent positive affect: Does happiness lead to success? *Psychological Bulletin, 131*, 803-855.

Lyubomirsky, S., Sheldon, K. M., & Schkade, D. (2005). Pursuing happiness: The architecture of sustainable change. *Review of General Psychology, 9*(2), 111-131.

Mace, M-A., & Ward, T. (2010). Modeling the creative process: A grounded theory analysis of creativity in the domain of art making. *Creativity Research Journal, 14*, 179-192.

MacKillop, J., Anderson, E. J., Castelda, B. A., Mattson, R. E., & Donovick, P. J. (2006). Divergent validity of measures of cognitive distortions, impulsivity, and time perspective in pathological gambling. *Journal of Gambling Studies, 22*, 339-354.

Mageau, G., Carpentier, J., & Vallerand, R. J. (2011). The role of self-esteem contingencies in the distinction between obsessive and harmonious passion. *European Journal of Social Psychology, 6*, 720-729.

Mageau, G. A., & Vallerand, R. J. (2003). The coach-athlete relationship: A motivational model. *Journal of Sports Sciences, 21*, 883-904.

Mageau, G., & Vallerand, R. J. (2007). The moderating effect of passion on the relation between activity engagement and positive affect. *Motivation and Emotion, 31*, 312-321.

Mageau, G. A., Vallerand, R. J., Charest, J., Salvy, S., Lacaille, N., Bouffard, T., & Koestner, R. (2009). On the development of harmonious and obsessive passion: The role of autonomy support, activity valuation, and identity processes. *Journal of Personality, 77*, 601–645.

Mageau, G. A., Vallerand, R. J., Rousseau, F. L., Ratelle, C. F., & Provencher, P. J. (2005). Passion and gambling: Investigating the divergent affective and cognitive consequences of gambling. *Journal of Applied Social Psychology, 35*, 100–118.

Mandler, G. (1975). *Mind and emotion.* Wiley.

Marcia, J. E. (1967). Ego identity status: Relationship to change in self–esteem, "general maladjustment," and authoritarianism. *Journal of Personality, 35*, 118–133.

Markus, H. (1977). Self–schemata and processing information about the self. *Journal of Personality and Social Psychology, 35*(2), 63–78. doi:10.1037/0022–3514.35.2.63

Markus, H., & Nurius, P. (1986). Possible selves. *American Psychologist, 41*(9), 954–969. doi:10.1037/0003–066X.41.9.954

Markus, H., & Wurf, E. (1987). The dynamic self–concept: A social psychological perspective. *Annual Review of Psychology, 38*, 299–337. doi:10.1146/annurev.ps.38.020187.001503

Marsh, H. W., Kong, C.–K., & Hau, K.–T. (2000). Longitudinal multilevel models of the big–fish–little–pond effect on academic self–concept: Counterbalancing contrast and reflected–glory effects in Hong Kong schools. *Journal of Personality and Social Psychology, 78*(2), 337–349. doi:10.1037/0022–3514.78.2.337

Marsh, H. W., Vallerand, R. J., Lafrenière, M.–A. K., Parker, P., Morin, A. J. S., Carbonneau, N., ... Paquet, Y. (2013). Passion: Does one scale fit all? Construct, validity of Two–factor Passion Scale and psychometric invariance over different activities and languages. *Psychological Assessment, 25*, 796–809.

Marsland, A. L., Pressman, S. D., & Cohen, S. (2007). Positive affect and immune function. In R. Ader (Ed.), *Psychoneuroimmunology* (Vol. 2, 4th ed., pp. 761–779). Elsevier.

Martens, R., Burton, D., Vealey, R. S., Bump, L. A., & Smith, D. E. (1990). Development and validation of the Competitive State Anxiety Inventory–2. In R. Martens, R. S. Vealey, & D. Burton (Eds.), *Competitive anxiety in Sport* (pp. 117–190). Human Kinetics.

Martin, E. M., & Horn, T. S. (2013). The role of athletic identity and passion in adolescent female athletes. *The Sport Psychologist, 27*, 338–348.

Martin, L. L., & Tesser, A. (1989). Toward a motivational and structural theory of ruminative thought. In J. S. Uleman & J. A. Bargh (Eds.), *Unintended thought* (pp. 306-326). Guilford Press.

Martin, L. L., & Tesser, A. (Eds.). (1996). *Striving and feeling: Interactions among goals, affect, and self-regulation.* Lawrence Erlbaum Associates.

Maslow, A. H. (1954). *Motivation and personality.* Harpers.

McAdams, D. P. (2001). The psychology of life stories. *Review of General Psychology, 5*(2), 100-122. doi:10.1037/1089-2680.5.2.100

McCullough, M. E., Rachal, K. C., Sandage, S. J., Worthington, E. L., Jr., Brown, S. W., & Hight, T. L. (1998). Interpersonal forgiving in close relationships: Theoretical elaboration and measurement. *Journal of Personality and Social Psychology, 75*(6), 1586-1603. doi:10.1037/0022-3514.75.6.1586

McFarland, C., & Ross, M. (1982). Impact of causal attributions on affective reactions to success and failure. *Journal of Personality and Social Psychology, 43,* 937-946.

McGregor, I., & Little, B. R. (1998). Personal projects, happiness, and meaning: On doing well and being yourself. *Journal of Personality and Social Psychology, 74*(2), 494-512. doi:10.1037/0022-3514.74.2.494

McGuire, W. J. (1984). Search for the self: Going beyond self-esteem and the reactive self. In R. A. Zucker, J. Aronoff, & A. I. Rabin (Eds.), *Personality and the prediction of behavior* (pp. 73-120). Academic Press.

Meyer, J. P., & Allen, N. J. (1997). *Commitment in the workplace: Theory, research, and applications,* Sage.

Myers, D. G. (2008). Religion and human flourishing, In M. Eid & R. Larsen (Eds.), *The science of subjective well-being.* Guilford.

Mikulincer, M. (1989). Cognitive interference and learned helplessness: The effects of off-task cognitions on performance following unsolvable problems. *Journal of Personality and Social Psychology, 57,* 129-135. doi:10.1037/0022-3514. 57.1.129

Miquelon, P., & Vallerand, R. J. (2006). Goal motives, well-being, and physical health: Happiness and self realization as psychological resources under challenge. *Motivation & Emotion, 30,* 259-272.

Miquelon, P., Vallerand, R. J., Grouzet, F., & Cardinal, G. (2005). Perfectionism, academic motivation, and personal adjustment: An integrative model. *Personality and Social Psychology Bulletin, 31,* 913-924.

Mitteness, C., Sudek, R., & Cardon, M. S. (2012). Angel investor characteristics that determine whether perceived passion leads to higher evaluations of funding potential. *Journal of Business Venturing, 27,* 592–606.

Moran, A. (2009). Cognitive psychology in sport: Progress and prospects. *Psychology of Sport and Exercise, 10,* 420–426.

Moran, S. (2010). The roles of creativity in society. In J. C. Kaufman & R. J. Sternberg (Eds.), *The Cambridge handbook of creativity* (pp. 74–90). Cambridge University Press. doi:10.1017/CBO9780511763205.006

Morrow, G. D., Clark, E. M., & Brock, K. F. (1995). Individual and partner love styles: Implications for the quality of romantic involvements. *Journal of Social and Personal Relationships, 12*(3), 363–387. doi:10.1177/0265407595123003

Mullen, R., Davis, J. A., & Polatajko, H. J. (2012). Passion in the performing arts: Clarifying active occupational participation. *Work, 41,* 15–25.

Murnieks, C. Y., Mosakowski, E., & Cardon, M. S. (2012). Pathways of passion: Identity centrality, passion, and behaviour among entrepreneurs. *Journal of Management, 20*(10), 1–24.

Musch, J., & Grondin, S. (2001). Unequal competition as an impediment to personal development: A review of the relative age effect in sport. *Developmental Review, 21*(2), 147–167.

Mussweiler, T., Rüiter, K., & Epstude, K. (2004). The man who wasn't there: Subliminal social comparison standards influence self-evaluation. *Journal of Experimental Social Psychology, 40*(5), 689–696.

Meyers, D. G. (2008). Religion and human flourishing. In M. Eid & R. J. Larsen (Eds.), *The science of subjective well-being* (pp. 323–343). Guilford Press.

Nakamura, J., & Csikszentmihalyi, M. (2002). The concept of flow. In C. R. Snyder & S. J. Lopez (Eds.), *Handbook of positive psychology* (pp. 89–105). Oxford University Press.

Neisser, U. (1976). *Cognition and reality.* Freeman.

New Canadian Physical Activity Guidelines. *Applied Physiological & Nutritional Metabolism, 36,* 36–46; 47–58. doi:10.1139/H11–009.

Nicholls, J. G. (1984). Achievement motivation: Conceptions of ability, subjective experience, task choice, and performance. *Psychological Review, 91*(3), 328–346. doi:10.1037/0033.295X.91.3.328

Niedenthal, P. M., Krauth-Gruber, S., & Ric, F. (2006). *Psychology of emotion: Interpersonal, experiential, and cognitive approaches.* Psychology Press.

Nix, G. A., Ryan, R. M., Manly, J. B., & Deci, E. L. (1999). Revitalization through self-regulation: The effects of autonomous and controlled motivation on happiness and vitality. *Journal of Experimental Social Psychology, 35*(3), 266-284. doi:10.1006/jesp.1999.1382

Noyes, R. (1980). Attitude change following near-death experiences. *Psychiatry: Journal for the Study of Interpersonal Processes, 43*(3), 234-241.

Ntoumanis, N., & Biddle, S. J. H. (2000). Relationship of intensity and direction of competitive anxiety with coping strategies. *The Sport Psychologist, 14*(4), 360-371.

Oatley, K., & Jenkins, J. M. (1996). *Understanding emotions.* Blackwell Publishing.

O'Connor, B. P., & Vallerand, R. J. (1990). Religious motivation in the elderly: A French-Canadian replication and an extension. *The Journal of Social Psychology, 130*(1), 53-59. doi:10.1080/00224545.1990.9922933

O'Connor, B. P., & Vallerand, R. J. (1994). Motivation, self-determination, and person-environment fit as predictors of psychological adjustment among nursing home residents. *Psychology and Aging, 9*, 189-194.

Olusoga, P., Maynard, I., Hays, K., & Butt, J. (2012). Coaching under pressure: A study of Olympic coaches. *Journal of Sports Sciences, 30*(3), 229-239.

Omorede, A., Thorgren, S., & Wincent, J. (2013). Obsessive passion, competence, and performance in a project management context. *International Journal of Project Management, 31*, 877-888.

Ortigue, S., Bianchi-Demicheli, F., Patel, N., Frum, C., & Lewis, J. W. (2010) Neuroimaging of love: fMRI meta-analysis evidence toward new perspectives in sexual medicine. *International Society for Sexual Medicine, 7*, 3541-3552.

Ostir, G. V., Markides, K. S., Black, S. A., & Goodwin, J. S. (2000). Emotional well-being predicts subsequent functional independence and survival. *Journal of the American Geriatrics Society, 48*(5), 473-478.

Paradis, K. F., Cooke, L. M., Martin, L. J., & Hall, C. R. (2013). Too much of a good thing? Examining the relationship between passion for exercise and exercise dependence. *Psychology of Sport and Exercise, 14*, 493-500.

Paradis, K., Martin, L., & Carron, A. V. (2012). Examining the relationship between passion and perceptions of cohesion in athletes. *Sport & Exercise Psychology Review, 8*, 22-31.

Parastatidou, I. S., Doganis, G., Theodorakis, Y., & Vlachopoulos, S. P. (2012). Exercising with passion: Initial validation of the Passion Scale in exercise. *Measurement in Physical Education and Exercise Science, 16*(2), 119-134. doi10.1080/1091367X.2012.657561

Parastatidou, I. S., Doganis, G., Theodorakis, Y., & Vlathopoulos, S. P. (2014). The mediating role of passion in the relationship of exercise motivational regulations with exercise dependence symptoms. *International Journal of Mental Health and Addiction 12*(4), 406–419.

Park, N., Peterson, C., & Seligman, M. E. P. (2004). Strengths of character and well-being. *Journal of Social and Clinical Psychology, 23*, 603–619.

Partington, S., Partington, E., & Olivier, S. (2009). The dark side of flow: A qualitative study of dependence in big wave surfing. *The Sport Psychologist, 23*(2), 170–185.

Pashler, H., Johnston, J. C., & Ruthruff, E. (2001). Attention and performance. *Annual Review of Psychology, 52*, 629–651. doi:10.1146/annurev.psych.52.1.629

Pelletier, L. G., Fortiet, M. S., Vallerand, R. J., & Brière, N. M. (2001). Associations between perceived autonomy support, forms of self regulation, and persistence: A prospective study. *Motivation and Emotion, 25*, 279–306.

Perrewé, P. L., Hochwater, W. A., Ferris, G. R., McAllister, C. P., & Harris, J. N. (2014). Developing a passion for work passion: Future directions on an emerging construct. *Journal of Organizational Behavior, 35*, 145–150.

Peters, H. J., Greenberg, J., Williams, J. M., & Schneider, N. R. (2005). Applying terror management theory to performance: Can reminding individuals of their mortality increase strength output? *Journal of Sport & Exercise Psychology, 27*, 111–116.

Peterson, C. (2006). Strengths of character and happiness: Introduction to special issue. *Journal of Happiness Studies, 7*(3), 289–291. doi:10.1007/s10902-005-3645-9

Peterson, C., & Seligman, M. E. P. (2004). Vitality (zest, enthusiasm, vigor, energy). In C. Peterson & M. E. P. Seligman (Eds.), *Character strengths and virtues: A handbook and classification* (pp. 273–289). American Psychological Association.

Petty, R. E., Tormala, Z. L., Briñol, P., & Jarvis, W. B. G. (2006). Implicit ambivalence from attitude change: An exploration of the PAST model. *Journal of Personality and Social Psychology, 90*(1), 21–41. doi:10.1037/0022-3514.90.1.21

Phelps, P. H., & Benson, T. R. (2012). Teachers with a passion for the profession. *Action in Teacher Education, 34*(1), 65–76.

Philippe, F. L., & Vallerand, R. J. (2007). Prevalence rates of gambling problems in Montreal, Canada: A look at old adults and the role of passion. *Journal of Gambling Studies, 23*, 275–283.

Philippe, F. L., Vallerand, R. J., Andrianarisoa, J., & Brunel, P. (2009). Passion in referees: Examining their affective and cognitive experiences in sport situations. *Journal of Sport and Exercise Psychology, 31*, 1–21.

Philippe, F. L., Vallerand, R. J., Beaulieu-Pelletier, G., ... & Ricard-St-Aubin, J.-S. (2014). *Toward a dualistic model of sexual passion: Examining intra and interpersonal consequences.* [Manuscript submitted for publication].

Philippe, F. L., Vallerand, R. J., Houlfort, N., Lavigne, G., & Donahue, E. G. (2010). Passion for an activity and quality of interpersonal relationships: The mediating role of emotions. *Journal of Personality and Social Psychology, 98*, 917–932.

Philippe, F. L., Vallerand, R. J., & Lavigne, G. (2009). Passion makes a difference in people's lives: A look at well-being in passionate and non-passionate individuals. *Applied Psychology: Health and Well-Being, 1*, 3–22.

Philippe, F. L., Vallerand, R. J., Richer, I., Vallières, E. F., & Bergeron, J. (2009). Passion for driving and aggressive driving behavior: A look at their relationship. *Journal of Applied Social Psychology, 39*, 3020–3043.

Pierce, J. L., & Gardner, D. G. (2004). Self-esteem within the work and organizational context: A review of the organization-based self-esteem literature. *Journal of Management, 30*(5), 591–622.

Pierro, A., Leder, S., Mannetti, L., Higgins, E. T., Kruglanski, A. W., & Aiello, A. (2008). Regulatory mode effects on counterfactual thinking and regret. *Journal of Experimental Social Psychology, 44*, 321–329.

Plutchik, R. (2002). *Emotions and life: Perspectives for psychology, biology, and evolution.* American Psychological Association.

Pradines, M. (1958). Traité de psychologie [Psychology treatise]. Presses Universitaires de France.

Pressman, S. D., & Cohen, S. (2005). Does positive affect influence health? *Psychological Bulletin, 131*(6), 925–971. doi:10.1037/0033-2909.131.6.925

Pressman, S. D., & Cohen, S. (2012). Positive emotion word use and longevity in famous deceased psychologists. *Health Psychology, 31*, 297–305.

Praybylski, A. K., Weinstein, N., Ryan, R. M., & Rigby, C. S. (2009). Having to versus wanting to play: Background and consequences of harmonious versus obsessive engagement in video games. *Cyberpsychology & Behavior, 12*(5), 485–492. doi:10.1089/cpb.2009.0083

Puig, N., & Vilanova, A. (2011). Positive functions of emotions in achievement sports. *Research Quarterly for Exercise and Sport, 82*(2), 334–344.

Radloff, L. (1977). The CES-D Scale: A self-report depression scale for research in the general population. *Applied Psychological Measurement, 1*, 385–401.

Raedeke, T. D., & Smith, A. L. (2001). Development and preliminary validation of an athlete burnout measure. *Journal of Sport & Exercise Psychology, 23*(4), 281–306.

Rapaport, D. (1960). On the psychoanalytic theory of motivation. In M. R. Jones (Ed.), *Nebraska Symposium on Motivation* (pp. 173–247). Lippincott Williams & Wilkins.

Ratelle, C. F. (2002). Une nouvelle conceptualisation de la passion amoureuse [A new conceptualization of romantic passion]. Unpublished doctoral dissertation, University of Quebec in Montreal, Canada.

Ratelle, C. F., Carbonneau, N., Vallerand, R. J., & Mageau, G. (2013). Passion in the romantic sphere: A look at relational outcomes. *Motivation and Emotion, 37*, 106–120.

Ratelle, C. F., Guay, F., Vallerand, R. J., Larose, S., & Senécal, C. B. (2007). Autonomous, controlled, and a motivated types of academic motivation: A person-oriented analysis. *Journal of Educational Psychology, 99*, 734–746.

Ratelle, C. F., Vallerand, R. J., Mageau, G. A., Rousseau, F. L., & Provencher, P. (2004). When passion leads to problematic outcomes: A look at gambling. *Journal of Gambling Studies, 20*, 105–119.

Rathbone, C. J., Moulin, C. J. A., & Conway, M. A. (2008). Self-centered memories: The reminiscence bump and the self. *Memory and Cognition, 36*(8), 1403–1414. doi:10.3758/MC.36.8.1403

Rathunde, K. (1996). Family context and talented adolescents' optimal experience in school-related activities. *Journal of Research in Adolescence, 6*, 605–628.

Raven, J. C. (1962). *Advanced Progressive Matrices: Set II. 1962 Revision.* Lewis.

Renninger, K. A., & Hidi, S. (2002). Student interest and achievement: Developmental issues raised by a case study. In A. Wigfield & J. S. Eccles (Eds.), *Development of achievement motivation: A volume in the educational psychology series* (pp. 173–195). Academic Press.

Rentsch, J. R., & Heffner, T. S. (1994). Assessing self-concept: Analysis of Gordon's coding scheme using "Who Am I?" responses. *Journal of Social Behavior & Personality, 9*(2), 283–300.

Ribot, T. (1907). *Essai sur les passions.* Alcan.

Rinehart, N. J., & McCabe, M. P. (1997). Hypersexuality: Psychopathology or normal variant of sexuality? *Sexual and Marital Therapy, 12*(1), 45–60. doi:10.1080/02674659708408201

Rip, B., Fortin, S., & Vallerand, R. J. (2006). The relationship between passion and injury in dance students. *Journal of Dance Medicine & Science, 10*, 14-20.

Rip, B., Vallerand R. J., & Lafrenière, M.-A. K. (2012). Passion for a cause, passion for a creed: On ideological passion, identity threat, and extremism. *Journal of Personality, 80*(3), 573-602.

Roberts, G. C. (2001). Understanding the dynamics of motivation in physical activity: The influence of achievement goals on motivational processes. In G. Roberts (Ed.) *Advances in motivation in sport and exercise* (pp. 1-50). Human Kinetics.

Robertson, J. L., & Barling, J. (2013). Greening organizations through leaders' influence on employees' pro-environmental behaviors. *Journal of Organizational Behavior, 34*, 176-194.

Robles, T. F., Brooks, K. P., & Pressman, S. D. (2009). Trait positive affect buffers the effects of acute stress on skin barrier recovery. *Health Psychology, 28*(3), 373-378. doi:10.1037/a0014662

Rogers, C. (1963). The actualizing tendency in relation to "motives" and to consciousness. In M. R. Jones (Ed.), *Nebraska symposium on motivation* (pp. 1-24). University of Nebraska Press.

Rogoff, B., Moore, L., Najafi, B., Dexter, A., Correa-Chávez, M., & Solís, J. (2007). Children's development of cultural repertoires through participation in everyday routines and practices. In J. E. Grusec & P. D. Hastings (Eds.), *Handbook of socialization: Theory and research* (pp. 490-515). Guilford Press.

Rony, J.-A. (1990). *Les passions [The passions]*. Presses universitaires de France.

Rosenberg, H., & Kraus, S. (2014). The relationships of "passionate attachment" for pornography with compulsivity, frequency of use, and craving for pornography. *Addictive Behaviors, 39*, 1012-1017.

Rosenberg, M. (1965). *Society and the adolescent self-image*. Princeton University Press.

Rothbard, N. P. (2001). Enriching or depleting? The dynamics of engagement in work and family roles. *Administrative Science Quarterly, 46*(4), 655-684. doi:10.2307/3094827

Rousseau, F. L., & Vallerand, R. J. (2003). Le rôle de la passion dans le bien-être subjectif des aînés [The role of passion in the subjective well-being of elderly individuals]. *Revue Québécoise de Psychologie, 24*, 197-211.

Rousseau, F. L., & Vallerand, R. J. (2008). An examination of the relationship between passion and subjective well-being in older adults. *International Journal of Aging and Human Development, 66*, 195-211.

Rousseau, F. L., Vallerand, R. J., Ratelle, C. F., Mageau, G. A., & Provencher, P. (2002). Passion and gambling: On the validation of the Gambling Passion Scale (GPS). *Journal of Gambling Studies, 18*, 45-66.

Ryan, R. M. (1995). Psychological needs and the facilitation of integrative process. *Journal of Personality, 63*, 397-427.

Rudolph, A., Schröder-Abé, M., Schütz, A., Gregg, A. P., & Sedikides, C. (2008). Through a glass, less darkly? Reassessing convergent and discriminant validity in measures of implicit self-esteem. *European Journal of Psychological Assessment, 24*(4), 273-281. doi:10.1027/1015-5759.24.4.273

Russell, J. A. (1980). A circumplex model of affect. *Journal of Personality and Social Psychology, 39*(6), 1161-1178. doi:10.1037/h0077714

Ryan, R. M., & Deci, E. L. (2000). Self-determination and the facilitation of intrinsic motivation, social development, and well-being. *American Psychologist, 55*, 68-78.

Ryan, R. M., & Deci, E. L. (2001). On happiness and human potentials: A review of research on hedonic and eudaimonic well-being. *Annual Review of Psychology, 52*, 141-1661. doi:10.1146/annurev.psych.52.1.141

Ryan, R. M., & Deci, E. L. (2003). On assimilating identities to the self: A Self-Determination Theory perspective on internalization and integrity within cultures. In M. R. Leary & J. P. Tangney (Eds.), *Handbook of self and identity* (pp. 253-272). New York: Guilford.

Ryan, R. M., & Frederick, C. (1997). On energy, personality, and health: Subjective vitality as a dynamic reflection of well-being. *Journal of Personality, 65*, 529-565.

Ryan, R. M., Koestner, R., & Deci, E. L. (1991). Ego-involved persistence: When free-choice behavior is not intrinsically motivated. *Motivation and Emotion, 15*(3), 185-205. doi:10.1007/BF00995170

Ryff, C. D. (1995). Psychological well-being in adult life. *Current Directions in Psychological Science, 4*, 99-104.

Ryff, C. D., & Keyes, C. L. (1995). The structure of psychological well-being revisited. *Journal of Personality and Social Psychology, 69*, 719-727.

Ryff, C. D., & Singer, B. (1998). The role of purpose in life and personal growth in positive human health. In P. T. P. Wong & P. S. Fry (Eds.), *The human* quest for meaning: A handbook of psychological research and clinical applications (pp. 213-235). Lawrence Erlbaum Associates.

Salvatore, J. E., Kuo, S. I.-C., Steele, R. D., Simpson, J. A., & Collins, W. A. (2011). Recovering from conflict in romantic relationships: A developmental perspective. *Psychological Science, 22*(3), 376-383. doi:10.1177/0956797610397055

Santoro, N., Pietsch, M., & Borg, T. (2012). The passion of teaching: Learning from an older generation of teachers. *Journal of Education for Teaching, 38*(5), 585-595.

Sarrazin, P., Vallerand, R., Guillet, E., Pelletier, L., & Cury, F. (2002). Motivation and dropout in female handballers: A 21-month prospective study. *European Journal of Social Psychology, 32*(3), 395-418. doi:10.1002/ejsp.98

Schafer, R. B., & Keith, P. M. (1985). A causal model approach to the symbolic interactionist view of the self-concept. *Journal of Personality and Social Psychology, 48*(4), 963-969. doi:10.1037/0022-3514.48.4.963

Schaufeli, W. B., Salanova, M., González-Romá, V., & Bakker, A. B. (2002). The measurement of engagement and burnout: A two sample confirmatory factor analytic approach. *Journal of Happiness Studies, 3*, 71-92. doi:10.1023/A:1015630930326

Scheier, M. F., Matthews, K. A., Owens, J. F., Magovern, G. J., Lefebvre, R. C., Abbott, R. A., & Carver, C. S. (1989). Dispositional optimism and recovery from coronary artery bypass surgery: The beneficial effects on physical and psychological well-being. *Journal of Personality and Social Psychology, 57*(6), 1024-1040. doi:10.1037/0022-3514.57.6.1024

Schellenberg, B. J., & Bailis, D. S. (2014). Can passion be polyamorous? The impact of having multiple passions on subjective well-being and momentary emotions. *Journal of Happiness Studies, 16*, 1365-1387.

Schellenberg, B. J., Bailis, D. S., & Crocker, P. R. E. (2013). Passionate hockey fans: Appraisals of, coping with, and attention paid to the 2012-2013 National Hockey League lockout. *Psychology of Sport and Exercise, 14*, 842-846.

Schellenberg, B. J., Gaudreau, P., & Crocker, P. R. (2013). Passion and coping: Relationships with changes in burnout and goal attainment in collegiate volleyball players. *Journal of Sport & Exercise Psychology, 35*(3), 270-280.

Schellenberg, B. J., Gunnell, K. E., Mosewich, A. D., & Bailis, D. S. (2014). Measurement invariance of the Passion Scale across three samples: An ESEM approach. *Measurement in Physical Education and Exercise Science, 18*, 242-258.

Scherer, K. R. (1984). Emotion as a multicomponent process: A model and some cross-cultural data. *Review of Personality & Social Psychology, 5*, 37-63.

Schlenker, B. R. (1985). Identity and self-identification. In B. R. Schlenker (Ed.), *The self and social life* (pp. 65-99). McGraw-Hill.

Schwarzer, R., & Schwarzer, C. (1996). A critical survey of coping instruments. In M. Zeidner & N. S. Endler (Eds.), *Handbook of coping: Theory, research, applications* (pp. 107-132). Wiley.

Scott, S. G., & Bruce, R. A. (1994). Determinants of innovative behavior: A path model of individual innovation in the workplace. *Academy of Management Journal, 37*(3), 580-607. doi:10.2307/256701

Sedikides, C., & Green, J. D. (2000). On the self-protective nature of inconsistency/negativity management: Using the person memory paradigm to examine self-referent memory. *Journal of Personality and Social Psychology, 79*, 906-922.

Sedikides, C., & Gregg, A. P. (2003). Portraits of the self. In M. A. Hogg & J. Cooper (Eds.), *Sage handbook of social psychology* (pp. 110-138). Sage.

Sedikides, C., & Gregg, A. P. (2008). Self-enhancement: Food for thought. *Perspectives on Psychological Science, 3*, 102-116.

Sedikides, C., & Strube, M. J. (1997). Self-evaluation: To thine own self be good, to thine own self be sure, to thine own self be true, and to thine own self be better. In M. P. Zanna (Ed.), *Advances in experimental social psychology* (Vol. 29, pp. 209-269). Academic Press.

Segerstrom, S. C., & Miller, G. E. (2004). Psychological stress and the human immune system: A meta-analytic study of 30 years of inquiry. *Psychological Bulletin, 130*(4), 601-630. doi:10.1037/0033-2909.130.4.601

Séguin-Lévesque, C., Laliberté, M.-L., Pelletier, L. G., Blanchard, C. M., & Vallerand, R. J. (2003). Harmonious and obsessive passion for the Internet: Their associations with the couple's relationships. *Journal of Applied Social Psychology, 33*, 197-221.

Seligman, M. E. P. (1975). *Helplessness: On depression, development, and death.* Freeman.

Seligman, M. E. P. (2011). *Flourish: A visionary new understanding of happiness and well-being.* Free Press.

Seligman, M. E. P., & Csikszentmihalyi, M. (2000). Positive psychology: An introduction. *American Psychologist, 55*(1), 5-14. doi:10.1037/0003-066X.55.1.5

Seligman, M. E. P., Steen, T. A., Park, N., & Peterson, C. (2005). Positive psychology progress: Empirical validation of interventions. *American Psychologist, 60*(5), 410–421. doi:10.1037/0003–066X.60.5.410

Senécal, C. B., Vallerand, R. J., & Vallières, E. F. (1992). Construction et validation de l'Échelle de la Qualité des Relations Interpersonnelles (EQRI). *European Review of Applied Psychology/Revue Européenne de Psychologie Appliquée, 42*, 315–322.

Shah, J. Y. (2005). The automatic pursuit and management of goals. *Current Directions in Psychological Science, 14*(1), 10–13. doi:10.1111/j.0963–7214.2005.00325.x

Shah, J. Y., Friedman, R., & Kruglanski, A. W. (2002). Forgetting all else: On the antecedents and consequences of goal shielding. *Journal of Personality and Social Psychology, 83*(6), 1261–1280. doi:10.1037/0022–3514.83.6.1261

Sharif, O. (Omar Sharif offered the following: "I didn't want to be a slave to any passion anymore. I gave up card playing altogether, even bridge and gambling–more or less. It took me a few years to get out of it" (retrieved from Brainyquote.com, June 10, 2013).

Sheard, M., & Golby, J. (2009). Investigating the "rigid persistence paradox" in professional rugby union football. *International Journal of Sport and Exercise Psychology, 7*(1), 101–114. doi:10.1080/1612197X.2009.9671895

Sheldon, K. M. (2002). The Self–Concordance Model of healthy goal–striving: When personal goals correctly represent the person. In E. L. Deci & R. M. Ryan (Eds.), *Handbook of self determination research* (pp. 65–86). University of Rochester Press.

Sheldon, K. M. (2011). Integrating behavioral–motive and experiential–requirement perspectives on psychological needs: A two–process model. *Psychological Review, 118*, 552–569.

Sheldon, K. M., Elliot, A. J., Kim, Y., & Kasser, T. (2001). Whats satisfying about satisfying events? Testing 10 candidate psychological needs. *Journal of Personality and Social Psychology, 80*(2), 325–339. doi:10.1037/0022–3514. 80.2.325

Sheldon, K. M., Gunz, A., Nichols, C. P., & Ferguson, Y. (2010). Extrinsic value orientation and affective forecasting: Overestimating the rewards, underestimating the costs. *Journal of Personality, 78*, 149–178.

Sheldon, K. M., & Kasser, T. (2001). Getting older, getting better? Personal strivings and psychological maturity across the life span. *Developmental Psychology, 37*(4), 491–501. doi:10.1037/0012–1649.37.4.491

Sheldon, K. M., Kasser, T., Houser-Marko, L., Jones, T., & Turban, D. (2005). Doing one's duty: Chronological age, felt autonomy, and subjective well-being. *European Journal of Personality, 19*(2), 97–115. doi:10.1002/per.535

Shi, J. (2012). Influence of passion on innovative behavior: An empirical examination in Peoples Republic of China. *African Journal of Business Management, 6*(30), 8889–8896.

Simon, H. A., & Chase, W. G. (1973). Skill in chess. *American Scientist, 61*(4), 394–403.

Simonton, D. K. (2010). Creativity in highly eminent individuals. In J. C. Kaufman & R. J. Sternberg (Eds.), *The Cambridge handbook of creativity* (pp 174–188). Cambridge University Press. doi:10.1017/CBO9780511763205.012

Singer, J. A., & Salovey, P. (1993). *The remembered self: Emotion and memory in personality*. Free Press.

Skinner, B. F. (1938). The behavior of organisms: an experimental analysis. Appleton-Century.

Skinner, B. F. (1953). *Science and human behavior*. Macmillan.

Skinner, E. A., Edge, K., Altman, J., & Sherwood, H. (2003). Searching for the structure of coping: A review and critique of category systems for classifying ways of coping. *Psychological Bulletin, 129*, 216–269.

Skitch, S. A., & Hodgins, D. C. (2005). A passion for the game: Problem gambling and passion among university students. *Canadian Journal of Behavioral Science, 37*, 193–197.

Skull, C. (2011, August). *Sustained excellence: Toward a model of factors sustaining elite performance in opera*. Paper presented at the International Symposium on Performance Science, Toronto, Canada.

Smith, C. A., & Lazarus, R. S. (1990). *Emotion and adaptation*. In L. Pervin (Ed.), *Handbook of personality: Theory and research* (pp. 609–637). Guilford.

Smith, C. A., & Lazarus, R. S. (1993). Appraisal components, core relational themes, and the emotions. *Cognition and Emotion, 7*, 233–269.

Snyder, E. E., & Spreitzer, E. (1973). Family influences and involvement in sports. *Research Quarterly American Association for Health, Physical Education and Recreation, 44*(3), 249–255.

Snyder, E. E., & Spreitzer, E. (1976). Correlates of sport participation among adolescent girls. *Research Quarterly American Association for Health, Physical Education and Recreation, 47*(4), 804–809.

Solomon, R. C. (2000). The philosophy of emotion. In M. Lewis, J. M. Haviland-Jones, & L. Feldman Barrett (Eds.), *Handbook of emotions* (3rd ed., pp. 3-16). Guilford.

Sonnentag, S. (2003). Recovery, work engagement, and proactive behavior: A new look at the interface between nonwork and work. *Journal of Applied Psychology, 88*(3), 518-528. doi:10.1037/0021-9010.88.3.518

Soitnentag, S., Binnewies, C., & Mojza, E. J. (2008). "Did you have a nice evening?" A day-level study on recovery experiences, sleep, and affect. *Journal of Applied Psychology, 93*, 674-684.

Sonnentag, S., & Fritz, C. (2007). The Recovery Experience Questionnaire: Development and validation of a measure for assessing recuperation and inwinding from work. *Journal of Occupational Health Psychology, 12*, 204-221.

Sonnentag, S., & Zijlstra, F. R. H. (2006). Job characteristics and off-job activities as predictors of need for recovery, well-being, and fatigue. *Journal of Applied Psychology, 91*, 330-350.

Spinoza, B. F. (1677/1985). *Ethics.* The collected works of Spinoza (E. Curley, Ed.). Princeton University Press.

Starkes, J. L., Deakin, J. M., Allard, F., Hodges, N. J., & Hayes, A. (1996). Deliberate practice in sports: What is it anyway. In K. A. Ericcson (Ed.), *The road to excellence: The acquisition of expert performance in the arts, sciences, sports and games* (pp. 81-106). Psychology Press.

Starkes, J. L., & Ericsson, K. A. (Eds.). (2003). *Expert performance in sports: Advances in research on sport expertise.* Human Kinetics.

Steele, C. M. (1988). The psychology of self-affirmation: Sustaining the integrity of the self. *Advances in Experimental Social Psychology, 21*, 261-302.

Steele, J. P., & Fullagar, C. J. (2009). Facilitators and outcomes of student engagement in a college setting. *The Journal of Psychology, 143*(1), 5-27.

Steger, M. F., Frazier, P., Oishi, S., & Kaler, M. (2006). The meaning in life questionnaire: Assessing the presence of and search for meaning in life. *Journal of Counseling Psychology, 53*(1), 80-93.

Stendhal. (1822/1965). *De l'amour* [On love]. Garnier Flammarion.

Stenseng, F. (2008). The two faces of leisure activity engagement: Harmonious and obsessive passion in relation to intrapersonal conflict and life domain outcomes. *Leisure Sciences, 30*, 465-481.

Stenseng, F., & Dalskau, L. H. (2010). Passion, self-esteem, and the role of comparative performance evaluation. *Journal of Sport & Exercise Psychology, 32*, 881-894.

Stenseng, F., Forest, J., & Curran, T. (2014). Positive emotions in recreational sport activities: The role of passion and belongingness. *Journal of Happiness Studies, 16*, 1117-1129.

Stenseng, F., & Phelps, J. (2013). Leisure and life satisfaction: The role of passion and life domain outcomes. *World Leisure Journal, 55*, 320-332.

Stenseng, F., Rise, J., & Kraft, P. (2011). The dark side of leisure: Obsessive passion and its covariates and outcomes. *Leisire Studies, 30*(1), 49-62.

Stenseng, F., Rise, J., & Kraft, P. (2012). Activity engagement as escape from self: The role of self-suppression and self-expansion. *Leisures Studies, 34*(1), 19-38.

Stephan, Y., Deroche, T., Brewer, B. W., Caudroit, J., & Le Scanff, C. (2009). Predictors of perceived susceptibility to sport-related injury among competitive runners: The role of previous experience, neuroticsm, and passion for running. *Applied Psychology, 58*, 672-687.

Steptoe, A., Wardle, J., & Marmot, M. (2005). Positive affect and health-related neuroendocrine, cardiovascular, and inflammatory processes. *Proceedings of the National Academy of Sciences of the United States of America, 102*(18), 6508-6512.

Sternberg, R. J. (1986). A triangular theory of love. *Psychological Review, 93*, 119-153.

Sternberg, R. J. (1988). Triangulating love. In R. J. Sternberg & M. L. Barnes (Eds.), *The psychology of love* (pp. 1119-1138). Yale University Press.

Sternberg, R. J. (1997). Construct validation of a triangular love scale. *European Journal of Social Psychology, 27*, 313-335.

Sternberg, R. J., & Lubart, T. I. (1998). The concept of creativity: Prospects and paradigms. In R. J. Sternberg (Ed.), *The Cambridge handbook of creativity* (pp. 3-15). Cambridge University Press.

Stets, J. E., & Burke, P. J. (2003). A sociological approach to self and identity. In M. R. Leary & J. P. Tangney (Eds.), *Handbook of self and identity* (pp. 128-152). Guilford Press.

St-Louis, A. C., Carbonneau, N., & Vallerand, R. J. (in press). Passion for a cause: How it affects health and well-being. *Journal of Personality.*

St-Louis, A. C., & Vallerand, R. J. (2015). Passion during the creative process: The role of emotions of different intensity. *Creativity Research Journal, 27*(2), 175-187.

Stoeber, J., Childs, J. H., Hayward, J. A., & Feast, A. R. (2011). Passion and motivation for studying: Predicting academic engagement and burnout in university students. *Educational Psychology, 31*(4), 513-528. doi:10.1080/01443410.2011.570251

Stoeber, J., Harvey, M., Ward, J. A., & Childs, J. H. (2011). Passion, craving, and affect in online gaming: Predicting how gamers feel when playing and when prevented from playing. *Personality and Individual Differences, 51*(8), 91-995. doi:10.1016/j.paid.2011.08.006

Stott, C., Hutchison, P., & Drury, J. (2001). "Hooligans" abroad? Inter-group dynamics, social identity and participation in collective "disorder" at the 1998 World Cup Finals. *British Journal of Social Psychology, 40*, 359-384.

Strongman, K. T. (1978). *The psychology of emotions* (2nd ed.). Wiley.

Strube, M. J. (2012). From "out there" to "in here": Implications of self-evaluation motives for self-knowledge. In S. Vazire & T. D. Wilson (Eds.), *Handbook of self-knowledge* (pp. 397-412). Guilford Press.

Swann, W. B. Jr. (1999). *Resilient identities: Self, relationships, and the construction of social reality.* Basic Books.

Swann, W. B. Jr. (2012). Self-verification theory. In P. Van Lang, A. Kruglanski, & E. T. Higgins (Eds.) *Handbook of theories of social psychology* (pp. 23-42). Sage.

Swann, W. B. Jr., Rentfrow, P. J., & Guinn, J. S. (2003). Self-verification: The search for coherence. In M. R. Leary & J. R. Tangney (Eds.), *Handbook of self and identity* (pp. 367-383). Guilford Press.

Swimberghe, K. R., Astakhova, M., & Wooldridge, B. R. (2014). A new dualistic approach to brand passion: Harmonious and obsessive passion. *Journal of Business Research, 67*(12), 2657-2665.

Tajfel, H. (1974). Social identity and intergroup behaviour. *Social Science Information/Sur les sciences sociales, 13*(2), 65-93. doi:10.1177/053901847401300204

Tajfel, H., & Forgas, J. P. (2000). Social categorization: Cognitions, values and groups. In C. Stangor (Ed.), Key readings in social psychology. *Stereotypes and prejudice: Essential readings* (pp. 49-63). Psychology Press.

Tafel, H., & Turner, J. C. (1986). The social identity theory of inter-group behavior. In S. Worchel & L. W. Austin (Eds.), *Psychology of intergroup relations* (pp. 7-24). Nelson-Hall.

Tangney, J. P. (1999). The self-conscious emotions: Shame, guilt, embarrassment, and pride. In T. Dalgleish & M. J. Power (Eds.), *Handbook of cognition and emotion* (pp. 541-568). Wiley. doi:10.1002/0470013494.ch26

Tangney, J. P., Stuewig, J., & Mashek, D. J. (2007). Moral emotions and moral behavior. *Annual Review of Psychology, 58,* 345–372.

Tadsel, N., & Flett, R. (2007). Obsessive passion as an explanation for burnout: An alternative theoretical perspective applied to humanitarian work. *Australian Journal of Rehabilitation Counseling, 13,* 101–114.

Tauer, J. M., & Harackiewicz, J. M. (1999). Winning isn't everything: Competition, achievement motivation, and intrinsic motivation. *Journal of Experimental Social Psychology, 35,* 209–238.

Taylor, S. E., & Sirois, F. M. (2008). *Health psychology: The Canadian edition.* MeGraw–Hill–Ryerson.

Taylor, S. E., Neter, E., & Wayment, H. A. (1995). Self–evaluation processes. *Personality and Social Psychology Bulletin, 21*(12), 1278–1287.

Teasdale, J. D. (1999). Metacognition, mindfulness and the modification of mood disorders. *Clinical Psychology & Psychotherapy, 6*(2), 146–155.

Tedeschi, R. G., & Calhoun, L. G. (1996). The Posttraumatic Growth Inventory: Measuring the positive legacy of trauma. *Journal of Traumatic Stress, 9*(3), 455–471.

Tejeiro, R. A., & Morán, R. M. (2002). Measuring problem video game playing in adolescents. *Addiction, 97,* 1601–1606.

Thayer, R. E. (1986). Activation–deactivation adjective check list: Current overview and structural analysis. *Psychological Reports, 58*(2), 607–614.

Thayer, R. E. (1987). Energy, tiredness, and tension effects of a sugar snack versus moderate exercise, *Journal of Personality and Social Psychology, 52*(1), 119.

Tice, D. M., & Wallace, H. M. (2003). The reflected self: Creating yourself as (you think) others see you. In M. R. Leary & J. P. Tangney (Eds.), *Handbook of self and identity* (pp. 91–105). Guilford Press.

Thorgren, S., & Wincent, J. (2013a). Passion and challenging goals: Drawbacks of rushing into goal–setting processes. *Journal of Applied Social Psychology, 43,* 2318–2329.

Thorgren, S., & Wincent, J. (2013b). Passion and role opportunity search: Interfering effects of conflicts and overloads. *International Journal of Stress Management, 20*(1), 20–36.

Thorgren, S., & Wincent, J. (2013). Passion and habitual entrepreneurship. *International Small Business Journal, 33*(2), 216–227.

Thorgren, S., Wincent, J., & Sirén, C. (2013). The influence of passion and work–life thoughts on work satisfaction. *Human Resource Development Quarterly, 24,*

469-492.

Tolman, E. C. (1932). *Purposive behavior in animals and men.* University of California Press.

Tomkins, S. S. (1962). *Affect, imagery consciousness: Vol 1. The positive affects.* Springer.

Tosun, L. P., & Lajunen, T. (2009). Why do young adults develop a passion for Internet activities? The associations among personality, revealing "true self" on the Internet, and passion for the Internet. *Cyberpsychology & Behavior, 12,* 401-406.

Tracy, J. L., Cheng, J. T., Robins, R. W., & Trzesniewski, K. H. (2009). Authentic and hubristic pride: The affective core of self-esteem and narcissism. *Self and identity, 8,* 196-213.

Tracy, J. L., & Robins, R. W., (2007). The self in self-conscious emotions: A cognitive appraisal approach. In J. L. Tracy, R. W. Robins, & J. P. Tangney (Eds.), *The self-conscious emotions: Theory and research* (pp. 3-20). Guilford Press.

Tracy, J. L., Robins, R. W., & Tangney, J. P. (Eds.). (2007). *The self-conscious emotions: Theory and research.* Guilford Press.

Trépanier, S.-G., Fernet, C., Austin, S., Forest, J., & Vallerand, R. J. (2014). Linking job demands and resources to burnout and work engagement: Does passion underlie these differential relationships? *Motivation and Emotion, 38,* 353-366.

Trope, Y. (1986). Identification and inferential processes in dispositional attribution. *Psychological Review, 93*(3), 239-257.

Tang, J. A., McCullough, M. E., & Fincham, F. D. (2006). The longitudinal association between forgiveness and relationship closeness and commitment. *Journal of Socal and Clinical Psychology, 25*(4), 448-472.

Tucker, P., & Aron, A. (1993). Passionate love and marital satisfaction at key transition points in the family life cycle. *Journal of Social and Clinical Psychology, 12*(2), 135-147.

Tugade, M. M., & Fredrickson, B. L. (2004). Resilient individuals use positive emotions to bounce back from negative emotional experiences. *Journal of Personality and Social Psychology, 86*(2), 320-333. doi:10.1037/0022-3514.86.2.320

Turiel, E. (1983). *The development of social knowledge: Morality and convention.* Cambridge University Press.

Turner, B. S., & Wainwright, S. P. (2003). Corps de ballet: The case of the injured ballet dancer. *Sociology of Health & Ilness, 25,* 269-288.

Utz, S., Jonas, K. J., & Tonkens, E. (2012). Effects of passion for massively miultiplayer online role-playing games on interpersonal relationships. *Journal of Media Psychology: Theories, Methods, and Applications, 24*(2), 77-86.

Vallerand, R. J. (1989). Vers une méthodologie de validation trans-culturelle de questionnaires psychologiques: Implications pour la recherche en langue frangaise [Toward a methodology of cross-cultural validation procedures for psychological instruments: Implications for research in the French language]. *Canadian Psychology, 30,* 662-678.

Vallerand, R. J. (1997). Toward a hierarchical model of intrinsic and extrinsic motivation. *Advances in Experimental and Social Psychology, 29,* 271-360.

Vallerand, R. J. (2001). A hierarchical model of intrinsic and extrinsic motivation in sport and exercise. In G. Roberts (Ed.), *Advances in motivation in sport and exercise* (pp. 263-319). Human Kinetics.

Vallerand, R. J. (2008). On the psychology of passion: In search of what makes people's lives most worth living. *Canadian Psychology, 49,* 1-13.

Vallerand, R. J. (2010). On passion for life activities: The Dualistic Model of Passion. In M. P. Zanna (Ed.), *Advances in experimental social psychology* (Vol. 42, pp. 97-193), Academic Press.

Vallerand, R. J. (2012a). Passion for sport and exercise: The Dualistic Model of Passion. In G. Roberts & D. Treasure (Eds.), *Advances in motivation in sport and exercise* (Vol. 3, pp. 160-206). Human Kinetics.

Vallerand, R. J. (2012b). The role of passion in sustainable psychological well-being. *Psychological Well-Being: Theory, Research, and Practice, 2,* 1-21.

Vallerand, R. J. (2013). Passion and optimal functioning in society: A eudaimonic perspective. In A. S. Waterman (Ed.), *The best within us: Positive psychology perspectives on eudaimonic functioning* (pp. 183-206). APA books.

Vallerand, R. J. (2014). *On contributing to society: The role of passion.* [Manuscript in preparation].

Vallerand, R. J., Blais, M. R., Brière, N. M., & Pelletier, L. G. (1989). Construction et validation de l'Échelle de Motivation en Éducation (EME) [Construction and Validation of the Academic Motivation Scale]. *Canadian Journal of Behavioural Sciences, 21,* 323-349.

Vallerand, R. J., Blanchard, C. M., Mageau, G. A., Koestner, R., Ratelle, C. F., Léonard, M., Gagné, M., & Marsolais, J. (2003). Les passions de l'âme: On obsessive and harmonious passion. *Journal of Personality and Social Psychology, 85,* 756-767.

Vallerand, R. J., & Carbonneau, N. (2013). The role of passion in optimal functioning in society. In D. McInerney, H. W. Marsh, R. Craven, & F. Guay (Eds.), *Theory driving research: New wave perspectives on self processes and human development* (pp. 53-82). Information Age Publishing.

Vallerand, R. J., Fortier, M. S., Guay, F. (1997). Self-determination and persistence in a real-life setting: Toward a motivational model of high school dropout. *Journal of Personality and Social Psychology, 72*, 1161-1176.

Vallerand, R. J., Gousse-Lessard, A. S., & Verner-Filion, J. (2011). Passion et psychologie positive [Passion and positive psychology]. In C. Martin-Krumm & C. Targuinio (Eds.), *Traité de psychologie positive.* (pp. 19-37). Dunod.

Vallerand, R. J., & Houlfort, N. (2003). Passion at work: Toward a new conceptualization. In S. W. Gilliland, D. D. Steiner, & D. P. Skatlicki (Eds.), *Emerging perspectives on values in organizations* (pp. 175-204). Information Age Publishing.

Vallerand, R. J., Houlfort, N., & Forest, J. (2014). Passion for work: Determinants and outcomes. In M. Gagné (Ed.), *Oxford handbook of work engagement, motivation, and self-determination theory* (pp. 85-108). Oxford University Press.

Vallerand, R. J., & Lalande, D. R. (2014). *Passion and optimal functioning in society: Theory and research.* [Manuscript in preparation].

Vallerand, R. J., Lalande, D. R., Donahue, E. G., & Lafrenière, M.-A, K. (in press). The role of passion in Olympic sports. In Y. P. Zinchencko, & J. L. Hanin (Eds.), *Sport psychology: On the way to the Olympic Games.* Moscow University Press.

Vallerand, R. J., Mageau, G. A., Elliot, A. J., Dumais, A., Demers, M. A, & Rousseau, F. L. (2008). Passion and performance attainment in sport. *Psychology of Sport & Exercise, 9*, 373-392.

Vallerand, R. J., & Miquelon, P. (2007). Passion for sport in athletes. In D. Lavallée & S. Jowett (Eds.), *Social psychology in sport* (pp. 249-262). Human Kinetics.

Vallerand, R. J., Ntoumanis, N., Philippe, F. L., Lavigne, G. L., Carbonneau, C., Bonneville, A., Lagacé-Labonté, C., & Maliha, G. (2008). On passion and sports fans: A look at football. *Journal of Sport Sciences, 26*, 1279-1293.

Vallerand, R. J., Paquet, Y., Philippe, F. L., & Charest, J. (2010). On the role of passion in burnout: A process model. *Journal of Personality, 78*, 289-312.

Vallerand, R. J., & Ratelle, C. F. (2002). Intrinsic and extrinsic motivation: A hierarchical model. In E. L. Deci & R. M. Ryan (Eds.), *Handbook of self-determination research* (pp. 37-63). University of Rochester Press.

Vallerand, R. J., & Reid, G. (1984). On the causal effects of perceived competence on intrinsic motivation: A test of cognitive evaluation theory. *Journal of Sport Psychology, 6,* 94-102.

Vallerand, R. J., & Rip, B. P. (2006). Le soi: Déterminants, consequences et processus [The self-Determinants, consequences, and processes]. In R. J. Vallerand (Ed.), *Les fondements de la psychologie sociale [The fundamentals of social psychology]* (pp. 83-139). Gaëtan Morin éditeur.

Vallerand, R. J., Rousseau, F. L., & Dumais, A. (2013). *On the role of passion and affect in health: A look at physical symptoms.*[Manuscript in preparation].

Vallerand, R. J., Rousseau, F. L., Grouzet, F. M. E., Dumais, A., & Grenier, S. (2006). Passion in sport: A look at determinants and affective experiences. *Journal of Sport & Exercise Psychology, 28,* 454-478.

Vallerand, R. J., Salvy, S. J., Mageau, G. A., Elliot, A. J., Denis, P., Grouzet, F. M. E., & Blanchard, C. M. (2007). On the role of passion in performance. *Journal of Personality, 75,* 505-534.

Vallerand, R. J., St-Louis, A., & Lafrenière, M.-A. K. (2014). *On the conceptual and empirical distinction between passion and affect.* [Unpublished raw data].

Vallerand, R. J., & Verner-Filion, J. (2013). Passion and positive psychology: On making life worth living for. *Terapia Psicológica* (Special Issue on positive psychology), 31, 5-9.

Vallerand, R. J., & Verner-Filion, J. (2014). Passion et Addiction: Théorie et Recherche. [Passion and addiction: Theory and research]. In N. Battaglia & F. Gierski (Eds.), *Psychologie des conduites addictives chez l'enfant et l'adolescent: Regards crisés* (pp. 205-223). De Boeck-Sola.

Vallerand, R. J., Verner-Filion, J., Lafrenière, M.-A. K., & Bureau, J. S. (2014). *The effects of passion and success and failure on positive and negative affect.* [Unpublished raw data].

Vass, J. S. (2003). *Cheering for self: An ethnography of the basketball event.* iUniverse, Inc.

Vazire, S., & Wilson, T. D. (Eds.). (2012). *Handbook of self-knowledge.* Guilford Press.

Verbeke, W., Belschak, F., & Bagozzi, R. P. (2004). The adaptive consequences of pride in personal selling. *Journal of the Academy of Marketing Science, 32*(4), 386-402. dois10.1177/0092070304267105

Verner-Filion, J., Lafrenière, M.-A. K., & Vallerand, R. J. (2012). On the accuracy of affective forecasting: The moderating role of passion, *Personality and Individual Differences, 52*(7), 849-854. doi:10.1016/j.paid.2012.01.014

Verner-Filion, J., Lafrenière, M.-A. K., & Vallerand, R. J. (2013). *On the relationship between passion and mindfulness.* [Unpublished raw data].

Verner-Filion, J., & Vallerand, R. J. (2014). *When striving for perfection: The role of perfectionism as a determinant of passion.* [Manuscript submitted for publication].

Verner-Filion, J., Vallerand, R. J., Donahue, E. G., Mageau, G., Bergeron, E., & Martin, Ⅰ. (in press). *The mediating role of coping processes in the passion-anxiety relationship. International Journal of Sport and Exercise Psychology.*

Vest, J., Cohen, W., Tharp, M., Mulrine, A., Lord, M., Koerner, B. I., ... Kaye, S. D. (1997). Road rage: Tailgating, giving the finger, outright violence—Americans grow more likely to take out their frustrations on other drivers. *US News & World Report, 28-33.*

Vroom, V. H. (1964). *Work and motivation.* Wiley.

Walker, M. B. (1992). *International series in experimental social psychology: The psychology of gambling.* Pergamon Press.

Wang, C. C., & Chen, Y. T. (2008, December). *The influence of passion and compulsive buying on online auction addiction.* Paper presented at 2008 IEEE. Asia-Pacific Services Computing Conference, Yilan, Taiwan.

Wang, C. C., & Chu, Y, S. (2007). Harmonious passion and obsessive passion in playing online games. *Social Behavior and Personality, 35,* 997-1006.

Wang, C. C., & Yang, H. W. (2007). Passion and dependency in online shopping activities. *Cyberpsychology & Behavior, 10,* 296-298.

Wang, C. C., & Yang, H. W. (2008). Passion for online shopping: The influence of personality and compulsive buying. *Social Behavior and Personality: An International Journal, 36*(5), 693-706.

Wang, C. K. J., Khoo, A., Liu, W. C., & Divaharan, S. (2008). Passion and intrinsic motivation in digital gaming. *Cyberpsychology and Behavior, 11,* 39-45.

Wang, C. K. J., Liu, W. C., Chye, S., & Chatzisarantis, N. L. (2011). Understanding motivation in Internet gaming among Singaporean youth: The role of passion. *Computers in Human Behavior, 27*(3), 1179-1184.

Wann, D. L., & Branscombe, N. R. (1993). Sports fans: Measuring degree of identification with their team. *International Journal of Sport Psychology, 24,* 1-17.

Ward, P., Hodges, N. J., Williams, A. M., & Starkes, J. L. (2004). In deliberate practice and expert performance: Defining the path to excellence. In A. M. Williams & N. J. Hodges (Eds.), *Skill acquisition in sport: Research, theory, and practice* (pp. 231-258). Routledge.

Waterman, A. S. (1993). Two conceptions of happiness: Contrasts of personal expressiveness (eudaimonia) and hedonic enjoyment. *Journal of Personality and Social Psychology, 64*(4), 678–691. doi:10.1037/0022–3514.64.4.678

Waterman, A. S. (Ed.). (2013). *The best within us: Positive psychology perspectives on eudaimonic functioning.* APA books.

Watson, D., Clark, L. A., & Tellegen, A. (1988). Development and validation of brief measures of positive and negative affect: The PANAS scales. *Journal of Personality and Social Psychology, 54*, 1063–1070.

Watson, D., & Tellegen, A. (1985). Toward a consensual structure of mood. *Psychological Bulletin, 98*(2), 219–235.

Watson, J. B. (1913). Psychology as the behaviorist views it. *Psychological Review, 20*(2), 158–177. doi:10.1037/h0074428

Waugh, C. E., & Fredrickson, B. L. (2006). Nice to know you: Positive emotions, self-other overlap, and complex understanding in the formation of new relationships. *Journal of Positive Psychology, 1*, 93–106.

Weiner, B. (1980). A cognitive (attribution)-emotion-action model of motivated behavior: An analysis of judgments of help-giving. *Journal of Personality and Social Psychology, 39*, 186–200.

Weiner, B. (1985). An attributional theory of achievement motivation and emotion. *Psychological Review, 92*(4), 548–573. doi:10.1037/0033–295X.92.4.548

Wells, G. (2012). *Superbodies: Peak performance secrets from the world's best athletes.* Harper Collins.

Wen, C. P., Wai, J. P. M., Tsai, M. K., Yang, Y. C., Cheng, T. Y. D., Lee, M.-C., … Wu, X. (2011). Minimum amount of physical activity for reduced mortality and extended life expectancy: A prospective cohort study. *The Lancet, 378*(9798), 1244–1253. doi:10.1016/S1040–6736(11)60749–6

White, R. W. (1959). Motivation reconsidered: The concept of competence. *Psychological Review, 66*(5), 297–333.

Williams, G. C., Lynch, M., & Glasgow, R. E. (2007). Computer-assisted intervention improves patient-centered diabetes care by increasing autonomy support. *Health Psychology, 26*(6), 728–734.

Williams, G. C., McGregor, H. A., King, D., Nelson, C. C., & Glasgow, R. E. (2005). Variation in perceived competence, glycemic control, Andalusia patient satisfaction: Relationship to autonomy support from physicians. *Patient Education and Counseling, 57*(1), 39–45. doi:10.1016/j.pec.2004.04.001

Williams, G. C., Rodin, G. C., Ryan, R. M., Grolnick, W. S., & Deci, E. L. (1998). Autonomous regulation and long-term medication adherence in adult outpatients. *Health Psychology, 17*(3), 269-276.

Wilson, P. M., Mack, D. E., & Grattan, K. P. (2008). Understanding motivation for exercise: A self-determination theory perspective. *Canadian Psychology/ Psychologie canadienne, 49*(3), 250-256. doi:10.1037/a0012762

Wilson, T. D., & Gilbert, D. T. (2003). Affective forecasting. *Advances in Experimental Social Psychology, 35*, 345-411.

Wilson, T. D., Lindsey, S., & Schooler, T. Y. (2000). A model of dual attitudes. *Psychological Review, 107*(1), 101-126.

Wilson, T. D., Wheatley, T., Meyers, J. M., Gilbert, D. T., & Axsom, D. (2000). Focalism: A source of durability bias in affective forecasting. *Journal of Personality and Social Psychology, 78*(5), 821-836.

Winner, E. (1996). The rage to master: The decisive role of talent in the visual arts. In K. A. Ericsson (Ed.), *The road to excellence: The acquisition of expert performance in the arts and sciences, sports and games* (pp. 271-301). Psychology Press.

Wolfson, S., & Neave, N. (2007). Coping under pressure: Cognitive strategies for maintaining confidence among soccer referees. *Journal of Sport Behavior, 30*, 232-247.

World Health Organization (1948). Editorial. *Bulletin of the World Health Organization, 1*, 5-6.

Wright, S. C., Aron, A., & Tropp, L. R. (2002). Including others (and groups) in the self. In J. P. Forgas & K. D. Williams (Eds.), *The social self: Cognitive, interpersonal and intergroup perspectives* (pp. 343-368). Psychology Press.

Wright, T. A., Cropanzano, R., & Meyer, D. G. (2004). State and trait correlates of job performance: A tale of two perspectives. *Journal of Business and Psychology, 18*(8), 365-383.

Wrosch, C., & Miller, G. E. (2008). Depressive symptoms can be useful: Self-regulatory and emotional benefits of dysphoric mood in adolescence. *Journal of Personality and Social Psychology, 96*, 1181-1190.

Wrosch, C., Scheier, M. F., Carver, C. S., & Schulz, R. (2003). The importance of goal disengagement in adaptive self-regulation: When giving up is beneficial. *Self and Identity, 2*, 1-20.

Young, B. W., de Jong, G. C., & Medic, N. (2015). Examining relationships between passion types, conflict, and negative outcomes in masters athletes. *International*

Journal of Sport & Exercise Psychology, 13(2), 132-149.

Young, M. M., & Wohl, M. J. (2008). The Gambling Craving Scale: Psychometric validation and behavioral outcomes. *Psychology of Addictive Behaviors, 23*(3), 512-522.

Zeigarnik, B. (1938). On finished and unfinished tasks. In W. D. Elis (Ed.), *A source book of gestalt psychology* (pp. 300-314). Harcourt.

Zhang, S., Shi, R., Liu, X., & Miao, D. (2014). Passion for a leisure activity, presence of meaning, and search for meaning: The mediating role of emotion. *Social Indicators Research, 115,* 1123-1135.

Zhou, J., & George, J. M. (2001). When job dissatisfaction leads to creativity: Encouraging the expression of voice. *Academy of Management Journal, 44*(4), 682-696.

Zimbardo, P. "After doing psychology for half a century, my passion for all of it is greater than ever" (Retrieved from Quotessays.com, June 10, 2013).

사항색인

인명색인

역자 후기

① 우리나라 사람들은 참 성실하고 열심히 산다. 그러나 우리가 열정을 가지고 살아가고 있는지는 의문이다. 직장일이든 학업이든 밤늦게까지 몰두하면서도 즐기고 사랑하기보다는 버거워하고, 심지어 기회만 된다면 빨리 끝내고 싶어 한다. 그렇다고 일과 공부를 쉬는 중에 딱히 의미 있는 활동을 하는 것 같지 않다.

이 책을 우리말로 옮기면서 나 자신은 어떤 활동에 열정을 품고 있는지, 그 열정은 조화로운 것인지, 강박적인 것인지 계속 되묻게 되었다. 아마 이 책을 읽는 독자들도 역자와 비슷한 자기성찰을 하지 않을까 생각이 든다.

② 이 책을 옮기면서 배운 것 중에 가장 중요한 것을 꼽자면, 열정 개념이 그 자체로 인간을 설명하는 데에 중요하다는 것이다. 2장에서 볼 수 있는 것처럼, 철학의 역사에서 열정은 오랫동안 골칫거리로 간주된 개념이었다. 사랑에 빠져서든, 비극적인 상황에 닥쳐서든 무질서한 감정, 격정의 상태가 열정이었고, 그래서 차분하고 냉철한 이성의 통제를 받아들여야 한다. 이렇게 인간의 삶에서도 골칫거리였지만, 개념을 명료하게 다루는 철학 자체에서도 골칫거리였다. 이성이라는 영혼의 기능은 말과 논리(logos)를 가지고 설명하는 기능을 하므로 이성 자체에 대해서는 설명이 가능한 데 비해서, 열정은 그런 설명, 기술을 위한 자체의 기능을 가지고 있지 않다. 그래서 이성의 도움을 빌려서 설명되거나, 아니면 종잡을 수 없어서 설명을 포기하고 도외시되는, 그런 영역이었다.

그러나 열정은 감정과 구분될 필요가 있다. 철학자 칸트 이후로 감정은 외부 자극에 의해서 수동적으로 일어나는 일시적 정서 상태라면, 열정은 자아 스스로 내면의 노력으로 대상을 추구하는, 목적지향적인 지속적, 이성적 상태이다(2장).

그리하여 이 책에서 열정은 이렇게 정의된다. 대상, 특히 활동에 대해 의미를 부여하고 깊이 사랑하고, 자신의 정체성 일부로 받아들이며, 그래서 실지로 오랜 시간을 투자하고 규칙적으로 참여하게 되는 그런 동기적 성향을 가리킨다. [간단히 말해서 열정의 개념적 요소는 (1) 특정 대상, (2) 사랑과 선호, (3) 의미부여와 가치화, (4) 동기, (5) 에너지를 가진 참여, (6) 정체성에 포함, 마지막으로 (7) 이원성이다.]

> 열정은 사랑하고, 높은 가치를 부여하며, 시간과 에너지를 규칙적으로 투자하며, 그것을 자신의 정체성의 일부로 보는, 특정 사물, 활동, 개념, 사람에 대한 강한 경향성이다(2장).

물론 아무 대상이나 무차별적으로 달려드는 것이 아니라 사람마다 특정 대상을 향해 열정을 품는다는 점에서 열정은 개인—대상 간 상호작용 양상(인터페이스)을 가지고 있다. 그만큼 열정은 개인의 정체성, 특히 자기성장에 매우 중요한 개념이다. 열정은 (1) 그 사람을 특징짓는 열정 활동에 참여하도록 하는 강력한 동기이고, (2) 그리하여 숙달 목표를 길러준다. (3) 활동에 능숙해지면서 긍정적인 결과를 가져올 뿐만 아니라, (4) 이 긍정적인 결과는 다른 삶의 영역에도 파급된다. (5) 이렇게 해서 최적화된 자기과정을 갖출 뿐만 아니라 다른 영역의 활동에도 참여하게끔 이끄는 역할을 한다(3장 참조).

③ 이 책을 통해 배운 또 한 가지는, 이 책의 부제에서도 나타나듯이 열정의 이원성이다. 물론 열정의 긍정적인 측면과 부정적인 측면에 대해서는 철학과 심리학의 역사에서 계속 언급되었다. 그러나 열정의 좋고 나쁨을 결정하는 것은 열정 그 자체가 아니라 이성이며, 이성의 통제 여부가 기준이 된다. 그러나 이 책에서 열정의 이원성은 이렇게 열정 외의 제3자(이성)가 결정해주는 것이 아니다. 하나의 열정이 다른 열정과의 관련이 조화로운 것인가, 아니면 너무 압도적이어서 다른 열정과의 관계가 통합적이지 않은가에 달린 것이다.

> 강박열정은 자신이 사랑하는 활동에 참여하지 않을 수 없게 만드는 보다 수동적인 유형의 열정으로서 그 열정의 노예가 되어 버린다. … 조화열정은 능동적인 유형의 열정으로서 자신이 열정을 주도할 수 있고 긍정적인 결과와 관련을 맺는다(3장).

> 조화열정은 본성상 자율적이며 개인의 삶과 자아의 다른 측면과 조화를 이루는 것으로서 적응의 결과들로 이끈다. 강박열정은 개인의 삶과 자아의 다른 측면들에 갈등을 일으키는 통제적 열정으로서 주로 부적응의 결과들을 초래한다(13장).

역자로서 궁금한 것은, 조화와 강박이라는 말은 개별 열정 간의 관계만이 아니라 전체와 부분의 관계를 가정하는 것이 아닌가이다. 물론 이 책에서도 열정은 (1) 사랑하는 활동이나 대상이 자아와 어떻게(자율적으로, 또는 통제적으로) 관련을 맺는가에 따라서, (2) 그리고(또는) 그 열정이 삶의 다른 영역과 어떤 관련을 맺는가에 따라서 이원성을 갖는다. 여기서 열정 활동의 표상이 내면화되면서 자아의 다른 측면, 삶의 다른 측면과 조화를 이룬다는 말은, 한 시점에서는 삶의 영역 전체를, 시간을 두고 말하자면 살아오고 살아갈 인생 전체에 대한 시야를 가정한다. 그런데 이 책에서 이 통합된 자아, 자아의 통합성은 조화/강박 열정을 설명하면서 가정될 뿐, 집중적으로 설명되지 않았다.

가령 근대의 사상가 루소 역시 열정이 그 자체로 인간의 본성에서 매우 중요하다고 보았고, 열정의 긍정적 측면과 부정적 측면이 동일한 원천에서 나온다는 주장을 펼쳤다. 루소는 인간이 누구나 생존과 종족 번성이라는 자기보존(self-preservation)을 위한 열정(정념, passion)을 가지고 태어나며, 이 태생적인 선천적 열정을 자기애(amour de soi)라고 불렀다(『인간불평등기원론』과 『에밀』 IV권 참조). 그러나 생존을 위한 본능과도 같은 자기애라는 열정은 사회적 질서 안에 진입하면서 부정적인 열정으로 타락한다. 타인의 현존 앞에서 '자기애(amour de soi)'는 타인의 인정을 얻고 타인을 좀더 유리한 위치에서 활용하기 위한 기만적인 '자기집착(amour propre)'으로 변질되기 때문이다. 이 양상은 두 가지이다. 위대한 인물일 경우 그것은 자존심(pride)이 된다는 것이고, 평범한 인간이나 소인배일 경우에는 허영심(vanity)이 된다는 것이다. 자존심은 다른 사람과 자신을 비교해보면서 더 고상하고 더 우월한 위치에 있는 자기 자신에 대해서 갖는 긍지와 만족감을 말한다. 반면 허영심은 다른 사람과 자신을 비교해보면서, 더 고상하고 더 우월한 위치로 자신을 포장하고 싶어 하는 심리 상태다. 선망이 될만한 뛰어난 능력도 없고, 과시할 만한 외적 소유도 없는, 평범한 보통 사람은, 늘 자신과 남을 비교하면서 좌절을 경험한다. 그리고 현실이 아닌 상상을 가지고 남보다 자신을 더 우월한 위치로 밀어올리려고 한다. 쉽게 설명하면 괜히 좋은 옷을 입고 자랑을 한다든지, 따지고 보면 별것도 아니고 자신의 한 외양에 지나지 않는, 몇 가지 수치(아파트 평수, 연봉, 성적, 페이스북의 좋아요 수치 등)로 자신을 내세운다든지 하면서, 자신보다 더 우월한 사람에게는 질시와 선망의 감정을, 반면 자신보다 열등한 사람에게는 멸시의 시선을 보낸다. 한편으로는 알량하면서도, 한편으로는 분열된 자아의 양상을 갖는 것이 바로 이 심리 상태이다. 남보다 실지로 우월하든, 우월하고자 꾸미든 간에, 이때의 자아는 늘 다른 사람과의 관계에 기반을 두고 있는 자아이다. 다른 사람이 나를 어떻게 볼까를 염려한다는 점에서, 그리고 다른 사람과의 경쟁을 통해서 자신의 만족을 가져온다는 점에서, 진정한 자기애가 아니라 다른 사람의 기대와 시선에 맞추어진 자신에 대한 왜곡된 집착이다. 이렇게 보면 자기집착의 가장 큰 피해자는 바로 자기 자신이다.

> 미개인은 자기 속에서 살고 있으나 사회인은 언제나 자기 밖에 존재하며 타인의 의견 속에서만 살아간다. 말하자면 자기가 존재하고 있다는 느낌을 타인의 판단에 의해서 느낀다는 것이다(『인간불평등기원론』, II-18, 19).

> 본성(자연)이 가진 최초의 움직임은 언제나 옳다는 준칙을 불변의 원칙으로 삼자. 인간의 마음에는 원초적 타락이 들어 있지 않다. 어떤 과정을 통해서 인간의 마음에 들어왔는지 설명할 수 없는 악은 하나도 없다. 인간에게 유일한 자연적 정념은 자기애, 또는 그 연장선상에 있는 자기집착이다. 자기집착은 그 자체로는, 아니면 우리 자신과 관계를 맺을 때에는 선하고 또 유용한 것이다. 그런데 아이는 다른 사람과의 관계가 필연적이지 않기 때문에, 본성상 자기집착의 정념은 [도덕적으로] 중립적이다. 이 정념이 선이 되거나 악이 되는 것은 다른 사람과의 관계에 적용할 때이다(『에밀』, II-63).

이 책의 강박열정과 루소의 자기집착은 모두 강박적인 왜곡된 열정이라는 점에서 같으나, 차이가 존재한다. 강박열정은 여러 활동 중에서 특정 활동에 대한 집착이라면, 루소의 자기집착은 사회적 관계 속에서 자신에 집착하는 것이다. 발러랜드의 열정 개념은 활동의 내면화 과정에서 자아(자기과정과 자기구조)로 넘어와서 열정이라는 동기로 이어지는 설명방식인 데 비해서, 루소의 열정 개념은 자아와 함께 태생하는 열정으로부터 출발해서 타인과의 관계를 표상화하면서 자아의 변형을 낳는 구조를 가지고 있다. 이 차이 때문에 이 책에서는 통합된 자아에 대해서 설명하기보다는, 열정이 자아의 통합성에 따라서 어떻게 이원성을 갖는지 그 결과에 주목하고 있다.

역자가 자아의 통합성에 주목하게 된 까닭은, 내 열정이 조화로운 것인지, 강박적인 것인지를 판단하려면 결국 삶에서 벌이는 여러 활동을 정돈하고 체계화한 더 큰 가치체계를 가정해야 하는 것 아닌가 하는 의문 때문이다. 강박열정이라고 해서 무조건 부정적인 것도, 조화열정이라고 해서 무조건 긍정적인 것도 아니라는 점은 어느 정도 납득할 수 있다. 그러나 인생의 특정 시기에서 중요한 발달과업에 해당하는 활동(10대의 학업,

30대의 육아 등)에 다른 활동보다 더 우선순위를 둔다거나, 자신의 인생을 걸 만한 대의나 비전을 찾았기에 일반인들이 중요시 여기는 삶의 영역들을 접어가면서까지 전념하게 되는 일은 우리 주변에서 심심치 않게 목도하는 일이다. 이때에 우리는 그 열정이 삶의 다른 영역과 조화를 이루는지, 강박적인지보다는, 그 열정이 내 자아와 인생 전체에서 어떤 위치를 차지하는지 물을 것이며, 이 물음은 어떤 자아가 참된 통합적 자아인지와 관련을 맺을 것이다.

　루소로 돌아가면, 루소는 자기집착이라는 왜곡된 열정에서 벗어나기 위해 '더 큰 자아'를 찾아나서는 교육적 해법을 제시하고 있다. '자연으로 돌아가라'라는 구호, 또는 '자연교육'과 '아동중심 교육'의 개념에 가려져서 잘 알려져 있지는 않지만, 『에밀』의 진면목은 IV권 이후의 청년교육에 들어 있다. IV권 이후에서 자기애라는 열정은, 제대로 교육만 이루어진다면, 다른 사람에 대한 연민과 동정심으로, 나아가 전 사회의 이익을 고려하는 정의로운 일반의지로 확장될 수 있다. 이렇게 "청년의 열정은, 교육에 방해가 되는 것이 아니라, 그것에 의해서 비로소 교육이 마무리되고 완성되는 것이다"(『에밀』, IV-91문단).

> 　자기집착(*amour propre*)을 다른 사람들에게로 넓혀보자. 그러면 그것은 우리 한 사람, 한 사람의 마음에 뿌리내리고 있는 미덕으로 바뀌게 된다. 우리가 마음을 쓰는 대상이 우리 자신과 관계가 적으면 적을수록 자기의 개인적인 이익의 환상에서 오는 착각을 두려워할 필요가 그만큼 적어진다. 이 이익이 일반화되면 될수록, 그것은 점점 공정해진다. 그리고, 인류에 대한 사랑이란 우리의 내부에 있는 정의에 대한 사랑에 지나지 않는다. 그래서 우리가 에밀이 진리를 사랑하기를 원한다면, 여러 가지 문제에 임할 경우, 언제나 그의 마음을 자기 이익으로부터 멀리 떨어뜨려놓도록 하자. 그의 배려가 타인의 행복에 기여하게 되면 될수록 그는 점점 더 선량하고 현명하게 될 것이다(『에밀』, IV-153문단).

　이 책에서 발러랜드는 조화열정이 통합된 자아로부터 나온다는 점(2장)은 몇 차례 지적하고 있지만, 그 조화, 통합이 하나의 완전성을 의미하느냐 아니면 완전성보다는 한 시점에서 자아의 요소들의 적절한 균형을 의미하느냐에 대해서 명확하게 밝히지는 않고 있다. (짐작건대 이 의문에 대한 해답은, 이 책 3장에서 밝히고 있는 열정이원론의 기본 가정인 유기적 접근법을 더 파고들어가야 얻을 수 있을 것이다.)

4 역자는 학생을 가르치는 사람이고 공부가 업인 사람이다. 열정에 대한 이 책의 정의에 비추어볼 때, 우리 중에 공부, 배움, 학습에 열정을 가진 사람이 많다고 보기 어렵다. 시간을 투자하고 규칙적으로 참여하는 활동이기는 하지만, 사랑한다거나 좋아한다고 말할 사람은 거의 없다. 물론 모든 사람이 운동에 대해서 열정을 가져야 하는 것은 아닌 것처럼, 모든 사람이 학과적인(academic) 공부에 대해서 열정을 가질 필요는 없을 것이다. 그러나 어떤 교과에서든 '배움에의 열정'을 갖게 해야 하는 것이 교사의 오래된 과제라는 사실을 새삼 떠올리게 된다. 도대체 그 일이 어떻게 가능한가?

> 그러므로 이성과 열정을 서로 대립적인 것으로 보는 전통적인 관점은 적절하지 못한 것이다. 앞에서 말한 바와 같이 모든 합리적 활동에는 설득력이라든가, 정확성, 우아함, 적절성, 일관성과 같은 특징적인 사정 기준이 있으며, 그것은 그 사고의 형식을 추구하도록 하는 추진력이 된다. … 합리적인 사람으로서 특히 교사의 일을 맡고 있는 사람은 이러한 진리 탐구의 열정을 학생들에게 전달하는 데에 부단히 관심을 가져야 한다(Peters, R. S. 이홍우·조영태 역, 2003: 222).

브롱크의 『삶의 목적』(박영스토리, 2021)에 이어 다시 한번 임효진 교수와 번역을 같이했다. 같이 번역했다고 했지만, 내가 기여한 몫이 크지 않아 공역에 이름 올리기가 부끄럽다. 그러나 이 공동작업 덕분에 심리학이 보여주는 인간 내면의 다채로움을 만끽할 수 있었다. 지면을 빌려 감사의 뜻을 전한다.

박 주 병

참고문헌

Rousseau, J-J., Allan Bloom(trans.)(1979). *Emile or on education*. Basic Books.
Rousseau, J-J., Masters, R. D., & Kelly, C. (Eds.)(1990). *The collected writings of Rousseau*. University Press of New England.
Peters, R. S.(1967). Ethics and Education. 이홍우·조영태 역(2003). 『윤리학과 교육』. 서울: 교육과학사.

저역자소개

(저자) Robert J. Vallerand
Robert J. Vallerand 교수는 사회심리학자로, 캐나다 퀘벡 몬트리올 대학의 교수이자 오스트레일리아 가톨릭 대학의 겸임 교수이다. 그는 7권의 책과 400편이 넘는 논문을 발표한 동기 이론의 대가이며, 캐나다 심리학회, 국제 긍정심리학회 회장을 역임하였다. 미국 심리학회, 심리과학학회, 성격 및 사회심리학회를 비롯한 여러 학회의 위원을 지냈으며 캐나다 심리학회로부터 Donald O. Hebb Career Award, 국제올림픽위원회로부터 Sport Science Award를 수상한 바 있다.

(역자) 임효진
서울대학교 교육학과에서 학사와 석사(교육상담)를 마치고 미국 University of California, Los Angeles에서 석사(교육상담)를 수료한 뒤 University of Southern California에서 철학박사(교육심리학) 학위를 받았다. 전북대학교 교육학과를 거쳐 현재 서울교육대학교 초등교육과의 교수이다. 「교육심리연구」, 「Learning & Instruction」 등 학술지의 편집위원을 담당하여 왔으며 그릿(Grit)과 내재동기, 목적, 열정의 내면화에 관심이 있다. 『교육심리학』(공저), 『생활지도학 개론』(공저), 『삶의 목적』(공역) 등의 저역서가 있다.

(역자) 박주병
서울대학교 교육학과에서 학사 및 석사와 박사(교육철학) 학위를 받았다. 강원대학교 교육학과에서 학생들을 가르치며, 한국교육철학학회, 한국도덕교육학회, 한국교육사상학회 등에서 편집위원으로 일하고 있다. 그리고 이 책의 정의에 따르면 번역에 열정을, 그러나 강박적이지는 않은 열정을 가지고 있다. 서울대학교 교육학과 대학원에서 『장자크 루소의 교육론 연구』로 박사학위를 마치고 난 후, 『루소의 교육이론』(공역), 『인류의 대화에서 교육의 목소리』(공역), 『삶의 목적』(공역), 『아우구스티누스의 교육사상과 실천』(근간)을 우리말로 옮겼다. 교수, 학습, 교사 등 교육이라는 언어게임에 사용되는 말들의 논리적 관련을 살피는 데 관심이 있으며, 이 일을 하다가 우리말로 옮길 만한 보물 같은 책을 찾기를 바라고 있다.

열정의 심리학: 열정이원론

초판발행	2023년 9월 29일
지은이	Robert J. Vallerand
옮긴이	임효진·박주병
펴낸이	노 현
편 집	김다혜
표지디자인	Ben Story
제 작	고철민·조영환
펴낸곳	㈜ 피와이메이트
	서울특별시 금천구 가산디지털2로 53, 210호(가산동, 한라시그마밸리)
	등록 2014. 2. 12. 제2018-000080호
전 화	02)733-6771
f a x	02)736-4818
e-mail	pys@pybook.co.kr
homepage	www.pybook.co.kr
ISBN	979-11-6519-303-4 93180

* 파본은 구입하신 곳에서 교환해 드립니다. 본서의 무단복제행위를 금합니다.

정 가   27,000원

박영스토리는 박영사와 함께하는 브랜드입니다.